Hallesche Schriften zur Betriebswirtschaft

Band 38

AF883796

Diese Schriftenreihe soll als Forum für wissenschaftliche Arbeiten der neugegründeten und 1993 wiedereröffneten Wirtschaftswissenschaftlichen Fakultät der Martin-Luther-Universität Halle-Wittenberg auf dem Gebiet der Betriebswirtschaftslehre dienen. Die zahlreichen betriebswirtschaftlichen Professuren wollen mit der Herausgabe dieser Halleschen Schriften zur Betriebswirtschaft das breite Spektrum ihrer wissenschaftlichen Arbeitsgebiete dokumentieren. Die Publikationen umfassen insbesondere betriebswirtschaftliche Dissertationen und sonstige ausgewählte wissenschaftliche Arbeiten der Halleschen Fakultätsmitglieder.

Christin Haberkorn

International-steuerliche Strukturen der reformierten Investmentbesteuerung

Eine steuersystematische und steuerrechtliche Analyse

Springer Gabler

Christin Haberkorn
Martin-Luther-Universität
Halle-Wittenberg
Halle (Saale), Deutschland

Dissertation, Martin-Luther-Universität Halle-Wittenberg, 2025

ISSN 2628-2100 ISSN 2628-2119 (electronic)
Hallesche Schriften zur Betriebswirtschaft
ISBN 978-3-658-49894-8 ISBN 978-3-658-49895-5 (eBook)
https://doi.org/10.1007/978-3-658-49895-5

Die Deutsche Nationalbibliothek verzeichnet diese Publikation in der Deutschen Nationalbibliografie; detaillierte bibliografische Daten sind im Internet über https://portal.dnb.de abrufbar.

Planung/Lektorat: Karina Kowatsch
Springer Gabler ist ein Imprint der eingetragenen Gesellschaft Springer Fachmedien Wiesbaden GmbH und ist ein Teil von Springer Nature.
Die Anschrift der Gesellschaft ist: Abraham-Lincoln-Str. 46, 65189 Wiesbaden, Germany

Vorwort

Die Dissertation von Frau Haberkorn widmet sich einem hochaktuellen und zugleich außerordentlich komplexen Thema der steuerlichen Forschung: dem reformierten Investmentsteuergesetz (InvStG), das seit dem 1. Januar 2018 in Kraft ist und das InvStG 2004 ablöste. Der Gesetzgeber sah sich seinerzeit gezwungen, eine umfassende Neuausrichtung der Fondsbesteuerung vorzunehmen, nachdem die bis dahin geltende Rechtslage unionsrechtlich erheblichen Bedenken ausgesetzt war. Hintergrund hierfür war insbesondere die Rechtsprechung des Europäischen Gerichtshofs, die in der Ungleichbehandlung von in- und ausländischen Investmentfonds eine unionsrechtswidrige Diskriminierung erkannte.

Frau Haberkorn untersucht das reformierte InvStG in seiner Gesamtheit und analysiert sowohl die Besteuerung von Publikums-Investmentfonds als auch von Spezial-Investmentfonds sowie die Besteuerung unterschiedlicher Anlegergruppen. Mit der Einführung des Trennungsprinzips auf Fondsebene wurde eine unionsrechtskonforme Gleichbehandlung erreicht, zugleich aber ein Systemwechsel eingeleitet, der sowohl steuerdogmatisch als auch in seiner praktischen Handhabung weitreichende Folgen entfaltet. Dabei geht die Arbeit über eine rein innerstaatliche Betrachtung hinaus und legt einen besonderen Schwerpunkt auf die internationalen Dimensionen. In einer zunehmend globalisierten Investmentwelt, in der Kapitalströme über zahlreiche Jurisdiktionen hinweg fließen, beleuchtet Frau Haberkorn die steuerrechtlich relevanten Verknüpfungen zum Abkommensrecht, zum Unionsrecht sowie zur Hinzurechnungs- und Vermögenszuwachsbesteuerung. Zudem werden unionsrechtliche Parallelen und Unterschiede zu anderen Mitgliedstaaten aufgezeigt, wodurch die Arbeit einen über den nationalen Rahmen hinausreichenden Erkenntnisgewinn vermittelt.

Von besonderem wissenschaftlichem Wert ist die Verknüpfung einer normativen Analyse mit quantitativen Belastungsstudien. Frau Haberkorn entwickelt sechs grenzüberschreitende Fallkonstellationen, die die steuerlichen Konsequenzen des reformierten Systems detailliert herausarbeiten.

Frau Haberkorn legt mit dieser Dissertation eine wissenschaftlich fundierte und zugleich praxisrelevante Analyse vor, die bestehende Unsicherheiten systematisch aufarbeitet und steuerliche Risiken transparent macht. Damit leistet sie einen wichtigen Beitrag zur betriebswirtschaftlichen Steuerlehre und zur Diskussion um die europäische Harmonisierung der Fondsbesteuerung. Ihrer Arbeit ist eine breite Rezeption in Wissenschaft und Praxis zu wünschen.

August 2025, Prof. Dr. Gerhard Kraft

Danksagung

Die vorliegende Dissertation wurde im Sommersemester 2025 von der Juristischen und Wirtschaftswissenschaftlichen Fakultät der Martin-Luther-Universität Halle-Wittenberg angenommen. Die Druckfassung wurde auf den Stand Juli 2025 gebracht.

Die Entstehung dieser Dissertation war spannend und herausfordernd und hat mich fachlich wie persönlich bereichert. Den Abschluss dieser Arbeit möchte ich nutzen, um meine Dankbarkeit auszudrücken.

Mein besonderer Dank gilt meinem hochverehrten Doktorvater, Herrn Prof. Dr. Gerhard Kraft, der mir die Möglichkeit zur Promotion an seinem Lehrstuhl eröffnete, mich bei meinen Veröffentlichungen unterstützte und mir mit seiner Geduld, seinem stetigen Vertrauen sowie einem hohen Maß an förderlicher Flexibilität, die für ein solches Unterfangen mit familiären Verpflichtungen unverzichtbar waren, zur Seite stand.
Ebenfalls danke ich Herrn Prof. Dr. Dr. h.c. Ralf M. Ebeling für die Übernahme meines Zweigutachtens und die angenehme Zusammenarbeit. Ferner danke ich Frau Prof. Dr. Julia Müller-Seeger, Herrn Prof. Dr. Christian Bierwirth und Herrn Prof. Dr. Wolf-Heimo Grieben für ihr Mitwirken in der Promotionsprüfungskommission. Mein Dank gilt zudem den herausgebenden Professorinnen und Professoren für die Aufnahme in die Hallesche Schriftenreihe.

Für die kollegiale und stets geschätzte Zusammenarbeit am Lehrstuhl möchte ich insbesondere meinem Kollegen Dr. Sven Hentschel danken, der mich während meiner gesamten Tätigkeit am Lehrstuhl begleitete, mich bei der Anfertigung der Dissertation fachlich sowie in organisatorischen Fragen unterstützte und mich immer wieder motivierend bestärkte. Meinen weiteren Kolleginnen und Kollegen, Nico Holfeld, Uta Preil sowie Dr. Katja Poley, danke ich für den angenehmen Austausch, ihre Hilfsbereitschaft und die produktive Arbeitsatmosphäre.

Mein herzlicher Dank gilt meinem Ehemann, Fabian Haberkorn, der mir stets den Rücken freihielt und mich in den vergangenen Jahren mit Geduld und Verständnis unterstützt hat, sowie unserer Tochter Charlotte, deren Geburt während meiner Promotionszeit mein Leben um eine wertvolle Facette bereichert hat. Meinen lieben Eltern, Heike und Mike Kalkbrenner, danke ich für ihren Rückhalt und dafür, dass sie mir den Weg geebnet haben. Ihnen allen gilt mein tiefster Dank, ohne sie wäre diese Arbeit in dieser Form nicht möglich gewesen.

Halle (Saale), August 2025 Christin Haberkorn

Interessenkonflikt Der/die Autor*in hat keine für den Inhalt dieses Manuskripts relevanten Interessenkonflikte.

Inhaltsverzeichnis

Tabellenverzeichnis

Abbildungsverzeichnis

Abkürzungsverzeichnis

a.A.	andere Ansicht
a.F.	alte Fassung
ABL	The Asian Business Lawyer (Zeitschrift)
ABl.	Amtsblatt
Abs.	Absatz
Abschn.	Abschnitt
AbzStEntModG	Abzugsteuerentlastungsmodernisierungsgesetz
AEAStG	Anwendungserlass zum AStG
AEUV	Vertrag über die Arbeitsweise der Europäischen Union
AfA	Absetzung für Abnutzung
AG	Aktiengesellschaft
agE	ausschüttungsgleiche Erträge
AHB	Anrechnungshöchstbetrag
AIF	Alternative Investmentfonds
AIFM	Alternative Investment Fund Manager
AIFM-StAnpG	Gesetz zur Anpassung des Investmentsteuergesetzes und anderer Gesetze an das AIFM-Umsetzungsgesetz (AIFM-Steuer-Anpassung-Gesetz)
AIFMD	Directive on Alternative Investment Fund Manager
AO	Abgabenordnung
Art.	Artikel
AStG	Außensteuergesetz
ATAD	Anti Tax Avoidance Directive
ATAD-UmsG	ATAD-Umsetzungsgesetz
Aufl.	Auflage
ausl.	ausländische
AuslInvestmG	Auslandinvestment-Gesetz
AWB	Anwendungsbereich
Bafin	Bundesanstalt für Finanzdienstleistungsaufsicht
BB	Betriebs-Berater (Zeitschrift)
BEPS	Base Erosion and Profit Shifting
BewG	Bewertungsgesetz
BFH	Bundesfinanzhof
bgA	Betrieb gewerblicher Art
BGBl.	Bundesgesetzblatt

BIT	Bulletin of International Taxation (Zeitschrift)
BKR	Zeitschrift für Bank und Kapitalmarktrecht
BMF	Bundesministerium der Finanzen
BMG	Bemessungsgrundlage
BR-Drs.	Bundesrat Drucksache
BRH	Bundesrechnungshof
Bspw.	beispielsweise
Bst.	Buchstabe
BStBl.	Bundessteuerblatt
BT-Drs.	Bundestag Drucksache
BV	Betriebsvermögen
BVerfG	Bundesverfassungsgericht
BVerfGE	Entscheidungen des BVerfG der amtlichen Sammlung
BVI	Bundesverband Investment and Asset Management e.V.
bzgl.	bezüglich
BZSt	Bundeszentralamt für Steuern
bzw.	beziehungsweise
ca.	circa
CF	Corporate Finance (Zeitschrift)
CFC	Controlled Foreign Company
CIV	Collective Investment Funds
CV	Kommanditgesellschaft (Niederlande)
D	Deutschland
d.h.	das heißt
DAC	Directive of Administrative Cooperation in the field of Taxation
DB	Der Betrieb (Zeitschrift)
DB-SA	Der Betrieb – Sonderausgabe (Zeitschrift)
DBA	Doppelbesteuerungsabkommen
DFI	Derivatives and Financial Instruments (Zeitschrift)
DLF	Dienstleistungsfreiheit
DStJG	Deutsche Steuerjuristische Gesellschaft e.V.
DStR	Deutsches Steuerrecht (Zeitschrift)
DStRE	Deutsches Steuerrecht Entscheidungsdienst (Zeitschrift)
DStZ	Deutsche Steuer-Zeitung (Zeitschrift)
DVHG	Deutsche Verhandlungsgrundlage
EaGB	Einkünfte aus Gewerbebetrieb

EaKV	Einkünfte aus Kapitalvermögen
EaLuF	Einkünfte aus Land- und Forstwirtschaft
EaSA	Einkünfte aus Selbstständiger Arbeit
EaVuV	Einkünfte aus Vermietung und Verpachtung
EBF	Estatuto dos Benefícios Fiscais (Portugal)
EE	Erneuerbare Energien
EER	Ertragseinbeziehungsregelung
EFAMA	European Fund and Asset Management Association
EG	Europäische Gemeinschaft
EII	Exempt Investment Institution (Niederlande)
Einf.	Einführung
Einl.	Einleitung
ELTIF	European Long Term Investmentfonds
EmK	Einkünfte mit Kapitalanlagecharakter
ErbStB	Erbschaft-Steuerberater (Zeitschrift)
ESMA	European Securities and Markets Authority
ESt	Einkommensteuer
EStB	Ertrag-Steuerberater (Zeitschrift)
EStG	Einkommensteuergesetz
EStH	Einkommensteuer-Hinweise
EStR	Einkommensteuer-Richtlinien
ET	European Taxation (Zeitschrift)
ETF	Exchange Traded Funds
EU	Europäische Union
EuGH	Europäischer Gerichtshof
EÜR	Einnahmen-Überschuss-Rechnung
EUV	Vertrag über die Europäische Union
EWR	Europäischer Wirtschaftsraum
EWS	Europäisches Wirtschafts- und Steuerrecht (Zeitschrift)
EZB	Europäische Zentralbank
f.	folgende
F/W/B/S	Flick/Wassermeyer/Baumhoff/Schönfeld (Kommentar)
FASTER	Faster and Safer Tax Relief of Excess Withholding Taxes
FCM	Finance and Capital Markets (Zeitschrift)
FCP	Fonds Commun de Placement (Frankreich)
ff.	fortfolgende

FG	Finanzgericht
FGR	fonds voor gemene rekening (Niederlande)
Fifo	First in – First out
FII	Fiscal Investment Institutions (Niederlande)
FMFG	Finanzmarktförderungsgesetz
Fn.	Fußnote
FoStoG	Fondsstandortgesetz
FR	FinanzRundschau (Zeitschrift)
gem.	gemäß
GewSt	Gewerbesteuer
GewStG	Gewerbesteuergesetz
GG	Grundgesetz
Ggf.	gegebenenfalls
gl. A.	gleiche Ansicht
GloBE	Global Anti-Base Erosion
GmbH	Gesellschaft mit beschränkter Haftung
GmbH & Co. KG	Gesellschaft mit beschränkter Haftung und Compagnie Kommanditgesellschaft
GmbHR	GmbHRundschau (Zeitschrift)
grds.	grundsätzlich
GWR	Gesellschafts- und Wirtschaftsrecht (Zeitschrift)
h.M.	herrschende Meinung
H/H/R	Hermann/Heuer/Raupach
HFR	Höchstrichterliche Finanzrechtsprechung (Zeitschrift)
Hrsg.	Herausgeber
HS	Halbsatz
HZRB	Hinzurechnungsbetrag
HZRKV	Hinzurechnungskorrekturvolumen
i.d.R.	in der Regel
i.H.d.	in Höhe des/der
i.H.v.	in Höhe von
inl.	Inländisch/e
i.R.d.	im Rahmen der/des
i.R.e.	im Rahmen einer/eines
i.S.d.	im Sinne des/der
i.S.e.	im Sinne einer/eines
i.S.v.	im Sinne von

i.V.m.	in Verbindung mit
ICI	Investment Company Insitute
IFA	International Fiscal Association
IIR	Income Inclusion Rule
inkl.	inklusive
insb.	insbesondere
InvestmentmodG/InvModG	Investmentmodernisierungsgesetz
InvFG	Investmentfondsgesetz (Österreich)
InvG	Investmentgesetz
InvGes	Investmentgesellschaft
InvKG	Investment-Kommanditgesellschaft
InvSt	Investmentsteuer
InvStG	Investmentsteuergesetz
InvStRefG	Investmentsteuerreformgesetz
ISR	Internationale SteuerRundschau (Zeitschrift)
IStR	Internationales Steuerrecht (Zeitschrift)
IStR-LB	IStR-Länderbericht (Zeitschrift)
ITC	Income Tax Code
IWB	Internationales Steuer- und Wirtschaftsrecht (Zeitschrift)
JStG	Jahressteuergesetz
Jur.	Juristische
K/S/B/H/K	Kretzschmann/Schwenke/Behrens/Hensel/Klein (Kommentar)
KAGB	Kapitalanlagegesetzbuch
KAGG	Gesetz über die Kapitalanlagegesellschaften
KapESt	Kapitalertragsteuer
KapGes	Kapitalgesellschaft
Kfz	Kraftfahrzeug
KG	Kommanditgesellschaft
KGaA	Komanditgesellschaft auf Aktien
KJ	Kalenderjahr
K/K/B	Kanzler/Kraft/Bäuml (Kommentar)
KöModG	Gesetz zur Modernisierung des Körperschaftsteuerrechts
KSt	Körperschaftsteuer
KStG	Körperschaftsteuergesetz
KVF	Kapitalverkehrsfreiheit

KVG	Kapitalverwaltungsgesellschaft
KWG	Gesetz über das Kreditwesen
LOB	Limitation of Benefits
m.w.N.	mit weiteren Nachweisen
max.	maximal
MiFID	Markets in Financial Instruments Directive
MinBestRl-UmsG	Mindestbesteuerungsrichtlinie-Umsetzungsgesetz
mind.	mindestens
MinStG	Mindeststeuergesetz
Mio.	Million
MLI	Multilaterales Instrument
Mrd.	Milliarden
MTRL	Mutter-Tochter-Richtlinie
NAFTA	Nordamerikanisches Freihandelsabkommen
NDBA	Nicht-DBA
NL	Niederlande
NLF	Niederlassungsfreiheit
Nr.	Nummer
NV	nicht veröffentlicht
NWB	Steuer- und Wirtschaftsrecht (Zeitschrift)
NWB-EV	Erben und Vermögen (Zeitschrift)
o.g.	oben genannten
OECD	Organisation für wirtschaftliche Zusammenarbeit und Entwicklung
OECD-MA	OECD-Musterabkommen
OGA	Organismen für gemeinsame Anlagen (Luxemburg)
OGAW	Organismen für gemeinsame Anlagen in Wertpapieren
OK	Online-Kommentar
OPCI	Immobilienfonds (Frankreich)
OPCVM	Organisme de placement collectif en valeurs mobilières (UCITS)
ÖPP	Öffentlich-Private Partnerschaft
p.a.	per annum
PersGes	Personengesellschaft/en
PIStB	Praxis Internationale Steuerberatung (Zeitschrift)
Pkw	Personenkraftwagen
PPT	Principle-Purpose-Test

Prot.	Protokoll
PV	Privatvermögen
QuSt	Quellensteuer
RAIF	Reserved Alternative Investment Funds (Luxemburg)
RdF	Recht der Finanzinstrumente (Zeitschrift)
RefE	Referentenentwurf
REIT	Real Estate Investment Trust
REITG	REIT-Gesetz
RIC	Regulated Investment Company
Rn.	Randnummer/n
Rs.	Rechtssache
Rz.	Randziffer
S.	Seite
s.o.	siehe oben
s.u.	siehe unten
SAC	Verwaltungsgericht (Finnland)
SAO	steuerliche Anlageorganismen (Niederlande)
SCA	Partnership limited by shares (Luxemburg)
SdE	Summe der Einkünfte
SICAF	Anlagegesellschaften mit festem Kapital (Luxemburg, Frankreich)
SICAR	Risikoanlagegesellschaften (Luxemburg)
SICAV	Anlagegesellschaften mit variablem Kapital (Luxemburg, Frankreich)
SIF	Specialised Investment Funds (Luxemburg)
sog.	sogenannte/r
SolZ	Solidaritätszuschlag
SPF	Société de gestion patrimoine familial
SpIF	Spezial-Investmentfonds
StAbwG	Steuerabwehrgesetz
StÄndG	Steueränderungsgesetz
StBp	Die steuerliche Betriebsprüfung (Zeitschrift)
StBW	Steuerberater Woche (Zeitschrift)
SteuerStud	Steuer und Studium (Zeitschrift)
SteuK	Steuerrecht kurzgefasst (Zeitschrift)
StMBG	Mißbrauchsbekämpfungs- und Steuerbereinigungsgesetz
StuB	Unternehmersteuern und Bilanzen (Zeitschrift)

StuW	Steuer und Wirtschaft (Zeitschrift)
TEV	Teileinkünfteverfahren
TFS	Teilfreistellung
TNI	Tax Notes International (Zeitschrift)
TRACE	Treaty Relief and Compliance Enhancement
Tz.	Textziffer
u.a.	unter anderem
u.U.	unter Umständen
Ubg	Die Unternehmensbesteuerung (Zeitschrift)
UBGG	Gesetz über Unternehmensbeteiligungsgesellschaften
UCITSD	Directive relating to undertakings for collective investment in transferable securities
UmsG	Umsetzungsgesetz
UN	United Nations
UntStFG	Gesetz zur Fortentwicklung des Unternehmenssteuerrechts
US	United States
USA	United States of America
USD	Dollar (US)
v.	vom
v.a.	vor allem
VAZ	Veranlagungszeitraum
VermAnlG	Gesetz über Vermögensanlagen
VG	Veräußerungsgewinne
Vgl.	vergleiche
Vol.	Volume
vs.	versus
VwGH	Verwaltungsgerichtshof
WK	Werbungskosten
W/B/A	Weitnauer/Boxberger/Anders (Kommentar)
z.B.	zum Beispiel
ZBB	Zeitschrift für Bankrecht und Bankwirtschaft
ZG	Zwischengesellschaft
Ziff.	Ziffer
zzgl.	zuzüglich

A. Einleitung

I. Problemstellung

Im Jahr 2024 jährte sich die Existenz von Investmentfonds zum 250. Mal. Der Grundstein für diese Anlageform wurde im Jahr 1774 gelegt, als der niederländische Kaufmann *Abraham van Ketwich* den wohl ersten Investmentfonds gründete, den er treffend (namentlich übersetzt) „Eintracht macht stark“ nannte.[1] Inmitten einer Finanzkrise entstand dieser Fonds mit der Idee, Kapital von einer Vielzahl von Investoren zu bündeln und diversifiziert in verschiedene Staats- und Unternehmensanleihen zu investieren – ganz im Sinne der Risikostreuung.[2] Seitdem haben sich Investmentfonds zu einer bedeutsamen Anlageform entwickelt, begleitet von zunehmenden aufsichtsrechtlichen Regulierungen zur Wahrung des Anlegerschutzes.

Die jährlichen Statistiken verdeutlichen die unbestreitbare Bedeutung dieser Anlageform: Das weltweit in regulierte, offene Investmentfonds investierte Vermögen beläuft sich auf 68,9 Billionen USD (davon entfallen auf Europa 20,7 Billionen €[3] und auf die USA 33,6 Billionen USD).[4] Besonders hervorzuheben ist der Anstieg passiv verwalteter Fonds, sog. Exchange Traded Funds (ETF), die im Jahr 2023 Rekordzuflüsse verzeichneten und einen EU-Marktanteil von 26 % erreichten.[5] ETFs überzeugen durch geringe Kosten, hohe Flexibilität sowie Liquidität, da sie tagtäglich an der Börse gehandelt werden können; durch die Nachbildung von Indizes bieten sie eine breite Diversifikation, was sie bei (privaten) Investoren besonders beliebt macht.[6]

Investmentfonds nehmen eine zentrale volkswirtschaftliche Funktion bei der Finanzierung von Unternehmen und Regierungen weltweit ein und haben sich als wesentliche Finanzierungsquelle für die globale Wirtschaft etabliert.[7] Hinsichtlich der Kapitalakkumulation ist es Investmentfonds möglich, Kapital auch aus kleinen Anlagebeträgen (Streubesitz) gebündelt anzulegen, wodurch eine Mobilisierung erheblicher

---

1 Vgl. *BVI,* Die Fondsanlage – eine bewährte Idee, erhältlich im Internet: https://www.bvi.de/fondswissen/basiswissen-zu-fonds/die-fondsanlage-eine-bewaehrte-idee/ (zuletzt besucht am 22.02.2023); *Waris/Atim*, BIT 2021, 115 (116); *Zetzsche*, Prinzipien der kollektiven Vermögensanlage, 290.

2 Vgl. *Waris/Atim*, BIT 2021, 115 (116).

3 Vgl. EFAMA, Fact Book 2024, S. 8, erhältlich im Internet: https://flipbook.vcpgraphics.online/EFAMA/Factbook/2024/Factbook2024.html (zuletzt besucht am 27.08.2024).

4 Vgl. ICI, Investment Company Fact Book 2024, erhältlich im Internet: https://www.icifactbook.org/pdf/2024-factbook.pdf (zuletzt besucht am 27.08.2024).

5 Vgl. EFAMA, Fact Book 2024, S. 9 ff., erhältlich im Internet: https://flipbook.vcpgraphics.online/EFAMA/Factbook/2024/Factbook2024.html (zuletzt besucht am 27.08.2024).

6 Vgl. *Ebenda*, S. 44.

7 Vgl. *Ebenda*, S. 75.

C. Haberkorn, *International-steuerliche Strukturen der reformierten Investmentbesteuerung*, Hallesche Schriften zur Betriebswirtschaft 38,
https://doi.org/10.1007/978-3-658-49895-5_1

Kapitalmengen erfolgt.[8] Der Marktanteil von Fonds an den globalen Kapitalmärkten stabilisiert sich seit 2017 auf 23 %.[9] Im Jahr 2023 betrug der Anteil deutscher Fonds an Aktien deutscher Unternehmen 8 %.[10] Im EU-Raum betrug der Anteil europäischer Fonds an europäischen Aktien sogar 21 %.[11] Vor allem im Bereich der Altersvorsorge stellen sie eine wichtige Ergänzung zu anderen Anlageformen dar.[12] Der Fondsvertrieb erfolgt größtenteils auf nationaler Ebene; grenzüberschreitend dominieren Luxemburg und Irland, gefolgt von Malta, sowie Lettland und Zypern als bedeutende Standorte grenzüberschreitender Investmentfonds.[13] Ende 2023 entfielen 62,8 % des Fondsbesitzes auf inländische Fonds und 37,2 % auf ausländische Fonds, was insgesamt einen Anstieg grenzüberschreitender Investitionen im Vergleich zu 2013 wiederspiegelt.[14] Diese Entwicklungen unterstreichen die wachsende Bedeutung von Investmentfonds im internationalen Finanzsystem.

Der deutsche Fondsverband, BVI, statuiert in seinem Jahrbuch 2024, dass private Investitionen zur Lösung von staatlichen Finanzierungsproblemen beitragen könnten, insbesondere vor dem Hintergrund der Entscheidung des BVerfG[15] zur Schuldenbremse und dem Nachtragshaushalt.[16] Seit Mai 2024 existiert zudem ein Diskussionsentwurf zu einem „Gesetz zur Förderung von Investitionen in Fonds in erneuerbare Energien und Infrastruktur", welcher sichere Rahmenbedingungen für die Mobilisierung privater und öffentlicher Mittel zur Finanzierung solcher Investitionen schaffen soll.[17] Darüber hinaus wird ein „förderfähiges und zertifiziertes Altersvorsorgedepot" erwogen, das langfristig Kapital für die private Altersvorsorge ansammeln soll und steuerlich begünstigt wird.[18] Die Entwicklungen bleiben abzuwarten; zeigen mithin die zunehmende Relevanz von Investmentfonds für die Zukunft.

Die Investition in Investmentfonds ermöglicht es Anlegern, von Skaleneffekten und reduzierten Transaktionskosten zu profitieren, die durch das größere Anlagevolumen

---

8 Vgl. *Dorn*, Investmentsteuerrecht, 14.

9 Vgl. *Ebenda*, S. 75.

10 Vgl. BVI, Fakten zu Fonds, 2023, 4, erhältlich im Internet: https://www.bvi.de/uploads/tx_bvibcenter/BVI_Fakten_zu_Fonds_2023_web_01.pdf (zuletzt besucht 09.10.2024).

11 Vgl. *Ebenda*, S. 4.

12 Vgl. *da Silva*, Intertax 2011, 195 (196).

13 Vgl. EFAMA, Fact Book 2024, 60. erhältlich im Internet: https://flipbook.vcpgraphics.online/EFAMA/Factbook/2024/Factbook2024.html (zuletzt besucht am 27.08.2024).

14 Vgl. *Ebenda*, 61.

15 BVerfG vom 15.11.2023, 2 BvF 1/22, ECLI:DE:BVerfG:2023:fs20231115.2bvf000122.

16 Vgl. BVI-Jahrbuch 2024, S. 13, erhältlich im Internet: https://www.bvi.de/uploads/tx_bvibcenter/2024_06_21_BVI-Jahrbuch_2024.pdf (zuletzt besucht am 10.10.2024).

17 BMF, Diskussionsentwurf eines Gesetzes zur Förderung von Investitionen von Fonds in erneuerbare Energien und Infrastruktur vom 21.05.2024, 5 f.

18 Vgl. *Fokusgruppe private Altersvorsorge*, Abschlussbericht vom 18.07.2023.

und die erhöhte Handelsfrequenz entstehen.[19] Durch die Bündelung von Kapital vieler Investoren können Investmentfonds in größerem Umfang und mit einer breiteren Diversifikation investieren, als dies dem einzelnen Anleger möglich wäre. Investmentfonds nehmen somit eine „ökonomische Brückenfunktion" ein und erleichtern Anlegern den Zugang zum Kapitalmarkt.[20] Gleichzeitig ermöglicht diese Anlageform eine effiziente Risikoallokation. Diese Vorteile lassen sich bereits mit einem Fondsanteil realisieren. Ein weiterer Vorteil liegt in der Expertise, die durch aktiv verwaltete Investmentfonds bereitgestellt wird, da Fondsmanager fortlaufend Marktanalysen durchführen und optimale Anlagestrategien entwickeln, sodass die Anleger von diesem professionellen Know-How profitieren können.[21] Allerdings sind auch Nachteile zu berücksichtigen, wie eingeschränkte Informationsrechte und Einflussmöglichkeiten sowie Kostenfaktoren, beispielsweise Ausgabe- und Rücknahmeaufschläge.[22] Die Beliebtheit ist unbestritten und spiegelt sich in der zunehmenden Bedeutung dieser Anlageform wieder, insbesondere angesichts des beträchtlichen Vermögens, das in diesen Fonds verwaltet wird. Diese Entwicklung unterstreicht die Notwendigkeit einer adäquaten Regulierung, um den Schutz der Anleger sowie die Stabilität der Finanzmärkte zu gewährleisten.

In diesem Kontext spielt auch die steuerliche Behandlung von Investmentfonds eine zentrale Rolle, da Steuerzahlungen einen grundlegenden Einfluss auf Investitionsentscheidungen haben. Daher ist es unerlässlich, sowohl die steuerlichen Konsequenzen auf Anlegerebene als auch die steuerliche Belastung des Fonds selbst zu berücksichtigen, da diese als Kostenfaktoren auf die Anleger übertragen werden könnten. Besonders bei globalen Investments, die aus Gründen der Risikostreuung und Diversifikation begrüßenswert sind, dürfen steuerliche Besonderheiten nicht vernachlässigt werden, um unerwartete Steuerbelastungen zu vermeiden, die das Rendite-Risiko-Profil des Anlegers beeinträchtigen könnten. Im internationalen Kontext ist die Auseinandersetzung mit der Besteuerung von Investmentfonds in anderen Ländern von besonderer Bedeutung, sowohl außerhalb als auch innerhalb der EU, wo eine steuerliche Harmonisierung bisher (noch) nicht stattgefunden hat. Außerdem wurde mit dem JStG 2024[23]

---

19 Vgl. *Geibel*, in: Derleder/Knops/Bamberger (Hrsg.), Deutsches und europäisches Bank- und Kapitalmarktrecht, 649, Rn. 1.

20 Vgl. *Ebenda*; *Dorn*, Investmentsteuerrecht, 14.

21 Vgl. *Dorn*, Investmentsteuerrecht, 14; *da Silva*, Intertax 2011, 195 (196).

22 Vgl. *Geibel*, in: Derleder/Knops/Bamberger (Hrsg.), Deutsches und europäisches Bank- und Kapitalmarktrecht, 649, Rn. 1.

23 Vgl. JStG 2024 vom 05.12.2024, BGBl. 2024 I, Nr. 387, 16 ff.

die Investmentfondsbesteuerung um einen weiteren internationalen Themenbereich, der Vermögenszuwachsbesteuerung, erweitert.

Diese Arbeit zeigt auf, dass die ursprüngliche Idee der steuerlichen Behandlung von Investmentfonds darin bestand, diese als „transparente Gebilde" zu betrachten und steuerneutral zu behandeln.[24] Dies bedeutet, dass die Anlage über einen Investmentfonds nicht steuerlich nachteiliger sein sollte als die Direktanlage. Dieser Grundsatz der Steuerneutralität gerät jedoch zunehmend in den Hintergrund, wie sich in der unionsrechtlichen Rechtsprechung[25] zeigt. Diese veranlasste Deutschland, ab 2018 das Trennungsprinzip in der Investmentfondsbesteuerung einzuführen, um den unionsrechtlichen Grundfreiheiten gerecht zu werden und das nationale Besteuerungsrecht zu sichern.

II. Untersuchungsziel, - methode und Forschungslücke

Das Ziel dieser Arbeit ist es, die internationalen Bezüge des Investmentsteuerrechts umfassend darzustellen. Methodisch basiert die Untersuchung auf einem analytisch-normativen Ansatz, der sowohl eine systematische Analyse der rechtlichen Rahmenbedingungen als auch eine normative Bewertung umfasst. Im Fokus stehen die ertragsteuerlichen Konsequenzen und Besteuerungssystematiken der reformierten Investmentfondsbesteuerung nach dem InvStG 2018. Dabei werden sowohl die Regelungen für Publikums-Investmentfonds als auch für Spezial-Investmentfonds und deren Anlegern detailliert untersucht. Ausgenommen bleibt dabei die Verschmelzung von Investmentfonds gemäß § 23 InvStG. Ein tiefgreifendes Verständnis der steuerlichen Wirkungen ist für die anschließende Belastungs- und Fallanalyse im grenzüberschreitenden Kontext unerlässlich. Zudem wird auf die grundlegenden Prinzipien des Internationalen Steuerrechts eingegangen, die auf die spezifischen Regelungen der Investmentfondsbesteuerung übertragen werden.

Zunächst wird die abkommensrechtliche Problematik erörtert und eine Analyse der mit Deutschland bestehenden Doppelbesteuerungsabkommen (DBA) hinsichtlich der steuerlichen Behandlung von Investmentfonds und deren Anlegern vorgenommen. Die DBA werden dabei auf entsprechende Regelungen untersucht und dahingehend kategorisiert, um die angewandten Methodiken zu typisieren und eine Bewertung vorzunehmen. Besonderes Augenmerk liegt auf den unionsrechtlichen Entwicklungen, die maßgeblich zur Reform des deutschen Investmentsteuerrechts beigetragen haben.

---

24 Vgl. *da Silva*, Intertax 2011, 195 (196).

25 Siehe Abschnitt H.III.

Zudem werden die tatsächlichen Auswirkungen der unionsrechtlichen Rechtsprechungen in den betroffenen Staaten analysiert, um zu bewerten, wie sich das internationale Steuerrecht im Hinblick auf Investmentfonds entwickelt. Dazu analysiert die Arbeit die vergangenen EuGH-Rechtsprechungen und arbeitet ein Prüfschema heraus, nach dem der EuGH ähnlich gelagerte Fälle beurteilt. Außerdem werden die aktuellen Anpassungen des Sekundärrechts, insbesondere die Einführung der Hinzurechnungsbesteuerung im EU-Raum, sowie die Anpassung der deutschen Hinzurechnungsbesteuerung und ihre Auswirkungen auf Fondskonstrukte eingehend beleuchtet.

Das Hauptziel der Arbeit besteht darin, anhand einer quantitativen Belastungsanalyse und qualtitativen Fallanalyse die grenzüberschreitenden steuerlichen Konsequenzen für Publikums- und Spezial-Investmentfonds sowie deren Anlegern zu verdeutlichen und die steuerlichen Auswirkungen zu bewerten. Jede mögliche grenzüberschreitende Fallkonstellation wird detailliert betrachtet und die steuerliche Belastung berechnet. Es wird untersucht, welche Steuerbelastungen auf Anleger- und (Spezial-)Fondsebene konkret auftreten und welche Regelungen dabei zu berücksichtigen sind. Darüber hinaus wird auf spezielle Besonderheiten hingewiesen sowie offene Fragen thematisiert. Die Untersuchungsmethode kombiniert quantitative und qualitative Ansätze: Zum einen wird eine Fallstudienanalyse durchgeführt, um steuerrechtliche Regelungen auf verschiedene Fondskonstellationen anzuwenden, zum anderen erfolgt eine quantitative Belastungsanalyse durch Berechnung und Vergleich der steuerlichen Auswirkungen in den einzelnen Fällen.

Die bisherigen Untersuchungen zu diesem Thema bewegen sich im Investmentsteuerrecht der alten Fassung vor dem 01. Januar 2018 (u.a. *Teichert*, Die Besteuerung in- und ausländischer Investmentfonds nach dem Investmentsteuergesetz, 2008). Hinsichtlich der reformierten Investmentfondsbesteuerung beschränken sich die Ausarbeitungen entweder auf deskriptiv/normativ qualitative Ausarbeitungen (z.B. *Schwarz*, Investmentbesteuerung im Anwendungsbereich des InvStG, 2022; *Jüdes*, Systematik des neuen Investmentsteuerrechts und Folgerichtigkeit in der Umsetzung, 2021; *Illgen*, Die Investmentfondsbesteuerung im Systemwandel, 2023) sowie in der Peripherie im Übergang vom alten zum neuen Recht (z.B. *Kohl*, Das Investmentsteuerreformgesetz, 2019; *Kloster*, Neukonzeption der Investmentbesteuerung, 2018) oder konzentrierten sich auf die steuerlichen Konsequenzen im Zusammenhang mit Publikums-Investmentfonds (z.B. *Kühn*, Die Investmentsteuerreform 2018, 2019). Diese Arbeit erweitert den Fokus auf das Internationale Steuerrecht sowie die Steuerplanung und -

wirkung. In einer globalisierten Wirtschaft stellen grenzüberschreitende Kapitalinvestments eher die Regel als die Ausnahme dar, weshalb eine umfassende Analyse der damit verbundenen steuerlichen Herausforderungen unerlässlich ist. Daher erfolgt eine detaillierte quantitative und schematische Untersuchung der Steuerwirkungen von Fondsinvestments im grenzüberschreitenden Kontext. Neben der bisherigen Betrachtung der Auswirkungen auf private Anleger werden auch betriebliche Anleger einbezogen und die Analyse auf die Belastungswirkungen in Bezug zu Spezial-Investmentfonds im Zeitverlauf ausgeweitet. Die Behandlung von Spezial-Investmentfonds finden sich bisher an nachgeordneter Stelle und sind insgesamt eher unterrepräsentiert. Ziel der Arbeit ist es, Regelungslücken und Nachbesserungsbedarf im Investmentsteuerrecht aufzuzeigen und einen Überblick über die jeweiligen Belastungswirkungen im internationalen Kontext zu geben, um daraus Leitlinien für ein steueroptimales Fondsinvestment abzuleiten.

III. Gang der Untersuchung

Das nachfolgende Kapitel B bietet eine Einordnung des Investmentsteuerrechts in das Internationale Steuerrecht, um hierauf insbesondere i.R.d. Belastungsanalyse (Kapitel I) und der Darlegung der internationalen Bezüge des Investmentsteuerrechts (Kapitel H) Bezug zu nehmen. Die Grundprinzipien des Internationalen Steuerrechts werden dargestellt und die zentralen Problemstellungen, die sich auch in der Investmentfondsanlage wiederfinden, diskutiert. Wichtige Konzepte wie die Steuerneutralität, das Quellenstaatsprinzip sowie die Abgrenzung des steuerlichen Transparenz- und Trennungsprinzips werden hierbei erläutert. Abschließend wird die Notwendigkeit für ein spezielles Investmentsteuerrecht dargelegt.

Nachfolgend wird in Kapitel C auf die aufsichtsrechtlichen Regelungen im Kontext mit Investmentfonds eingegangen. Da das InvStG in seinem Anwendungsbereich auf das KAGB verweist und die Investmentfonds ihren Ursprung in der aufsichtsrechtlichen Regulierung haben, werden die aufsichtsrechtlichen Grundlagen, Definitionen sowie die Systematisierung von Investmentvermögen erläutert.

Kapitel D schließt mit einem kurzen Überblick zur Reform der Investmentfondsbesteuerung in Deutschland an. Da vor allem erhebliche unionsrechtliche Bedenken gegen das damalige Besteuerungssystem aufkamen, die zudem einen zentralen Bestandteil der Untersuchung der internationalen Bezüge darstellt, wird das damalige Besteuerungssystem kurz erläutert. In diesem Zusammenhang werden die Kritikpunkte, welche die Reformierung erforderlich machten, aufgezeigt. Insbesondere wird auf die unionsrechtlichen Beweggründe eingegangen, flankiert von aktuellen unionsrechtlichen sowie höchstrichterlichen Rechtsprechungen.

Die Kapitel E bis G behandeln das derzeitige Besteuerungssystem von Investmentfonds und deren Anlegern. Dahingehend stellt Kapitel E den persönlichen Anwendungsbereich des InvStG dar, indem Investmentfonds und deren Anleger in das Regelungsgefüge eingeordnet werden. Außerdem wird das Verhältnis des Investmentsteuerrechts zu anderen Rechtsgebieten aufgezeigt. Kapitel F schließt mit der Besteuerung von Kapitel-2-Investmentfonds (sog. Publikums-Investmentfonds) und deren Anlegern an. Hierbei wird auf die Körperschaftsteuerpflicht der Investmentfonds eingegangen, während auf Anlegerebene die Besteuerung von Ausschüttungen, Vorabpauschalen und Veräußerungsgewinnen im Mittelpunkt stehen. Die Verfahren zur Einkünfteermittlung und Steuererhebung werden beschrieben. Kapitel G betrachtet die Besteuerung von Spezial-Investmentfonds und deren Anlegern. Hierbei werden die Anlagebestimmungen sowie die möglichen Transparenzoptionen für Spezial-Investmentfonds eingehend beleuchtet, sowie die Besonderheiten bei der Besteuerung der Anleger herausgestellt. Diese Ausführungen dienen neben der Darstellung und Auseinandersetzung mit den reformierten Besteuerungsregelungen als wesentliche Grundlage für die Belastungsanalyse in Kapitel I.

Kapitel H beleuchtet die internationalen Bezüge der Investmentfondsbesteuerung. Hierbei wird der Fokus auf abkommensrechtliche Fragestellungen, den Auswirkungen der verschiedenen EuGH-Rechtsprechungen sowie dem Verhältnis zur Hinzurechnungsbesteuerung gelegt. Im Rahmen der abkommensrechtlichen Problematik wird auf mögliche Lösungsansätze hingewiesen und untersucht, inwieweit Regelungen bzgl. Investmentfonds in konkreten mit Deutschland abgeschlossenen DBA enthalten sind. Das Verhältnis zur Hinzurechnungsbesteuerung wird anhand der angepassten Rechtslage des AStG ab 2022 dargestellt und investmentsteuerliche Fallkonstellationen identifiziert und analysiert, die diese Anpassung mit sich bringt. Die Ausführungen dienen ebenfalls der sich anschließenden Belastungsanalyse.

Kapitel I enthält schließlich die analytische Untersuchung grenzüberschreitender Fondsinvestments anhand einer konkreten Belastungs- und Fallanalyse. Dahingehend werden ausgehend vom reinen Inlandsfall verschiedene Fallszenarien mit grenzüberschreitenden Elementen untersucht. Dahingehend werden Schlussfolgerungen anhand konkreter Steuerbelastungen auf Anleger- und (Spezial-)Investmentfondsseite gezogen. Detaillierte Berechnungen sind im Anhang nachzuvollziehen.

Kapitel J enthält die Schlussbetrachtung und eine zusammenfassende kritische Würdigung. Dahingehend wird der im April 2023 veröffentlichte Zwischenbericht des BMF zur Evaluation der Investmentfondsbesteuerung einbezogen.

B. Einordnung des Investmentsteuerrechts in das Internationale Steuerrecht

I. Überblick

Die Besteuerung von Kapitalanlagen im grenzüberschreitenden Kontext in Form der Direktanlage erfolgt unter Anwendung der Grundprinzipien des Internationalen Steuerrechts. Welchen Grundprinzipien das Internationale Steuerrecht folgt und wie es definiert werden kann, wird im folgenden Abschnitt erläutert. Im Gegensatz zur Direktanlage hat der Steuerpflichtige die Möglichkeit, Kapitalanlagen über Investmentvermögen (Publikums- und Spezialinvestmentfonds) zu tätigen. Dies eröffnet jedoch eine zusätzliche Ebene, die i.R.d. Internationalen Steuerrechts berücksichtigt werden muss. Hierbei ist zu untersuchen, inwieweit es zu einer Besteuerung im Ausland und Inland auf den verschiedenen Ebenen kommen kann, ob eine Doppelbesteuerung entsteht und wie diese vermieden werden kann.

Historisch gesehen, stellt das Transparenzprinzip den wesentlichen Leitgedanken des Investmentsteuerrechts dar, mit dem Ziel, die Fondsanlage der Direktanlage steuerlich gleichzustellen. Dies gilt insbesondere auch nach internationalem Verständnis, wie es bspw. auf den IFA-Kongressen[26] mehrfach diskutiert wurde.[27]
Neuere Entwicklungen zeigen jedoch eine gewisse Abkehr von diesem Leitgedanken: Seit 2018 ist der deutschen Investmentfondsbesteuerung (damit ist stets die dreigliedrige Gesamtbetrachtung von Investor-, Fonds- und Anlageebene gemeint) das Trennungsprinzip immanent. Gemäß dem InvStG 2004[28] wurde noch die sog. (Semi-) Transparenz umgesetzt, wonach inländische Fonds von der Ertragsbesteuerung ausgenommen waren. Mit der Neuregelung wurde dieses Prinzip mithin aufgegeben und die Fonds selbst einer Besteuerung unterworfen.

---

26 Die International Fiscal Association (IFA) ist die einzige nicht-staatliche und sektorenübergreifende internationale Organisation, die sich mit steuerlichen Angelegenheiten befasst. Als neutrale, unabhängige und nicht lobbyistische Organisation bietet die IFA eine neutrale Plattform, auf der Vertreter aller Berufe und Interessen zusammenkommen und internationale Steuerfragen diskutieren können. Ziel der IFA ist das Studium und die Förderung des internationalen und vergleichenden Rechts in Bezug auf öffentliche Finanzen, insbesondere des internationalen Steuerrechts sowie der finanziellen und wirtschaftlichen Aspekte der Besteuerung. Die IFA verfolgt diese Ziele durch ihre jährlichen Kongresse und die dazugehörigen wissenschaftlichen Publikationen, vgl. IFA, Homepage, https://www.ifa.nl/about-ifa (zuletzt besucht am 13.06.2024).

27 Die Besteuerung von Investmentfonds war bereits Gegenstand diverser IFA-Kongresse: 1962 in Athen ("Fiscal problems arising in connection with investment trusts"); 1971 in Washington ("Fiscal treatment of investment trusts and mutual funds"); 1997 in Neu-Delhi ("The taxation of investment funds"); 2019 in London ("Investment Funds").

28 Investmentsteuergesetz (InvStG 2004) vom 15.12.2003, in: BGBl. I 2003, 2676 (2724).

C. Haberkorn, *International-steuerliche Strukturen der reformierten Investmentbesteuerung*, Hallesche Schriften zur Betriebswirtschaft 38,
https://doi.org/10.1007/978-3-658-49895-5_2

Wie die Regelungen und Grundprinzipien des Internationalen Steuerrechts in Verbindung mit dieser zusätzlichen Ebene (Fondsebene) funktionieren, soll diese Arbeit aufzeigen. Zunächst werden die Grundprinzipien des Internationalen Steuerrechts, insbesondere die Begründung von Steueransprüchen sowie die zugrunde liegende Problematik, dargestellt. Zudem wird das Prinzip der internationalen Steuerneutralität erläutert sowie die Bedeutung des Transparenzprinzips i.R.d. Investmentfondsbesteuerung näher untersucht. Darauf aufbauend wird die Notwendigkeit eines Investmentsteuergesetzes herausgestellt und dessen Verbindungen zu anderen Rechtsgebieten verdeutlicht. Um die Entwicklung der gesetzlichen Regelungen vollends verständlich zu machen, wird zudem auf die Historie der Fondsbesteuerung sowie deren ursprünglichen Sinn und Zweck eingegangen.

II. Grundprinzipien des (Internationalen) Steuerrechts

1. Definition und Grundproblematik des Internationalen Steuerrechts

Unter der Begrifflichkeit[29] des „Internationalen Steuerrechts" kann grundsätzlich „die Gesamtheit aller Normen [verstanden werden], die die Besteuerung grenzüberschreitender Sachverhalte regeln."[30] Diese Normen umfassen innerstaatliche Regelungen als auch zwischenstaatliche Regelungen, insbesondere das bilaterale Recht der Doppelbesteuerungsabkommen sowie multilaterale Rechtsakte wie das Unionsrecht und das Völkerrecht.[31]

Die Grundlage für die Festlegung von innerstaatlichen Besteuerungsregelungen liegt im Souveränitätsprinzip.[32] Dieses Prinzip besagt, dass ein Staat auf seinem Hoheitsgebiet die Besteuerungsregelungen festlegen kann.[33] Bei grenzüberschreitenden Sachverhalten wird jedoch die Souveränität von zwei oder mehr Staaten berührt, was zur Anwendung unterschiedlicher innerstaatlicher Besteuerungsregelungen führen kann und somit das Risiko von Doppelbesteuerungen birgt.[34]

---

29 Es gibt eine Vielzahl unterschiedlicher Begriffsauslegungen und Verständnisse. Eine eindeutige Definition existiert nicht, vgl. *Schaumburg*, in: Schaumburg (Hrsg.), Internationales Steuerrecht, Rn. 1.1 (5. Aufl.); *Micker/Pohl/Oppel*, Kompendium Internationales Steuerrecht, Rn. 1.

30 *Brähler*, Internationales Steuerrecht, 1.

31 Vgl. *Rupp/Knies/Faust/Hüll*, Internationales Steuerrecht, 4 ff.

32 Vgl. *Brähler*, Internationales Steuerrecht, 3.

33 Vgl. *Ebenda*, 3.

34 Vgl. *Grashoff/Mach*, in: Grashoff/Mach (Hrsg.), Grundzüge des Steuerrechts, Rn. 510.

Die Erhebung eines Steueranspruchs ist für einen Staat gemäß völkerrechtlichen Grundsätzen dann möglich, wenn eine „hinreichend enge Verbindung zum Hoheitsgebiet des besteuernden Staates besteht (sog. genuine link)“.[35] Die Staaten haben dementsprechend Anknüpfungsmerkmale zur Begründung von Besteuerungsansprüchen festgelegt.[36] Bei den Ertragsteuern wird dabei insbesondere an den Steuerpflichtigen als Person und an das Steuerobjekt angeknüpft.[37]
Die persönliche Steuerpflicht wird meist durch die Ansässigkeit des Steuerpflichtigen bestimmt (Ansässigkeits- oder Wohnsitzstaatsprinzip).[38] Weiterhin knüpft der Staat seinen Besteuerungsanspruch auf eine sachliche Verbindung zum Inland. Hierbei kommen das Quellenstaatsprinzip sowie das Belegenheitsprinzip zur Anwendung. Das Quellenstaatsprinzip besteuert Einkünfte aus inländischen Einkunftsquellen, während das Belegenheitsprinzip alle auf dem Staatsgebiet belegenden Vermögensgegenstände erfasst.[39] Aus diesen Anknüpfungsmerkmalen resultieren die nationalen Besteuerungsansprüche.[40] Aus dem Ansässigkeitsprinzip leitet der Staat die unbeschränkte Steuerpflicht ab und unterwirft inländische sowie ausländische Einkünfte i.R.d. Welteinkommensprinzips der sachlichen Steuerpflicht. Dies bedeutet, dass der Staat am „Auslandserfolg inländischer Unternehmen“ beteiligt wird.[41] Das Quellenstaats- und Belegenheitsprinzip begründet Steueransprüche i.R.d. Territorialitätsprinzips und gilt für Steuerpflichtige, deren Steuerpflicht nicht durch das Ansässigkeitsprinzips bestimmt wird.[42] Diese unterliegen im Rahmen der beschränkten Steuerpflicht lediglich mit inländischen Einkünften der Besteuerung. Dadurch partizipiert der Staat am im Inland erzielten Gewinn ausländischer Unternehmen.[43]

Hinsichtlich der grenzüberschreitenden Tätigkeiten kann zwischen Inbound- und Outbound-Konstellationen unterschieden werden.[44] Im Inbound-Fall wird ein im Ausland ansässiger Steuerpflichtiger im Inland tätig, was die Begründung der beschränkten Steuerpflicht an den inländischen Einkünften zur Folge hat. Gleichzeitig unterliegt der im Ausland ansässige Steuerpflichtige dort aufgrund des Ansässigkeitsprinzips der

---

35 *Haase*, Internationales und Europäisches Steuerrecht, Rn. 17.

36 Vgl. *Ebenda*, Rn. 19; *Brähler*, Internationales Steuerrecht, 3.

37 Vgl. *Brähler*, Internationales Steuerrecht, 4.

38 Vgl. *Ebenda*, 4; *Haase*, Internationales und Europäisches Steuerrecht, Rn. 20. Es gibt mithin Regelungen, die auf die Staatsangehörigkeit abstellen, siehe § 50 Abs. 2, § 50a Abs. 3 EStG.

39 Vgl. *Brähler*, Internationales Steuerrecht, 4.

40 Vgl. *Ebenda*, 5.

41 *Lampert*, in: Mössner/Lampert (Hrsg.), Steuerrecht international tätiger Unternehmen, Rn. 2.1.

42 Vgl. *Ebenda*; *Brähler*, Internationales Steuerrecht, 6.

43 Vgl. *Lampert*, in: Mössner/Lampert (Hrsg.), Steuerrecht international tätiger Unternehmen, Rn. 2.1.

44 Vgl. *Haase*, Internationales und Europäisches Steuerrecht, Rn. 9.

unbeschränkten Steuerpflicht, welcher das Welteinkommensprinzip zugrunde liegt. Folglich werden die inländischen Einkünfte der beschränkten Steuerpflicht im Inland und der unbeschränkten Steuerpflicht im Ausland unterworfen. Gleiches gilt umgekehrt für den Outbound-Fall, wobei ein im Inland ansässiger Steuerpflichtiger im Ausland tätig wird.

Beide Konstellationen führen zum Vorliegen der juristischen Doppelbesteuerung, bei der „von demselben Steuerpflichtigen für denselben Steuergegenstand und denselben Zeitraum vergleichbare Steuern in zwei oder mehr Staaten erhoben werden."[45] Die wirtschaftliche Doppelbesteuerung hingegen bezieht sich auf die doppelte Besteuerung des „gleichen wirtschaftlichen Ergebnisses", wobei es hierbei an der Identität des Steuersubjektes fehlt.[46]

Die Beseitigung dieser Doppelbesteuerungen, insbesondere der juristischen Doppelbesteuerung im internationalen Kontext, ist für alle Staaten ein Anliegen.[47] Denn Doppelbesteuerungen wirken sich grundsätzlich negativ auf Investitionsentscheidungen der Steuerpflichtigen aus und sind volkswirtschaftlich schädlich, da sie eine effiziente Allokation des Faktors Kapital verhindern.[48] Des Weiteren leitet sich aus Art. 3 Abs. 1 GG das Leistungsfähigkeitsprinzip ab, welches besagt, dass gleiche Sachverhalte steuerlich gleich behandelt werden müssen.[49] Es ist daher unerheblich, wo die Quelle der Leistungsfähigkeit belegen ist.[50]
Die Staaten haben daher Maßnahmen ergriffen, um Doppelbesteuerungen zu vermeiden. Im Rahmen unilateraler Maßnahmen können bspw. ausländische Steuern im Outbound-Fall im Inland angerechnet oder abgezogen werden.[51] Außerdem werden über bilaterale Doppelbesteuerungsabkommen Vereinbarungen zwischen zwei Staaten hinsichtlich der Verteilung der Besteuerungsrechte und der Vermeidung von Doppelbesteuerungen abgeschlossen. Zudem wirken die unionsrechtlichen Grundfreiheiten (Primärrecht) und die Richtlinien (Sekundärrecht) Doppelbesteuerungen und Benachteiligungen i.R.d. Europäischen Union und des Europäischen Wirtschaftsraumes und

45 *Frotscher*, Internationales Steuerrecht, Rn. 7.
46 *Ebenda*, Rn. 11.
47 Vgl. *Ebenda*, Rn. 3.
48 Vgl. *Haase*, Internationales und Europäisches Steuerrecht, Rn. 39; *Kaminski*, in: Lüdicke (Hrsg.), Aktuelle Problemfelder im Internationalen Steuerrecht, Anrechnung ausländischer Steuern, Anschn. A. Ausgangspunkte.
49 Vgl. *Frotscher*, Internationales Steuerrecht, Rn. 33.
50 Vgl. *Ebenda*, Rn. 34.
51 §§ 34c, 34d EStG i.V.m. § 26 KStG; § 32d Abs. 5 EStG.

somit auf multilateraler Ebene.[52] Die Anrechnungs- und Freistellungsmethode haben sich international als die gängigsten Methoden zur Vermeidung von Doppelbesteuerungen durchgesetzt.[53]

Bei der Vermeidung der Doppelbesteuerung werden die Prinzipien der Kapitalexport- und -importneutralität verfolgt.[54] Bei der Kapitalimportneutralität sollen alle Investoren in einem Land gleich besteuert werden, unabhängig von der Herkunft des Kapitals; die Besteuerung richtet sich nach dem Investitionsstaat bzw. Quellenstaat.[55] Hierfür wird die Doppelbesteuerung über die Freistellung der ausländischen Einkünfte im Inland vermieden.[56] Bei der Kapitalexportneutralität sollen alle Investoren innerhalb eines Staates gleich gestellt werden, wobei die Besteuerung nach den Regelungen des Staates erfolgt, aus dem das Kapital stammt (Wohnsitzstaat).[57] Die Anrechnungsmethode wirkt hierbei Doppelbesteuerungen entgegen.[58]

Diese Prinzipien sollen als Rahmen für die Beurteilung der Investmentfondsbesteuerung im grenzüberschreitenden Kontext dienen. Dahingehend werden die nationalen, unilateralen Methoden zur Vermeidung der Doppelbesteuerung untersucht. Außerdem wird die Berücksichtigung i.R.d. Doppelbesteuerungsabkommen analysiert sowie die unionsrechtlichen Einflüsse betrachtet.

2. Ausprägungen der Steuerneutralität (tax neutrality)

Das Prinzip der Steuerneutralität findet sich im Steuerrecht an unterschiedlichen Stellen. Beispielsweise soll das Steuerrecht rechtsformneutral ausgestaltet werden. Auch diese Prämisse findet sich in der Investmentfondsbesteuerung wieder, da ein Investmentvermögen allgemeinhin als „Organismus" nach § 1 Abs. 1 KAGB definiert wird.[59] Wie sich aber zeigt, unterscheidet der persönliche Anwendungsbereich des InvStG anhand von Rechtsformen.

---

52 Vgl. *Frotscher*, Internationales Steuerrecht, Rn. 3.
53 Vgl. *Birk/Desens/Tappe*, Steuerrecht, Rn. 1460.
54 Vgl. *Frotscher*, Internationales Steuerrecht, Rn. 303.
55 *Kaminski*, in: Lüdicke (Hrsg.), Aktuelle Problemfelder im Internationalen Steuerrecht, Anrechnung ausländischer Steuern, Abschn. A Ausgangspunkte; *Frotscher*, Internationales Steuerrecht, Rn. 303; *Birk/Desens/Tappe*, Steuerrecht, Rn. 1460.
56 Vgl. *Frotscher*, Internationales Steuerrecht, Rn. 303; *Birk/Desens/Tappe*, Steuerrecht, Rn. 1460.
57 *Kaminski*, in: Lüdicke (Hrsg.), Aktuelle Problemfelder im Internationalen Steuerrecht, Anrechnung ausländischer Steuern, Abschn. A Ausgangspunkte; *Frotscher*, Internationales Steuerrecht, Rn. 303; *Birk/Desens/Tappe*, Steuerrecht, Rn. 1460.
58 Vgl. *Frotscher*, Internationales Steuerrecht, Rn. 303.
59 *Volhard/Jang*, in: W/B/A (Hrsg.), KAGB, § 1, Rn. 5; *Jesch*, in: Baur/Tappen/Mehrkhah/Behme (Hrsg.), Investmentgesetze, § 1 KAGB, Rn. 7.

Im Rahmen des Internationalen Steuerrechts ist als Ausfluss der Vermeidung von internationalen Doppelbesteuerungen dem Grundsatz der Neutralität der internationalen Besteuerung (sog. „inter-nations neutrality“[60]) zu folgen.[61] Das Prinzip der Steuerneutralität besagt, dass wirtschaftliche Entscheidungen nicht durch die Besteuerungsregelungen beeinflusst werden sollten.[62] Dahingehend sind die Prinzipien der Kapitalexport- und -importneutralität im Wesentlichen zu verwirklichen (siehe oben).[63] Die Konzepte der Allokationseffizienz und der Neutralität der internationalen Besteuerung beruhen auf nutzentheoretischen Überlegungen und streben eine pareto-optimale Ressourcenverteilung an, bei der keine Verbesserung der Wohlfahrt eines Individuums möglich ist, ohne die eines anderen zu verschlechtern.[64] Der Vermeidung von Doppelbesteuerungen, die die Staaten i.R.d. Kapitalallokation insgesamt besser stellen und zur Wohlstandsoptimierung beitragen sollen, sind jedoch negative Folgen immanent.[65] Zum einen fördert es den (schädlichen) Steuerwettbewerb, da die Staaten sich nur noch über abgesenkte Steuersätze einen Vorteil verschaffen können.[66] Zum anderen können durch die Maßnahmen zur Vermeidung der Doppelbesteuerung geschaffene Freiräume missbräuchlich ausgenutzt werden, um bspw. weiße Einkünfte zu erzielen, die in keinem der beteiligten Staaten einer Besteuerung unterliegen.[67] Daraufhin werden zunehmend umfassendere Regelungen eingeführt, um diesen Entwicklungen entgegenzuwirken.[68] Im Rahmen dieser Arbeit wird untersucht, welche Wirkungen die Hinzurechnungsbesteuerung nach dem Außensteuergesetz im Zusammenhang mit Investmentfondsstrukturen entfaltet.

Die Besteuerung im Zusammenhang mit Investmentfonds ist mit dem Prinzip der Steuerneutralität verknüpft, das in zwei Formen auftreten kann: horizontale und vertikale Steuerneutralität.[69] „Horizontale Steuerneutralität“ bedeutet, dass die Investition in Vermögenswerte über einen Investmentfonds die effektive Steuerlast der Investoren im Vergleich zur direkten Investition in dieselben Vermögenswerte weder erhöhen

---

60 *Lehner*, StuW 1998, 159 (164).
61 Vgl. *Spengel*, in: DStJG/Achatz (Hrsg.), Internationales Steuerrecht, 44.
62 Vgl. *Princen/Gérard*, ET 2008, 174 (174).
63 Vgl. *Valta*, in: Schaumburg (Hrsg.), Internationales Steuerrecht, Rn. 5.2 (5. Aufl.).
64 Vgl. *Spengel*, in: DStJG/Achatz (Hrsg.), Internationales Steuerrecht, 44.
65 Vgl. *Frotscher*, Internationales Steuerrecht, Rn. 4.
66 Vgl. *Ebenda*, Rn. 4; *Haase*, Internationales und Europäisches Steuerrecht, Rn. 42 f.
67 Vgl. *Frotscher*, Internationales Steuerrecht, Rn. 4.
68 Dies zeigt sich bspw. in den BEPS-Initiativen der OECD aus dem Jahr 2015, den drei Richtlinien der ATAD; den DAC-Richtlinien (1-8) zum automatischen Informationsaustausch, dem Country-by-Country-Reporting sowie diverserer Meldepflichten für grenzüberschreitende Steuergestaltungen; Pillar 1 und 2.
69 “The investigation of the nature of investment funds is often aligned with the notion of ‘tax neutrality’.”, *Hwang/Weidmann*, in: IFA (Hrsg.), Cahiers 2019 Vol. 104B, General Report, 18.

noch verringern soll.[70] Der Begriff der „vertikalen Steuerneutralität" hingegen zielt darauf ab, die wirtschaftliche Doppelbesteuerung zu vermeiden, indem die Investition über einen Investmentfonds nur auf einer Ebene besteuert wird.[71] Dies kann bspw. durch die steuertransparente Behandlung des Fonds erreicht werden, sodass die Besteuerung auf Anlegerebene stattfindet; alternativ kann eine Besteuerung auf Fondsebene erfolgen, während die Anleger von der Besteuerung befreit werden.[72] Eine weitere Möglichkeit besteht darin, dass die Besteuerung teilweise auf Fondsebene und teilweise auf Anlegerebene erfolgt; außerdem könnte ein Abzug gewährt werden, entweder auf Fondsebene oder auf Anlegerebene, wenn der Fonds Gewinne am Ende des Jahres ausschüttet oder anderweitig verteilt.[73] Weiterhin ist zu beachten, dass sich die Art der Einkünfte oder Verluste ändern kann, wenn sie durch einen Fonds „gefiltert" werden und dass der Zeitwert des Geldes eine Rolle spielt, da Investoren von jeder Verzögerung der Steuerzahlung aufgrund von Thesaurierungen profitieren können.[74]

Es finden sich also unterschiedliche Aspekte der Steuerneutralität. In dieser Arbeit werden grenzüberschreitende Konstellationen untersucht, die einerseits die Steuerneutralität des Investmentfondskonstruktes unter Berücksichtigung der Ebenen von Anlegern, Investmentfonds und Assets zum Gegenstand haben. Andererseits erfolgt eine Analyse der Wirksamkeit von Maßnahmen zur Vermeidung der Doppelbesteuerung sowie eine Bewertung der internationalen Steuerneutralität dieser Maßnahmen im grenzüberschreitenden Kontext.

3. Quellenstaatsprinzip und Quellenbesteuerung

Der folgende Abschnitt befasst sich eingehend mit dem Quellenstaatsprinzip als einem der zentralen Anknüpfungspunkte zur Rechtfertigung der Erhebung von Steueransprüchen durch Staaten. Dagegen bildet das Ansässigkeitsprinzip die Grundlage der unbeschränkten Steuerpflicht und somit des Welteinkommensprinzips. Die zentrale Problematik des Internationalen Steuerrechts ist die volkswirtschaftlich schädliche Entstehung von Doppelbesteuerungen. Staaten befinden sich dabei in einem ständigen Trade-Off zwischen der Durchsetzung ihres inländischen Besteuerungsrechts und der Vermeidung von Doppelbesteuerungen. Um Doppelbesteuerungen zu vermeiden, haben sich Prinzipien entwickelt, die der Aufteilung von Besteuerungsrechten an

70 Vgl. *Ebenda*, 18.
71 Vgl. *Ebenda*, 18.
72 Vgl. *Ebenda*, 18; so auch *Bärenz*, BB 2007, Die erste Seite.
73 Vgl. *Hwang/Weidmann*, in: IFA (Hrsg.), Cahiers 2019 Vol. 104B, General Report, 18.
74 Vgl. *Ebenda*, 18.

bestimmten Einkünften dienen. Diese finden sich insbesondere in der Ausgestaltung von DBA und der unilateralen Regelungen wieder. Insbesondere das Quellenstaatsprinzip ist zentral, welches sich konkretisiert durch das Betriebsstätten- und das Belegenheitsprinzip, die im Folgenden näher erläutert werden. Ein Verständnis dieser Prinzipien ist insbesondere für die grenzüberschreitende Erfassung von Einkünften im Zusammenhang mit Investmentfondsstrukturen zentral.

Im Rahmen der Internationalen Unternehmensbesteuerung galten als wichtigste Anknüpfungspunkte eine physische Präsenz über eine Betriebsstätte für aktive Unternehmensgewinne und die Besteuerung an der Quelle für die Erfassung passiv generierten Investmenteinkommens.[75] Für die Erfassung der Einkünfte aus aktiven Unternehmensgewinnen greift das Betriebsstättenprinzip: die Besteuerung erfolgt dort, wo sich die Betriebsstätte befindet.[76] Ähnlich verhält es sich mit dem Belegenheitsprinzip in Bezug auf Immobilieneinkünfte. Für Investitionserträge wird die Besteuerung über das Quellensteuersystem vorgenommen. Das Besteuerungsrecht wird mithin im Quellenstaat festgelegt; der Ansässigkeitsstaat hat die Doppelbesteuerung durch Anrechnungs- oder Freistellungsmethode zu vermeiden. Die Quellenbesteuerung ist als Erhebungstechnik anzusehen, welche vordergründig bei passiv generiertem Investmenteinkommen greift. Es erfolgt der Einbehalt eines bestimmten Steuerbetrages auf Ebene der auszahlenden Stelle (international: „withholding agent") für Rechnung des Zahlungsempfängers.[77] Die jeweilige Steuerbehörde erhält so den Steuerbetrag direkt von der Quelle, ohne diesen bei der Vielzahl an Steuerpflichtigen zu erheben. Dies ist vor allem im internationalen Kontext von Vorteil, da hier ausländische und damit nicht im Steuerstaat ansässige Personen bereits die Steuer an der Quelle entrichten. Sie dient deshalb der sicheren Erhebung der Besteuerung.[78] Über DBA kann eine Reduktion der Quellensteuer (QuSt) erfolgen, da gemäß des Welteinkommensprinzips auch im Ansässigkeitsstaat eine Besteuerung stattfinden kann.

Schwächen dieses Systems sind die adäquate Besteuerung des Zahlungsempfängers, da auf die Bruttogrößen abgestellt wird; im internationalen Kontext stellt sie oftmals eine abgeltende bzw. definitive Steuerzahlung dar.[79] Die Identität des Steuersubjekts sowie die rechtliche Einordnung der Zahlung werden ebenfalls nicht berücksichtigt.[80]

---

75 Vgl. *Lee/Yoon*, in: IFA (Hrsg.), Cahiers 2018 Vol. 103B, General Report, 9 (9).

76 Vgl. *Ebenda*, 9 (11).

77 Vgl. *Ebenda*, 9 (11).

78 Vgl. *Kokott*, Das Steuerrecht der Europäischen Union, 239.

79 Vgl. *Schaumburg*, ISR 2021, 135 (135); *Lee/Yoon*, in: IFA (Hrsg.), Cahiers 2018 Vol. 103B, General Report, 9 (17).

80 Vgl. *Lee/Yoon*, in: IFA (Hrsg.), Cahiers 2018 Vol. 103B, General Report, 9 (11).

Diese Probleme treten klar bei der Zwischenschaltung von Investmentvermögen zu Tage.[81]

Vor allem im unionsrechtlichen Kontext werden mit der Quellenbesteuerung eher grundfreiheitliche Beschränkungen für den Vergütungsempfänger verbunden; gleichzeitig gilt sie als eine effektive Methode der Steuererhebung und wird dahingehend legitimiert, auch wenn sie von zahlreichen Restriktionen begleitet wird.[82] Auch das BVerfG rechtfertigt einen Verstoß gegen Art. 3 GG durch den Quellensteuerabzug mit Abgeltungswirkung mit der wirksamen Steuererhebung und der Wahrung des objektsteuerartigen Charakter bei beschränkt Steuerpflichtigen.[83] Das liegt vor allem daran, dass das Prinzip der Quellenbesteuerung für die Wahrung des inländischen Besteuerungsrechts im Zusammenhang mit gebietsfremden Empfängern vorgenommen wird; während im rein inländischen Fall die entsprechenden Einkünfte zur Vermeidung der wirtschaftlichen Doppelbesteuerung freigestellt werden.[84] Zu nennen sind hierbei die Mutter-Tochter-Richtlinie oder die Zins- und Lizenzgebührenrichtlinie, welche unter bestimmten Voraussetzungen die Erhebung von Quellensteuern auf Dividenden und Zinsen im EU-/Europäischen Wirtschaftsraum (EWR) einschränken.

Auf dem IFA-Kongress im Jahr 2018 haben sich internationale Vertreter mit der Problematik der internationalen Quellenbesteuerung auseinandergesetzt. Dabei wurden auch die Problematiken im Zusammenhang mit der Investition in und über Investmentvermögen thematisiert. Die bestehenden Prinzipien, insbesondere das physisch ausgerichtete Betriebsstättenprinzip, stehen unter Druck, vor dem Hintergrund der Stichworte „digitaler Wirtschaft“ und „Pillar 1 und 2“.[85]

---

81 Vgl. *Ebenda*, 9 (32).

82 Vgl. *Kokott*, Das Steuerrecht der Europäischen Union, 240; *Müller/Mack*, ISR 2021, 113 (114); dies wird auch im verfassungsrechtlichen Kontext bestätigt, vgl. *Schaumburg*, ISR 2021, 135 (135).

83 Vgl. *Schaumburg*, ISR 2021, 135 (136); BVerfG vom 24.9.1965, 1 BvR 228/65, in: BVerfGE 19, 119; BVerfG v. 12.10.1976, 1 BvR 2328/73, in: BVerfGE 43, 1; BVerfG vom 5.9.1975, 1 BvR 219/75, in: HFR 1975, 540; BVerfG vom 24.2.1989, 1 BvR 519/87, in: HFR 1990, 42.

84 Vgl. *Kokott*, Das Steuerrecht der Europäischen Union, 240.

85 Vgl. *Becker/van der Ham*, DB 2019, 502 (502).

4. Transparenzprinzip vs. Trennungsprinzip

Bereits mit der Schaffung aufsichtsrechtlicher Regelungen durch das Gesetz über die Kapitalanlagegesellschaften (KAGG) im Jahr 1957[86] wurde die steuerliche Transparenz dieser Anlagevehikel normiert.[87] Mit dem Auslandinvestmentgesetz (AuslInvestmG)[88] von 1969 wurde die Transparenz sodann für (weiße) Auslandsfonds übernommen und im InvStG ab 2004 für in- und ausländische Fonds fortgeführt.[89] Damit sollen die Anleger des Investmentfonds steuerlich grundsätzlich so gestellt werden, als hätten sie direkt in die Vermögensgegenstände des Fonds investiert und die Erträge selbst erzielt.[90]

Das Transparenzprinzip findet sich zudem bei der steuerlichen Behandlung von Personengesellschaften wieder, wobei hier die „Volltransparenz" umgesetzt wird.[91] Das bedeutet, dass Personengesellschaften (PersGes) keine Einkommensteuersubjekte darstellen und deren Erträge den Gesellschaftern unmittelbar (anteilig) als eigene Einkünfte zugerechnet werden.[92] Dies drückt sich durch § 39 AO aus, wonach die Einkünfte und Vermögensgegenstände der Personengesellschaft den Anlegern anteilig zugeordnet werden.[93] Wird dieses Verständnis von „Transparenz" auch auf Investmentvermögen angewandt, mit der Folge, dass eine einheitliche und gesonderte Feststellung zu erfolgen hat, stößt das Prinzip bei Publikums-Investmentfonds mit der Vielzahl an Anlegern an die Grenzen der Durchführbarkeit.[94] Aus diesem Grund basiert die Besteuerung im Zusammenhang mit Investmentvermögen auf der sog. Semitransparenz bzw. eingeschränkten Transparenz.[95] Das bedeutet, dass Investmentvermögen im Gegensatz zu PersGes als Steuersubjekte behandelt werden, wenn notwendig, sogar als Fiktion (Sondervermögen), und von der Besteuerung befreit werden (§ 11 InvStG 2004), wobei die Einkünfte den Anlegern folglich in „semitransparenter" Weise

---

86 Gesetz über die Kapitalanlagegesellschaften vom 16.04.1957, BGBl. 1957 I, 378.

87 Vgl. *Klein*, in: K/S/B/H/K (Hrsg.), InvStG-Kommentar, Einführung Regelungsbereiche/Historie, Rn. 2.

88 Vgl. Gesetz über den Vertrieb ausländischer Investmentanteile, über die Besteuerung ihrer Erträge sowie zur Änderung und Ergänzung des Gesetzes über Kapitalanlagegesellschaften vom 28.07.1969, BGBl. 1969 I, 986.

89 Vgl. *Klein*, in: H/H/R (Hrsg.), EStG, KStG-Kommentar, Einf. InvStG, Rn. 4.

90 Vgl. *Ebenda*, Rn. 3 i.V.m. BFH vom 11.10.2000, I R 99/96, in: BStBl. II 2001, 22, Rz. 17.

91 Vgl. *Klein*, in: H/H/R (Hrsg.), EStG, KStG-Kommentar, Einf. InvStG, Rn. 3.

92 So auch bei der Regelung des § 15 Abs. 2 Satz 2 InvStG 2004, vgl. BFH vom 18.12.2019, I R 33/17, in: BFH/NV 2021, 157 Nr. 1, Rn. 43.

93 Vgl. *Sorgenfrei*, IStR 1994, 465 (466).

94 Vgl. *Ebenda*, 465 (466).

95 Vgl. *Klein*, in: H/H/R (Hrsg.), EStG, KStG-Kommentar, Einf. InvStG, Rn. 3 i.V.m. BFH vom 11.10.2000, I R 99/96, in: BStBl II 2001, 22, Rz. 17; *Jachmann-Michel*, in: Moritz/Jesch/Mann (Hrsg.), Kommentar InvStG, Einl., Rn. 16.

zugerechnet werden.[96] Es soll also eine Gleichstellung von Fonds- und Direktanlage erfolgen. Eine vollständige Transparenz wird dahingehend nicht erzeugt, und darf mithin auch nicht im Wege der Auslegung geschaffen werden; vielmehr regelt das Gesetz, inwieweit dem Transparenzgedanken Rechnung getragen wird.[97]
Dies betrifft bspw. die Qualifizierung der Einkünfte, welche bei Anlegern eines Investmentfonds Kapitaleinkünfte darstellen, obwohl durch das Zielasset etwa Zinseinnahmen oder Vermietungseinkünfte[98] generiert werden. Dieses Verständnis liegt außerdem dem Trennungsprinzip (wie bei Kapitalgesellschaften und ihren Anlegern) zugrunde. Dies wird auch bei Betrachtung der zeitlichen Dimension deutlich: Während bei der Direktanlage die Investmenteinkünfte direkt durch den Anleger versteuert werden, erfolgt eine Besteuerung bei Fondsinvestments erst bei Ausschüttung durch den Fonds oder über ausschüttungsgleiche Erträge bzw. seit 2018 über die Vorabpauschale.
Zusammengefasst kann gesagt werden, dass das Transparenzprinzip die allgemeine Zielausrichtung des Investmentsteuerrechts darstellt, jedoch nicht zu einer direkten Zurechnung der Erträge an die Anleger führt.[99]
Mit dem ab 2018 reformierten InvStG wird die Besteuerung von Kapitel-2-Investmentfonds (im Folgenden auch als Publikums-Investmentfonds oder Investmentfonds bezeichnet) offiziell auf ein intransparentes System umgestellt, um die Besteuerung dieser Anlegergruppe „einfacher, leichter administrierbar und gestaltungssicherer"[100] zu machen. Die Semintransparenz wird für die Besteuerung von Spezial-Investmentfonds (SpIF) beibehalten, da aufgrund der überschaubaren Anlegerzahl (max. 100) die komplexen Feststellungsverfahren zugemutet werden können.[101]

Die Deutsche Steuerjuristische Gesellschaft (DStJG e.V.) hat sich auf seiner 47. Jahrestagung 2023 mit unterschiedlichen Rechtsfragen zur Thematik „Transparente Besteuerung und Steuersubjektivität" auseinandergesetzt. Der Dualismus der deutschen Unternehmensbesteuerung, welcher sich aus der Besteuerung juristischer Personen gemäß dem Trennungsprinzip nach dem KStG und der transparenten Besteuerung

---

96 Vgl. *Anzinger*, FR 2016, 101 (106).
97 Vgl. *Sorgenfrei*, IStR 1994, 465 (467); BFH vom 11.10.2000, I R 99/96, in: BStBl. II 2001, 22; BFH vom 04.03.1980, VIII R 48/76, in: BStBl. II, 453; *Schmitt/Hagen*, DStR 2004, 837 (837); *Schnitger/Schachinger*, BB 2007, 801 (801).
98 Hierbei können außerdem die Spekulationsfristen des § 23 EStG nicht berücksichtigt werden.
99 Vgl. *Schnitger/Schachinger*, BB 2007, 801 (801); *Jachmann-Michel*, in: Moritz/Jesch/Mann (Hrsg.), Kommentar InvStG, Einl., Rn. 14.
100 Gesetzentwurf zum InvStRefG vom 07.04.2016, BT-Drs. 18/8045, 1.
101 Vgl. Gesetzentwurf zum InvStRefG vom 07.04.2016, BT-Drs. 18/8045, 1 f.

natürliche Personen hinter PersGes und Einzelunternehmen nach dem EStG ergibt, liegt vor allem im Zivilrecht begründet.[102] Grundsätzlich soll eine Neutralität der Besteuerung hinsichtlich der Leistungsfähigkeit gewahrt bleiben. Diskutiert wird u.a., ob dieser Dualismus der Besteuerung verfassungsrechtlichen Aspekten standhält, oder ob ein Umdenken notwendig sei. Dahingehend wird bspw. vertreten, dass eine unterschiedliche Behandlung keine Rechtfertigung mehr findet, da Kapitalgesellschaften keine „Subjekte der Leistungsfähigkeit“[103] sind. Weiterhin ist die Grenzziehung zu überdenken: Für börsennotierte Gesellschaften bzw. Publikums-Gesellschaften muss das Trennungsprinzip aus Praktikabilitätsgründen umgesetzt werden.[104]

III. Notwendigkeit für ein Investmentsteuerrecht

Die historische Entwicklung der aufsichts- und investmentsteuerlichen Regelungen zeigt, dass der Anwendungsbereich der Investmentsteuergesetze schrittweise erweitert wurde, insbesondere im Zusammenhang mit der zunehmenden Produktvielfalt und Komplexität der Anlageprodukte im Kontext der Globalisierung.[105] Des Weiteren stehen die Staaten unter hohem internationalen Wettbewerbsdruck; andererseits muss der Anlegerschutz gewahrt bleiben.[106] Vor diesem Hintergrund sind spezielle Normen erforderlich, die die steuerliche Behandlung von in- und ausländischen Investmentvermögen vereinheitlichen und insbesondere die Anleger berücksichtigen.[107]

Das InvStG ist die Grundlage für die Besteuerung von Investmentfonds und ihrer Anleger und schafft einen „einheitlichen, verständlichen und bei der Gesetzesanwendung einfach zu handhabenden Regelungsrahmen“ für kollektive Vermögensanlagen.[108] Ohne das InvStG würden die Kapitalanlagevehikel rechtsformabhängig unter das EStG oder KStG zu fassen sein.[109] Die Besonderheiten der Investmentanlage würden dahingehend nicht berücksichtigt werden können. Historisch liegt dem Gedanken der Investmentbesteuerung das Transparenzprinzip zugrunde. Da Investmentvermögen grundsätzlich als Vehikel für eine Vielzahl an Anlegern konzipiert sind, gerät die

---

102 Vgl. *Meinert*, in: Desens (Hrsg.), DStJG Band 46: Transparente Besteuerung und Steuersubjektivität, 25 (31, 48).

103 *Palm*, in: Desens (Hrsg.), DStJG Band 46: Transparente Besteuerung und Steuersubjektivität, 49 (71 f.).

104 Vgl. *Auditorium*, in: Desens (Hrsg.), DStJG Band 46: Transparente Besteuerung und Steuersubjektivität, Diskussion zu Palm/Meinert, 84 (91).

105 Vgl. *Haase*, in: Haase (Hrsg.), InvStG-Kommentar, Einl., Rn. 1.

106 Vgl. *Ebenda*, Rn. 2.

107 Vgl. *Ebenda*, Rn. 3 f.

108 *Ebenda*, Rn. 4; *Bannes/Holle*, FR 2016, 661 (661).

109 So auch *Schnitger/Schachinger*, BB 2007, 801 (801).

personengesellschaftliche Transparenz an ihre Grenzen. Somit wird ein spezieller investmentsteuerlicher Transparenzgedanke geschaffen und im InvStG verankert. Als ein Zweck wird die Gleichstellung der Fondsanlage gegenüber der Direktanlage postuliert.[110] Des Weiteren kann die Abmilderung der Rechtsformabhängigkeit als ein weiterer Zweck des deutschen InvSt-Rechts angesehen werden.[111] Z.B. wurde mit dem AIFM-StAnpG eine Zweiteilung zwischen Investmentfonds und Investitionsgesellschaften eingeführt, welche mit dem InvStRefG wieder aufgelöst wurde.[112] Als einen weiteren Zweck ist die Administrierbarkeit der transparenten Besteuerung sowie die Verhinderung von steuerlichen Benachteiligungen gegenüber der Direktanlage zu nennen.[113] Bereits 1934 sah der Gesetzgeber Verordnungsermächtigungen vor, welche die Steuerbefreiung von Kapitalverwaltungsgesellschaften regelten.[114] Aufgrund der unterschiedlichen Motivation zwischen Unternehmenssteuerrecht und Investmentsteuerrecht, die darin besteht, dass sich ersteres auf die Trennung von Vermögen und Einkommen aufgrund unternehmerischer Betätigung bezieht, was bei Investmentfonds nicht der Fall ist, kann ein InvSt-Recht gerechtfertigt werden.[115] Zudem können die Besonderheiten der Investmentfondsanlage auch im grenzüberschreitenden Kontext berücksichtigt werden.

IV. Historie der Investmentfondsanlage und deren gesetzliche Entwicklung

Die Ursprünge der Investmentfondsanlage finden ihre Anfänge bereits in der Kolonialzeit. Im Zuge einer Finanzkrise in der zweiten Hälfte des 18. Jahrhunderts erlitten Investoren massive Verluste aus ihren Anlagen, u.a. der allgemeinhin bekannten East India Company.[116] Darauffolgend gründete der niederländische Kaufmann, *Abraham van Ketwich*, im Jahr 1774 den wohl ersten Investmentfonds (namentlich übersetzt mit „Eintracht macht stark"), indem er von einer Vielzahl von Investoren Kapital einsammelte, welches in verschiedene Staats- und Unternehmensanleihen investiert wurde.[117]

---

110 Vgl. *Anzinger*, FR 2016, 101 (104).
111 Vgl. *Ebenda*, 101 (104).
112 Vgl. Gesetz zur Anpassung des Investmentsteuergesetzes und anderer Gesetze an das AIFM-Umsetzungsgesetz (AIFM-Steuer-Anpassungsgesetz – AIFM-StAnpG) vom 18.12.2013, BGBl. 2013 I, 4318; *Anzinger*, FR 2016, 101 (103).
113 Vgl. *Anzinger*, FR 2016, 101 (104).
114 Vgl. *Ebenda*, 101 (104).
115 Vgl. *Ebenda*, 101 (105).
116 Vgl. *Waris/Atim*, BIT 2021, 115 (116).
117 Vgl. *BVI*, Die Fondsanlage – eine bewährte Idee, https://www.bvi.de/fondswissen/basiswissen-zu-fonds/die-fondsanlage-eine-bewaehrte-idee/ (zuletzt besucht am 22.02.2023); *Waris/Atim*, BIT 2021, 115 (116); *Zetzsche*, Prinzipien der kollektiven Vermögensanlage, 290.

Der Erfolg bei den Investoren resultierte bereits zu dieser Zeit in der möglichen Risikostreuung der Anlage.[118] Ähnliche Konstrukte entstanden 1822 in Belgien („*Société Générale des Pays-Bas*“), 1868 in England („*Foreign & Colonial Government Trust*“), 1852 in Frankreich („*Crédit Mobilier*“) sowie 1893 in den USA.[119] Der erste moderne Fonds wurde 1924 in den USA gegründet: der „*Massachusetts Investors Trust*“, welcher bis heute besteht.[120] Eine gesetzlich geregelte Aufsicht sowie umfassende Publizitätspflichten der Fondsvehikel brachte im amerikanischen Raum zunächst der 1940 durch den US-Kongress verabschiedete *Investment Company Act*.[121]

Die Entwicklung in Deutschland begann 1871 mit der „AG für Rheinisch-Westfälische Industrie“; 1923 wurde der „Zickert'sche Kapitalverein“ gegründet. Es folgte 1926 die „Bayrische Investment AG“.[122] Investmentgesellschaften unterlagen damals einem körperschaftsteuerlichen Regime ohne Steuerbefreiungen, was zu einer doppelten Steuerbelastung für die Anleger führte und die Attraktivität von Fondsanalgen minderte.[123] Obwohl es seit 1930 Gesetzesinitiativen zur steuerlichen Förderung von Investmentgesellschaften gab, wurden entsprechende Ermächtigungen für Steuerbefreiungen nicht umgesetzt, wodurch diese Anlageform kaum Bedeutung bei Anlegern erlangte.[124] Die ersten deutschen Investmentfonds wurden im Jahr 1950 von der „Allgemeinen deutschen Investment-GmbH“ als Kapitalanlagegesellschaft, welche am 23. November 1949 gegründet wurde, aufgelegt.[125]

Bis 1955 stagnierte die Fondsentwicklung; 1956 wurde als „Schlüsseljahr“ bezeichnet, da in diesem Jahr die nächsten Investmentgesellschaften gegründet wurden.[126] Mit dieser Entwicklung wurde der Investition in solche Vehikel durch die Einführung des Gesetzes über die Kapitalanlagegesellschaften (KAGG)[127] im Jahr 1957 ein aufsichts- und steuerrechtlicher Rahmen gesetzt.[128] Zur Sicherung des Vertrauens der Anleger

---

118 Vgl. *e-fundresearch.com AG*, Weltfondstag: Warum ausgerechnet am 19. April?, https://e-fundresearch.com/markets/artikel/24878-weltfondstag-warum-ausgerechnet-am-19-april (zuletzt besucht am 22.02.2023).

119 Vgl. *Waris/Atim*, BIT 2021, 115 (116); *Illgen*, Die Investmentfondsbesteuerung im Systemwandel, 41 ff.; *Müller*, in: Hofmann/Müller (Hrsg.), History of Financial Institutions, 142 (143 f.).

120 Vgl. *MFS*, Over 90 and still active, https://www.mfs.com/en-us/individual-investor/about-mfs/our-history.html (zuletzt besucht am 22.02.2023).

121 Vgl. *Jesch/Klebeck/Bragrock*, in: Jesch/Aldinger (Hrsg.), Investmentrecht, Deutschland, Rn. 4

122 Vgl. *Illgen*, Die Investmentfondsbesteuerung im Systemwandel, 45 ff.

123 Vgl. *Jesch/Klebeck/Bragrock*, in: Jesch/Aldinger (Hrsg.), Investmentrecht, Deutschland, Rn. 15 ff.

124 Vgl. *Ebenda*, Rn. 18 f.

125 Vgl. *Raab*, Grundlagen des Investmentfondsgeschäftes, 1; *Zetzsche*, in: Assmann/Wallach/Zetzsche (Hrsg.), KAGB Kommentar, Einl., Rn. 30.

126 Vgl. *Baehring*, Investment in Deutschland, 64.

127 Gesetz über die Kapitalanlagegesellschaften vom 16.04.1957, BGBl. 1957 I, 378.

128 Vgl. *Kohl*, Ubg 2017, 643 (643).

wurden Vorgaben zur Risikostreuung und Anlagegrenzen festgelegt.[129] Mithin sollte das Gesetz zu einer breit gestreuten Eigentumsbildung beitragen.[130] Die Regulierung erfasst zunächst nur geschlossene Konstrukte, sodass in der Folge vermehrt offene Fonds gebildet wurden.[131] Die enthaltenen steuerlichen Regelungen stellten bereits auf die Gleichstellung zur Direktanlage ab und regelten die Semi-Transparenz, indem die umfassten Vehikel von der Körperschaft- und Gewerbesteuer befreit waren (§ 38 KAGG).[132]

Nachdem der Vertrieb von ausländischen Investmentanteilen in Deutschland aufgrund der fehlenden Regulierung zunächst anstieg, mithin gefolgt von zunehmendem Missbrauch, brachen verschiedene ausländische Fondsvehikel zusammen.[133] Dahingehend wurde das AuslInvestmG[134] vom 28. Juli 1969 eingeführt, um den Vertrieb ausländischer Investmentvehikel sowie die Besteuerung der ausländischen Investmentanteile zu regeln.[135] Ziel war es, in- und ausländische Investmenterträge steuerlich gleichzustellen.[136] Bis dahin wurden die thesaurierten Erträge aus ausländischen Investmentfonds steuerlich nicht berücksichtigt; mit dem AuslInvestmG werden die vom Fonds vereinnahmten Erträge erfasst, soweit diese nicht zur Kostendeckung oder Ausschüttung verwendet wurden.[137] Dazu wurden die ausländischen Fonds in weiße, graue und schwarze Fonds eingeteilt.[138] Kann ein ausländischer Fonds die Anzeige- und Mitwirkungspflichten für „weiße Fonds“ nicht erfüllen, die Besteuerungsgrundlagen nicht nachweisen und keinen deutschen Vertreter bestimmen, handelte es sich um einen sog. „schwarzen Fonds“.[139] Als Folge wurde eine Pauschalbesteuerung[140] angeordnet, welche laut BFH jedoch gegen die unionsrechtliche Kapitalverkehrsfreiheit verstoße.[141]

---

129 Vgl. *Raab*, Grundlagen des Investmentfondsgeschäftes, 1; *Geibel*, in: Derleder/Knops/Bamberger (Hrsg.), Deutsches und europäisches Bank- und Kapitalmarktrecht, 649 (656).

130 Vgl. *Baehring*, Investment in Deutschland, 70.

131 Vgl. *Bödecker*, in: Bödecker/Ernst/Hartmann (Hrsg.), BeckOK InvStG 2004, Einl., Rn. 2.

132 Vgl. *Haase*, in: Haase (Hrsg.), InvStG-Kommentar, Einl., Rn. 16; *Kirchmayr*, in: Schön/DStJG (Hrsg.), Einkommen aus Kapital, 235 (242); *Anzinger*, in: Haslehner (Hrsg.) Investment Fund Taxation, 83 (85).

133 Vgl. *Emde*, in: Emde/Dornseifer/Dreibus (Hrsg.), KAGB Kommentar, Einl., Rn. 29.

134 Vgl. Gesetz über den Vertrieb ausländischer Investmentanteile, über die Besteuerung ihrer Erträge sowie zur Änderung und Ergänzung des Gesetzes über Kapitalanlagegesellschaften vom 28.07.1969, BGBl. 1969 I, 986.

135 Vgl. Gesetzentwurf zum AuslInvestmG vom 13.11.1968, BT-Drs. V/3494, 14 ff.

136 Vgl. *Ebenda*, 14 ff.

137 Vgl. *Ebenda*, 25.

138 Vgl. “weiße Fonds“: registrierte Investmentvermögen, „graue Fonds“: nicht-registrierte Fonds, „schwarze Fonds“: andere Investmentvermögen; *Haase*, in: Haase (Hrsg.), InvStG-Kommentar, Einl., Rn. 17 f.; *Dorn*, Investmentsteuerrecht, 1.

139 Vgl. *Höring*, Die Pauschalbesteuerung im Investmentsteuerrecht, 44.

140 § 18 Abs. 3 AuslInvestmG.

141 Vgl. BFH vom 25.08.2009, I R 88-89/07, in BStBl. II 2016, 438.

In einem weiteren Verfahren vor dem BFH wurde die Vorlage an den EuGH beschlossen.[142] Der EuGH entschied folglich in der Rs. *Wagner-Raith*[143], dass die nach dem AuslInvestmG geltende Pauschalbesteuerung aufgrund ihres Bestandes am 31.12.1993 unter die Stand-Still-Klausel nach Art. 64 AEUV fällt und somit nicht gegen EU-Recht verstößt.[144]

Die EU hat in einem Richtlinienentwurf[145] von 1978 darauf verzichtet, steuerliche Regelungen zur Quellensteuerverrechnung[146] bei Investmentfondsstrukturen zu normieren.[147] Schon hier hieß es: „Zur Sicherung der Steuerneutralität dürfen die Einkünfte aus einem anderen Mitgliedstaat, die einer Investmenteinrichtung zufließen und von dieser ihren Anteilinhabern weiterausgeschüttet werden, nicht schlechter behandelt werden als Einkünfte aus dem gleichen Staat."[148] Dieser Vorschlag wurde schließlich nicht realisiert.[149]
Mit der OGAW-I-Richtlinie (englisch: UCITSD I)[150] vom 20. Dezember 1985 wurden nun EU-weit Vorgaben hinsichtlich der Produktregulierung bei den Investmentvermögen vorgenommen, indem ein richtlinienkonformer Fonds, der OGAW, als neues Vehikel eingeführt wurde.[151] Steuerrechtliche Regelungen finden sich allerdings nicht. Als OGAW wird ein Fondstypus der offenen Form bezeichnet, welcher zunächst nur als Wertpapierfonds definiert war (siehe näher Abschnitt C.II.4.).[152] Dahingehend wurde ein einheitlicher Anlegerschutz etabliert und der EU-weite Vertrieb erleichtert (sog. Europäischer Vertriebspass für offene Investmentfonds).[153] Die OGAW-

---

142 Vgl. BFH-Beschluss vom 06.08.2013, VIII R 39/12, in: BFH/NV 2013, 1976.

143 EuGH vom 21.05.2015, Rs. C-560/13 *Wagner-Raith*, ECLI:EU:C:2015:347.

144 Vgl. *Patzner/Nagler*, IStR 2015, 511 (514); *Kammeter*, ISR 2016, 99 (100).

145 Vorschlag einer Richtlinie des Rates über die Anwendung der Richtlinie des Rates zur Harmonisierung der Körperschaftsteuersysteme und der Regelungen der Quellensteuer auf Dividenden auf Investmenteinrichtungen vom 19.07.1978, EG-ABl. C 184/8 vom 02.08.1978.

146 Die Fondseingangsquellensteuer sollte auf die Fondsausgangsquellensteuer angerechnet werden, *Sorgenfrei*, IStR 1994, 465 (469).

147 Vgl. *Sorgenfrei*, IStR 1994, 465 (469).

148 Vgl. Vorschlag einer Richtlinie des Rates über die Anwendung der Richtlinie des Rates zur Harmonisierung der Körperschaftsteuersysteme und der Regelungen der Quellensteuer auf Dividenden auf Investmenteinrichtungen vom 19.07.1978, EG-ABl. C 184/8 vom 02.08.1978, 1.

149 Vgl. *Sorgenfrei*, IStR 1994, 465 (469).

150 Richtlinie 85/611/EWG des Rates vom 20. Dezember 1985 zur Koordinierung der Rechts- und Verwaltungsvorschriften betreffend bestimmte Organismen für gemeinsame Anlagen in Wertpapieren (OGAW), ABl. EG L 375 vom 31.12.1985, 1 (3); UCITS – "undertakings for collective in transferable securities".

151 Vgl. *Zetzsche*, in: Assmann/Wallach/Zetzsche (Hrsg.), KAGB Kommentar, Einl., Rn. 35; *Emde*, in: Emde/Dornseifer/Dreibus (Hrsg.), KAGB Kommentar, Einl., Rn. 31.

152 Vgl. *Geibel*, in: Derleder/Knops/Bamberger (Hrsg.), Deutsches und europäisches Bank- und Kapitalmarktrecht, 649 (658); *Emde*, in: Emde/Dornseifer/Dreibus (Hrsg.), KAGB Kommentar, Einl., Rn. 31.

153 Vgl. *Patzner/Schneider-Deters*, in: Patzner/Döser/Kempf (Hrsg.), KAGB InvStG Handkommentar, Vor § 1 KAGB, Rn. 1; *Zetzsche*, Prinzipien der kollektiven Vermögensanlage, 364.

Richtlinie stellte eine „Zeitenwende" für die Realisierung eines „europäischen Marktes für Finanzdienstleistungen" dar.[154] Das erste Finanzmarktförderungsgesetz setzte die OGAW-I-Richtlinie im KAGG um (auch sog. KAGG-Novelle).[155] Es folgten das 2., 3. und 4. Finanzmarktförderungsgesetz zwischen 1994 und 2002, welche mitunter Liberalisierungsmaßnahmen und das mögliche Anlageuniversum im KAGG erweiterten.[156] Im Jahr 2002 wurde die OGAW-Richtlinie novelliert durch die Verwaltungsrichtlinie 2001/107/EG und die Produktrichtlinie 2001/108/EG.[157] Zusammen werden sie als OGAW-III-Richtlinie bezeichnet (eine offizielle OGAW-II-Richtlinie existiert nicht, sondern steht stellvertretend für verworfene Überarbeitungen).[158] Hiermit konnten nun Verwaltungsgesellschaften europaweit agieren; des Weiteren wurde das Anlagespektrum erneut erweitert.[159]

Die überarbeitete OGAW-III-Richtlinie nahm der Gesetzgeber zum Anlass und fusionierte mit dem Investmentmodernisierungsgesetz[160] das KAGG sowie das AuslInvestmG ab 2004 zum InvG[161], wobei die steuerlichen Regelungen im InvStG 2004 verankert wurden.[162] Das InvG umfasst zunächst nur die offenen Investmentvermögen.[163] Im Gesetzentwurf zum InvestmentmodG wurde die Abschaffung des Transparenzprinzips im InvStG zugunsten eines „einfachen Steuerrechts" diskutiert, aber aufgrund von „fühlbaren Wettbewerbsnachteilen" verworfen, da das Transparenzprinzip weiterhin dem international üblichen Besteuerungsverfahren entspricht.[164] Als „wichtigste Neuerung [wurde] die grundsätzliche Gleichstellung von inländischen und ausländischen Investmentvermögen" angestrebt.[165] Die Kategorisierung ausländischer

---

154 *Emde*, in: Emde/Dornseifer/Dreibus (Hrsg.), KAGB Kommentar, Einl., Rn. 31.

155 Gesetz zur Verbesserung der Rahmenbedingungen der Finanzmärkte (Finanzmarktförderungsgesetz – FMFG) vom 22.02.1990, BGBl. 1990 I, 266.

156 2. FMFG – Gesetz über den Wertpapierhandel und zur Änderung börsenrechtlicher und wertpapierrechtlicher Vorschriften vom 26.07.1994, BGBl.1994 I, 1749; 3. FMFG – Gesetz zur Fortentwicklung des Finanzplatzes Deutschland vom 24.03.1998, BGBl. 1998 I, 529; 4. FMFG – Gesetz zur weiteren Fortentwicklung des Finanzplatzes Deutschland vom 21.06.2002, BGBl. 2002 I, 2010; *Emde*, in: Emde/Dornseifer/Dreibus (Hrsg.), KAGB Kommentar, Einl., Rn. 34 ff.

157 Richtlinie 2001/107/EG des Europäischen Parlaments und des Rates vom 21.01.2002, ABl. EG vom 13.02.2022 L 41/20; Richtlinie 2001/108/EG des Europäischen Parlaments und des Rates vom 21.02.2002, ABl. EG vom 13.02.2002 L 41/35.

158 Vgl. *Emde*, in: Emde/Dornseifer/Dreibus/Hölscher (Hrsg.), InvG Kommentar, Einl., Rn. 43, Fn. 53.

159 Vgl. *Ebenda*, Rn. 43; *Kayser/Steinmüller*, FR 2004, 137 (137).

160 Gesetz zur Modernisierung des Investmentwesens und zur Besteuerung von Investmentvermögen (Investmentmodernisierungsgesetz) vom 15.12.2003, BGBl. 2003 I, 2676.

161 Investmentgesetz vom 15.12.2003, BGBl. 2003 I, 2676 (2676).

162 Vgl. Gesetzentwurf zum Investmentmodernisierungsgesetz vom 19.09.2003, BT-Drs. 15/1553, 1, 120; *Kohl*, Ubg 2017, 643 (644).

163 Vgl. *Anzinger*, FR 2016, 101 (105); *Geibel*, in: Derleder/Knops/Bamberger (Hrsg.), Deutsches und europäisches Bank- und Kapitalmarktrecht, 649 (659).

164 Vgl. Gesetzentwurf zum Investmentmodernisierungsgesetz vom 19.09.2003, BT-Drs. 15/1553, 120.

165 *Ebenda*, 120.

Fonds in weiße, graue und schwarze Fonds wurde aufgehoben und mit Blick auf die Kapitalverkehrsfreiheit des Anlegers angeglichen.[166] Hierbei ist klarzustellen, dass der Gesetzgeber die Gleichstellung der Anleger in- und ausländischer Fonds (Fondsausgangsseite) beabsichtigte.[167] Dies erfolgte u.a., indem der Ausschluss ausländischer Investmentfonds vom damaligen Halbeinkünfteverfahren und der Steuerfreistellung nach § 8b KStG zurückgenommen wurde.[168] In § 11 InvStG 2004[169] wurde weiterhin die Steuerbefreiung inländischer Sondervermögen und Investmentaktiengesellschaften geregelt, wodurch grundsätzlich keine Gleichstellung der steuerlichen Erfassung in- und ausländischer Fonds (Fondseingangsseite) geregelt wurde.
An einer Pauschalbesteuerung hat der Gesetzgeber mitunter weiter festgehalten. Gemäß § 6 InvStG 2004 greift die Pauschalbesteuerung ein, wenn die geforderten Angaben nicht vorliegen.[170] Diese pauschale Besteuerung wurde durch den EuGH am 09. Oktober 2014 in der Rs. *van Caster* als Verstoß gegen die Kapitalverkehrsfreiheit gesehen.[171] Die Erbringung der Nachweise für die Anleger ausländischer Fonds sei faktisch nicht möglich, da die ausländischen Fonds den Bekanntmachungs- und Veröffentlichungspflichten, aus denen sich die Besteuerungsgrundlagen für die Anleger ergeben, oftmals nicht nachkommen (wollen), z.B. aus Kostengründen. Damit seien vorwiegend Anleger gebietsfremder Fonds konfrontiert.[172]

2007 wurden mit dem Investmentänderungsgesetz[173] sowohl diverse Nachbesserungen als auch eine Deregulierung angestrebt.[174] Letztere betraf die Beseitigung der Kreditinstitutseigenschaft für Kapitalverwaltungsgesellschaften sowie die Befreiung von Publizitäts- und Mitteilungspflichten.[175] 2009 wurde die OGAW-Richtlinie erneut überarbeitet (OGAW-IV-Richtlinie[176]).

---

166 Vgl. *Lübbehüsen/Schmitt*, DB 2003, 1696 (1696).

167 So auch *Wenzel*, in: Brandis/Heuermann (Hrsg.), Ertragsteuerrecht Kommentar, Vor § 1 InvStG 2004, Rn. 1; *Lübbehüsen/Schmitt*, DB 2003, 1696 (1696); *Kayser/Steinmüller*, FR 2004, 137 (138).

168 Vgl. *Harenberg*, EStB 2003, 338 (338).

169 In der Fassung des Investmentmodernisierungsgesetzes vom 15.12.2002, BGBl. 2013 I, 2676.

170 Vgl. *Jesch/Haug*, DStZ 2015, 130 (133).

171 Vgl. EuGH vom 9.10.2014, Rs. C-326/12 *van Caster*, ECLI:EU:C:2014:2269.

172 Vgl. *Patzner/Nagler*, IStR 2014, 848 (848).

173 Gesetz zur Änderung des Investmentgesetzes und zur Anpassung anderer Vorschriften (Investmentänderungsgesetz) vom 21.12.2007, BGBl. 2007 I, 3089.

174 Vgl. *Köndgen/Schmies*, in: Ellenberger/Bunte (Hrsg.), Bankrechts-Handbuch, § 93 Investmentgeschäft, Rn. 35.

175 Vgl. *Ebenda*, Rn. 35.

176 Richtlinie 2009/65/EG des Europäischen Parlaments und des Rates vom 13. Juli 2009 zur Koordinierung der Rechts- und Verwaltungsvorschriften betreffend bestimmte Organismen für gemeinsame Anlagen in Wertpapieren (OGAW), ABl. EG vom 17.11.2009 L 302/32.

Das Kapitalanlagegesetzbuch (KAGB) ersetzt mit Wirkung vom 22. Juli 2013 das InvG. Die grundlegende Überarbeitung der aufsichtsrechtlichen Bestimmungen wurde in Folge der globalen Finanzmarktkrise 2007/2008 notwendig. Nunmehr werden auch die bisher nach Unionsrecht nicht regulierten Vehikel über die Regulierung ihrer Fondsmanager (Kapitalverwaltungsgesellschaft) aufsichtsrechtlich erfasst.[177] Dabei wurde die europarechtliche AIFM-Richtlinie[178] mit dem AIFM-UmsG[179] in nationales Recht umgesetzt und das KAGB geschaffen.[180] Nach der Finanzmarktkrise sollte eine stärkere Regulierung v.a. für die Manager von AIF geschaffen werden, welche vorher kaum aufsichtsrechtlich erfasst wurden.[181] Dadurch werden schließlich geschlossene Fonds erfasst, welche sich vorher im sogenannten „grauen Kapitalmarkt" befanden.[182] Ein Systemwechsel des InvStG wurde nicht vollzogen; es erfolgten vielmehr umfangreiche Änderungen und Anpassungen an das neu geschaffene KAGB mit dem AIFM-StAnpG 2013.[183] Hierzu gehört v.a. die Ablösung vom formellen Investmentfondsbegriff des InvG durch eine erweiterte steuerrechtliche Definition.[184] Die Regulierung von AIF führt zu einer erheblichen Ausweitung des investmentsteuerlichen Anwendungsbereichs.[185] Als Investmentfonds nach dem InvStG gelten zunächst die im KAGB normierten OGAW und AIF, diese müssen jedoch zusätzlich die umfangreichen Anlagebestimmungen in § 1 Abs. 1b InvStG 2004[186] kumulativ erfüllen.[187] Einher geht die Einführung der Besteuerungsregime für sog. Personen- und Kapital-Investitionsgesellschaften, welche den allgemeinen steuerlichen Regelungen des EStG und KStG unterliegen.[188]

---

177 Vgl. *Emde*, in: Emde/Dornseifer/Dreibus (Hrsg.), KAGB Kommentar, Einl., Rn. 48.

178 Vgl. Richtlinie 2011/61/EU des Europäischen Parlaments und des Rates vom 8. Juni 2011 über die Verwalter alternativer Investmentfonds und zur Änderung der Richtlinien 2003/41/EG und 2009/65/EG und der Verordnungen (EG) Nr. 1060/2009 und (EU) Nr. 1095/2010 („AIFM-Richtlinie)", ABl. EU vom 01.07.2011 L 174/1.

179 Gesetz zur Umsetzung der Richtlinie 2011/61/EU über die Verwalter alternativer Investmentfonds (AIFM-Umsetzungsgesetz – AIFM-UmsG) vom 04.07.2013, BGBl. 2013 I, 1981.

180 Vgl. *Fischer/Friedrich*, ZBB 2013, 153 (153); *Kohl*, Ubg 2017, 643 (645); *Dorn*, Investmentsteuerrecht, 28 f.

181 Vgl. *Ronig/Geiermann*, StBW 2014, 264 (264).

182 Vgl. *Anzinger*, FR 2016, 101 (105); *Kleutgens/Geißler*, IStR 2014, 280 (281); Gesetzentwurf zum AIFM-StAnpG, BT-Drs. 18/68, 33.

183 Vgl. *Kohl*, Ubg 2017, 643 (645); *Helios/Mann*, DB-SA 2016, 1 (1); Gesetz zur Anpassung des Investmentsteuergesetzes und anderer Gesetze an das AIFM-Umsetzungsgesetz (AIFM-Steuer-Anpassungsgesetz – AIFM-StAnpG) vom 18.12.2013, BGBl. 2013 I, 4318.

184 Vgl. *Carlé*, ErbStB 2014, 80 (80).

185 Vgl. *Kleutgens/Geißler*, IStR 2014, 280 (281).

186 In der Fassung des InvStG 2004 vom 18.12.2013, BGBl. I 2013, 4318 (4318).

187 Vgl. *Carlé*, ErbStB 2014, 80 (80); *Dyckmans*, Ubg 2014, 217 (217).

188 Vgl. *Wenzel*, in: Brandis/Heuermann (Hrsg.), Ertragsteuerrecht Kommentar, Vor § 1 InvStG 2004, Rn. 1; *Bäuml*, BB 2014, 1 (1); *Dyckmans*, Ubg 2014, 217 (217).

Es folgten 2014 die OGAW-V-Richtlinie[189], welche sich der Regulierung der Verwahrstellen widmet.[190] 2021 trat das Gesetz zur Stärkung des Fondsstandortes Deutschland (FoStoG) in Kraft, welches den grenzüberschreitenden Vertrieb von Investmentfonds vereinfachen soll.[191] Die EU hat neben den o.g. Richtlinien auch Verordnungen erlassen, um spezifische Fondsvehikel zu regulieren und bestimmte Anlagen zu fördern: Risikokapitalfonds[192], Sozialfonds[193], ELTIF (European Long Term Investmentfonds)[194] und Geldmarktfonds[195].

Wie sich gezeigt hat, unterliegt der Bereich der Investmentfonds stetigen aufsichtsrechtlichen Anpassungen, die den Anforderungen der globalisierten Wirtschaft gerecht werden sollen. Diese Anpassungen zielen sowohl auf den Schutz der Anleger als auch auf die Sicherung der nationalen Wettbewerbsfähigkeit der Fondsbranche ab und erfolgen überwiegend auf europäischer Ebene in Form von Richtlinien und Verordnungen. Im folgenden Kapitel liegt der Schwerpunkt nun auf den aufsichtsrechtlichen Bestimmungen im Zusammenhang mit Investmentfonds. Dabei werden die maßgeblichen Grundsätze des KAGB untersucht, die für das Verständnis der regulatorischen Rahmenbedingungen in diesem Bereich von Bedeutung sind.

---

189 Richtlinie 2014/91/EU (zur Änderung der Richtlinie 2009/65/EG) vom 23.07.2014, ABl. EU vom 28.08.2014 L 257/186.

190 Vgl. *Emde*, in: Emde/Dornseifer/Dreibus (Hrsg.), KAGB Kommentar, Einl., Rn. 47.

191 Gesetz zur Stärkung des Fondsstandorts Deutschland und zur Umsetzung der Richtlinie (EU) 2019/1160 zur Änderung der Richtlinien 2009/65/EG und 2011/61/EU im Hinblick auf den grenzüberschreitenden Vertrieb von Organismen für gemeinsame Anlagen (Fondsstandortgesetz – FoStoG) vom 03.06.2021, BGBl. 2021 I, 1498; Gesetzentwurf zum Fondsstandortgesetz vom 22.01.2021, BR-Drs. 51/21, 1.

192 Verordnung (EU) 345/2013 des Europäischen Parlaments und des Rates vom 17.04.2013 über Europäische Risikokapitalfonds, ABl. EU vom 25.04.2023 L 115/1.

193 Verordnung (EU) 346/2013 des Europäischen Parlaments und des Rates vom 17.04.2013 über Europäische Fonds für soziales Unternehmertum (EuSEF-VO), ABl. EU vom 25.04.2023 L 115/18.

194 Verordnung (EU) 2015/760 des Europäischen Parlaments und des Rates vom 29.04.2015 über europäische langfristige Investmentfonds, ABl. EU vom 19.05.2015 L 123/98.

195 Verordnung (EU) 2017/1131 vom 14. Juni 2017 über Geldmarktfonds, ABl. EU vom 30.06.2017 L 169/8.

C. Aufsichtsrechtliche Regelungen in Bezug zu Investmentfonds

I. Grundlagen

Wie bereits in Teil B. IV. beschrieben, liegen den aufsichtsrechtlichen Regelungen des KAGB die OGAW-Richtlinien und die AIFM-Richtlinie zugrunde und schaffen für diese Anlageform einen vereinheitlichten EU-Rahmen.[196] Mithin wird ein einheitlicher Anlegerschutz etabliert und der Vertrieb über EU-Grenzen erleichtert.[197] Die AIFM-Richtlinie vom 08. Juni 2011 wurde im Zuge der Finanzmarktkrise 2007/2008 verabschiedet und zielt auf die Kontrolle und Aufsicht von vorher unregulierten Anlagevehikeln über deren Manager ab.[198] Das KAGB trat zum 22. Juli 2013 mit der Umsetzung der europarechtlichen AIFM-Richtlinie[199] in Kraft und regelt fortan die aufsichtsrechtlichen Bestimmungen von Investmentfonds in einer Gesamtkodifikation[200] kollektiver Kapitalanlagen.[201] Im Folgenden werden die aktuellen aufsichtsrechtlichen Regelungen aufgezeigt. Das KAGB umfasst insgesamt 365 Paragrafen. In dieser Arbeit wird lediglich auf die grundlegenden Inhalte des Gesetzes eingegangen, welche für das Verständnis der steuerrechtlichen Regelungen als wesentlich angesehen werden.

II. Definition und Systematisierung von Investmentvermögen

In diesem Abschnitt werden die Definition von Investmentvermögen und eine Systematisierung nach dem KAGB erarbeitet. Der Fokus liegt dabei auf dem Investmentvermögen, jedoch werden auch die Verwalter und Anleger einbezogen. Die Regelungen zum Anwendungsbereich des InvStG verweisen auf die aufsichtsrechtlichen Bestimmungen, insbesondere auf den Kreis der Gesellschaften und Vermögen, die dem InvStG unterliegen. Im nachfolgenden Kapitel werden bei der Erörterung des investmentsteuerlichen Anwendungsbereichs Erweiterungen und Kürzungen zu den hier dargestellten Schilderungen aufgezeigt.

---

196 Vgl. *Patzner/Schneider-Deters*, in: Patzner/Döser/Kempf (Hrsg.), KAGB InvStG Handkommentar, Vor § 1 KAGB, Rn. 1.
197 Vgl. *Ebenda*, Rn. 1.
198 Vgl. *Ebenda*, Rn. 3; *Ohne Autor*, in: W/B/A (Hrsg.), KAGB Kommentar, Einl., Rn. 1.
199 AIFM-Richtlinie 2011/61/EU vom 08. Juni 2011, ABl. EU vom 01.07.2011 L 174/1.
200 Vgl. *Haisch/Helios*, BB 2013, 23 (23).
201 Vgl. AIFM-UmsG vom 04.07.2013, BGBl. 2013 I, 1981.

C. Haberkorn, *International-steuerliche Strukturen der reformierten Investmentbesteuerung*, Hallesche Schriften zur Betriebswirtschaft 38,
https://doi.org/10.1007/978-3-658-49895-5_3

1. Definition von Investmentvermögen

§ 1 Abs. 1 Satz 1 KAGB definiert Investmentvermögen wie folgt:

„Investmentvermögen ist jeder Organismus für gemeinsame Anlagen, der von einer Anzahl von Anlegern Kapital einsammelt, um es gemäß einer festgelegten Anlagestrategie zum Nutzen dieser Anleger zu investieren und der kein operativ tätiges Unternehmen außerhalb des Finanzsektors ist.“ Demzufolge sind einem Investmentvermögen folgende sechs Voraussetzungen immanent, welche im Folgenden näher erläutert werden:

- Organismus für gemeinsame Anlagen
- Einsammeln von Kapital
- von einer Anzahl von Anlegern
- Anlage gemäß einer festgelegten Anlagestrategie
- Investition zum Nutzen dieser Anleger
- kein operativ tätiges Unternehmen außerhalb des Finanzsektors.

Mit der Einführung des KAGB wurde der formelle Investmentfondsbegriff des InvG durch einen materiellen, der bereits unter dem AuslInvestmG galt, ersetzt.[202] Bei Nichterfüllung der Kriterien des formellen Fondsbegriffs waren die Vehikel nicht unter das InvG zu fassen.[203] Die Vehikel waren dennoch zulässig, mithin unreguliert, und unterlagen anderen Gesetzen (z.B. VermAnlG, KWG).[204] Unter den materiellen Begriff werden Vehikel dem Aufsichtsrecht unterworfen, auch wenn die Voraussetzungen nicht erfüllt werden.[205] Dahingehend sind sie aufsichtsrechtlich unzulässig und stellen ein unerlaubtes Investmentgeschäft dar, welches entsprechend sanktioniert wird (Tätigkeitsverbot mit Erlaubnis- bzw. Registrierungsvorbehalt).[206] Die Definition nach § 1 Abs. 1 Satz 1 KAGB wurde weitestgehend (mit Ausnahme der Negativabgrenzung zu operativen Unternehmen) aus Art. 4 Abs. 1 Bst. a) der AIFM-Richtlinie übernommen.[207] Die ESMA, die europäische Wertpapier- und Marktaufsichtsbehörde,

[202] Vgl. Gesetzentwurf zu einem AIFM-UmsG vom 06.02.2013, BT-Drs. 17/12294, 188; *Emde*, in: Emde/Dornseifer/Dreibus/Hölscher (Hrsg.), InvG Kommentar, Einl., Rn. 66.

[203] Vgl. Gesetzentwurf zu einem AIFM-UmsG vom 06.02.2013, BT-Drs. 17/12294, 188.

[204] Vgl. *Emde*, in: Emde/Dornseifer/Dreibus/Hölscher (Hrsg.), InvG Kommentar, Einl., Rn. 66; *Ohne Autor*, in: W/B/A (Hrsg.), KAGB Kommentar, Einl., Rn. 4.

[205] Vgl. *Schneider-Deters*, in: Patzner/Döser/Kempf (Hrsg.), KAGB InvStG Handkommentar, § 1 KAGB, Rn. 1.

[206] Vgl. Gesetzentwurf zum AIFM-UmsG vom 06.02.2013, BT-Drs. 17/12294, 188; *Schneider-Deters*, in: Patzner/Döser/Kempf (Hrsg.), KAGB InvStG Handkommentar, § 1 KAGB, Rn. 1; *Ohne Autor*, in: W/B/A (Hrsg.), KAGB Kommentar, Einl., Rn. 5.

[207] Vgl. *Schneider-Deters*, in: Patzner/Döser/Kempf (Hrsg.), KAGB InvStG Handkommentar, § 1 KAGB, Rn. 3.

hat zudem eine Stellungnahme zur Interpretation der AIFM-Richtlinie veröffentlicht, auf die an gegebener Stelle Bezug genommen wird.[208]

Der Begriff des Organismus wird weder gesetzlich noch in der Richtlinie legal definiert.[209] Der allgemeine Sprachgebrauch bezieht sich bei der Verwendung des Begriffs *Organismus* in der Biologie auf ein Organsystem oder ein Lebewesen; außerdem erlangt der Begriff in soziokultureller Hinsicht Bedeutung und beschreibt ein „größeres Ganzes".[210] Dieses darin verankerte „kollektive Element" wird im Hinblick auf die definitorische Abgrenzung von Investmentfonds, bei welchen Kapital kollektiven Einsatz findet, im Gegensatz zu Individualkontrakten, deutlich.[211] Diesbezüglich ist ein Organismus ein rechtlich oder wirtschaftlich verselbstständigtes, gepooltes Vermögen.[212] Auf die Rechtsform kommt es nicht an, sodass der Organismus sowohl in Vertragsform ohne Rechtspersönlichkeit (Sondervermögen)[213] als auch in Satzungsform vorliegen kann.[214] Weiterhin ist unerheblich, wie die Beteiligung des Anlegers ausgestaltet ist. Diese kann demnach gesellschaftsrechtlicher, mitgliedschaftlicher und schuldrechtlicher Art sein.[215]

Weiterhin muss eine *gemeinsame Anlage* des gepoolten Kapitals erfolgen. Durch die Anlage bzw. Investition des Poolvermögens soll ein gemeinschaftlicher Vermögenszuwachs generiert werden.[216] Dem Erzielen einer gemeinsamen Rendite sind ebenso die geteilten Risiken inhärent, sodass eine Gewinn- und Verlustbeteiligung (wenn auch vertraglich begrenzt) vorliegen muss.[217]

---

208 Vgl. ESMA, Guidelines on key concepts of the AIFMD, 30 ff.; Die Behörde ist Bestandteil des europäischen Finanzaufsichtssystems und wurde am 01.01.2011 durch Verordnung des europäischen Parlaments begründet; Verordnung (EU) Nr. 1095/2010 des Europäischen Parlaments und des Rates vom 24. November 2010 zur Errichtung einer Europäischen Aufsichtsbehörde (ESMA), ABl. EU vom 15.12.2010 L 331/84; *Köndgen/Schmies*, in: Ellenberger/Bunte (Hrsg.), Bankrechts-Handbuch, § 93 Investmentgeschäft, Rn. 43.

209 Vgl. *Häuselmann*, Investmentanteile, 6.

210 Vgl. Duden, Begriff: Organismus, erhältlich im Internet: https://www.duden.de/rechtschreibung/Organismus (besucht am 16.06.2023).

211 Vgl. *Verfürth/Emde*, in: Emde/Dornseifer/Dreibus (Hrsg.), KAGB Kommentar, § 1 KAGB, Rn. 14.

212 Vgl. *Dorn*, Investmentsteuerrecht, 45; *Volhard/Jang*, in: W/B/A (Hrsg.), KAGB, § 1, Rn. 5; Gesetzentwurf zum InvStRefG vom 07.04.2016, BT-Drs. 18/8045, 66; Bafin, Auslegungsschreiben zum Anwendungsbereich des KAGB und zum Begriff des "Investmentvermögens" vom 14.06.2013, Ziff. I.1.; *Jesch*, in: Baur/Tappen/Mehrkhah/Behme (Hrsg.), Investmentgesetze, § 1 KAGB, Rn. 6.

213 Eine Definition von Sondervermögen in Abschnitt C.II.4.

214 Vgl. *Volhard/Jang*, in: W/B/A (Hrsg.), KAGB, § 1, Rn. 5; *Jesch*, in: Baur/Tappen/Mehrkhah/Behme (Hrsg.), Investmentgesetze, § 1 KAGB, Rn. 7.

215 Vgl. *Dorn*, Investmentsteuerrecht, 45.

216 Vgl. BaFin, Auslegungsschreiben zum Anwendungsbereich des KAGB und zum Begriff des "Investmentvermögens" vom 14.06.2013, Ziff. I.2.

217 Vgl. *Ebenda*, Ziff. I.2.; *Jesch*, in: Baur/Tappen/Mehrkhah/Behme (Hrsg.), Investmentgesetze, § 1 KAGB, Rn. 8.

Das *Einsammeln von Kapital* erfolgt durch aktive Maßnahmen, welche der Organismus selbst bzw. durch eine Person für Rechnung des Organismus unternimmt, um Kapital zur gemeinsamen Anlage zu beschaffen.[218] Diesen Maßnahmen liegt eine gewisse, zumindest einmalige, gewerbliche Tätigkeit zugrunde.[219] Bei Family-Offices, in welchen ausschließlich das Privatvermögen Angehöriger gepoolt wird, ist nicht von einer Gewerblichkeit zu sprechen.[220] Dazu benötigt es das Anwerben von Kapital Dritter.[221] Auch sog. „Investmentclubs", welche eine Vereinigung natürlicher Personen bezeichnet, die ihr privates Vermögen „poolen", fehlt dieses Merkmal, wenn die Mitglieder nicht gewerblich, über den Markt, angeworben werden.[222]

Das Kapital muss weiterhin von einer *Anzahl von Anlegern* stammen. Nach § 1 Abs. 1 Satz 2 KAGB bestimmt dieses Kriterium hinsichtlich der Anlagebedingungen keine Begrenzung auf lediglich einen Anleger.[223] Die Anzahl der tatsächlichen Anleger ist dabei nicht maßgeblich. Vielmehr soll es ausreichen, die Begrenzung auf nur einen Anleger vorzuschreiben und mehreren Anlegern theoretisch den Zugang zu ermöglichen.[224] Im materiellen Sinne ist dieses Kriterium erfüllt, wenn der einzige Anleger wiederum von anderen Personen Kapital beschafft, um es anzulegen oder selbst mehr als einen Anleger hat (bspw. Feederfonds, Dachfonds).[225] Wird der Fonds z.B. als GmbH & Co. KG aufgesetzt, sind Kommanditist bzw. Komplementär nicht als Anleger in diesem Sinne zu verstehen, wenn sie sich außer mit der erforderlichen Gesellschaftsbeteiligung, nicht weiter beteiligen können.[226]

Das Investmentvermögen muss einer *festgelegten Anlagestrategie* folgen. Die Strategie definiert, wie für Rechnung des OGAW eine gemeinschaftliche Rendite erzielt wird, wobei das vorrangige Ziel der Anlegerschutz ist.[227] Folgende Merkmale sollen gemäß der Bafin einzeln oder kumulativ auf das Vorliegen einer Anlagestrategie hindeuten: (1) Festlegung der Strategie spätestens bei verbindlicher Beteiligung des

---

218 Vgl. *Volhard/Jang*, in: W/B/A (Hrsg.), KAGB, § 1, Rn. 16.

219 Vgl. *Verfürth/Emde*, in: Emde/Dornseifer/Dreibus (Hrsg.), KAGB Kommentar, § 1 KAGB, Rn. 40; *Jesch*, in: Baur/Tappen/Mehrkhah/Behme (Hrsg.), Investmentgesetze, § 1 KAGB, Rn. 11; *Zetzsche*, in: Assmann/Wallach/Zetzsche (Hrsg.), KAGB Kommentar, § 1, Rn. 51; ESMA, Guidelines on key concepts of the AIFMD, 32.

220 Vgl. Bafin, Auslegungsschreiben zum Anwendungsbereich des KAGB und zum Begriff des "Investmentvermögens" vom 14.06.2013, Ziff. I.3.a).

221 Vgl. *Ebenda*, Ziff. I.3.a).

222 Vgl. *Ebenda*, Ziff. I.3.b).

223 Vgl. *Stadler/Mager*, DStR 2016, 697 (697).

224 Vgl. *Wollenhaupt/Beck*, DB 2013, 1950 (1951)

225 Vgl. *Ebenda*, 1950 (1951).

226 Vgl. Bafin, Auslegungsschreiben zum Anwendungsbereich des KAGB und zum Begriff des "Investmentvermögens" vom 14.06.2013, Ziff. I. 4.

227 Vgl. *Zetzsche*, in: Assmann/Wallach/Zetzsche (Hrsg.), KAGB Kommentar, § 1, Rn. 56; *Häuselmann*, Investmentanteile, 11.

Anlegers; (2) festgeschrieben als Teil der Anlagebedingungen oder Satzung; (3) rechtlich bindende und durchsetzbare Verpflichtung zur Einhaltung; (4) Konkretisierung der Anlagerichtlinien (z.B. Anlagekategorien – Vermögensgegenstände, Regionen, Haltefristen, usw.).[228] Die Anlagekriterien sollen demnach genaustens schriftlich bestimmt sein, sodass etwaige Handlungsspielräume der Verwalter eingeschränkt werden.[229] Die festgeschriebene Anlagestrategie ist von der allgemeinen Strategie und dem Unternehmensgegenstand (z.B. kollektive Vermögensverwaltung) abzugrenzen.[230] Als Merkmale für eine Anlagestrategie können eine zeitliche (konkrete Anlagezeiträume) und sachliche Komponente (konkrete Anlagekategorien) und die Risikoklassen identifiziert werden.[231] Ob die Strategie aktiv oder passiv (wie bspw. bei ETFs-Indexfonds) verfolgt wird, ist unerheblich.[232]

Die Anlage muss *zum Nutzen der Anleger* erfolgen. Das Kapital ist dort einzusetzen, wo der Fondsmanager Renditechancen für den Anleger (und sich) sieht.[233] Dass ausschließlich die Ziele des Unternehmens bzw. Fondsmanagers verfolgt werden, ist demnach schädlich (z.B. Kapitalnutzung zur Unternehmensfinanzierung).[234] Das Verhältnis zwischen Fondsverwalter- und Anlegerinteressen führt in der Regel zu Konflikten, welche der Großteil der aufsichtsrechtlichen Regelungen einzudämmen vermögen.[235]

Das Investmentvermögen ist *kein operativ tätiges Unternehmen außerhalb des Finanzsektors*.[236] Als operativ tätige Unternehmen außerhalb des Finanzsektors werden insbesondere Unternehmen angesehen, welche Immobilien produzieren und errichten (nicht Ankauf, Vermietung und Verwaltung), Güter oder Handelswaren kaufen, verkaufen oder tauschen, produzieren oder selbst Dienstleistungen außerhalb des Finanzsektors anbieten.[237] Zum Finanzsektor gehören „alle zulassungspflichtigen und

228 Vgl. Bafin, Auslegungsschreiben zum Anwendungsbereich des KAGB und zum Begriff des "Investmentvermögens" vom 14.06.2013, Ziff. I. 5, in Anlehnung an die ESMA/2013/611, 7 i.V.m. ESMA, Guidelines on key concepts of the AIFMD, 33.

229 Vgl. Bafin, Auslegungsschreiben zum Anwendungsbereich des KAGB und zum Begriff des "Investmentvermögens" vom 14.06.2013, Ziff. I. 5.

230 Vgl. *Ebenda*, Ziff. I. 5; *Zetzsche*, in: Assmann/Wallach/Zetzsche (Hrsg.), KAGB Kommentar, § 1, Rn. 57.

231 Vgl. *Merkt*, BB 2013, 1986 (1990 f.); *Zetzsche*, in: Assmann/Wallach/Zetzsche (Hrsg.), KAGB Kommentar, § 1, Rn. 57.

232 Vgl. *Zetzsche*, in: Assmann/Wallach/Zetzsche (Hrsg.), KAGB Kommentar, § 1, Rn. 64.

233 Vgl. *Jesch*, in: Baur/Tappen/Mehrkhah/Behme (Hrsg.), Investmentgesetze, § 1 KAGB, Rn. 18.

234 Vgl. Bafin, Auslegungsschreiben zum Anwendungsbereich des KAGB und zum Begriff des "Investmentvermögens" vom 14.06.2013, Ziff. I. 6; *Jesch*, in: Baur/Tappen/Mehrkhah/Behme (Hrsg.), Investmentgesetze, § 1 KAGB, Rn. 18; *Häuselmann*, Investmentanteile, 12.

235 Vgl. *Zetzsche*, Prinzipien der kollektiven Vermögensanlage, 738 ff.

236 Vgl. ESMA, Guidelines on key concepts of the AIFMD, 31.

237 Vgl. *Häuselmann*, Investmentanteile, 13; *Dorn*, Investmentsteuerrecht, 48; Bafin, Auslegungsschreiben zum Anwendungsbereich des KAGB und zum Begriff des "Investmentvermögens" vom 14.06.2013, Ziff. I. 7; ESMA, Guidelines on key concepts of the AIFMD, 31.

regulierten Finanzintermediäre, insbesondere Kreditinstitute, Wertpapierfirmen, Versicherungsunternehmen, Kapitalverwaltungsgesellschaften, [...] sowie regulierte Marktplätze".[238]

2. Ausnahmebestimmungen

Aufgrund des materiellen Fondsbegriffs, bei dem es nicht auf die formellen (rechtsformbezogen) Kriterien ankommt, sondern auf die materiellen (tätigkeitsbezogenen) Umstände, ist die Grenze des Anwendungsbereichs mithin unklar.[239] Dazu regelt § 2 KAGB die Ausnahmen, für welche Institutionen das KAGB nicht anzuwenden ist. Dabei werden in den Absätzen 1 - 3 konkrete Bereichsausnahmen genannt.[240] Es werden Holdinggesellschaften, konzerninterne AIF, Arbeitnehmerbeteiligungssysteme und -sparpläne erfasst; außerdem Einrichtungen der betrieblichen Altersvorsorge und soziale Sicherungssysteme sowie öffentliche Institute wie supranationale Einrichtungen, die EZB und nationale Zentralbanken.[241] Die Absätze 4 - 7 regeln für bestimmte AIF und deren Verwaltungsgesellschaften nur die Registrierungspflicht (keine Erlaubnispflicht) und inwieweit sie einer eingeschränkten Regulierung unterliegen.[242]

3. Ausländische Investmentvermögen

Das KAGB unterscheidet in § 17 KAGB drei Kategorien von Investmentvermögen, welche durch (deutsche) Kapitalverwaltungsgesellschaften verwaltet werden können: inländische Investmentvermögen, EU-Investmentvermögen und ausländische AIF. Inländische Investmentvermögen unterliegen nach § 1 Abs. 7 KAGB dem inländischen Recht. EU-Investmentvermögen unterliegen nach § 1 Abs. 8 KAGB dem Recht eines anderen Mitgliedstaates der EU oder des EWR. Ausländische AIF sind gemäß § 1 Abs. 9 KAGB AIF, welche dem Recht eines Drittstaates unterliegen.[243] Hier werden die AIF explizit genannt, da OGAW stets EU-/EWR-Investmentvermögen sind.[244]

238 *Zetzsche*, in: Assmann/Wallach/Zetzsche (Hrsg.), KAGB Kommentar, § 1, Rn. 77.

239 Vgl. *Schneider-Deters*, in: Patzner/Döser/Kempf (Hrsg.), KAGB InvStG Handkommentar, § 2 KAGB, Rn. 1; *Anzinger*, FR 2016, 101 (103).

240 Vgl. *Boxberger*, in: W/B/A (Hrsg.), KAGB, § 2, Rn. 1.

241 Vgl. *Zetzsche*, in: Assmann/Wallach/Zetzsche (Hrsg.), KAGB Kommentar, § 2, Rn. 11, 36 ff.

242 Vgl. *Boxberger*, in: W/B/A (Hrsg.), KAGB, § 2, Rn. 1.

243 Vgl. *Volhard/Jang*, in: W/B/A (Hrsg.), KAGB, § 1, Rn. 50.

244 Vgl. *Schneider-Deters*, in: Patzner/Döser/Kempf (Hrsg.), KAGB InvStG Handkommentar, § 2 KAGB, Rn. 37; *Volhard/Jang*, in: W/B/A (Hrsg.), KAGB, § 1, Rn. 51.

4. Systematisierung von Investmentvermögen

Nachdem die aufsichtsrechtliche Definition des Investmentvermögens erfolgt ist, soll im Folgenden eine Systematisierung der unterschiedlichen Organisationsformen von Investmentfonds gemäß KAGB stattfinden. Das KAGB erfasst eine Vielzahl von Investmentvehikeln und deren Verwalter.[245] Da sich das InvStG jedenfalls in rein abstrakter Hinsicht auf das KAGB bezieht und Steuer- und Aufsichtsrecht in der Praxis wesentliche gegenseitige Berücksichtigung finden, ist die Betrachtung des KAGB für die Bearbeitung der Thematik bedeutsam. Vor allem sei hier auch auf die Änderung der Investmentfondsbesteuerung verwiesen, welche auf bestehende Fondsstrukturen anzuwenden ist und in der Folge ggf. auch Umstrukturierungen und Anpassungen unter Berücksichtigung des Aufsichtsrechts vorzunehmen sind.

Um die Arten von Investmentvermögen unterscheiden zu können, wurden in der Literatur bereits diverse Differenzierungsmerkmale herausgearbeitet:[246]

- Rechtliche Konstruktion: Vertragstyp vs. Gesellschaftstyp; offen vs. geschlossen (Anteilsrücknahmemöglichkeit)
- Anlegerzielgruppe: Private (Publikumsinvestmentfonds) vs. (Semi-)Professionelle Anleger (Spezialinvestmentfonds)
- Anlagepolitik: aktive Verwaltung vs. passive Verwaltung (Indexfonds)
- Ertragsverwendung: Ausschüttung vs. Thesaurierung.

Investmentvermögen i.S.d. KAGB lassen sich grundsätzlich in zwei Grundformen kategorisieren: OGAW und AIF.[247]
OGAW sind „Organismen für gemeinsame Anlagen von Wertpapieren" und unterliegen den Anforderungen der OGAW-Richtlinien.[248] Diese Richtlinien schreiben neben weiteren anlage- und aufsichtsrechtlichen Bestimmungen die zulässigen Anlagegegenstände vor. §§ 192 – 213 KAGB normieren die zulässigen Vermögensgegenstände; außerdem sind Regelungen bezüglich der Kreditaufnahme und Emittentengrenzen enthalten.
AIF stellen nach § 1 Abs. 3 KAGB alle Investmentvermögen dar, die keine OGAW sind. Der AIF-Begriff wirkt daher als Auffangtatbestand.[249] AIF können sowohl Publikums-Investmentfonds als auch Spezial-Investmentfonds in jeweils offener und

245 Vgl. *Jesch/Haug*, DStZ 2013, 771 (772).
246 Siehe dazu *Illgen*, Die Investmentfondsbesteuerung im Systemwandel, 53, Fn. 97 m.w.N.
247 Vgl. *Haisch/Helios*, FR 2014, 313 (313 f.); *Haase*, IStR 2019, 616 (617); *Perridon/Steiner/Rathgeber*, Finanzwirtschaft der Unternehmung, 344.
248 Vgl. § 1 Abs. 2 KAGB; OGAW-Richtlinie 2009/65/EG, ABl. EG vom 17.11.2009 L 302/32.
249 Vgl. *Wollenhaupt/Beck*, DB 2013, 1950 (1952).

geschlossener Form sein.[250] Dies ergibt sich aus der Definition für geschlossene AIF in § 1 Abs. 5 KAGB. Derweil sind OGAW nur als offene Publikums-Investmentvermögen zugelassen.[251]

Bei offenen Investmentvermögen haben die Anleger mindestens einmal pro Jahr das Recht zur Rückgabe ihrer Anteile an den Fonds.[252] Wird dem Anleger dieses Recht nicht zuerkannt, handelt es sich um einen geschlossenen Investmentfonds. Die im Fonds verbrieften Anteile werden auf dem Sekundärmarkt gehandelt, da keine Rücknahmeverpflichtung für den Fonds besteht.[253] Der Sekundärmarkt bezeichnet den Handel mit bereits emittierten Kapitalmarktpapieren.[254] Die Unterscheidung zwischen Publikums- und Spezial-Investmentfonds erfolgt nach dem Anlegerkreis. Während die Anlage in Publikums-Investmentfonds prinzipiell jedem Anleger offen steht, dürfen Spezial-AIF nach § 1 Abs. 6 KAGB nur von professionellen und semiprofessionellen Anlegern erworben werden. Weiterhin zeichnen sich aktiv verwaltete Fonds durch ein aktives Management aus, während passiv verwaltete Fonds (sog. ETF) bestimmte Indizes nachbilden.[255] Zur Systematisierung der aufsichtsrechtlichen Begrifflichkeiten dient die folgende Abbildung.

Abbildung C.1: Organisationsformen von Investmentfonds nach dem KAGB.

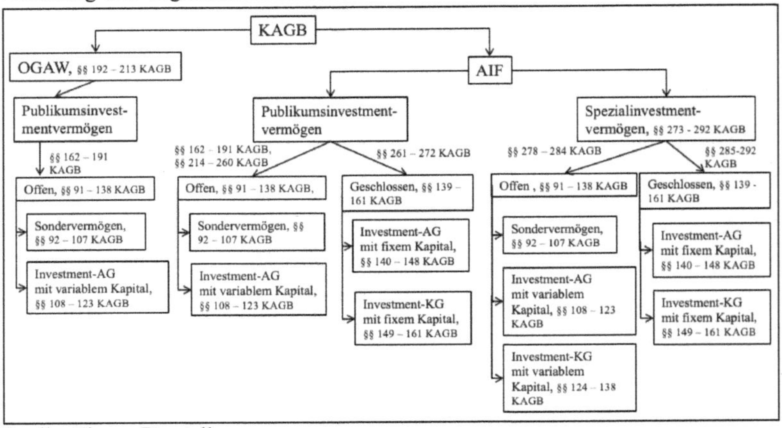

Quelle: Eigene Darstellung.

---

[250] Vgl. *Zetzsche*, in: Assmann/Wallach/Zetzsche (Hrsg.), KAGB Kommentar, § 1, Rn. 113.

[251] Vgl. *Wollenhaupt/Beck*, DB 2013, 1950 (1952); § 1 Abs. 4 KAGB.

[252] Vgl. Rundschreiben 11/2017 der BaFin vom 12.12.2017, Tz. B.4.11, erhältlich im Internet: https://www.bafin.de/SharedDocs/Veroeffentlichungen/DE/Rundschreiben/2017/rs_1711_hinweise_anlage_sicherungsvermoegen_va.html (zuletzt besucht am 05.01.2020); *Dorn*, Investmentsteuerrecht, 48; § 98 KAGB.

[253] Vgl. *Perridon/Steiner/Rathgeber*, Finanzwirtschaft der Unternehmung, 334.

[254] Vgl. *Seiler/Geier*, in: Ellenberger/Bunte (Hrsg.), Bankrechts-Handbuch, § 83 Grundlagen des Kapitalmarktrechts, Rn. 18.

[255] Vgl. *Perridon/Steiner/Rathgeber*, Finanzwirtschaft der Unternehmung, 336.

Die Abbildung zeigt weiterhin die fünf möglichen Organisationsformen von Investmentfonds. Diese können als Personen-, Kapitalgesellschaft (Gesellschaftstyp) oder Sondervermögen (Vertragstyp) aufgelegt werden:

(1) Sondervermögen nach §§ 92 – 107 KAGB
(2) Investment-Aktiengesellschaft mit variablem Kapital nach §§ 108 – 123 KAGB
(3) Investment-Aktiengesellschaft mit fixem Kapital nach §§ 140 – 148 KAGB
(4) Investment-Kommanditgesellschaft mit fixem Kapital nach §§ 149 – 161 KAGB
(5) Investment-Kommanditgesellschaft mit variablem Kapital nach §§ 124 – 138 KAGB.

Offene Investmentvermögen (Publikums- und Spezialinvestmentfonds) können nach § 91 Abs. 1 Satz 1 KAGB nur als Sondervermögen oder Investment-AG mit variablem Kapital geführt werden. Es ist hierbei möglich, dass jederzeit Anteile bzw. Anteilsscheine ausgegeben werden und damit das Gesellschaftskapital erhöht werden kann; dahingehend ist auch eine Rücknahme möglich.[256] Offenen Spezialfonds steht nach § 91 Abs. 2 KAGB zusätzlich die Organisation in der Rechtsform der Investment-KG mit variablem Kapital zur Verfügung. Dementsprechend können Anleger offener Investment-KG nur (semi-)professionelle Anleger sein, welche sich als Kommanditisten beteiligen.[257] Geschlossene Investmentvermögen dürfen nach § 139 KAGB nur in der Rechtsform der Investment-AG mit fixem Kapital oder als Investment-KG mit fixem Kapital aufgelegt werden; also nur in Verbindung mit dem Gesellschaftstyp.[258] Dies liegt darin begründet, dass die Anteilsinhaber nicht wie bei dem Vertragstypus in einem Schuldverhältnis, sondern in einem Beteiligungsverhältnis stehen.[259] Da keine Rücknahmeverpflichtung besteht, müssen die Anteile auf dem Aktienmarkt (Sekundärmarkt) gehandelt werden, was nur in den genannten Rechtsformen möglich ist.[260] In der Regel werden geschlossene Fonds in der Rechtsform der PersGes (insbes. GmbH & Co. KG) aufgesetzt.[261]

Sondervermögen sind nach § 1 Abs. 10 KAGB inländische offene Investmentvermögen in Vertragsform, welche durch eine Verwaltungsgesellschaft verwaltet werden. Kennzeichnend ist die fehlende Rechtspersönlichkeit, sodass Sondervermögen keine

---

256 Vgl. *Häuselmann*, Investmentanteile, 40.
257 Vgl. *Dorn*, Investmentsteuerrecht, 98.
258 Vgl. *Perridon/Steiner/Rathgeber*, Finanzwirtschaft der Unternehmung, 335.
259 Vgl. *Ebenda*, 335.
260 Vgl. *Ebenda*, 335.
261 Vgl. Gesetzentwurf zum AIFM-StAnpG, BT-Drs. 18/68, 33.

Träger von Rechten und Pflichten sein können.[262] Mithin kann das Sondervermögen auch kein Eigentum besitzen.[263] Die zum Sondervermögen gehörenden Vermögensgegenstände stehen entweder im Miteigentum der Anleger („Miteigentumslösung“) oder im Eigentum der KVG („Treuhandlösung“).[264] Die Vermögen der KVG und des Investmentfonds (Sondervermögen) sind strikt voneinander zu trennen; das Sondervermögen haftet nicht für die Verbindlichkeiten der KVG; genauso wenig darf es verpfändet oder belastet werden.[265] Die Anteile am Sondervermögen werden nach § 95 KAGB in Anteilsscheinen ausgegeben, welche die Rechte des Anlegers verkörpern, die dieser gegenüber der KVG aus dem geschlossenen Investmentvertrag hat, jedoch keine Gesellschafterrechte bei der KVG darstellen.[266]

Die folgende Tabelle zeigt einen Überblick über die Regelungsbereiche des KAGB:

Tabelle 1: Regelungsbereiche des KAGB.

Allgemeine Vorschriften	§§ 1 -16 KAGB
Verwaltungsgesellschaften	§§ 17 – 67 KAGB
Verwahrstelle	§§ 68 – 90 KAGB
Offene Investmentvermögen	§§ 91 – 138 KAGB
➢ Sondervermögen	➢ §§ 92 – 107 KAGB
➢ Investment-AG mit variablem Kapital	➢ §§ 108 – 123 KAGB
➢ Investment-KG mit variablem Kapital	➢ §§ 124 – 138 KAGB
Geschlossene Investmentvermögen	§§ 139 – 161 KAGB
➢ Investment-AG mit fixem Kapital	➢ §§ 140 – 148 KAGB
➢ Investment-KG mit fixem Kapital	➢ §§ 149 – 161 KAGB
Publikums-Investmentvermögen	§§ 162 – 272 KAGB
➢ Offen	➢ §§ 162 – 191 KAGB
➢ OGAW	➢ §§ 192 – 213 KAGB
➢ Publikums-AIF, offen	➢ §§ 214 – 260 KAGB
➢ Publikums-AIF, geschlossen	➢ §§ 261 – 272 KAGB
Spezial-AIF	§§ 273 – 292 KAGB
➢ Offen	➢ §§ 278 – 284 KAGB
➢ Geschlossen	➢ §§ 285 – 292 KAGB

Quelle: Eigene Darstellung.

262 Vgl. *Häuselmann*, Investmentanteile, 34.
263 Vgl. *Ebenda*, 35.
264 Vgl. *Dorn*, Investmentsteuerrecht, 95.
265 Vgl. *Ebenda*, 95.
266 Vgl. *Häuselmann*, Investmentanteile, 36; *Dorn*, Investmentsteuerrecht, 95.

III. Akteure des Investmentdreiecks

1. Überblick und grundlegende Begriffe

Das Investmentdreieck bilden die KVG, die Verwahrstelle und die Anleger des Investmentfonds (siehe Abbildung C.2); bei externer Fondsverwaltung tritt die Investmentgesellschaft hinzu („Investmentviereck“):[267] Hierbei wird die Fondsträgerschaft („Investmentvermögen“) und die Fondsverwaltung (KVG) auf zwei Institutionen aufgeteilt.[268]

Abbildung C.2: Darstellung des Investmentdreiecks.

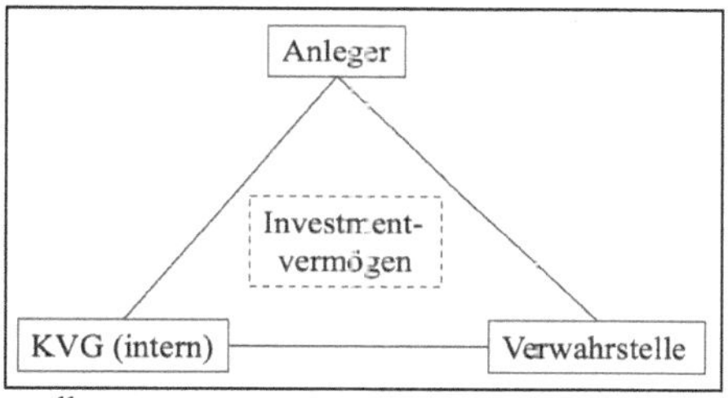

Quelle: Eigene Darstellung.

2. Kapitalverwaltungsgesellschaft

Ein Investmentvermögen muss durch eine KVG verwaltet werden (auch als sog. „Fondsmanager“ bekannt). Die Regelungen umfassen §§ 17-67 KAGB. Ohne Erlaubnis bzw. Registrierung kann ein Fondsmanager nicht tätig werden.[269] Eine Verwaltung liegt nach § 17 Abs. 1 Satz 2 KAGB vor, wenn mindestens die Portfolioverwaltung oder das Risikomanagement von der KVG erbracht wird. Darüber hinaus umfasst der Verwaltungsbegriff administrative Tätigkeiten und den Vertrieb.[270] Der Geschäftsbetrieb solcher KVG ist auf die Verwaltung von Investmentvermögen gerichtet.[271] Allgemeine Bankgeschäfte dürfen sie nicht (oder nur in sehr beschränktem Maße) betreiben.[272] Zudem müssen der satzungsmäßige Sitz und die Hauptverwaltung nach § 17 Abs. 1 Satz 1 KAGB im Inland liegen.

Ein Investmentvermögen kann sowohl intern als auch extern verwaltet werden, wobei Investmentgesellschaften in der Rechtsform einer Aktien- oder

267 Vgl. *Dorn*, Investmentsteuerrecht, 54; *Hoch/Preller*, BKR 2019, 22 (27).
268 Vgl. *Hoch/Preller*, BKR 2019, 22 (27).
269 Vgl. *Winterhalder*, in: W/B/A (Hrsg.), KAGB, § 17, Rn. 1
270 Vgl. *Dorn*, Investmentsteuerrecht, 58.
271 Vgl. § 17 KAGB – Legaldefinition KVG.
272 Vgl. *Raab*, Grundlagen des Investmentfondsgeschäftes, 17.

Kommanditgesellschaft durch sich selbst (interne KVG) oder durch eine externe KVG verwaltet werden können.[273] Sondervermögen können nur fremdverwaltet werden, da diese originär über keine Entscheidungsorgane verfügen.[274] Für externe KVG enthalten §§ 18 ff. KAGB die rechtlichen Vorgaben. Diese regeln bspw. die Rechtsform der KVG (GmbH, AG oder GmbH & Co. KG), die Gründung eines Aufsichtsrates und Beirates und das Anfangskapital (externe KVG: 125.000 €; interne KVG: 300.000 €).[275] Bei internen KVG wird das Investmentvermögen selbst als KVG zugelassen und von den eigenen Organen – z.B. dem Komplementär oder geschäftsführenden Kommanditisten – selbst verwaltet.[276]

Des Weiteren umfasst der Begriff der KVG AIF- bzw. OGAW-KVG. Je nachdem, ob ein AIF oder OGAW (oder beides) verwaltet wird, sind für die Erlaubnis bestimmte Voraussetzungen zu erfüllen. Eine KVG kann mehrere Investmentvermögen verwalten.

3. Verwahrstelle

Die Regelungen zur Verwahrstelle finden sich in den §§ 68-90 des KAGB. Dabei ist die KVG verpflichtet, eine Verwahrstelle zur Verwahrung des Investmentvermögens zu beauftragen.[277] Insgesamt werden von der Verwahrstelle drei wesentliche Funktionen übernommen: die Zahlstellenfunktion, die Verwahrfunktion und die Kontrollfunktion.[278] Mit der Verwahrfunktion wird der KVG der Zugriff auf die Vermögensgegenstände verwehrt.[279] Des Weiteren wird die KVG durch die Verwahrstelle überwacht, da zusammen mit der Zahlstellenfunktion die Transaktionen über die Zahlstelle abzuwickeln sind.[280] Die Verwahrstelle nimmt die Verwaltung von Anteilen vor, also deren Ausgabe und Rücknahme, und wickelt somit auch den entsprechenden Zahlungsverkehr ab.

Je nachdem, ob ein AIF oder ein OGAW verwahrt wird, gelten abweichende Anforderungen an die Verwahrstelle. Die Verwahrung eines OGAW ist nach § 68 Abs. 3

---

273 Vgl. § 1 Abs. 11 – 13 KAGB.

274 Vgl. *Hoch/Preller*, BKR 2019, 22 (23); hierbei initiiert die KVG vielmehr das Sondervermögen, vgl. *Ebenda*.

275 Vgl. *Kühn*, Die Investmentsteuerreform 2018, 11; *Wieland*, in: Assmann/Wallach/Zetzsche (Hrsg.), KAGB Kommentar, § 18, Rn. 1 ff.

276 Vgl. *Bentele*, in: Baur/Tappen/Mehrkhah/Behme (Hrsg.), Investmentgesetze, § 17 KAGB, Rn. 24; *Hoch*, Die Besteuerungssystematik von Kapitalanlagen, 118.

277 Vgl. *Patzner/Schneider-Deters*, in: Patzner/Döser/Kempf (Hrsg.), KAGB InvStG Handkommentar, Vor § 1 KAGB, Rn. 19.

278 Vgl. *Geurts/Schubert*, KAGB kompakt, 181.

279 Vgl. *Ebenda*, 181.

280 Vgl. *Ebenda*, 182.

KAGB nur Verwahrstellen mit Sitz in Deutschland gestattet; AIF können nach § 80 KAGB derweil auch von Instituten im EU-Ausland verwahrt werden. Das Eigenkapital einer OGAW-Verwahrstelle muss bei 5 Mio. € liegen. KVG und Verwahrstelle müssen voneinander unabhängig sein. Dies wird dahingehend sichergestellt, dass die Handlungsbevollmächtigten der Verwahrstelle nicht gleichzeitig Angestellte der KVG sind sowie umgekehrt. Zulässige Verwahrstellen sind bspw. Kreditinstitute, Wertpapierfirmen und Treuhänder.[281]

4. Anleger

§ 1 Abs. 19 Nr. 31- 33 KAGB enthalten die aufsichtsrechtlichen Definitionen der Anlegertypen, welche als Investoren in Betracht kommen. Dazu gehören Privatanleger, professionelle Anleger und semi-professionelle Anleger.

Privatanleger i.S.d. KAGB sind Anleger, die weder professionelle noch semi-professionelle Anleger sind. Die Summe der Privatanleger wird als „Publikum" bezeichnet.[282] Professionelle Anleger unterliegen sinngemäß Anhang II der MiFID II Richtlinie 2014/65/EU[283], die den Ausdruck „professionelle Kunden" definiert.

Demnach verfügen professionelle Anleger „über ausreichende Erfahrungen, Kenntnisse und Sachverstand [...], um [...] Anlageentscheidungen selbst treffen und die damit verbundenen Risiken angemessen beurteilen zu können."[284] Darunter sind zugelassene und beaufsichtigte Finanzinstitute (sog. „geborene" professionelle Anleger) zu verstehen; u.a. Kreditinstitute, Wertpapierfirmen, Versicherungsgesellschaften, OGAW und Pensionsfonds; nicht-regulierte Unternehmen mit bestimmten Finanzkennzahlen; Regierungen.[285] Alternativ kann ein Anleger auch auf Antrag als professioneller Anleger eingestuft werden (sog. „gekorene" professionelle Anleger).[286] Dazu muss bspw. das Finanzportfolio einen gewissen Wert haben, im erheblichen Umfang diverse Geschäfte abgeschlossen worden sein und/oder eine berufliche Tätigkeit im Finanzsektor mind. ein Jahr ausgeübt worden sein.[287]

---

281 Vgl. *Bauderer/Mundel*, in: Haase (Hrsg.), InvStG-Kommentar, § 1 InvStG 2004, Rn. 229.

282 Vgl. *Jesch*, in: Baur/Tappen/Mehrkhah/Behme (Hrsg.), Investmentgesetze, § 1 KAGB, Rn. 178; *Zetzsche*, in: Assmann/Wallach/Zetzsche (Hrsg.), KAGB Kommentar, § 1, Rn. 227.

283 Richtlinie 2014/65/EU des Europäischen Parlaments und des Rates vom 15. Mai 2014 über Märkte für Finanzinstrumente sowie zur Änderung der Richtlinien 2002/92/EG und 2011/61/EU (MiFID II – Markets in Financial Instruments Directive), ABl. EU vom 12.06 2014 L 173/349.

284 Vgl. *Ebenda,* 391.

285 Vgl. *Zetzsche*, in: Assmann/Wallach/Zetzsche (Hrsg.), KAGB Kommentar, § 1, Rn. 230; *Dorn*, Investmentsteuerrecht, 55.

286 Vgl. *Zetzsche*, in: Assmann/Wallach/Zetzsche (Hrsg.), KAGB Kommentar, § 1, Rn. 231.

287 Die Erfüllung von zwei der drei Voraussetzungen genügt.

Semi-professionelle Anleger werden in vier Kategorien unterteilt: 1. Privatkunden, die mind. 200.000 € investieren und dokumentieren, dass sie sich der Risiken bewusst sind. Die Verwaltungsgesellschaft beurteilt anhand einer Kompetenzerklärung, ob der entsprechende Sachverstand und Kenntnisse vorliegen; 2. Geschäftsleiter und Mitarbeiter einer KVG; 3. Großanleger mit einem Investitionsvolumen i.H.v. 10 Mio. €; 4. öffentliche Anleger.[288]

Die Unterscheidung der drei Anlegertypen hat Auswirkungen auf Regelungen zur Produktregulierung und Vertriebsinformationen.[289] Grundsätzlich dürfen Privatanleger nur in Publikumsfonds anlegen.[290] Hierbei existieren Ausnahmen. Der Erwerb von Spezial-AIF-Anteilen steht derweil nur professionellen und semi-professionellen Anlegern offen.[291]

Nach steuerlichem Verständnis wird der Begriff „Privatanleger" mit natürlichen Personen gleichgesetzt, welche Kapitalanlagen im Privatvermögen (PV) halten. Im Gegensatz dazu investieren „betriebliche Anleger" als natürliche Personen über das Betriebsvermögen (BV) bzw. sind Gesellschaften i.R.d. KStG. Der hier umschriebene Begriff „Privatanleger" i.S.d. KAGB umfasst jedoch nicht nur natürliche Personen, sondern auch Stiftungen, Unternehmen und Gesellschaften.[292]

---

288 Vgl. *Zetzsche*, in: Assmann/Wallach/Zetzsche (Hrsg.), KAGB Kommentar, § 1, Rn. 236 ff.

289 Vgl. *Ebenda*, Rn. 226.

290 Vgl. *Ebenda*, Rn. 226.

291 Vgl. § 1 Abs. 6 Satz 1 KAGB.

292 Vgl. *Zetzsche*, in: Assmann/Wallach/Zetzsche (Hrsg.), KAGB Kommentar, § 1, Rn. 227; *Geurts/Schubert*, KAGB kompakt, 20.

D. Anlass der Reform der Investmentbesteuerung

I. Besteuerung nach altem Recht – kurzer Überblick

Zur Nachvollziehung der Reformgründe wird zunächst das deutsche Investmentsteuerrecht vor der grundlegenden Reform von 2018 erläutert. Seit 2004 wurden die investmentsteuerlichen Regelungen durch das InvModG in ein einheitliches Gesetz zusammengeführt, ohne die grundlegende Besteuerung zu ändern. Wie in Abschnitt B.IV. (Historie) erläutert, wurde das InvStG mit dem AIFM-StAnpG[293] Ende 2013 an das in diesem Zuge neu geschaffene KAGB angepasst. Dazu waren eine Neuregelung des investmentsteuerlichen Anwendungsbereichs und die Einführung eines Besteuerungssystems für sog. Investitionsgesellschaften erforderlich.

1. Anwendungsbereich

Der Anwendungsbereich verwies zunächst auf die allgemeinen Begrifflichkeiten des KAGB, „AIF" und „OGAW". Dennoch wurden mit dem AIFM-StAnpG eigenständige Begriffe geschaffen. Entscheidend ist vielmehr, ob ein „Investmentfonds" oder eine „Investitionsgesellschaft" vorliegt. Demnach ist ein Investmentfonds ein OGAW oder AIF, wenn bestimmte Anlagebedingungen kumulativ erfüllt sind. Diese werden in § 1 Abs. 1b InvStG 2004 normiert und umfassen grds. Investmentvermögen des offenen Typs (Sondervermögen, Investment-AG mit veränderlichem Kapital, offene Investment-KG).[294] (Inländische) Investmentfonds können die privilegierte, transparente Besteuerung (§ 11 InvStG 2004) umsetzen. Werden die Anlagebestimmungen nicht erfüllt, handelt es sich um Investitionsgesellschaften (grds. geschlossene Investmentvermögen: Investment-AG sowie Investment-KG mit jeweils fixem Kapital); diese werden nach den allgemeinen Regelungen für Personen- und Kapitalgesellschaften besteuert und kommen nicht in den Genuss der privilegierten Investmentfondsbesteuerung.[295] Aufgrund der Ausweitung des aufsichtsrechtlichen Anwendungsbereiches auf AIF und der damit einhergehenden Regulierung geschlossener Fonds (i.d.R. PersGes) werden diese unter das InvStG gefasst.[296] Die transparente Besteuerung soll jedoch nicht sämtlichen Investmentvermögen zuteil werden; vielmehr entstanden zwei Besteuerungsregime – Investmentfonds und Investitionsgesellschaften.

---

293 AIFM-StAnpG vom 18.12.2013, BGBl. 2013 I, 4318.
294 Vgl. *Bäuml*, FR 2013, 746 (748).
295 Vgl. § 1 Abs. 1c InvStG a.F.; *Bäuml*, FR 2013, 746 (748).
296 Vgl. Gesetzentwurf zum AIFM-StAnpG, BT-Drs. 18/68, 33.

C. Haberkorn, *International-steuerliche Strukturen der reformierten Investmentbesteuerung*, Hallesche Schriften zur Betriebswirtschaft 38,
https://doi.org/10.1007/978-3-658-49895-5_4

2. Steuerbefreiung für inländische Investmentfonds

Das System folgt einem „semi-transparenten" Besteuerungsverfahren.[297] Hinter diesem Transparenzgedanken steht die Idee, dass die mittelbare Investition über einen Investmentfonds der Direktanlage steuerlich gleichzustellen ist. Hierbei erfolgt aber nicht die direkte Zurechnung der Einkünfte des Investmentfonds an die Anleger, so wie es bei PersGes und ihren Gesellschaftern der Fall ist (sog. Semi-Transparenz).[298] Das Transparenzprinzip wirkt nicht allumfassend i.S.e. „vollständigen" Transparenz, sondern nur, soweit diese durch das InvStG angeordnet wurde.[299] Vielmehr kann von einer „wirtschaftlichen Transparenz" gesprochen werden.[300] Die Investmentfonds (neben den Kapital-Investitionsgesellschaften in § 19 InvStG 2004) wurden als eigenständige Steuersubjekte nach § 11 InvStG 2004 angesehen, welche von der KSt und GewSt befreit waren (Fondseingangsseite). Dies galt jedoch nur für inländische Investmentfonds. Ausländische Fonds wurden von der Befreiung nicht erfasst, sondern unterlagen der beschränkten Steuerpflicht, soweit inländische Einnahmen i.S.d. § 49 EStG erzielt wurden.[301] Die Erträge wurden den inländischen Investmentfonds zugerechnet, waren mithin steuerbefreit.[302] Erst, wenn auf Ebene der Anteilseigner Fondserträge zufließen oder als zugeflossen gelten, wird ein steuerlicher Tatbestand verwirklicht.[303]

Weiterhin hängt die Besteuerung auf Anlegerebene und damit die Umsetzung des Transparenzgedankens von der Erfüllung bestimmter Veröffentlichungspflichten auf Seiten des Fonds ab. Inwiefern der Fonds den Pflichten rechtzeitig nachkommt, bestimmt den „Transparenzstatus" (Volltransparenz, Semi-Transparenz, Intransparenz).[304] § 5 InvStG 2004 regelt die Bekanntgabe der Besteuerungsgrundlagen (u.a. Betrag der Ausschüttung, Betrag der ausgeschütteten Erträge und darin enthaltene Beträge wie z.B. Dividenden, Veräußerungsgewinne, Zinserträge, ausländische Einkünfte, anrechenbare Steuern, ...). Nur dann konnte der Fonds als voll-transparent

---

297 Vgl. BMF, Evaluation InvStRefG – Zwischenbericht, 8.

298 Vgl. §§ 179 Abs. 1, Abs. 2 S. 2; 180 Abs. 1 S. 1 Nr. 2 BSt. a) AO i.V.m. § 39 Abs. 2 Nr. 2 AO bzw. § 15 Abs. 1 S. 1 Nr. 2 EStG; BMF, Evaluation InvStRefG – Zwischenbericht, 8.

299 Vgl. *Jachmann-Michel*, in: Moritz/Jesch/Mann (Hrsg.), Kommentar InvStG, Einl., Rn. 16; es wird auch vom eingeschränkten Transparenzprinzip gesprochen, vgl. *Wenzel*, in: Brandis/Heuermann (Hrsg.), Ertragsteuerrecht Kommentar, Vor § 1 InvStG 2004, Rn. 9.

300 So *Illgen*, Die Investmentfondsbesteuerung im Systemwandel, 89; *Kloster*, Neukonzeption der Investmentbesteuerung, 136.

301 So auch *Teichert*, Die Besteuerung in- und ausländischer Investmentfonds nach dem Investmentsteuergesetz, 125.

302 Vgl. *Ebenda*, 126.

303 Vgl. *Ebenda*, 126.

304 Vgl. *Illgen*, Die Investmentfondsbesteuerung im Systemwandel, 90 f.; *Haase/Dorn*, Investmentsteuerrecht, 130; *Ebner/Meinert*, NWB 2015, 416 (417).

deklariert werden und eine Besteuerung des Anlegers nach §§ 2 und 4 InvStG 2004 umgesetzt werden. Bevor die Besteuerung auf Anlegerebene stattfinden kann, sind die Erträge auf Fondsebene nach § 3 InvStG 2004 zu ermitteln. Hierbei sind unabhängig von der Einkunftsart (Fonds können sämtliche Einkunftsarten erzielen – typischerweise jedoch EaKV, EaVuV, EaGB) die Werbungskosten von den Einnahmen abzuziehen.

3. Besteuerung auf Anlegerebene

Beim Anleger werden die ausgeschütteten[305] und ausschüttungsgleichen Erträge[306] sowie die Zwischengewinne[307] besteuert, indem sie zu Kapitaleinkünften umqualifiziert bzw. über § 20 Abs. 8 EStG zu Betriebseinnahmen nach § 2 Abs. 1 Satz 1 InvStG 2004 führen.[308] Bspw. gehören Veräußerungsgewinne (VG) von Kapitalgesellschaftsanteilen nicht zu den ausschüttungsgleichen Erträgen, sodass diese steuerfrei thesauriert werden können und erst im Ausschüttungszeitpunkt bzw. bei Veräußerung der Investmentfondsanteile der Besteuerung beim Anleger unterliegen (sog. Thesaurierungsprivileg); in diesem Fall wird die Fondsanlage sogar gegenüber der Direktanlage bevorteilt.[309] Bei Privatanlegern werden 25 % Kapitalertragsteuer (KapESt) zzgl. SolZ nach § 7 InvStG 2004 als Steuerabzug erhoben, bei betrieblichen Anlegern ist das Teileinkünfteverfahren (TEV) bzw. § 8b KStG nicht anwendbar.[310] § 4 InvStG 2004 dient dazu, auf Ebene des Anlegers die Freistellungs- bzw. Anrechnungsmethode anzuwenden, wenn der Fonds vorbelastete Einkünfte erzielt, sodass eine Doppelbesteuerung vermieden wird.[311]

Sachliche Steuerbefreiungen bestehen für ausgeschüttete Erträge, soweit sie auf Veräußerungsgewinne außerhalb der Zehn-Jahres-Frist entfallen und keine

305 § 1 Abs. 3 Satz 2 InvStG a.F.: „Ausgeschüttete Erträge sind die von einem Investmentfonds zur Ausschüttung verwendeten Kapitalerträge, Erträge aus der Vermietung und Verpachtung von Grundstücken und grundstücksgleichen Rechten, sonstige Erträge und Gewinne aus Veräußerungsgeschäften."

306 § 1 Abs. 3 Satz 3 InvStG a.F.: „Ausschüttungsgleiche Erträge sind die von einem Investmentfonds nach Abzug der abziehbaren Werbungskosten nicht zur Ausschüttung verwendeten Nr. 1 Kapitalerträge […], Nr. 2 Erträge aus Vermietung und Verpachtung […]."

307 § 1 Abs. 4 InvStG a.F.: „Zwischengewinn ist das Entgelt für die dem Anleger noch nicht zugeflossenen oder als zugeflossen geltenden Einnahmen des Investmentfonds". Damit werden unterjährig durch den Fonds erzielte Zinserträge erfasst.

308 Vgl. *Haase/Dorn*, Investmentsteuerrecht, 135.

309 Vgl. *Bauderer/Mundel*, in: Haase (Hrsg.), InvStG-Kommentar, § 1 InvStG 2004, Rn. 352; *Hoch*, Die Besteuerungssystematik von Kapitalanlagen, 122 ff.

310 Vgl. *Haase/Dorn*, Investmentsteuerrecht, 137; *Kleutgens/Geißler*, IStR 2014, 280 (281); § 44 Abs. 1 Satz 3 EStG.

311 Vgl. *Ebner/Meinert*, NWB 2015, 416 (417); *Haase*, in: Haase (Hrsg.), InvStG-Kommentar, § 4 InvStG 2004, Rn. 4.

Betriebseinnahmen darstellen; das TEV kommt für betriebliche Anleger in Frage, wenn die Erträge in- und ausländische Dividenden und Veräußerungsgewinne aus Beteiligungen enthalten; § 8b KStG gilt, wenn der Fonds entsprechende Veräußerungsgewinne vereinnahmt.[312] Fehlen die Angaben zu § 5 Abs. 1 Satz 1 Nr. 1 c) und/oder f) InvStG 2004 sind die diesbezüglichen Steuerbefreiungen nicht anwendbar; dies gilt für steuerbegünstigte Ertragsteile des Fonds und für die Berücksichtigung ausländischer Einkünfte nach § 4 InvStG 2004.[313]

Werden die Angaben nicht bekannt gegeben, wird die transparente Besteuerung versagt (§ 6 InvStG 2004). Die Anleger werden einer „Pauschalbesteuerung" unterworfen, welche auf der pauschalierenden Ermittlung der Einkünfte der jeweiligen Anleger basiert.[314] Diese Regelung ist Gegenstand des EuGH-Urteils vom 09. Oktober 2014, Rs. *van Caster*. In Folge des Urteils wurde dem § 6 InvStG 2004 ein zweiter Absatz angehängt, welcher dem Anleger den Nachweis ermöglicht.[315]

II. Gründe für die Reform

1. Überblick

Bereits 2011 hat eine Bund-Länder-Arbeitsgruppe sich der Komplexität der deutschen Investmentbesteuerung angenommen.[316] Es sollte ein einfacheres, aber aufkommenneutrales System geschaffen werden.[317] Der Abschlussbericht wurde am 24. Februar 2012 vorgelegt.[318] Dort sprach man sich für eine Abkehr vom Transparenzprinzip aus, denn die Problematiken sind auf das zugrunde liegende Transparenzprinzip zurückzuführen.[319] Daraufhin wurde ein Gutachten in Auftrag gegeben, welches die Auswirkungen auf die Anlegerrendite und Altersvorsorgepläne als gering einstufte.[320] Am 21. Juli 2015 wurde ein Diskussionsentwurf vorgelegt; der Referentenentwurf am 16. Dezember 2015 und der Regierungsentwurf am 16. Februar 2016. Im Ergebnis wurde der

---

312 Vgl. § 2 Abs. 3 InvStG a.F.; § 2 Abs. 2 Satz 1 und 2 InvStG a.F.

313 Vgl. *Ebner/Meinert*, NWB 2015, 416 (417).

314 Anzusetzen waren die Ausschüttungen, der Zwischengewinn, sowie 70 % des Mehrbetrags der Differenz des ersten und letzten Rücknahmepreises des Jahres; mind. 6 % des letzten im KJ festgesetzten Rücknahmepreises, § 6 Abs. 1 Satz 1 InvStG a.F.

315 Vgl. InvStRefG vom 19.07.2016, BGBl. 2016 I, 1730.

316 Vgl. *Helios/Mann*, DB-SA 2016, 1 (2); Arbeitsgruppe „Neukonzeption der Investmentbesteuerung" Abschlussbericht vom 24.02.2012, DB0469318, 4.; *Höring*, DStZ 2012, 367 (368).

317 Vgl. *Helios/Mann*, DB-SA 2016, 1 (2); Bericht des Finanzausschusses vom 07.04.2011, BT-Drs. 17/5417, 6.

318 Arbeitsgruppe „Neukonzeption der Investmentbesteuerung" Abschlussbericht vom 24.02.2012, DB0469318.

319 Vgl. *Höring*, DStZ 2012, 367 (368).

320 Vgl. *Helios/Mann*, DB-SA 2016, 1 (2).

investmentsteuerliche Transparenzgrundsatz für Publikumsfonds aufgegeben; für SpIF wurde die Möglichkeit für eine transparente Besteuerung jedoch beibehalten.[321]

In der Gesetzesbegründung zum InvStRefG werden als Ziele der Reform des Investmentsteuerrechts folgende Punkte aufgezählt, die nachfolgend näher erläutert werden:

- Ausräumung EU-rechtlicher Risiken
- Verhinderung von aggressiven Steuergestaltungen und Reduzierung der Gestaltungsanfälligkeit
- Reduzierung des Aufwandes für die Ermittlung der Besteuerungsgrundlagen auf Seiten der Wirtschaft und der Bürger sowie des Kontrollaufwandes der Verwaltung in den Massenverfahren bei Publikums-Investmentfonds und deren Anleger
- Behebung des Systemfehlers, der bei Publikums-Investmentfonds eine rückwirkende Berichtigung fehlerhafter Besteuerungsgrundlagen praktisch unmöglich machte.[322]

2. Europarechtliche Risiken

a. Privilegierung inländischer Fonds

Bei der Reformierung des Investmentsteuerrechts ist vor allem die Beseitigung europarechtlicher Risiken als maßgebliches Argument in den Vordergrund zu stellen.[323] Die bis dato ergangenen EuGH-Rechtsprechungen veranlassten den Gesetzgeber u.a. zur Abwehr immenser Haushaltsrisiken zur Reform der Investmentbesteuerung.[324] Das vorherige System verfolgte mit der Leitidee der steuerlichen Transparenz die Gleichstellung von Investitionen über Investmentfonds und Direktanlagen. Aus diesem Grund wird inländischen Fonds nach § 11 Abs. 1 Satz 2 InvStG 2004 eine Steuerbefreiung gewährt, indem die einbehaltene und abgeführte KapESt auf Kapitaleinkünfte erstattet bzw. von vornherein nicht erhoben wird. Die Besteuerung erfolgte dahingehend anhand ausschüttungsunabhängiger Zurechnung auf Ebene der Fondsanleger.[325] Ausländische Fonds waren nicht von der Steuerbefreiung erfasst, sodass diese i.R.d. beschränkten Steuerpflicht der abgeltenden KapESt i.H.v. 25 % gemäß § 43 Abs. 1 Satz 1 Nr. 1a) EStG unterlagen.[326] Nach Berücksichtigung von geltenden DBA

---

321 Vgl. *Elser/Thiede*, NWB-EV 2016, 51 (53).

322 Vgl. Gesetzentwurf zum InvStRefG vom 07.04.2016, BT-Drs. 18/8045, 49.

323 Vgl. BRH, Bericht vom 24.02.2016, VIII 1-2014-1080, Rn. 0.2; *Patzner/Kempf/Nagler*, in: Patzner/Döser/Kempf (Hrsg.), KAGB InvStG Handkommentar, Einl. InvStG 2018, Rn. 4.

324 Vgl. Vgl. BRH, Bericht vom 24.02.2016, VIII 1-2014-1080, Rn. 0.7.

325 Vgl. *Steinmüller*, in: Musil/Weber-Grellet (Hrsg.), Europäisches Steuerrecht, InvStG-Kommentar, InvStG Einf., Rn. 19.

326 Unter Berücksichtigung von bestehenden DBA kann die QuSt nur auf 15 % reduziert werden.

verbleibt eine 15 %ige definitive Steuerbelastung.[327] Diese Regelung sieht sich erheblichen europarechtlichen Bedenken ausgesetzt, v.a. aber wird ein Verstoß gegen die Kapitalverkehrsfreiheit konstatiert.[328] Auf Ebene inländischer Fondsanleger, welche an ausländischen Fonds beteiligt waren, wurde eine Anrechnung dieser Steuer nach § 4 Abs. 2 Satz 8 InvStG 2004 ermöglicht.

Die für die Reformierung maßgeblichen EuGH-Urteile sind die Rechtssachen *Santander* vom 10. Mai 2012 und *Emerging Markets* vom 10. April 2014, aber auch auf die Rechtssachen *Aberdeen* vom 18. Juni 2009 sowie *Kommission/Belgien* vom 25. Oktober 2012.[329] Darin beschäftigt sich der EuGH bereits explizit mit der Dividendenbesteuerung auf der Fondseingangsseite.[330] In den Rechtssachen führt die Steuerbegünstigung von inländischen Investmentfonds auf der Eingangsseite grundsätzlich[331] zu einem Verstoß gegen die Kapitalverkehrsfreiheit, da ausländische Fonds diese Begünstigung nicht in Anspruch nehmen können.[332] Obwohl den Rechtssachen finnische, französische, belgische und polnische Regelungen zugrunde liegen, können die Entscheidungen auf die deutschen Regelungen bezogen werden.[333] Die Rechtfertigung der Ungleichbehandlung in- und ausländischer Investmentfonds mit Gründen der Kohärenz des Steuersystems, einer ausgewogenen Aufteilung von Besteuerungsbefugnissen sowie der Sicherung steuerlicher Kontrollen überzeugen vor dem EuGH nicht.[334] Seit der Neuregelung ab dem 01. Januar 2018 hat der EuGH in weiteren Sachverhalten Stellung zu mitgliedstaatlichen Regelungen bezogen und seine Rechtsprechung

---

327 Vgl. *Linn*, IStR 2012, 455 (455); *Patzner/Nagler*, IStR 2016, 725 (726); *Stadler*, in: Oestreicher (Hrsg.), BEPS konkret, 131 (134); BRH, Bericht vom 24.02.2016, VIII 1-2014-1080, 6; Antrag nach § 50d Abs. 1 EStG.

328 Vgl. BRH, Bericht vom 24.02.2016, VIII 1-2014-1080, 3 f.

329 Vgl. EuGH vom 10.04.2014, Rs. C-338/12 – C-347/11 *Emerging Markets*, ECLI:EU:C:2014:249; EuGH vom 10.05.2012, Rs. C-190/12 *Santander*, ECLI:EU:C:2012:286; EuGH vom 25.10.2012, Rs. C-387/11 *Kommission/Belgien*, ECLI:EU:C:2012:670; EuGH vom 18.06.2009, Rs. C-303/07 *Aberdeen*, ECLI:EU:C:2009:377.

330 Vgl. EuGH vom 10.04.2014, Rs. C-338/12 – C-347/11 *Emerging Markets*, ECLI:EU:C:2014:249; EuGH vom 10.05.2012, Rs. C-190/12 *Santander*, ECLI:EU:C:2012:286.

331 Die Rs. *Aberdeen* wird anhand der Niederlassungsfreiheit beurteilt.

332 Vgl. *Anzinger*, FR 2016, 101 (107 f.); *Stadler*, in: Oestreicher (Hrsg.), BEPS konkret, 131 (134); *Freeden*, in: Schaumburg (Hrsg.), Internationales Steuerrecht, Rn. 12.61 (4. Aufl.); EuGH vom 10.04.2014, Rs. C-338/12 – C-347/11 *Emerging Markets*, ECLI:EU:C:2014:249; EuGH vom 10.05.2012, Rs. C-190/12 *Santander*, ECLI:EU:C:2012:286.

333 Vgl. *Linn*, IStR 2012, 455 (455); *Stadler*, in: Oestreicher (Hrsg.), BEPS konkret, 131 (134).

334 Vgl. EuGH, Rs. C-338/12 – C-347/11 vom 10.04.2014, *Emerging Markets*, ECLI:EU:C:2014:249, Rn. 46 ff.; EuGH, Rs. C-190/12 vom 10.05.2012, *Santander*, ECLI:EU:C:2012:286, Rn. 89 ff.; gemäß den EuGH-Entscheidungen kann der Rechtfertigungsgrund der Kohärenz nur Bestand haben, wenn ein unmittelbarer Zusammenhang zwischen dem Steuervorteil auf Gesellschaftsebene und der Steuerbelastung auf Anlegerebene beseht. Dieser besteht bspw., wenn die Steuerbefreiung von der Voraussetzung abhängig gemacht wird, dass die Dividenden an die Anteilseigner ausgeschüttet und dort besteuert werden, vgl. BRH, Bericht vom 24.02.2016, VIII 1-2014-1080, 10.

fortgeführt und verfeinert. Der EuGH hat über Regelungen dänischen Rechts (Rs. *Fidelity Funds*), niederländischen Rechts (Rs. *Köln Aktienfonds*) und portugiesischen Rechts (Rs. *AllianzGI-Fonds*) geurteilt.[335] Die entsprechenden Regelungen wurden durchgehend als nicht mit dem Unionsrecht vereinbar befunden. Seit Oktober 2020 war ein Sachverhalt zur deutschen Investmentfondsbesteuerung beim EuGH anhängig. I.R.e. Vorabentscheidungsersuchens des BFH an den EuGH wurde am 27. April 2023 zur Rechtssache *L Fund* geurteilt. [336] Die folgenden Ausführungen stellen sowohl die Rechtssache, welche durch den EuGH entschieden wurde, als auch zwei andere, ähnlich gelagerte Fälle, welche durch den BFH entschieden wurden, kurz dar.[337] Die anderen EuGH-Rechtsprechungen werden im Kapitel der internationalen Bezüge näher behandelt (siehe H.III.2).

(1) L Fund Entscheidung des EuGH vom 27. April 2023

Hinsichtlich der deutschen Regelung wurde in einem Verfahren vor dem Finanzgericht Münster[338] am 20. April 2017 entschieden, dass die Steuerbefreiung nach § 11 Abs. 1 Satz 2 InvStG 2004 nicht gegen die Kapitalverkehrsfreiheit verstößt.[339] Der Sachverhalt betrifft ausländische (luxemburgische) SpIF, welche Immobilieninvestitionen in Deutschland tätigten. Der ausländische SpIF ist als beschränkt steuerpflichtiges Subjekt mit inländischen Einkünften nach § 49 Abs. 1 Nr. 6 und 2f EStG anzusehen. Der Anwendungsbereich des § 11 Abs. 1 Satz 2 InvStG 2004 sei nicht eröffnet. Das FG stellt die ungleiche steuerliche Behandlung in- und ausländischer Investmentfonds und somit die Beschränkung des Kapitalverkehrs eindeutig fest, liefert aber Gründe für deren Rechtfertigung.[340] Der Wortlaut des § 11 Abs. 1 Satz 2 InvStG 2004 erfasst eindeutig und einzig „inländische" Investmentfonds.[341] Eine Erweiterung des Anwendungsbereichs der Vorschrift über den Wortlaut hinaus auch auf ausländische Investmentfonds würde eine „planwidrige Regelungslücke" voraussetzen.[342] Diese liege

---

335 Vgl. EuGH vom 21.06.2018, Rs. C-480/15 *Fidelity Funds*, ECLI:EU:C:2018:480; EuGH vom 30.01.2020, Rs. C-156/17 *Köln Aktienfonds*, ECLI:EU:C:2020:51; EuGH vom 17.03.2022, Rs. C-545/19, *AllianzGI-Fonds u.a.*, ECLI:EU:C:2022:193.

336 BFH vom 18.12.2019, I R 33/17, in: BFH/NV 2021, 157 Nr. 1; EuGH vom 27.04.2023, Rs C-537/20, *L Fund*, ECLI:EU:C:2023:339.

337 BFH vom 13.03.2024, I R 1/20, in: openJur 2024, 8060; BFH vom 13.03.2024, I R 2/20, in: openJur 2024, 8068.

338 FG Münster vom 20.04.2017, 10 K 3059/14 K, in: openJur 2019, 3340.

339 Vgl. FG Münster vom 20.04.2017, 10 K 3059/14 K, Leitsatz, in: openJur 2019, 3340.

340 Vgl. FG Münster vom 20.04.2017, 10 K 3059/14 K, in: openJur 2019, 3340; *Hahne*, BB 2017, 2010 (2012).

341 Vgl. *Haberkorn/Kraft*, EWS 2023, 193 (194).

342 Vgl. FG Münster vom 20.04.2017, 10 K 3059/14 K, in: openJur 2019, 3340, Rn. 83; BFH vom 18.12.2019, I R 33/17, in: BFH/NV 2021, 157 Nr. 1, Rn 32; *Hahne*, BB 2017, 2010 (2014); *Süßmann*, RdF 2021, 75 (75).

nicht vor, denn die Differenzierung entspräche dem Willen des Gesetzgebers.[343] Die Vereinbarkeit mit Unionsrecht läge vielmehr in den „rechtlichen Besonderheiten des nationalen Investmentsteuerrechts und [den] tatsächlichen Besonderheiten des Streitfalls“.[344] Aufgrund des in Deutschland geregelten Transparenzprinzips erfolgt die Besteuerung durch Abzug von KapESt durch den inländischen Investmentfonds beim Anleger.[345] Bei ausländischen Investmentfonds kann ein Abzug auf Fondsausgangsseite nicht sicher gestellt werden, sodass die Besteuerung von inländischen Einkünften durch die Besteuerung des ausländischen Investmentfonds verwirklicht wird.[346] Hinsichtlich eines inländischen Spezial-Immobilienfonds mit ausländischen Anlegern wird jedoch ein Sonderfall normiert, denn gemäß § 15 Abs. 2 Satz 2 InvStG 2004 gelten inländische Immobilieneinkünfte beim Anleger als direkt bezogene Einkünfte gem. § 49 Abs. 1 Nr. 2f, Nr. 6 EStG und nicht als Ausschüttungen oder ausschüttungsgleiche Erträge (agE) des Fonds.[347]

Die Regelung des § 11 InvStG 2004 setzt zwar die Besteuerung auf Ebene des Anlegers zur Bejahung des Rechtfertigungsgrundes der Kohärenz nicht voraus.[348] Durch eine fiktive Ausschüttung (agE) wird jedoch die Besteuerung auf Anlegerebene im Unterschied zu den o.g. EuGH-Rechtsprechungen sichergestellt, sodass in der Literatur teilweise ein gewisser Optimismus geschürt wurde.[349] Jedoch hat sich dieser mit dem EuGH-Urteil zur Rechtssache *Fidelity Funds u.a.* getrübt.[350] Hierbei wird die Quellensteuerbefreiung an in Ausland ansässige Investmentfonds an ebendiese Voraussetzung geknüpft, eine Mindestausschüttung mit einbehaltener Steuer bei den Anlegern vorzunehmen.[351] Im Ergebnis hat der EuGH entschieden, dass die Quellensteuerbefreiung selbst bei sichergestellter Anlegerbesteuerung unionsrechtswidrig sei.[352]

Am 27. April 2023 entschied der EuGH, somit wenig überraschend, dass die deutsche Besteuerung gebietsfremder Spezial-Immobilienfonds, wohingegen inländische Spezial-Immobilienfonds befreit sind, der Kapitalverkehrsfreiheit entgegensteht.[353] Damit

---

343 Vgl. FG Münster vom 20.04.2017, 10 K 3059/14 K, in: openJur 2019, 3340, Rn. 83; *Hahne*, BB 2017, 2010 (2012); BFH vom 18.12.2019, I R 33/17, in: BFH/NV 2021, 157 Nr. 1, Rn. 32.

344 Vgl. BFH vom 18.12.2019, I R 33/17, in: BFH/NV 2021, 157 Nr. 1, Rn. 40, 48.

345 Vgl. BRH, Bericht vom 24.02.zr2016, VIII 1-2014-1080, 6; FG Münster vom 20.04.2017, 10 K 3059/14 K, in: openJur 2019, 3340, Rn. 115; *Hahne*, BB 2017, 2010 (2012).

346 Vgl. FG Münster vom 20.04.2017, 10 K 3059/14 K, in: openJur 2019, 3340, Rn. 116; *Hahne*, BB 2017, 2010 (2012).

347 Vgl. *Haberkorn/Kraft*, EWS 2023, 193 (194).

348 Vgl. *Schwenk/Faber*, ISR 2018, 319 (320).

349 Vgl. *Bannes/Holle*, FR 2016, 661 (666).

350 Vgl. *Schwenk/Faber*, ISR 2018, 319 (320); EuGH vom 21.06.2018, Rs. C-480/16 *Fidelity Funds*, ECLI:EU:C:2018:480.

351 Vgl. EuGH vom 21.06.2018, Rs. C-480/16 *Fidelity Funds*, ECLI:EU:C:2018:480, Leitsatz.

352 Vgl. *Ebenda*, Leitsatz.

353 Vgl. EuGH vom 27.04.2023, Rs. C-537/20, *L Fund*, ECLI:EU:C:2023:339.

folgt das Urteil der bisherigen EuGH-Rechtsprechung und hält an der grundsätzlichen Ungleichbehandlung in- und ausländischer Fonds fest, ohne die Anlegerebene und das Besteuerungsrecht des Quellenstaates zu würdigen. In den bisherigen Judikaten wurde mithin die steuerliche Belastung hinsichtlich Dividenden beurteilt. Bei der Investition der Fonds in inländische Immobilien erfolgt die Besteuerung jedoch gemäß des international üblichen „Belegenheitsprinzips".[354] Die Entscheidungsgründe werden im Zusammenhang mit den vorangegangenen Entscheidungen in Abschnitt H.III. analysiert, indem Unterschiede und Gemeinsamkeiten herausgestellt werden. Im Nachgang zur EuGH-Entscheidung bestätigt der BFH mit Urteil vom 11. Oktober 2023 (I R 23/23) den Verstoß des § 11 Abs. 1 Satz 2 InvStG 2004 gegen die Kapitalverkehrsfreiheit.[355] Dies wird im Folgenden kurz erläutert.

BFH-Entscheidung vom 11. Oktober 2023, I R 23/23 (I R 33/17)

Der Senat sowie die Beteiligten sind an die eingeholte Vorabentscheidung des EuGH gebunden; die Urteilsgründe des EuGH sind entsprechend auszulegen.[356] Folglich entschied der BFH, dass der Ausschluss des gebietsfremden SpIF durch § 11 Abs. 1 Satz 2 InvStG 2004 gegen die Kapitalverkehrsfreiheit verstößt.[357] Zudem ist die Steuerbefreiung mittels geltungserhaltender Reduktion der Vorschrift zu gewähren, wobei das Tatbestandsmerkmal „inländisch" unbeachtlich bleibt.[358] Dies gilt mithin nicht für die Regelung des § 15 Abs. 2 Satz 2 und 4 InvStG 2004, wonach es zu einer direkten Zurechnung an beschränkt steuerpflichtige Anleger kommt, sodass die Steuerbefreiung nur unter der Voraussetzung einer Anlegerbesteuerung gewährt wird.[359] Die gestaltungserhaltende Reduktion würde dann Anleger über § 15 InvStG belasten und darf dahingehend nicht zu einer verschärfenden „Extension" einer an diese Norm anknüpfenden anderen Vorschrift führen, die unionsrechtlich unbedenklich ist, da dies dem Grundsatz der Gesetzmäßigkeit der Besteuerung nach § 85 AO widersprechen würde.[360]

354 Vgl. BFH vom 18.12.2019, I R 33/17, in: BFH/NV 2021, 157 Nr. 1, Rn. 55
355 Vgl. BFH vom 11.10.2023, I R 23/23 (I R 33/17).
356 Vgl. BFH vom 11.10.2023, I R 23/23, in: IStR 2024, 185, Rn. 34.
357 Vgl. *Ebenda*, Leitsatz.
358 Vgl. *Ebenda*, Rn. 35.
359 Vgl. *Ebenda*, Rn. 39 f.
360 Vgl. *Ebenda*, Rn. 41.

(2) Weitere BFH-Verfahren

In zwei anderen Verfahren vor dem Finanzgericht Hessen[361], welche die Dividendenbesteuerung auf Fondseingangsseite betreffen, wird die Regelung des § 11 InvStG 2004 ebenfalls als unionsrechtskonform angesehen. Die Verfahren wurden mit Urteil vom 13. März 2024 vor dem BFH entschieden.[362] Vor dem Hessischen Finanzgericht klagten ein französischer Fonds Commun de Placement (FCP) und ein luxemburgischer Société d'Investissement à Capital Variable (SICAV), da auf ihre von deutschen Kapitalgesellschaften bezogenen Dividenden KapESt einbehalten wurde, während inländische Fonds nach § 11 InvStG 2004 von dieser Steuer befreit sind. Das FG in Kassel entschied zugunsten der beklagten Finanzverwaltung und verneinte einen Verstoß gegen die Kapitalverkehrsfreiheit.

Das FG stellte im Rahmen der Vergleichbarkeitsprüfung eine Ungleichbehandlung fest, erkannte dabei jedoch den Ausschluss der Anlegerebene grundsätzlich an.[363] Es befand den Rechtfertigungsgrund der Kohärenzwahrung als einschlägig und verhältnismäßig, und betonte die Notwendigkeit einer "erweiterten" Vergleichbarkeitsprüfung.[364] Insgesamt stellt das Finanzgericht fest, dass nicht die Mindestausschüttung entscheidend ist, sondern die Besteuerung des inländischen Anlegers.[365] Die Steuerbefreiung ergebe sich dahingehend vielmehr aus dem Zusammenspiel des § 11 Abs. 1 Satz 2 InvStG 2004 mit § 1 Abs. 3 Satz 2 und 3 InvStG 2004.[366]

In Hinblick auf die ergangenen EuGH-Rechtsprechungen ist insbesondere anzumerken, dass die Besteuerung auf Anlegerebene nicht in die Prüfung der Europarechtskonformität einbezogen wird, sondern lediglich die Fondsebene betrachtet wird.[367] Denn die entsprechenden Regelungen stellen auf den Sitz des Investmentfonds ab; ein unmittelbarer Zusammenhang zur Anlegerbesteuerung erkennt der EuGH nicht. Eine

---

361 FG Hessen vom 21.08.2019, 4 K 999/17, in: openJur 2020, 44950; FG Hessen vom 21.08.2019, 4 K 2079/16, in: openJur 2020, 44949.

362 Vgl. BFH vom 13.03.2024, I R 1/20, in: openJur 2024, 8060; BFH vom 13.03.2024, I R 2/20, in: openJur 2024, 8068.

363 Vgl. FG Hessen vom 21.08.2019, 4 K 999/17, in; openJur 2020, 44950, Rn. 56; FG Hessen vom 21.08.2019, 4 K 2029/16, in: openJur 2020, 44949, Rn. 43.

364 Vgl. FG Hessen vom 21.08.2019, 4 K 999/17, in; openJur 2020, 44950, Rn. 56; FG Hessen vom 21.08.2019, 4 K 2029/16, in: openJur 2020, 44949, Rn. 43.

365 Vgl. FG Hessen vom 21.08.2019, 4 K 999/17, in; openJur 2020, 44950, Rn. 79; FG Hessen vom 21.08.2019, 4 K 2029/16, in: openJur 2020, 44949, Rn. 66.

366 Vgl. FG Hessen vom 21.08.2019, 4 K 999/17, in; openJur 2020, 44950, Rn. 81; FG Hessen vom 21.08.2019, 4 K 2029/16, in: openJur 2020, 44949, Rn. 68.

367 Vgl. *Mann*, in: W/B/A (Hrsg.), KAGB, Einl. InvStG 2018, Rn. 11; *Hahne*, BB 2017, 2010 (2012).

Erweiterung des Kohärenzbegriffs, also die Gesamtbetrachtung von Fonds- und Anlegerebene, wie von der deutschen Bundesregierung gefordert, lehnt der EuGH ab.[368]

Da der EuGH in den dargestellten Entscheidungen (insbesondere zur deutschen Regelung) die Verletzung der Kapitalverkehrsfreiheit hinsichtlich der steuerlichen Ungleichbehandlung in- und ausländischer Investmentfonds festgestellt hat, kann statuiert werden, dass die lang angestrebte Reform einer Investmentbesteuerung die europarechtlichen und fiskalischen Risiken für die Zukunft folgerichtig ausräumt.[369] Die bisherigen Judikate des EuGH sehen keine Begrenzung der zeitlichen Wirkung vor, sodass Deutschland Haushaltsrisiken in Milliardenhöhe verbleiben.[370] Jedoch ist die Entscheidung hinsichtlich der deutschen Regelung aufgrund der Novellierung des InvStG von beschränkter zeitlicher Wirkung.[371] Auch aus den die EuGH-Entscheidung bestätigenden Urteile des BFH vom 13. März 2024 (Aktenzeichen I R 1/20 und I R 2/20) ergibt sich, dass die einbehaltende KapESt zurückzuerstatten ist; außerdem ist der Erstattungsanspruch mit 6 % zu verzinsen.[372]

b. Pauschalbesteuerung

Des Weiteren wurde in der EuGH-Entscheidung von 09. Oktober 2014 in der Rs. *van Caster* ein Verstoß gegen die Kapitalverkehrsfreiheit festgestellt, wenn die Besteuerungsgrundlagen nach § 5 InvStG 2004 nicht entsprechend veröffentlicht werden und eine nachteilige Pauschalbesteuerung der Anleger nach § 6 InvStG 2004 auslöst.[373] Die Regelung ist nicht per se unionsrechtswidrig, nur kommen insbesondere ausländische Fonds den Veröffentlichungspflichten aufgrund des hohen administrativen Aufwandes nicht nach, sodass diese Regelung insb. Anleger ausländischer Fonds diskriminiert. Als unionsrechtskonforme Lösung darf der Anleger selbst Unterlagen oder Informationen beibringen, aus denen sich die Höhe seiner Einkünfte ergibt.[374] Dies

368 Vgl. EuGH vom 10.04.2014, Rs. C-338/12 – C-347/11 *Emerging Markets*, ECLI:EU:C:2014:249, Rn. 90; BRH, Bericht vom 24.02.2016, VIII 1-2014-1080, 12.

369 EuGH vom 27.04.2023, Rs. C-537/20, *L Fund*, ECLI:EU:C:2023:339, Urteilsspruch.

370 Vgl. BRH, Bericht vom 24.02.2016, VIII 1-2014-1080, Rn. 0.7; EuGH vom 10.04.2014, Rs. C-338/12 – C-347/11 *Emerging Markets*, ECLI:EU:C:2014:249, Rn. 106 ff.; EuGH vom 10.05.2012, Rs. C-190/12 *Santander*, ECLI:EU:C:2012:286, Rn. 57 ff.; *Mann*, in: W/B/A (Hrsg.), KAGB, Einl. InvStG 2018, Rn. 12 *Patzner/Kempf/Nagler*, in: Patzner/Döser/Kempf (Hrsg.), KAGB InvStG Handkommentar, Einl. InvStG 2018, Rn. 4.

371 Vgl. *Hahne*, BB 2017, 2010 (2015).

372 BFH vom 13.3.2024, I R 1/20, in: openJur 2024, 8060, Rn. 71, 50.

373 Vgl. EuGH vom 9.10.2014, Rs. C-326/12 *van Caster*, ECLI:EU:C:2014:2269.

374 Vgl. *Anzinger*, FR 2016, 101 (107); BMF vom 23.05.2016, IV C 1 - S 1980-1/11/10014: 016, in: BStBl. 2016 I, 504; InvStRefG vom 19.07.2016, BGBl. 2016 I, 1730 (§ 6 Abs. 2 InvStG 2004).

wurde mit § 6 Abs. 2 InvStG 2004 mit dem InvStRefG umgesetzt und trat am 26. Juli 2016 in Kraft.[375]

3. Reduzierung von Aufwand

Das bis zum 31. Dezember 2017 geltende InvStG wies einen erheblichen administrativen Aufwand und einen hohen Grad an Komplexität auf, damit die Umsetzung des Transparenzprinzips und der damit einhergehenden Gleichstellung von Fonds- und Direktanlage erfolgen kann.[376] Dabei sind nach § 5 InvStG 2004 regelmäßig bis zu 33 verschiedene Besteuerungsgrundlagen zu bestimmen, damit keine Pauschalbesteuerung des Anlegers droht. Vor allem bei Dach-Fondsstrukturen entfaltet sich der erhebliche Aufwand.[377] Hinsichtlich der Verlustverrechnung sind zwölf Kategorien zu unterscheiden.[378] Hinzu kommt die finanzielle Belastung, da die Angaben durch Steuerberater oder Wirtschaftsprüfer zu prüfen sind, welche eine sog. Berufsträgerbescheinigung über die Richtigkeit der Angaben ausstellen müssen.[379] Eine Überprüfung der Angaben ist schlichtweg unmöglich, da mithin eine genaue Kenntnis über die Geschäftsvorfälle des Fonds vorausgesetzt werden muss; dies ist weder dem Anleger noch der Finanzverwaltung möglich.[380] Insgesamt stellt sich die Komplexität der Systematik als überaus fehleranfällig heraus.[381]

Das Transparenzprinzip ist vor allem bei Publikums-Investmentvermögen aufgrund der Vielzahl von Anlegern mit erheblichem Aufwand verbunden. Mitunter wird das Trennungsprinzip v.a. für börsennotierte Unternehmen befürwortet.[382] Somit ist es begrüßenswert, dass SpIF die Möglichkeit zur transparenten Besteuerung offensteht.

4. Ausräumung von Systemfehlern des alten Rechts

Die Systemfehler beziehen sich auf die Feststellung, Überprüfung und Korrektur der angegebenen Besteuerungsgrundlagen.[383] Die Angaben waren gegenüber der KVG

---

375 Vgl. InvStRefG vom 19.07.2016, BGBl. 2016 I, 1730 (1751, 1756).

376 Vgl. *Terhürne/Otto*, DStR 2013, 2037 (2037); *Mann*, in: W/B/A (Hrsg.), KAGB Kommentar, InvStG 2018 Einl., Rn. 7.

377 Vgl. *Helios/Mann*, DB-SA 2016, 1 (2).

378 Vgl. *Anzinger*, FR 2016, 101 (107).

379 Bei fehlerhafter, unvollständiger oder nicht rechtzeitiger Angabe kann dem Berufsträger eine Geldbuße von max. 50.000 € drohen, vgl. § 24 InvStG 2004.

380 Vgl. *Kloster*, Neukonzeption der Investmentbesteuerung, 367.

381 Vgl. *Ebenda*, 367.

382 Vgl. *Auditorium*, in: Desens (Hrsg.), DStJG Band 46: Transparente Besteuerung und Steuersubjektivität, Diskussion zu Palm/Meinert, 84 (91).

383 Vgl. *Kloster*, Neukonzeption der Investmentbesteuerung, 465.

gesondert festzustellen und nicht gegenüber den Anlegern.[384] Die rückwirkende Korrektur von fehlerhaften Besteuerungsgrundlagen in späteren Betriebsprüfungen war nicht möglich, denn die Anleger sind dem Publikums-Investmentfonds nicht bekannt, zudem findet ein laufender Wechsel statt.[385] Somit betreffen Korrekturen vergangener Angaben Anleger, welche zum früheren Zeitpunkt nicht am Investmentvermögen beteiligt waren. Die Anleger haben zwar im Veranlagungsverfahren die Möglichkeit unzutreffende Fehlerkorrekturen rückgängig zu machen, aber auch dies ist wiederrum mit Aufwand verbunden, den man den „gewöhnlichen“[386] Anlegern nicht zumuten kann. Im Rahmen von Steuergestaltungen wie Cum/Cum und Cum/Ex-Fälle wird der Investmentfonds nur kurzzeitig um die Dividendensaison aufgesetzt und folglich liquidiert; auch hier sind rückwirkende Korrekturen nicht möglich.[387] Dahingehend ist es schwierig für die Finanzbehörden Gestaltungsmissbräuche zu identifizieren.[388]

5. Steuergestaltungen und Gestaltungsanfälligkeit

Aufgrund der Komplexität und der transparenten Ausgestaltung des Besteuerungssystems sahen sich die Behörden signifikanten Schwierigkeiten hinsichtlich der Aufdeckung und Bekämpfung missbräuchlicher Strukturen ausgesetzt.[389] „Steuergestaltung ist die steuerlich motivierte Beeinflussung von Höhe und/oder Zeitpunkt der Steuerbelastung durch Sachverhaltsgestaltung und/oder Wahlrechtsausübung.“[390] Aufgrund „tatbestandlicher Differenzierungen“ sind Steuergestaltungen durch Sachverhaltsgestaltung möglich, denn für verschiedene Sachverhalte bzw. Tatbestände werden unterschiedliche Steuerbelastungen ausgelöst.[391] Dies zeigt sich in der unterschiedlichen Behandlung laufender Erträge/Dividenden und Veräußerungsgewinnen.[392] Vor allem Cum/Ex-[393] und Cum/Cum[394]-Gestaltungen spielten eine zentrale Rolle, sowie

---

384 Vgl. *Ebenda*, 465.
385 Vgl. *Kühn*, Die Investmentsteuerreform 2018, 61.
386 Gemeint i.S.v. Privatanlegern.
387 Vgl. *Kloster*, Neukonzeption der Investmentbesteuerung, 468.
388 Vgl. *Kohl*, Das Investmentsteuerreformgesetz (InvStRefG), 65.
389 Vgl. *Eckl*, ET 2016, 298 (299); Gesetzentwurf zum InvStRefG vom 11.03.2016, BR-Drs. 119/16, 52.
390 *Rödder*, in: Hüttemann (Hrsg.), DStJG Band 33: Gestaltungsfreiheit und Gestaltungsmissbrauch im Steuerrecht, 93 (96).
391 *Ebenda*, 96.
392 Vgl. *Mann*, in: W/B/A (Hrsg.), KAGB Kommentar, InvStG 2018 Einl., Rn. 14 ff.
393 Durch Leerverkäufe über den Dividendenstichtag wurde KapESt erstattet, ohne dass vorher KapESt gezahlt wurde, vgl. *Höring*, DStZ 2015, 835 (839); Gesetzentwurf zum InvStRefG vom 11.03.2016, BR-Drs. 119/16, 52.
394 Ein ausl. Anleger (Bank) gründet einen inländischen Investmentfonds. Kurz vor dem Dividendenstichtag werden die deutschen Aktien des ausl. Anlegers an den Fonds verliehen. Der Fonds vereinnahmt die Dividenden und erhält die KapESt zurückerstattet, da er steuerbefreit ist. Weiter

Kopplungsgeschäfte durch sog. „Bull-Bear-Transaktionen“[395], die Umgehung agE durch Finanzderivate[396] und die Nutzung des Ertragsausgleiches.[397] Wie sich zeigt, hält das alte System der Investmentbesteuerung vielfältige Steuerumgehungsmöglichkeiten bereit, welche der Gesetzgeber über die Jahre nicht vollständig eindämmen konnte. Stattdessen wurden Anpassungen vorgenommen, die neue Gestaltungsmöglichkeiten und Schlupflöcher eröffneten.[398] Die Gestaltungsmöglichkeiten können jedoch nicht durchweg dem System des InvStG an sich angelastet werden, sondern beruhen auf dem allgemeinen Ertragsteuerrecht und sind auch bei der Direktanlage möglich.[399] Das transparente System der Investmentbesteuerung wird aufgrund seiner „Vorzüge“ genutzt, um solche Gestaltungen, welche der „Schwäche des allgemeinen Ertragsteuerrechts“ entstammen, umzusetzen; somit kann von einer „generellen“ Gestaltungsanfälligkeit gesprochen werden, welche durch das Transparenzprinzip bedingt wird.[400]

Zudem tritt, dass durch nachgelagerte Kontrollen missbräuchliche Strukturen erst aufgedeckt wurden und es damit kaum möglich war, unrechtmäßig erstattete Steuern aufgrund einer gewissen Anonymität im Anlegerwechsel bei Publikumsinvestmentfonds zurückzufordern.[401]

---

zahlt der Fonds eine Gebühr für die Wertpapierleihe, welche er als Werbungskosten absetzen kann, sodass dem ausl. Anleger keine agE zugeschrieben werden, da sich Dividendeneinnahmen und Werbungskosten aufheben, vgl. Gesetzentwurf zum InvStRefG vom 11.03.2016, BR-Drs. 119/16, 52.

395 Kopplungsgeschäfte sind gegenläufige Derivategeschäfte, welche nach der Maßgabe abgeschlossen werden, dass den Veräußerungsgewinnen aus Aktien in ähnlicher Höhe auch Verluste aus Termingeschäften entstehen. Damit werden die Veräußerungsgewinne auf Ebene der Anleger (KapGes) steuerfrei (§ 8b Abs. 2 KStG) vereinnahmt und die Verluste geltend gemacht. Nach reformiertem InvStG bzgl. SpIF sind Verluste aus solchen Gestaltungen nach § 39 Abs. 3 InvStG als Direktkosten von den Einnahmen abzuziehen, sodass kein Veräußerungsgewinn mehr verbleibt, vgl. Gesetzentwurf zum InvStRefG vom 07.04.2016, BT-Drs. 18/8045, 110 f.; Gesetzentwurf zum InvStRefG vom 11.03.2016, BR-Drs. 119/16, 52.

396 Vom Fonds vereinnahmte Zinsen und Dividenden sind vom thesaurierenden Investmentfonds als agE durch die Anleger zu versteuern. Bei der Investition in die Assets über ein Derivat (z.B. Swap). Dadurch werden keine Zinsen/Dividenden vereinnahmt, sondern Gewinne aus diesen Termingeschäften, vgl. Gesetzentwurf zum InvStRefG vom 11.03.2016, BR-Drs. 119/16, 53.

397 Vgl. *Helios/Mann*, DB-SA 2016, 1 (4).

398 Vgl. *Höring*, DStZ 2012, 367 (368).

399 Vgl. *Kloster*, Neukonzeption der Investmentbesteuerung, 461; *Rehm/Nagler*, BB 2015, 1248 (1251).

400 Vgl. *Kloster*, Neukonzeption der Investmentbesteuerung, 461.

401 Vgl. *Eckl*, ET 2016, 298 (299).

E. Persönlicher Anwendungsbereich des InvStG 2018

I. Überblick

Mit dem ab 01. Januar 2018 vollzogenen Systemwechsel in der Investmentfondsbesteuerung wurden die steuerlichen Vorschriften in einem neuen Gesetz („InvStG 2018") zusammengefasst. Das InvStG unterscheidet nunmehr in Investmentfonds im Allgemeinen (auch Kapitel-2-Fonds[402]) und Spezial-Investmentfonds (auch Kapitel-3-Fonds) im Speziellen. Der Begriff „Publikumsinvestmentfonds" wird teilweise auch für Kapitel-2-Fonds verwendet.[403] Grundsätzlich gilt für beide Regelungsbereiche das Trennungsprinzip; SpIF können zu einer transparenten Besteuerung optieren.

Der persönliche Anwendungsbereich des InvStG 2018 ist in § 1 InvStG abschließend[404] geregelt. Dieser umfasst in Absatz 1 (in- und ausländische) Investmentfonds und deren Anleger. Die folgenden Abschnitte erläutern, auf welche Anlagevehikel das InvStG Anwendung findet. Des Weiteren findet die Anlegerdefinition Betrachtung. Dabei verweist das InvStG auf die aufsichtsrechtlichen Begriffsbestimmungen, womit das KAGB die wichtigste Rechtsgrundlage darstellt.[405] Der dadurch geschaffene gesetzliche Gleichlauf soll Abgrenzungsprobleme zwischen Aufsichts- und Steuerrecht verhindern.[406] Die im InvStG geregelten persönlichen Erweiterungen und Einschränkungen führen jedoch dazu, dass sich aufsichts- und investmentsteuerlicher Anwendungsbereich weiter voneinander entfernen.[407] Dies resultiert aus den unterschiedlichen gesetzgeberischen Zielsetzungen; die Gesetzesbegründung ermöglicht zudem zusätzliche Erweiterungen des investmentsteuerlichen Anwendungsbereiches zur Verhinderung von Umgehungsgestaltungen.[408] Sind die Kriterien des § 1 Abs. 1, Abs. 2 Satz 1 InvStG i.V.m. § 1 Abs. 1 Satz 1 KAGB erfüllt, erfolgt aus steuerlicher Sicht die Einstufung als „Investmentfonds" bzw. Kapitel-2-Fonds. Wird zusätzlich den Anforderungen des § 26 InvStG entsprochen, klassifiziert dies „Spezial-Investmentfonds",

---

402 Da in Kapitel 2 des InvStG geregelt.

403 Vgl. *Patzner/Nagler*, in: Patzner/Döser/Kempf (Hrsg.), KAGB InvStG Handkommentar, § 1-24 InvStG, § 1, Rn. 2; *Dorn*, Investmentsteuerrecht, 69.

404 Keine „wortlautausdehnende Auslegung", *Hoffmann*, in: Korn (Hrsg.), EStG Kommentar, § 1 InvStG 2018, Rn. 6; vgl. BMF vom 21.05.2019, IV C 1 - S 1980-1/16/10010:001, Rn. 1.1, in: BStBl. I 2019, 527.

405 Vgl. *von Freeden*, in: Schaumburg (Hrsg.), Internationales Steuerrecht, Rn. 12.3 (4. Aufl.).

406 Vgl. Gesetzentwurf zum InvStRefG vom 07.04.2016, BT-Drs. 18/8045, 66; *Dorn*, Investmentsteuerrecht, 70.

407 Vgl. *Kloster*, Neukonzeption der Investmentbesteuerung, 568; *Mann*, in: W/B/A (Hrsg.), KAGB Kommentar, § 1 InvStG, Rn. 6.

408 Vgl. Gesetzentwurf zum InvStRefG vom 07.04.2016, BT-Drs. 18/8045, 67; *Mann*, in: W/B/A (Hrsg.), KAGB Kommentar, § 1 InvStG, Rn. 6.

C. Haberkorn, *International-steuerliche Strukturen der reformierten Investmentbesteuerung*, Hallesche Schriften zur Betriebswirtschaft 38,
https://doi.org/10.1007/978-3-658-49895-5_5

welche als Untergruppe der Kapitel-2-Fonds einzuordnen sind. Die Anlagebedingungen nach § 26 InvStG werden in Abschnitt G.II. näher erläutert. Für die grundsätzliche Anwendung des InvStG ist es nunmehr nicht mehr erforderlich, bestimmte Anlagebestimmungen seitens des Fonds einzuhalten. Stattdessen gelten die Bestimmungen, welche dem alten Recht angelehnt sind, für SpIF, da für diese eine transparente Besteuerung möglich ist.

II. Investmentfonds i.S.d. InvStG

Die Legaldefinition von Investmentfonds i.S.d. InvStG findet sich in § 1 Abs. 2 Satz 1 InvStG wieder und verweist mit § 1 Abs. 1 KAGB auf das Aufsichtsrecht.[409] Nach § 1 Abs. 1 Satz 1 KAGB sind „Investmentvermögen jeder Organismus für gemeinsame Anlagen, der von einer Anzahl von Anlegern Kapital einsammelt, um es gemäß einer festgelegten Anlagestrategie zum Nutzen dieser Anleger zu investieren und der kein operativ tätiges Unternehmen außerhalb des Finanzsektors ist". Hinsichtlich der aufsichtsrechtlichen Definition wird auf Abschnitt C.II.1. verwiesen.

Als abstrakter Verweis wird die tatsächliche Anwendung des § 1 Abs. 1 KAGB nicht vorausgesetzt, sondern lediglich dessen Tatbestände.[410] Mit dem JStG 2020 wird außerdem ergänzt, dass eine Festlegung der Bafin in Bezug auf das Vorliegen eines Investmentfonds nach § 1 Abs. 1 KAGB für das Steuerrecht keine Bindungswirkung[411] entfaltet.[412] Auch aufgrund der begrifflichen Erweiterungen und Einschränkungen des Steuerrechts sollten in Zweifelsfällen die Finanzbehörden eigenständig entscheiden dürfen und nicht, wie nach § 5 Abs. 3 Satz 1 KAGB bestimmt, die BaFin im aufsichtsrechtlichen Kontext.[413]

Soweit das InvStG keine abweichenden Bestimmungen vorsieht, sind nach § 2 Abs. 1 InvStG die aufsichtsrechtlichen Begriffe auch für das Steuerrecht maßgebend, um grundlegende Abgrenzungsprobleme in der Praxis zu vermeiden.[414]

---

409 Vgl. *Mann*, in: W/B/A (Hrsg.), KAGB, § 1 InvStG, Rn. 2.

410 Vgl. *Ebenda*, Rn. 4; *Bödecker*, in: Bödecker/Ernst/Hartmann (Hrsg.), BeckOK InvStG, § 1 InvStG , Rn. 25; *Helios/Mann*, DB-SA 2016, 1 (4).

411 § 5 Abs. 3 Satz 2 KAGB.

412 Vgl. Referentenentwurf eines JStG 2020 vom 17.07.2020, 112; JStG 2020 vom 21.12.2020, in: BGBl. 2020 I, (3096) 3105.

413 Vgl. Referentenentwurf eines JStG 2020 vom 17.07.2020, 112; *Mann*, in: W/B/A (Hrsg.), KAGB Kommentar, § 1 InvStG, Rn. 4.

414 Vgl. *Bindl/Mager*, BB 2016, 2711 (2711); *Dorn*, Investmentsteuerrecht, 29; *Hartmann*, in: Bödecker/Ernst/Hartmann (Hrsg.), BeckOK InvStG, § 2 InvStG, Rn. 2; Gesetzentwurf zum InvStRefG vom 07.04.2016, BT-Drs. 18/8045, 54; *Mann*, in: W/B/A (Hrsg.), KAGB Kommentar, § 1 InvStG, Rn. 2.

1. Investmentsteuerliche Erweiterungen

Der Anwendungsbereich des InvStG orientiert sich jedoch nicht ausschließlich an der aufsichtsrechtlichen Definition von Investmentvermögen, sondern umfasst auch spezifische, einschränkende und erweiternde Tatbestände.
Hinsichtlich der erweiternden Tatbestände sollen Anlagevehikel erfasst werden, welche unter aufsichtsrechtlichen Gesichtspunkten nicht als Investmentfonds einzuordnen sind, aber aus steuerlicher Sicht als Investmentfonds behandelt werden sollen. Gemäß § 1 Abs. 2 Satz 3 Nr. 1-3 InvStG werden diese als „fiktive" Investmentfonds abschließend erfasst.[415]

a. Ein-Anleger-Fonds

§ 1 Abs. 2 Satz 3 Nr. 1 InvStG erfasst sog. Ein-Anleger-Fonds. Diese fallen aufgrund des fehlenden Merkmals einer *Anzahl von Anlegern* nicht unter die Legaldefinition des § 1 Abs. 1 KAGB, erfüllen mithin die übrigen Voraussetzungen.[416] Bei diesem Kriterium ist die tatsächliche Zahl der Anleger unerheblich und kann auch eins betragen; entscheidend ist vielmehr, dass die Möglichkeit eröffnet ist, mehrere Anleger zu beteiligen. Ist die Anzahl der Anleger von vornherein durch die Anlagebedingungen, Satzung oder Gesellschaftsvertrag auf einen Anleger begrenzt, handelt es sich um aufsichtsrechtlich nicht erfasste „Ein-Anleger-Fonds" (§ 1 Abs. 1 Satz 2 KAGB); als individuelle Anlageform bedürfen sie keiner Regulierung. [417] Das InvStG erfasst somit nicht nur die kollektive, sondern auch die individuelle Vermögensverwaltung.[418] Als spezielle Missbrauchsvermeidungsvorschrift verhindert diese Regelung, dass Investmentfonds sich durch bloße Änderung der Anlagebedingungen, Satzung oder Gesellschaftsvertrag dem Anwendungsbereich (AWB) entziehen (sogenannte Opt-out Möglichkeit).[419]

---

415 Vgl. *Mann*, in: W/B/A (Hrsg.), KAGB Kommentar, § 1 InvStG, Rn. 6
416 Vgl. *Ebenda*, Rn. 7; BMF vom 21.05.2019, IV C 1 - S 1980-1/16/10010:001, Rn. 1.6, in: BStBl. I 2019, 527.
417 Vgl. *Stadler/Mager*, DStR 2016, 697 (697).
418 Vgl. *Ebenda,* 697 (697).
419 Vgl. *Helios/Mann*, DB-SA 2016, 1 (5); Gesetzentwurf zum InvStRefG vom 07.04.2016, BT-Drs. 18/8045, 67; *Hoffmann*, in: Korn (Hrsg.), EStG Kommentar, § 1 InvStG 2018, Rn. 44.

b. Vermögensverwaltende, nicht besteuerte Kapitalgesellschaften

Kapitalgesellschaften, denen nach dem Recht ihres Sitzstaates bzw. Geschäftsleitungs-Staates eine operative, unternehmerische Tätigkeit gesetzlich[420] untersagt ist und die keiner Ertragsbesteuerung unterliegen bzw. von ihr befreit sind, gelten nach § 1 Abs. 2 Satz 3 Nr. 2 InvStG als fiktive Investmentfonds. Darunter sollen primär die Luxemburger Kapitalanlagevehikel gefasst werden, insbesondere die „SPF“[421] (Luxemburger Verwaltungsgesellschaft für Familienvermögen).[422] Die Regelung erfasst ausschließlich Kapitalgesellschaften; bei ausländischen Rechtsformen findet der Rechtstypenvergleich Anwendung.[423] Dennoch sollte die Wirkung dieser Vorschrift untersucht werden, denn es wurde diskutiert, ob damit ggf. Kapitalgesellschaften erfasst werden, welche nicht vom InvStG erfasst werden sollten, weil sie keine Kapitalanlagevehikel darstellen.[424] Insbesondere wird eine unzureichende Hinzurechnungsbesteuerung als Grund angeführt, wodurch die Besteuerung thesaurierter Gewinne durch das InvStG sichergestellt werden soll, da der Motivtest in § 8 Abs. 2 AStG dies nur unzureichend umsetzt.[425] Andererseits wird vertreten, dass auch bei § 1 Abs. 2 Satz 3 Nr. 2 InvStG die Tatbestandsmerkmale gem. § 1 Abs. 1 KAGB i.V.m. § 1 Abs. 2 Satz 1 InvStG vorausgesetzt werden, sodass Kapitalgesellschaften, welche keine Investmentvehikel darstellen, im Grunde nicht erfasst werden können.[426]

Die Untersagung der operativen, unternehmerischen Tätigkeit muss nicht unbedingt ausdrücklich geregelt sein, sondern kann sich auch in der Beschränkung auf die Vermögensverwaltung ergeben.[427] Für die Beurteilung, ob eine operative Tätigkeit vorliegt, kann auf § 14 AO zurückgegriffen werden.[428] Da § 1 Abs. 1 KAGB Investmentvermögen u.a. definiert als „kein operativ tätiges Unternehmen“, könnten auch hierbei nach § 2 Abs. 1 InvStG die aufsichtsrechtlichen Begrifflichkeiten gelten (siehe Abschnitt C.II.1.).[429]

---

420 Vgl. BMF vom 21.05.2019, IV C 1 - S 1980-1/16/10010:001, Rn. 1.9, in: BStBl. I 2019, 527.

421 Société de gestion patrimoine familial.

422 Vgl. Gesetzentwurf zum InvStRefG vom 07.04.2016, BT-Drs. 18/8045, 67; *Stadler/Mager*, DStR 2016, 697 (698); *Helios/Mann*, DB-SA 2016, 1 (6).

423 Vgl. BMF vom 21.05.2019, IV C 1 - S 1980-1/16/10010:001, Rn. 1.8, in: BStBl. I 2019, 527.

424 Vgl. *Stadler/Mager*, DStR 2016, 697 (698); *Helios/Mann*, DB-SA 2016, 1 (6).

425 Vgl. *Buge/Bujotzek/Steinmüller*, DB 2016, 1594 (1595); *Mann*, in: W/B/A (Hrsg.), KAGB Kommentar, § 1 InvStG, Rn. 10.

426 Vgl. *Behrens/Kammeter*, in: K/S/B/H/K (Hrsg.), InvStG-Kommentar, § 1, Rn. 62; a.A. *Lechner*, RdF 2016, 208 (210); *Stadler/Mager*, DStR 2016, 697 (698).

427 Vgl. *Mann*, in: W/B/A (Hrsg.), KAGB Kommentar, § 1 InvStG, Rn. 14 .

428 Vgl. *Link*, in: H/H/R (Hrsg.), EStG, KStG-Kommentar, § 1 InvStG, Rn. 9b.

429 Siehe auch *Behrens/Kammeter*, in: K/S/B/H/K (Hrsg.), InvStG-Kommentar, § 1, Rn. 67.

Hinsichtlich des Kriteriums der Ertragsbesteuerung findet sich keine Definition.[430] § 16 Abs. 4 Satz 1 Nr. 1 i.V.m. Satz 3 InvStG regelt die Voraussetzung der „allgemeinen Ertragsbesteuerung“. Hierbei wird von einer sachlichen Besteuerung von 10 % sowie der persönlichen Steuerpflicht ausgegangen.[431] Ob darauf auch bei § 1 Abs. 2 Satz 3 Nr. 2 InvStG zurückgegriffen werden kann, ist zweifelhaft.[432] Es stellt sich die Frage, ob nur auf die persönliche Steuerbefreiung abgestellt[433] wird, oder auch eine sachliche Steuerbefreiung vorliegen muss. Gemäß der Finanzverwaltung ist eine Kapitalgesellschaft von der Ertragsbesteuerung befreit, wenn sie im vollen Umfang sachlich von der Besteuerung befreit ist; keiner Ertragsbesteuerung unterliegt die Kapitalgesellschaft, wenn sie aus dem persönlichen Anwendungsbereich ausgenommen ist; konkrete Steuerbelastungen sind unbeachtlich.[434]

c. Konzerneigene Investmentvermögen

§ 1 Abs. 2 Satz 3 Nr. 3 InvStG erfasst schließlich von AIF-Kapitalverwaltungsgesellschaften verwaltete Investmentvermögen nach § 2 Abs. 3 KAGB. Sog. „konzerneigene Investmentvermögen“[435] werden demnach nicht durch das KAGB erfasst, da kein Anlegerschutz erforderlich ist.[436] Besagte Investmentvermögen können investmentsteuerlich auch als SpIF vorliegen, da § 26 Nr. 1 Satz 2 InvStG das „Aufsichtskriterium“ hierbei als erfüllt betrachtet. Ist an einem Investmentfonds (AIF) als einziger Anleger eine AIF-KVG beteiligt, unterliegen diese nicht dem Aufsichtsrecht, aber dem InvStG. Da § 1 Abs. 3 Satz 1 Nr. 1 InvStG (investmentsteuerliche Einschränkungen) nur auf § 2 Abs. 1 und 2 KAGB und nicht auf Abs. 3 verweist, wird der Regelung ein deklaratorischer Charakter zugeschrieben.[437]

---

430 Vgl. *Mann*, in: W/B/A (Hrsg.), KAGB Kommentar, § 1 InvStG, Rn. 15; *Gottschling*, in: Moritz/Jesch/Mann (Hrsg.), Kommentar InvStG, § 1, Rn. 75.

431 Gesetzentwurf zum InvStRefG vom 07.04.2016, BT-Drs. 18/8045, 87.

432 Genauer in *Behrens/Kammeter*, in: K/S/B/H/K (Hrsg.), InvStG-Kommentar, § 1, Rn. 65.

433 Literaturmeinung, vgl. *Helios/Mann*, DB-SA 2016, 1 (6); *Mann*, in: W/B/A (Hrsg.), KAGB Kommentar, § 1 InvStG, Rn. 15; *Behrens/Kammeter*, in: K/S/B/H/K (Hrsg.), InvStG-Kommentar, § 1, Rn. 65.

434 Vgl. BMF vom 21.05.2019, IV C 1 - S 1980-1/16/10010:001, Rn. 1.11, in: BStBl. I 2019, 527.

435 Vgl. *Hoffmann*, in: Korn (Hrsg.), EStG Kommentar, § 1 InvStG 2018, Rn. 47; *Patzner/Nagler*, in: Patzner/Döser/Kempf (Hrsg.), KAGB InvStG Handkommentar, § 1-24 InvStG, § 1, Rn. 11; *Dyckmans*, Ubg 2016, 62 (63); *Kempf/Hirtz*, DStR 2016, 1 (1).

436 Vgl. *Wenzel*, in: Brandis/Heuermann (Hrsg.), Ertragsteuerrecht Kommentar, § 1 InvStG, Rn. 25.

437 Vgl. *Mann*, in: W/B/A (Hrsg.), KAGB Kommentar, § 1 InvStG, Rn. 16; *Helios/Mann*, DB-SA 2016, 1 (7).

2. Investmentsteuerliche Einschränkungen

Hingegen regeln § 1 Abs. 3 Nr. 1-5 InvStG bestimmte Ausnahmen vom investmentsteuerlichen AWB.

a. § 1 Abs. 3 Nr. 1 InvStG – Ausnahmen nach § 2 Abs. 1 und 2 KAGB

Diese Ausnahmen entsprechen auch teilweise den Ausnahmeregelungen des KAGB (siehe dazu Abschnitt C.II.2.). Darunter fallen insbesondere Holdinggesellschaften, Einrichtungen der betrieblichen Altersversorgung, Zentralbanken und Verbriefungsgesellschaften, die als Investmentvermögen i.S.v. § 1 Abs. 1 KAGB klassifizieren. Weiterhin werden Kreditinstitute und Finanzdienstleister ausgenommen.[438] Nicht ausgenommen sind konzerneigene Investmentvermögen (AIF-KVG) nach § 2 Abs. 3 KAGB, denn diese werden explizit nach § 1 Abs. 2 Nr. 3 InvStG in den AWB aufgenommen.[439]

b. § 1 Abs. 3 Nr. 2 InvStG – Personengesellschaften

Investmentvermögen in der Rechtsform einer PersGes oder einer vergleichbaren ausländischen Rechtsform unterliegen nicht dem InvStG, sondern den allgemeinen Regelungen über die transparente Ertragsbesteuerung.[440] Auf ausländische Rechtsformen ist der Rechtstypenvergleich anzuwenden.[441] In Betracht kommen v.a. die nach Aufsichtsrecht erfassten offenen und geschlossenen Investment-Kommanditgesellschaften.[442] Insbesondere geschlossene Fonds wie z.B. Private Equity- oder Venture Capital-Fonds, Immobilien- oder Infrastrukturfonds mit fester Laufzeit und einem beschränkten Anlegerkreis, werden in der Rechtsform der PersGes aufgelegt.[443] Da PersGes auch im internationalen Kontext regelmäßig nicht als Steuersubjekt angesehen werden, soll ein Systembruch vermieden werden.[444] Der Ausschluss

---

438 Vgl. *Ebner*, NWB 2019, 3218 (3219).

439 Vgl. *Mann*, in: W/B/A (Hrsg.), KAGB Kommentar, § 1 InvStG, Rn. 21.

440 Vgl. *Stadler*, in: Oestreicher (Hrsg.), BEPS konkret, 131 (136); *Dorn*, Investmentsteuerrecht, 10; *Kempf/Müller*, SteuK 2016, 517 (517); *Stadler/Bindl*, DStR 2016, 1953 (1954); *Kammeter*, ISR 2016, 99 (101).

441 Vgl. BMF vom 21.05.2019, IV C 1 - S 1980-1/16/10010:001, Rn. 1.12, in: BStBl. I 2019, 527.

442 Vgl. *Hoffmann*, in: Korn (Hrsg.), EStG Kommentar, § 1 InvStG 2018, Rn. 61.

443 Vgl. *Fischer/Friedrich*, ZBB 2013, 153 (153); *Kempf/Müller*, SteuK 2016, 517 (517); *Stadler/Bindl*, DStR 2016, 1953 (1954); *Haase*, Überlegungen zur Reform der Hinzurechnungsbesteuerung, 170; *Stadler/Jetter*, DStR 2015, 1833 (1836); *Ebner*, NWB 2019, 3218 (3221); *Kretzschmann/Schwarz*, RdF 2022, 292 (292).

444 Vgl. *Patzner/Nagler*, in: Patzner/Döser/Kempf (Hrsg.), KAGB InvStG Handkommentar, § 1-24 InvStG, § 1, Rn. 16; *Link*, in: H/H/R (Hrsg.), EStG, KStG-Kommentar, § 1 InvStG, Rn. 12.

personengesellschaftlich organisierter Investmentfonds liegt demnach in der steuerlichen Konzeption des InvStG begründet, da jene der Körperschaftsteuer zu unterwerfen sind, währenddessen übliche PersGes dem einkommensteuerlichen Transparenzprinzip unterliegen.[445] Ansonsten würden personengesellschaftliche Investmentfonds nach dem Trennungsprinzip besteuert, was wiederum unerwünschte Gestaltungen begünstigen würde.[446]

Ausgenommen von dieser Ausnahmeregelung sind OGAW[447] nach § 1 Abs. 2 KAGB[448] und Altersvorsorgevermögensfonds nach § 53 InvStG in der Rechtsform der PersGes.

Derweil wird in § 1 Abs. 3 Satz 2 InvStG klargestellt, dass Sondervermögen und vergleichbare ausländische Rechtsformen nicht als PersGes gelten und folglich als Investmentfonds dem InvStG unterliegen.[449] Insbesondere ausländische Sondervermögen werden nicht als transparente Gebilde angesehen, sondern sind eigenständige Steuersubjekte.[450]

Exkurs – Option zur Körperschaftsbesteuerung für Personengesellschaften

Mit der Einführung der Option zur Körperschaftsbesteuerung ab 01. Januar 2022[451] in § 1a KStG schließt Absatz 1 Satz 6 Nr. 1 bereits die Option für Investmentfonds aus, da das InvStG speziellere Regelungen anordnet, welche Investmentfonds bereits dem Trennungsprinzip unterwerfen.[452] Da PersGes nach dem InvStG keine „Investmentfonds" darstellen[453], läuft § 1a Abs.1 Satz 6 Nr. 1 KStG größtenteils ins Leere, sodass die Option in Anspruch genommen werden kann. Nur OGAW (welche mithin nicht als Personengesellschaft aufgesetzt werden dürfen) und Altersvorsorgevermögen in der Rechtsform der PersGes werden als Investmentfonds unter das InvStG gefasst, und

445 Vgl. *Ebner*, NWB 2019, 3218 (3220).

446 Vgl. *Patzner/Nagler*, in: Patzner/Döser/Kempf (Hrsg.), KAGB InvStG Handkommentar, § 1-24 InvStG, § 1, Rn. 16.

447 Da OGAW grundsätzlich Publikumsinvestmentfonds in offener Form als Sondervermögen und Investment-Aktiengesellschaft vorliegen müssen, stellt sich die Frage nach der Relevanz dieser Rückausnahme; ferner sind OGAW keine Personengesellschaften.

448 Die Ausnahme bezieht sich auf inländische und europäische OGAW. In Drittstaaten aufgelegte personengesellschaftliche Investmentvermögen, welche einem OGAW vergleichbar sind, sind daher nicht erfasst. Dies ist vor dem Hintergrund der Kapitalverkehrsfreiheit problematisch, vgl. *Wenzel*, in: Brandis/Heuermann (Hrsg.), Ertragsteuerrecht Kommentar, § 1 InvStG, Rn. 27.

449 Vgl. *Stadler/Bindl*, DStR 2016, 1953 (1954).

450 Vgl. *Buge/Bujotzek/Steinmüller*, DB 2016, 1594 (1595); *Kloster*, Neukonzeption der Investmentbesteuerung, 571.

451 Gesetz zur Modernisierung des Körperschaftsteuerrechts (KöModG) vom 25.06.2021, BGBl. 2021 I, 2050.

452 Vgl. Gesetzentwurf zum KöModG vom 19.04.2021, BT-Drs. 19/28656, 22.

453 Vgl. *Steinmüller/Blischke*, RdF 2021, 276 (277).

sind daher von der Option nach § 1a KStG ausgeschlossen.[454] Um diese Überlagerung des § 1a KStG zu verhindern, wurde in § 1 Abs. 3 InvStG Satz 3 eingefügt, in dem klargestellt wird, dass Investmentvermögen in der Rechtsform einer PersGes, weiterhin keine „Investmentfonds" darstellen, wenn die Option nach § 1a KStG ausgeübt wird.[455]

Des Weiteren wurde in § 2 InvStG ein neuer Absatz 16 eingefügt, der erneut auf die Körperschaftsteueroption hinweist und hinsichtlich SpIF regelt, dass Anteile an einer PersGes, welche die Option in Anspruch nimmt, nicht als Kapitalgesellschaftsbeteiligung i.S.d. §§ 26, 28 und 48 InvStG angesehen werden dürfen.[456] Dies bewirkt u.a. dass die Anlegerobergrenze von 100 bei SpIF, welche z.B. durch die Anzahl der mittelbaren Gesellschafter über eine Personengesellschaft überschritten wird, durch die Optierung der PersGes nicht beeinträchtigt wird.[457]

c. § 1 Abs. 3 Nr. 3 – 5 InvStG

§ 1 Abs. 3 Nr. 3 – 5 InvStG regeln Ausnahmen vom InvStG für Unternehmensbeteiligungsgesellschaften (Nr. 3), Kapitalbeteiligungsgesellschaften (Nr. 4) und REIT-Aktiengesellschaften (Nr. 5).

Unternehmensbeteiligungsgesellschaften[458] unterliegen bereits der spezialgesetzlichen Regelung des UBGG[459]. Das UBGG besteht bereits seit 1987 und hatte das Ziel, die zu dieser Zeit unregulierten Private Equity- und Venture Capital Fonds auf freiwilliger Basis einer Regulierung zu unterwerfen.[460] Sie unterliegen den allgemeinen Besteuerungsregelungen des EStG und KStG; von der GewSt sind sie nach § 3 Nr. 23 GewStG befreit.[461] Aktuell werden diese auch durch das KAGB regulatorisch

---

454 Vgl. *Haug*, FR 2021, 410 (411).

455 Vgl. Gesetzentwurf KöModG vom 19.04.2021, BT-Drs. 19/28656, 29; *Steinmüller/Blischke*, RdF 2021, 276 (277).

456 § 26 Nr. 4 m), Nr. 6, Nr. 5, Nr. 8, § 28, § 48 Abs. 3 InvStG (Fondsaktiengewinn).

457 Vgl. Gesetzentwurf zum KöModG vom 19.04.2021, BT-Drs. 19/28656, 29.

457 Vgl. *Steinmüller/Blischke*, RdF 2021, 276 (277).

458 „Eine Unternehmensbeteiligungsgesellschaft ist eine inländische AG, GmbH, KG oder KGaA mit mindestens 1 Mio. EUR Grundkapital oder Stammkapital, die satzungsgemäß den Erwerb, das Halten, die Verwaltung und die Veräußerung von Wagniskapitalbeteiligungen zum Gegenstand hat [...]. Ihr Zweck ist also Sammlung von Beteiligungskapital für andere Gesellschaften. Die Unternehmensbeteiligungsgesellschaft bedarf der Anerkennung der obersten Landesbehörde und unterliegt deren Aufsicht.", *Groh*, in: Weber (Hrsg.), Rechtswörterbuch, Stichwort: Unternehmensbeteiligungsgesellschaft.

459 Gesetz über Unternehmensbeteiligungsgesellschaften vom 09.09.1998, BGBl. 1998 I, 2765.

460 Vgl. *Mann*, in: W/B/A (Hrsg.), KAGB Kommentar, § 1 InvStG, Rn. 27; *Gottschling*, in: Moritz/Jesch/Mann (Hrsg.), Kommentar InvStG, § 1, Rn. 106.

461 Vgl. *Hoffmann*, in: Korn (Hrsg.), EStG Kommentar, § 1 InvStG 2018, Rn. 65.

abgedeckt, aber aus dem AWB des InvStG ausgenommen. Solche Gesellschaften finden sich heute größtenteils im öffentlich-rechtlichen Sektor.[462]

Des Weiteren ist der Anwendungsbereich für Kapitalbeteiligungsgesellschaften, die im öffentlichen Interesse oder mit staatlicher Unterstützung handeln, beschränkt. Der Zweck dieser sog. „mittelständischen Beteiligungsgesellschaften" ist auf die Versorgung mittelständischer Unternehmen mit Eigenkapital gerichtet (Wirtschaftsförderung) und findet sich eher nicht in der kollektiven Vermögensanlage.[463] Auch sie sind von der GewSt befreit.[464]

Auf die vom InvStG ausgeschlossenen REIT-Aktiengesellschaften und andere REIT-Körperschaften, -Personenvereinigungen und -Vermögensmassen sind die Besteuerungsregelungen *lex specials* in §§ 16-21 REITG geregelt. Sie sind von der KSt und GewSt befreit.[465]

Nach Betrachtung der investmentsteuerlichen Einschränkungen umfasst der „typische" Kern des Investmentsteuerrechts grundsätzlich offene Fonds.[466]

3. In – und ausländische Investmentfonds

Das InvStG umfasst in- und ausländische Investmentfonds sowie deren Anleger. Die Einordnung als in- oder ausländischer Fonds ergibt sich jedoch nicht aus dem allgemeinen steuerrechtlichen Verständnis, indem auf den Sitz bzw. den Ort der Geschäftsleitung abgestellt wird, sondern aus dem zugrundeliegenden Privatrecht.[467] Dies ergibt sich aus § 2 Abs. 2 und 3 InvStG und orientiert sich an den Vorgaben des Aufsichtsrechts (§ 1 Abs. 7-9 KAGB). Im Diskussionsentwurf zum InvStRefG wurde noch auf den Sitz und Ort der Geschäftsleitung abgestellt, was im Kontext grenzüberschreitender Fondsverwaltung zu Rechtsunsicherheiten und schwer widerlegbaren Annahmen führte.[468] Daher wurde primär auf das anwendbare Zivil- oder Privatrecht abgestellt, nach dem sich die Ausgestaltung, die Anlagebedingungen sowie vergleichbare

462 Vgl. *Gottschling*, in: Moritz/Jesch/Mann (Hrsg.), Kommentar InvStG, § 1, Rn. 106.
463 Vgl. *Ebenda*, Rn. 108; *Hoffmann*, in: Korn (Hrsg.), EStG Kommentar, § 1 InvStG 2018, Rn. 66.
464 Vgl. § 3 Nr. 24 GewStG; Ggf. sind sie auch nach dem UBGG anerkannt, vgl. *Gottschling*, in: Moritz/Jesch/Mann (Hrsg.), Kommentar InvStG, § 1, Rn. 108.
465 Vgl. *Mann*, in: W/B/A (Hrsg.), KAGB Kommentar, § 1 InvStG, Rn. 32.
466 Vgl. *Ebner*, NWB 2019, 3218 (3219).
467 Vgl. *Dorn*, Investmentsteuerrecht, 111 f.; *Neumann*, FR 2018, 457 (458); BMF vom 21.05.2019, IV C 1 - S 1980-1/16/10010:001, Rn. 6.1, in: BStBl. I 2019, 527.
468 Vgl. *Dyckmans*, Ubg 2016, 62 (63); *Hoffmann*, in: Korn (Hrsg.), EStG Kommentar, § 2 InvStG 2018, Rn. 23; *Jetter/Mager*, SteuK 2016, 23 (24).

konstituierende Dokumente des Investmentfonds richten.[469] Demnach ergibt sich auch die Einordnung als aus- oder inländischer Investmentfonds in der Rechtsform der Kapitalgesellschaft nach dem InvStG als Spezialgesetz und nicht nach dem tatsächlichen Sitz und Ort der Geschäftsleitung.[470] Ist also bspw. ein inländischer Ort der Geschäftsleitung durch eine Kapitalverwaltungsgesellschaft gegeben, wird ein ausländischer Investmentfonds i.S.d. InvStG weiterhin als beschränkt steuerpflichtig nach § 2 Nr. 1 KStG behandelt.[471]

III. Anleger des Investmentfonds

Als Anleger wird nach § 2 Abs. 10 InvStG derjenige bezeichnet, dem der (Spezial)-Investmentanteil nach § 39 AO zuzurechnen ist, wobei die Anteile grundsätzlich dem zivilrechtlichen Eigentümer nach § 39 Abs. 1 AO zugeordnet werden.[472] Gibt es einen davon abweichenden wirtschaftlichen Eigentümer, ist dieser nach § 39 Abs. 2 Nr. 1 AO Eigentümer der Investmentanteile und damit „Anleger“. Der Verweis ist klarstellender Art, da § 39 AO als Regelung eines Rahmengesetzes auch ohne explizite Normierung im InvStG Anwendung gefunden hätte.[473]

Gewerbliche Mitunternehmerschaften sind grundsätzlich selbst als Anleger anzusehen und nicht die dahinter stehenden Gesellschafter.[474] Dies liegt darin begründet, dass § 15 Abs. 1 Satz 1 Nr. 2 EStG als *lex specialis* eine Sperrwirkung gegenüber § 39 AO zukommt und keine Durchschau i.S.d. Transparenzprinzips stattfindet.[475] Diese Einordnung führt bspw. dazu, dass die Aktienteilfreistellung nach § 20 Abs. 1 InvStG nicht greifen kann, da Mitunternehmerschaften weder eine natürliche noch eine körperschaftsteuerpflichtige Personen sind.[476] Bei vermögensverwaltenden PersGes kann gem. § 39 Abs. 2 Nr. 2 AO auf die Mitunternehmer durchgeschaut werden.[477] Mit dem JStG 2019[478] wurde § 20 Abs. 3a InvStG klarstellend eingeführt, welcher die Teilfreistellungsregelungen bei mittelbar über PersGes gehaltene Investmentanteile anwendbar macht und damit den personengesellschaftlichen Transparenzansatz

469 Vgl. Gesetzentwurf zum InvStRefG vom 07.04.2016, BT-Drs. 18/8045, 68.
470 Vgl. *Neumann*, FR 2018, 457 (458 f.)
471 Vgl. *Ebenda*, 457 (459); *Stadler/Bindl*, in: Fischer/Geck/Haarmann (Hrsg.), Zivilrechtliches Ordnungsgefüge und Steuerrecht, 767.
472 Vgl. *Fu*, in: Gosch (Hrsg.), AO FGO Kommentar, § 39 AO, Rn. 1.
473 Vgl. *Link*, in: H/H/R (Hrsg.), EStG, KStG-Kommentar, § 2 InvStG, Rn. 21.
474 Vgl. *Gottschling*, in: Moritz/Jesch/Mann (Hrsg.), Kommentar InvStG, § 2, Rn. 144.
475 Vgl. *Schwenke/Verleger*, in: K/S/B/H/K (Hrsg.), InvStG-Kommentar, § 2, Rn. 101; *Bodden*, in: Korn (Hrsg.), EStG Kommentar, § 15, Rn. 39; *Ebner*, NWB 2020, 619 (624).
476 Vgl. *Neumann*, DB 2016, 1779 (1779); an einer durchgreifenden Regelung wie bspw. in § 8b Abs. 6 KStG fehlte es zunächst.
477 Vgl. *Gottschling*, in: Moritz/Jesch/Mann (Hrsg.), Kommentar InvStG, § 2, Rn. 144.
478 JStG 2019 vom 12.12.2019, BGBl. 2019 I, 2451 (2476).

verwirklicht.[479] Die Höhe des Teilfreistellungssatzes richtet sich nach den Verhältnissen der beteiligten Gesellschafter.[480] Bereits im Anwendungserlass wurde die sinngemäße Anwendung von § 7 Satz 4 GewStG für Gewerbesteuerzwecke in § 20 Abs. 5 InvStG[481] befürwortet.[482]

Weitere steuerrechtliche Regelungen bezüglich der Anleger werden in Kapitel 1 des InvStG nicht getroffen. Dennoch sollte sich der steuerrechtliche Blick nicht ausschließlich auf das InvStG richten, sondern die einkommen- und körperschaftsteuerlichen Wirkungen einbeziehen. Betrachtet man nämlich § 49 EStG, fällt auf, dass § 49 Abs. 1 Nr. 5b) EStG, welcher bis Ende 2017 die beschränkte Steuerpflicht von Investmenterträgen normiert, aufgehoben wurde.[483] Folglich werden die Erträge der Fondseingangsseite beim ausländischen Anleger nicht erfasst. Dieser Sachverhalt ist zudem Gegenstand der Belastungsanalyse in Kapitel I. Denn durch die Besteuerung auf Fondseingangsseite wurde der deutsche Besteuerungsanspruch bereits erfüllt, sodass es einer Besteuerung der Investmenterträge ausländischer Anleger nicht mehr bedarf.[484] Die Besteuerung des ausländischen Anlegers erfolgt im Ansässigkeitsstaat, wobei eine ausbleibende Besteuerung keine Auswirkungen im Inland hat.[485] Leidglich die aufgrund der Fondsbesteuerung geschmälerte Rendite trifft den ausländischen Anleger indirekt.

IV. Verhältnis des Investmentsteuerrechts zu anderen Rechtsgebieten

Für den geregelten Anwendungsbereich enthält das InvStG ein „abschließendes Besteuerungsregime"[486], welches als das „speziellere" Gesetz im Sinne des *lex specialis* Grundsatzes den allgemeineren Steuergesetzen vorgeht.[487] Letztere finden *leges generales* Anwendung, wenn das InvStG ausdrücklich darauf verweist (z.B. § 3 Nr. 40 EStG oder § 8b KStG) oder keine entsprechende Regelung vorsieht bzw. einen

---

479 Vgl. *Ebner*, NWB 2020, 619 (624).

480 Vgl. *Brandl*, in: K/S/B/H/K (Hrsg.), InvStG-Kommentar, § 20, Rn. 59; BMF vom 21.05.2019, IV C 1 - S 1980-1/16/10010:001, Rn. 20.5, in: BStBl. I 2019, 527.

481 Hier ist ggf. auch auf den Abs. 3a zu verweisen, vgl. *Hagen/Schober*, BB 2019, 1693 (1696).

482 Vgl. *Ebner*, NWB 2020, 619 (624); BMF vom 21.05.2019, IV C 1 - S 1980-1/16/10010:001, Rn. 20.20, in: BStBl. I 2019, 527.

483 Vgl. Klarstellung im BMF-Schreiben vom 23.05.2022, IV C 1 - S 2401/19/10001 :006 BStBl. 2022 I, 860, Rn. 62.

484 Vgl. *Wolny*, in: Bödecker/Ernst/Hartmann (Hrsg.), BeckOK InvStG, § 6 InvStG, Rn. 31; *Kammeter/Behrens*, in: K/S/B/H/K (Hrsg.), InvStG-Kommentar, § 16, Rn. 38

485 Vgl. *von Freeden*, in: Schaumburg (Hrsg.), Internationales Steuerrecht, Rn. 12.28 (5. Aufl.).

486 Vgl. *Haase*, in: Haase (Hrsg.), InvStG-Kommentar, Einl., Rn. 52.

487 Vgl. *Schwarz*, in: Bordewin/Brandt, EStG-Kommentar, § 6 InvStG, Rn. 9.

Verweis als nicht erforderlich erachtet (z.B. die Anwendung des § 32d EStG für private Fondsanleger).[488] Andererseits verweisen bspw. EStG, KStG und AStG auf investmentsteuerliche Regelungen. Hierzu ist bspw. § 20 Abs. 1 Satz 1 Nr. 3 und 3a EStG zu nennen, welcher die Einkommensteuerpflicht von Investment- und Spezialinvestmenterträgen regelt und auf § 43 Abs. 1 Nr. 3 und 5 EStG sowie § 43a Abs. 1 Nr. 1 EStG und § 32d EStG ausstrahlt. Es werden die einkommen- und körperschaftsteuerlichen Zusammenhänge für die spezielle Besteuerung der Investmentvermögen und ihrer Anleger normiert.[489]

Wie *Schwarz* zutreffend zusammenfasst, kann ein Sachverhalt unter die Regelungen des allgemeinen Ertragsteuerrechts zu subsumieren sein. Voraussetzung für dessen Anwendung ist, dass dem keine speziellere Norm des InvStG entgegensteht bzw. kein expliziter Verweis auf investmentsteuerliche Regelungen erfolgt.[490]

---

488 Vgl. *Haase*, in: Haase (Hrsg.), InvStG-Kommentar, Einl., Rn. 52; *Dorn*, Investmentsteuerrecht, 30.

489 Vgl. *Klein*, in: H/H/R (Hrsg.), EStG, KStG-Kommentar, Einf. InvStG, Rn. 2.

490 Vgl. *Schwarz*, Investmentbesteuerung im Anwendungsbereich des InvStG, 29 f.

F. Intransparente Besteuerung von Investmentfonds und deren Anlegern

I. Besteuerung auf Fondsebene

Kapitel 2 Abschnitt 1 des InvStG regelt in den §§ 6-15 InvStG die auf dem Trennungsprinzip basierende Besteuerung in- und ausländischer Investmentfonds. Die Regelungen können auch für SpIF über § 29 Abs. 1 InvStG Wirkung entfalten. § 6 InvStG legt die rechtlichen Grundlagen für die persönliche und sachliche Steuerpflicht fest, während § 7 InvStG Regelungen zur Erhebung der KapESt für einem Steuerabzug unterliegende Einkünfte enthält. §§ 8 -14 InvStG behandeln die Steuerbefreiung des Fonds aufgrund der Beteiligung steuerbegünstigter Anleger. § 15 InvStG enthält schließlich Regelungen zur Gewerbesteuerpflicht. In Abbildung Anhang 1 in Anhang A wird die Besteuerung von Kapitel-2-Fonds und deren Anlegern zusammenfassend dargestellt.

1. Persönliche Körperschaftsteuerpflicht

Als Resultat der Rechtsprechung des EuGH wird durch die Umsetzung des Trennungsprinzips die persönliche Körperschaftsteuerpflicht für aus- als auch inländische Investmentfonds in § 6 Abs. 1 InvStG normiert und somit deren Gleichbehandlung sichergestellt.[491]

Demnach gelten (Fiktion) inländische Investmentfonds nach § 6 Abs. 1 Satz 1 InvStG als Zweckvermögen nach § 1 Abs. 1 Nr. 5 KStG und unterliegen ausdrücklich der unbeschränkten Steuerpflicht und damit dem Welteinkommensprinzip.[492] Ausländische Investmentfonds hingegen gelten gemäß § 6 Abs. 1 Satz 2 InvStG als Vermögensmassen nach § 2 Nr. 1 KStG und sind beschränkt steuerpflichtig.

Die verwendeten Begriffe „Zweckvermögen“ und „Vermögensmasse“ sind im gleichen Sinne zu verstehen[493] und beschreiben ein „selbstständiges, einem bestimmten Zweck dienendes Sondervermögen [...], das aus dem Vermögen des Widmenden auf Dauer ausgeschieden ist, aus dem eigene Einkünfte fließen und das – mangels eigener Rechtsfähigkeit – wenigstens wirtschaftliche Selbstständigkeit besitzt.“[494] Die

---

491 Vgl. *Böcker*, NWB 2016, 2789 (2790); *Stadler*, in: Oestreicher (Hrsg.), BEPS konkret, (137); *Lechner*, RdF 2016, 208 (210); Gesetzentwurf zum InvStRefG vom 07.04.2016, BT-Drs. 18/8045, 72; *Stadler/Bindl*, DStR 2016, 1953 (1954); *Faller/Wolf*, DB 2015, 1865 (1866); *von Freeden*, in: Schaumburg (Hrsg.), Internationales Steuerrecht, Rn. 12.64 (4. Aufl.).

492 Vgl. *Mann*, in: Brandis/Heuermann (Hrsg.), Ertragsteuerrecht Kommentar, § 6 InvStG, Rn. 18.

493 Vgl. *Rengers*, in: Brandis/Heuermann (Hrsg.), Ertragsteuerrecht Kommentar, § 1 KStG, Rn. 107.

494 BFH-Urteil vom 05.11.1992, I R 39/92, in: EStBl. II 1993, 388.

C. Haberkorn, *International-steuerliche Strukturen der reformierten Investmentbesteuerung*, Hallesche Schriften zur Betriebswirtschaft 38,
https://doi.org/10.1007/978-3-658-49895-5_6

Fiktionen gelten jeweils rechtsformunabhängig[495]: Investmentfonds in einer kapitalgesellschaftlichen Rechtsform (z.B. Investment-AG) sind demnach ebenfalls als Zweckvermögen bzw. Vermögensmassen anzusehen (*lex specialis*-Charakter des InvStG).[496] Dies gilt auch für als Investmentfonds qualifizierte Personengesellschaften (OGAW und Altersvorsorgevermögen nach § 1 Abs. 3 Satz 1 Nr. 2 2. HS InvStG), welche durch diese Fiktion steuerrechtlich als juristische Personen angesehen werden.[497] Die Inanspruchnahme des Freibetrages für Körperschaften nach § 24 KStG wird nach Satz 2 Nr. 3 für Investmentfonds sowie SpIF ausgeschlossen.

Die explizite Regelung der unbeschränkten bzw. beschränkten Steuerpflicht in § 6 Abs. 1 InvStG resultiert aus dem sachlichen Anwendungsbereich, welcher sich lediglich auf inländische Einnahmen beschränkt. Dieser Umstand könnte dazu führen, dass diese nach Art. 4 OECD-MA als nicht ansässig gelten, wenn sie ausschließlich mit „Einkünften aus Quellen in diesem Staat […] steuerpflichtig“ sind, also einer beschränkten Steuerpflicht unterliegen.[498] Vor diesem Hintergrund musste eine Klarstellung erfolgen, welche mit dem JStG 2019[499] umgesetzt wurde und die unbeschränkte Steuerpflicht inländischer Investmentfonds festschreibt.[500] Nähere Ausführungen finden sich in Abschnitt H.II.1.

2. Sachliche Körperschaftsteuerpflicht

Die Systematik, mit der gesetzgeberisch die sachliche Steuerpflicht von Investmentfonds geregelt ist, kann als „bemerkenswert“ bezeichnet werden.[501] Gemäß § 6 Abs. 1 InvStG gilt aufgrund der unbeschränkten persönlichen Steuerpflicht für inländische Investmentfonds das Welteinkommensprinzip.[502] Mit § 6 Abs. 2 Satz 1 InvStG sind Investmentfonds sachlich zunächst (vorbehaltlich zu Satz 2) von der Besteuerung

---

495 Vgl. *Kretzschmann/Albrecht/Verleger*, in: K/S/B/H/K (Hrsg.), InvStG-Kommentar, § 6, Rn. 15 f.; Gesetzentwurf zum InvStRefG vom 07.04.2016, BT-Drs. 18/8045, 72.

496 **Strittig**: gl.A./h.M. *Neumann*, FR 2018, 457 (458); BMF vom 21.05.2019, IV C 1 - S 1980-1/16/10010:001, Rn. 6.3, in: BStBl. I 2019, 527; *Wolny*, in: Bödecker/Ernst/Hartmann (Hrsg.), BeckOK InvStG, § 6 InvStG, Rn. 20; *Boxberger*, in: W/B/A (Hrsg.), KAGB Kommentar, § 6 InvStG, Rn. 7; *Häuselmann*, Investmentanteile, 149 a.A.: *Mann*, in: Moritz/Jesch/Mann (Hrsg.), Kommentar InvStG, § 6, Rn. 72; so auch in *Mann*, in: Brandis/Heuermann (Hrsg.), Ertragsteuerrecht Kommentar, § 6 InvStG, Rn. 18.

497 Vgl. *Kretzschmann/Albrecht/Verleger*, in: K/S/B/H/K (Hrsg.), InvStG-Kommentar, § 6, Rn. 15.

498 Vgl. *Ebner*, NWB 2020, 619 (622).

499 Vgl. JStG 2019 vom 12.12.2019, BGBl. 2019 I, 2451 (2476).

500 Vgl. Gesetzentwurf zum JStG 2019 vom 23.09.2019, BT-Drs. 19/13436, 177; *Elser/Stiegler*, IStR 2017, 567 (569); *Helios/Mann*, DB-SA 2016, 1 (11); *Lehner*, in: Lehner/Vogel (Hrsg.), DBA-Kommentar, Art. 4 OECD-MA, Rn. 120; *Klein/Hörner/Adam*, ISR 2018, 216 (217); *Zinkeisen/Walter*, IStR 2007, 583 (583); *Neumann*, FR 2018, 457 (457 f.).

501 Vgl. *Kretzschmann/Albrecht/Verleger*, in: K/S/B/H/K (Hrsg.), InvStG-Kommentar, § 6, Rn. 21.

502 Vgl. *Mann*, in: Brandis/Heuermann (Hrsg.), Ertragsteuerrecht Kommentar, § 6 InvStG, Rn. 18; *Wolny*, in: Bödecker/Ernst/Hartmann (Hrsg.), BeckOK InvStG, § 6 InvStG, Rn. 16a.

befreit; mit Satz 2 wird der Besteuerungsumfang erneut ausgeweitet.[503] Der aktuelle Satz 1 wurde zudem erst nachträglich mit dem JStG 2019 in das InvStG aufgenommen, um Zweifel an der Abkommensberechtigung zu beseitigen.[504] Gemäß der Gesetzesbegründung soll zudem „deutlicher die in der Norm enthaltene Steuerbefreiung zum Ausdruck“ gebracht werden.[505] Es stellt sich die Frage, ob von einem Fortbestand der alten Rechtslage vor 2020 oder von einem Systemwechsel[506] zu einer persönlichen KSt-Befreiung auszugehen ist.[507]

Gemäß § 6 Abs. 2 Satz 2 InvStG werden folgende Einkünfte der sachlichen Steuerpflicht[508] bei in- und ausländischen Investmentfonds abschließend unterworfen:

- Inländische Beteiligungseinnahmen (§ 6 Abs. 3 InvStG)
- Inländische Immobilienerträge (§ 6 Abs. 4 InvStG)
- Sonstige inländische Einkünfte i. S. d. § 49 Abs. 1 EStG (§ 6 Abs. 5 InvStG)

In- und ausländische Investmentfonds unterliegen demnach nur mit bestimmten inländischen Einkünften der Besteuerung. Eine Umsetzung der unbeschränkten und umfassenden Steuerpflicht für inländische Investmentfonds hätte zu Wettbewerbsnachteilen gegenüber ausländischen Fonds geführt.[509] Die sachliche Steuerpflicht erstreckt sich somit nur auf Einkünfte, für die Deutschland nach völkerrechtlichen Grundsätzen das Besteuerungsrecht zusteht.[510] Hinsichtlich der steuerlichen Einkunftsarten wird vertreten, dass § 8 Abs. 2 KStG für inländische, per Fiktion unbeschränkt

503 Die sachliche Steuerbefreiung hat keinen Einfluss auf die Abkommensberechtigung. Diese setzt nur eine „abstrakte“ persönliche Steuerpflicht voraus, vgl. *Wassermeyer/Kaeser*, in: Wassermeyer/Kaesner/Schwenke/Drüen (Hrsg.), Doppelbesteuerung, Art. 4 OECD-MA, Rn. 25; *Mann*, in: Moritz/Jesch/Mann (Hrsg.), Kommentar InvStG, § 6, Rn. 435.

504 *Mann*, in: Brandis/Heuermann (Hrsg.), Ertragsteuerrecht Kommentar, § 6 InvStG, Rn. 93; in der Gesetzesbegründung zum InvStRefG wurde die grundsätzliche Steuerbefreiung von Investmentfonds bestimmt, vgl. Gesetzentwurf zum InvStRefG vom 07.04.2016, BT-Drs. 18/8045, 72.

505 Vgl. Gesetzentwurf zum JStG 2019 vom 23.09.2019, BT-Drs. 19/13436, 172.

506 Bis 31.12.2019 wurde die sachliche Steuerpflicht auf bestimmte Einkünfte *begrenzt*; ab 1.1.2020 wurde durch die grundsätzliche Steuerbefreiung Besteuerungsumfang *ausgeweitet*.

507 Vgl. *Schwarz*, in: Bordewin/Brandt (Hrsg.), EStG-Kommentar, § 6 InvStG, Rn. 32; für Systemwechsel: *Mann*, in: Moritz/Jesch/Mann (Hrsg.), Kommentar InvStG, § 6, Rn. 74; *Boxberger*, in: W/B/A (Hrsg.), KAGB Kommentar, § 6 InvStG, Rn. 9; *Mann*, in: Brandis/Heuermann (Hrsg.), Ertragsteuerrecht Kommentar, § 6 InvStG, Rn. 6, 16; für Fortbestand: *Wolny*, in: Bödecker/Ernst/Hartmann (Hrsg.), BeckOK InvStG, § 6 InvStG, Rn. 16a.

508 Vor 2020 (JStG 2019) war die Rede von „partieller“ sachlicher Steuerpflicht, vgl. *Stadler/Bindl*, DStR 2016, 1953 (1955); *Schwarz*, in: Bordewin/Brandt (Hrsg.), EStG-Kommentar, § 6 InvStG, Rn. 33. Ab 2020 sind die Investmentfonds nun ausdrücklich steuerfrei und nicht grundsätzlich steuerpflichtig. Weiterhin regelt das JStG 2019 die unbeschränkte Steuerpflicht für inländische Investmentfonds und damit das Welteinkommensprinzip; schränkt es aber im nächsten Satz ein, vgl. *Mann*, in: Brandis/Heuermann (Hrsg.), Ertragsteuerrecht Kommentar, § 6 InvStG, Rn. 18.

509 Vgl. *Kammeter*, ISR 2016, 99 (102).

510 Vgl. *Böcker*, NWB 2016, 2789 (2790); *Ebner*, RdF 2018, 132 (132); Gesetzentwurf zum InvStRefG vom 07.04.2016, BT-Drs. 18/8045, 54.

körperschaftsteuerpflichtige Investmentfonds, aufgrund *lex generalis* keine Anwendung findet.[511] und das InvStG drei eigene Einkunftsarten bzw. -quellen normiert.[512] Klarstellend regelt § 6 Abs. 2 Satz 3 InvStG, dass die genannten steuerpflichtigen inländischen Einkünfte für ausländische Investmentfonds inländische Einkünfte i.S.d. § 2 Nr. 1 KStG darstellen und damit i.R.d. beschränkten Steuerpflicht erfasst werden.[513] Denn sollten die investmentsteuerlichen Einkunftsquellen nach § 2 Nr. 1 KStG nicht unter die inländischen Einkünfte nach § 49 EStG zu subsumieren sein, unterliegen diese auch nicht der beschränkten Steuerpflicht beim ausländischen Investmentfonds.[514] Es wäre bspw. im Fall der Einkünfte nach § 6 Abs. 3 Satz 1 Nr. 2 InvStG denkbar, dass diese zwar bei inländischen Fonds nach §§ 6 Abs. 2 Satz 2 i.V.m. Abs. 1 Satz 1 InvStG steuerpflichtig sind, aber nicht bei ausländischen Fonds, da diese, ohne die Klarstellung in Satz 3, nicht den beschränkt steuerpflichtigen Einkünften nach § 49 EStG unterliegen.[515]

a. Inländische Beteiligungseinnahmen

Die inländischen Beteiligungseinnahmen umfassen zum einen gemäß § 6 Abs. 3 Satz 1 Nr. 1 InvStG Einnahmen nach § 43 Abs. 1 Satz 1 Nr. 1 und Nr. 1a) EStG. Dieser Rechtsgrundverweis bezieht sich wiederum auf bestimmte Tatbestände des § 20 EStG.[516] Dazu gehören insbesondere Dividenden, Bezüge aus Genussrechten, verdeckte Gewinnausschüttungen sowie Bezüge nach Auflösung oder aus Kapitalherabsetzungen von im Inland ansässigen Kapitalgesellschaften.[517]

Zum anderen werden mit § 6 Abs. 3 Satz 1 Nr. 2 InvStG sogenannte Dividendenersatzzahlungen i.S.d. § 2 Nr. 2 a)-c) KStG[518] vom AWB erfasst. Diese beziehen sich insgesamt auf sämtliche Leistungen, die durch die Überlassung und Übertragung von Anteilen an einer inländischen Kapitalgesellschaft erbracht werden.[519] Die Regelung dient der Verhinderung von Steuerumgehungen hinsichtlich des Vorliegens

511 Vgl. *Schwarz*, in: Bordewin/Brandt (Hrsg.), EStG-Kommentar, § 6 InvStG, Rn. 36.

512 Ggf. ähnlich wie die Aufzählung in § 2a Abs. 1 EStG.

513 Vgl. *Dorn*, Investmentsteuerrecht, 115; *Kretzschmann/Albrecht/Verleger*, in: K/S/B/H/K (Hrsg.), InvStG-Kommentar, § 6, Rn. 25.

514 Vgl. *Schwarz*, Investmentbesteuerung im Anwendungsbereich des InvStG, 64, Fn. 296; *Schwarz*, in: Bordewin/Brandt (Hrsg.), EStG-Kommentar, § 6 InvStG, Rn. 40.

515 Vgl. *Hahne*, DStR 2017, 2310 (2312); *Schwarz*, in: Bordewin/Brandt (Hrsg.), EStG-Kommentar, § 6 InvStG, Rn. 40.

516 Vgl. *Mann*, in: Moritz/Jesch/Mann (Hrsg.), Kommentar InvStG, § 6 InvStG, Rn. 110.

517 Vgl. BMF vom 21.05.2019, IV C 1 - S 1980-1/16/10010:001, Rn. 6.5, in: BStBl. I 2019, 527; Gesetzentwurf zum InvStRefG vom 07.04.2016, BT-Drs. 18/8045, 73.

518 Rechtsfolgenverweis, vgl. *Boxberger*, in: W/B/A (Hrsg.), KAGB Kommentar, § 6 InvStG, Rn. 14.

519 Vgl. BMF vom 21.05.2019, IV C 1 - S 1980-1/16/10010:001, S. 35, in: BStBl. I 2019, 527.

inländischer Beteiligungseinnahmen beim Investmentfonds, wenn dieser die entsprechenden Anteile über den Dividendenstichtag verleiht und dafür Ausgleichszahlungen erhält (Wertpapierleih-, Wertpapierpensionsgeschäfte).[520] Erfolgt eine Überlassung/Übertragung, ohne dass Ansprüche aus inländischen Beteiligungseinnahmen entstehen, findet keine Besteuerung entsprechender Zahlungen statt.[521] Die Vollziehung des Steuerabzugs könnte in Fällen, in denen der Verleiher (Fonds) sowie Entleiher der Aktie nicht in Deutschland ansässig ist, durch die deutschen Finanzbehörden nicht sichergestellt werden, sodass die Finanzverwaltung in diesen Fällen von einem Steuerabzug absieht und stattdessen dem Investmentfonds eine Informationspflicht über jene Einkünfte auferlegt.[522] Die Höhe der steuerpflichtigen Leistungen begrenzt sich jedoch auf die entgangenen Einnahmen („Brutto-Dividende").[523]

Eine Erfassung von inländischen Anteilsveräußerungsgewinnen ist derweil nicht vom Tatbestand der inländischen Beteiligungseinnahmen gedeckt, da gem. Art. 13 Abs. 5 OECD-MA das Besteuerungsrecht am Veräußerungsgewinn dem Ansässigkeitsstaat des Veräußerers zusteht.[524] Damit soll eine Schlechterstellung inländischer Anleger verhindert werden.[525]

b. Inländische Immobilienerträge

Inländische Immobilienerträge sind nach § 6 Abs. 4 InvStG Einkünfte aus Vermietung und Verpachtung von im Inland belegenen Grundstücken und grundstücksgleicher Rechte sowie aus den Veräußerungsgewinnen dieser. Ein ausdrücklicher Verweis auf § 21 EStG existiert nicht, sodass auf den „abstrakten Ertragstypus" des InvStG abzustellen ist und nicht auf die Einkünfte i.S.v. § 21 EStG.[526] Andererseits fehlt eine Definition der einschlägigen Begrifflichkeiten, sodass indessen auf das allgemeine steuerrechtliche Verständnis zurückzugreifen ist.[527] Folglich führen von § 21 EStG erfasste

---

520 Vgl. Gesetzentwurf zum InvStRefG vom 07.04.2016, BT-Drs. 18/8045 73; BMF vom 21.05.2019, IV C 1 - S 1980-1/16/10010 001, S. 35, in: BStBl. I 2019 527; *Mann*, in: Brandis/Heuermann (Hrsg.), Ertragsteuerrecht Kommentar, § 6 InvStG, Rn. 35.

521 Vgl. BMF vom 21.05.2019, IV C 1 - S 1980-1/16/10010:001, Rn. 6.9, in: BStBl. I 2019, 527.

522 Vgl. *Ebenda*, Rn. 6.13, 6.22; *Bödecker*, Ubg 2019, 545 (550).

523 Vgl. BMF vom 21.05.2019, IV C 1 - S 1980-1/16/10010:001, Rn. 6.9, in: BStBl. I 2019, 527.

524 Vgl. *Kraft/Haberkorn*, SteuerStud 2021, 668 (676).

525 Vgl. *Dorn*, Investmentsteuerrecht, 117; *Kloster*, Neukonzeption der Investmentbesteuerung, 592.

526 Vgl. *Schwarz*, in: Bordewin/Brandt (Hrsg.), EStG-Kommentar, § 6 InvStG, Rn. 78; *Mann*, in: Brandis/Heuermann (Hrsg.), Ertragsteuerrecht Kommentar, § 6 InvStG, Rn. 47; **a.A.** *Wolny*, in: Bödecker/Ernst/Hartmann (Hrsg.), BeckOK InvStG, § 6 InvStG, Rn. 142.

527 Vgl. *Mann*, in: Moritz/Jesch/Mann (Hrsg.), Kommentar InvStG, § 6, Rn. 233, 238, 259.

Einkünfte nicht unbedingt zu inländischen Immobilienerträgen (ggf. aber zu sonstigen inländischen Einkünften).[528]

Dabei verdrängt § 6 Abs. 4 InvStG als *lex specialis*-Norm die Tatbestände des § 6 Abs. 5 Nr. 1 InvStG i.V.m. § 49 Abs. 1 Nr. 2f) bb) EStG bzw. § 49 Abs. 1 Nr. 8 EStG und des § 23 Abs. 1 Nr. 1 EStG.[529] Daraus resultiert, dass die Steuerpflicht des Investmentfonds Veräußerungsgewinne außerhalb der zehnjährigen Haltefrist des § 23 Abs. 1 Nr. 1 EStG erfasst.[530] Eine etwaige Besteuerungslücke im Hinblick auf die Veräußerung von Personengesellschaftsbeteiligungen mit Immobilienbestand soll mit der Einführung des § 6 Abs. 6a InvStG mit dem JStG 2019 geschlossen werden, da dieser Fall nicht unter § 6 Abs. 4 InvStG zu subsumieren war.[531] Diese werden demnach unter § 6 Abs. 5 Satz 1 Nr. 1 i.V.m. § 49 Abs. 1 Nr. 2f) bb) EStG bzw. § 49 Abs. 1 Nr. 8 EStG als sonstige inländische Einkünfte subsumiert und unterliegen, unter Berücksichtigung der Haltefrist, der Besteuerung auf Fondsebene.[532] Die Formulierung in § 6 Abs. 6a InvStG wurde aus § 23 Abs. 1 Satz 4 EStG entnommen und setzt die Anschaffung sowie Veräußerung von Anteilen an PersGes mit der Anschaffung bzw. Veräußerung der anteiligen Wirtschaftsgüter der PersGes gleich.[533] Damit wird eine haltedauerunabhängige Besteuerung von Immobilienveräußerungen auf Investmentfondsebene erreicht, wenn diese mittelbar über eine PersGes gehalten werden.[534] Die Regelung des § 6 Abs. 6a InvStG gilt auch für andere Wirtschaftsgüter; im Bereich der Immobilien entfaltet sie jedoch praktische Bedeutung.[535]

c. Sonstige inländische Einkünfte

Unter die sonstigen inländischen Einkünfte erfasst § 6 Abs. 5 InvStG grundsätzlich jene nach § 49 Abs. 1 EStG, für die Deutschland das Besteuerungsrecht beansprucht soweit diese nicht bereits unter die inländischen Beteiligungseinnahmen bzw. Immobilienerträge zu subsumieren sind (Subsidiarität).[536] Dabei müssen die

---

528 Vgl. *Mann*, in: Brandis/Heuermann (Hrsg.), Ertragsteuerrecht Kommentar, § 6 InvStG, Rn. 47; *Klein*, in: H/H/R (Hrsg.), EStG, KStG-Kommentar, § 6 InvStG, Rn. 25.

529 Vgl. Regierungsentwurf zum JStG 2019 vom 30.07.2019, 174.

530 Vgl. *Böcker*, NWB 2016, 2789 (2791); *Wenzel*, in: Brandis/Heuermann (Hrsg.), EStG, KStG, GewStG-Kommentar,§ 6 InvStG, Rn. 53; *Stadler/Bindl*, DStR 2016, 1953 (1955).

531 Vgl. Regierungsentwurf zum JStG 2019 vom 30.07.2019, 174; *Hagen/Schober*, BB 2019, 1693 (1694).

532 Vgl. *Hagen/Schober*, BB 2019, 1693 (1694); Regierungsentwurf zum JStG 2019 vom 30.07.2019, 174.

533 Vgl. *Hagen/Schober*, BB 2019, 1693 (1694) .

534 Vgl. *Ebner*, NWB 2020, 619 (622).

535 Vgl. *Hagen/Schober*, BB 2019, 1693 (1694).

536 Vgl. *Wenzel*, in: Brandis/Heuermann (Hrsg.), Ertragsteuerrecht Kommentar, § 6 InvStG2018, Rn. 60; *Wolny*, in: Bödecker/Ernst/Hartmann (Hrsg.), BeckOK InvStG, § 6 Rn. 187.

Voraussetzungen des § 49 EStG aufgrund des Rechtsgrundverweises erfüllt sein.[537] Jedoch werden Veräußerungsgewinne aus Beteiligungen an inländischen Kapitalgesellschaften (KapGes) i.S.d. § 17 EStG – § 49 Abs. 1 Nr. 2 e) EStG – explizit ausgeschlossen.[538] Denn bei Geltung würde ein inländischer Investmentfonds im Vergleich zu einem abkommensberechtigten ausländischen Investmentfonds schlechter gestellt werden, da das Besteuerungsrecht nach DBA dem Sitzstaat des Veräußerers zusteht und in vielen Fällen ein ausländischer Investmentfonds im Ansässigkeitsstaat nicht besteuert wird.[539] Mit dem Ziel der Wettbewerbsneutralität sollten folglich nicht allein im Inland ansässige Investmentfonds besteuert werden.[540] Mit dem Wachstumschancengesetz vom 27. März 2024[541] wurde § 6 Abs. 5 Nr. 1 InvStG verfeinert, indem § 49 Abs. 1 Nr. 2 e) cc) EStG gilt, der Veräußerungsgewinne von KapGes mit überwiegend inländischen Immobilienbesitz erfasst; dahingehend sind auch ausländische KapGes betroffen.[542]

Gemäß dem zentralen Anwendungsschreiben der Finanzverwaltung vom 21. Mai 2019 fallen insbesondere folgende konkrete Einkünfte unter die Steuerpflicht:[543]

- Einkünfte aus gewerblicher Tätigkeit im Inland, § 49 Abs. 1 Nr. 2 a)-d), f)-g) EStG
- Erträge aus Wandelanleihen und Gewinnobligationen, § 49 Abs. 1 Nr. 5a) EStG
- Erträge aus fremdkapitalähnlichen Genussrechten, § 49 Abs. 1 Nr. 5c) bb) EStG
- Zinsen auf durch inländischen Grundbesitz besichertem Fremdkapital, § 49 Abs. 1 Nr. 5c) aa) EStG

Dabei ist von gewerblichen Einkünften nach § 49 Abs. 1 Nr. 2 EStG auszugehen, wenn der Investmentfonds seine Vermögensgegenstände „aktiv unternehmerisch bewirtschaftet". Die Abgrenzung hat ebenfalls mit dem JStG 2019 Eingang in das Gesetz in

537 Vgl. *Mann*, in: Brandis/Heuermann (Hrsg.), Ertragsteuerrecht Kommentar, § 6 InvStG, Rn. 61; außerdem ist die isolierende Betrachtungsweise nach § 49 Abs. 2 EStG zu berücksichtigen. Vgl. BMF vom 21.05.2019, IV C 1 - S 1980-1/16/10010:001, Rn. 6.36, in: BStBl. I 2019, 527.

538 Vgl. *Stadler/Bindl*, in: Fischer/Geck/Haarmann (Hrsg.), Zivilrechtliches Ordnungsgefüge und Steuerrecht, 763 (764); *von Freeden*, in: Schaumburg (Hrsg.), Internationales Steuerrecht, Rn. 12.64 (4. Aufl.).

539 Vgl. Gesetzentwurf zum InvStRefG vom 11.03.2016, BR-Drs. 119/16, 81; *Lechner*, RdF 2016, 208 (211); *Stadler/Bindl*, DStR 2016, 1953 (1955); *Kammeter*, ISR 2016, 99 (102); *von Freeden*, in: Schaumburg (Hrsg.), Internationales Steuerrecht, Rn. 12.64 (4. Aufl.); *Kußmaul/Patzner/Kloster/Bui*, Ubg 2016, 596 (599).

540 Vgl. *Patzner/Nagler*, in: Patzner/Döser/Kempf (Hrsg.), KAGB, InvStG Handkommentar, § 6 InvStG, Rn. 26.

541 Gesetz zur Stärkung von Wachstumschancen, Investitionen und Innovation sowie Steuervereinfachung und Steuerfairness (Wachstumschancengesetz) vom 27.03.2024, BGBl. I 2024, Nr. 108.

542 Dahingehend soll eine Umgehung der Steuerpflicht von § 6 Abs. 4 InvStG durch Zwischenschaltung einer KapGes vermieden werden; vgl. Gesetzentwurf zum Wachstumschancengesetz vom 02.10.2023, BT-Drs. 20/8628, 208.

543 Vgl. BMF vom 21.05.2019, IV C 1 - S 1980-1/16/10010:001, Rn. 6.35, in: BStBl. I 2019, 527.

§ 6 Abs. 5 Satz 2 InvStG gefunden.[544] Damit wird die Gewerblichkeit nach den investmentsteuerlichen Besonderheiten beurteilt und orientiert sich an den Abgrenzungskriterien der Gewerbesteuerpflicht des § 15 InvStG; andererseits wäre die Abgrenzung zwischen gewerblichen und vermögensverwaltenden Einkünften nach den ertragsteuerlichen Maßstäben vorzunehmen.[545] Dies würde zu der Beurteilung führen, dass das Tätigen von Investmentanlagen in kollektiver und umfangreicher Form einen in kaufmännischer Weise eingerichteten Geschäftsbetrieb erfordert und damit immer eine Betriebsstätte im Inland begründet wird.[546] Der „Normalfall“ der Investmentfondsanlagen würde folglich als gewerblich zu klassifizieren sein; damit sind die allgemeinen Abgrenzungsgrundsätze hinsichtlich einer vermögensverwaltenden Tätigkeit für Investmentfonds eher ungeeignet.[547] Eine aktive unternehmerische Bewirtschaftung liegt vor, wenn die Fondsverwalter operativ in die Geschäfte der Kapitalgesellschaften eingreifen, welche sich im Fondsportfolio befinden.[548] Dies wurde i.R.d. InvStRefG bereits für die Gewerbesteuer erkannt.[549] Nunmehr ist ein gesetzlicher Gleichlauf zu den gewerbesteuerlichen Prinzipien von Investmentfonds erfolgt.

Des Weiteren klassifiziert das Anwendungsschreiben der Finanzverwaltung bei Gewinnanteilen aus Mitunternehmerschaften „stets“ eine aktive unternehmerische Bewirtschaftung.[550] Dies wird in der Literatur kritisch gesehen.[551] Das „bloße Beteiligtsein“ an einer Mitunternehmerschaft könne mithin nicht zu gewerblichen Einkünften des Investmentfonds führen, da es an einer aktiven unternehmerischen Bewirtschaftung fehle.[552] Führt man sich die Verwaltungsmeinung zu § 15 InvStG vor Augen, dann „liegt keine aktive unternehmerische Bewirtschaftung vor, wenn lediglich Beratungs- oder Kontrollfunktionen, Kommanditistenrechte oder sonstige Verwaltungsrechte ausgeübt werden“.[553] Die Auslegung des Begriffs der „aktiven

---

544 Vgl. JStG 2019 vom 12.12.2019, BGBl. 2019 I, 2451 (2476).

545 Vgl. *Wolny*, in: Bödecker/Ernst/Hartmann (Hrsg.), BeckOK InvStG, § 6 InvStG, Rn. 201 ff.

546 Vgl. *Bödecker*, Ubg 2019, 545 (551); *Kretzschmann/Albrecht/Verleger*, in: K/S/B/H/K (Hrsg.), InvStG-Kommentar, § 6, Rn. 67.

547 Vgl. Gesetzentwurf zum InvStRefG vom 07.04.2016, BT-Drs. 18/8045, 84.

548 Vgl. *Kretzschmann/Albrecht/Verleger*, in: K/S/B/H/K (Hrsg.), InvStG-Kommentar, § 6, Rn. 67.

549 Vgl. Gesetzentwurf zum InvStRefG vom 07.04.2016, BT-Drs. 18/8045, 84.

550 Vgl. BMF vom 21.05.2019, IV C 1 - S 1980-1/16/10010:001, Rn. 6.36, in: BStBl. I 2019, 527.

551 Vgl. *Kretzschmann/Albrecht/Verleger*, in: K/S/B/H/K (Hrsg.), InvStG-Kommentar, § 6, Rn. 69; *Boxberger*, in: W/B/A (Hrsg.), KAGB Kommentar, § 6 InvStG, Rn. 32; *Klein*, in: H/H/R (Hrsg.), EStG, KStG-Kommentar, § 6 InvStG, Rn. 30; *Mann*, in: Brandis/Heuermann (Hrsg.), Ertragsteuerrecht Kommentar, § 6 InvStG, Rn. 61.

552 Vgl. *Kretzschmann/Albrecht/Verleger*, in: K/S/B/H/K (Hrsg.), InvStG-Kommentar, § 6, Rn. 69

553 BMF vom 21.05.2019, IV C 1 - S 1980-1/16/10010:001, Rn. 15.39, in: BStBl. I 2019, 527.

unternehmerischen Bewirtschaftung" soll in beiden Fällen einheitlich ausgeübt werden und auch für Einkünfte nach § 6 Abs. 5 Satz 2 InvStG gelten.[554]

Die Regelung normiert zudem Besonderheiten für inländische Investmentfonds in der Rechtsform der Investment-AG in § 6 Abs. 5 Nr. 2 InvStG. Intern verwaltete Investment-AG haben die Einkünfte aus der Vermögensverwaltung sowie aus den Nutzungen des Investmentbetriebsvermögens zu versteuern.[555] Damit soll ein Gleichlauf zu externen KVG geschaffen werden, deren Einkünfte originär der KSt- und GewSt-Pflicht unterliegen.[556]

d. Nicht steuerpflichtige Einkünfte

Durch die abschließende Regelung der partiellen sachlichen Steuerpflicht werden v.a. vereinnahmte in- und ausländische Zinsen, Veräußerungsgewinne aus Wertpapieren und i.S.v. § 17 EStG, ausländische Dividenden sowie ausländische Immobilienerträge nicht der Besteuerung auf Fondsebene unterworfen.[557] Eine Besteuerung wird damit erst auf Anlegerebene möglich. Im Falle von ausländischen Einkünften ist jedoch zu beachten, dass diese bereits im Ausland einer QuSt unterliegen können.[558] Die Anrechnung ausländischer QuSt ist mangels Steuerpflicht ausländischer Erträge auf Fondsebene nicht möglich.[559] Dahingehend greifen Teilfreistellungen auf Ebene der Fondsanleger.[560] Die genannten Einkünfte werden im Rahmen der Anlegerbesteuerung über Ausschüttungen, Vorabpauschalen oder Veräußerungsgewinne jedenfalls indirekt einer Besteuerung unterworfen.[561]

---

554 Vgl. *Kretzschmann/Albrecht/Verleger*, in: K/S/B/H/K (Hrsg.), InvStG-Kommentar, § 6, Rn. 69; *Wolny*, in: Bödecker/Ernst/Hartmann (Hrsg.), BeckOK InvStG, § 6 InvStG, Rn. 203b.

555 Vgl. *Kretzschmann/Albrecht/Verleger*, in: K/S/B/H/K (Hrsg.), InvStG-Kommentar, § 6, Rn. 75 f.

556 Vgl. *Patzner/Nagler*, in: Patzner/Döser/Kempf (Hrsg.), KAGB InvStG Handkommentar, § 1-24 InvStG, § 6 InvStG, Rn. 28; *Häuselmann*, Investmentanteile, 150.

557 Vgl. *Dorn*, Investmentsteuerrecht, 115; *Stadler*, in: Oestreicher (Hrsg.), BEPS konkret, 131 (137); *Stadler/Bindl*, in: Fischer/Geck/Haarmann (Hrsg.), Zivilrechtliches Ordnungsgefüge und Steuerrecht, 763 (768); *Wenzel*, in: Brandis/Heuermann (Hrsg.), Ertragsteuerrecht Kommentar, § 6 InvStG 2018, Rn. 27; *Kußmaul/Patzner/Kloster/Bui*, Ubg 2016, 596 (599)

558 Vgl. *Stadler*, in: Oestreicher (Hrsg.), BEPS konkret, 131 (137); *Stadler/Bindl*, DStR 2016, 1953 (1956).

559 Vgl. *von Freeden*, in: Schaumburg (Hrsg.), Internationales Steuerrecht, Rn. 12.21 (5. Aufl.).

560 Vgl. *Schwarz/Kohl*, DB 2018, 1947 (1947).

561 Vgl. *Helios/Mann*, DB-SA 2016, 1 (10 f.); BMF vom 21.05.2019, IV C 1 - S 1980-1/16/10010:001, Rn. 15.1, in: BStBl. I 2019, 527.

3. Einkünfteermittlung und Steuererhebung

§ 6 Abs. 7 InvStG stellt eine Einkünfteermittlungsvorschrift des InvStG dar, wonach die Einkünfte grundsätzlich als Überschuss der Einnahmen über die Werbungskosten zu bestimmen sind. Dies gilt unabhängig davon, ob der Fonds gewerbliche Einkünfte aufgrund aktiv unternehmerischer Tätigkeit erzielt oder aufgrund körperschaftsteuerlicher Rechtsform § 8 Abs. 2 KStG unterliegen würde.[562] Ausnahmen existieren in Satz 3 für Einkünfte, die dem Steuerabzug unterliegen. Die Norm unterscheidet daher zwischen Veranlagungs- und Abzugssteuereinkünften.

a. Steuerabzug

Bei den inländischen Beteiligungseinnahmen und bestimmten sonstigen Einkünften nach § 6 Abs. 5 InvStG[563] erfolgt die Steuererhebung durch Kapitalertragsteuerabzug mit abgeltender Wirkung in Höhe von 15 % (§ 7 Abs. 1 Satz 1 und Abs. 2 InvStG).[564] Dies ergibt sich daraus, dass die Einnahmen nach § 6 Abs. 3 Satz 1 Nr. 1 InvStG den allgemeinen Grundsätzen der §§ 43 ff. EStG für den Steuerabzug unterliegen; während für Leistungen der Nr. 2 § 32 Nr. 2 KStG gilt.[565] Die Festsetzung der KapESt auf 15 % hat damit eine steuerbegrenzende Wirkung, da ansonsten regelmäßig 25 % KapESt zzgl. SolZ erhoben werden.[566] Bei Vorlage einer Statusbescheinigung nach § 7 Abs. 3 - 5 InvStG an den Entrichtungspflichtigen[567], welche den Investmentfonds als solchen klassifiziert, wird der Steuerabzug in Höhe von 15 % vorgenommen.[568] Die Abgeltungswirkung nach § 7 Abs. 2 InvStG besteht unabhängig von der Vorlage einer Statusbescheinigung.[569] Erzielt der Investmentfonds ausschließlich abgegoltene Einkünfte, entfällt die KSt-Erklärungspflicht.[570] Sollte kein oder ein zu niedriger Steuerabzug vorgenommen worden sein, trifft den Investmentfonds eine Mitteilungspflicht gegenüber der Finanzbehörde.[571]

---

562 Vgl. *Boxberger*, in: W/B/A (Hrsg.), KAGB Kommentar, § 6 InvStG, Rn. 41; BMF vom 21.05.2019, IV C 1 - S 1980-1/16/10010:001, Rn. 6.41, in: BStBl. I 2019, 527.

563 Aufzählung in: *Kretzschmann/Albrecht/Verleger*, in: K/S/B/H/K (Hrsg.), InvStG-Kommentar, § 7, Rn. 15.

564 Vgl. *Patzner/Nagler*, in: Patzner/Döser/Kempf (Hrsg.), KAGB, InvStG Handkommentar, § 6 InvStG, Rn. 4a; *Böcker*, NWB 2016, 2789 (2791).

565 Vgl. BMF vom 21.05.2019, IV C 1 - S 1980-1/16/10010:001, Rn. 6.10 f., in: BStBl. I 2019, 527; *Mann*, in: Moritz/Jesch/Mann (Hrsg.), Kommentar InvStG, § 6, Rn. 192.

566 Vgl. *Mann*, in: Brandis/Heuermann (Hrsg.), Ertragsteuerrecht Kommentar, § 7 InvStG, Rn. 9

567 Der Entrichtungspflichtige bestimmt sich nach § 44 Abs. 1 EStG.

568 Vgl. § 7 Abs. 1 Satz 1 InvStG; *Kempf/Müller*, SteuK 2016, 517 (518); *von Freeden*, in: Schaumburg (Hrsg.), Internationales Steuerrecht, 12.65 (4. Aufl.).

569 Vgl. *Watzlaw*, in: Moritz/Jesch/Mann (Hrsg.), Kommentar InvStG, § 7, Rn. 51; BMF vom 21.05.2019, IV C 1 - S 1980-1/16/10010:001, Rn. 7.13, in: BStBl. I 2019, 527.

570 Vgl. BMF vom 21.05.2019, IV C 1 - S 1980-1/16/10010:001, Rn. 6.49, in: BStBl. I 2019, 527.

571 Vgl. *Ebenda*, Rn. 6.22.

Nach § 7 Abs. 1 Satz 3 InvStG ist der 15 %ige Steuerabzug inklusive SolZ zu verstehen – 14,218 % KSt zzgl. 5,5 % SolZ.[572] Mit der Begrenzung auf 15 % inkl. SolZ sollen inländische Investmentfonds gegenüber ausländischen nicht benachteiligt werden, wenn Letztere die QuSt für Streubesitzdividenden nach DBA auf 15 % reduzieren können.[573] Damit soll der Wettbewerbsneutralität zwischen in- und ausländischen Fonds Rechnung getragen werden.[574] Bei den Dividendenersatzleistungen ist der besondere Steuerabzug nach § 32 Abs. 3 KStG anzuwenden, worüber die allgemeinen Regelungen zum KapESt-Einbehalt (§ 43 Abs. 1 Satz 1 Nr. 1 und Nr. 1a EStG) gelten.[575] Der Steuerabzug beträgt ebenfalls 15 % inkl. SolZ.[576]

Aufgrund der Beschränkung des KapESt-Abzugs auf 15 % ist der Ausschluss von § 44a Abs. 9 Satz 1 EStG nach § 7 Abs. 1 Satz 2 InvStG sachgerecht.[577] Mitunter ist nun § 50d Abs. 3 EStG zu beachten, welcher Vorschriften zur Verhinderung des Treaty- bzw. Directive-Shoppings enthält.[578] Siehe dazu Abschnitt H.II.3.

Die Ermittlung der Einkünfte erfolgt nach § 6 Abs. 7 Satz 1 InvStG als Überschuss der Einnahmen über die Werbungskosten. Ein Ansatz von Werbungskosten sowie der innerperiodische Verlustausgleich mit anderen (zu veranlagenden) Einkunftsquellen wird in § 6 Abs. 7 Satz 3 InvStG für Einkünfte, die einem Steuerabzug unterliegen, jedoch ausgeschlossen; die Besteuerung erfolgt somit auf Bruttobasis.[579] Dies ergibt sich bereits aus der Verwendung des Begriffs Beteiligungs*einnahmen*.[580] Die nicht abzugsfähigen Werbungskosten spiegeln sich mithin im gesenkten Wert des Investmentanteils wieder und mindern die Bemessungsgrundlage bei einer späteren

---

572 Vgl. Gesetzentwurf zum InvStRefG vom 07.04.2016, BT-Drs. 18/8045, 76.

573 Vgl. *Böcker*, NWB 2016, 2789 (2791); *Stadler/Bindl*, DStR 2016, 1953 (1955); *Schweinitz/Thiems*, DStR 2016, 1198 (1200); BMF vom 21.05.2019, IV C 1 - S 1980-1/16/10010:001, Rn. 7.2, in: BStBl. I 2019, 527.

574 Vgl. *von Freeden*, in: Schaumburg (Hrsg.), Internationales Steuerrecht, 12.65 (4. Aufl.); *Schweinitz/Thiems*, DStR 2016, 1198 (1200).

575 Vgl. *Wolny*, in: Bödecker/Ernst/Hartmann (Hrsg.), BeckOK InvStG, § 6 InvStG, Rn 125.

576 Vgl. BMF vom 15.05.2018, IV C 1 – S 1980-1/16/10010 :013, Tz. 1.b), in: DB 2018, 1374 (1374).

577 Weiterführende Erstattungen nach § 44a Abs. 9 Satz 3 EStG sind möglich. Das sind Ansprüche aus MTRL, Zins- und Lizenzgebühren-Richtlinie, DBA, vgl. *Schlund*, in: Bödecker/Ernst/Hartmann (Hrsg.), BeckOK InvStG, § 7 InvStG, Rn. 29.

578 Ggf. strittig, da im InvStG kein expliziter Verweis, vgl. *Kretzschmann/Albrecht/Verleger*, in: K/S/B/H/K (Hrsg.), InvStG-Kommentar, § 7, Rn. 17.

579 Vgl. Gesetzentwurf zum InvStRefG vom 07.04.2016, BT-Drs. 18/8045, 75; *Stadler*, in: Oestreicher (Hrsg.), BEPS konkret, 131 (137); *Rhodius/Lofing*, Kapitalertragsteuer und Abgeltungsteuer verstehen, 131; *von Freeden*, in: Schaumburg (Hrsg.), Internationales Steuerrecht, Rn. 12.11 (5. Aufl.).

580 Vgl. *Dorn*, Investmentsteuerrecht, 117.

Veräußerung.[581] Die Anwendung des § 6 Abs. 8 InvStG hinsichtlich eines interperiodischen Verlustvortrages ist für Einkünfte, die dem Steuerabzug unterliegen, nicht notwendig, da negative Einkünfte aufgrund der Einkunftsermittlungsvorschriften (Besteuerung auf Bruttobasis) nicht auftreten können.[582]
Weiterhin ist zu beachten, dass die Anwendung der Steuerbefreiung nach § 8b KStG durch § 6 Abs. 6 InvStG auf Fondsebene ausgeschlossen ist. Nähere Erläuterungen finden sich in Abschnitt F.I.3.c).

Mit der Einführung der Besteuerung von inländischen Beteiligungseinnahmen auf der Fondseingangsseite wird der Gesetzgeber den Anforderungen an eine unionsrechtskonforme Dividendenbesteuerung gerecht.[583] Dadurch wird die Definitivbelastung auf Ebene der in- und ausländischen Investmentfonds vereinheitlicht sowie die Bemessungsgrundlage für die Quellenbesteuerung an den Status des derzeitigen KapESt-Verfahrens (Bruttobesteuerung) angepasst.[584]

Hinsichtlich der Ausübung der Körperschaftsteueroption gelten Einkünfte aus einer Beteiligung an einer optierten PersGes als Kapitaleinkünfte nach § 20 Abs. 1 Nr. 1 EStG und damit als inländische Beteiligungseinnahmen.[585] Beteiligungen an optierenden PersGes zählen jedoch nicht als Kapitalbeteiligung nach § 2 Abs. 8 Satz 5 Nr. 1 2. HS InvStG, wodurch die Aktienfondsteilfreistellung unberührt bleibt.[586] Dies ist darauf zurückzuführen, dass eine Überprüfung durch die Finanzbehörden vermieden werden soll.[587] Diese Regelung ist verfassungsrechtlich bedenklich und wird in der Literatur vielfach kritisiert[588], denn die Teilfreistellung soll die Steuerbelastung auf Fondsebene in pauschalierender Weise neutralisieren und sich damit der Steuerbelastung einer Direktanlage annähern; hiermit erfolgt jedoch keine Gleichbehandlung der optierenden PersGes im Fonds- und Direktanlagekontext.[589]

---

581 Vgl. *Patzner/Nagler*, in: Patzner/Döser/Kempf (Hrsg.), KAGB InvStG Handkommentar, § 1-24 InvStG, § 6 InvStG, Rn. 35; Gesetzentwurf zum InvStRefG vom 07.04.2016, BT-Drs. 18/8045, 75.

582 Vgl. BMF vom 21.05.2019, IV C 1 - S 1980-1/16/10010:001, Rn. 6.50, in: BStBl. I 2019, 527.

583 Vgl. *Kloster*, Neukonzeption der Investmentbesteuerung, 587

584 Vgl. *Ebenda*, 587.

585 Ohne Option Einkünfte nach § 6 Abs. 5 InvStG i.V.m. § 49 Abs. 1 Nr. 2 a) EStG, vgl. Gesetzentwurf zum KöModG vom 19.04.2021, BT-Drs. 19/28656, 30; *Haug*, FR 2021, 410 (411).

586 Vgl. Gesetzentwurf zum KöModG vom 19.04.2021, BT-Drs. 19/28656, 29; *Steinmüller/Blischke*, RdF 2021, 276 (282); *Haug*, FR 2021, 410 (412).

587 Vgl. Gesetzentwurf zum KöModG vom 19.04.2021, BT-Drs. 19/28656, 29.

588 Vgl. *Hartmann*, in: Bödecker/Ernst/Hartmann (Hrsg.), BeckOK InvStG, § 2 InvStG, Rn. 170; *Link*, in: H/H/R (Hrsg.), EStG, KStG-Kommentar, § 2 InvStG, Rn. 17a; *Haug*, FR 2021, 410 (412); *Steinmüller/Blischke*, RdF 2021, 276 (282 f.); *Schwenke/Verleger*, in: K/S/B/H/K (Hrsg.), InvStG-Kommentar, § 2, Rn. 79.

589 Vgl. *Steinmüller/Blischke*, RdF 2021, 276 (282 f.).

b. Veranlagung

Für die inländischen Immobilienerträge sowie die meisten sonstigen inländischen Einkünfte erfolgt die Steuererhebung im Wege der Veranlagung des Investmentfonds. Demzufolge ist von in- sowie ausländischen Investmentfonds eine KSt-Erklärung abzugeben.[590] Die Einkünfte sind nach § 6 Abs. 7 Satz 1 InvStG als Überschuss der Einnahmen über die Werbungskosten, die in einem wirtschaftlichen Zusammenhang mit den Einnahmen stehen, zu berechnen.[591] Die Körperschaftsteuer beträgt 15 % zzgl. SolZ.[592]

Hinsichtlich der Immobilieneinnahmen können insbesondere AfA als Werbungskosten abgezogen werden, jedoch unter Anwendung der für das Privatvermögen geltenden Abschreibungssätze.[593] Für die Berechnung des Gewinns aus der Veräußerung von Grundstücken und grundstücksgleichen Rechten des § 6 Abs. 4 Satz 1 Nr. 2 InvStG sind nach § 6 Abs. 4 Satz 2 InvStG § 23 Abs. 3 Sätze 1-4 EStG anzuwenden.[594]

§ 6 Abs. 7 Satz 2 InvStG regelt die nicht-abziehbaren Werbungskosten sowie die damit einhergehenden Aufzeichnungspflichten durch Verweis auf § 4 Abs. 5-7 EStG.

Eine Verlustverrechnung zwischen den verschiedenen Veranlagungseinkünften ist möglich.[595] Des Weiteren ist nach § 6 Abs. 8 Satz 1 InvStG lediglich ein Verlustvortrag und kein Verlustrücktrag durchführbar. Die Verwaltungsmeinung geht davon aus, dass die „Mindestbesteuerung" in § 10d Abs. 2 EStG keine Anwendung findet.[596] Ein Verlustvortrag nach § 6 Abs. 8 Satz 2 InvStG i.V.m. § 10d Abs. 4 EStG ist gesondert festzustellen.

---

590 Vgl. *Wenzel*, in: Brandis/Heuermann (Hrsg.), EStG, KStG, GewStG-Kommentar, § 6 InvStG 2018, Rn. 45; § 149 Abs. 2 AO.

591 Der Begriff der Einnahmen richtet nach § 8 EStG. Das Zufluss-/Abflussprinzip nach § 11 EStG ist zu beachten. Hinsichtlich eines wirtschaftlichen Zusammenhanges sind die einschlägigen Prinzipien (Veranlassungsprinzip, auslösendes Moment) anzuwenden, vgl. *Hoffmann*, in: Korn (Hrsg.), EStG Kommentar, § 6 InvStG 2018, Rn. 64 ff.

592 Vgl. *Dorn*, Investmentsteuerrecht, 119 f., 121.

593 Dies resultiert daraus, dass die Einkünfteermittlung an die Vorschriften der Überschusseinkünfte geknüpft ist, vgl. BMF vom 21.05.2019, IV C 1 - S 1980-1/16/10010:001, Rn. 6.45, in: BStBl. I 2019, 527.

594 Differenz zwischen Veräußerungspreis und Anschaffungs- bzw. Herstellungskosten sowie Werbungskosten.

595 Vgl. Gesetzentwurf zum InvStRefG vom 07.04.2016, BT-Drs. 18/8045, 75.

596 Vgl. BMF vom 21.05.2019, IV C 1 - S 1980-1/16/10010:001, Rn. 6.51, in: BStBl. I 2019, 527; a.A. *Mann*, in: Brandis/Heuermann (Hrsg.), Ertragsteuerrecht Kommentar, § 6 InvStG, Rn. 86.

c. Kein Beteiligungsprivileg nach § 8b KStG

Die Steuerbefreiung nach § 8b KStG wird durch § 6 Abs. 6 InvStG auf Fondsebene ausgeschlossen, wodurch laut Gesetzesbegründung die Gleichstellung zu Streubesitzbeteiligungen erfolgen soll.[597] Dies gilt in erster Linie für inländische Beteiligungseinnahmen nach § 6 Abs. 3 InvStG sowie für sonstige inländische Einkünfte i.S.d. § 6 Abs. 5 Satz 1 Nr. 1 InvStG, die einem Steuerabzug unterliegen.[598] Der explizite Ausschluss scheint zunächst sachgerecht, da mit Blick auf die Direktanlage durchgerechneten Beteiligungen über Investmentfonds unter die Streubesitzbeteiligungen fallen. Da Beteiligungen von über 10 % i.d.R. nur von Private Equity- bzw. Venture Capital Fonds gehalten werden, die zumeist in einer personengesellschaftlichen Rechtsform organisiert sind, hat die Regelung jedoch eher deklaratorischen Charakter.[599] Dieses Argument wird jedoch kritisch[600] gesehen, denn ausländische, vom InvStG durchaus erfasste Vehikel, könnten in den AWB des Schachtelprivilegs kommen.[601] Zum anderen wird angeführt, dass mit dem investmentsteuerlichen Systemwechsel auch Investmentfonds zur Vermeidung von Kaskadeneffekten die Steuerbefreiung in Anspruch nehmen sollten.[602] Dagegen wird argumentiert, dass die Teilfreistellung von 80 % für juristische Fondsanleger hoch angesetzt ist, um den Ausschluss zu kompensieren.[603] Weiterhin sind Veräußerungsgewinne aus KapGes-Beteiligungen auf Fondsebene nicht steuerbar, sodass auch § 8b Abs. 2 KStG ins Leere läuft.[604] Der AWB des § 8b KStG ist mitunter sehr eng.[605] Ohne diesen Ausschluss würde der enge AWB die Freistellung der Dividenden auf Fondsebene bedingen und die Anleger würden eine 80 %ige Freistellung erhalten.

---

597 Vgl. *Lechner*, RdF 2016, 208 (211); *Stadler/Bindl*, DStR 2016, 1953 (1955); *von Freeden*, in: Schaumburg (Hrsg.), Internationales Steuerrecht, 12.64 (4. Aufl.); *Elser*, CF 2016, 141 (142); Gesetzentwurf zum InvStRefG vom 07.04.2016, BT-Drs. 18/8045, 75.

598 Vgl. *Schwarz*, in: Bordewin/Brandt (Hrsg.), EStG-Kommentar, § 6 InvStG, Rn. 111.

599 Vgl. *Wenzel*, in: Brandis/Heuermann (Hrsg.), EStG, KStG, GewStG-Kommentar, § 6 InvStG2018, Rn. 71.

600 Vgl. *Boxberger*, in: W/B/A (Hrsg.), KAGB Kommentar, § 6 InvStG, Rn. 39; *Hoffmann*, in: Korn (Hrsg.), EStG Kommentar, § 6 InvStG 2018, Rn. 60.

601 Vgl. *Boxberger*, in: W/B/A (Hrsg.), KAGB Kommentar, § 6 InvStG, Rn. 39.

602 Vgl. *Hoffmann*, in: Korn (Hrsg.), EStG Kommentar, § 6 InvStG 2018, Rn. 60.

603 Vgl. *Wolny*, in: Bödecker/Ernst/Hartmann (Hrsg.), BeckOK InvStG, § 6 InvStG, Rn. 349

604 Vgl. *Ebenda*, Rn. 347.

605 Vgl. *Kretzschmann/Albrecht/Verleger*, in: K/S/B/H/K (Hrsg.), InvStG-Kommentar, § 6, Rn. 79.

4. Gewerbesteuerpflicht

Gemäß § 2 Abs. 1 Satz 1 GewStG unterliegt jeder stehende Gewerbebetrieb im Inland der Gewerbesteuer. § 15 Abs. 1 InvStG behandelt Investmentfonds als sonstige juristische Personen des privaten Rechts nach § 2 Abs. 3 GewStG und unterwirft sie aufgrund dieser gesetzlichen Fiktion rechtsformunabhängig der sachlichen und persönlichen GewSt-Pflicht (fiktiver Gewerbebetrieb).[606] Gemäß § 2 Abs. 3 GewStG ist auf die Unterhaltung eines wirtschaftlichen Geschäftsbetriebes im Inland abzustellen (§ 14 AO).[607] Für Investmentfonds in kapitalgesellschaftlicher Rechtsform gilt diese Fiktion i.R.v. *lex specialis* ebenfalls; ähnlich wie bereits die Vermögens- und Zweckvermögensfiktionen gemäß § 6 Abs. 1 InvStG. Folglich stellt ein Investmentfonds in der Rechtsform der Kapitalgesellschaft keinen Gewerbebetrieb nach § 2 Abs. 2 Satz 1 GewStG dar.[608] Ansonsten würde dafür auch die Beschränkung des § 15 Abs. 4 InvStG (s.u.) leer laufen.[609]

Im Regelfall wird von einem vermögensverwaltenden Investmentfonds ausgegangen, sodass die meisten Investmentfonds von der Gewerbesteuer nach § 15 InvStG befreit sind; die GewSt-Pflicht bleibt die Ausnahme.[610] Voraussetzung für die Befreiung ist nach § 15 Abs. 2 Satz 1 Nr. 1 und 2 InvStG die Beschränkung des objektiven Geschäftszwecks auf die Anlage und Verwaltung der gemeinschaftlichen Mittel; außerdem erfolgt keine im wesentlichen Umfang „aktive unternehmerische Bewirtschaftung“ der Vermögensgegenstände. Der objektive Geschäftszweck meint die tatsächlich durchgeführten Geschäfte des Investmentfonds, und nicht lediglich jenen Zweck, der sich aus den Anlagebedingungen und anderen Dokumenten ableiten lässt.[611] Keine aktive unternehmerische Bewirtschaftung kann unter Negativabgrenzung angenommen werden, wenn bereits die nach den allgemeinen Grundsätzen vorgenommene Abgrenzung eine Vermögensverwaltung annimmt.[612] Der Eingriff in das operative Geschäft indiziert eine aktive unternehmerische Bewirtschaftung.[613] In § 15 Abs. 2 Satz 2

---

606 Vgl. *Bindl/Mager*, BB 2016, 2711 (2714); *Häuselmann*, Investmentanteile, 150.

607 Vgl. *Boxberger*, in: W/B/A (Hrsg.), KAGB, § 15 InvStG, Rn. 1.

608 **Strittig**: gl.A./h.M.: *Gottschling*, in: Moritz/Jesch/Mann (Hrsg.), Kommentar InvStG, § 15, Rn. 6; *Buge/Bujotzek/Steinmüller*, DB 2016, 1594 (1596); *Schlund*, in: Bödecker/Ernst/Hartmann (Hrsg.), BeckOK InvStG, § 15 InvStG, Rn. 16; a.A. *Mann*, in: Brandis/Heuermann (Hrsg.), Ertragsteuerrecht Kommentar, § 15 InvStG, Rn. 11; *Helios/Mann*, DB-SA 2016, 1 (12).

609 Vgl. *Gottschling*, in: Moritz/Jesch/Mann (Hrsg.), Kommentar InvStG, § 15, Rn. 6.

610 Vgl. *Ebenda*, Rn. 4; *Delp*, DB 2017, 447 (448); Gesetzentwurf zum InvStRefG vom 07.04.2016, BT-Drs. 18/8045, 85; in der Praxis ist kein gewst-pflichtiger Investmentfonds bekannt, vgl. *Mann*, in: Brandis/Heuermann (Hrsg.), Ertragsteuerrecht Kommentar, § 15 InvStG, Rn. 1.

611 Vgl. BMF vom 21.05.2019, IV C 1 - S 1980-1/16/10010:001, Rn. 15.3, in: BStBl. I 2019, 527.

612 Vgl. *Gottschling*, in: Moritz/Jesch/Mann (Hrsg.), Kommentar InvStG, § 15 InvStG, Rn. 24.

613 Vgl. BMF vom 21.05.2019, IV C 1 - S 1980-1/16/10010:001, Rn. 15.8, in: BStBl. I 2019, 527.

InvStG ist geregelt, dass bei Immobilien-Gesellschaften keine aktive unternehmerische Bewirtschaftung vorliegt, da eine solche i.d.R. notwendig in der Sache liegt.[614]

§ 15 Abs. 3 InvStG enthält eine Bagatellgrenze von 5 % der gesamten Einnahmen des Fonds, sollten Einnahmen aus aktiver unternehmersicher Bewirtschaftung erzielt werden. § 15 Abs. 4 InvStG regelt, dass nur die aktive unternehmerische Tätigkeit einen wirtschaftlichen Geschäftsbetrieb bildet. Dieser ist im Inland zu betreiben, was eine inländische Betriebsstätte voraussetzt.[615] Dahingehend unterliegt er nur mit den gewerblichen Einkünften der GewSt; es erfolgt keine Infizierung der anderen Einkünfte.[616] Bei der Beteiligung an gewerblichen Mitunternehmerschaften wird erst von gewerblichen Tätigkeiten gesprochen, wenn diese die Beratungs- und Kontrollfunktion überschreiten.[617] Auf einen Gewerbeertrag des Investmentfonds findet in solchen Fällen die Kürzungsvorschrift § 9 Nr. 2 GewStG Anwendung, sodass die Einkünfte als sonstige inländische Einkünfte der KSt, aber nicht der GewSt unterliegen.[618]

5. Steuerbefreiung aufgrund steuerbegünstigter Anleger

§§ 8-10 InvStG regeln vollständige oder anteilige (sachliche)[619] Steuerbefreiungen für Investmentfonds, sofern sog. „steuerbegünstigte“ Anleger beteiligt sind.[620] Hintergrund ist, dass steuerbegünstigte Anleger aufgrund der definitiven Besteuerung auf Fondsebene einer Mehrbelastung bzw. einem Performance-Verlust unterliegen, welchen sie bei direkter Anlage nicht hätten.[621] Da diese Anleger nach § 5 Abs. 1 KStG i.V.m. § 44a Abs. 7 EStG von der Besteuerung befreit sind, laufen die geregelten investmentsteuerlichen Teilfreistellungen, welche ebendiese Mehrbelastung ausgleichen sollen, ins Leere.[622]

Demnach sind nach § 8 Abs. 1 InvStG die Einkünfte nach § 6 Abs. 2 InvStG auf Antrag des Investmentfonds von der Besteuerung befreit. Die Steuerbefreiung gilt „soweit“ an dem Investmentfonds gemeinnützige, mildtätige oder kirchliche[623] inländische oder

614 Vgl. *Gottschling*, in: Moritz/Jesch/Mann (Hrsg.), Kommentar InvStG, § 15 InvStG, Rn. 35.
615 Vgl. *Ebenda*, Rn. 74; *Boxberger*, in: W/B/A (Hrsg.), KAGB, § 15 InvStG, Rn. 22; *Mann*, in: Brandis/Heuermann (Hrsg.), Ertragsteuerrecht Kommentar, § 15 InvStG, Rn. 56.
616 Vgl. Gesetzentwurf zum InvStRefG vom 07.04.2016, BT-Drs. 18/8045, 84.
617 Vgl. BMF vom 21.05.2019, IV C 1 - S 1980-1/16/10010:001, Rn. 15.39, in: BStBl. I 2019, 527
618 Vgl. *Ebenda*, Rn. 15.40.
619 Vgl. *Häuselmann*, Investmentanteile, 150.
620 Vgl. Gesetzentwurf zum InvStRefG vom 07.04.2016, BT-Drs. 18/8045, 77.
621 Vgl. *Neumann*, DB 2016, 1779 (1782); *Schäfer*, BB 2020, 23 (23).
622 Vgl. *Böcker*, NWB 2016, 2789 (2791); *Neumann*, DB 2016, 1779 (1782); *Schäfer*, BB 2020, 23 (24); *Boxberger*, in: W/B/A (Hrsg.), KAGB, § 8 InvStG, Rn. 5; *Dorn*, Investmentsteuerrecht, 127.
623 Genauer in § 44 Abs. 7 Satz 1 EStG.

vergleichbare ausländische Anleger[624] beteiligt sind (Nr. 1) oder wenn die Fondsanteile i.R.v. Altersvorsorge- und Riester- oder Rürup-Verträgen gehalten werden (Nr. 2). Pensions- und Unterstützungskassen i.R.d. betrieblichen Altersvorsorge oder Versorgungswerke i.R.d. berufsständischen Altersvorsorge, welche nach § 5 Abs. 1 Nr. 3 bzw. Nr. 8 KStG von der KSt befreit sind, sind keine „steuerbegünstigten" Anleger nach § 8 Abs. 1 InvStG; kommen aber nach § 8 Abs. 2 InvStG in Betracht.[625] Im Fall der Beteiligung von juristischen Personen des öffentlichen Rechts[626] oder von körperschaftsteuerbefreiten Anlegern[627] ist die Steuerbefreiung nur auf Immobilienerträge i.S.v. § 6 Abs. 4 InvStG nach § 8 Abs. 2 InvStG begrenzt.[628]
Die Höhe der Steuerbefreiung richtet sich im jeweiligen Zuflusszeitpunkt nach dem Anteil („soweit"), den die steuerbegünstigten Anleger am Gesamtbestand der Investmentanteile halten (§ 8 Abs. 3 InvStG).[629] Für die Steuerbefreiung der inländischen Beteiligungseinnahmen sind die Voraussetzungen des § 36a EStG durch den Fonds zu erfüllen; für die Fälle des § 8 Abs. 1 Nr. 1 und Abs. 2 InvStG müssen auch die steuerbegünstigten Anleger bestimmte Voraussetzungen erfüllen (siehe näher Abschnitt H.VI.). Hiernach muss der Anleger seit mindestens drei Monaten zivilrechtlicher und wirtschaftlicher Eigentümer der Investmentanteile sein und keiner Übertragungsverpflichtung hinsichtlich der Fondsanteile unterliegen.[630]

Nach § 8 Abs. 1 InvStG „kann" die Steuerbefreiung durch den in- oder ausländischen Investmentfonds gegenüber der zum KapESt-Abzug verpflichteten Person (Verwahrstelle) oder Finanzbehörde[631] beantragt werden (Wahlrecht).[632] Für die Steuerbefreiung nach § 8 Abs. 1 Nr. 1 InvStG[633] sind besondere Nachweispflichten nach § 9 Abs.

---

624 Vereinbarung Amts- und Beitreibungshilfe i.S.d. § 2 Abs. 15 InvStG.

625 Vgl. *Schneider-Deters*, in: Moritz/Jesch/Mann (Hrsg.), Kommentar InvStG, § 8, Rn. 57; *Boxberger*, in: W/B/A (Hrsg.), KAGB, § 8 InvStG, Rn. 8; *Klein*, in: K/S/B/H/K (Hrsg.), InvStG-Kommentar, § 8, Rn. 25.

626 Voraussetzung: Anteile werden nicht im bgA gehalten.

627 Subsidiär zu § 8 Abs. 1 Nr. 1 InvStG.

628 Diese Fallgruppe unterliegt nach den Regelungen des KStG einem abgeltenden KapESt-Abzug auf Kapitalerträge (§ 5 Abs. 2 Nr. 1 KStG), vgl. *Böcker*, NWB 2016, 2789 (2791); *Helios/Mann*, DB-SA 2016, 1 (12); *Neumann*, DB 2016, 1779 (1782); BMF vom 21.05.2019, IV C 1 - S 1980-1/16/10010:001, Rn. 8.13, in: BStBl. I 2019, 527.

629 Vgl. Gesetzentwurf zum InvStRefG vom 07.04.2016, BT-Drs. 18/8045, 78.

630 Vgl. § 8 Abs. 4 Satz 2 Nr. 1 und Nr. 2 InvStG.

631 Bei Erträgen, die keinem Steuerabzug unterliegen, erfolgt die Steuerbefreiung i.R.d. Veranlagung, vgl. BMF vom 21.05.2019, IV C 1 - S 1980-1/16/10010:001, Rn. 8.5, in: BStBl. I 2019, 527.

632 Vgl. *Kempf/Müller*, SteuK 2016, 517 (518); *Stadler/Bindl*, DStR 2016, 1953 (1957); Gesetzentwurf zum InvStRefG vom 07.04.2016, BT-Drs. 18/8045, 77; *Lechner*, RdF 2016, 208 (212); *Helios/Mann*, DB-SA 2016, 1 (11); *Klein*, in: K/S/B/H/K (Hrsg.), InvStG-Kommentar, § 8, Rn. 14.

633 Für die Befreiung nach § 8 Abs. 2 InvStG sind die Nachweise und der begünstigte Steuerstatus im Veranlagungsverfahren zu klären, vgl. *Dorn*, Investmentsteuerrecht, 130.

1 Nr. 1 – 3 InvStG zu erfüllen.[634] Demnach ist eine Bescheinigung nach § 44a Abs. 7 Satz 2 EStG vorzulegen, die den steuerbegünstigten Status der Anleger nachweist. Hinsichtlich ausländischer Anleger ist eine „Befreiungsbescheinigung“ (§ 9 Abs. 2 InvStG) beizubringen. Zuletzt bescheinigt die depotführende Stelle des Anlegers die Beteiligungshöhe und die Haltedauer („Investmentanteil-Bescheinigungsnachweis“), wodurch keine KapESt auf inländische Beteiligungseinnahmen (unterliegen einem Steuerabzug) einzubehalten ist. Sollte der KapESt-Abzug durch den Entrichtungspflichtigen dennoch vorgenommen worden sein, ist nach § 11 Abs. 1 Satz 1 Nr. 3 InvStG die einbehaltene KapESt auf Antrag vom Finanzamt zu erstatten. Zu beachten ist mithin, dass die Nachweise erst nach Ablauf des Kalenderjahres (KJ) erstellt werden können, wodurch eine Abstandnahme vom Steuerabzug nicht in Frage kommt.[635] Weist der Investmentfonds innerhalb von 18 Monaten nach, dass die Voraussetzungen für eine Steuerbefreiung nach §§ 8-10 InvStG erfüllt sind, so ist die KapESt nachträglich zu erstatten (§ 7 Abs. 5 Satz 2 InvStG). Im Veranlagungsverfahren für Einkünfte nach § 6 Abs. 4 und 5 InvStG sind die Nachweise mit der Steuererklärung einzureichen.[636]

Sind an dem Fonds bzw. an einer Anteilklasse (§ 96 Abs. 1 Satz 1 KAGB) gemäß den Anlagebedingungen ausschließlich steuerbegünstigte Anleger i.S.d. § 8 Abs. 1 InvStG beteiligt, ist § 10 InvStG anzuwenden. Dieser sieht nach Absatz 1eine generelle Steuerfreistellung ohne Antragstellung vor.[637] In Bezug zur Besteuerung inländischer Beteiligungseinnahmen ist erneut § 36a EStG zu beachten.[638] Inländische Immobilienerträge sind nach § 10 Abs. 2 InvStG steuerbefreit, wenn sich steuerbegünstigte Anleger nach § 8 Abs. 1 oder 2 InvStG beteiligen dürfen. Nach Absatz 3 wird die Steuerbefreiung nur gewährt, wenn festgeschrieben ist, dass die Anteile nicht übertragen werden dürfen, sondern ausschließlich an den Investmentfonds zurückgegeben werden können. Dies stellt sicher, dass sich nur steuerbegünstigte Anleger beteiligen können.[639] Die Anleger haben die Steuerbefreiung gegenüber dem Investmentfonds nachzuweisen, der diese Information wiederum an den Entrichtungspflichtigen oder die Finanzbehörde weiterleitet.[640] Als Rechtsfolge regelt Absatz 5, dass kein Steuerabzug

---

634 Vgl. *Hillebrand/Mattheis*, StuB 2016, 895 (897).

635 Vgl. BMF vom 21.05.2019, IV C 1 - S 1980-1/16/10010:001, Rn. 8.2, in: BStBl. I 2019, 527.

636 Vgl. *Schneider-Deters*, in: Moritz/Jesch/Mann (Hrsg.), Kommentar InvStG, § 8, Rn. 86.

637 Vgl. *Kempf/Müller*, SteuK 2016, 517 (518); *Stadler/Bindl*, DStR 2016, 1953 (1957); *Klein*, in: K/S/B/H/K (Hrsg.), InvStG-Kommentar, § 10, Rn. 16.

638 § 10 Abs. 1 Satz 2 InvStG.

639 Vgl. *Helios/Mann*, DB-SA 2016, 1 (12).

640 Vgl. *Schäfer*, BB 2020, 23 (26).

vorzunehmen ist. Mit dem JStG 2020 hat der Gesetzgeber eine „klarstellende" Ergänzung eingefügt, nach der sich die Abstandnahme vom KapESt-Abzug nur auf vollständig steuerbefreite Investmentfonds nach § 10 Abs. 1 Satz 1 InvStG bezieht.[641]

Gemäß § 12 Abs. 1 InvStG ist der Investmentfonds verpflichtet den „Befreiungsbetrag" an die begünstigten Anleger auszuzahlen.[642] Dies gewährleistet, dass die Steuervorteile nur den steuerbegünstigten Anlegern zu Gute kommen.[643] Die Auszahlung ist beim Anleger nicht zu versteuern.[644] Neben einer direkten Auszahlung kann mit den Anlegern die Wiederanlage des Betrages gegen Ausgabe neuer Investmentanteile vereinbart werden.[645] §§ 13 und 14 InvStG regeln die Fälle, in denen die Steuerbefreiung eines Anlegers entfällt oder eine Übertragung an einen nicht steuerbefreiten Anleger stattfindet sowie die Folgen bei unberechtigter Steuerbefreiung.[646]

II. Besteuerung auf Anlegerebene

Kapitel 2 Abschnitt 2 des InvStG regelt in §§ 16-22 InvStG die Besteuerung der Anleger in- und ausländischer Investmentfonds (Kapitel-2-Investmentfonds). In Abbildung Anhang 1 (Anhang A) wird die Besteuerung der Anleger von Kapitel-2- Investmentfonds zusammenfassend dargestellt.

1. Sachlicher Anwendungsbereich

Die Besteuerung der Fondsanleger richtet sich nach den Vorschriften des EStG bzw. KStG. Für den im Inland unbeschränkt steuerpflichtigen Anleger[647] wurde in § 20 Abs. 1 Nr. 3 EStG ein neuer Tatbestand für die Besteuerung von Einkünften im Zusammenhang mit Investmentfonds eingeführt.[648] Damit entfalten auch die i.V.m. § 20 EStG geltenden Normen Wirkung für die Investmentfondsanlage, soweit diese für § 20 Abs.

---

641 Vgl. Gesetzentwurf zum JStG 2020 vom 25.09.2020, BT-Drs. 19/22850, 105, siehe auch erläuternd *Klein*, in: K/S/B/H/K (Hrsg.), InvStG-Kommentar, § 10, Rn. 25. Dies gilt nicht i.R.d. § 10 Abs. 2 InvStG, welcher die Steuerbefreiung nur für bestimmte Fallgruppen und nur für veranlagte inländische Immobilienerträge vorsieht und nicht für inländische Beteiligungseinnahmen, vgl. Gesetzentwurf zum JStG 2020 vom 25.09.2020, BT-Drs. 19/22850, 105.

642 Vgl. *Böcker*, NWB 2016, 496 (499); *Hagen/Lang*, in: Rödder/Hüttemann (Hrsg.), Steuerberater-Jahrbuch 2016/2017, 573 (584).

643 Vgl. *Lechner*, RdF 2016, 208 (213); *Neumann*, DB 2016, 1779 (1783).

644 Vgl. BMF vom 21.05.2019, IV C 1 - S 1980-1/16/10010:001, Rn. 12.1, in: BStBl. I 2019, 527.

645 Vgl. *Ebenda*, Rn. 12.3.

646 Vgl. *Lechner*, RdF 2016, 208 (213); *Helios/Mann*, DB-SA 2016, 1 (12); *Hagen/Lang*, in: Rödder/Hüttemann (Hrsg.), Steuerberater-Jahrbuch 2016/2017, 573 (584).

647 Wie bereits ausgeführt, unterliegen beschränkt steuerpflichtige/ausländische Anleger mit ihren inländischen Investmenterträgen nicht der deutschen Ertragsbesteuerung.

648 Vgl. *Haase*, IWB 2018, 573 (576); *Lechner*, RdF 2016, 208 (214); *Stadler/Bindl*, DStR 2016, 1953 (1958); *Warnke*, EStB 2016, 305 (306).

1 Nr. 3 EStG anwendbar sind. Die wenigen Besonderheiten werden im nachfolgenden Abschnitt herausgearbeitet.

Das InvStG definiert in § 16 InvStG den sachlichen AWB. Demnach gehören zu den Einkünften aus Kapitalvermögen folgende Investmenterträge:

- Ausschüttungen des Investmentfonds nach § 2 Abs. 11 InvStG
- Vorabpauschalen nach § 18 InvStG
- Veräußerungsgewinne aus Investmentfondsanteilen nach § 19 InvStG.

Grundsätzlich werden die tatsächlichen Zuflüsse besteuert (sog. Cashflow-Besteuerung[649]). Dies sind die Ausschüttungen des Fonds sowie die Gewinne aus einer Veräußerung der Investmentfondsanteile. Weiterhin wird aber auch sog. „dry income" i.R.e. Vorabpauschale erfasst, welches ohne Cashflow von den Anlegern zu versteuern ist (Sollertragsbesteuerung).[650]

Die Neukonzeption der Besteuerung soll es u.a. Anlegern, Kreditinstituten und der Finanzverwaltung ermöglichen, die notwendigen Informationen für die Besteuerung ohne Mitwirkung des Investmentfonds zu ermitteln.[651] Die Besteuerung nach dem Trennungsprinzip führt vereinfachend dazu, dass für die Anlegerbesteuerung die Zusammensetzung der Erträge, welche der Fonds ursprünglich erzielt hat, nicht mehr[652] relevant ist.[653]

a. Ausschüttungen des Investmentfonds

Die Begriffsdefinition von Ausschüttungen im investmentsteuerlichen Sinne richtet sich nach § 2 Abs. 11 InvStG. Demnach umfassen diese den Anlegern gezahlten oder gutgeschriebenen Beträge einschließlich des Steuerabzugs auf den Kapitalertrag.

Die Steuerabzugsbeträge umfassen dabei die auf der Fondsausgangsseite einbehaltene inländische KapESt (zzgl. SolZ) sowie die in einem ausländischen Staat einbehaltende QuSt.[654] Letztere sind der zu versteuernden Ausschüttung hinzuzurechnen und nach § 32d Abs. 5 EStG und § 26 KStG anrechnungsfähig.[655] Darunter fallen nicht die Steuern, welche auf den Investmentfonds auf Fondseingangsseite entfallen. Dies ergibt sich

649 Vgl. *Hoffmann*, in: Korn (Hrsg.), EStG Kommentar, § 6 InvStG 2018, Rn. 16.

650 Vgl. *Patzner/Nagler*, in: Patzner/Döser/Kempf (Hrsg.), KAGB InvStG Handkommentar, § 1-24 InvStG, § 16, Rn. 11; *Buge/Bujotzek/Steinmüller*, DB 2016, 1594 (1597).

651 Vgl. *Wolny*, in: Bödecker/Ernst/Hartmann (Hrsg.), BeckOK InvStG, § 6 InvStG, Rn. 15.

652 Nach alter Rechtslage: Bekanntgabe einer Vielzahl von Besteuerungsgrundlagen.

653 Vgl. *Jung*, in: Bödecker/Ernst/Hartmann (Hrsg.), BeckOK InvStG, § 16 InvStG, Rn. 18, 34; *Kammeter/Behrens*, in: K/S/B/H/K (Hrsg.), InvStG-Kommentar, § 16, Rn. 44.

654 Vgl. *Wenzel*, in: Brandis/Heuermann (Hrsg.), Ertragsteuerrecht Kommentar, § 2 InvStG, Rn. 75; BMF vom 21.05.2019, IV C 1 - S 1980-1/16/10010:001, Rn. 2.45, in: BStBl. I 2019, 527.

655 Vgl. *Jung*, in: Bödecker/Ernst/Hartmann (Hrsg.), BeckOK InvStG,§ 16 InvStG, Rn. 32.

aus dem Trennungsprinzip.[656] Vielmehr sind damit sog. Fondsausgangsquellensteuern gemeint, welche z.B. durch Belgien, die USA oder die Schweiz erhoben werden.[657]

Unter den Ausschüttungsbegriff fallen auch Sachausschüttungen sowie die Ausgabe neuer Anteile durch Wiederanlage der eigentlichen Ausschüttung.[658] Auch Zahlungen neben den eigentlichen Investmenterträgen werden gemäß § 20 Abs. 3 EStG erfasst [659] Selbst grundsätzlich nicht steuerbare Kapitalrückzahlungen sind unterschiedslos zu erfassen.[660] Dies wirft jedoch verfassungsrechtliche Bedenken im Hinblick auf die individuelle Leistungsfähigkeit auf.[661] Die Zahlungen eines SpIF an seine Anleger werden nicht unter § 2 Abs. 11 InvStG subsumiert.[662] Diese stellen ausgeschüttete Erträge nach § 35 InvStG dar.

b. Vorabpauschale nach § 18 InvStG

(1) Sinn und Zweck

Aufgrund des umgesetzten Trennungsprinzips ist eine sog. Cash-Flow Besteuerung vorgesehen, d.h. die Anleger des Investmentfonds versteuern Ausschüttungen und VG erst bei Realisation.[663] Dadurch ist eine zielgenaue Erfassung und Besteuerung von thesaurierten Gewinnen während der Besitzzeit beim Anleger nicht möglich.[664] Mit dem InvStG 2004 wurde dies mit der Versteuerung agE sichergestellt. An die Stelle der agE tritt ab dem 01. Januar 2018 das Konzept der Vorabpauschale nach § 18 InvStG als analoges Instrument.[665] Damit wird das Trennungsprinzip punktuell durchbrochen. Die Vorabpauschale wird, im Gegensatz zu den agE, welche sich anhand der

---

656 Vgl. *Remmel*, in: H/H/R (Hrsg.), EStG KStG-Kommentar, § 16 InvStG, Rn. 6

657 Vgl. *Ebenda*, Rn. 6; *Ebner*, RdF 2017, 305 (307), Fn. 20.

658 Vgl. *Kammeter/Behrens*, in: K/S/B/H/K (Hrsg.), InvStG-Kommentar, § 16, Rn. 41; BMF vom 21.05.2019, IV C 1 - S 1980-1/16/10010:001, Rn. 2.44, in: BStBl. I 2019, 527.

659 Bspw. Schadensersatz- und Kulanzzahlungen, Bestandsprovisionen, vgl. BMF vom 21.05.2019, IV C 1 - S 1980-1/16/10010:001, Rn. 16.2, in: BStBl. I 2019, 527; *Wenzel*, in: Brandis/Heuermann (Hrsg.), Ertragsteuerrecht Kommentar, § 16 InvStG, Rn. 11.

660 Vgl. *Jung*, in: Bödecker/Ernst/Hartmann (Hrsg.), BeckOK InvStG,§ 16 InvStG, 35; *Hartmann*, in: Bödecker/Ernst/Hartmann (Hrsg.), BeckOK InvStG, § 2 InvStG, Rn. 257; *Kretzschmann/Schwarz*, RdF 2022, 292 (293). Eine Ausnahme sieht der Gesetzgeber für den Fall der Liquidation in § 17 InvStG vor. Weiterhin erscheint die Steuerbarkeit eigentlich steuerfreier Kapitalrückzahlungen vor dem Hintergrund der Entscheidung des BFH vom 13.07.2016 (BFH, VIII R 47/13, in: DStR 2016, 2395) bedenklich; vgl. *Remmel*, in: H/H/R (Hrsg.), EStG KStG-Kommentar, § 16 InvStG, Rn. 1.

661 Vgl. *Remmel*, in: H/H/R (Hrsg.), EStG KStG-Kommentar, § 16 InvStG, Rn. 1; *Kammeter/Behrens*, in: K/S/B/H/K (Hrsg.), InvStG-Kommentar, § 16, Rn. 46.

662 Vgl. BMF vom 21.05.2019, IV C 1 - S 1980-1/16/10010:001, Rn. 2.44, in: BStBl. I 2019, 527.

663 Vgl. *Jung*, in: Bödecker/Ernst/Hartmann (Hrsg.), BeckOK InvStG, § 18 InvStG, Rn. 14.

664 Vgl. *Ebner*, RdF 2018, 132 (132).

665 Vgl. *Delp*, DB 2017, 447 (450); *Kußmaul/Kloster*, Ubg 2016, 672 (672); *Böcker*, NWB 2016, 2789 (2792).

tatsächlichen Erträge[666] des Fonds bestimmen, aus Vereinfachungsgründen pauschal in Höhe der risikolosen Marktverzinsung als fiktiver Ertrag ermittelt.[667] Aufgrund des in den Vorjahren niedrigen bzw. teilweisen negativen Zinsniveaus, welches der Vorabpauschale zugrunde liegt, stellt sich eine Diskrepanz zu der Höhe der agE ein.[668] AgE finden sich nach der Reformierung jedoch bei der Besteuerung der Anleger von SpIF wieder.

Durch die Besteuerung der Vorabpauschale soll ein Steuerstundungseffekt vermieden werden, der sich bei thesaurierend ausgestalteten Investmentfonds ergibt.[669] Die Erträge des Fonds unterliegen so lange nicht der Besteuerung beim Anleger, bis seitens des Fonds eine Ausschüttung erfolgt oder der Investmentanteil durch den Anleger veräußert wird.[670] Dies ergibt sich aus dem Trennungsprinzip, welches den Investmentfonds gegenüber seinen Anlegern „abschirmt". Im Vergleich zur Direktanlage fällt vor allem ins Gewicht, dass realisierte Kursgewinne der sofortigen Besteuerung beim Anleger unterliegen, während Investmentfonds diese steuerfrei vereinnahmen können, da eine Besteuerung von Kursgewinnen nach § 6 Abs. 2 InvStG auf Fondsebene nicht vorgesehen ist.[671] Bei Thesaurierung dieser Erträge auf Ebene des Fonds würden diese folglich zunächst nicht besteuert werden, sondern erst bei Ausschüttung an den Fondsanleger bzw. über einen gesteigerten Fondswert über die Vorabpauschale.[672]
Mit der Vorabpauschale wird eine jährliche Besteuerung in Form einer „Mindestzurechnung"[673] ermöglicht, welche dem Fiskus eine Teilhabe an den laufenden Erträgen des Fonds zusichert.[674] Es handelt sich um eine „vorweggenommene" Besteuerung der zukünftigen Wertsteigerungen.[675] Zudem soll die Ausnutzung der Abschirmwirkung

---

666 Zu den agE gehören nach § 1 Abs. 2 Satz 3 InvStG 2004 thesaurierte laufende Einnahmen aus Zinsen, Dividenden, Vermietung und Verpachtung und Gewinne aus privaten Veräußerungsgeschäften i.S.v. § 23 Abs. 1 Satz 1 Nr. 1 EStG, vgl. *Storg*, NWB 2004, 2787 (2790); *Euler*, Ausländische Investmentvermögen zwischen InvStG und Hinzurechnungsbesteuerung, 107. Eine Übersicht unter *Harenberg/Intemann*, NWB 2005, 2357 (2358 f.).

667 Vgl. *Böcker*, NWB 2016, 496 (500); *Kammeter*, NWB 2012, 1970 (1974); *Mann*, in: W/B/A (Hrsg.), KAGB, § 18 InvStG, Rn. 1.

668 Vgl. *Kußmaul/Kloster*, Ubg 2016, 672 (675).

669 Vgl. Gesetzentwurf zum InvStRefG vom 07.04.2016, BT-Drs. 18/8045, 88.

670 Vgl. *Ebenda*, 88; *Jung*, in: Bödecker/Ernst/Hartmann (Hrsg.), BeckOK InvStG, § 18 InvStG, Rn. 15; *Ebner*, RdF 2017, 305 (306).

671 Vgl. *Kalies/Müller/Taqi*, ZBB 2018, 67 (70); Gesetzentwurf zum InvStRefG vom 07.04.2016, BT-Drs. 18/8045, 88.

672 Vgl. *Kalies/Müller/Taqi*, ZBB 2018, 67 (70); Gesetzentwurf zum InvStRefG vom 07.04.2016, BT-Drs. 18/8045, 88.

673 Vgl. *Kußmaul/Kloster*, Ubg 2016, 672 (673).

674 Vgl. *Delp*, DB 2017, 447 (449); *Schäfer*, in: Korn (Hrsg.), EStG Kommentar, § 18 InvStG 2018, Rn. 11.

675 Vgl. *Hoffmann*, in: Bordewin/Brandt (Hrsg.), EStG-Kommentar, § 18 InvStG, Rn. 1; *Höring*, StBp 2019, 236 (238); das zeigt sich auch dahingehend, dass die Vorabpauschale auf die

mittels gezielter Thesaurierungen verhindert werden, die eine zeitlich unbegrenzte, sogar generationenübergreifende Steuerstundung ermöglicht.[676] Auch bei Wegzug des Anlegers in Niedrigsteuerländer könnte die Besteuerung vollständig vermieden werden.[677] Dies wird allerdings mit den Änderungen im JStG 2024 nicht mehr möglich, da die Vermögenszuwachsbesteuerung des § 6 AStG auch in Bezug zu Anteilen an (Spezial-)Investmentfonds ausgelöst werden kann.[678]

(2) Berechnung der Vorabpauschale

Die thesaurierten Beträge des Fonds werden nicht konkret, sondern aus Vereinfachungsgründen in pauschalierender Weise ermittelt.[679] Nach § 18 Abs. 1 Satz 1 und 2 InvStG ist die Vorabpauschale „der Betrag, um den die Ausschüttungen eines Investmentfonds innerhalb eines KJ den Basisertrag für dieses KJ unterschreiten. Der Basisertrag wird ermittelt durch Multiplikation des Rücknahmepreises des Investmentanteils zu Beginn des KJ mit 70 Prozent des Basiszinses […].“ Die restlichen 30 % werden als Verwaltungskosten angenommen und schmälern daher den Basisertrag.[680] Der Basisertrag ist dahingehend der unterstellte Mindestertrag des Fonds (risikolose Marktverzinsung).[681] Kann kein Rücknahmepreis[682] bestimmt werden, sind nach § 18 Abs. 1 Satz 4 InvStG Börsen- und Marktpreise zu verwenden (z.B. bei ETF).[683] Die Berechnung des Basisertrags ist in Abbildung F.1 dargestellt.

Abbildung F.1: Berechnungsschema der Vorabpauschale.

	Rücknahmepreis zu Beginn des Kalenderjahres
	· 70% · Basiszinssatz
=	Basisertrag
./.	Ausschüttung
=	Vorabpauschale

Quelle: Eigene Darstellung.

---

tatsächliche Wertsteigerung des Fondsanteils beschränkt ist und bei Veräußerung des Anteils vom Gewinn abgezogen wird.

676 Vgl. Gesetzentwurf zum InvStRefG vom 07.04.2016, BT-Drs. 18/8045, 88.

677 Vgl. *Ebenda*, 88.

678 Vgl. JStG 2024 vom 05.12.2024, BGBl. 2024 I, Nr. 387, 16 ff.; Stellungnahme des Bundesrates und Gegenäußerung der Bundesregierung zu einem JStG 2024 vom 02.10.2024, BT-Drs. 20/13157.

679 Vgl. *Böcker*, NWB 2016, 2789 (2792 f.).

680 Vgl. Gesetzentwurf zum InvStRefG vom 07.04.2016, BT-Drs. 18/8045, 89.

681 Vgl. *Böcker*, NWB 2016, 2789 (2793); der Basiszinssatz leitet sich aus der langfristig erzielbaren Rendite öffentlicher Anleihen ab, vgl. *Delp*, DB 2017, 447 (449).

682 Rücknahmepreis zu Beginn des KJ ist der Rücknahmepreis des ersten Werktages des KJ, vgl. *Kral/Watzlaw*, BB 2018, 2717 (2718).

683 Vgl. *Kral/Watzlaw*, in: Moritz/Jesch/Mann (Hrsg.), Kommentar InvStG, § 18, Rn. 66.

Der Basiszins wird vom BMF jährlich im BStBl. veröffentlicht.[684] Es wird angenommen, dass ein Fondsanleger einen Thesaurierungsbetrag erzielt, der mindestens so hoch ist, wie die Rendite einer langfristig laufenden Anleihe.[685]

Die Höhe der Basiszinssätze beliefen sich in der Vergangenheit wie folgt:

Tabelle 2: Höhe der Basiszinssätze für 2018-2024.

Jahr	2018	2019	2020	2021	2022	2023	2024	2025
Basis-zinssatz	0,87%	0,52%	0,07%	-0,45%	-0,05%	2,55%	2,29%	2,53%

Quelle: Eigene Darstellung. Werte aus den Veröffentlichungen des BStBl.[686]

Für die Jahre 2021 und 2022 wurde auf Grundlage eines negativen Basiszinses operiert, welcher theoretisch zu einer negativen Vorabpauschale führte. Eine negative Vorabpauschale bleibt mithin unberücksichtigt.[687] Da diese in den Steuerjahren 2022 und 2023 als zugeflossen gilt, fand keine Besteuerung statt. Hingegen erhöhte sich für das Jahr 2023 das Zinsniveau, wodurch ab dem Jahr 2024 die Vorabpauschale erneut steuerliche Relevanz erlangte.

Eine Vorabpauschale ergibt sich immer dann, wenn die Ausschüttungen die risikolose Marktverzinsung, den Basisertrag, nicht erreichen.[688] Dabei werden die Ausschüttungen vom Basisertrag abgezogen, was die Vorabpauschale ergibt (siehe Abbildung F.1). Dabei sind die Bruttoausschüttungen maßgeblich.[689] Die Ausschüttungen können die Vorabpauschale auf Null reduzieren.[690] Demnach könnten die Fondsgesellschaften mithin Ausschüttungen i.H.d. Basisertrages vornehmen, um eine dry-income-Besteuerung bei ihren Anlegern zu verhindern.[691] In der Literatur wird diskutiert, auf welchen

---

684 § 18 Abs. 4 Satz 3 InvStG.

685 Vgl. *Kußmaul/Patzner/Kloster/Bui*, Ubg 2016, 596 (600); Gesetzentwurf zum InvStRefG vom 07. 2016, BT-Drs. 18/8045, 88 f.

686 2018: BMF vom 04.01.2018 - IV C 1 - S 1980-1/14/10001 :038, in: BStBl. I 2018, 249; 2019: BMF vom 09.01.2019 - IV C 1 - S 1980-1/14/10001: 038, in: BStBl. I 2019, 58; 2020: BMF vom 29.01.2020 - IV C 1 - S 1980-1/19/10038 :001, in: BStBl. I 2020, 218; 2021: BMF vom 06.01.2021 - IV C 1 - S 1980-1/19/10038 :004, in: BStBl. I 2021, 56; 2022: BMF vom 07.01.2022 - IV C 1 - S 1980-1/19/10038 :005, in: BStBl. I 2022, 122; 2023: BMF vom 04.01.2023, IV C 1 - S 1980-1/19/10038:007, in: BStBl. I 2023, 178; 2024: BMF vom 05.01.2024, IV C 1 - S 1980-1/19/10038:008, in: BStBl. I 2024, 154; 2025: BMF vom 10.01.2025, IV C 1 - S 1980/00230/009/002.

687 Vgl. Gesetzentwurf zum InvStRefG vom 07.04.2016, BT-Drs. 18/8045, 89.

688 Vgl. *Helios/Mann*, DB-SA 2016, 1 (15).

689 Ausschüttungen vor Steuerabzügen, vgl. *Kral/Watzlaw*, in: Moritz/Jesch/Mann (Hrsg.), Kommentar InvStG, § 18, Rn. 20.

690 Vgl. *Schäfer*, in: Korn (Hrsg.), EStG Kommentar, § 18 InvStG 2018, Rn. 67; *Wenzel*, in: Brandis/Heuermann (Hrsg.), Ertragsteuerrecht Kommentar, § 18 InvStG, Rn. 11.

691 Vgl. *Michalowski*, ErbStB 2018, 89 (91).

Zeitpunkt bei den Ausschüttungen „innerhalb eines Kalenderjahres" abzustellen ist[692]: auf den Zeitpunkt des Ausschüttungsbeschlusses, den Ex-Tag oder den Zahltag.[693] Für den Zahltag spricht, dass die Gesetzesbegründung von „tatsächlichen Ausschüttungen" spricht.[694] Auch die Ausschüttungsdefinition des § 2 Abs. 11 InvStG spricht von „gezahlten" Beträgen. Bei einer näheren Betrachtung des Zwecks des Abzugs der Ausschüttungen bei der Berechnung der Vorabpauschale wird deutlich, dass eine „Übermaßbesteuerung" vermieden werden soll, da die Ausschüttungen bereits besteuert wurden.[695] Des Weiteren ist im Rücknahmepreis zu Beginn des KJ, auf dem die Vorabpauschale fußt, die Ausschüttung eingepreist. Erst mit dem Ex-Tag reduziert sich der Rücknahmepreis um die Ausschüttung.[696] Dabei entstehen zeitliche Differenzen zwischen betrieblichen Anlegern und Privatanlegern hinsichtlich des maßgebenden Zeitpunkts der Besteuerung: Bei betrieblichen Anlegern ist der Zeitpunkt des Ausschüttungsbeschlusses entscheidend, während bei Privatanlegern der Zahltag relevant ist.[697] Da sich der Basiszinssatz jährlich ändert, kann es zu unterschiedlich hohen Vorabpauschalen kommen, wenn Ausschüttungsbeschluss und Zahltag in unterschiedlichen KJ liegen. In dieser Hinsicht bedarf es seitens der Finanzverwaltung einer klärenden Stellungnahme.[698]

Die Vorabpauschale ist beschränkt auf die tatsächliche Wertsteigerung („Mehrbetrag") des Investmentfonds während des KJ zur Verhinderung einer Übermaßbesteuerung.[699] Dies ergibt sich aus § 18 Abs. 1 Satz 3 InvStG. Demnach berechnet sich der „Mehrbetrag" aus der Differenz zwischen dem ersten und dem letztem im KJ festgesetzten Rücknahmepreis zzgl. der Ausschüttungen. Die Hinzurechnung der Ausschüttungen zum Rücknahmepreis am Ende des KJ rührt daher, dass diese den Wert des Investmentanteils am Ex-Tag mindern.[700] Nach Auffassung der Finanzverwaltung ist hierbei aber nur auf Rücknahmepreise abzustellen, soweit diese mindestens

692 Vgl. *Schäfer*, in: Korn (Hrsg.), EStG Kommentar, § 18 InvStG 2018, Rn. 76.

693 Vgl. *Herr/Stiefel*, DStR 2019, 908 (909); *Höring*, StBp 2019, 236 (238).

694 Vgl. Gesetzentwurf zum InvStRefG vom 07.04.2016, BT-Drs. 18/8045, 89; *Herr/Stiefel*, DStR 2019, 908 (909).

695 Vgl. *Hensel/Brielmaier/Faller*, in: K/S/B/H/K (Hrsg.), InvStG-Kommentar, § 18, Rn. 25; *Kral/Watzlaw*, BB 2018, 2717 (2718).

696 Vgl. *Hensel/Brielmaier/Faller*, in: K/S/B/H/K (Hrsg.), InvStG-Kommentar, § 18, Rn. 9; *Höring*, StBp 2019, 236 (238).

697 Vgl. *Gottschling*, in: Moritz/Jesch/Mann (Hrsg.), Kommentar InvStG, § 2, Rn. 152.

698 So auch *Herr/Stiefel*, DStR 2019, 908 (909).

699 Vgl. *Jung*, in: Bödecker/Ernst/Hartmann (Hrsg.), BeckOK InvStG, § 18 InvStG, Rn. 17; *Wenzel*, in: Brandis/Heuermann (Hrsg.), Ertragsteuerrecht Kommentar, § 18 InvStG, Rn. 12; Gesetzentwurf zum InvStRefG vom 07.04.2016, BT-Drs. 18/8045, 89.

700 Vgl. *Kral/Watzlaw*, BB 2018, 2717 (2718).

monatlich festgesetzt werden; ansonsten sind die Börsen- und Marktpreise heranzuziehen.[701] Ist also keine Wertsteigerung des Fondsanteils eingetreten, ist auch keine Vorabpauschale zu versteuern. Demnach wird bei positiven Wertentwicklungen eine Vorabpauschale erfasst; bei sinkendem Wert des Fondsanteils erfolgt mithin keine entsprechende Berücksichtigung.[702]
Diese Praxis geht auch einher mit der Veräußerungsbesteuerung bei Investmentanteilen, indem die während der Besitzzeit angesetzten Vorabpauschalen (die vorweggenommenen Wertsteigerungen) vom erzielten Veräußerungsgewinn gemäß § 19 Abs. 1 Satz 3 InvStG abzuziehen sind. Im Jahr der unterjährigen Veräußerung ist keine Vorabpauschale zu versteuern.[703] Bei unterjährigem Erwerb oder Neuauflage des Fonds mindert sich die Vorabpauschale nach § 18 Abs. 2 InvStG um ein Zwölftel (zeitanteilig) für jeden vorangegangenen vollen Monat.[704]

(3) Erfassung beim Anleger

Wie nachfolgend erläutert, unterliegt die Vorabpauschale dem KapESt-Abzug. Dabei ist jedoch zu beachten, dass zur Deckung dieser KapESt, dem Anleger keine tatsächlichen Geldflüsse gegenüberstehen.[705] Aus diesem Grund gilt die Vorabpauschale nach § 18 Abs. 3 InvStG am ersten Werktag des folgenden KJ als zugeflossen.[706] Dieser Regelung liegt die Annahme zugrunde, dass zu Beginn des KJ der in vielen Fällen noch vorhandene Sparer-Pauschbetrag des § 20 Abs. 9 EStG mit der Vorabpauschale verrechnet werden kann.[707] Damit soll der Aufwand bei dem zum Steuerabzug Verpflichteten reduziert werden, welcher nach § 44 Abs. 1 Satz 7-11 EStG Anzeigepflichten bei ausstehender KapESt beim Anleger nachkommen müssen.[708] Auf die Vorabpauschale werden die Teilfreistellungen nach § 20 InvStG angewandt.

---

701 Vgl. BMF vom 21.05.2019, IV C 1 - S 1980-1/16/10010:001, Rn. 18.8, in: BStBl. I 2019, 527.

702 Vgl. *Kral/Watzlaw*, BB 2018, 2717 (2719); *Höring*, StBp 2019, 236 (239).

703 Vgl. *Jung*, in: Bödecker/Ernst/Hartmann (Hrsg.), BeckOK InvStG, § 18 InvStG, Rn. 45; *Kral/Watzlaw*, BB 2018, 2717 (2719).

704 Dabei sind jedoch die Ausschüttungen des gesamten KJ vom Basisertrag abzuziehen, unabhängig davon, ob der Anleger sie tatsächlich erhalten und versteuert hat, vgl. *Kral/Watzlaw*, in: Moritz/Jesch/Mann (Hrsg.), Kommentar InvStG, § 18, Rn. 28 f.

705 Vgl. *Redert*, in: Fuhrmann/Kraeusel/Schiffers, EStG- eKommentar, § 20, Rn. 264.

706 Vgl. *Herr/Stiefel*, DStR 2019, 908 (908); *Redert*, in: Fuhrmann/Kraeusel/Schiffers, EStG- e-Kommentar, § 20, Rn. 263.

707 Vgl. BMF vom 21.05.2019, IV C 1 - S 1980-1/16/10010:001, Rn. 18.12, in: BStBl. I 2019, 527; *Höring*, StBp 2019, 236 (238).

708 Vgl. *Jung*, in: Bödecker/Ernst/Hartmann (Hrsg.), BeckOK InvStG, § 18 InvStG, Rn. 52.

Bilanzierende Anleger weisen die Vorabpauschale als aktiven Ausgleichsposten (bzw. bei EÜR als Merkposten) in der Steuerbilanz aus, sodass dieser erfolgswirksam bei Veräußerung des Fondsanteils aufgelöst werden kann.[709]

Von einem Ansatz der Vorabpauschale wird nach § 16 Abs. 2 InvStG in Fällen privater und betrieblicher Altersvorsorge, Basisrentenverträgen, klassische und fondsgebundenen Lebens- und Rentenversicherungsverträgen und bei Kranken- und Pflegeversicherungen abgesehen.[710]

c. Gewinne aus der Veräußerung von Investmentanteilen

§ 19 InvStG regelt Einzelheiten zur Ermittlung des Gewinns bzw. Verlustes aus der Veräußerung von Investmentfondsanteilen. Dabei wird im Absatz 1 zwischen der Veräußerung von Fondsanteilen aus dem Privat- und Betriebsvermögen unterschieden. Gehören die Anteile zu einem Privatvermögen, wird der Gewinn nach § 20 Abs. 4 EStG ermittelt: Unterschied zwischen den Einnahmen aus der Veräußerung nach Abzug der Aufwendungen, die im unmittelbaren Zusammenhang mit den Veräußerungsgeschäft stehen, und den Anschaffungskosten.

Für Anteile im BV findet § 19 InvStG keine Anwendung.[711] Die Ermittlung des Veräußerungsgewinns richtet sich nach den allgemeinen Vorschriften der Einkünfteermittlung (BV-Vergleich, EÜR).[712] Die bereits versteuerten Vorabpauschalen mindern den steuerpflichtigen Veräußerungsgewinn ungeachtet der angesetzten Teilfreistellungen.[713] Dies gilt selbst dann, wenn die Vorabpauschale bspw. aufgrund der Anwendung von Teilfreistellungen und des Sparer-Pauschbetrages keine steuerlichen Konsequenzen für den Anleger nach sich gezogen hat; damit kann auch ein Veräußerungsverlust entstehen.[714] Betriebliche Anleger lösen den für die Vorabpauschale gebildeten Ausgleichsposten bei Veräußerung gewinnmindernd auf.[715] Gemäß § 2 Abs. 13 InvStG gilt als Veräußerung von Investmentanteilen auch deren Rückgabe, Abtretung, Entnahme oder verdeckte Einlage in eine KapGes sowie die Liquidation und

---

709 Vgl. BMF vom 21.05.2019, IV C 1 - S 1980-1/16/10010:001, Rn. 18.5, in: BStBl. I 2019, 527: *Höring*, StBp 2019, 236 (240).

710 Vgl. *Höring*, StBp 2019, 236 (238).

711 Vgl. *Jung*, in: Bödecker/Ernst/Hartmann (Hrsg.), BeckOK InvStG, § 19 InvStG, Rn. 44

712 BV-Vergleich und EÜR, vgl. *Jung*, in: Bödecker/Ernst/Hartmann (Hrsg.), BeckOK InvStG, § 19 InvStG, Rn. 44; BMF vom 21.05.2019, IV C 1 - S 1980-1/16/10010:001, Rn. 19.2, in: BStBl. I 2019, 527.

713 Vgl. BMF vom 21.05.2019, IV C 1 - S 1980-1/16/10010:001, Rn. 18.12, in: BStBl. I 2019, 527.

714 Vgl. *Ebenda*, Rn. 19.4; *Mann*, in: W/B/A (Hrsg.), KAGB, § 18 InvStG, Rn. 8.

715 Vgl. BMF vom 21.05.2019, IV C 1 - S 1980-1/16/10010:001, Rn. 19.10, in: BStBl. I 2019, 527.

Abwicklung. § 19 Abs. 2 InvStG regelt den Fall, dass ein Investmentfonds nicht mehr vom AWB des InvStG umfasst ist (bspw. wenn er unter die Ausnahmen von § 1 Abs. 3 InvStG fällt). Dann findet zu diesem Zeitpunkt eine fiktive Veräußerung des Investmentfondsanteils statt, wobei als Veräußerungspreis der gemeine Wert (§ 9 BewG) zu diesem Zeitpunkt anzusetzen ist.

Der VG wird bei den Anlegern als laufende Einkünfte nach § 20 Abs. 1 Nr. 3 EStG behandelt und nicht als Veräußerungsgewinne i.S.v. § 20 Abs. 2 EStG.[716] Bei betrieblichen Anlegern findet § 20 Abs. 8 EStG Anwendung. Die Gewinne unterliegen einem Steuerabzug nach § 43 Abs. 1 Satz 1 Nr. 9 EStG. Das Werbungskostenabzugsverbot nach § 20 Abs. 9 EStG schlägt für Privatanleger durch, sodass außer die Veräußerungskosten gem. § 20 Abs. 4 EStG keine weiteren Kosten abgezogen werden dürfen.[717] Wurden gleiche Investmentanteile zu unterschiedlichen Zeitpunkten erworben (z.B. durch Sparpläne), dann gilt bei Veräußerung die Fifo-Methode nach § 20 Abs. 4 Satz 7 EStG.[718] Dadurch werden die zuerst angeschafften Anteile, auch als erstes wieder veräußert. Informationen zu den Anschaffungskosten sind durch die depotführende Stelle vorzuhalten.[719] Bei betrieblichen Anlegern ist die Durchschnittsmethode anzuwenden.[720]

I.R.d. Verlustberücksichtigung können Verluste/Gewinne aus der Veräußerung von Fondsanteilen mit den Gewinnen/Verlusten aus anderen Kapitalanlagen des § 20 Abs. 1 Nr. 3 EStG verrechnet werden.[721] Die Verlustverrechnungsbeschränkung des § 20 Abs. 6 Satz 4 EStG greift nicht.[722] Anders jedoch bei einem Direktinvestment. Mittlerweile hat der BFH die Norm dem BVerfG zur verfassungsrechtlichen Überprüfung vorgelegt.[723] Dies ist auch dem Gesetzgeber bewusst, welcher statuiert, dass das Risiko, mit Fondsanlagen Verluste zu erleiden, aufgrund der Risikomischung nicht vergleichbar mit dem Risiko bei einer Direktanlage sind.[724]

---

716 Vgl. *Hensel/Brielmaier/Faller*, in: K/S/B/H/K (Hrsg.), InvStG-Kommentar, § 19, Rn. 14

717 Vgl. *Ebenda*, Rn. 14.

718 Vgl. BMF vom 21.05.2019, IV C 1 - S 1980-1/16/10010:001, Rn. 19.14, in: BStBl. I 2019, 527.

719 Vgl. *Hensel/Brielmaier/Faller*, in: K/S/B/H/K (Hrsg.), InvStG-Kommentar, § 19, Rn. 22.

720 Vgl. BMF vom 21.05.2019, IV C 1 - S 1980-1/16/10010:001, Rn. 19.15, in: BStBl. I 2019, 527.

721 Vgl. BFH vom 17. 11.2020, VIII R 11/18, in: BStBl. II 2021, 562, Rn. 45.

722 Vgl. *Jochum*, DStZ 2022, 590 (591 f.).

723 Vgl. BFH vom 17.11.2020, VIII R 11/18, BStBl. II 2021, 562; BVerfG, 2 BvL 3/21 (anhängig); Mit BFH-Beschluss vom 07.06.2024, VIII B 113/23 wurde § 20 Abs. 6 Satz 5 EStG im Zusammenhang mit der Verlustverrechnung bei Termingeschäften als nicht mit Art. 3 GG vereinbar befunden, BFH-Beschluss vom 07.06.2024, VIII B 113/23, in: BB 2024, 1825.

724 Vgl. Bericht des Finanzausschusses vom 24.05.2007, BT-Drs. 16/5491, 19; BFH vom 17. 11.2020, VIII R 11/18, in: BStBl. II 2021, 562, Rn. 6.

d. Ausnahmen nach § 16 Abs. 2 InvStG

§ 16 Abs. 2 Satz 1 InvStG sieht vor, dass Investmenterträge – Ausschüttungen, Vorabpauschalen und Veräußerungsgewinne aus Investmentanteilen –, welche im Kontext von zertifizierten Altersvorsorge- und Basisrentenverträgen gehalten werden, auf Seiten der Anbieter von der Besteuerung ausgenommen werden.[725] Eine Besteuerung dieser Erträge erfolgt während der Auszahlungsphase gemäß § 22 Nr. 5 EStG.[726] Des Weiteren entfällt gemäß § 16 Abs. 2 Satz 2 InvStG der Ansatz von Vorabpauschalen, wenn die Investmentanteile i.R.d. betrieblichen Altersvorsorge gehalten werden, wie bspw. durch Pensionsfonds, Pensionskassen oder Unterstützungskassen (Nr. 1); eine weitere Ausnahme besteht für Versicherungsunternehmen, welche die Anteile i.R.v. Kapital- und Rentenversicherungen oder fondsgebundenen Lebensversicherungen halten (Nr. 2).[727] Zuletzt erfolgt kein Ansatz von Vorabpauschalen, wenn die Investmentanteile zur Absicherung von Alterungsrückstellungen bei Kranken- und Pflegeversicherungen eingesetzt werden (Nr. 3).[728] Diese Regelungen haben das Ziel, sowohl die private als auch die betriebliche Altersvorsorge, insbesondere bei der Bildung von Rückstellungen, nicht unnötig zu belasten.[729]

2. Anlegerbesteuerung

a. Steuererhebung

Die Steuererhebung auf Anlegerebene erfolgt durch Kapitalertragsteuerabzug. Dies ergibt sich für Ausschüttungen und die Vorabpauschale aus § 43 Abs. 1 Nr. 5 EStG und für VG aus § 43 Abs. 1 Nr. 9 EStG i.V.m. § 43a Abs. 1 Nr. 1 EStG.

Bei Privatanlegern unterliegen die Investmenterträge des § 16 InvStG als EaKV nach § 20 Abs. 1 Nr. 3 EStG der Abgeltungsteuer in Höhe von 25 % zzgl. SolZ (§ 32d i.V.m. § 43 Abs. 5 EStG).[730] § 20 Abs. 1 Nr. 3 EStG wurde mit dem InvStRefG konstitutiv angeordnet, wodurch ein separater Tatbestand geschaffen wurde.[731] Die Höhe der

---

725 Altersvorsorge- und Basisrentenverträge sind Produkte der privaten Vorsorge, welche steuerlich gefördert werden (Riester-/Rürup-Rente), vgl. *Moritz/Strohm*, in: Moritz/Jesch/Mann (Hrsg.), Kommentar InvStG, § 16, Rn. 36.

726 Vgl. *Mann*, in: W/B/A (Hrsg.), KAGB, § 16 InvStG, Rn. 5

727 Vgl. *Ebenda*, Rn. 6; Gesetzentwurf zum InvStRefG vom 07.04.2016, BT-Drs. 18/8045, 86.

728 Vgl. Gesetzentwurf zum InvStRefG vom 07.04.2016, BT-Drs. 18/8045, 86

729 Vgl. *Ebenda*, 86.

730 Vgl. *Böcker*, NWB 2016, 2789 (2792); *Stadler/Bindl*, DStR 2016, 1953 (1958); *Patzner/Nagler* in: Patzner/Döser/Kempf (Hrsg.), KAGB, InvStG Handkommentar, § 16 InvStG, Rn. 1a.

731 Bis zum 31.12.2017 wurden Erträge aus Investmentfonds nach dem altem System unter § 20 Abs. 1 Nr. 1 EStG subsumiert, vgl. *Ratschow*, in: Brandis/Heuermann (Hrsg.), Ertragsteuerrecht Kommentar, § 20 EStG, Rn. 197.

Einkünfte richtet sich nach den Vorschriften für Kapitaleinkünfte gem. § 20 EStG. Die einschlägigen Vorschriften hinsichtlich des Sparer-Pauschbetrags mit Freistellungsauftrag sowie der Günstigerprüfung sind ebenfalls anwendbar. Eine Veranlagung ist demnach in den Fällen des § 32d Abs. 3, 4 und 6 EStG möglich.[732] Beim KapESt-Abzug sind nach § 43a Abs. 2 Satz 1 2. und 3. HS EStG die anwendbaren Teilfreistellungssätze für Aktien- und Mischfonds aufgrund der Abgeltungswirkung zu berücksichtigen.[733] Bei der Veräußerung von Investmentanteilen bemisst sich der KapESt-Abzug nach § 43a Abs. 2 Satz 2 Nr. 1 EStG unter Berücksichtigung der während der Besitzzeit angesetzten Vorabpauschalen.[734]

Bei Anlegern, die die Beteiligung im BV halten, gilt, wie nach allgemeinen Grundsätzen, das Subsidiaritätsprinzip nach § 20 Abs. 8 EStG, d.h. dass die originären Kapitaleinkünfte im Rahmen der Gewinneinkünfte erfasst werden.[735] Ist der Anleger eine unbeschränkt steuerpflichtige Körperschaft, gilt § 8 Abs. 2 KStG entsprechend. Demzufolge kommt der progressive Einkommensteuertarif bzw. der lineare Körperschaftsteuertarif zur Anwendung.[736] Auch Gewerbesteuer kann auf die Investmenterträge anfallen. Hinsichtlich der Zuordnung zum BV ist festzuhalten, dass Fondsbeteiligungen grundsätzlich als gewillkürtes BV anzusehen sind, da sie in einem „objektiven Zusammenhang" mit dem Betrieb stehen und dazu bestimmt sind diesen „zu fördern".[737] Eine Beteiligung zählt hingegen zum notwendigen BV, wenn sie dem Betrieb unmittelbar „dient", etwa bei einer „nachhaltigen" Geschäftsbeziehung" zwischen dem Betrieb und der hinter der Beteiligung stehenden Gesellschaft.[738] Bei Fondsbeteiligungen ist dies i.d.R. nicht gegeben.

Die Regelungen des § 8b KStG sowie des TEV nach § 3 Nr. 40 EStG sind gemäß § 16 Abs. 3 InvStG nicht anzuwenden.[739] Aufgrund der Einordnung der Investmenterträge als EaKV nach § 20 Abs. 1 Nr. 3 EStG verbleibt für die genannten Freistellungen ohnehin kein Anwendungsbereich, sodass § 16 Abs. 3 InvStG rein deklaratorische

---

732 Vgl. *Moritz/Strohm*, in: Moritz/Jesch/Mann (Hrsg.), Kommentar InvStG, § 16, Rn. 27.
733 Vgl. *Kammeter/Behrens*, in: K/S/B/H/K (Hrsg.), InvStG-Kommentar, § 16, Rn. 40.
734 Vgl. *Moritz/Strohm*, in: Moritz/Jesch/Mann (Hrsg.), Kommentar InvStG, § 16, Rn. 27.
735 Vgl. *Remmel*, in: H/H/R (Hrsg.), EStG KStG-Kommentar, § 16 InvStG, Rn. 5.
736 Vgl. *Patzner/Nagler* in: Patzner/Döser/Kempf (Hrsg.), KAGB, InvStG Handkommentar, § 16 InvStG, Rn. 1b f., 6.
737 Vgl. R 4.2. Abs. 1 Satz 3 EStR.
738 Vgl. H 4.2 Abs. 1 „Wertpapiere" EStH.
739 Vgl. *Stadler*, in: Oestreicher (Hrsg.), BEPS konkret, 131 (140); *Lechner*, RdF 2016, 208 (214); *Haase*, IWB 2018, 573 (574); *Böcker*, NWB 2016, 2789 (2792); *Faller/Wolf*, DB 2015, 1865 (1866).

Wirkung zugesprochen wird.[740] Da der Investmentfonds an sich gemäß dem Gesetzgeber keiner „vollumfänglichen“ Besteuerung unterliegt, wird die Nichtanwendbarkeit der Freistellungen steuersystematisch als zielführend erachtet.[741] Betrachtet man inländische Beteiligungseinnahmen, findet zum einen auf Ebene der inländischen „Ziel-Kapitalgesellschaft“ die Gewinnbesteuerung statt; des Weiteren werden die Dividenden als inländische Beteiligungseinnahmen und dem Ausschluss des § 8b KStG auf Fondsebene mit KSt belastet und unterliegen schlussendlich beim Anleger der Besteuerung, wobei Teilfreistellungen von max. 80 % (bei körperschaftsteuerlichen Anlegern) greifen.[742] Auch wenn ausländische Beteiligungseinnahmen beim Fonds selbst keiner deutschen KSt unterliegen, jedoch ggf. einer ausländischen QuSt, findet eine Belastung auf Fondsebene statt.[743]

Insofern erfolgt eine Besteuerung von bspw. Dividenden und Veräußerungsgewinnen im vollen Umfang.[744] Das BMF-Anwendungsschreiben erklärt dies mit der Klarstellung, dass es sich bei Investmenterträgen aus Investmentfonds in der Rechtsform der KapGes eben nicht um Beteiligungseinkünfte handelt, sondern die Teilfreistellungsregelungen des § 20 InvStG gelten.[745]

Die für betriebliche Anleger geltenden Teilfreistellungen sind beim KapESt-Abzug nicht zu berücksichtigen (§ 43a Abs. 2 Satz 1 2. HS EStG); lediglich die für Privatanleger anzuwendenden Teilfreistellungssätze für Aktien- und Mischfonds[746] (30 % bzw. 15 %) kommen zum Tragen.[747] Die Besteuerung sowie die Geltendmachung höherer Teilfreistellungen erfolgt im Veranlagungsverfahren, sodass die KapESt als Steuervorauszahlung nach § 36 Abs. 2 Nr. 2 EStG i.V.m. § 43 Abs. 5 Satz 2 EStG wirkt.[748]

Nach § 44 Abs. 1 Satz 3 EStG hat die die Investmenterträge auszahlende Stelle den Steuerabzug vorzunehmen (Entrichtungspflichtiger). Nach § 44 Abs. 1 Satz 4 Nr. 1 und 4 EStG in den Fällen von § 43 Abs. 1 Nr. 5 und 9 EStG ist dies das inländische

---

740 Vgl. *Kammeter/Behrens*, in: K/S/B/H/K (Hrsg.), InvStG-Kommentar, § 16, Rn. 75; § 3 Nr. 40 EStG bezieht sich auf Kapitaleinkünfte gem. § 20 Abs. 1 Nr. 1 und Nr. 9 EStG; § 8b KStG verweist auf § 20 Abs. 1 Nr. 1, 2, 9 und Nr. 10a) EStG.

741 Vgl. Gesetzentwurf zum InvStRefG vom 07.04.2016, BT-Drs. 18/8045, 86.

742 Vgl. *Jung*, in: Bödecker/Ernst/Hartmann (Hrsg.), BeckOK InvStG, § 16 InvStG, Rn. 115.

743 Vgl. *Ebenda*, Rn. 115.

744 Vgl. *Kempf/Müller*, SteuK 2016, 517 (518).

745 Vgl. BMF vom 21.05.2019, IV C 1 - S 1980-1/16/10010:001, Rn. 16.16, in: BStBl. I 2019, 527.

746 § 43a Abs. 2 EStG verweist nur auf § 20 Abs. 1 Satz 2-4 InvStG und nicht § 20 Abs. 2 InvStG (Mischfonds). Hier könnte es sich jedoch um ein Redaktionsversehen handeln, vgl. *Stadler/Bindl*, DStR 2016, 1953 (1960). Dies ergibt sich auch aus dem Anwendungsschreiben, welches von „Teilfreistellungssätzen“ in der Mehrzahl spricht, vgl. BMF vom 21.05.2019, IV C 1 - S 1980-1/16/10010:001, Rn 20.6, in: BStBl. I 2019, 527.

747 Vgl. *Jung*, in: Bödecker/Ernst/Hartmann (Hrsg.), BeckOK InvStG, § 16 InvStG, Rn. 62.

748 Vgl. *Kammeter/Behrens*, in: K/S/B/H/K (Hrsg.), InvStG-Kommentar, § 16, Rn. 4; BMF vom 21.05.2019, IV C 1 - S 1980-1/16/10010:001, Rn. 20.6, in: BStBl. I 2019, 527.

Kreditinstitut, das inländische Finanzdienstleistungsinstitut, das inländische Wertpapierhandelsunternehmen oder die inländische Wertpapierhandelsbank, das bzw. die die Investmentanteile verwahrt oder verwaltet oder deren Veräußerung durchführt und die Investmenterträge auszahlt oder gutschreibt.[749] Auch die KVG sind dazu verpflichtet, sollten sie die Investmentanteile verwahren.[750] Der mit dem JStG 2020[751] eingeführte Tatbestand des § 44 Abs. 1 Satz 4 Nr. 5 EStG soll die Anteile an inländischen Investmentfonds erfassen, welche weder im Inland noch im Ausland bei einem depotführenden Kredit- oder Finanzdienstleistungsinstitut oder einem Wertpapierhandelsunternehmen oder einer Wertpapierhandelsbank verwahrt werden.[752] Anteile an kleineren AGs und GmbHs, welche gleichwohl als Investmentfonds nach dem InvStG einzustufen sind, werden i.d.R. nicht verwahrt, sodass es an der auszahlenden Stelle fehlte.[753] Nach der Gesetzesergänzung ist der Investmentfonds selbst auszahlende Stelle und zum Einbehalt, zur Abführung der KapESt und der Ausstellung der Steuerbescheinigung[754] verpflichtet.[755]

Da der Vorabpauschale kein Liquiditätszufluss gegenübersteht, hat der Anleger nach § 44 Abs. 1 Sätze 7-11 EStG dem zum Steuerabzug Verpflichteten den Fehlbetrag zur Verfügung zu stellen. Kommt der Anleger dieser Pflicht nicht nach, ist dies beim Betriebsstättenfinanzamt anzuzeigen, welches die KapESt nachfordert.

b. Teilfreistellungen

§ 20 InvStG regelt ein pauschales Teilfreistellungssystem für die Investmenterträge des Anlegers, um zum einen die Vorbelastung bestimmter inländischer Einkünfte auf Fondsebene sowie Belastungen aufgrund des Ausschlusses der Begünstigungsregelungen für Kapitalgesellschaftsanteile (§ 3 Nr. 40 EStG, § 8b KStG) zu kompensieren.[756] Zum anderen sollte auch berücksichtigt werden, dass vom Fonds vereinnahmte ausländische Erträge auf Ebene des Ziel-Investments mit QuSt vorbelastet sein könnten und DBA keine vollständige Erstattung vorsehen; eine Anrechnung auf Fondsebene

---

749 Vgl. BMF vom 21.05.2019, IV C 1 - S 1980-1/16/10010:001, Rn. 16.5, in: BStBl. I 2019, 527.

750 Vgl. *Jung*, in: Bödecker/Ernst/Hartmann (Hrsg.), BeckOK InvStG, § 16 InvStG, Rn. 60.

751 JStG 2020 vom 21.12.2020, BGBl. 2020 I, 3096 (3105).

752 Vgl. *Hörster*, NWB 2020, 2730 (2741).

753 Vgl. Referentenentwurf eines JStG 2020 vom 17.07.2020, 91; *Hahne/Neumann*, RdF 2020, 284 (285); *Hörster*, NWB 2020, 2730 (2341).

754 Nach § 45a Abs. 2 Satz 1 Nr. 4 EStG.

755 Vgl. *Hahne/Neumann*, RdF 2020, 284 (286); *Hörster*, NWB 2020, 2730 (2741).

756 Vgl. *Böcker*, NWB 2016, 2789 (2793); *Stadler*, in: Oestreicher (Hrsg.), BEPS konkret; *Stadler/Bindl*, DStR 2016, 1953 (1959); *Ebner*, RdF 2018, 132 (132); *Delp*, DB 2017, 447 (450).

ist mangels Steuerpflicht ebenso wenig möglich.[757] Nach der Gesetzesbegründung soll durch die Teilfreistellung vermieden werden, dass die Fondsanleger höher besteuert werden als Direktanleger.[758]

Tabelle 3: Höhe der Teilfreistellungssätze in Abhängigkeit von Anleger- und Fondsart nach § 20 InvStG.

Anlegerart / Fondsart	Privatanleger	Betrieblicher Anleger EStG	Betrieblicher Anleger KStG	
Aktienfonds[759]	30 %	60 %	80 %	„Aktienteilfreistellung“
Mischfonds[760]	15 %	30 %	40 %	
Immobilienfonds[761]	60 %			„Immobilienteilfreistellung“
Auslands-Immobilienfonds[762]	80 %			„Auslands-Immobilienteilfreistellung“

Quelle: Eigene Darstellung.

Durch die Erhebung in pauschalierender Weise ist es unerheblich, ob und in welchem Umfang der Fonds besteuert wurde.[763] Die Aktienteilfreistellung richtet sich mithin nicht auf die aus Aktien generierten Erträge des Fonds, sondern erfasst ebenso Erträge aus den anderen Vermögensgegenständen, in die der Fonds investiert ist und welche auf Fondsebene nicht besteuert werden (bspw. Zinserträge).[764] Eine einzelfallbezogene Betrachtung der steuerlichen Vorbelastungen widerspricht dem Vereinfachungsgedanken.[765] Die Höhe der Teilfreistellung richtet sich nach dem Anlageschwerpunkt

757 Vgl. *Schwarz/Kohl*, DB 2018, 1947 (1947); *von Freeden*, in: Schaumburg (Hrsg.), Internationales Steuerrecht, Rn. 12.71 (4. Aufl.); Gesetzentwurf zum InvStRefG vom 07.04.2016, BT-Drs. 18/8045, 91.

758 Vgl. Gesetzentwurf zum InvStRefG vom 07.04.2016, BT-Drs. 18/8045, 91.

759 Begriffsbestimmung in § 2 Abs. 6 InvStG: Investmentfonds, die gemäß den Anlagebedingungen fortlaufend mehr als 50 % ihres Aktivvermögens in Kapitalbeteiligungen anlegen. Was als Kapitalbeteiligung anzusehen ist, regelt § 2 Abs. 8 InvStG. Um Gestaltungen zu verhindern, in den die Aktienteilfreistellung ausgenutzt wird, ohne steuerliche Vorbelastung, wurde in § 2 Abs. 8 Satz 5 InvStG eingefügt, BMF, Evaluation InvStRefG – Zwischenbericht, 31; Gesetzentwurf zum JStG 2019 vom 23.09.2019, BT-Drs. 19/13436, 170.

760 Begriffsbestimmung in § 2 Abs. 7 InvStG: Investmentfonds, die gemäß den Anlagebedingungen fortlaufend mindestens 25 % ihres Aktivvermögens in Kapitalbeteiligungen anlegen.

761 Begriffsbestimmung § 2 Abs. 9 Satz 1 InvStG: Investmentfonds, die gemäß den Anlagebedingungen fortlaufend mehr als 50 % des Aktivvermögens in (inländische) Immobilien und Immobilien-Gesellschaften anlegen.

762 Begriffsbestimmung § 2 Abs. 9 Satz 2 InvStG: Investmentfonds, die gemäß den Anlagebedingungen fortlaufend mehr als 50 % des Aktivvermögens in ausländische Immobilien und Immobilien-Gesellschaften anlegen.

763 Vgl. *Böcker*, NWB 2016, 2789 (2793).

764 Vgl. *Mertesdorf-Perathoner*, in: Bödecker/Ernst/Hartmann (Hrsg.), BeckOK InvStG, § 20 InvStG, Rn. 8; *Kempf/Hirtz*, DStR 2016, 1 (3); *Michalowski*, ErbStB 2018, 89 (91 f.).

765 Vgl. *Mann*, in: W/B/A (Hrsg.), KAGB, § 20 InvStG, Rn. 1; Gesetzentwurf zum InvStRefG vom 07.04.2016, BT-Drs. 18/8045, 91.

des Fonds und der Anlegerkategorie (siehe Tabelle 3).[766] Die genauen Anlagegrenzen bzw. -quoten sind in § 2 InvStG definiert. Die festgelegten Prozentsätze entstammen wissenschaftlichen Studien.[767] Sofern Investmentfonds die vorgeschriebenen Anlagequoten nicht erfüllen, resultiert die Nichtgewährung von Teilfreistellungen für ihre Anleger, selbst wenn steuerliche Vorbelastungen vorliegen. Dieser Aspekt erfordert die gebotene Berücksichtigung und Überwachung durch das Portfoliomanagement; die Frage nach der tatsächlichen Ausführung dieses Aufwands seitens des Managements bleibt in einigen Fällen zweifelhaft.[768] Die Teilfreistellungssätze gelten mithin für inländische, unbeschränkt steuerpflichtige Anleger über § 20 Abs. 1 Nr. 3 EStG.[769] Gebietsfremde Anleger können aufgrund der Nichterfassung der Investmenterträge unter die beschränkte Steuerpflicht in § 49 EStG, die Teilfreistellungen nicht in Anspruch nehmen. [770] Wie bei inländischen Anlegern, werden die Fondserträge über § 6 InvStG allerdings ebenso auf Fondsebene erfasst. Die Teilfreistellungen sollen diese Vorbelastung allerdings pauschalierend auf Anlegerebene ausgleichem dies sollte demzufolge ebenso für ausländische Anleger gelten.[771] Dieser Fall ist momentan beim FG Köln (6 K 1227/24) anhängig und bleibt abzuwarten, auch ob eine Vorlage an den EuGH erfolgt.[772] Des Weiteren wird kritisiert, dass Anleger von Rentenfonds keine Teilfreistellungen erhalten.[773]

- Aktienteilfreistellung

Die Aktienteilfreistellung gilt für Aktienfonds und wurde im Gesetzgebungsverfahren auf Mischfonds ausgeweitet.[774] Diese profitieren von einer Teilfreistellung in Höhe der Hälfte jener, die für Aktienfonds gilt. Vor allem die Belastung mit ausländischer QuSt auf Dividenden und deren fehlende Anrechenbarkeit auf inländischer Fondsebene soll damit ausgeglichen werden. Für betriebliche Anleger sind aufgrund der Nicht-Anwendung von § 3 Nr. 40 EStG und § 8b KStG die höheren

---

766 Vgl. *Anemüller/Zöller/Bieling/Krüger*, Handbuch privater Kapitaleinkünfte, Rn. 1686.
767 Vgl. Gesetzentwurf zum InvStRefG vom 07.04.2016, BT-Drs. 18/8045, 91.
768 Vgl. *Mertesdorf-Perathoner*, in: Bödecker/Ernst/Hartmann (Hrsg.), BeckOK InvStG, § 20 InvStG, Rn. 10; *Ebner*, RdF 2017, 305 (307).
769 Vgl. *Brandl*, in: K/S/B/H/K (Hrsg.), InvStG-Kommentar, § 20, Rn. 2.
770 Vgl. *Brandl*, in: K/S/B/H/K (Hrsg.), InvStG-Kommentar, § 20, Rn. 2.
771 Vgl. *Ebner*, IWB 2024, 824 (831).
772 Vgl. *Patzner*, IStR 2024, 725 (740).
773 Vgl. *Mertesdorf-Perathoner*, in: Bödecker/Ernst/Hartmann (Hrsg.), BeckOK InvStG, § 20 InvStG, Rn. 10; *Fischer*, NWB-EV 2018, 163 (165).
774 Vgl. *Jetter/Mager*, SteuK 2016, 23 (27).

Teilfreistellungssätze von 60 % bzw. 80 %[775] anzuwenden.[776] Diese erhöhten Aktienteilfreistellungen gelten nach § 20 Abs. 1 Satz 4 Nr. 1 und 2 und Satz 5 InvStG nicht, wenn der Anleger zum einen ein Lebens- oder Krankenversicherungsunternehmen sowie Pensionsfonds ist und zum anderen ein Anleger nach § 3 Nr. 40 Satz 3 EStG und § 8b Abs. 7 und 8 KStG. Dies umfasst die Ausschlüsse, welche für das TEV und die Befreiung nach § 8b KStG nach allgemeinen Grundsätzen gelten. Folglich ist die 30 %ige bzw. 15 %ige Teilfreistellung anzuwenden.[777] Im Steuerabzugsverfahren werden lediglich die Teilfreistellungen berücksichtigt, welche für Privatanleger gelten (30 % bzw. 15 %). Damit soll sich das Veranlagungsverfahren für Privatanleger aus Vereinfachungsgründen erübrigen.[778] Die höheren Teilfreistellungen sind von den betrieblichen Anlegern im ohnehin durchzuführenden Veranlagungsverfahren geltend zu machen.[779]

- (Auslands-)Immobilienteilfreistellung

Bei der Höhe der Immobilien-Teilfreistellungen wird nicht nach Anlegerkategorie unterschieden, sondern danach, ob überwiegend in in- oder ausländische Immobilien investiert wird. Beteiligungen an Immobilien-Gesellschaften werden dabei wie Direktinvestments in die Immobilien behandelt.[780] Bei der Investition in ausländische Immobilien erfolgt die Besteuerung gemäß DBA im Belegenheitsstaat; im Inland werden die Einkünfte freigestellt bzw. bei Nicht-DBA-Fällen erfolgt eine Anrechnung ausländischer Steuern. Auf Fondsebene unterliegen die ausländischen Immobilienerträge mithin keiner Besteuerung, lösen aber Investmenterträge bei den Anlegern steuerliche Folgen aus. Diese werden zu 80 % freigestellt; damit wird die Steuerbelastung „abgemildert, zum Teil sogar überkompensiert“.[781]

---

775 Kritisch im Vergleich zu § 8b KStG, wobei nach Abs. 3 und 5 die tatsächlichen Betriebsausgaben außer Ansatz bleiben, und 5 % der (steuerfreien) Einnahmen als Betriebsausgaben gelten, mithin 95 % der Einnahmen steuerfrei sind, vgl. *Remmel*, in: H/H/R (Hrsg.), EStG, KStG-Kommentar, § 21 InvStG, Rn. 5.

776 Veräußerungsgewinne aus Kapitalbeteiligungen werden zwar nicht auf Fondsebene besteuert. Mit den Investmenterträgen und der Unanwendbarkeit von § 3 Nr. 40 EStG (40 % steuerfrei) und § 8b Abs. 2 KStG (95 % steuerfrei) unterliegen sie auf Fondesebene jedoch einer Besteuerung, welche durch die Teilfreistellungen abgemildert werden soll.

777 Vgl. *Mann*, in: W/B/A (Hrsg.), KAGB, § 20 InvStG, Rn. 7; Gesetzentwurf zum InvStRefG vom 07.04.2016, BT-Drs. 18/8045, 91.

778 Vgl. § 43a Abs. 2 Satz 1 EStG; *Mann*, in: W/B/A (Hrsg.), KAGB, § 20 InvStG, Rn. 3; Gesetzentwurf zum InvStRefG vom 07.04.2016, BT-Drs. 18/8045, 91.

779 Vgl. *Remmel*, in: H/H/R (Hrsg.), EStG KStG-Kommentar, § 20 InvStG, Rn. 1.

780 Vgl. *Kleutgens*, in: Moritz/Jesch/Mann (Hrsg.), Kommentar InvStG, § 20, Rn. 72.

781 Gesetzentwurf zum InvStRefG vom 07.04.2016, BT-Drs. 18/8045, 91.

Fallen Aktien- und Immobilienteilfreistellung zusammen, ist nach § 20 Abs. 3 Satz 3 InvStG die Aktienteilfreistellung nicht anzuwenden. Dies ist der Fall, wenn der Fonds als Immobilien- oder Auslands-Immobilienfonds und Mischfonds qualifiziert oder mehrheitlich in Aktien börsennotierter Immobiliengesellschaften investiert.[782]

Bei mittelbarer Beteiligung über eine PersGes wird in § 20 Abs. 3a InvStG klargestellt, dass auf die dahinter stehenden Anleger abzustellen ist. Dies entfaltet vor allem Wirkung bei der Aktienteilfreistellung, da hier nach Anlegerkategorie unterschieden wird.[783] Hat die PersGes die Option nach § 1a KStG in Anspruch genommen, gilt dies nicht; es gelten die Teilfreistellungssätze für betriebliche Anleger nach KStG.[784]

Bei der Ermittlung des Gewerbeertrages sind die Freistellungssätze nach § 20 Abs. 5 InvStG jeweils hälftig zu berücksichtigen.[785] Investmentfonds unterliegen in den meisten Fällen keiner gewerbesteuerlichen Vorbelastung.[786] Da die Investmenterträge jedoch Veräußerungsgewinne enthalten, welche bei der Direktanlage den Gewerbeertrag mindern, ist eine Berücksichtigung notwendig.[787] Dies wird über eine hälftige Teilfreistellung umgesetzt.[788] Hinsichtlich Mitunternehmerschaften, bei denen die PersGes selbst GewSt-Subjekt ist, entfaltet § 7 Satz 4 GewStG entsprechende Anwendung; der Freistellungssatz ermittelt sich als „Misch-Freistellungssatz"[789] in Abhängigkeit der Teilfreistellungssätze der Mitunternehmer.[790]

Die Qualifikation des Investmentfonds anhand der Anlagequoten kann nach § 20 Abs. 4 InvStG durch den Anleger nachgewiesen werden, wenn aus den Anlagebedingungen keine Aussagen hinsichtlich der Quoten entnommen werden können.[791] Diese Regelung hat vor dem Hintergrund der EuGH-Entscheidung in der Rs. *van Caster* Einzug in das Gesetz gefunden.[792] Damit wird dem Anleger allerdings eine

---

782 Vgl. *Schwarz/Jüdes*, in: Bordewin/Brandt (Hrsg.), EStG-Kommentar, § 20 InvStG, Rn. 64; *Kleutgens*, in: Moritz/Jesch/Mann (Hrsg.), Kommentar InvStG, § 20, Rn. 80.

783 Vgl. *Mann*, in: Brandis/Heuermann (Hrsg.), Ertragsteuerrecht Kommentar, § 20 InvStG, Rn. 38d

784 Vgl. *Brandl*, in: K/S/B/H/K (Hrsg.), InvStG-Kommentar, § 20, Rn. 61.

785 Vgl. *Ebner*, RdF 2017, 305 (306); kritisch dazu: *Schwarz/Jüdes*, in: Bordewin/Brandt (Hrsg.), EStG-Kommentar, § 20 InvStG, Rn. 87.

786 Vgl. BMF vom 21.05.2019, IV C 1 - S 1980-1/16/10010:001, Rn. 20.19, in: BStBl. I 2019, 527.

787 Vgl. *Mertesdorf-Perathoner*, in: Bödecker/Ernst/Hartmann (Hrsg.), BeckOK InvStG, § 20 InvStG, Rn. 75.

788 Vgl. BMF vom 21.05.2019, IV C 1 - S 1980-1/16/10010:001, Rn. 20.19, in: BStBl. I 2019, 527.

789 *Jansen/Greger*, DStR 2018, 282 (283).

790 Vgl. BMF vom 21.05.2019, IV C 1 - S 1980-1/16/10010:001, Rn. 20.20, in: BStBl. I 2019, 527; *Mann*, in: Brandis/Heuermann (Hrsg.), Ertragsteuerrecht Kommentar, § 20 InvStG, Rn. 45. Bei vermögensverwaltenden PersGes unterliegt diese keiner GewSt-Pflicht, sodass die individuellen Teilfreistellungssätze der Gesellschafter angewandt werden, vgl. *Mann*, in: Brandis/Heuermann (Hrsg.), Ertragsteuerrecht Kommentar, § 20 InvStG, Rn. 45.

791 Vgl. *Brandl*, in: K/S/B/H/K (Hrsg.), InvStG-Kommentar, § 20, Rn. 62.

792 Vgl. *Remmel*, in: H/H/R (Hrsg.), EStG, KStG-Kommentar, § 21 InvStG, Rn. 62

Wahlmöglichkeit eröffnet, indem er jedes Jahr selbst entschieden kann, ob die Teilfreistellungen durch entsprechend geführten Nachweis anzuwenden sind, oder im Verlustfall die Quoten nicht nachzuweisen, damit ein Verlust vollständig und nicht nur zum Teil geltend gemacht werden kann.[793] Dahingehend regelt § 20 Abs. 4 Satz 2 InvStG, dass der Anleger bei einem Veräußerungsverlust von mehr als 500 € sowie bei Wertminderungen von Investmentanteilen, für die er zuvor den entsprechenden Nachweis für eine Teilfreistellung im Ertragsfall geführt hat, die erforderlichen Informationen für die Prüfung der Voraussetzungen einer Teilfreistellung für den gesamten Besitzzeitraum beschafft.[794] Diese Regelung führt allerdings auf Anleger- sowie Verwaltungsseite zu erheblichen Aufwand.[795]

Der Abzug von Aufwendungen[796], die mit den „teilfreigestellten" Erträgen im wirtschaftlichen Zusammenhang[797] stehen, ist nach § 21 InvStG nur anteilig, in Höhe des steuerpflichtigen Teils der Erträge, möglich.[798] Dies entspricht dem Gedanken, welcher auch dem anteiligen Abzugsverbot in § 3c Abs. 2 EStG immanent ist.[799] Davon unberührt bleibt das Werbungskostenabzugsverbot nach § 20 Abs. 9 EStG, sodass Privatanleger den (vollen, ungekürzten) Sparer-Pauschbetrag in Anspruch nehmen können.[800]

Im Ergebnis wird durch die Teilfreistellung die Doppelbesteuerung abgemildert; eine exakte Gleichstellung zur Direktanlage scheint jedoch nicht möglich.[801] Nach *Jüdes* ist vielmehr ein sog. Shareholder-Relief-System angestrebt, als die vollumfängliche Gleichstellung zur Direktanlage.[802]

---

793 Vgl. Stellungnahme des Bundesrates und Gegenäußerung der Bundesregierung zu einem JStG 2024 vom 02.10.2024, BT-Drs. 20/13157, 53.

794 Vgl. Beschlussempfehlung und Bericht des Finanzausschusses zu einem JStG 2024 vom 16.10.2024, BT-Drs. 20/13419, 65; JStG 2024 vom 05.12.2024, BGBl. 2024 I, Nr. 387, 17.

795 Vgl. Stellungnahme des Bundesrates und Gegenäußerung der Bundesregierung zu einem JStG 2024 vom 02.10.2024, BT-Drs. 20/13157, 53.

796 Insbesondere Betriebsvermögensminderungen, Betriebsausgaben, Veräußerungskosten oder Werbungskosten (Satz 1); Wert des BV oder Wert des Anteils des BV oder Anschaffungs- oder Herstellungskosten, sofern bei der Ermittlung der Einkünfte mindernd berücksichtigt, §§ 16, 17 23 EStG (Satz 2).

797 Anwendung der allgemeingültigen Prinzipien: Veranlassungsprinzip, vgl. BMF vom 21.05.2019, IV C 1 - S 1980-1/16/10010:001, Rn. 21.5, in: BStBl. I 2019, 527.

798 Vgl. § 21 InvStG; *Hillebrand/Mattheis*, StuB 2016, 895 (899).

799 Vgl. *Mann*, in: W/B/A (Hrsg.), KAGB, § 21 InvStG, Rn. 1.

800 Vgl. BMF vom 21.05.2019, IV C 1 - S 1980-1/16/10010:001, Rn. 21.2, in: BStBl. I 2019, 527; *Jüdes*, in: Bordewin/Brandt (Hrsg.), EStG-Kommentar, § 21 InvStG, Rn. 6.

801 Vgl. *Elser/Stiegler*, IStR 2017, 567 (568).

802 Vgl. *Schwarz/Jüdes*, in: Bordewin/Brandt (Hrsg.), EStG-Kommentar, § 20 InvStG, Rn. 23.

c. Ausländische Investmenterträge

Werden von inländischen, unbeschränkt steuerpflichtigen Anlegern[803] Ausschüttungen ausländischer Investmentfonds vereinnahmt, unterliegen diese i.R.d. Welteinkommensprinzips der inländischen Besteuerung i.S.v. § 20 Abs. 1 Nr. 3 EStG. Die ausländischen Ausschüttungen können im Ausland einer sog. Fondsausgangsquellensteuer unterliegen. Diese ist gemäß § 32d Abs. 5 EStG und § 26 KStG anrechnungsfähig.[804] Besteht mit dem ausländischen Staat ein DBA, wird die Ausschüttung regelmäßig als Dividende i.S.v. Art. 10 OECD-MA definiert (siehe dazu H.II.5.). Gemäß Art. 10 Abs. 1 i.V.m. Abs. 2 OECD-MA wird dem Ansässigkeitsstaat des Investmentfonds grundsätzlich ein Quellenbesteuerungsrecht von 15 % zugestanden. In Deutschland wird die ausländische QuSt angerechnet.[805] Besteht eine sog. Schachtelbeteiligung einer Körperschaft von 10 % an dem ausländischen Investmentfonds, reduziert sich die ausländische QuSt auf 5 %; in Deutschland werden die Einkünfte freigestellt (sog. Internationales Schachtelprivileg).[806] In den meisten ausländischen Rechtsstatuten unterliegen Investmentfonds keiner Besteuerung.[807] Die Ausschüttungen könnten folglich in Gänze steuerfrei bleiben („weiße Einkünfte"), was wiederrum Gestaltungsspielräume eröffnet.[808]

Um dieser „zweckwidrigen" Ausnutzung der Abkommensvorteile[809] entgegenzuwirken, wurde in § 16 Abs. 4 InvStG eine entsprechende Regelung geschaffen, welche die abkommensrechtliche Freistellung der entsprechenden Ausschüttungen an zwei weitere Voraussetzungen knüpft:

1. der Staat, dem das Besteuerungsrecht nach DBA zusteht, unterwirft Investmentfonds einer allgemeinen Ertragsbesteuerung und
2. die Ausschüttung beruht zu mehr als 50 % auf nicht steuerbefreiten Einkünften des Investmentfonds.

---

803 Ggf. sind auch beschränkt steuerpflichtige Anleger betroffen, vgl. *Einsfelder*, in: Bordewin/Brandt (Hrsg.), EStG-Kommentar, § 16 InvStG, Rn. 37.

804 Gemäß § 32d Abs. 5 Satz 1 EStG wurde mit dem JStG 2020 eine Konkretisierung eingefügt, welche das Verhältnis zu § 20 InvStG klarstellen soll. Vor Anrechnung der ausl. Steuer sind die Teilfreistellungen anzuwenden, vgl. *Remmel*, in: H/H/R (Hrsg.), EStG KStG-Kommentar, § 20 InvStG, Rn. 1; Gesetzentwurf zum JStG 2020 vom 25.09.2020, BT-Drs. 19/22850, 92.

805 Vgl. Art. 22 Abs. 1 Nr. 3 a) DVHG; *Remmel*, in: H/H/R (Hrsg.), EStG KStG-Kommentar, § 16 InvStG, Rn. 20.

806 Vgl. Art. 22 Abs. 1 Nr. 1 Satz 1 und Satz 2 DVHG.

807 Vgl. *Hoffmann*, in: Korn (Hrsg.), EStG Kommentar, § 16 InvStG 2018, Rn. 37; *Wenzel*, in: Brandis/Heuermann (Hrsg.), Ertragsteuerrecht Kommentar, § 16 InvStG, Rn. 25.

808 Vgl. Gesetzentwurf zum InvStRefG vom 07.04.2016, BT-Drs. 18/8045, 87.

809 Vgl. *Ebenda*, 87; BMF vom 21.05.2019, IV C 1 - S 1980-1/16/10010:001, Rn. 16.18, in: BStBl. I 2019, 527.

In der Literatur wird regelmäßig angeführt, dass § 16 Abs. 4 InvStG nur bei ausländischen Investmentfonds in kapitalgesellschaftlicher Rechtsform gilt.[810] Dies ist fraglich, da auch Investmentfonds nach Vertragstyp (Sondervermögen) abkommensrechtlich als ansässige Person eingestuft werden (siehe Abschnitt H.II.2.a).

Unter „allgemeiner Ertragsbesteuerung" ist nach Satz 3 der Regelung gemeint, dass der Investmentfonds einer Besteuerung von mindestens 10 % unterliegt und nicht persönlich von der Steuer befreit ist.[811] Auch wenn der Ansässigkeitsstaat des Investmentfonds nach dem DBA einen Quellensteuersatz von 0 % erhebt, sind nach Satz 2 die Voraussetzungen und Rechtsfolgen zunächst zu prüfen.[812] Sachliche Steuerbefreiungen einzelner Einkunftsarten sind diesem Kriterium nach zunächst unschädlich, da auf die nominelle und nicht die tatsächliche Steuerbelastung abgestellt wird; jedoch ist die zweite Voraussetzung in diesem Zusammenhang zu beachten.[813] Diese erfasst vor allem Fälle, in denen der Investmentfonds eine sachliche Steuerbefreiung bestimmter Einkünfte in Anspruch nehmen kann oder ausgeschüttete Erträge von der steuerlichen Bemessungsgrundlage des Investmentfonds ausgenommen werden.[814] Dahingehend erfolgt aus Vereinfachungsgründen keine Durchschau auf die Steuerbelastungen auf Ebene der Portfolio-Unternehmen.[815] Diese Praxis wird kritisiert, da das Schachtelprivileg die Vermeidung von wirtschaftlicher Steuermehrfachbelastungen über die Beteiligungskette zum Ziel hat; daher sollte eine Betrachtung der Zusammenhänge zwischen Steuerbelastung und Steuerbefreiungen berücksichtigt werden.[816]

Hinsichtlich der Beweislast für die Erfüllung der Voraussetzungen kann von einer Grundregel in § 16 Abs. 4 Satz 1-2 InvStG und einer Vermutungsregel in § 16 Abs. 4 Satz 3 InvStG gesprochen werden.[817] Grundsätzlich hat die Finanzbehörde die Pflicht zum Nachweis der Voraussetzungen, da es sich um steuererhöhende Tatsachen handelt; daran ändert auch die umfassende Mitwirkungspflicht des Steuerpflichtigen (hier:

---

810 Vgl. *Remmel*, in: H/H/R (Hrsg.), EStG KStG-Kommentar, § 16 InvStG, Rn. 20; *Jung*, in: Bödecker/Ernst/Hartmann (Hrsg.), BeckOK InvStG, § 16 InvStG, Rn. 127; *von Freeden*, in: Schaumburg (Hrsg.), Internationales Steuerrecht, Rn. 12.24 (4. Aufl.).

811 Vgl. *Helios/Mann*, DB-SA 2016, 1 (13 f.); Gesetzentwurf zum InvStRefG vom 07.04.2016, BT-Drs. 18/8045, 87.

812 Vgl. Gesetzentwurf zum InvStRefG vom 07.04.2016, BT-Drs. 18/8045, 87; *Moritz/Strohm*, in: Moritz/Jesch/Mann (Hrsg.), Kommentar InvStG, § 16, Rn. 39.

813 Vgl. BMF vom 21.05.2019, IV C 1 - S 1980-1/16/10010:001, Rn. 16.22, in: BStBl. I 2019, 527; Gesetzentwurf zum InvStRefG vom 11.03.2016, BR-Drs. 119/16, 97; *Helios/Mann*, DB-SA 2016, 1 (13).

814 Vgl. Gesetzentwurf zum InvStRefG vom 07.04.2016, BT-Drs. 18/8045, 84.

815 Vgl. BMF vom 21.05.2019, IV C 1 - S 1980-1/16/10010:001, Rn. 16.20, in: BStBl. I 2019, 527.

816 Vgl. *Kammeter/Behrens*, in: K/S/B/H/K (Hrsg.), InvStG-Kommentar, § 16, Rn. 84.

817 Vgl. *Rüsch*, ISR 2020, 140 (143).

ausländischer Investmentfonds) insbesondere bei Auslandssachverhalten nichts.[818] In § 16 Abs. 4 Satz 3 InvStG wurde i.R.d. Beweislastumkehr ausdrücklich normiert, dass der Anleger die allgemeine Ertragsbesteuerung nachzuweisen hat. In der Literatur wird vermehrt angenommen, dass beide Voraussetzungen von den Anlegern zu erbringen sind.[819] Dies könnte für die zweite Voraussetzung problematisch sein, da dem Anleger keine Informationen zur Zusammensetzung der Ausschüttung auf Ebene des Investmentfonds vorliegen und die Mitwirkung des ausländischen Investmentfonds erforderlich ist.[820] Eine Mitwirkung des Fonds sollte i.R.d. Investmentsteuerreform und der Umsetzung des Trennungsprinzips auch nicht mehr erforderlich sein.[821]

Diese Regelung kann auch als innerstaatliche Subject-to-tax-Klausel[822] bezeichnet werden und wirkt im Sinne eines offenen Treaty Overrides („ungeachtet des Abkommens").[823] Der Vorschrift wird eine erhebliche praktische Bedeutung beigemessen.[824] Mit der Regelung konnte die DBA-Rückausnahme in § 7 Abs. 7 AStG a.F. gestrichen werden. Dies hat zur Folge, dass bei DBA-Freistellung der ausländischen Einkünfte die Voraussetzungen des § 16 Abs. 4 InvStG einschlägig sind und es in der Folge zur Anwendung des InvStG kommt, während nach alter Rechtslage bis 31. Dezember 2017 eine DBA-Freistellung zur Anwendung der Hinzurechnungsbesteuerung führt.[825]

---

818 Vgl. *Ebenda*, 140 (143); § 88 Abs. 1 Satz 1 AO; § 90 Abs. 2 AO; *Kammeter/Behrens*, in: K/S/B/H/K (Hrsg.), InvStG-Kommentar, § 16, Rn. 85.

819 Vgl. *Wenzel*, in: Brandis/Heuermann (Hrsg.), Ertragsteuerrecht Kommentar, § 16 InvStG, Rn. 31; *Jung*, in: Bödecker/Ernst/Hartmann (Hrsg.), BeckOK InvStG, § 16 InvStG, Rn. 150.

820 Vgl. *Wenzel*, in: Brandis/Heuermann (Hrsg.), Ertragsteuerrecht Kommentar, § 16 InvStG, Rn. 31.

821 Vgl. *Jung*, in: Bödecker/Ernst/Hartmann (Hrsg.), BeckOK InvStG, § 16 InvStG, Rn. 152

822 Gemäß einer subject-to-tax Klausel wird eine abkommensrechtliche Freistellung eines Staates davon abhängig gemacht, dass eine Besteuerung im anderen Staat erfolgt, vgl. *Valta*, in: Schaumburg (Hrsg.), Internationales Steuerrecht, Rn. 5.15 (5. Aufl.).

823 Vgl. *Helios/Mann*, DB-SA 2016, 1 (13); *Mann*, in: W/B/A (Hrsg.), KAGB, § 16 InvStG 2018, Rn. 8; *Remmel*, in: H/H/R (Hrsg.), EStG, KStG- Kommentar, § 16 InvStG, Rn. 1; zur Zulässigkeit von Treaty-Override siehe BVerfG vom 15.12.2015, 2 BvL 1/12, BVerfGE 141, 1.

824 Vgl. *Hoffmann*, in: Korn (Hrsg.), EStG Kommentar, § 16 InvStG 2018, Rn. 37; *Wenzel*, in: Brandis/Heuermann (Hrsg.), Ertragsteuerrecht Kommentar, § 16 InvStG, Rn. 25.

825 Zur Erklärung: Wird die Freistellung nach § 16 Abs. 4 InvStG zugelassen, erfolgt keine Besteuerung über das InvStG. Analog zur Intention der früheren DBA-Rückausnahme im AStG kann eine Erfassung der thesaurierten Erträge über die Hinzurechnungsbesteuerung erfolgen. Betrachtet man jedoch nun die Voraussetzungen des § 16 Abs. 4 InvStG, welche eine Freistellung ermöglichen, gilt diese u.a. nur bei einer allgemeinen ausl. Ertragsbesteuerung des Fonds von mindestens 10 %. Bei einer Ertragsbesteuerung von über 10 % ist demzufolge die DBA-Freistellung zulässig. Vor diesem Hintergrund kann ein Ausschluss der Hinzurechnungsbesteuerung nicht vollumfänglich begründet werden, da diese bis zu einer Ertragsbesteuerung von bis zu 25 % anzuwenden ist. Einziger Grund die Hinzurechnungsbesteuerung zu suspendieren, liegt darin, dass die Ausnahme nun in § 16 des InvStG verortet ist, und der § 7 AStG lediglich die Anwendung des InvStG voraussetzt, nicht jedoch eine tatsächliche Besteuerung. Das bedeutet, dass bis zum 31.12.2017 eine DBA-Freistellung zur Anwendung der Hinzurechnungsbesteuerung und ab dem 01.01.2018 u.U. zur Anwendung des InvStG führt.

Dem Wortlaut nach erfasst § 16 Abs. 4 InvStG lediglich die Ausschüttungen eines ausländischen Investmentfonds.[826] Es stellt sich jedoch die Frage, ob auch die Vorabpauschale unter das abkommensrechtliche Schachtelprivileg fällt.[827] In diesem Fall würde § 16 Abs. 4 EStG ein Regelungsdefizit aufweisen. Fraglich ist sodann, ob § 16 Abs. 4 InvStG auch auf die Vorabpauschale anzuwenden ist.[828] Aufgrund des Wortlautes fallen abkommensrechtlich freigestellte Vorabpauschalen und Veräußerungsgewinne fallen insoweit nicht darunter.[829]

826 Vgl. *Rüsch*, ISR 2020, 140 (141).

827 Vgl. *Schwarz*, Investmentbesteuerung im Anwendungsbereich des InvStG, 434; *von Freeden*, in: Schaumburg (Hrsg.), Internationales Steuerrecht, Rn. 12.23 (5. Aufl.).

828 vgl. Literaturstand in *Remmel*, in: H/H/R (Hrsg.), EStG KStG-Kommentar, § 16 InvStG, Rn. 20; *Kammeter/Behrens*, in: K/S/B/H/K (Hrsg.), InvStG-Kommentar, § 16, Rn. 80; *Rüsch*, ISR 2020, 140 (141).

829 Vgl. *Köhler/Schober*, Praxisleitfaden Investmentsteuerrecht, 126.

G. Besteuerung von Spezial-Investmentfonds und deren Anlegern

I. Überblick

Kapitel 3 des InvStG enthält die Besteuerungsregelungen für Spezial-Investmentfonds (§§ 25-33, 52 InvStG) und deren Anleger (§§ 34 – 52 InvStG). In Abbildung Anhang 2 in Anhang A wird die Besteuerung von Kapitel-3-Investmentfonds und deren Anlegern zusammenfassend dargestellt.

Gemäß § 25 InvStG sind die Vorschriften des Kapitels 2 auf Spezial-Investmentfonds grundsätzlich nicht anwendbar, es sei denn aufgrund ausdrücklichen Verweises. Ein solcher Verweis findet sich insbesondere in § 29 Abs. 1 InvStG, der wiederum wesentliche Regelungen des 2. Kapitels des InvStG vorschreibt. Mit dieser gesetzlichen Trennung existieren grundsätzlich zwei getrennte Besteuerungsregime – für Investmentfonds (Kapitel-2-Investmentfonds) und Spezial-Investmentfonds (Kapitel-3-Investmentfonds).[830] Die Regelungen des Kapitels 1[831] des InvStG („Allgemeine Regelungen") finden auch gegenüber SpIF Anwendung. Voraussetzung bleibt damit die Einordnung als „Investmentfonds" nach § 1 Abs. 2 InvStG.[832] Der typische Anlegerkreis von SpIF umfasst juristische Personen, insbesondere Kreditinstitute, Versicherungsunternehmen, Versorgungswerke und Pensionsfonds.[833]

Als SpIF kann ein Fonds qualifiziert werden, soweit er die Voraussetzungen des § 26 InvStG erfüllt.[834] Zunächst sind für SpIF gemäß § 29 Abs. 1 InvStG die Vorschriften der §§ 6, 7, 11 und 15 InvStG aus Kapitel 2 des InvStG anzuwenden, es sei denn, es ergeben sich ausdrückliche Abweichungen (insbesondere aus §§ 30 und 33 InvStG). Daher sind auch SpIF mit den in § 6 InvStG genannten inländischen Einkünften körperschaftsteuerpflichtig. Wird im Zusammenhang mit Investitionen nach § 26 Nr. 7a InvStG die Bagatellgrenze von 5 % für die Gewerbesteuerbefreiung überschritten, folgt zudem eine Veranlagung der qualifizierten Einkünfte zur Gewerbesteuer.

Es ist allerdings möglich, zu einer transparenten Besteuerung zu optieren.[835] Für inländische Beteiligungseinnahmen und Einnahmen, die dem Steuerabzug unterliegen,

---

830 Vgl. *Dorn*, Investmentsteuerrecht, 165; § 25 InvStG wird mit „Getrennte Besteuerungsgrundlagen" bezeichnet.

831 Sowie von Kapitel 4 und 5.

832 Vgl. *Gottschling*, in: Moritz/Jesch/Mann (Hrsg.), Kommentar InvStG, § 26, Rn. 5.

833 Vgl. *Thiede*, NWB-EV 2020, 233 (233).

834 Vgl. *Dorn*, Investmentsteuerrecht, 166.

835 Dies entspricht dann größtenteils dem vorangegangenen Besteuerungsregime, vgl. *Böcker*, NWB 2016, 2789 (2794 f.).

C. Haberkorn, *International-steuerliche Strukturen der reformierten Investmentbesteuerung*, Hallesche Schriften zur Betriebswirtschaft 38,
https://doi.org/10.1007/978-3-658-49895-5_7

kann der SpIF die Transparenzoption nach § 30 InvStG ausüben. In Bezug auf inländische Immobilienerträge und sonstige inländisch Einkünfte ohne Steuerabzug ist die Transparenzoption in § 33 InvStG geregelt. Beide Optionen können unabhängig voneinander ausgeübt werden.[836] Folglich kann sich der SpIF vollständig von der Körperschaftsteuer befreien lassen.[837] Die Einkünfte werden direkt den Anlegern zugerechnet und auf deren Ebene versteuert. Die Ausübung der Transparenzoptionen ist mitunter dann sinnvoll, wenn Anleger einem geringeren Steuersatz als der SpIF unterliegen.[838] Eine umfassende Darstellung erfolgt in den nachfolgenden Abschnitten.

Jeder Spezial-Investmentfonds ist ebenso ein Investmentfonds nach § 1 Abs. 2 InvStG; ist ein Investmentfonds grundsätzlich als SpIF einzuordnen, ist fraglich, ob eine Qualifizierungspflicht als solcher besteht. Nach der Gesetzesbegründung sowie der Verwaltungsauffassung kann ein SpIF auch initial als Kapitel-2-Fonds besteuert werden, wenn die Voraussetzungen für Kapitel-3-Fonds nicht „geltend gemacht wurden".[839] Nach § 24 InvStG ist dann jedoch ein Wechsel von einer Kapitel-2-Besteuerung zu der Kapitel-3-Besteuerung ausgeschlossen. In der Literatur wird darin ein Widerspruch zu § 25 InvStG gesehen, welcher klar postuliert, dass die Vorschriften des Kapitels 2 (§ 24 InvStG inkludiert) auf SpIF grundsätzlich nicht anzuwenden sind.[840] Nach herrschender Literaturmeinung bestehe nur ein „faktisches" Wahlrecht die Anlagebedingungen nach § 26 InvStG auszurichten.[841] Ein „dezidiertes" Wahlrecht kann nicht angenommen werden, sodass die Erfüllung der Voraussetzung zur Besteuerung nach Kapitel 3 und somit zu einer verpflichteten Qualifizierung führt.[842] Dieser Ansicht ist zu folgen. Denn das Gesetz normiert beide Steuersysteme unabhängig nebeneinander; die Besteuerung von SpIF und deren Anlegern verweist in Einzelfällen auf Kapitel 2. Es ist somit nicht beabsichtigt SpIF darüber hinaus gehende Regelungen oder gar die komplette Geltung des Kapitel 2 zu eröffnen. Eine gesetzgeberische Klarstellung wäre dahingehend wünschenswert.

---

836 Vgl. *Stadler/Jetter*, DStR 2015, 1833 (1839); *Dorn*, Investmentsteuerrecht, 175.

837 Vgl. *Kempf/Müller*, SteuK 2016, 517 (520).

838 Vgl. *Stadler/Jetter*, in: Moritz/Jesch/Mann (Hrsg.), Kommentar InvStG, § 30, Rn. 102.

839 Vgl. Gesetzentwurf zum InvStRefG vom 07.04.2016, BT-Drs. 18/8045, 94; BMF vom 21.05.2019, IV C 1 - S 1980-1/16/10010:001, Rn. 24.1, in: BStBl. I 2019, 527.

840 Vgl. *Kretzschmann/Albrecht*, in: K/S/B/H/K (Hrsg.), InvStG-Kommentar, § 24, Rn. 8; *Enders/Lebioda*, in: Moritz/Jesch/Mann (Hrsg.), Kommentar InvStG, § 24, Rn. 5.

841 Vgl. *Buge*, in: H/H/R (Hrsg.), EStG, KStG-Kommentar, § 24 InvStG, Rn. 5 *Gottschling*, in: Moritz/Jesch/Mann (Hrsg.), Kommentar InvStG, § 26, Rn. 7; *Bödecker*, in: Bödecker/Ernst/Hartmann (Hrsg.), BeckOK InvStG, § 26 InvStG Rn. 3.

842 Vgl. *Kretzschmann/Albrecht*, in: K/S/B/H/K (Hrsg.), InvStG-Kommentar, § 26, Rn. 5; *Hartmann*, in: Bödecker/Ernst/Hartmann (Hrsg.), BeckOK InvStG, § 24 InvStG, Rn. 15; *Buge*, in: H/H/R (Hrsg.), EStG, KStG-Kommentar, § 24 InvStG, Rn. 5.

Unzweifelhaft ist, dass ein Investmentfonds, welcher zu einem späteren Zeitpunkt die Voraussetzungen für die Einordnung als SpIF erfüllt (oder als solcher nun qualifiziert werden möchte), nicht in das Kapitel-3-Besteuerungssystem wechseln kann.[843] Umgekehrt ist ein Wechsel für Spezial-Investmentfonds in die Kapitel-2-Besteuerung nach § 52 InvStG nicht möglich. Sollte der SpIF die Anlagebestimmungen des § 26 InvStG nicht mehr erfüllen bzw. wesentlich dagegen verstoßen, gilt der SpIF als aufgelöst und als Investmentfonds nach Kapitel 2 neu aufgelegt, sofern die Voraussetzungen des § 1 Abs. 2 InvStG erfüllt sind.[844] Die Wahl des Besteuerungssystems ist somit bindend.

Der Status als Spezial-Investmentfonds wird über eine Statusbescheinigung nach § 7 Abs. 3 InvStG bestätigt (§ 29 Abs. 2 InvStG). Eine Nichtbescheinigung führt jedoch nicht dazu, dass der SpIF nicht als solcher behandelt werden kann; daher hat sie eher deklaratorischen als konstitutiven Charakter.[845]

Im Folgenden werden die Voraussetzungen für die steuerliche Einordnung als SpIF erläutert und die Rechtsfolgen bei Ausübung bzw. Nichtausübung der Transparenzoptionen aufgezeigt.

II. Wesentliche Anlagebestimmungen nach § 26 InvStG

Um als Spezial-Investmentfonds zu qualifizieren, darf kein wesentlicher Verstoß gegen die Anlagebestimmungen in § 26 InvStG vorliegen. Für inländische Spezial-Investmentfonds sind darüber hinaus die in § 27 InvStG festgelegten Rechtsformerfordernisse zu beachten. Diese schreiben als zulässige Rechtsformen Sondervermögen nach § 1 Abs. 10 KAGB und die Investmentaktiengesellschaft mit veränderlichem Kapital nach § 108 KAGB vor. Angesichts der investmentsteuerlichen Vorgaben, insbesondere für Spezial-Investmentfonds, kommen ohnehin keine alternativen Rechtsformen in Betracht, sodass die Norm zwar konstitutiven Charakter entfaltet, jedoch nur geringe praktische Relevanz.[846] Bis zum 31. Dezember 2022 war kategorisch die ausdrückliche Gewerbesteuerbefreiung nach § 15 Abs. 2 und 3 InvStG vorgeschrieben. Ab 2023 ist diese Voraussetzung nun nicht mehr erforderlich. Im Zusammenhang mit

---

843 Vgl. BMF vom 21.05.2019, IV C 1 - S 1980-1/16/10010:001, Rn. 24.1, in: BStBl. I 2019, 527.

844 Vgl. *Dorn*, Investmentsteuerrecht, 166; BMF vom 29.10.2020, IV C 1 - S 1980-1/19/10008:016, Rn. 52.1 f., 52.6, in: BStBl. I 2020, 1167 (Änderung BMF-Schreiben vom 21.05.2019).

845 Vgl. *Behrens*, in: K/S/B/H/K (Hrsg.), InvStG-Kommentar, § 29, Rn. 34; *Wolny*, in: Bödecker/Ernst/Hartmann (Hrsg.), BeckOK InvStG, § 29 InvStG, Rn. 38.

846 § 26 Nr. 1 InvStG (Vollregulierung); § 26 Nr. 2 InvStG (offene Fonds), § 1 Abs. 3 InvStG (keine PersGes), vgl. *Kretzschmann/Albrecht*, in: K/S/B/H/K (Hrsg.), InvStG-Kommentar, § 27, Rn. 3; *Schwarz*, Investmentbesteuerung im Anwendungsbereich des InvStG, 40 (Fn. 165).

der neu eingeführten Nr. 7a des § 26 InvStG kann ein SpIF der Gewerbesteuer unterliegen.[847] Im Folgenden werden die Anlagebestimmungen kurz erläutert.

Gemäß den elf Anlagebestimmungen des § 26 InvStG muss der Investmentfonds oder dessen Verwalter einer Investmentaufsicht im jeweiligen Sitzstaat unterliegen (**Nr. 1**) und die Vermögensgegenstände nach dem Grundsatz der Risikomischung anlegen (**Nr. 3**). Dieser Grundsatz gilt als erfüllt, wenn in mehr als drei Vermögensgegenstände mit unterschiedlichen Anlagerisiken investiert wird. Die Anleger haben mindestens einmal pro Jahr das Recht zur Rückgabe ihrer Anteile (**Nr. 2**). In **Nr. 4** a) bis m) werden die zulässigen Vermögensgegenstände aufgezählt, in die der Fonds mindestens 90 % seines Wertes investieren soll. Insgesamt darf der Fonds jedoch lediglich 20 % seines Wertes in Beteiligungen an Kapitalgesellschaften ohne Börsennotierung sowie 20 % in Kryptowerte investieren (**Nr. 5**). Diesbezüglich dürfen Immobilienfonds ausnahmsweise 100 % ihres Wertes in Immobilien-Gesellschaften investieren. Die Beteiligung (mittelbar/unmittelbar) an einer Kapitalgesellschaft muss weniger als 10 % betragen (**Nr. 6**). Dies gilt nicht für die Beteiligung an Immobilien-Gesellschaften, ÖPP-Gesellschaften und Gesellschaften, die die Erzeugung erneuerbarer Energien zum Gegenstand haben. Nach **Nr. 7** ist die Kreditaufnahme nur kurzfristig möglich und nur zu 30 % des Fondswertes. Eine Ausnahme existiert erneut für Immobilienfonds bei Anlage in Immobilien. Vor 2023 sind die Voraussetzungen für die Gewerbesteuerbefreiung zu erfüllen (s.o.). Mit dem JStG 2022[848] wird unter **Nr. 7a** angeführt, dass die Einnahmen aus einer aktiven unternehmerischen Bewirtschaftung i.S.d. § 15 Abs. 2 Satz 1 Nr. 2 InvStG weniger als 5 % der Gesamteinnahmen betragen. Eine Beschränkung auf Anlage und Verwaltung wird nicht mehr vorausgesetzt.[849] Mit Satz 2 der Nr. 7a wird die Grenze auf 20 %[850] für Einnahmen aus der Stromerzeugung aus erneuerbaren Energien und elektrischen Ladestationen erhöht, die im Zusammenhang mit der Vermietung und Verpachtung von Grundstücken stehen. Mit dieser Gesetzesänderung sollen derartige Investitionen gefördert werden.[851] Bezüglich der beteiligten Anleger eines Investmentfonds gilt eine Begrenzung der Anlegerzahl auf 100 (**Nr. 8**). Hierbei sind auch die mittelbar beteiligten Anleger über eine PersGes mit

847 Vgl. Beschlussempfehlung und Bericht des Finanzausschusses zum JStG 2022 vom 30.11.2022, BT-Drs. 20/4729, 148.

848 JStG 2022 vom 16.12.2022, BGBl. 2022 I, 2294.

849 § 15 Abs. 2 Satz 1 Nr. 1 InvStG.

850 Erhöhung von 10 % auf 20 % durch das Wachstumschancengesetz vom 27.03.2024, BGBl. 2024 I, Nr. 108.

851 Vgl. Beschlussempfehlung und Bericht des Finanzausschusses zum JStG 2022 vom 30.11.2022, BT-Drs. 20/4729, 148.

einzuberechnen.[852] Natürliche Personen dürfen nur unter bestimmten Voraussetzungen beteiligt sein, z.B. wenn die Beteiligung im BV gehalten wird oder eine Beteiligung aufsichtsrechtlich erforderlich ist. Ansonsten steht die Anlage grundsätzlich institutionellen Anlegern offen. Vor diesem Hintergrund kann der Fonds ein Sonderkündigungsrecht gegenüber den Anlegern geltend machen (**Nr. 9**), sodass die Voraussetzungen der Nr. 8 erfüllt werden können. Die letzte Nummer (**Nr. 10**) regelt, dass die steuerlichen Anlagebestimmungen aus den Anlagebedingungen sinngemäß[853] hervorgehen.

Geringfügige Verstöße gegen die Anlagebestimmungen des § 26 InvStG führen nicht unmittelbar zur Aberkennung des Status als Spezial-Investmentfonds. Die Überschreitung der Anlagegrenzen aufgrund von Wertveränderungen der Vermögensgegenstände stellt keinen wesentlichen Verstoß dar.[854] Anders verhält es sich, wenn aktiv, bewusst und zweckgerichtet für missbräuchliche Gestaltungen gegen die Bedingungen verstoßen wird, um vermeintliche Gestaltungsspielräume auszunutzen.[855] Die Gesamtbetrachtung des Einzelfalls ist mithin entscheidend, wobei Faktoren wie z.B. die Gesamtdauer des Verstoßes, der verhältnismäßige Umfang sowie die Bemühungen zur Beseitigung des Verstoßes im Besonderen berücksichtigt werden sollten.[856]

III. Besteuerungssystematik ohne Ausübung der Transparenzoptionen

1. Ebene des Spezial-Investmentfonds

Für die Beteiligung über Spezial-Investmentfonds verfolgt der Gesetzgeber weiterhin das Ziel einer sogenannten semi-transparenten Besteuerung.[857] Grundsätzlich wird der (in- und ausländische) Spezial-Investmentfonds als Körperschaftsteuersubjekt betrachtet. § 29 Abs. 1 InvStG regelt dessen Steuerpflicht, indem die Vorschriften der §§ 6, 7, 11 und 15 InvStG bezüglich Körperschaft- und Gewerbesteuer sowie des Einbehalts und der Erstattung der KapESt für anwendbar erklärt werden. Dahingehend wird auf die Ausführungen in Kapitel F verwiesen.

---

852 Weitere Vorschriften zur Beteiligung von PersGes sind in § 28 InvStG geregelt.

853 Vgl. BMF vom 20.01.2021, IV C 1 - S 1980-1/19/10008:011, Rn. 26.1, in: BStBl. I 2021, 156 (Änderung BMF-Schreiben vom 21.05.2019). Dies gilt nicht für Nr. 7a.

854 Vgl. Gesetzentwurf zum InvStRefG vom 07.04.2016, BT-Drs. 18/8045, 95.

855 Vgl. *Ebenda*, 95; *Ebner*, RdF 2019, 314 (315).

856 Vgl. BMF vom 20.01.2021, IV C 1 - S 1980-1/19/10008:011, Rn. 26.3, in: BStBl. I 2021, 156 (Änderung BMF-Schreiben vom 21.05.2019).

857 Gesetzentwurf zum InvStRefG vom 07.04.2016, BT-Drs. 18/8045, 1.

Inländische Beteiligungseinnahmen, inländische Immobilienerträge und sonstige inländische Einkünfte i.S.d. § 6 Abs. 3 – 5 InvStG unterliegen somit auf Ebene des SpIF der Körperschaftsteuer. Welche Einnahmen keine Steuerbarkeit auf Fondsebene innehaben, ist den Ausführungen unter F.I.2.d. zu entnehmen.
Die Ermittlung der steuerpflichtigen Einkünfte des SpIF ergibt sich aus § 6 Abs. 7 InvStG.[858] Die Grundsätze für die Einkünfteermittlung nach §§ 37 ff. InvStG gelten derweil nur für die Anleger.[859] Auf der Fondseingangsseite werden inländische Beteiligungseinnahmen sowie sonstige inländische Einkünfte, die dem Steuerabzug unterliegen, mit abgeltender Wirkung auf Bruttobasis zu 15 % (inkl. SolZ) besteuert; für alle weiteren steuerpflichtigen Erträge kommt im Veranlagungsverfahren unter Abzug der Kosten eine Körperschaftsteuer von 15 % zzgl. SolZ zum Tragen (§ 7 Abs. 1 und 2 InvStG). Sind diese Einnahmen als Spezial-Investmenterträge auf Anlegerebene (erneut) zu erfassen, wird den Anlegern eine Steuerfreistellung nach§ 42 Abs. 4 und 5 InvStG gewährt.[860] Auf der Fondsausgangsseite hat der inländische SpIF als Entrichtungspflichtiger nach § 50 InvStG auf Spezial-Investmenterträge einen Steuerabzug i.H.v. 15 % (zzgl. SolZ) für die Anleger vorzunehmen, welcher hierbei keine abgeltende Wirkung entfaltet. Denn aufgrund des semi-transparenten Besteuerungssystems soll zur Sicherstellung des Besteuerungssubstrates ein Steuerabzug auf Fondsausgangsseite erfolgen.[861] Ausländische SpIF werden aus unionsrechtlichen Gründen jedoch nicht zum Steuerabzug verpflichtet, da dieser durch die bloße Beteiligung inländischer Anleger nicht verlangt werden kann.[862] Es stellt sich die Frage, inwieweit für die Inanspruchnahme der Transparenzoption nach § 33 InvStG der KapESt-Abzug vor diesem Hintergrund auf freiwilliger Basis zulässig ist.[863]

§ 29 Abs. 3 InvStG stellt sicher, dass bei (unwesentlichem) Überschreiten der Höchstgrenze nach § 26 Nr. 6 InvStG von 10 % für Kapitalgesellschaftsbeteiligungen, damit ausgelöste Besteuerungsvorteile, wie bspw. aus der Mutter-Tochter-Richtlinie oder aus DBA-Schachtelbeteiligungen, nicht gewährt werden. Dies ist nach Satz 2 auch

---

858 Vgl. BMF vom 29.10.2020, IV C 1 - S 1980-1/19/10008:016, Rn. 29.2, in: BStBl. I 2020, 1167 (Ergänzung BMF-Schreiben vom 21.05.2019).

859 Vgl. BMF vom 29.10.2020, IV C 1 - S 1980-1/19/10008:016, Rn. 29.2, in: BStBl. I 2020, 1167 (Ergänzung BMF-Schreiben vom 21.05.2019); Ein Vergleich beider Verfahren in: *Haug*, in: Moritz/Jesch/Mann (Hrsg.), Kommentar InvStG, § 29, Rn. 26; BMF vom 20.1.2021, IV C 1 - S 1980-1/19/10008:011, Rn. 37.4, in: BStBl. I 2021, 156 (Ergänzung BMF-Schreiben vom 21.05.2019).

860 Vgl. *Helios/Mann*, DB-SA 2016, 1 (22).

861 Vgl. *Laatsch*, in: Moritz/Jesch/Mann (Hrsg.), Kommentar InvStG, § 50 InvStG, Rn. 1.

862 Vgl. Gesetzentwurf zum InvStRefG vom 07.04.2016, BT-Drs. 18/8045, 97.

863 Dazu siehe Abschnitt G.V.; Vgl. *Laatsch*, in: Moritz/Jesch/Mann (Hrsg.), Kommentar InvStG, § 50 InvStG, Rn. 28 ff.

entgegen geltenden DBA zu berücksichtigen (Treaty Override).[864] § 29 Abs. 4 InvStG regelt ab 2023 die Berücksichtigung der Gewerbesteuer, welche weder auf die KSt angerechnet noch als Werbungskosten mindernd geltend gemacht werden kann.

2. Anlegerebene

Die Besteuerung der Anleger eines Spezial-Investmentfonds richtet sich nach Abschnitt 2 des Kapitels 3 des InvStG. Hier werden in § 34 InvStG die Erträge aus Spezial-Investmentfonds aufgezählt, welche über § 20 Abs. 1 Nr. 3a EStG als Einkünfte aus Kapitalvermögen der Besteuerung beim Anleger unterliegen:

- Ausgeschüttete Erträge nach § 35 InvStG
- Ausschüttungsgleiche Erträge (agE) nach § 36 InvStG
- Gewinn aus der Veräußerung von Spezial-Investmentfonds-Anteilen nach § 49 InvStG

a. Spezial-Investmenterträge nach § 34 InvStG

(1) Ausgeschüttete Erträge, § 35 InvStG

Die ausgeschütteten Erträge definiert § 35 Abs. 1 InvStG als „die nach §§ 37 bis 41 [InvStG] ermittelten Einkünfte, die von einem Spezial-Investmentfonds zur Ausschüttung verwendet werden.“ Sie führen beim Anleger zu steuerpflichtigen Erträgen nach § 20 Abs. 1 Nr. 3a EStG.[865] Die Berechnung der ausgeschütteten Erträge erfolgt unabhängig vom Anleger nach einer „modifizierten Einnahmen-Überschuss-Rechnung“.[866] Bei Ausschüttungen von Spezial-Investmentfonds ist steuersystematisch zwischen Ausschüttungen des Investmentvermögens (§ 2 Abs. 11 InvStG) und den für die Anlegerbesteuerung relevanten „ausgeschütteten Erträge“ (§ 35 InvStG) zu unterscheiden.[867] Während der Ausschüttungsbegriff nach § 2 Abs. 11 InvStG die dem Anleger gezahlten und gut geschriebenen Beträge umfasst, sind nicht sämtliche dieser Ausschüttungsbestandteile unter die „ausgeschütteten Erträge“ nach § 35 InvStG zu subsumieren[868] Sog. Zurechnungsbeträge sind bereits über die Inanspruchnahme der Transparenzoptionen steuerlich beim Anleger erfasst; Absetzungsbeträge sowie Substanzerträge können steuerfrei ausgeschüttet werden genauso wie agE, welche bereits

---

864 Vgl. *Mann*, in: W/B/A (Hrsg.), KAGB, § 29 InvStG, Rn. 6.
865 Vgl. *Häuselmann*, Investmentanteile, 274.
866 Vgl. *Thiede*, NWB-EV 2020, 233 (236).
867 Vgl. *Häuselmann*, Investmentanteile, 273.
868 Vgl. *Ebenda*, 274.

in den Vorjahren steuerlich erfasst wurden.[869] Diese zählen damit nicht zu den ausgeschütteten Erträgen i.S.v. § 35 InvStG.[870] Da es in der Praxis nicht immer möglich ist die Ausschüttungen der Fondsausgangsseite konkret den bestimmten Einkünften auf der Fondseingangsseite zuzuordnen, ist die in § 35 Abs. 2 InvStG normierte Verwendungsreihenfolge für Besteuerungszwecke einzuhalten.[871] Weiterhin besteht deren Zweck darin, zunächst Beträge auszuschütten, die beim Anleger bereits besteuert wurden oder eine Steuerpflicht auslösen und nachfolgend erst (steuerfreie) Substanzauskehrungen erfassen.[872] Demnach gelten Zurechnungsbeträge[873], Immobilien-Zurechnungsbeträge[874] und Absetzungsbeträge[875] als vorrangig ausgeschüttet; Substanzerträge (§ 35 Abs. 5 InvStG) gelten als nach Ausschüttung sämtlicher Erträge als verwendet.[876] Ohne die Regelung der Ausschüttungsreihenfolge würde der Investmentfonds zunächst Beträge ausschütten, die auf Anlegerebene keine Besteuerung auslösen (Substanzerträge, Absetzungsbeträge), womit potenzielle Steuerstundungsvorteile realisiert werden könnten.[877] Eine nähere Beschreibung mit Beispiel der Ausschüttungsreihenfolge findet sich im Anhang B.

(2) Ausschüttungsgleiche Erträge, § 36 InvStG

Als ausschüttungsgleiche Erträge werden die positiven[878] Erträge bezeichnet, welche durch den Spezial-Investmentfonds nicht zur Ausschüttung, sondern zur Thesaurierung verwendet werden. Die agE sind demnach durch den Anleger jährlich zu versteuern, obwohl ihm keine Beträge zufließen. Dies folgt dem Transparenzgedanken.

---

869 Vgl. *Ebenda*, 274; *Kloster*, in: Moritz/Jesch/Mann (Hrsg.), Kommentar InvStG, § 35, Rn. 6.

870 Vgl. *Wenzel*, in: Brandis/Heuermann (Hrsg.), Ertragsteuerrecht Kommentar, § 35 InvStG, Rn. 11; *Höring*, in: Bödecker/Ernst/Hartmann (Hrsg.), BeckOK InvStG, § 35, Rn. 21; *Buge*, in: H/H/R (Hrsg.), EStG, KStG-Kommentar, § 35 InvStG, Rn. 5.

871 Vgl. *Buge*, in: H/H/R (Hrsg.), EStG, KStG- Kommentar, § 35 InvStG, Rn. 10

872 Vgl. *Ebenda*, Rn. 5; vergleichbar mit § 27 KStG.

873 Zurechnungsbeträge (§ 35 Abs. 3 InvStG): die zugeflossenen inländischen Beteiligungseinnahmen und sonstigen inländischen Einkünfte mit Steuerabzug nach Abzug der KapESt bei Ausübung der Transparenzoption nach § 30 InvStG.

874 Immobilienzurechnungsbeträge (§ 35 Abs. 3a InvStG): die zugeflossenen inländischen Immobilienerträge und sonstigen inländischen Einkünfte ohne Steuerabzug bei Ausübung der Transparenzoption nach § 33 InvStG.

875 Absetzungsbeträge (§ 35 Abs. 4 InvStG): die ausgeschütteten Einnahmen aus der Vermietung und Verpachtung von Grundstücken oder grundstücksgleichen Rechten, soweit auf diese Einnahmen Absetzungen für Abnutzungen oder Substanzverringerung entfallen. Absetzungsbeträge können nur im Geschäftsjahr ihrer Entstehung oder innerhalb von vier Monaten nach Ablauf des Geschäftsjahres ihrer Entstehung und nur zusammen mit den Einnahmen im Sinne des Satzes 1 ausgeschüttet werden.

876 Vgl. *Kloster*, Neukonzeption der Investmentbesteuerung, 679; *Höring*, in: Bödecker/Ernst/Hartmann (Hrsg.), BeckOK InvStG, § 35, Rn. 2.

877 Vgl. *Kloster*, Neukonzeption der Investmentbesteuerung, 679.

878 Zugerechnet werden die nach §§ 37-41 InvStG ermittelten positiven agE. Verluste übertragen sich nicht auf den Anleger, vgl. BMF vom 29.04.2021, IV C 1 - S 1980-1/19/10008:017, Rn. 36.2, in: BStBl. 2021 I, 735 (Änderung BMF-Schreiben vom 21.05.2019).

Dazu gehören nach § 36 Abs. 1 Nr. 1-3 InvStG: Kapitalerträge nach § 20 EStG[879]; Mieten, Pachten und Veräußerungsgewinne von Grundstücken und grundstücksgleichen Rechten[880]; sonstige Erträge[881]. Wird die Transparenzoption nach § 30 InvStG in Anspruch genommen, stellt Abs. 1 Satz 2 der Regelung klar, dass inländische Beteiligungseinnahmen und sonstige inländischen Einkünfte mit Steuerabzug kein Bestandteil der agE sind. Diese werden aufgrund der direkten steuerlichen Zurechnung als sog. Zurechnungsbeträge erfasst.[882]

Daneben gilt zu beachten, dass § 36 Abs. 2 Nr. 1-3 InvStG auch steuerfrei thesaurierbare Kapitalerträge normiert (sog. Fondsprivileg): Erträge aus Stillhalterprämien nach § 20 Abs. 1 Nr. 11 EStG; Gewinne nach § 20 Abs. 2 Satz 1 Nr. 1, 3, 7 EStG und Gewinne aus der Veräußerung von Investmentanteilen und Anteilen an Spezial-Investmentfonds. Die steuerfreie Thesaurierung ist nach § 36 Abs. 5 InvStG auf maximal 15 Jahre begrenzt.[883]

(3) Gewinne aus der Veräußerung von Spezial-Investmentfonds-Anteilen, § 49 InvStG

§ 49 InvStG normiert die steuerlichen Folgen für den Anleger, sollte dieser seine/n Anteil/e am Spezial-Investmentfonds veräußern.[884] Was eine Veräußerung darstellt, definiert § 2 Abs. 13 InvStG.[885] Für die Ermittlung des VG ist § 49 Abs. 3 InvStG maßgeblich. Die Berechnungsschemata für den VG privater und betrieblicher Anleger sind in Anhang B dargestellt.

879 Mit Ausnahme der steuerfrei thesaurierbaren Kapitelerträge nach § 36 Abs. 2 InvStG. Die Kapitalerträge umfassen z.B. Zinsen, Dividenden, Spezial- und Investmenterträge, Veräußerungsgewinne aus stillen Beteiligungen und partiarischen Darlehen, Hinzurechnungsbeträge nach § 10 Abs. 2 Satz 1 AStG; vgl. Gesetzentwurf zum InvStRefG vom 07.04.2016, BT-Drs. 18/8045, 104; *Dorn*, Investmentsteuerrecht, 203; BMF vom 29.04.2021, IV C 1 - S 1980-1/19/10008:017, Rn. 36.6, in: BStBl. I 2021, 735 (Änderung BMF-Schreiben vom 21.05.2019).

880 Auch hier gilt die Steuerfreiheit außerhalb der Spekulationsfrist nicht; vgl. *Dorn*, Investmentsteuerrecht, 185.

881 § 36 Abs. 3 InvStG bestimmt die sonstigen Erträge als Einkünfte, die nicht unter §§ 20, 21, 23 Abs. 1 Satz 1 Nr. 1 EStG fallen. Mitunter betrifft dies bspw. Kompensationszahlungen aus Wertpapier-Darlehensgeschäften, Gewinne i.S.d. § 17 EStG, Gewinnanteile und VG aus gewerblichen PersGes; vgl. *Wenzel*, in: Brandis/Heuermann (Hrsg.), Ertragsteuerrecht Kommentar, § 36 InvStG, Rn. 28; BMF vom 29.04.2021, IV C 1 - S 1980-1/19/10008:017, Rn. 36.39, in: BStBl. I 2021, 735 (Änderung BMF-Schreiben vom 21.05.2019).

882 Vgl. *Kloster*, in: Moritz/Jesch/Mann (Hrsg.), Kommentar InvStG, § 36, Rn. 31.

883 Vgl. *Hillebrand/Mattheis*, StuB 2016, 895 (900); *Helios/Mann*, DB-SA 2016, 1 (20).

884 Dies gilt jedoch auch im Fall von Teilwertabschreibungen.

885 Demnach gilt als Veräußerung auch die Rückgabe, Abtretung, Entnahme oder verdeckte Einlage, sowie die Abwicklung und Liquidation des (Spezial)-Investmentfonds.

Zusätzlich regelt § 49 InvStG in den Absätzen 1 und 2 die außerbilanzielle Korrektur[886] dieses steuerpflichtigen VG um den sog. Anleger-Aktiengewinn, Anleger-Abkommensgewinn und Anleger-Teilfreistellungsgewinn.[887] Die Berücksichtigung dieser Anlegergewinne trägt erneut dem Transparenzgedanken Rechnung, indem steuerbegünstigte Bestandteile, welche sich im (erhöhten) Wert des Fondsanteils wiederfinden, herausgerechnet und außerbilanziell korrigiert werden, da sie ansonsten der Veräußerungsgewinnbesteuerung beim Anleger unterliegen.[888] Diese Anlegergewinne berechnen sich jeweils aus den analogen Fonds-Gewinnen[889] während der Besitzzeit des Anlegers. Dabei ist jeweils die Differenz des Fonds-Aktien-[890] bzw. -Abkommens-[891] bzw. -Teilfreistellungsgewinns[892] im Veräußerungszeitpunkt und Anschaffungszeitpunkt zu bilden.[893] Die Fondsgewinne sind nach § 48 Abs. 1 Satz 1 InvStG pro Spezial-Investmentfonds-Anteil bewertungstäglich[894] zu berechnen und dem Anleger bekannt zu geben.

Auf den Anleger-Aktiengewinn ist nach § 49 Abs. 1 Satz 1 InvStG das TEV sowie § 8b KStG anzuwenden; der Anleger-Abkommens- sowie der -Teilfreistellungsgewinn ist freizustellen. Da diese außerbilanziell korrigiert werden, mindern (erhöhen) positive (negative) Anleger-Gewinne den steuerpflichtigen VG.[895] Die Berücksichtigung der Anleger-Gewinne findet lediglich bei bilanzierenden Anlegern Anwendung; für natürliche Personen, mit den Anteilen im Privatvermögen, bestimmt sich der VG nach § 49 Abs. 3 InvStG i.V.m. § 20 Abs. 4 EStG.[896]

b. Einkünfteermittlung

§§ 37 – 41 InvStG enthalten die Grundsätze für die Einkünfteermittlung der ausgeschütteten und agE auf Ebene des Spezial-Investmentfonds für Zwecke der

---

886 Vgl. *Schober*, in: Moritz/Jesch/Mann (Hrsg.), Kommentar InvStG, § 49, Rn. 48; *Köhler/Schober*, Praxisleitfaden Investmentsteuerrecht, 268.

887 Werden folglich insgesamt als Anlegergewinne bezeichnet.

888 Vgl. *Link*, in: K/S/B/H/K (Hrsg.), InvStG-Kommentar, § 49, Rn. 2; *Link*, in: H/H/R (Hrsg.), EStG, KStG-Kommentar, § 49 InvStG, Rn. 1.

889 Hiermit sind der Fonds-Aktiengewinn, Fonds-Abkommensgewinn und Fonds-Teilfreistellungsgewinn gemeint. Geregelt werden diese in § 48 InvStG.

890 Der Fonds-Aktiengewinn bezeichnet realisierte Gewinne und Wertsteigerungen aus Aktien.

891 Fonds-Abkommensgewinn aufgrund eines DBA freizustellende Erträge und Wertsteigerungen.

892 Fonds-Teilfreistellungsgewinn auf Erträge, die dem Teilfreistellungssystem nach § 20 InvStG unterliegen.

893 Vgl. BMF vom 29.04.2021, IV C 1 - S 1980-1/19/10008:017, Rn. 49.13, in: BStBl. I 2021, 735 (Änderung BMF-Schreiben vom 21.05.2019).

894 Vgl. *Link*, in: H/H/R (Hrsg.), EStG, KStG-Kommentar, § 49 InvStG, Rn. 6.

895 Vgl. *Link*, in: H/H/R (Hrsg.), EStG, KStG-Kommentar, § 49 InvStG, Rn. 1.

896 Vgl. *Ebenda*, Rn. 5; *Schober*, in: Moritz/Jesch/Mann (Hrsg.), Kommentar InvStG, § 49, Rn. 22.

Anlegerbesteuerung.[897] Diese erfolgen nach § 37 Abs. 1 Satz 1 InvStG über den Überschuss der Einnahmen über die Werbungskosten „entsprechend § 2 Abs. 2 Satz 1 Nr. 2 EStG". § 38 InvStG regelt die periodengerechte Abgrenzung.[898] §§ 39 und 40 InvStG definieren den Abzug von Werbungskosten bzw. Direkt- und Allgemeinkosten. § 41 InvStG normiert die Berücksichtigung von Verlusten. Auf eine ausführliche Darstellung der Einkünfteermittlung wird an dieser Stelle verzichtet.

c. Besteuerung

§ 34 Abs. 1 InvStG stellt eine bloße Definitionsnorm dar.[899] Die steuerliche Einordnung der Spezial-Investmenterträge erfolgt über § 20 Abs. 1 Nr. 3a EStG als Einkünfte aus Kapitalvermögen. Damit wird die Steuerbarkeit auf Anlegerebene begründet.[900] Da die Regelung initial für Privatanleger gilt, diese sich an Spezial-Investmentfonds jedoch nur in Ausnahmefällen beteiligen dürfen, erfolgt wie nach allgemeinen Grundsätzen, über § 8 Abs. 2 KStG sowie das Subsidiaritätsprinzip in § 20 Abs. 8 EStG die Transformation in gewerbliche Einkünfte (Gewinneinkunftsarten). Die Besteuerung richtet sich nach den allgemeinen Regelungen für die Überschuss- bzw. Gewinneinkunftsarten.[901] Ausländische Anleger begründen mit inländischen Spezial-Investmenterträgen mangels Normierung in § 49 EStG keine beschränkte Steuerpflicht.[902] Für Privatanleger ist konkret zu beachten, dass über § 34 Abs. 2 Satz 1 InvStG die Geltung der Abgeltungsteuer sowie des Sparer-Pauschbetrags ausgeschlossen wird.[903] Werbungskosten sind demzufolge in voller Höhe abziehbar; eine unbeschränkte Verlustverrechnung ist ebenso möglich.[904] Mit dem Ausschluss des besonderen Steuertarifs i.S.d. § 32d Abs. 1 EStG i.H.v. 25 % soll einer übermäßigen Privilegierung von Spezial-Investmentfonds-Anlegern gegenüber Anlegern von (Publikums-)Investmentfonds entgegengewirkt werden, da erstere die Möglichkeit zur steuerneutralen Thesaurierung von Veräußerungsgewinnen und Gewinnen aus Termingeschäften bei Spezial-Investmentfonds haben (sog. Fondsprivileg).[905] Für betriebliche Anleger ist die

---

897 Für Zwecke der Besteuerung des SpIF werden die Grundsätze des § 6 Abs. 5 InvStG angewandt.

898 Vgl. *Dorn*, Investmentsteuerrecht, 198.

899 Vgl. *Buge*, in: H/H/R (Hrsg.), EStG, KStG-Kommentar, § 34 InvStG, Rn. 5.

900 Vgl. *Ebenda*, Rn. 5.

901 Vgl. *Moritz/Strohm*, in: Moritz/Jesch/Mann (Hrsg.), Kommentar InvStG, § 34, Rn. 24.

902 Vgl. *Mann*, in: W/B/A (Hrsg.), KAGB, § 34 InvStG, Rn. 1.

903 Im Einzelnen sind dies die §§ 2 Abs. 5b, 20 Abs. 6 und 9, 32d sowie 43 Abs. 5 Satz 1 EStG.

904 Vgl. *Moritz/Strohm*, in: Moritz/Jesch/Mann (Hrsg.), Kommentar InvStG, § 34, Rn. 20; BMF vom 18.06.2021, IV C 1 - S 1980-1/19/10008:022, Rn. 34.5, in: BStBl. I 2021, 844 (Änderung BMF-Schreiben vom 21.05.2019).

905 Vgl. Gesetzentwurf zum InvStRefG vom 07.04.2016, BT-Drs. 18/8045, 102. Anleger von (Publikums-)Investmentfonds können die Kapitalerträge nicht steuerfrei thesaurieren (Vorabpauschale).

Anwendung des TEV sowie des § 8b KStG nach § 34 Abs. 2 Satz 2 InvStG nur unter den Voraussetzungen des § 42 InvStG möglich.[906] Die §§ 42-44 InvStG regeln insgesamt Steuerbegünstigungen und korrespondierende Abzugsbeschränkungen; § 47 InvStG die Anrechnung ausländischer QuSt. Nähere Ausführungen erfolgen anhand der Belastungsanalyse in Kapitel I.

§ 45 InvStG normiert die Gewerbesteuerpflicht von Spezial-Investmenterträgen, § 46 InvStG die Zinsschranke und § 48 InvStG die Zusammensetzung des Fonds-Aktien- bzw. -Abkommens- bzw. -Teilfreistellungsgewinns. Auf nähere Erläuterungen dieser Regelungen wird verzichtet.

d. Steuerbefreiungen

In den §§ 42 und 43 InvStG werden Steuerbefreiungen geregelt, um eine transparente Behandlung der Einkünfte zu gewährleisten, die steuerliche Vorbelastung auszugleichen und die Fondsanleger mit den Direktanlegern gleichzustellen.[907]

Für die Inanspruchnahme der Steuerbefreiungen hat der Fonds nach § 48 Abs. 2 InvStG den Fonds-Aktiengewinn (für § 42 Abs. 1 -3 InvStG), den Fonds-Abkommensgewinn (für § 43 Abs. 1 InvStG), den Fonds-Freistellungsgewinn (für § 43 Abs. 3 InvStG) zu ermitteln und den Anlegern bekannt zu machen.

(1) § 42 InvStG – Beteiligungseinkünfte und Immobilienerträge

§ 42 InvStG regelt verschiedene sachliche Steuerbefreiungen auf Anlegerebene. Die Absätze 1-3 enthalten Steuerbefreiungen für Beteiligungserträge an Körperschaften, welche in den ausgeschütteten und agE enthalten sind, aber auf Fondsebene mangels Steuerpflicht zu keiner steuerlichen Erfassung führten.[908] Dies betrifft Veräußerungsgewinne oder ausländische Gewinnausschüttungen.[909] Die Absätze 4 und 5 regeln (Teil)freistellungen für inländische Beteiligungseinnahmen und Immobilienerträge, welche bereits auf Fondsebene der Besteuerung unterlagen. Diese sollen die

---

[906] Die Regelungen des § 3 Nr. 40 EStG und des § 8b KStG sind indes nicht auf Einkünfte nach § 20 Abs. 1 Nr. 3a EStG anwendbar, sodass der Ausschluss deklaratorische Bedeutung manifestiert, vgl. BMF vom 18.06.2021, IV C 1 - S 1980-1/19/10008:022, Rn. 34.6, in: BStBl. I 2021 844 (Ergänzung BMF-Schreiben vom 21.05.2019); *Mann*, in: W/B/A (Hrsg.), KAGB, § 34 InvStG, Rn. 3.

[907] Vgl. *Meynköhn*, in: K/S/B/H/K (Hrsg.), InvStG-Kommentar, § 43, Rn. 1; *Kreft*, in: Moritz/Jesch/Mann (Hrsg.), Kommentar InvStG, § 43, Rn. 2; *Gloßner*, in: Brandis/Heuermann (Hrsg.), Ertragsteuerrecht Kommentar, § 43 InvStG, Rn. 1; *Lampert*, in: Bödecker/Ernst/Hartmann (Hrsg.), BeckOK InvStG, § 42 InvStG, Rn. 1.

[908] Vgl. *Jesch*, in: Moritz/Jesch/Mann (Hrsg.), Kommentar InvStG, § 42, Rn. 7.

[909] Vgl. *Ebenda*, Rn. 8; *Meynköhn*, in: K/S/B/H/K (Hrsg.), InvStG-Kommentar, § 42, Rn. 7.

Steuerbefreiungen des TEV und des § 8b KStG insofern berücksichtigen, als die ausgeschütteten und agE entsprechende Beteiligungserträge enthalten.[910] Die (Teil-)Freistellungen betragen bzgl. inländischer Beteiligungseinnahmen (Abs. 4) 60 % für natürliche Personen, welche die Anteile im PV oder BV halten; bei Körperschaftsteuersubjekten 100 %, vorausgesetzt der SpIF unterliegt dem vollen KSt-satz von 15 % auch i.V.m. Entlastungsansprüchen aus DBA.[911] Bzgl. inländischer Immobilienerträge (Abs. 5) betragen die Freistellungen 20 % bzw. 100 %.

(2) § 43 InvStG – DBA und Teilfreistellungen

§ 43 Abs. 1 InvStG regelt den Fall, dass ein Spezial-Investmentfonds ausländische Einkünfte erzielt, die er selbst nicht besteuert, da sie nicht der sachlichen Körperschaftsteuerpflicht unterliegen. Gemäß § 43 Abs. 1 InvStG gelten sachliche Steuerbefreiungen von ausgeschütteten und agE auf Anlegerebene, enthalten diese ausländische Einkünfte (auf der Fondseingangsseite), welche bei einer Direktanlage über ein DBA freizustellen wären.[912] Dahingehend ist das DBA aus Anlegersicht relevant.[913] Ausländische Einkünfte unterliegen auf Fondsebene keiner Besteuerung, sodass die Weiterleitung der DBA-Begünstigungen sachgerecht ist.

Dazu sind nach Satz 1 die ausgeschütteten und agE bei der Veranlagung des Anlegers von der Bemessungsgrundlage auszunehmen, insoweit ausländische, nach DBA freigestellte, Einkünfte enthalten sind. Dahingehend kommen folgende Einkünfte in Betracht:[914]

- Einkünfte aus unbeweglichen Vermögen mit ausländischer Belegenheit (Art. 6 OECD-MA)
- Dividenden aus Schachtelbeteiligungen (Art. 10 OECD-MA), vorbehaltlich § 43 Abs. 1 Satz 3 und 4 InvStG
- Unternehmensgewinne aus einer ausländischen Betriebsstätte (Art. 7 OECD-MA), hier: Beteiligungen an ausländischen Personengesellschaften. Dabei sind die Anlagebedingungen des § 26 Nr. 5 InvStG zu beachten.
- Veräußerungsgewinne aus Beteiligungen an Immobiliengesellschaften (Art. 13 Abs. 4 OECD-MA).

---

910 Vgl. *Mann*, in: W/B/A (Hrsg.), KAGB, § 34 InvStG, Rn. 3.

911 Vgl. *Brandl*, in: Brandis/Heuermann (Hrsg.), Ertragsteuerrecht Kommentar, § 42 InvStG, Rn. 31b.

912 Vgl. *Meynköhn*, in: K/S/B/H/K (Hrsg.), InvStG-Kommentar, § 43, Rn. 14.

913 Vgl. *von Freeden*, in: Schaumburg (Hrsg.), Internationales Steuerrecht, Rn. 12.41 (5. Aufl.).

914 Vgl. *Kreft*, in: Moritz/Jesch/Mann (Hrsg.), Kommentar InvStG, § 43, Rn. 23 ff.

Mit dem Wachstumschancengesetz wurde die Regelung durch einen neuen Satz 2 erweitert, welcher eine nationale Subject-to-tax-Klausel enthält, nach der das Besteuerungsrecht an Deutschland zurückfällt, wenn keine Vorbelastung auf Fondsebene erfolgt ist.[915] Ausgenommen werden Einkünfte nach § 20 Abs. 1 Nr. 1 und 3 EStG. Dies betrifft Gewinnausschüttungen (mit Ausnahme von Gesellschaften i.S.d. § 26 Nr. 6 Satz 2 InvStG) sowie vom Spezial-Investmentfonds erzielte Investmenterträge aus einem Ziel-Investmentfonds.[916] Zu beachten ist, dass SpIF gemäß den Anlagebedingungen grundsätzlich nur weniger als 10 % in Unternehmensbeteiligungen investieren dürfen (Ausnahme im Bereich der Immobilien-Fonds, da die Beteiligung an Immobilien-Gesellschaften nach § 26 Nr. 6 Satz 2 a) InvStG auch über 10 % betragen darf). Für die Freistellung muss der Anleger nach § 43 Abs. 1 Satz 4 Nr. 1 InvStG die persönlichen Voraussetzungen zur Inanspruchnahme des DBA erfüllen. Ist im DBA eine Mindestbeteiligungshöhe vorgesehen, muss der Anleger diese nach Nr. 2 „durchgerechnet" erbringen. Für die Inanspruchnahme ermittelt der Fonds den Fonds-Abkommensgewinn nach § 48 Abs. 5 InvStG und gibt diesen den Anlegern bekannt.[917]

Mit dem ATAD-UmsG vom 25. Juni 2021[918] wurde § 43 Abs. 2 InvStG aufgehoben, welcher Freistellungen von Gewinnausschüttungen aus Zwischengesellschaften vorsah, welche bereits i.R.d. Hinzurechnungsbesteuerung erfasst wurden.[919] Die Regelung ist nicht mehr erforderlich, da dies nun durch das AStG in § 10 Abs. 6 und § 11 AStG geregelt wird.[920] Eine nähere Analyse wird in Abschnitt H.V. durchgeführt.

Weiterhin findet die Regelung zu den Teilfreistellungen in § 20 InvStG bei mittelbarer Beteiligung des Anlegers an einem Investmentfonds über einen Spezial-Investmentfonds Anwendung (§ 43 Abs. 3 InvStG).[921] § 44 InvStG regelt schließlich i.V.m. § 21 InvStG die korrespondierende eingeschränkte Abzugsfähigkeit von Aufwendungen, welche in Zusammenhang mit freigestellten Einkünften stehen.[922]

---

915 Vgl. Gesetzentwurf zum Wachstumschancengesetz vom 02.10.2023, BT-Drs. 20/8628, 210.

916 Vgl. *Meynköhn*, in: K/S/B/H/K (Hrsg.), InvStG-Kommentar, § 43, Rn. 23.

917 Vgl. *Kreft*, in: Moritz/Jesch/Mann (Hrsg.), Kommentar InvStG, § 43, Rn. 30.

918 Gesetz zur Umsetzung der Anti-Steuervermeidungsrichtlinie (ATAD-Umsetzungsgesetz – ATAD-UmsG) vom 25.06.2021, BGBl. 2021 I, 2035.

919 Vgl. *Kreft*, in: Moritz/Jesch/Mann (Hrsg.), Kommentar InvStG, § 43, Rn. 41.

920 Vgl. Entwurf eines ATAD-UmsG vom 24.03 2020, 63, erhältlich im Internet: https://www.bundesfinanzministerium.de/Content/DE/Gesetzestexte/Gesetze_Gesetzesvorhaben/Abteilungen/Abteilung_IV/19_Legislaturperiode/Gesetze_Verordnungen/2021-06-30-ATADUmsG/1-Referentenentwurf_2.pdf?__blob=publicationFile&v=2 (besucht am 05.01.2024).

921 Vgl. *Meynköhn*, in: K/S/B/H/K (Hrsg.), InvStG-Kommentar, § 43, Rn. 4.

922 Vgl. BMF vom 20.01.2021, IV C 1 - S 1980-1/19/10008:011, Rn. 44.1, in: BStBl. I 2021, 156 (Änderung BMF-Schreiben vom 21.05.2019).

e. Anrechnung ausländischer Quellensteuer

Erzielt ein in- oder ausländischer Spezial-Investmentfonds „Einkünfte aus einem ausländischen Staat“[923], welche im Ausland einer QuSt unterliegen, ist es mangels Steuerpflicht nicht möglich, die QuSt auf Fondsebene anzurechnen. Jedoch können unbeschränkt steuerpflichtige Anleger die im Ausland gezahlte QuSt nach § 47 InvStG berücksichtigen.[924] Damit soll dem Transparenzgedanken Rechnung getragen und Doppelbesteuerungen vermieden werden.[925] Im Gegensatz dazu können Anleger von Publikums-Investmentfonds eine Anrechnung ausländischer Quellensteuern aufgrund des strikten Trennungsprinzips nicht geltend machen.[926]

Dahingehend enthalten die ausgeschütteten Erträge und agE ausländische Einkünfte, auf denen eine ausländische Steuer des gleichen Staates erhoben wird.[927] Des Weiteren ist die Steuer nach § 34c Abs. 1 EStG, § 26 Abs. 1 KStG oder nach einem DBA[928] anrechenbar (§ 47 Abs. 1 Satz 1 InvStG).[929] Wird im Staat eines ausländischen SpIF zusätzlich eine sog. Abzugssteuer auf Fondsausgangsseite erhoben, ist diese nach § 47 Abs. 1 Satz 2 InvStG ebenfalls anrechenbar. Der Anrechnungshöchstbetrag richtet sich nach § 47 Abs. 2 InvStG. Die Berechnung unterscheidet sich für einkommen- und körperschaftsteuerliche Anleger (näher i.R.d. Belastungsanalyse in Kapitel I). Da SpIF insbesondere diversifizierte internationale Investments tätigen, ist für den Anrechnungshöchstbetrag aus Vereinfachungsgründen eine „all-country-limitation“ bzw. „per-fund-limitation“ vorgesehen.[930] Demnach errechnet sich nach § 47 Abs. 3 InvStG kein Anrechnungshöchstbetrag pro Land, sondern für jeden einzelnen SpIF. § 47 Abs. 5 InvStG stellt klar, dass ausländische Steuern auf nach § 43 Abs. 1 InvStG freigestellte Einkünfte nicht i.R.d. § 47 InvStG angerechnet werden. In der Literatur soll die Anrechnungsmöglichkeit auch für beschränkt Steuerpflichtige (mit EU

---

923 § 47 Abs. 1 Satz 1 InvStG. Eine Referenzierung auf „ausländische Einkünfte“ nach § 34d EStG erfolgt nicht. Stattdessen ist auf das DBA abzustellen, vgl. *Klein*, in: H/H/R (Hrsg.), EStG, KStG-Kommentar, § 47 InvStG, Rn. 5.

924 Es ist nach § 47 Abs. 4 Satz 1 InvStG möglich, den Antrag für den Abzug der ausl. Steuer nach § 34c Abs. 2 EStG zu stellen.

925 Vgl. *Ebner*, RdF 2018, 132 (135); BMF vom 06.09.2022, IV C 1 - S 1980-1/19/10008:025, Rn. 47.1, in: BStBl. I 2022, 1380 (Änderung BMF-Schreiben vom 21.05.2019).

926 Vgl. *Ebner*, RdF 2018, 132 (135).

927 Vgl. *Gloßner*, in: Brandis/Heuermann (Hrsg.), Ertragsteuerrecht Kommentar, § 47 InvStG, Rn. 19.

928 Der DBA-Vorrang nach § 34c Abs. 6 Satz 1 EStG wird aufgehoben (insbesondere § 47 Abs. 4 Satz 2 InvStG), vgl. *Schlund*, in: Bödecker/Ernst/Hartmann (Hrsg.), BeckOK InvStG, § 47 InvStG, Rn. 44.

929 Die Voraussetzungen, die die ausl. Steuer erfüllen muss, ergeben sich aus § 34c EStG.

930 Vgl. *Dorn*, Investmentsteuerrecht, 237; *Gloßner*, in: Brandis/Heuermann (Hrsg.), Ertragsteuerrecht Kommentar, § 47 InvStG, Rn. 44 f.

Ansässigkeit) gelten, da die Regelung ansonsten als unionsrechtswidrig eingestuft werden könnte.[931]

f. Besteuerungsverfahren

Die Spezial-Investmenterträge unterliegen dem KapESt-Abzug auf Fondsausgangsseite. Der Steuereinbehalt richtet sich nicht nach den §§ 43 ff. EStG, sondern nach der eigenständigen investmentsteuerlichen Vorschrift des § 50 InvStG (*lex specialis*).[932] Hiernach behält der inländische[933] Spezial-Investmentfonds eine KapESt i.H.v. 15 % ein und führt diese ab.[934] Der 15 %ige KapESt-Abzug entfällt gemäß dem Gesetzeswortlaut des § 50 Abs. 1 Satz 1 Nr. 1 InvStG auf die ausgeschütteten und agE, gemindert um die nach § 43 Abs. 1 InvStG steuerfreien Erträge sowie nach Nr. 2 auf den Veräußerungsgewinn eines Spezial-Investmentfonds-Anteils. Nicht explizit im Gesetz geregelt ist die Einbeziehung der (Teil)freistellungen nach § 42 Abs. 4 und 5 InvStG und § 43 Abs. 3 InvStG. Diese sind daher erst im Veranlagungsverfahren und nicht im Steuerabzugsverfahren zu berücksichtigen.[935] Jedoch wird gemäß dem BMF-Schreiben vom 21. Mai 2019 nicht „beanstandet", wenn der steuerfreie Teil nach §§ 42 Abs. 4, 5 und 43 Abs. 3 InvStG „ebenfalls nicht dem Steuerabzug unterworfen wird."[936] Außerdem sind nach § 50 Abs. 2 Satz 1 InvStG ausländische anrechenbare Steuern nach § 47 InvStG zu berücksichtigen. § 50 Abs. 3 InvStG normiert für betriebliche Anleger die Abstandnahme von Steuerabzug für bestimmte Kapitalerträge nach § 43 Abs. 1 Satz 1 Nr. 6, 8-12 EStG. Das betrifft insbesondere ausländische Dividenden, Aktienveräußerungsgewinne, Gewinne aus Termingeschäften.[937]

Da für private Anleger der Abgeltungscharakter nach § 34 Abs. 2 InvStG entfällt und die Kapitalertragsteuer nach § 50 InvStG keinen solchen entfaltet, sind die Spezial-Investmenterträge zu veranlagen.[938] Der Steuerabzug entfaltet Vorauszahlungswirkung.[939] Für die Veranlagung des Anlegers sind u.a.[940] die Besteuerungsgrundlagen

931 Vgl. *von Freeden*, in: Schaumburg (Hrsg.), Internationales Steuerrecht, Rn. 12.46 (5. Aufl.); *Adam*, in: K/S/B/H/K (Hrsg.), InvStG-Kommentar, § 47, Rn. 17 m.w.N.

932 Vgl. *Buge*, in: H/H/R (Hrsg.), EStG, KStG- Kommentar, § 20 EStG, Rn. 137; *Laatsch*, in: Moritz/Jesch/Mann (Hrsg.), Kommentar InvStG, § 50 InvStG, Rn. 7.

933 Ausführlicher: *Neumann*, DB 2016, 1779 (1780 f.).

934 Vgl. *Laatsch*, in: Moritz/Jesch/Mann (Hrsg.) Kommentar InvStG, § 50 InvStG, Rn. 7.

935 Vgl. *Moritz/Strohm*, in: Moritz/Jesch/Mann (Hrsg.), Kommentar InvStG, § 34 Rn. 27, 37.

936 BMF vom 21.05.2019, IV C 1 - S 1980-1/15/10010:001, Rn. 50.6, in: BStBl. I 2019, 527.

937 Vgl. *Gloßner*, in: Brandis/Heuermann (Hrsg.), Ertragsteuerrecht Kommentar, § 50 InvStG, Rn. 52.

938 Vgl. *Ronig*, in: Bödecker/Ernst/Hartmann (Hrsg.), BeckOK InvStG, § 50 InvStG, Rn. 20.

939 Vgl. *Moritz/Strohm*, in: Moritz/Jesch/Mann (Hrsg.), Kommentar InvStG, § 34 Rn. 27.

940 Weiterhin die nicht ausgeglichenen negativen Erträge nach § 41 InvStG und die positiven Erträge, die nicht zur Ausschüttung verwendet wurden, § 51 Abs. 1 InvStG.

nach §§ 29 - 49 InvStG für den SpIF und die Anleger nach § 51 InvStG gesondert und einheitlich festzustellen.[941] Dies erfolgt sowohl bei inländischen als auch bei ausländischen Spezial-Investmentfonds und gilt für ausländische Spezial-Investmentfonds mit inländischen Anlegern und/oder inländischen Einkünften.[942] Die gesonderte und einheitliche Feststellung sowie deren Grundsätze entfalten mitunter nur für die Besteuerung des Anlegers Bedeutung.[943]

IV. Besteuerungssystematik bei Ausübung der Transparenzoption nach § 30 InvStG

1. Allgemeines

Mit der Ausübung der Transparenzoption nach § 30 InvStG können sich in- und ausländische Spezial-Investmentfonds über die gesetzlichen Vertreter durch eine (freiwillige) aber unwiderrufliche[944] Erklärung gegenüber dem Entrichtungspflichtigen[945] in sachlicher Hinsicht von der Körperschaftsteuerpflicht auf die inländischen Beteiligungseinnahmen sowie sonstigen inländischen Einkünfte mit Steuerabzug befreien lassen (faktisches Wahlrecht).[946] Dazu ist die Statusbescheinigung nach § 29 Abs. 2 InvStG, welche den SpIF als solchen gegenüber dem Entrichtungspflichtigen erkenntlich macht, vorzulegen.[947] Es wird erklärt, dass den Anlegern Steuerbescheinigungen nach § 45a Abs. 2 EStG ausgestellt werden, wodurch die Anleger folglich als Gläubiger der inländischen Beteiligungseinnahmen und als Schuldner der KapESt gelten.[948] Die anfallende KapESt wird für Rechnung der Anleger erhoben.[949] Den Anlegern werden die Einnahmen in materiell-rechtlicher Hinsicht unmittelbar zugerechnet, ohne dass es einer Ausschüttung des Spezial-Investmentfonds bedarf.[950] Der Zahlungszufluss findet auf Ebene des SpIF statt, der weiterhin Eigentümer der zugrundeliegenden

---

941 Dazu gehören insbesondere: Zurechnungsbeträge, Absetzungsbeträge, Substanzerträge, ausgeschüttete Erträge, agE, vgl. *Korff*, in: K/S/B/H/K (Hrsg.), InvStG-Kommentar, § 51, Rn. 15.

942 Vgl. BMF vom 29.10.2020, IV C 1 - S 1980-1/19/10008:016, Rn. 51.2 f., in: BStBl. I 2020, 1167 (Ergänzung BMF-Schreiben vom 21.05.2019).

943 Vgl. *Haug*, in: Moritz/Jesch/Mann (Hrsg.), Kommentar InvStG, § 51, Rn. 12.

944 Die Erklärung muss zum Ausdruck bringen, dass auf das Widerrufsrecht verzichtet wird und keine nachträglichen Änderungen möglich sind, vgl. BMF vom 20.01.2021, IV C 1 - S 1980-1/19/10008:011, Rn. 30.3, in: BStBl. I 2021, 156 (Änderung BMF-Schreiben vom 21.05.2019).

945 Bei inländischen Fonds regelmäßig die Verwahrstelle, Vgl. *Lechner*, RdF 2016, 208 (216).

946 Vgl. BMF vom 20.01.2021, IV C 1 - S 1980-1/19/10008:011, Rn. 30.2, in: BStBl. I 2021, 156 (Änderung BMF-Schreiben vom 21.05.2019); *Buge*, in: H/H/R (Hrsg.), EStG, KStG-Kommentar, § 30 InvStG, Rn. 1, 5; *Dyckmans*, Ubg 2015, 531 (538); *Stadler/Bindl*, DStR 2016, 1953 (1962).

947 Vgl. *Wenzel*, in: Brandis/Heuermann (Hrsg.), Ertragsteuerrecht Kommentar, § 29 InvStG, Rn. 13; *Behrens*, in: K/S/B/H/K (Hrsg.), InvStG-Kommentar, § 29, Rn. 35.

948 Vgl. § 30 Abs. 1 Satz 2 InvStG.

949 Vgl. *Hahne*, FR 2021, 415 (416).

950 Vgl. *Ebenda*, 415 (415); *Stadler/Bindl*, DStR 2016, 1953 (1962).

Assets bleibt.[951] Bei Ausschüttung des SpIF werden beim Anleger Zurechnungsbeträge erfasst, sodass keine erneute Besteuerung i.R.d. § 35 InvStG als ausgeschüttete Erträge stattfindet.

Die Transparenzoption ist einheitlich für alle dem Steuerabzug unterliegenden inländischen Einkünfte, für alle Anleger und gegenüber allen[952] Entrichtungspflichtigen auszuüben.[953] Die Transparenzoption kann sofort mit Aufsetzen des SpIF als auch zu einem späteren Zeitpunkt ausgeübt werden.[954] Ab diesem Zeitpunkt ist die Entscheidung für die Ausübung der Transparenzoption für den gesamten Zeitraum des Bestehens des SpIF bindend.[955] Für die Einschätzung der Vorteilhaftigkeit ist der künftige Steuerstatus der Anleger maßgeblich, da die Inanspruchnahme bei geringerer Steuerbelastung des Anlegers im Vergleich zum SpIF sinnvoll wäre.[956] Bei Nichtausübung der Transparenzoption wird der SpIF mit den inländischen Beteiligungseinnahmen gemäß § 7 Abs. 1 Satz 3 InvStG der 15 %igen KapESt (inkl. SolZ) unterworfen.[957] Werden die Einnahmen den Anlegern bei Inanspruchnahme der Transparenzoption jedoch direkt zugerechnet, entfällt die Deckelung auf 15 %.[958] Daher kann die Ausübung der Transparenzoption für bestimmte Anleger nachteilig sein.[959]

2. Steuerabzug und -anrechnung

§ 31 InvStG regelt den Steuerabzug sowie die Steueranrechnung bei Ausübung der Transparenzoption. Gemäß § 31 Abs. 1 Satz 1 InvStG sind die Regelungen des EStG zum Steuerabzug so anzuwenden, als ob dem jeweiligen Anleger die Einnahmen unmittelbar zugeflossen wären. Nach §§ 43 ff. EStG unterliegen die Anleger

951 Vgl. *Hahne*, FR 2021, 415 (415). Gemäß der Gesetzesbegründung wird damit eine „vollständige Transparenz des SpIF wie bei einer PersGes hergestellt, vgl. Gesetzentwurf zum InvStRefG vom 07.04.2016, BT-Drs. 18/8045, 97. Fraglich ist dieser Vergleich, da sich das System der Personengesellschaftsbesteuerung von dem investmentsteuerlichen grundlegend unterscheidet; vgl. *Stadler/Jetter*, in: Moritz/Jesch/Mann (Hrsg.), Kommentar InvStG, § 30, Rn. 84.

952 Obwohl im Gesetz von „dem Entrichtungspflichtigen" die Rede ist, vgl. BMF vom 20.01.2021, IV C 1 - S 1980-1/19/10008:011, Rn. 30.12, in: BStBl. I 2021, 156 (Änderung BMF-Schreiben vom 21.05.2019); kritisch: *Stadler/Jetter*, in: Moritz/Jesch/Mann (Hrsg.), Kommentar InvStG, § 30, Rn. 60 ff.; *Buge*, in: H/H/R (Hrsg.), EStG, KStG-Kommentar, § 30 InvStG, Rn. 5 (m.w.N.).

953 Vgl. *Stadler/Mayer/Ludwig*, BB 2021, 1559 (1563); BMF vom 20.01.2021, IV C 1 - S 1980-1/19/10008:011, Rn. 30.5 f., 30.12, 30.44, in: BStBl. I 2021, 156 (Änderung BMF-Schreiben vom 21.05.2019).

954 Vgl. *Wolny*, in: Bödecker/Ernst/Hartmann (Hrsg.), BeckOK InvStG, § 30 InvStG, Rn. 33.

955 Vgl. *Stadler/Jetter*, in: Moritz/Jesch/Mann (Hrsg.), Kommentar InvStG, § 30, Rn. 46.

956 Vgl. *Ebenda*, Rn. 102 ff.; Berechnungsbeispiele zur Vorteilhaftigkeit in: *Hahne*, FR 2021, 415 (417).

957 Vgl. *Behrens*, RdF 2017, 297 (297).

958 Vgl. *Ebenda*, 297 (297).

959 Vgl. *Ebenda*, 297 (297).

grundsätzlich einer KapESt i.H.v. 25 %.[960] Eine Abstandnahme nach § 44a EStG oder die Erstattung nach § 44b EStG ist möglich und für jeden Anleger separat zu prüfen.[961] Sind die jeweiligen Voraussetzungen erfüllt, hat der SpIF die Erstattungsbeträge an die entsprechenden Anleger auszuzahlen.[962] Die Einnahmen müssen, unabhängig davon, wann der SpIF diese an die Anleger auskehrt, sofort beim Anleger versteuert werden.[963] Dabei ist als Zurechnungszeitpunkt der Tag des Gewinnverteilungsbeschlusses maßgeblich.[964] § 31 Abs. 3 InvStG regelt zudem die Anrechenbarkeit der erhobenen KapESt auf die ESt/KSt des Anlegers.[965] Auch im investmentsteuerlichen Kontext sollen Gestaltungen um den Dividendenstichtag zur Umgehung der Dividendenbesteuerung unter Ausnutzung der Anrechnungsregelungen (sog. Cum/Cum-Geschäfte) verhindert werden. Eine diesbezügliche Erweiterung des § 31 Abs. 3 InvStG wurde erst mit dem Bericht des Finanzausschusses vom 07. November 2019[966] aufgenommen und nach Annahme durch den Bundestag mit dem JStG 2019[967] eingeführt. Gemäß der Begründung sollen bislang nicht ausgeübte bzw. der Finanzverwaltung nicht bekannte Gestaltungsvarianten bereits im Vorfeld ausgeschlossen werden.[968] Wie bisher muss der Spezial-Investmentfonds den Anforderungen des § 36a Abs. 1-3 EStG genügen (insbesondere Mindesthaltedauer, Tragung des Mindestwertänderungsrisikos). Als Erweiterung mit dem JStG 2019 sind nun auch auf Ebene des Anlegers Kriterien wie eine Mindesthaltedauer des SpIF-Anteils sowie das Tragen des Wertänderungsrisikos zu erfüllen. Zudem darf der Anleger nicht verpflichtet sein, den Kapitalertrag an andere Personen weiterzureichen. Andernfalls sind 15 % der KapESt nicht anzurechnen; 10 % bleiben also nach § 31 Abs. 3 Satz 2 InvStG anrechenbar. Damit sollen Standortvorteile inländischer Marktteilnehmer vermieden werden, da Steuerausländer aufgrund von DBA einer QuSt von 15 % unterliegen.[969] Nähere Ausführungen siehe Abschnitt H.VI.

Bei mehrstufigen Beteiligungsstrukturen ist zudem § 30 Abs. 4 InvStG zu beachten: Ist an dem Spezial-Investmentfonds oder Investmentfonds ein anderer Spezial-

960 Vgl. *Dorn*, Investmentsteuerrecht, 180; *Ronig*, in: Bödecker/Ernst/Hartmann (Hrsg.), BeckOK InvStG, § 31 InvStG, Rn. 25.
961 Vgl. *Dorn*, Investmentsteuerrecht, 180.
962 § 31 Abs. 2 InvStG.
963 Vgl. Bericht des Finanzausschusses vom 7.11.2019, BT-Drs. 19/14909, 52.
964 § 31 Abs. 1 Satz 3 InvStG; dies wurde mit dem JStG 2019 angepasst. Vorher war der Zeitpunkt des Zuflusses des Kapitalertrags bei dem SpIF, vgl. *Dorn*, Investmentsteuerrecht, 182.
965 Vgl. *Dorn*, Investmentsteuerrecht, 182.
966 Vgl. Bericht des Finanzausschusses vom 7.11.2019, Änderungsantrag 26, BT-Drs. 19/14909, 17.
967 Vgl. JStG 2019 vom 12.12.2019, BGBl. 2019 I, 2451 (2476).
968 Vgl. Bericht des Finanzausschusses vom 7.11.2019, BT-Drs. 19/14909, 54.
969 Vgl. *Ebenda*, 55.

Investmentfonds beteiligt, handelt es sich um einen Dach-Spezial-Investmentfonds.[970] Auch dieser kann die Transparenzoption in Anspruch nehmen, sodass dessen Anleger als Gläubiger der inländischen Beteiligungseinnahmen und Schuldner der KapESt anzusehen sind.[971] Wie in Satz 2 festgelegt, findet die Regelung bei mehr als zwei Beteiligungsstufen ausdrücklich keine Anwendung. Demzufolge sind die inländischen Beteiligungseinnahmen eines Dach-Spezial-Investmentfonds aus Anteilen an einem Dach-Spezial-Investmentfonds nicht transparent den Anlegern zuzurechnen.

3. Zusammenfassende steuerliche Wirkungen beim Anleger

Abbildung G.1 zeigt die Wirkungen der Transparenzoption nach § 30 InvStG. Bei Ausübung der Transparenzoption durch den Spezial-Investmentfonds werden den Anlegern die Einnahmen unmittelbar zugerechnet (Volltransparenz[972]). Folglich erzielen sie keine Spezial-Investmenterträge nach § 20 Abs. 1 Nr. 3a EStG; sondern die inländischen Beteiligungseinnahmen und sonstigen inländischen Einkünfte (bspw. Dividendenzahlungen).[973] Hierbei werden die Bruttoeinnahmen besteuert, also ohne Berücksichtigung der Kosten, die beim Spezial-Investmentfonds angefallen sind.[974] Die Steuerbefreiungen nach § 8b KStG sowie das TEV gelten unter Berücksichtigung des § 30 Abs. 2 und 3 InvStG.[975] Gemäß § 30 Abs. 2 InvStG ist § 8b KStG als Rechtsgrundverweis[976] anwendbar, soweit es sich bei den inländischen

[970] Gemäß der Begriffsbestimmung in § 2 Abs. 5 InvStG ist ein Dach-(Spezial-)Investmentfonds ein Investmentfonds, der Anteile an einem anderen (Spezial)-Investmentfonds hält (sog. Ziel-Investmentfonds). Gemäß dem Anwendungsschreiben vom 21.05.2019 ist die Definition so auszulegen, dass ein Dach-Spezial-Investmentfonds auch Dach-Investmentfonds sein kann, soweit er Anteile an einem Investmentfonds hält, vgl. BMF vom 21.05.2019, IV C 1 - S 1980-1/16/10010:001, Rn. 3.5, in: BStBl. I 2019, 527.

[971] Vgl. *Behrens*, RdF 2017, 297 (299).

[972] Vgl. *Mann*, in: Brandis/Heuermann (Hrsg.), Ertragsteuerrecht Kommentar, § 30 InvStG, Rn. 20.

[973] Vgl. *Stadler/Jetter*, in: Moritz/Jesch/Mann (Hrsg.), Kommentar InvStG, § 30, Rn. 84; *Stadler*, in: Oestreicher (Hrsg.), BEPS konkret, 144.

[974] Vgl. BMF vom 20.01.2021, IV C 1 - S 1980-1/19/10008:011, Rn. 30.15, in: BStBl. I 2021, 156 (Änderung BMF-Schreiben vom 21.05.2019). Die Werbungskosten sind auf Ebene des SpIF „eingesperrt" und können nur durch Rückgabe/Veräußerung der Anteile geltend gemacht werden, vgl. *Haisch*, RdF 2015, 294 (302); *Helios/Mann*, DB-SA 2016, 1 (20 f.); *Stadler/Jetter*, in: Moritz/Jesch/Mann (Hrsg.), Kommentar InvStG, § 30, Rn. 89.

[975] Vgl. *Stadler/Jetter*, in: Moritz/Jesch/Mann (Hrsg.), Kommentar InvStG, § 30, Rn. 105 ff.

[976] Hierbei gibt es unterschiedliche Auffassungen zwischen Finanzverwaltung und Literatur. Gemäß BMF ist auch auf den Zeitpunkt nach § 8b Abs. 4 KStG (Beginn KJ) abzustellen, vgl. BMF vom 20.01.2021, IV C 1 - S 1980-1/19/10008:011, Rn. 30.25, in: BStBl. I 2021, 156 (Änderung BMF-Schreiben vom 21.05.2019). Gem. Literatur ist aufgrund des spezielleren Charakters des § 30 Abs. 2 Nr. 2 InvStG von einem modifizierten und eingeschränkten Rechtsgrundverweis auszugehen, wonach es nicht auf den maßgeblichen Zeitpunkt des Haltens der Beteiligung ankommt, vgl. *Stadler/Jetter*, in: Moritz/Jesch/Mann (Hrsg.), Kommentar InvStG, § 30, Rn. 133 f. (m.w.N.).

Beteiligungseinnahmen um Gewinnausschüttungen einer Gesellschaft nach § 26 Nr. 6 Satz 2 InvStG[977] handelt und die Voraussetzungen für eine Befreiung nach § 8b KStG erfüllt sind; insbesondere muss die 10 %-Schwelle durchgerechnet über den Spezial-Investmentfonds erreicht werden.[978] Zudem schließt Abs. 3 die Anwendung des TEV sowie des § 8b KStG für bestimmte Anleger[979] entsprechend der Regelungen des § 8b Abs. 7 und 8 KStG sowie § 3 Nr. 40 Satz 3 EStG aus.[980]

Abbildung G.1: Wirkungen der Transparenzoption nach § 30 InvStG.

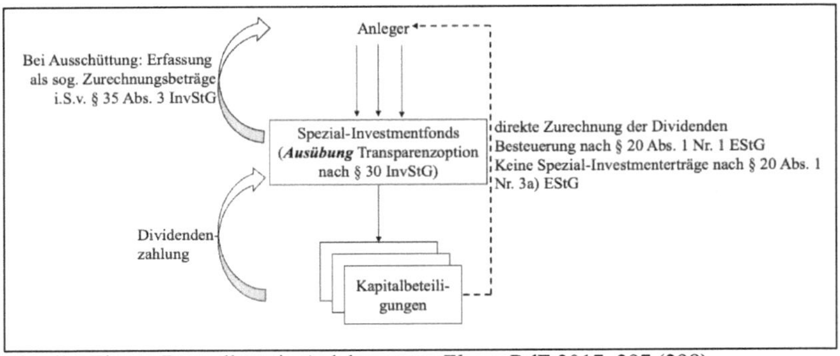

Quelle: Eigene Darstellung in Anlehnung an *Ebner*, RdF 2017, 297 (298).

Der KapESt-Abzug auf Fondsausgangsseite gem. § 50 InvStG unterbleibt bei Ausübung der Transparenzoption auf die entsprechenden Einnahmen, da diese aufgrund der direkten Zurechnung zum Anleger nicht zu den ausgeschütteten bzw. agE gehören.[981] Sie gehören bei tatsächlicher Ausschüttung gemäß der Verwendungsreihenfolge nach § 35 InvStG zu den Zurechnungsbeträgen.[982] Eine Erfassung unter die steuerpflichtigen ausgeschütteten Erträge sowie eine damit einhergehende Doppelbesteuerung wird damit vermieden.[983] Erzielt der SpIF Einkünfte, die grundsätzlich nicht der KSt-Pflicht unterliegen, werden diese auch nicht

---

977 Immobilien-Gesellschaften, ÖPP-Projektgesellschaften, Gesellschaften zur Erzeugung erneuerbarer Energien.

978 Grds. kann der SpIF sich an KapGes mit einem Anteil von unter 10 % beteiligen, sodass das § 8b KStG-Schachtelprivileg nicht greift (außer bei den o.g. Gesellschaften nach § 26 Nr. 6 Satz 2 InvStG); vgl. *Stadler*, in: Oestreicher (Hrsg.), BEPS konkret, 144; *Mann*, in: W/B/A (Hrsg.), KAGB, § 30 InvStG, Rn. 10; *Stadler/Jetter*, in: Moritz/Jesch/Mann (Hrsg.), Kommentar InvStG, § 30, Rn. 131.

979 Das sind Lebens- und Krankenversicherungsunternehmen, Pensionsfonds und -kassen; Kredit- sowie Finanzdienstleistungsinstitute, Finanzunternehmen.

980 Vgl. Gesetzentwurf zum JStG 2019 vom 23.09.2019, BT-Drs. 19/13436, 177.

981 Vgl. BMF vom 21.05.2019, IV C 1 - S 1980-1/16/10010:001, Rn. 50.7, in: BStBl. I 2019, 527; *Ronig*, in: Bödecker/Ernst/Hartmann (Hrsg.), BeckOK InvStG, § 50 InvStG, Rn. 27.

982 Vgl. Gesetzentwurf zum InvStRefG vom 07.04.2016, BT-Drs. 18/8045, 103.

983 Vgl. *Kloster*, in: Moritz/Jesch/Mann (Hrsg.), Kommentar InvStG, § 35, Rn. 51.

durch die Ausübung einer Transparenzoption direkt beim Anleger erfasst. Denn die Transparenzoptionen beziehen sich nur auf Einnahmen, die beim SpIF eine Steuerpflicht auslösen würden.[984] Bspw. bleiben Veräußerungsgewinne beim Spezial-Investmentfonds steuerfrei und werden über die ausgeschütteten bzw. agE beim Anleger besteuert.[985]

Die zugerechneten inländischen Beteiligungseinnahmen unterliegen bei ausländischen Anlegern der beschränkten Steuerpflicht nach § 49 Abs. 1 Nr. 5a) bzw. Nr. 2 EStG.[986] Der Steuerabzug hat abgeltende Wirkung nach § 50 Abs. 2 Satz 1 EStG bzw. § 32 Abs. 1 KStG.[987]

V. Besteuerungssystematik bei Ausübung der Transparenzoption nach § 33 InvStG

1. Transparenzoption nach § 33 Abs. 1 InvStG

Bei Ausübung der Transparenzoption gemäß § 33 InvStG entfällt die Körperschaftsteuerpflicht für Investmentfonds bezüglich inländischer Immobilienerträge sowie inländischer sonstiger Erträge ohne Steuerabzug. Voraussetzung ist, dass der Spezial-Investmentfonds auf ausgeschüttete oder agE KapESt gemäß § 50 InvStG erhebt, auf Fondsausgangsebene abführt und entsprechende Steuerbescheinigungen nach § 45a Abs. 2 EStG an die Anleger ausstellt.[988] Aufgrund nicht ausdrücklich geregelter „Unwiderruflichkeit“ ist nicht eindeutig, inwieweit die Ausübung der Transparenzoption bindend ist.[989] Laut BMF ist ein jährlicher Wechsel nicht möglich.[990] Die Gewerbesteuerpflicht (in Ausnahmefällen i.V.m. § 26 Nr. 7a InvStG) besteht hingegen weiterhin und führt zu einer Definitivbelastung des SpIF.[991] Zudem entfällt die KSt-Pflicht nur, wenn auf sämtliche inländische Immobilienerträge KapESt erhoben wird.[992] Da inländische SpIF nach § 50 Abs. 1 Satz 1 InvStG ohnehin zum Einbehalt der KapESt gesetzlich verpflichtet sind, wird es von Teilen der Literatur als „unechtes Wahlrecht“

---

984 Vgl. *Mann*, in: Brandis/Heuermann (Hrsg.), Ertragsteuerrecht Kommentar, § 30 InvStG, Rn. 6.

985 Vgl. *Stadler/Jetter*, in: Moritz/Jesch/Mann (Hrsg.), Kommentar InvStG, § 30, Rn. 14.

986 Vgl. *Roth*, GWR 2016, 457 (462); BMF vom 20.01.2021, IV C 1 - S 1980-1/19/10008:011, Rn. 30.17, in: BStBl. I 2021, 156 (Änderung BMF-Schreiben vom 21.05.2019).

987 Vgl. *Behrens*, RdF 2017, 297 (299).

988 Vgl. § 33 Abs. 1 InvStG.

989 Vgl. *Neugebauer/Jost*, in: K/S/B/H/K (Hrsg.), InvStG-Kommentar, § 33, Rn. 20.

990 Vgl. BMF vom 29.04.2021, IV C 1 - S 1980-1/19/10008:017, Rn. 33.3, in: BStBl. I 2021, 735 (Änderung BMF-Schreiben vom 21.05.2019).

991 Vgl. Beschlussempfehlung und Bericht des Finanzausschusses zum JStG 2022 vom 30.11.2022, BT-Drs. 20/4729, 149; § 33 Abs. 1 Satz 2 InvStG.

992 Vgl. Gesetzentwurf zum InvStRefG vom 07.04.2016, BT-Drs. 18/8045, 101.

bezeichnet.[993] Die Finanzverwaltung sieht dagegen ein faktisches Wahlrecht, indem sie § 33 Abs. 1 InvStG gegenüber § 50 InvStG spezielleren Normcharakter einräumt.[994] Außerdem greift § 50 InvStG ohne Ausübung der Transparenzoption erst nach Anwendung der Freistellungen nach § 42 Abs. 5 InvStG und damit auf die beim Anleger verbleibende Bemessungsgrundlage (siehe oben).[995] Da ausländische SpIF zu keinem KapESt-Abzug zugunsten des deutschen Staates verpflichtet werden können, können diese aktiv und auf freiwilliger Basis den Einbehalt der KapESt durchführen und damit die Transparenzoption nach § 33 InvStG wählen.[996] Dies könnte ggf. unionsrechtlich problematisch sein, da die KSt-Befreiung an ein aktives Tun des SpIF gekoppelt ist.[997]

Auf Anlegerebene (rechter Teil von Abbildung G.2) werden bei Ausübung der Transparenzoption nach § 33 Abs. 1 InvStG bei Vornahme des KapESt-Abzuges weiterhin ausgeschüttete und agE erfasst und als Spezial-Investmenterträge nach § 34 InvStG versteuert.[998] Unmittelbare Rechtsfolgen ergeben sich nicht.[999] Es sind also die Vorschriften der §§ 34 ff. InvStG anzuwenden. § 42 Abs. 5 InvStG findet aufgrund fehlender KSt-Pflicht auf Fondsebene keine Anwendung. Für Anleger, welche über Dach-Investmentfonds investieren (linker Teil von Abbildung G.2) werden die Steuerfolgen im nachfolgenden Abschnitt erörtert. Bei beschränkt steuerpflichtigen Anlegern fingiert § 33 Abs. 3 InvStG die ausgeschütteten und agE als Einkünfte nach § 49 Abs. 1 Nr. 2 f) oder Nr. 6 oder Nr. 8, welche unmittelbar bezogen werden. Zudem entfällt hier nach § 33 Abs. 3 Satz 3 die Abgeltungswirkung[1000], sodass ein Veranlagungsverfahren

---

993 Vgl. *Stadler/Bindl*, DStR 2016, 1953 (1962); *Haug*, in: Moritz/Jesch/Mann (Hrsg.), Kommentar InvStG, § 33 InvStG, Rn. 23; *Mann*, in: Brandis/Heuermann (Hrsg.), Ertragsteuerrecht Kommentar, § 33 InvStG, Rz. 11.

994 Vgl. BMF vom 29.04.2021, IV C 1 - S 1980-1/19/10008:017, Rn. 33.1 ff., in: BStBl. I 2021, 735 (Änderung BMF-Schreiben vom 21.05.2019); so auch *Neugebauer/Jost*, in: K/S/B/H/K (Hrsg.), InvStG-Kommentar, § 33, Rn. 19; *Buge*, in: H/H/R (Hrsg.), EStG, KStG-Kommentar, § 33 InvStG, Rn. 5; *Wolny*, in: Bödecker/Ernst/Hartmann (Hrsg.), BeckOK InvStG, § 33 InvStG, Rn. 30 ff.

995 Vgl. *Neugebauer/Jost*, in: K/S/B/H/K (Hrsg.), InvStG-Kommentar, § 33, Rn. 19; *Wolny*, in: Bödecker/Ernst/Hartmann (Hrsg.), BeckOK InvStG, § 33 InvStG, Rn. 31; BMF vom 21.05.2019, IV C 1 - S 1980-1/16/10010:001, Rn. 50.6, in: BStBl. I 2019, 527.

996 Vgl. Gesetzentwurf zum InvStRefG vom 07.04.2016, BT-Drs. 18/8045, 97; *Stadler*, in: Oestreicher (Hrsg.), BEPS konkret, 144; § 50 InvStG.

997 Diskutiert in: *Laatsch*, in: Moritz/Jesch/Mann (Hrsg.), Kommentar InvStG, § 50 InvStG, Rn. 29 f.

998 Vgl. *Buge*, in: H/H/R (Hrsg.), EStG, KStG-Kommentar, § 33 InvStG, Rn. 5; *Köhler/Schober*, Praxisleitfaden Investmentsteuerrecht, 107.

999 Vgl. *Mann*, in: Brandis/Heuermann (Hrsg.), Ertragsteuerrecht Kommentar, § 33 InvStG, Rn. 17.

1000 § 50 Abs. 2 Satz 1 EStG *lex generalis*.

durchzuführen ist.[1001] Diese Einkünftequalifikation gilt nach § 33 Abs. 3 Satz 2 InvStG auch für abkommensrechtliche Zwecke (Treaty Override).

2. Immobilien-Transparenzoptionen bei Mehrstufigkeit

Weiterhin regelt § 33 Abs. 2 Satz 1 und 2 InvStG für mehrstufige Beteiligungsstrukturen die Umqualifizierung der ausgeschütteten und agE (Spezial-Investmenterträge) eines Ziel-Spezial-Investmentfonds in Bezug zu beteiligten Investmentfonds oder Dach-Spezial-Investmentfonds in inländische Immobilienerträge nach § 6 Abs. 4 InvStG.[1002] Die Umqualifizierung erfolgt nur dann, wenn auf Ebene des Ziel-Spezial-Investmentfonds von der Steuerbefreiung nach § 33 Abs. 1 InvStG Gebrauch gemacht wurde und KapESt nach § 50 InvStG erhoben, abgeführt und Steuerbescheinigungen ausgestellt wurden.[1003] Der Steuerabzug hat ohne Berücksichtigung des § 7 Abs. 1 Satz 3 InvStG zu erfolgen und beträgt 15 % zzgl. SolZ.[1004] Außerdem wird der Steuerabzug durch den Ziel-Spezial-Investmentfonds vorgenommen und entfaltet in diesem Fall abgeltende Wirkung.[1005] Ohne diese Umqualifizierung würde auf Ebene des anlegenden Investmentfonds keine Besteuerung dieser Spezial-Investmenterträge stattfinden, da diese nicht von § 6 Abs. 2 InvStG erfasst sind.[1006] Ist zudem am anlegenden Investmentfonds noch ein ausländischer Anleger beteiligt, würden die inländischen Immobilienerträge insgesamt keiner Besteuerung unterliegen.[1007] Die Umqualifizierung sichert somit inländisches Besteuerungssubstrat.

Ist als Anleger ein Dach-Spezial-Investmentfonds beteiligt, kann dieser als solcher wiederum die sogenannte „Immobilien-Transparenzoption" nach § 33 Abs. 2 Satz 3 InvStG ausüben. Dies erfolgt durch unwiderrufliche Erklärung gegenüber dem Ziel-Spezial-Investmentfonds zur Ausstellung von Steuerbescheinigungen nach § 45a Abs. 2 EStG an die Anleger des Dach-Spezial-Investmentfonds. Rechtsfolge ist, dass die Einkünfte aus dem Ziel-Spezial-Investmentfonds beim Dach-Spezial-Investmentfonds nicht als Erträge nach § 6 Abs. 4 InvStG erfasst werden und eine abgeltende

1001 Vgl. *Mann*, in: W/B/A (Hrsg.), KAGB, § 33 InvStG, Rn. 16.

1002 Vgl. *Behrens*, RdF 2017, 297 (301); über § 33 Abs. 4 InvStG gilt die Umqualifizierung auch für sonstige Einkünfte, die keinem Steuerabzug unterliegen (§ 6 Abs. 5 InvStG).

1003 Vgl. *Haug*, in: Moritz/Jesch/Mann (Hrsg.), Kommentar InvStG, § 33, Rn. 55.

1004 § 33 Abs. 2 Satz 2 InvStG.

1005 Vgl. BMF vom 29.04.2021, IV C 1 - S 1980-1/19/10008:017, Rn. 33.14, in: BStBl. I 2021, 735 (Änderung BMF-Schreiben vom 21.05.2019).

1006 Vgl. *Dorn*, Investmentsteuerrecht, 190.

1007 Vgl. *Haug*, in: Moritz/Jesch/Mann (Hrsg.), Kommentar InvStG, § 33, Rn. 7; *Bindl/Stadler*, BB 2017, 1943 (1943).

Steuerpflicht auslösen.[1008] Die Erträge aus der Beteiligung am Ziel-Spezial-Investmentfonds werden mithin direkt den Anlegern des Dach-Spezial-Investmentfonds zugerechnet.[1009] Je nach Anleger sind es gemäß § 33 Abs. 2 Satz 4 InvStG Einkünfte i.S.d. § 49 Abs. 1 Nr. 2 f)/Nr. 6/Nr. 8 EStG (beschränkt Steuerpflichtiger)[1010], Einkünfte aus § 6 Abs. 4 InvStG (Investmentfonds) oder § 20 Abs. 1 Nr. 3a EStG (sonstige Anleger).[1011] Der Dach-Spezial-Investmentfonds erfasst dagegen steuerfreie Immobilien-Zurechnungsbeträge nach § 35 Abs. 3a InvStG.[1012] Übt der Dach-Spezial-Investmentfonds die Immobilien-Transparenzoption nicht aus, kommt es nach § 29 Abs. 1 i.V.m. § 7 Abs. 2 InvStG zu einem abgeltenden Steuerabzug, welcher auf Anlegerebene durch § 42 Abs. 5 InvStG steuermindernd berücksichtigt wird.[1013]

Die folgende Abbildung fasst die skizzierten Steuerfolgen bei Ausübung der Transparenzoption nach § 33 Abs. 1 InvStG auf Ebene des Ziel-Spezial-Investmentfonds sowie bei Ausübung der Immobilien-Transparenzoption nach § 33 Abs. 2 Satz 3 InvStG auf Ebene des Dach-Spezial-Investmentfonds zusammen.

Abbildung G.2: Wirkungen der Transparenzoptionen nach § 33 Abs. 1 und Abs. 2 InvStG.

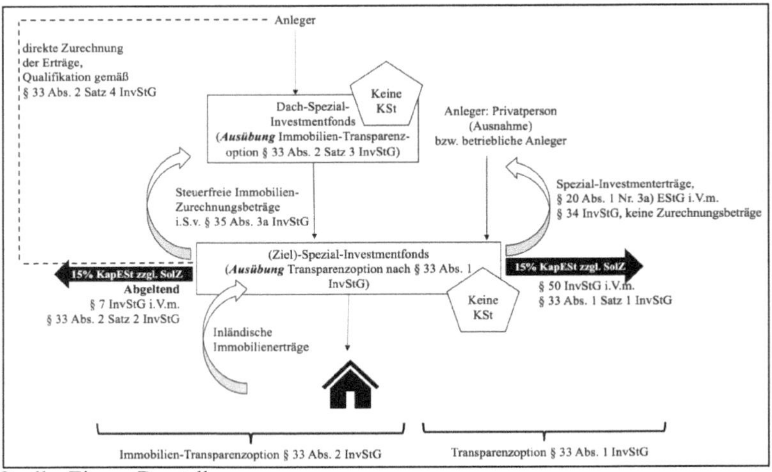

Quelle: Eigene Darstellung.

1008 Vgl. *Dorn*, Investmentsteuerrecht, 191.
1009 Vgl. *Ebenda*, 191.
1010 Diese Einkünftequalifikation gilt nach § 33 Abs. 3 Satz 2 InvStG auch für abkommensrechtliche Zwecke (Treaty Override), *Bindl/Stadler*, BB 2017, 1943 (1945).
1011 Vgl. *Dorn*, Investmentsteuerrecht, 191.
1012 Vgl. *Gottschling*, in: K/S/B/H/K (Hrsg.), InvStG-Kommentar, § 35, Rn. 22.
1013 Vgl. Bericht des Finanzausschusses (7. Ausschuss) zu dem Entwurf eines Steuerumgehungsbekämpfungsgesetz vom 26.04.2017, BT-Drs. 18/12127, 64.

H. Internationale Bezüge der Investmentbesteuerung

I. Internationale Bezüge und Bedeutung

Investmentfonds ermöglichen eine breite globale Diversifikation von Investitionen, was vielfältige internationale Bezüge mit sich bringt, die für Anleger von großer wirtschaftlicher Bedeutung sind. Im steuerlichen Kontext schafft die Investition über Investmentfonds eine weitere Ebene zwischen Anleger und Ziel-Asset, die international agieren kann. Während im Direktanlage-Fall zwischen Inbound- und Outbound-Fällen unterschieden wird, müssen diese Fälle i.R.v. Investmentfonds auf der Fondseingangs- sowie -ausgangsseite betrachtet werden. Zudem sind die regulatorischen und steuerlichen Rahmenbedingungen für Investmentfonds in den jeweiligen Staaten zu berücksichtigen. In diesem Gesamtkonstrukt, das einen zweifachen Grenzübertritt ermöglicht, muss eine Balance zwischen dem investmentsteuerlichen Transparenzprinzip und der Wahrung des nationalen Besteuerungsrechts hergestellt werden. Auch die Vermeidung von Doppelbesteuerungen ist als zentrales Ziel im internationalen Steuerrecht zu berücksichtigen. Die nachfolgenden Abschnitte behandeln die Problematik und derzeitigen Methoden zur Vermeidung von Doppelbesteuerung bei Fondsinvestments sowie die unionsrechtlichen Entwicklungen und außensteuerlichen Aspekte. Eine Harmonisierung der steuerlichen Behandlung von Investmentvermögen auf Unionsebene existiert nicht, sondern erfolgt lediglich auf aufsichtsrechtlicher Ebene.

Die Bedeutung der grenzüberschreitenden Besteuerung von Investmentfonds auf globaler Ebene zeigt sich in den bereits zu diesem Themengebiet abgehaltenen IFA-Kongressen in den Jahren 1962, 1971, 1997 und 2019. Erstmals wurden grenzüberschreitende Problembereiche bei der Investition über Investmentfonds auf dem 16. IFA-Kongress in Athen 1962 erörtert.[1014] Im „Resolutionsentwurf" dieses Kongresses wurde gefordert, Investmentfonds nicht als Steuersubjekt zu behandeln und keine Quellensteuern auf Ausschüttungen der Fonds zu erheben.[1015] Weiterhin sollten die Regelungen in DBA ausgebaut werden, wobei Drittland-Anteilsinhabern die Begünstigungen nicht gewährt werden sollten.[1016] Schließlich sollten Investitionen über Investmentfonds nicht nur der Direktanlage steuerlich gleichgestellt (Transparenzgedanke), sondern sogar als privilegierte Anlageform behandelt werden.[1017]

1014 So auch *Angsten*, Die Besteuerung von Erträgen aus ausländischen Investmentfonds, 12.
1015 Vgl. *Renk*, in: IFA (Hrsg.), Cahiers 1962 Vol. 47B, General Report, XLII.
1016 Vgl. *Ebenda*, XLII.
1017 Vgl. *Ebenda*; *Zinkeisen/Walter*, IStR 2007, 583 (586).

C. Haberkorn, *International-steuerliche Strukturen der reformierten Investmentbesteuerung*, Hallesche Schriften zur Betriebswirtschaft 38,
https://doi.org/10.1007/978-3-658-49895-5_8

Fast zehn Jahre später wurde auf dem 25. IFA-Kongress 1971 in Washington erneut die Behandlung von Investmentfonds thematisiert, wobei die Resolutionspunkte des 16. Kongresses aufgegriffen und präzisiert wurden.[1018] Dabei wurde gefordert, Investmentfonds einen selbstständigen Anspruch auf Entlastung von Quellensteuern zu gewähren.[1019] Um missbräuchlichen Entlastungen vorzubeugen, sollte eine Ausschüttungsverpflichtung implementiert werden, wobei die Ausschüttungen entweder der persönlichen Steuer des Anlegers oder dem Quellensteuerabzug im Sitzstaat des Fonds unterliegen sollten.[1020] Auf dem 51. IFA-Kongress 1997 wurden fünf Verfahren identifiziert, wie Investmentfonds und deren Anleger international besteuert werden. Zudem wurde die Bedeutung von DBA in diesem Kontext hervorgehoben.[1021] Während der Generalbericht des 25. Kongresses die notwendigen „Bauelemente" und den „festen Willen" für eine „harmonisierte Quellensteuerordnung" als vorhanden ansah und lediglich eine „systematische Verbindung zu einem Ganzen" fehlt, zeichneten die nachfolgenden Kongresse ein anderes Bild.[1022] Der Generalbericht des IFA-Kongresses aus 2019 stellt fest, dass die Besteuerung von Investmentfonds weltweit uneinheitlich und in rascher Veränderung begriffen ist.[1023] Es zeigt sich, dass weltweit immer mehr Länder Investmentfonds einführen und dabei unterschiedliche Steuersysteme anwenden, was die Etablierung einer einheitlichen Regelung erschwert.[1024] Eine internationale Diskussion zur Harmonisierung der Interessen der verschiedenen betroffenen Jurisdiktionen ist weiterhin notwendig.

Angesichts dieser konsistenten Thematisierung der Besteuerung von Investmentfonds auf internationalem Niveau und ihrer wirtschaftlichen Bedeutung befassen sich die folgenden Untersuchungen mit dem Internationalen Steuerrecht in Bezug auf die steuerliche Erfassung und Berücksichtigung von Investmentfonds und deren Anlegern. Dabei werden das Abkommensrecht, das Unionsrecht – insbesondere die Rechtsprechung und deren Auswirkungen – sowie außensteuerliche Aspekte analysiert. Diese theoretische Fundierung bildet die Grundlage für die anschließende grenzüberschreitende Belastungsanalyse.

1018 Vgl. *Sorgenfrei*, IStR 1994, 465 (469).
1019 Vgl. *Amonn*, in: IFA (Hrsg.), Cahiers 1971 Vol. 56A, Generalbericht, I/26.
1020 Vgl. *Ebenda*; *Sorgenfrei*, IStR 1994, 465 (469).
1021 Vgl. *Ed/Bongarts*, in: IFA (Hrsg.), Cahiers 1997 Vol. 82B, Generalbericht, 38.
1022 *Amonn*, in: IFA (Hrsg.), Cahiers 1971 Vol. 56A, Generalbericht, I/27.
1023 Vgl. *Hwang/Weidmann*, in: IFA (Hrsg.), Cahiers 2019 Vol. 104B, General Report, 60.
1024 Vgl. *Ebenda*, 26; *Ed/Bongarts*, in: IFA (Hrsg.), Cahiers 1997 Vol. 82B, Generalbericht, 27.

II. Abkommensrecht

1. Abkommensrechtliche Problematik

Aufgrund der unterschiedlichen rechtlichen Ausgestaltung und steuerlichen Behandlung von Investmentvermögen in den verschiedenen Staaten stellt die Verhinderung von Doppelbesteuerungen die Staaten vor große Herausforderungen.
Dies zeigt sich im abkommensrechtlichen Kontext wie folgt: In vielen Staaten werden Investmentfonds als steuerlich transparente Gebilde behandelt, wodurch ihre Steuerbefreiung normiert wird, um die Direktanlage der Fondsanlage gleichzustellen.[1025] Doppelbesteuerungen treten dahingehend auf Fondsebene aufgrund der fehlenden oder nur beschränkten Steuerpflicht nicht auf, sodass es auf Fondseingangsseite initial keiner Quellensteuerreduktion nach einem DBA bedarf.[1026] Im Rahmen von subject-to-tax-Klauseln wird auch der Quellenstaat keine Reduktion vornehmen.
Abkommensrechtliche Problematiken treten zutage, wenn die Anleger des Fonds in einem anderen bzw. mehreren Staat/en als der Fonds ansässig sind oder wenn der Fonds ausländische Anlagen tätigt (siehe nachfolgende Abbildung H 1).[1027] Hierbei stellt sich zunächst die Frage nach der Abkommensberechtigung solcher Investmentfonds. Anleger, die über einen nicht abkommensberechtigten Fonds investieren, sollen gegenüber der Direktanlage nicht benachteiligt werden, wenn aufgrund des zwischengeschalteten Fonds keine Abkommensvorteile geltend gemacht werden können. Das gilt insbesondere, wenn zwischen Anleger- und Quellenstaat ein DBA abgeschlossen wurde und daraus Ansprüche entstehen würden. In der Praxis wäre die Geltendmachung solcher Ansprüche für die Anleger unmöglich, da ihnen zum einen die notwendigen Informationen nicht vorliegen und zum anderen der Aufwand, v.a. bei diversifizierten Investitionen in unterschiedliche Jurisdiktionen, immens wäre.[1028] Dies würde sowohl auf Seiten der Fonds als auch der Steuerverwaltungen zu hohem Aufwand führen und dadurch die Attraktivität und Profitabilität dieser Anlageform reduzieren.[1029] Werden Investmentfonds dagegen als abkommensberechtigte Personen behandelt, könnte dies zu Ungleichbehandlungen im Vergleich zur Direktanlage führen. Denn dann würde zunächst das DBA zwischen dem Staat, in dem sich der Investmentfonds

---

1025 Vgl. *Lawson/Sunderland*, BIT 2019, 371 (371).
1026 Vgl. *Haug*, Ubg 2020, 84 (88).
1027 Vgl. *Arnold*, BIT 2009, 134 (136); *Merten*, EIT 2019, 76 (76 ff.).
1028 Vgl. *Arnold*, BIT 2009, 134 (136); *Weggenmann/Nehls*, in: Vogel/Lehner (Hrsg.), DBA-Kommentar, Art. 1 OECD-MA, Rn. 54a f; *da Silva*, Intertax 2011, 195 (197); *Angsten*, Die Besteuerung von Erträgen aus ausländischen Investmentfonds, 212.
1029 Vgl. *Arnold*, BIT 2009, 134 (136); *Kim/Park/Park*, ABL 2013, 61 (61).

befindet und dem Quellenstaat, aus dem die Einkünfte stammen, Anwendung finden und nicht das DBA zwischen Anleger- und Quellenstaat, wie im Fall der Direktanlage. Gemäß dem internationalen Prinzip der steuerlichen Neutralität sollte jedoch die „steuerliche Behandlung verschiedener Formen der Geschäftstätigkeit […] neutral und gerecht sein".[1030] Demnach sollte sich der Anleger durch die Investition über einen Fonds in keiner schlechteren (oder besseren) abkommensrechtlichen Situation befinden als bei direkter Anlage in das Zielasset.[1031] Die nachfolgende Abbildung verdeutlicht die Problematik:

Abbildung H.1: Illustration der abkommensrechtlichen Problematik bei Fondsinvestments.

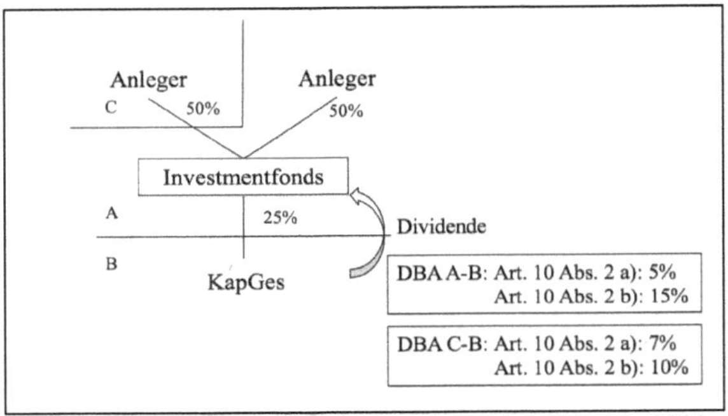

Quelle: Eigene Darstellung in Anlehnung an *Vermeulen*, Intertax 2011, 248 (248 f.) und *Merten*, BIT 2019, 76 (77).

Ein Investmentfonds in Vertragsstaat A hält 25 % der Anteile einer ausländischen KapGes in Vertragsstaat B. Staat B erhebt auf Dividenden eine QuSt i.H.v. 30 %. Der Investmentfonds ist ein Publikumsinvestmentfonds mit natürlichen Personen als Anleger, die zu 50 % in Staat A und zu 50 % in Staat C ansässig sind. Das DBA zwischen Staat A und B reduziert die QuSt auf Dividenden auf 15 % für Streubesitzbeteiligungen und 5 % für Schachtelbeteiligungen (mind. 25 % Beteiligung). Der Investmentfonds wird in Staat A allerdings von der Besteuerung befreit. Dahingehend wird er durch Staat B als nicht abkommensberechtigte Person angesehen, sodass die Reduzierung der QuSt nicht erfolgt. Bei geregelter Abkommensberechtigung des Fonds wäre der Quellenstaat verpflichtet, die QuSt auf 5 % zu reduzieren. Hätten die Anleger direkt in die KapGes investiert (und im Fall von Gesellschaften keine Schachtelbeteiligung erreicht), läge die QuSt für Anleger in Staat A bei 15 %; für Anleger in Staat C

1030 OECD, Herausforderungen für die Besteuerung der digitalen Wirtschaft, 32.
1031 So auch *Vermeulen*, Intertax 2011, 248 (248).

bei 10 %. Folglich werden Direktanleger hinsichtlich der QuSt in Staat B entweder besser oder schlechter gestellt als Fondsanleger, in Abhängigkeit von der Abkommensberechtigung des Fonds.[1032]

Mit dem Abschluss von DBA besteht die Möglichkeit diese investmentsteuerlichen Problemstellungen im grenzüberschreitenden Kontext bilateral aufzulösen und einvernehmlich zu regeln. Dies sollte auch im Hinblick auf die Vermeidung von „weißen Einkünften" geschehen, sodass eine adäquate Besteuerung stattfindet Im Folgenden wird gezeigt, dass nur in 12 von 95 mit Deutschland abgeschlossenen DBA präzisere Regelungen zur Behandlung von Investmentvermögen zu finden sind. Das Musterabkommen der OECD, welches die Basis für mehr als 3.000 DBA weltweit bildet, enthält indes keine spezifischen Regelungen für Investmentfonds.[1033] Der OECD-Musterkommentar zum Musterabkommen thematisiert jedoch diese Problembereiche und formuliert mögliche Regelungsmuster für die Umsetzung von investmentsteuerlichen Regelungen in den konkreten DBA. Diese entstammen dem Report des Committee of Fiscal Affairs vom 23. April 2010: „The Granting of Treaty Benefits with respect to the Income of Collective Investment Vehicles" (nachfolgend: CIV-Report), welcher die Problematik zur Umsetzung der Steuerneutralität adressiert.[1034]

Die folgenden Ausführungen betreffen die Abkommensberechtigung von Investmentfonds und deren Inanspruchnahme von Vergünstigungen bei Bezug von Einkünften (Fondseingangsseite). Hinsichtlich der Ausschüttungen von Investmentvermögen (Fondsausgangsseite) besteht in den konkreten DBA, jedoch nicht im OECD-MA, Konsens darüber, dass Ausschüttungen auf Anteilsscheine an einem Investmentvermögen unter den Begriff der „Dividenden" fallen.[1035] Dies erfolgt jedoch vereinzelt bezogen auf „deutsche Investmentvermögen" (siehe Anhang C). Diese Klarstellung war aufgrund der unterschiedlichen Ausgestaltung von Investmentvermögen erforderlich, da z.B. Sondervermögen nicht immer als „Gesellschaft" i.S.d. Art. 10 OECD-MA angesehen werden.

1032 Vgl. *Merten*, BIT 2019, 76 (77).

1033 Vgl. OECD, The Granting of Treaty Benefits with respect to the Income of Collective Investment Vehicles, Rn. 22; *Lawson/Sunderland*, BIT 2019, 371 (373).

1034 Vgl. *Merten*, BIT 2019, 76 (77 f.).

1035 Vgl. auch *Birker*, RdF 2015, 221 (223).

In der Vergangenheit wurde diskutiert, ob Investmentfonds aus deutscher Sicht abkommensrechtliche Vergünstigungen in Anspruch nehmen können.[1036] Dabei ging es vor allem darum, ob die mit dem InvStRefG eingeführte partielle sachliche Steuerpflicht von Investmentfonds für nur bestimmte inländische Einkünfte dazu führt, dass solche nach Art. 4 OECD-MA als nicht ansässig gelten könnten.[1037] Eine Klarstellung zur Erfüllung der Abkommensberechtigung erfolgt mit dem JStG 2019.[1038] Auch in diesem Fall ist die Funktionsweise von DBA zu beachten: diese sollen inländische Steueransprüche begrenzen und keine neuen schaffen, sodass die Anwendung des DBA nur auf die national erfassten Einkünfte beschränkt ist.

2. Internationale Ansätze zur Erfassung von Investmentfonds

Gemäß der OECD wird der Begriff Investmentfonds („CIVs-Collective Investment Vehicles") wie folgt definiert: *„the term "CIV" is limited to funds that are widely-held, hold a diversified portfolio of securities and are subject to investor-protection regulation in the country in which they are established."*[1039] Die OECD bedient sich einer eigenen sehr engen Definition, sodass bestimmte Investmentvehikel (sog. „Non-CIV") nicht darunter fallen.[1040] Auch diesbezüglich sind die konkreten DBA auf die staatenspezifischen Organisationsformen von Investmentfonds auszurichten. Im UN-Model von 2021[1041] wurde in Bezug auf investmentsteuerliche Regelungen in Art. 1 Abs. 4 ein entsprechender Platzhalter eingefügt, der die Bedeutung solcher Regelungen in DBA unterstreichen soll.[1042]

1036 Vgl. *Ebner*, NWB 2020, 619 (621); *Mann*, in: Moritz/Jesch/Mann (Hrsg.), Kommentar InvStG, § 6, Rn. 90; *Lechner*, RdF 2016, 208 (211); *Stadler/Bindl*, DStR 2016, 1953 (1956); *Klein/Hörner/Adam*, ISR 2018, 216 (219); *Neumann*, FR 2018, 457 (460); *Hagen/Schober*, BB 2019, 1693 (1693).

1037 Vgl. *Ebner*, NWB 2020, 619 (622).

1038 Vgl. § 6 Abs. 1 Satz 1 InvStG; Gesetzentwurf zum JStG 2019 vom 23.09.2019, BT-Drs. 19/13436, 173.

1039 OECD, Model Tax Convention 2017, Kommentar Art. 1 OECD-MA, Rn. 22.

1040 Vgl. *Merten*, BIT 2019, 76 (78).

1041 UN, United Nations Model Double Tax Convention, 2021. Während das OECD-Musterabkommen die Interessen der Industriestaaten berücksichtigt und auf eine Besteuerung im Ansässigkeitsstaat abstellt, dient das UN-Modell dazu, die Interessen der Entwicklungsländer zu vertreten, vgl. *Lehner*, in: Vogel/Lehner (Hrsg.), DBA-Kommentar, Grundlagen des Abkommensrechts, Rn. 36 f.

1042 Vgl. UN-Model 2021, Kommentar Art. 1, Rn. 14.

a. Abkommensberechtigung

Damit ein Investmentfonds unter den Anwendungsbereich eines DBA fällt, muss dieser als *Person*, welche in einem der beiden Vertragsstaaten *ansässig* ist und als *Nutzungsberechtigter* der Einkünfte qualifizieren („three-step test“).[1043]

Personen sind nach Art. 3 Abs. 1 a) OECD-MA natürliche Personen, Gesellschaften und andere Personenvereinigungen. Eine „Gesellschaft“ ist gemäß Art. 3 Abs. 1 b) OECD-MA eine „juristische Person oder Rechtsträger, die für die Besteuerung wie juristische Personen behandelt werden.“ Ist der Investmentfonds als Kapitalgesellschaft ausgestaltet, ist die Voraussetzung erfüllt.[1044] Bei der Konzeption als Sondervermögen ist die Voraussetzung nur erfüllt, wenn diese „wie juristische Personen behandelt“ werden.[1045] Da der deutschen Investmentbesteuerung das Trennungsprinzip[1046] zugrunde liegt und demzufolge Investmentfonds unabhängig ihrer Rechtsform als eigenständige Körperschaftsteuersubjekte gelten, ist die Voraussetzung aus deutscher Sicht für Investmentfonds nach dem InvStG gegeben.[1047] Bereits die fiktive Zweckvermögenseigenschaft von Sondervermögen i.S.d. § 1 Abs. 1 Nr. 5 KStG qualifiziert als Person i.S.d. Abkommensrechts.[1048] Nach dem OECD-Musterkommentar wird Investmentfonds nach weitem Verständnis die Personeneigenschaft zuerkannt; die Vertragsstaaten können dieses Verständnis jedoch nach ihren Zwecken modifizieren.[1049] Investmentfonds in der Rechtsform einer PersGes werden nach den allgemeinen abkommensrechtlichen Grundsätzen beurteilt.

Ob ein Investmentfonds nach Art. 4 Abs. 1 OECD-MA *ansässig* ist, richtet sich nach dessen steuerlicher Behandlung.[1050] Dabei wird auf die Steuerpflicht der Person aufgrund ihres Wohnsitzes, Ort der Geschäftsleitung oder eines ähnlichen Merkmals im Vertragsstaat abgestellt. Die Ansässigkeit richtet sich somit nach der Begründung

---

1043 Vgl. *Vermeulen*, Intertax 2011, 248 (248); *Zinkeisen/Walter*, IStR 2007, 583 (583).

1044 Vgl. *Häuselmann*, Investmentanteile, 168; *Klein/Hörner/Adam*, ISR 2018, 216 (217).

1045 *Klein/Hörner/Adam*, ISR 2018, 216 (217); *Häuselmann*, Investmentanteile, 168.

1046 An dieser Stelle sei auf die entsprechenden Regelungen des InvStG 2004 (a.F.) verwiesen. § 4 Abs. 1 Satz 1 InvStG 2004 regelte die Anwendung der Freistellungsmethode aufgrund bspw. des DBA-Schachtelprivilegs. Hierbei ist bei der Prüfung der Voraussetzungen auf die Anleger abzustellen. Dies hat auch der BFH in seinem Urteil vom 23.10.2019, I R 51/16 u.a. vor dem Hintergrund des Transparenzprinzips klargestellt. Aufgrund des nunmehr geltenden Trennungsprinzips ist dies ab 2018 nicht mehr vorgesehen. Bei Ausschüttungen ausländischer Investmentfonds ist vielmehr § 16 Abs. 4 InvStG zu beachten.

1047 Vgl. *Haase*, in: Haase (Hrsg.), InvStG-Kommentar, Einl., Rn. 61; *Wassermeyer/Kaeser*, in: Wassermeyer/Kaesner/Schwenke/Drüen (Hrsg.), Doppelbesteuerung, Art. 4 OECD-MA, Rn. 27.

1048 Vgl. *Zinkeisen/Walter*, IStR 2007, 583 (583); *Sorgenfrei*, IStR 1994, 465 (468).

1049 Vgl. OECD, Model Tax Convention 2017, Kommentar Art. 1 OECD-MA, Rn. 24.

1050 Vgl. auch *Barret*, BIT 2011, 13 (14).

der unbeschränkten Steuerpflicht.[1051] Grundsätzlich gelten inländische Investmentfonds nach § 6 Abs. 1 InvStG als Zweckvermögen i.S.v. § 1 Abs. 1 Nr. 5 KStG sowie per Fiktion als unbeschränkt körperschaftsteuerpflichtig und sind damit auch abkommensberechtigt.[1052] Dies wurde mit der ausdrücklichen Regelung der unbeschränkten Steuerpflicht mit dem JStG 2019 vom Gesetzgeber klargestellt.[1053] Vor dieser Klarstellung blieb die Abkommensberechtigung umstritten.[1054] Zum einen wurde in § 6 Abs. 2 InvStG, welcher nur bestimmte inländische Einkünfte steuerlich erfasst, ein Sonderfall der beschränkten Steuerpflicht gesehen.[1055] Dahingehend verneint Art. 4 Abs. 1 Satz 2 OECD-MA die Ansässigkeit für Personen, die nur mit Einkünften aus Quellen in diesem Staat (beschränkt) steuerpflichtig sind.[1056] Andererseits wird § 6 Abs. 2 InvStG nur als partielle sachliche Steuerbefreiung gesehen, sodass die Ansässigkeit bejaht werden kann.[1057] Dabei setzt Art. 4 OECD-MA keine tatsächliche Besteuerung voraus, sondern vielmehr eine abstrakte Steuerpflicht, sodass die grundsätzlich geregelte Steuerbefreiung in § 6 Abs. 2 Satz 1 InvStG für die Abkommensberechtigung unschädlich ist.[1058] Wenn der Investmentfonds in der Rechtsform einer PersGes organisiert ist, kann dieser aufgrund der fehlenden persönlichen Steuerpflicht nicht als „Person" i.S.d. Ansässigkeit betrachtet werden; es erfolgt ein Abstellen auf die einzelnen Gesellschafter.[1059] Die Ausübung der Transparenzoptionen bei einem ausländischen SpIF hat keine Auswirkungen auf die Beurteilung der Ansässigkeit.[1060]

Zuletzt muss der Investmentfonds, um in den Genuss von abkommensrechtlichen Quellensteuervorteilen zu kommen, auch *Nutzungsberechtigter* der entsprechenden

1051 Vgl. *Ismer/Blank*, in: Vogel/Lehner (Hrsg.), DBA-Kommentar, Art. 4 OECD-MA, Rn. 77.

1052 Vgl. *Dremel*, in: Schönfeld/Ditz (Hrsg.), DBA Kommentar, Art. 1 OECD-MA, Rn. 88; *Geurts*, IStR 2011, 573 (573) m.w.N.

1053 Vgl. *Hahne/Michaelis*, RdF 2019, 196 (200); *Stadler/Mager*, BB 2019, 1760 (1761).

1054 Nähere Ausführungen in *Mann*, in: Brandis/Heuermann (Hrsg.), Ertragsteuerrecht Kommentar, § 6 InvStG, Rn. 90 ff.

1055 Vgl. *Kempf/Hirtz*, DStR 2016, 1 (2); *Lechner*, RdF 2016, 208 (211); *Hahne*, DStR 2017, 2310 (2310); *Stadler/Bindl*, DStR 2016, 1953 (1955).

1056 Vgl. *Ebner*, NWB 2020, 619 (622); *Kempf/Hirtz*, DStR 2016, 1 (2); *Helios/Mann*, DB-SA 2016, 1 (11).

1057 Vgl. *Haisch*, RdF 2015, 294 (295); *Klein/Hörner/Adam*, ISR 2018, 216 (219).

1058 Vgl. *Mann*, in: Moritz/Jesch/Mann (Hrsg.), Kommentar InvStG, § 6 InvStG, Rn. 94 m.w.N.; *Schönfeld/Korff*, IStR 2018, 705 (707); *Dürrschmidt*, IWB 2012, 818 (818 f.); BFH vom 06.06.2012, I R 52/11, BStBl. 2014 II, 240. So auch OECD, Model Tax Convention 2017, Kommentar Art. 1 OECD-MA, Rn. 26; *Letizia*, Intertax 2015, 526 (529); *Schwenke/Sanning*, in: K/S/B/H/K (Hrsg.), InvStG-Kommentar, Anhang 7, Rn. 40; siehe dazu auch konkret DBA D-Frankreich.

1059 Vgl. *Schäfer*, in: Moritz/Jesch/Mann (Hrsg.), Kommentar InvStG, Annex II, Rn. 22; so auch OECD, Model Tax Convention 2017, Kommentar Art. 1 OECD-MA, Rn. 25.

1060 Vgl. *Schwenke/Sanning*, in: K/S/B/H/K (Hrsg.), InvStG-Kommentar, Anhang 7, Rn. 40.

Einkünfte[1061] sein. Nutzungsberechtigt ist aus deutscher Sicht die Person, der die Einkünfte zuzurechnen sind.[1062] Im Gegensatz zur Direktanlage hat der Investor eines Investmentfonds keine Rechte an den zugrundliegenden Assets, sodass dieser nicht als Nutzungsberechtigter angesehen werden kann.[1063] Der KVG bzw. das Fondsmanagement, welche den Investmentfonds verwaltet, stehen die zu einem Fonds gehörenden Gegenstände sowie auch die Ausübung sämtlicher Rechte daraus zur Verfügung (§§ 93 f. KAGB).[1064] Dies ergibt sich ebenso aus der Zuordnungsnorm des § 39 AO.[1065] Weiterhin kann der Investmentfonds in seinen Anlagebedingungen über sein Ausschüttungs- und Thesaurierungsverhalten bestimmen. Damit kann der Investmentfonds als „Nutzungsberechtigter" angesehen werden, soweit die Manager die zugrundeliegenden Assets einkünfteerzielend anlegen.[1066] Im Fall von Spezial-Investmentfonds, welche die Transparenzoption nach § 30 InvStG ausüben, sind die Anleger als Nutzungsberechtigte anzusehen.[1067] Im Kommentar zum UN-Model von 2021 wird hingegen die Ansicht vertreten, dass der Nutzungsberechtigte das Recht hat, das Einkommen zu nutzen und zu „genießen".[1068] Die KVG hat an den Einkünften lediglich gewisse Ermessensspielräume zur Verwaltung des Vermögens, um Renditen für die Anleger zu generieren.[1069] Letztlich wird das Einkommen jedoch an die Anleger weitergegeben, welche es dann uneingeschränkt nutzen können.[1070] Der OECD-Musterkommentar nimmt eine differenzierte Position ein: Der Empfänger wird nicht als Nutzungsberechtigter angesehen, wenn eine Verpflichtung zur Weiterleitung der Zahlung besteht.[1071] Andererseits kann dem Investmentfonds (bzw. dem Fondsmanagement) die Nutzungsberechtigung zuerkannt werden, wenn ein umfangreicher Ermessensspielraum für die Verwaltung der Investments besteht.[1072]

Für die Frage, ob deutsche Investmentfonds Quellensteuerermäßigungsansprüche im ausländischen Vertragsstaat geltend machen können, kommt es jedoch auf die

---

1061 Dividenden, Zinsen und Lizenzgebühren.

1062 Vgl. *Schwenke/Sanning*, in: K/S/B/H/K (Hrsg.), InvStG-Kommentar, Anhang 7, Rn. 43 m.w.N.

1063 Vgl. *Rotter/Welz/Lammers*, Kommentar zur Verhandlungsgrundlage für DBA, 77; so auch OECD, Model Tax Convention 2017, Kommentar Art. 1 OECD-MA, Rn. 28.

1064 Vgl. *Zinkeisen/Walter*, IStR 2007, 583 (584).

1065 Vgl. *Schwenke/Sanning*, in: K/S/B/H/K (Hrsg.), InvStG-Kommentar, Anhang 7, Rn. 43.

1066 Vgl. so auch OECD, Model Tax Convention 2017, Kommentar Art. 1 OECD-MA, Rn. 28; *Lawson/Sunderland*, BIT 2019, 371 (373).

1067 Vgl. *Schwenke/Sanning*, in: K/S/B/H/K (Hrsg.), InvStG-Kommentar, Anhang 7, Rn. 44.

1068 Vgl. UN-Model 2021, Kommentar Art. 1, Rn. 19.

1069 Vgl. *Ebenda*, Rn. 19.

1070 Vgl. *Ebenda*, Rn. 19.

1071 Vgl. OECD, Model Tax Convention 2017, Kommentar Art. 10 OECD-MA, Rn. 12.4.

1072 Vgl. *Schwenke/Sanning*, in: K/S/B/H/K (Hrsg.), InvStG-Kommentar, Anhang 7, Rn. 46.

Sichtweise des ausländischen Quellenstaates an.[1073] Häufig werden Investmentfonds im Ausland als steuerlich transparente Gebilde behandelt, auch wenn sie als KapGes organisiert sind.[1074] Dahingehend werden sie aus Sicht des anderen Vertragsstaates nicht als ansässig betrachtet.[1075] Wird dem deutschen Investmentfonds aufgrund der ausländischen Einstufung als transparentes Rechtsgebilde keine Abkommensberechtigung zuerkannt und auf die dahinter stehenden Anleger abgestellt, sind hier Sonderregelungen im DBA zu vereinbaren, um solche Qualifikationskonflikte zu beseitigen. Dies gilt auch für ausländische Investmentvermögen des Vertragstyps, sofern diese im Ausland nicht als Steuersubjekt angesehen werden.[1076] Hierzu stellt der OECD-Musterkommentar Vorschläge bereit. Demnach soll die Definition von Investmentfonds, die Abkommensberechtigung sowie die steuerliche Behandlung in den jeweiligen Abkommen mit den nationalen Rechten abgestimmt werden.[1077]

Das nationale Recht enthält in § 50d Abs. 11a EStG[1078] eine Regelung zur Auflösung von Zurechnungskonflikten bei unterschiedlicher Qualifikation des Steuersubjektes und regelt den Erstattungsanspruch bei sog. „hybriden" Gesellschaften, „die nach deutschem und ausländischem Steuerrecht unterschiedlich als transparent oder intransparent qualifiziert werden."[1079] Diese Regelung ist nachrangig gegenüber spezieller abkommensrechtlicher Zurechnungsregeln.[1080] In diesem Kontext ist oft unklar, wem der Erstattungsanspruch zusteht, sodass § 50d Abs. 11a EStG bestimmt, dass die Erstattung der Person zusteht, der die Einkünfte nach dem Recht des ausländischen Staates zugerechnet werden.[1081] Eine ähnliche Regelung existiert nach Art. 1 Abs. 2 OECD-MA, wurde jedoch nur in wenigen DBA wie Australien, Japan, Niederlande, USA sowie neuerdings auch Luxemburg und Schweden[1082] übernommen. Grundsätzlich

---

1073 Vgl, *Ebenda*, Rn. 41; *Neumann*, FR 2018, 457 (459); *Hahne/Michaelis*, RdF 2019, 196 (200); *Lauermann/Birker*, RdF 2013, 51 (54).

1074 Vgl. *Prokisch*, in: Lehner/Vogel (Hrsg.), DBA-Kommentar, Art. 1 OECD-MA, Rn. 54a.

1075 Vgl. *Schwenke/Sanning*, in: K/S/B/H/K (Hrsg.), InvStG-Kommentar, Anhang 7, Rn. 40.

1076 Vgl. *Hagen/Schober*, RdF 2020, 276 (280).

1077 Vgl. *Weggenmann/Nehls*, in: Vogel/Lehner (Hrsg.), DBA-Kommentar, Art. 1 OECD-MA, Rn. 54e, f; *Gaffron*, in: Haase (Hrsg.), AStG, DBA Kommentar, Art. 3 OECD-MA, Rn. 32 ff.

1078 Eingeführt durch das AbzStEntModG vom 02.06.2021, BGBl. 2021 I, 1259 – ersetzt § 50d Abs. 1 Satz 11 EStG a.F.

1079 *Middendorf/Zink*, in: Fuhrmann/Kraeusel/Schiffers (Hrsg.), EStG - eKommentar, § 50d EStG, Rn. 31.1.

1080 Vgl. *Hagena*, in: H/H/R (Hrsg.), EStG, KStG-Kommentar, § 50d EStG, Rn. 146.

1081 Vgl. *Middendorf/Zink*, in: Fuhrmann/Kraeusel/Schiffers (Hrsg.), EStG - eKommentar, § 50d EStG, Rn. 31.1.

1082 Vgl. Art. 1 Abs. 2 sowie Protokoll Ziff. 2 und 3 DBA D-Australien; Art. 1 Abs. 2 DBA D-Japan; Protokoll Ziff. I Abs. 2 DBA D-Niederlande; Art. 1 Abs. 7 DBA D-USA; Art. 1 Abs. 2 und Protokoll Ziff. 3 und 4 DBA D-Luxemburg; Art. 1 Abs. 2 und Protokoll Ziff. 2 DBA D-Schweden. Auch das MLI enthält in Art. 3 eine Regelung zu transparenten Rechtsträgern. Die Regelungen wurden mithin durch Revisionsprotokolle umgesetzt. Deutschland sprach sich gegen eine Umsetzung i.R.d. MLI aus, vgl. *Benz/Böhmer*, DB 2017, 2308 (2310).

werden damit Konflikte im Zusammenhang mit dem Transparenzprinzip bei Personengesellschaften vermieden, gilt aber für „Gebilde aller Art“,[1083] sodass auch Investmentfonds umfasst werden.[1084] Demnach gelten Einkünfte nach Art. 1 Abs. 2 OECD-MA, die von oder über ein solches Gebilde bezogen werden, als Einkünfte einer in einem Vertragsstaat ansässigen Person, soweit sie für Besteuerungszwecke durch diesen Staat als solche behandelt werden. In der Rechtsfolge werden die Einkünfte für die Anwendung des Abkommens den dahinter stehenden ansässigen Personen zugerechnet, wobei die Beurteilung des Quellenstaates maßgeblich ist.[1085] Dennoch ist der Quellenstaat an die Einkünftezurechnung des Ansässigkeitsstaates gebunden.[1086]

b. OECD-Vorschläge

Neben der Einordnung, inwieweit Investmentfonds als abkommensberechtigt angesehen werden und dahingehend selbst Abkommensvorteile in Anspruch nehmen können, schlägt der OECD-Musterkommentar mögliche Bestimmungen zur Berücksichtigung von Investmentfonds in DBA vor. Dazu wurden die folgenden Ansätze mit Formulierungshilfen für die abkommensrechtliche Umsetzung herausgearbeitet:[1087]

- 1. „*in its own right-approach*“ – der Ansatz bestimmt, dass klar festgehalten wird, dass Investmentfonds selbst Ansprüche auf Abkommensvorteile aus dem zugrundeliegenden DBA geltend machen können. Die Abkommensberechtigung wird klar kommuniziert.[1088]
- 2. „*proportionate treaty benefits-approach*“ – bei diesem Ansatz werden dem Investmentfonds die Abkommensvorteile nur für den Teil der Einkünfte gewährt, der auf gleichwertig Begünstigte („equivalent beneficiary“) entfällt.[1089] Der Ausdruck „gleichwertig Begünstigte“ bezieht sich auf Anleger aus dem Vertragsstaat, in dem der Investmentfonds errichtet wurde sowie ausländische Anleger, sofern mit diesem Staat ein umfassender Informationsaustausch vereinbart ist.[1090] Diese Anleger würden, sofern sie die Einkünfte erhielten, für die die Vorteile in Anspruch genommen

1083 *Stöber*, in: Gosch/Kroppen/Grotherr/Kraft (Hrsg.), DBA-Kommentar, Art. 1 OECD-MA, Rn. 288.

1084 Vgl. *Dremel*, in: Schönfeld/Ditz (Hrsg.), Doppelbesteuerungsabkommen, Art. 1, Rn. 96; *Kobus*, IWB 2020, 422 (427).

1085 Vgl. *Dremel*, in: Schönfeld/Ditz (Hrsg.), Doppelbesteuerungsabkommen, Art. 1, Rn. 99; *Weggenmann/Nehls*, in: Vogel/Lehner (Hrsg.), DBA-Kommentar, Art. 1 OECD-MA, Rn. 65a.

1086 Vgl. *Dremel*, in: Schönfeld/Ditz (Hrsg.), Doppelbesteuerungsabkommen, Art. 1, Rn. 99.

1087 Vgl. *Merten*, BIT 2019, 76 (78); OECD, Model Tax Convention 2017, Kommentar Art. 1 OECD-MA, Rn. 31-42

1088 Vgl. OECD, Model Tax Convention 2017, Kommentar Art. 1 OECD-MA, Rn. 31.

1089 Vgl. *Merten*, BIT 2019, 76 (78).

1090 Vgl. OECD, Model Tax Convention 2017, Kommentar Art. 1 OECD-MA, Rn. 35

werden, einen Steuersatz erhalten, der mindestens so niedrig ist wie der vom Fonds für diese Einkünfte geltend gemachte Steuersatz.[1091] Hintergrund ist die potentiell missbräuchliche Ausnutzung der Investmentfonds im Sinne einer Treaty-Shopping-Regel (siehe Abschnitt H.II.3.).

- 3. „*partial look trough-approach*" – dieser Ansatz gewährt dem Investmentfonds die Abkommensvorteile nur insoweit, wie Anleger des Investmentfonds im gleichen Staat ansässig sind, in dem der Fonds errichtet wurde.[1092]
- 4. „*look through-approach*" – nach diesem Ansatz ist der Investmentfonds nicht berechtigt im eigenen Namen Abkommensvorteile geltend zu machen; vielmehr erfolgt dies im Namen der Anleger, vorausgesetzt, sie könnten die Abkommensvorteile bei direkter Investition beanspruchen.[1093]

Bei der Aushandlung neuer Abkommen sind die Staaten mithin frei, die Bestimmungen so anzupassen, um politische Ziele zu erreichen.[1094] Es könnte bspw. gerechtfertigt sein, dass Investmentfonds in einem Vertragsstaat Anspruch auf Abkommensvorteile haben, während dies im anderen Vertragsstaat nicht der Fall ist, um Unterschiede in der rechtlichen Form und steuerlichen Behandlung zu berücksichtigen.[1095] Insgesamt sollte die Besteuerung der Investmentfonds selbst, sowie die Besteuerung im Quellenstaat und auf Ebene der Anleger berücksichtigt werden.[1096] Für die Ansätze 2-4 ist es erforderlich, die Anlegerzusammensetzung zu kennen. Mithin ändert sich die Zusammensetzung bei offenen Investmentfonds stets, sodass eine genaue Nachverfolgung mit sehr hohem Aufwand betrieben werden muss.[1097] Zudem stellt sich die Frage, ob Publikums-Investmentfonds überhaupt gezielt für Treaty-Shopping-Aktivitäten eingesetzt werden können, sodass es hierbei möglich wäre, die Nutzung von Abkommensvorteilen gar nicht von der Beteiligung bestimmter Anleger abhängig zu machen.[1098]

c. Deutsche Verhandlungsgrundlage für DBA

In einzelnen DBA existieren derweil bestimmte Regelungen Investmentfonds betreffend.[1099] Auch die deutsche Verhandlungsgrundlage aus 2013 (DVHG) regelt in Art. 27 Abs. 5: „*Einem deutschen Investmentvermögen oder einem [anderer Vertragsstaat]*

1091 Vgl. *Ebenda*, Rn. 35.
1092 Vgl. *Ebenda*, Rn. 40.
1093 Vgl. *Ebenda*, Rn. 42; *Merten*, BIT 2019, 76 (78).
1094 Vgl. OECD, Model Tax Convention 2017, Kommentar Art. 1 OECD-MA, Rn. 32.
1095 Vgl. *Ebenda*, Rn. 32.
1096 Vgl. OECD, Model Tax Convention 2017, Kommentar Art. 1 OECD-MA, Rn. 32.
1097 Vgl. *Ebenda*, Rn. 43.
1098 Vgl. OECD, Model Tax Convention 2017, Kommentar Art. 1 OECD-MA, Rn. 46.
1099 Siehe dazu Abschnitt H.II.4.

Investmentvermögen werden die Vergünstigungen nach diesem Abkommen für aus dem anderen Vertragsstaat stammende Einkünfte wie folgt gewährt: [...]". Dieser Formulierung folgen drei LOB-Regelungen (Limitation of Benefits) und gewährt die Vergünstigungen nur, wenn zu einem bestimmten Umfang Personen am Investmentvermögen beteiligt sind, welche die Vergünstigungen auch in Anspruch nehmen können, wenn sie die Einkünfte unmittelbar bezogen hätten. Dabei kann entweder eine „Alles oder Nichts"-Lösung oder pro-rata Betrachtung erwogen werden.[1100] Auch impliziert die Formulierung, dass die DVHG von der Abkommensberechtigung der Investmentvermögen ausgeht, mithin nicht ausdrücklich regelt.[1101]

Die „Alles oder Nichts"-Regelung wie in Art. 27 Abs. 5 Nr. 2 und 3 DVHG sehen die vollständige Inanspruchnahme der Abkommensvergünstigungen durch den Investmentfonds vor; die pro-rata-Lösung gewährt die Vorteile nur insoweit (anteilig), wie selbst abkommensbegünstigte Anleger am Investmentfonds beteiligt sind (Art. 27 Abs. 5 Nr. 1 DVHG). Art. 27 Abs. 5 Nr. 1 DVHG regelt den Grundfall, wonach das Investmentvermögen anteilig entlastungsberechtigt ist, soweit dessen Anlegern die gleichen Vergünstigungen nach dem DBA bei unterstelltem Direktbezug gewährt werden würden. Dabei ist auf Anleger abzustellen, welche im selben Staat wie der Investmentfonds ansässig sind sowie auf Anleger eines anderen Staates, welchen die Vergünstigungen nach dem DBA zwischen Ansässigkeits- und Quellenstaat ebenso zustünden. Liegt der Anteil dieser Anleger bei mindestens 90 %, sind dem Investmentfonds nach Art. 27 Abs. 5 Nr. 2 DVHG die Abkommensvergünstigungen im vollen Umfang zu gewähren. Die Abkommensvergünstigungen werden nach Art. 27 Abs. 5 Nr. 3 DVHG außerdem im vollen Umfang gewährt, wenn 75 % der Anteile des Investmentfonds von Anlegern gehalten werden, welche die Vergünstigungen unter direktem Bezug erhalten würden; jedoch müssen diese ausschließlich im selben Staat wie der Investmentfonds ansässig sein. Es stellt sich hierbei die Frage wie diese Regelungen bei einem Publikums-Investmentfonds mit ständig wechselnden Anlegern umgesetzt wird. Des Weiteren sind die erläuterten LOB-Regelungen ausgerichtet auf die Semi-Transparenz der bis zum 31. Dezember 2017 geltenden Investmentbesteuerung, indem weiter auf die dahinter stehenden Anleger abgestellt wird, bei grundsätzlicher Annahme der Abkommensberechtigung von Investmentfonds. Eine Anpassung und damit die Streichung der LOB-Regelungen aufgrund der bestehenden KSt-Pflicht in- und

[1100] Vgl. *Birker*, RdF 2015, 221 (225).
[1101] Vgl. *Lüdicke*, IStR Beihefter 2013, 26 (42).

ausländischer Investmentfonds für Einkünfte, für die Deutschland das Besteuerungsrecht zusteht, bleibt abzuwarten.[1102]

Weiterhin bezieht sich Art. 10 DVHG auf die Höhe der QuSt für Ausschüttungen von in- oder ausländischen Investmentfonds. Hierbei ist eine auf Fondsausgangsseite erhobene QuSt auf 15 % zu reduzieren; die Anwendung des Schachtelprivilegs in Art. 10 Abs. 2 Nr. 2 DVHG wird ausgeschlossen.[1103]

3. Regelungen zum Abkommensmissbrauch

„Missbrauch ist die Wahl einer unangemessenen rechtlichen Gestaltung, die beim Steuerpflichtigen oder einem Dritten im Vergleich zu einer angemessenen Gestaltung zu einem gesetzlich nicht vorgesehenen Steuervorteil führt und durch wirtschaftliche oder sonst beachtliche nichtsteuerliche Gründe nicht zu rechtfertigen ist.“[1104] Dabei kann ein Missbrauch darin bestehen, dass eine Gesellschaft in einem Staat zwischengeschaltet wird, mit dem ein DBA besteht, das eine vorteilhaftere Behandlung der Einkünfte vorsieht.[1105] Dies wird als *Treaty-Shopping* bezeichnet. Werden die Einkünfte in einen Staat geleitet, unter welchem vorteilhaftere EU-Richtlinien Anwendung finden, spricht man von *Directive-Shopping*. Hinzu kommt, dass Investmentfonds in einigen Staaten keiner Besteuerung unterliegen.[1106] Im Folgenden wird untersucht, inwieweit Investmentfonds für Missbräuche im Allgemeinen und Abkommensmissbräuche im Speziellen genutzt werden können, welche nationalen Regelungen existieren und wie diesen mit Hilfe der DBA begegnet werden kann.

Damit Investmentvermögen für „Treaty-Shopping“-Aktivitäten genutzt werden, müssen diese zunächst als abkommensberechtigte Personen angesehen werden und Begünstigungen in Anspruch nehmen können. Treaty-Shopping tritt insbesondere dann auf, wenn der Ansässigkeitsstaat des Fonds und der Wohnsitzstaat des Anlegers auseinanderfallen und zwischen Wohnsitz- und Quellenstaat kein DBA existiert.[1107] Hier könnte u.U. das DBA-Schachtelprivileg durch den Investmentfonds genutzt werden, wodurch sich die QuSt auf 5 % reduziert. *Ausländische Investmentfonds*, welche inländische Einkünfte erzielen, unterliegen mit bestimmten Einkünften der inländischen KSt i.H.v. 15 %. Eine Reduktion z.B. auf 5 % nach einem DBA könnte theoretisch

---

1102 Vgl. *Schäfer*, in: Moritz/Jesch/Mann (Hrsg.), Kommentar InvStG, Annex II, Rn. 29.
1103 Vgl. Art. 10 Abs. 2 Satz 2 DVHG.
1104 *Frotscher*, Internationales Steuerrecht, Rn. 1117.
1105 Vgl. *Frotscher*, Internationales Steuerrecht, Rn. 1120.
1106 Vgl. *Schwenke/Sanning*, in: K/S/B/H/K (Hrsg.), InvStG-Kommentar, Anhang 7, Rn. 33.
1107 Vgl. *Zinkeisen/Walter*, IStR 2007, 583 (586).

möglich sein. In den allermeisten Fällen begrenzt sich das Besteuerungsrecht auf 15 % (siehe Gesetzesbegründung InvStRefG[1108]). Erzielt ein *inländischer Investmentfonds* bspw. ausländische Einkünfte, bei denen QuSt einbehalten wird, und sind am Investmentfonds ausländische Anleger beteiligt, werden die Einkünfte auch nach der reformierten Investmentbesteuerung in Deutschland weder auf Fonds- noch auf Anlegerebene erfasst.[1109] Um eine adäquate Quellenbesteuerung sicher zu stellen, werden daher bspw. im DBA mit den USA strenge LOB-Klauseln an deutsche Investmentvermögen vereinbart, welche auf die Anlegerzusammensetzung abstellen [1110] (siehe Abschnitt H.II.4.c.).

Zum anderen führt die Definition von Investmentfonds, dass diese Kapital von einer Vielzahl von Anlegern einsammeln, nicht zu dem Schluss, dass Investmentfonds gezielt zum Missbrauch eingesetzt werden. Bei Publikums-Investmentfonds verfügt der einzelne Anleger gemeinhin nicht über die notwendige Kontrolle über den Anlagegegenstand und die Anlageentscheidungen.[1111] Dies gilt insbesondere für börsengehandelte Fondsanteile.[1112] Dennoch fallen sog. Ein-Anleger-Fonds in den Anwendungsbereich des InvStG, und auch Spezial-Investmentfonds können mit einem oder wenigen Anlegern aufgelegt werden.[1113]

Im nationalen Recht wird der Missbrauch von Abkommens- und Richtlinienvorteilen durch § 50d Abs. 3 EStG verhindert. Mit dem AbzStEntModG vom 02. Juni 2021[1114] wurden die Regelungen zur Verhinderung von Treaty- bzw. Directive-Shopping den europarechtlichen Vorgaben angepasst. Bis zur Neuregelung waren Investmentfonds nach § 50d Abs. 3 Satz 5 EStG a.F. nicht von den Anti-Treaty-Shopping-Rules erfasst. Gemäß des Berichts des Finanzausschusses zum JStG 2007[1115] war der Ausschluss klarstellender Natur, da „solche Fonds, […] mehr als nur reine Vermögensverwaltung aus[üben]".[1116] Auch die o.g. Aspekte können zur Begründung herangezogen werden. Mit der Reform der Investmentbesteuerung zum 1. Januar 2018 war zu beobachten,

1108 Vgl. Gesetzentwurf zum InvStRefG vom 07.04.2016, BT-Drs. 18/8045, 76.
1109 Vgl. *Linn*, in: Wassermeyer/Kaeser/Schwenke/Drüen (Hrsg.), DBA Kommentar, Art. 28 DBA USA, Rn. 137; *Eberhardt*, IStR 2013, 377 (378).
1110 Vgl. *Schultes-Schnitzlein/Piontek*, IWB 2017, 400 (403); *Loose*, IWB 2015, 750 (750).
1111 Vgl. *Eberhardt*, IStR 2013, 377 (378); *Birker*, RdF 2015, 221 (227); *da Silva*, Intertax 2011, 195 (201).
1112 Vgl. DBA D-Australien vom 12.11.2015, BGBl. II 2016, 1114; *Weggenmann/Nehls*, in: Vogel/Lehner (Hrsg.), DBA-Kommentar, Art. 1 OECD-MA, Rn. 54 f.
1113 Vgl. *Eberhardt*, IStR 2013, 377 (378).
1114 AbzStEntModG vom 02.06.2021, BGBl. 2021 I, 1259.
1115 JStG 2007 vom 13.12.2006, BGBl. 2006 I, 2878.
1116 Bericht des Finanzausschusses zum Gesetzesentwurf des JStG 2007 vom 09.11.2006, BT-Drs. 16/3368, 19.

dass zunehmend ausländische Investmentfonds (v.a. Luxemburger - SICAV und SCA) als Pooling-Vehikel eingesetzt wurden.[1117] Ausländische Investmentfonds unterliegen jedoch selbst einer 15 %igen KSt auf bestimmte inländische Einkünfte, sodass bereits durch die inländische Regelung eine Reduktion der deutschen KapESt erfolgt.[1118]

Grundsätzlich haben Investmentfonds zunächst Anspruch auf die Reduktion der KapESt auf 15 % nach §§ 6, 7 InvStG. Da diese Reduktion nicht auf einem DBA, der Mutter-Tochter-Richtlinie (MTRL) oder anderen Regelungen, auf die § 50d Abs. 3 EStG Anwendung findet, beruht, sondern auf § 7 InvStG, kommt § 50d Abs. 3 InvStG von vornherein nicht zum Tragen. Sollten Investmentfonds jedoch weitere Entlastungsberechtigungen nach konkreten DBA (z.B. auf 5 %) beanspruchen können, ist § 50d Abs. 3 EStG nun einschlägig zu prüfen.[1119] Die Entlastung von der deutschen Quellensteuer (KapESt) für Investmentfonds nach einem DBA wird nach § 50d Abs. 3 EStG gewährt, wenn entweder die persönliche oder die sachliche Entlastungsberechtigung erfüllt ist. Die persönliche Entlastungsberechtigung impliziert, dass auch die Anleger des Investmentfonds (der Entlastung suchenden Gesellschaft) Anspruch auf *diese* Entlastung hätten, wenn sie die Einkünfte unmittelbar erzielen würden.[1120] Hierbei ist es mithin nicht ausreichend, dass sich derselbe quantitative Entlastungsanspruch auch aus einer anderen Anspruchsnorm ergeben könnte.[1121] Ergibt sich der Entlastungsanspruch des mittelbar beteiligten Investmentfonds aus §§ 6, 7 InvStG, und des unmittelbar Beteiligten aus einem DBA, würde die persönliche Entlastungsberechtigung nicht greifen.[1122] Die sachliche Entlastungsberechtigung besagt, dass der Investmentfonds eine Wirtschaftstätigkeit ausübt und die Einkunftsquelle in einem wesentlichen Zusammenhang mit dieser Wirtschaftstätigkeit steht.[1123] Des Weiteren wird in § 50d Abs. 3 Satz 2 EStG eine Gegenbeweismöglichkeit eingeräumt, wonach nachgewiesen werden kann, dass die Zwischenschaltung nicht primär der Erlangung eines steuerlichen Vorteils dient (sog. „umgekehrter" Principle Purpose Test).[1124]

Nunmehr werden Investmentfonds durch die Neuregelung des § 50d Abs. 3 EStG erfasst. Denn gemäß der Gesetzesbegründung können auch Investmentfonds für

[1117] Vgl. *Link*, RdF 2021, 122 (122)
[1118] Vgl. *Ebenda*, 122 (123).
[1119] Vgl. *Ebenda*, 122 (127 f.).
[1120] § 50d Abs. 3 Satz 1 Nr. 1 EStG.
[1121] Vgl. *Gebhardt*, in: K/K/B (Hrsg.), EStG-Kommentar, § 50d EStG, Rn. 34.
[1122] Vgl. *Link*, RdF 2021, 122 (126); ggf. könnte dahingehend über den Gegenbeweis argumentiert werden, vgl. *Ebenda*.
[1123] § 50d Abs. 3 Satz 1 Nr. 2 EStG.
[1124] Vgl. *Gebhardt*, in: K/K/B (Hrsg.), EStG-Kommentar, § 50d EStG, Rn. 50

entsprechende Gestaltungen missbraucht werden, da der investmentsteuerliche Anwendungsbereich auch Fonds mit lediglich einem Anleger umfasst.[1125] Andererseits soll ein Investmentfonds, der in vergleichbarer Weise wie eine börsennotierte Gesellschaft öffentlich um das Kapital einer Vielzahl von Anleger wirbt, nicht die Voraussetzungen des Satz 1 erfüllen.[1126] Es ist fraglich, was der Gesetzgeber genau damit meint. Denn das Einwerben von Kapital von einer Vielzahl von Anlegern kann mithin nichts mit der Entlastungsberechtigung der Gesellschafter oder dem Zusammenhang mit der eigenen Wirtschaftstätigkeit zu tun haben. Vielmehr wird die Börsenklausel damit begründet, dass eine börsennotierte Gesellschaft aufgrund der hohen Anzahl an Anteilseignern nicht zu steuerlichen Zwecken eingeschaltet wird.[1127] Wahrscheinlich bezog sich der Gesetzgeber bei der Streichung der „klarstellenden" Bereichsausnahme auf jene Begründung. Es stellt sich hier die Frage, ob es wirklich notwendig war, für diesen Spezialfall die Bereichsausnahme zu streichen, denn grundsätzlich sammeln Investmentfonds Kapital von einer Vielzahl unterschiedlicher Anleger ein.[1128] Sogleich sollte die Bereichsausnahme wieder eingeführt werden, bzw. nur Ein-Anleger-Fonds ausschließen[1129], insbesondere vor dem Hintergrund, dass in- und ausländische Investmentfonds eine Reduktion auf 15 % sowieso aus dem nationalen Recht heraus zusteht.

Zuletzt soll der Fall der mittelbaren Beteiligung eines ausländischen Investmentfonds über eine ausländische KapGes/Holdinggesellschaft untersucht werden. Zur Veranschaulichung dient die folgende Abbildung H.2.: Ein ausländischer Investmentfonds ist zu 100 % an einer im gleichen Staat ansässigen KapGes beteiligt, die jeweils eine 5 % und eine 100 % Beteiligung an inländischen/deutschen KapGes hält.[1130] Aus dieser Beteiligung erhält die ausländische KapGes Dividendenzahlungen.

1125 Vgl. Referentenentwurf zum AbzStEntModG vom 19.11.2020, 50.
1126 Vgl. *Ebenda*, 50.
1127 Vgl. *Wagner*, in: Brandis/Heuermann (Hrsg.), Ertragsteuerrecht Kommentar § 50d EStG, Rn. 64j.
1128 Vgl. *Link*, RdF 2021, 122 (126 f.); *Haase/Blank*, Ubg 2021, 78 (82).
1129 So auch *Link*, RdF 2021, 122 (128).
1130 In Anlehnung an *Link*, RdF 2021, 122 (128).

Abbildung H.2: Treaty-Shopping bei mittelbarer Beteiligung eines Investmentfonds.

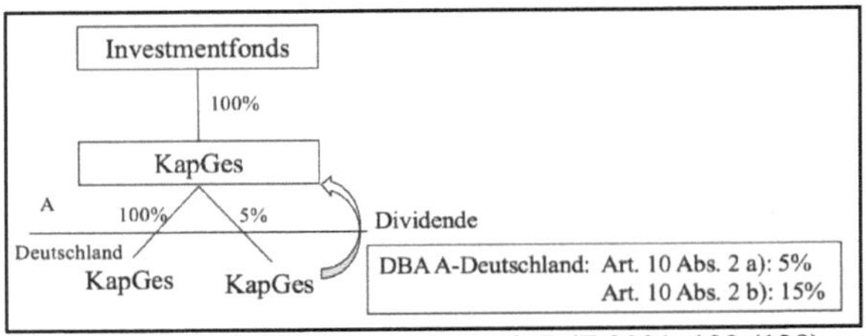

Quelle: Eigene Darstellung in Anlehnung an *Link*, RdF 2021, 122 (128).

Gemäß § 44 Abs. 9 EStG kann die KapESt auf die Dividende zunächst von 25 % auf 15 % reduziert werden. Zudem ermöglicht ein DBA eine Reduzierung der QuSt auf 5 % bzw. 15 %. Im Hinblick auf diese drei Entlastungsansprüche ist mithin § 50d Abs. 3 EStG zu prüfen. Es stellt sich die Frage, ob der ausländische Investmentfonds nach einem DBA die gleiche Reduzierung in Anspruch nehmen kann (*dieselbe* Anspruchsberechtigung ist im Fall desselben DBA einschlägig). Kann der Investmentfonds bspw. keine Erstattung auf 5 % QuSt bei direkter Beteiligung erreichen[1131], ist der zwischengeschalteten KapGes die Entlastung vollständig zu verwehren.[1132] Da das OECD-MA keine konkreten Regelungen enthält, sind die spezifischen abkommensrechtlichen Regelungen zwischen den beteiligten Staaten maßgeblich.
Das Beispiel zeigt, dass auch bei der Zwischenschaltung einer ausländischen KapGes auf die abkommensrechtlichen Regelungen für Investmentfonds zu achten ist, um die Entlastungsberechtigung der ausländischen Gesellschaft sicherzustellen.

Wie die nachfolgenden Ausführungen zu den spezifischen abkommensrechtlichen Regelungen zeigen werden, existieren Anti-Treaty-Shopping-Rules bereits in einzelnen DBA, wie bspw. mit den USA. Die dort geregelten LOB-Klauseln verfolgen dasselbe Regelungsziel wie § 50d Abs. 3 EStG, finden jedoch bereits auf bilateraler Ebene Anwendung.[1133] Dahingehend stellt sich die Frage, ob der Treaty-Override-Charakter des § 50d Abs. 3 EStG[1134], also eine „Überschreibung“ der abkommensrechtlichen Bestimmungen durch nationales Recht, auch hinsichtlich der abkommensspezifischen LOB-Regelungen gelten, sodass diese dennoch nur unter

---

1131 Z.B. im Fall von D-Luxemburg, siehe Abschnitt H.II.4.e., vgl. *Link*, RdF 2021, 122 (128).

1132 Vgl. *Link*, RdF 2021, 122 (129); *Gebhardt*, in: K/K/B (Hrsg.), EStG-Kommentar, § 50d EStG, Rn. 57.

1133 Vgl. *Schultes-Schnitzlein/Piontek*, IWB 2017, 400 (403).

1134 Vgl. *Gosch*, in: Kirchhof/Seer (Hrsg.), Einkommensteuergesetz, § 50d EStG, Rn. 7; *Hagena*, in: H/H/R (Hrsg.), EStG, KStG-Kommentar, § 50d EStG, Rn. 52.

Vorbehalt des § 50d Abs. 3 EStG gelten. Grundsätzlich wird von einem „umgekehrten Regelungsvorrang" der noch spezielleren DBA-Missbrauchsregel ausgegangen, sodass diese Spezialregelungen dem § 50d Abs. 3 EStG vorgehen.[1135] § 50d Abs. 3 EStG geht sodann nur vor, wenn im DBA klargestellt wird, dass es gegenüber nationalen Missbrauchsvermeidungsregeln nachrangig ist,[1136] oder keine entsprechende Regelung enthält.[1137]

Um dem Missbrauch von Abkommensvorteilen durch DBA zu begegnen, schlägt auch die OECD LOB-Klauseln vor, welche die direkten Ansprüche der dahinter stehenden Anleger prüft.[1138] Dabei sind auch Anleger in Drittstaaten mit einzubeziehen, obwohl DBA bilateraler Natur sind.[1139] Denn es wird angenommen, dass bei Erfüllen der Voraussetzungen, die im Grunde in der Beteiligung bestimmter „guter" Anleger bestehen, kein Missbrauch anzunehmen ist und die Abkommensvorteile gewährt werden können.[1140]

Regelungen zur Verhinderung von Abkommensmissbräuchen sind auch in dem sog. MLI (Multilaterales Instrument)[1141] enthalten, welches Deutschland initial mit über 60 Staaten unterzeichnet hat und die international bestehenden DBA um Maßnahmen zur Verhinderung von Gewinnverkürzung und -verlagerung ergänzen soll.[1142] Das MLI trat mit Zustimmungsgesetz nach dessen Ratifizierung zum 01. April 2021 formell in Kraft.[1143] Für die tatsächliche Umsetzung der Regelungen des MLI müssen

1135 Vgl. *Gosch*, in: Kirchhof/Seer (Hrsg.), Einkommensteuergesetz, § 50d EStG, Rn. 8; *Hagena*, in: H/H/R (Hrsg.), EStG, KStG-Kommentar, § 50d EStG, Rn. 52; *Weggenmann/Nehls*, in: Vogel/Lehner (Hrsg.), DBA-Kommentar, Art. 1 OECD-MA, Rn. 113; *Haarmann*, IStR 2018, 561 (566).

1136 Vgl. Art. 31 Abs. 4 DBA D-Liechtenstein; Ziff. XV. Abs. 5 Protokoll DBA D-NL.

1137 Vgl. *Gosch*, in: Kirchhof/Seer (Hrsg.), Einkommensteuergesetz, § 50d EStG, Rn. 9.

1138 Vgl. OECD, Model Tax Convention 2017, Kommentar Art. 1 OECD-MA, Rn. 35 ff.; *Loose*, IWB 2015, 750 (750).

1139 Vgl. OECD, Model Tax Convention 2017, Kommentar Art. 1 OECD-MA, Rn. 33.

1140 Vgl. *Loose*, IWB 2015, 750 (750).

1141 Grundlegende Inhalte des BEPS-MLI sind: Art. 5 (Anwendung von Methoden zur Beseitigung der Doppelbesteuerung), Art. 6 (Zweck), Art. 7 (Verhinderung von Abkommensmissbrauch), Art. 8 (Mindesthaltedauer für Schachtelsatz), Art. 9 (Missbrauchsvermeidung bei Grundstücksgesellschaften), Art. 10 (Missbrauchsvermeidung bei Betriebsstätten in Drittstaaten), Art. 13 (Relativierung der Betriebsstätten-Ausnahmetatbestände), Art. 16 (Verständigungsverfahren), Art. 17 (Gegenberichtigung bei verbundenen Unternehmen) und Art. 18 ff./Teil VI (Schiedsverfahren), vgl. *Gradl/Kiesewetter*, IStR 2018, 1 (3); *Nürnberg*, IWB 2024, 483 (485 ff.).

1142 Vgl. *Benz/Böhmer*, DB 2017, 2308 (2308); *Schäfer*, in: Moritz/Jesch/Mann (Hrsg.), Kommentar InvStG, Annex II, Rn. 32. Mit der Unterzeichnung am 07.06.2017 benennt Deutschland 35 DBA, die durch das MLI erfasst werden sollen, vgl. *Gradl/Kiesewetter*, IStR 2018, 1 (2f.); OECD, BEPS MLI Position Germany, 2 ff.; abrufbar unter: https://www.oecd.org/tax/treaties/beps-mli-position-germany.pdf (zuletzt besucht am 09.07.2024).

1143 Hier geht es sodann um die Änderung von 14 von ursprünglich 35 DBA, da in der Zwischenzeit Revisionsprotokolle direkt in Abstimmung mit dem jeweils anderen Staaten unterzeichnet wurden, vgl. *Nürnberg*, IWB 2020, 566 (567).

Anwendungsgesetze für die DBA beschlossen werden; dies wird für nur noch neun DBA durch das Anwendungsgesetz vom 19. Juni 2024 umgesetzt.[1144] Das MLI tritt als eigenständiger völkerrechtlicher Vertrag neben die DBA und modifiziert diese.[1145] Bezüglich der Verhinderung von Abkommensmissbräuchen können die Staaten nach Art. 7 MLI zwischen einem Principle-Purpose-Test (PPT) oder einer LOB-Klausel wählen.[1146] In der deutschen Umsetzung hat man sich für den PPT entschieden. Im Zusammenhang mit § 50d Abs. 3 EStG und den obigen Ausführungen sind die Regelungen des MLI, welche die neun DBA modifizieren, zu beachten. Konkrete Regelungen zu Investmentvermögen enthält das MLI nicht.

4. Konkrete DBA

Für die Betrachtung konkreter DBA wurden die mit Deutschland (D) abgeschlossenen DBA auf Regelungen im Zusammenhang mit Investmentfonds untersucht. Die Ergebnisse sind in einer Übersicht in Anhang C zusammengefasst dargestellt. Deutschland hat mit Stand vom 01. Januar 2024 insgesamt 95 geltende DBA mit anderen Ländern abgeschlossen.[1147] In vier DBA ist keinerlei Bezug zu Investmentfonds zu finden (Belgien, Iran, Jersey und Thailand). Die restlichen 91 DBA stellen dabei klar, dass Ausschüttungen aus Anteilsscheinen an Investmentvermögen unter den Begriff der „Dividenden“ zu fassen sind. Hiervon sind in 12 DBA präzisere Regelungen bzgl. Investmentfonds enthalten. Diese werden im Folgenden kurz dargelegt.

a. Armenien und Japan

Die DBA mit **Armenien**[1148] und **Japan**[1149] regeln lediglich näheres zur Behandlung der Ausschüttungen eines Investmentfonds. Des Weiteren wird der Begriff „Investmentvermögen“ näher beschrieben. Regelungen zur Behandlung von Dividenden der Fondseingangsseite sind derzeit nicht enthalten.

Das **DBA D-Armenien** vom 29. Juni 2016 regelt im dazugehörigen Protokoll in Nr. 4 a) zu Art. 10 Abs. 2 und 3, dass „Investmentvermögen“ Investmentfonds i.S.d. InvStG

1144 Kroatien, Tschechische Republik, Frankreich, Griechenland, Ungarn, Japan, Malta, Spanien, Slowakei; vgl. Gesetz zur Anwendung des Mehrseitigen Übereinkommens vom 24. November 2016 und zu weiteren Maßnahmen, BGBl. I 2024, Nr. 205.

1145 Vgl. *Berens*, Ubg 2021, 1 (1); OECD, Explanatory Statement to the multilateral convention to implement tax treaty related measures to prevent base erosion and profit shifting, 2016, Rz. 13.

1146 Vgl. *Gradl/Kiesewetter*, IStR 2018, 1 (4).

1147 Vgl. *BMF*, Stand der Doppelbesteuerungsabkommen und anderer Abkommen im Steuerbereich sowie der Abkommensverhandlungen am 01. Januar 2024, vom 15.01.2024, IV B 2 - S 1301/21/10048 :003.

1148 DBA D-Armenien vom 29.06.2016, BGBl. II 2017, 1077.

1149 DBA D-Japan vom 17.12.2015, BGBl. II 2016, 956.

erfasst und damit lediglich auf deutsches Recht abgestimmt wird. Bezüglich einzubehaltender QuSt auf diese Ausschüttungen konkretisiert das Protokoll, dass Ausschüttungen auf Anteilsscheine an einem Investmentvermögen unabhängig von der Beteiligungsquote des Anlegers mit max. 15 % QuSt belastet werden dürfen, „soweit“[1150] diese im Zusammenhang mit Immobilieneinkünften stehen. Stammen die Einkünfte des Investmentfonds aus anderen Quellen, kann die QuSt auf 10 % nach Art. 10 Abs. 2 b) reduziert werden.

Ziff. 5 des Protokolls zum Dividendenartikel 10 des Abkommens mit **Japan** bestimmt für Dividenden, die von einem deutschen Investmentvermögen gezahlt werden, einen Quellensteuersatz i.H.v. 15 %. Eine Reduktion auf 5 % (Art. 10 Abs. 2 a) DBA D-Japan) bzw. 0 % (Art. 10 Abs. 3 DBA D-Japan) gilt nicht. Mitunter ist ein deutsches Investmentvermögen ein „Organismus i.S.d. deutschen KAGB“ (PersGes ausgenommen).

b. Spanien und Syrien

Die DBA mit **Spanien**[1151] und **Syrien**[1152] charakterisieren Investmentvermögen bzw. Investmentfonds als „ansässige Person“.
Nach Ziff. 1 des Protokolls zum DBA mit **Spanien** kann ein Investmentvermögen als ansässige Person nach Art. 4 gelten.[1153] Ist dies nicht der Fall (z.B. bei einer Ausgestaltung als PersGes) stellt Ziff. 1 klar, dass die Voraussetzungen für die Inanspruchnahme der Abkommensvergünstigungen im gegenseitigen Einvernehmen zwischen den Behörden geklärt werden.[1154] Somit können Investmentfonds als „Gesellschaft“ Abkommensvergünstigungen in Anspruch nehmen.[1155]

Das DBA mit **Syrien** beschreibt Investmentfonds bereits gemäß dem Wortlaut als in Deutschland ansässig (Protokoll zum DBA Ziff. 6 zu Art. 10). Weitere Regelungen sind nicht notwendig, da Syrien keine Investmentvermögen „kennt“.[1156]

1150 Ggf. Aufteilung; vgl. *Burmeister*, in: Wassermeyer/Kaeser/Schwenke/Drüen (Hrsg.), DBA Kommentar, Art. 10 DBA Armenien, Rn. 7.

1151 Vgl. DBA D-Spanien vom 03.02.2011, BGBl. II 2012, 18; BGBl. II 2013, 329.

1152 Vgl. DBA D-Syrien vom 17.02.2010, BGBl. II 2010, 1359.

1153 So auch *Behrenz*, in: Wassermeyer/Kaeser/Schwenke/Drüen (Hrsg.), DBA Kommentar, Art. 4 DBA Spanien, Rn. 5.

1154 So auch in: *Geurts*, IStR 2011, 573 (574); *Ismer/Blank*, in: Vogel/Lehner (Hrsg.), DBA-Kommentar, Art. 4 OECD-MA, Rn. 150.

1155 Nach spanischem Recht werden Investmentvermögen als eigenständige Steuersubjekte behandelt, vgl. *Behrenz*, in: Wassermeyer/Kaeser/Schwenke/Drüen (Hrsg.), DBA Kommentar, Art. 4 DBA Spanien, Rn. 5.

1156 Vgl. *Burmeister*, in: Wassermeyer/Kaeser/Schwenke/Drüen (Hrsg.), DBA Kommentar, Art. 10 DBA Syrien, Rn. 6.

c. Liechtenstein, Australien, Irland, USA

Die DBA mit **Liechtenstein**[1157], **Australien**[1158], **Irland**[1159] und den **USA**[1160] enthalten der DVHG ähnliche LOB-Klauseln, welche jedoch individuell zu unterscheiden sind. Der Investmentfonds kann die Vergünstigungen selbst in Anspruch nehmen, wobei auf die dahinterstehenden Anleger abgestellt wird. Zu diesem Zweck enthalten die Abkommen Regelungen zur Bestätigung der Ansässigkeit des Investmentvermögens. Grundsätzlich werden anteilige Vergünstigungen gewährt; bei Übersteigen gewisser Anlegerschwellen auch vollständige. Eine Begrenzung auf Vergünstigungen nur bestimmter Einkünfte des Investmentfonds besteht dabei nicht.

Das DBA mit **Liechtenstein** bestimmt in seinem Protokoll in Ziff. 2 zu Art. 4 (ansässige Person), dass ein deutscher/liechtensteinischer Investmentfonds[1161] als in Deutschland/Liechtenstein ansässig gilt. Art. 31 mit der Bezeichnung „Anwendung des Abkommens in bestimmten Fällen" enthält in Abs. 3 Regelungen, welche der DVHG ähneln. Damit der Investmentfonds die Vergünstigungen i.R.d. Abkommens *vollständig*[1162] in Anspruch nehmen kann, müssen dessen Anteile entweder zu mind. 75 % Personen gehören, welche die Vergünstigungen bei Anwendung dieses DBA (dieselbe Ansässigkeit wie der Fonds) bei unterstelltem direkten Bezug erhielten. Die Schwelle erhöht sich auf 90 %, wenn zusätzlich Anleger mit einbezogen werden, welche in einem anderen Staat (begrenzt auf EU/EWR) als der Fonds ansässig sind, mit dem der Quellenstaat der Einkünfte ein DBA geschlossen hat, woraus die Anleger dieselben Vergünstigungen geltend machen könnten. Als dritte Möglichkeit können die Vergünstigungen in Anspruch genommen werden, wenn der Investmentfonds börsengehandelt wird;[1163] einzige Einschränkung hierbei ist, dass im Falle von Dividenden die QuSt nur bis auf 15 % reduzierbar ist.[1164] Werden die o.g. Schwellen für die vollständige Inanspruchnahme nicht erreicht, werden die Vergünstigungen *anteilig* in der Höhe gewährt, wie entsprechende Anleger (ohne EU/EWR Beschränkung) mit einem

---

1157 Vgl. DBA D-Liechtenstein vom 17.11.2011, BGBl. II 2012, 1462.

1158 DBA D-Australien vom 12.11.2015, BGBl. II 2016, 1114.

1159 DBA D-Irland vom 30.03.2011, BGBl. II 2011, 1042.

1160 Vgl. DBA D-Vereinigte Staaten von Amerika vom 04.06.2008, BGBl. II 2008, 611.

1161 Darunter zu subsumieren i.S.d. Abkommens: deutsche Investmentfonds und Investment-AG gem. den Vorschriften des InvG (jetzt: KAGB) sowie liechtensteinische OGAW und Investmentunternehmen (Ziff. 2 Protokoll DBA D-Liechtenstein).

1162 Bspw. können Investmentfonds i.S.d. Abkommens die geringeren Quellensteuersätze von 0 % bzw. 5 % in Anspruch nehmen, sollten die Voraussetzungen erfüllt sein (explizit ausgeschlossen werden PersGes, nicht Investmentfonds).

1163 Diese sind aufgrund ihrer Regulierung gestaltungssicherer, vgl. *Kammeter*, in: Wassermeyer/Kaeser/Schwenke/Drüen (Hrsg.), DBA Kommentar, Art. 31 DBA Liechtenstein, Rn. 39.

1164 Vgl. Art. 31 Abs. 2 Satz 2 DBA D-Liechtenstein.

gleichen, fiktiven direkten Anspruch beteiligt sind. Für gezahlte Dividenden auf der Fondsausgangsseite ist die vom Fonds einbehaltende QuSt auf 15 % zu reduzieren.

Das DBA mit **Australien** vom 12. November 2015 enthält bereits in Art. 3 „Allgemeine Begriffsbestimmungen" in Bst. l) die Definition des Ausdrucks „Organismus für gemeinsame Anlagen": ein „Publikumsinvestmentfonds, der mit dem Hauptzweck der Renditeerzielung ein diversifiziertes Wertpapierportfolio hält oder mittelbar oder unmittelbar in unbewegliches Vermögen investiert und in dem Staat, in dem er errichtet ist, den Anlegerschutzvorschriften unterliegt". Zusätzlich werden für Australien[1165] und Deutschland Konkretisierungen vorgenommen. Bezüglich Deutschland umfasst die Definition Investmentvermögen i.S.d. KAGB und schließt dabei PersGes aus. Weiterhin legt das Abkommen in Art. 4 Abs. 4 fest, dass Investmentvermögen als natürliche Person zu betrachten sind, die im Vertragsstaat der Errichtung des Fonds ansässig sind sowie als Nutzungsberechtige der bezogenen Einkünfte gelten. Dies gilt für „sämtliche" Einkünfte, wenn die Anteile des Investmentfonds mind. 75 % Anlegern gehören, welche im selben Staat ansässig sind, in dem der Fonds errichtet wurde, oder 90 % sog. „gleichberechtigten Begünstigten". Für australische „Organismen" ist zudem eine Börsenklausel einschlägig. Unter den Begriff der „gleichberechtigten Begünstigten" fallen zum einen die Personen, welche im selben Staat, wie im Errichtungsstaat des Fonds, ansässig sind oder bei anderer Ansässigkeit, wenn zwischen Ansässigkeits- und Quellenstaat ein DBA mit Informationsaustausch besteht und dieses DBA bei direkten Einkunftsbezug durch den Anleger Anspruch auf den mindestens ebenso niedrigen Steuersatz hätte, den der Investmentfonds geltend machen würde. Bei Erfüllen dieser Voraussetzungen können die Investmentfonds bspw. für bezogene Dividenden den ausländischen Quellensteuersatz nach Art. 10 Abs. 2 b) aufgrund der Fiktion auf 15 % reduzieren.

Das DBA mit **Irland** vom 30. März 2011 enthält lediglich im Protokoll Bestimmungen Investmentvermögen betreffend. In Ziff. 1 b) „zu dem Abkommen als Ganzes" wird durch den Wortlaut klargestellt, dass Investmentvermögen Vergünstigungen nach dem Abkommen geltend machen können.[1166] Für diesen Zweck wird das Investmentvermögen i.S.d. Abkommens wie eine natürliche Person behandelt.[1167] Der

1165 Australien: Trust, der als „Managed Investment Trust" gilt.

1166 So auch *Rosenthal*, in: Wassermeyer/Kaeser/Schwenke/Drüen (Hrsg.), DBA Kommentar, Art. 4 DBA Irland, Rn. 3.

1167 Dies könnte der damaligen semi-transparenten Besteuerung entstammen, da die Ermittlung der Einkünfte auf Ebene des Investmentvermögens nach den Regeln für Privatanleger erfolgt, vgl. *Geurts*, IStR 2011, 573 (574).

Ansässigkeitsstaat bestimmt sich nach der Niederlassung des Investmentvermögens. Als Nutzungsberechtigter gilt das Investmentvermögen „insoweit“ die „Nutzungsrechte“ an dem Investmentvermögen von „gleichberechtigten Begünstigten“ gehalten werden. Demnach werden die Vergünstigungen entsprechend *anteilig* gewährt. Als „gleichberechtigte Begünstigte“ sind nach Ziff. 1 b) cc) ii) Personen mit gleicher Ansässigkeit wie das Investmentvermögen und Personen in anderen Staaten, wobei zwischen Einkunfts- und Ansässigkeitsstaat ein DBA mit umfassendem Informationsaustausch besteht und der Anleger demnach bei direktem Einkunftsbezug Anspruch auf den mindestens ebenso niedrigen Steuersatz hätte, den der Investmentfonds geltend machen würde, zu verstehen. Beträgt der Anteil der Begünstigten mind. 95 %, gilt der Investmentfonds in Bezug zu sämtlichen bezogenen Einkünften als Nutzungsberechtigter. Eine Schwelle, welche sich nur auf Anleger mit demselben Ansässigkeitsstaat wie der Fonds bezieht, ist nicht geregelt. Als Investmentvermögen gilt jeder Organismus für gemeinsame Anlagen in Wertpapiere i.S.d. OGAW-Richtlinie.[1168] Des Weiteren werden Rechtsträger erfasst, welche nach Vereinbarung beider Staaten als Investmentvermögen i.S.d. Abkommens zu betrachten sind. In der Folge können Investmentvermögen die QuSt für Dividenden auf 15 % reduzieren.[1169]

In dem DBA mit den **USA** wird in Art. 28 Abs. 6 bestimmt, dass einem deutschen Investmentvermögen[1170] Vergünstigungen gewährt werden können. Die Regelung gilt nicht für Investmentfonds der USA. Ziff. 2 im Protokoll stellt die Ansässigkeit deutscher Investmentvermögen[1171] und amerikanischer RIC und REIT in den jeweiligen Staaten klar.[1172] Aufgrund dieser Fiktion ist kein Rechtstypenvergleich vorzunehmen.[1173] Die Inanspruchnahme ist ebenso an eine LOB-Klausel geknüpft. Demnach können deutsche Investmentvermögen Abkommensvergünstigungen geltend machen, wenn mindestens 90 % der Eigentumsrechte an dem deutschen Investmentvermögen unmittelbar oder mittelbar in Deutschland ansässigen Personen („berechtigte Personen“)[1174] oder gleichberechtigten Begünstigten gehören. Gleichberechtigte

1168 Vgl. Protokoll Ziff. 1 b) cc) DBA D-Irland.

1169 Art. 10 Abs. 2 b) DBA D-Irland.

1170 Zusammengefasst für Investmentfonds und Investmentaktiengesellschaft.

1171 Darunter fallen deutsche Investmentfonds und Investmentaktiengesellschaften, die unter das InvG (jetzt: KAGB) fallen.

1172 Vgl. *Geurts*, IStR 2011, 573 (573); *Linn*, in: Wassermeyer/Kaeser/Schwenke/Drüen (Hrsg.), DBA Kommentar, Art. 4 DBA USA, Rn. 24; *Blum*, in: Wassermeyer/Kaeser/Schwenke/Drüen (Hrsg.), DBA Kommentar, Art. 3 DBA USA, Rn. 32; *Zinkeisen/Walter*, IStR 2007, 583 (585).

1173 Vgl. *Zinkeisen/Walter*, IStR 2007, 583 (587).

1174 Jene haben gemäß Art. 28 Abs. 2 als „berechtigte Personen“ Anspruch auf die Abkommensvergünstigungen: natürliche Personen (Bst. a)), Vertragsstaaten und Gebietskörperschaften (Bst.

Begünstigte sind nach Art. 28 Abs. 8 DBA D-USA: in EU-/EWR-/NAFTA[1175]-Staaten ansässige Anleger, welche gemäß der entsprechenden DBA[1176], Anspruch auf „alle" Vergünstigungen bzw. hinsichtlich Dividenden, Zinsen und Lizenzgebühren[1177] Anspruch auf einen ebenso niedrigen Steuersatz hätten. Ebenso gilt dies nur für „berechtigte Personen". Wie im DBA mit Irland existiert keine Schwelle, welche sich auf ansässige Anleger im selben Staat bezieht. Ebenso werden die Vergünstigungen nicht *anteilig* gewährt, sollte die 90 %-Grenze nicht erreicht werden.[1178] Die Fiktion, dass ein Investmentvermögen als natürliche Person und Nutzungsberechtigter gilt, existiert nicht. Speziell für Art. 10 Abs. 3 DBA D-USA, wodurch eine QuSt-Reduktion auf 0 bei einer 80 % Beteiligung erfolgen kann, wird in Art. 28 Abs. 8 e) S. 2 DBA D-USA fingiert, dass als gleichberechtigter Begünstigter gilt, wer die 80 % Beteiligung nicht durch „Durchrechnung" erreicht. Vielmehr wird angenommen, dass der (potenziell) begünstigte Anleger im selben Umfang wie der Investmentfonds beteiligt ist.[1179] Gemäß Art. 10 Abs. 4 DBA D-USA wird die QuSt auf Dividenden von Investmentvermögen auf max. 15 % begrenzt. Eine Reduktion auf 5 % ist ausgeschlossen.

d. Großbritannien, Niederlande

Die DBA mit **Großbritannien**[1180] und den **Niederlanden**[1181] regeln bezüglich der abkommensrechtlichen Behandlung der Einkünfte von Investmentvermögen, dass die Verwalter die Abkommensvergünstigungen für die Investoren des Investmentvermögens geltend machen, soweit diese Investoren Anspruch auf diese Vergünstigungen haben. Dass Investmentfonds abkommensberechtigt sind, regeln die Abkommen nicht eindeutig.

Das DBA mit **Großbritannien** enthält keine Bestimmungen hinsichtlich der Behandlung von Einkünften auf der Fondseingangsseite (Ziff. 5 des Protokolls zu Art. 29).

b)), börsennotierte Gesellschaften (Bst. c) aa)), gemeinnützige Einrichtungen (Bst. d)) oder Pensionsfonds (Bst. e)).

1175 Nordamerikanisches Freihandelsabkommen (umfasst USA, Kanada und Mexiko).

1176 Muss als umfassendes Abkommen gelten. Laut *Linn*, in: Wassermeyer/Kaeser/Schwenke/Drüen (Hrsg.), DBA Kommentar, Art. 28 DBA USA, Rn. 167 ist dies bei DBA der Fall, welche alles wesentlichen Elemente des OECD-MA enthält.

1177 Hierbei können bei der Beurteilung, ob ein ebenso niedriger Steuersatz vorliegt, EU-Richtlinien beachtet werden. Das bedeutet, dass Anleger eines amerikanischen Fonds, welchen Einkünfte aus Deutschland zufließen, berücksichtigt werden, sollten zwischen Anleger-Staat und Deutschland EU-Richtlinien gelten.

1178 So auch *Jacob*, IStR 2011, 45 (51).

1179 Vgl. *Linn*, in: Wassermeyer/Kaeser/Schwenke/Drüen (Hrsg.), DBA Kommentar, Art. 28 DBA USA, Rn. 171.

1180 Vgl. DBA D-Großbritannien vom 30.10.2010, BGBl. II 2010, 1333.

1181 Vgl. DBA D-Niederlande vom 12.04.2012, BGBl. II 2012, 1414; BGBl. II 2015, 1674.

Das DBA mit den **Niederlanden (NL)** enthält neben dem o.g. Verfahren in Ziff. XIX. Abs. 1 Bst. a) des Protokolls auch eine nähere Beschreibung, was unter Investmentvermögen zu verstehen ist. Ziff. XIX. Abs. 1 Bst. b) stellt klar, dass mit „Investmentvermögen“ nur Rechtsträger gemeint sind, welche in einem oder beiden Staaten nicht wie juristische Personen, also transparent, behandelt werden. Wenn weder D noch die NL das Investmentvermögen als transparent ansehen, können demzufolge auch keine Ansprüche für den Anleger geltend gemacht werden. Ziff. XIX. Abs. 1 Bst. a) des Protokolls ist nicht anwendbar. Es reicht demnach aus, dass nur einer der Vertragsstaaten den Investmentfonds als transparent behandelt.[1182] Ist dies z.B. in den Niederlanden der Fall[1183], kann ein in Deutschland ansässiger und als juristische Person besteuerter Investmentfonds unter die Definition des DBA D-NL fallen.[1184] Folglich kann der Verwalter die Ansprüche für die Anleger geltend machen. Fraglich ist, ob der Investmentfonds, dann Abkommensvergünstigungen selbst geltend machen kann, wenn er als juristische Person in beiden Staaten gilt. Dies wird in Ziff. XIX. Abs. 2 b) nur für geschlossene FGR bestimmt.[1185] Ein deutscher Investmentfonds könnte durch die Besteuerung als juristische Person, zumindest aus deutscher Sicht, als „Gesellschaft“ nach Art. 3 Abs. 1e) DBA D-NL eingestuft werden und damit über Art. 10 Abs. 2a) DBA D-NL eine Reduktion auf 5 % QuSt erreichen.[1186] Hinsichtlich der Protokollregelung könnte das DBA demnach drei Fälle unterscheiden: die Einordnung als „Investmentfonds“, „FGR“ (Ziff. XIX. Abs. 2) oder „Gesellschaft“ (Art. 3). Wird der Investmentfonds von mind. einem der beiden Staaten als transparent angesehen, gilt er als „Investmentfonds“ i.S.v. Ziff. XIX. Abs. 1. Wird ein Investmentfonds in beiden Staaten als juristische Person behandelt, wird er als „Gesellschaft“ nach Art. 3 Abs. 1e) DBA D-NL eingestuft, wodurch z.B. Art. 10 Abs. 2 a) DBA D-NL greift. In Art. 10 Abs. 2 a) DBA D-NL werden nur die PersGes ausgenommen. Dies könnte bedeuten, dass Investmentfonds „Gesellschaften“ sein können (wenn beide Staaten intransparent besteuern) und der Artikel Anwendung entfaltet, oder dass Fonds grundsätzlich

---

1182 So auch *Eberhardt*, IStR 2013, 377 (382).

1183 Gemäß *Zinkeisen/Walter*, IStR 2007, 583 (585) werden aus niederländischer Sicht deutsche Investmentfonds als steuerlich transparente Gebilde eingeordnet.

1184 Vgl. *Eberhardt*, IStR 2013, 377 (382); *Böing/Prang*, BB 2012, 2211 (2212).

1185 *Schäfer* negiert eine Abkommensberechtigung von Investmentfonds, vgl. *Schäfer*, in: Moritz/Jesch/Mann (Hrsg.), Kommentar InvStG, Annex II, Rn. 51; auf Wunsch der Niederlande, vgl. Gesetzentwurf zum DBA zwischen Deutschland und den Niederlanden vom 24.09.2012, BT-Drs. 17/10752, 61.

1186 So auch *Link*, RdF 2021, 122 (127 f.).

nicht als „Gesellschaft" angesehen werden und ein Ausschluss damit nicht notwendig ist. Ggf. sind solche Auslegungskonflikte über ein Verständigungsverfahren zu klären.

e. Frankreich und Luxemburg

Die DBA mit **Frankreich**[1187] und **Luxemburg**[1188] schränken die Abkommensberechtigung von Investmentfonds auf Zinsen und Dividenden ein. Diese können geltend gemacht werden, soweit Anleger beteiligt sind, die im Bildungsstaat des Investmentvermögens, ansässig sind. Dies ist dahingehend Ausdruck des Transparenzprinzips.
In Art. 8 des Zusatzabkommens mit **Frankreich** vom 28. September 1989 wird das Abkommen ergänzt durch einen Art. 25b, welcher die Verfahren zur Entlastung von Abzugssteuern regelt. Abs. 4 enthält eine Regelung französische Fonds („Einrichtung für kollektive Anlage in Wertpapieren" – O.P.C.V.M.[1189]) betreffend, welche keiner Besteuerung unterliegen. Diese können die Abkommensvergünstigungen von Zinsen und Dividenden nur in dem Maße „global beantragen", wie französische Anleger beteiligt sind.[1190] Es stellt sich die Frage, ob die Regelung des Art. 25b bereits die Abkommensberechtigung von (französischen) Investmentfonds impliziert[1191] oder ob der Fonds die Abkommensvorteile für seine Anleger geltend machen kann, wobei Art. 25b lediglich das Verfahren und nicht die Abkommensberechtigung regelt.[1192] Für letztere Ansicht, ist anzumerken, dass es bezüglich der französischen Rechtsform SICAV, welche als ein O.P.C.V.M. zugelassen ist[1193], in der Vergangenheit Gerichtsverfahren u.a. über dessen Abkommensberechtigung geführt wurden, denn eine SICAV ist zwar körperschaftsteuerpflichtig, aber davon befreit.[1194] Ergebnis der BFH-Entscheidungen war, dass die Steuerbefreiung nichts an der prinzipiellen unbeschränkten Steuerpflicht der SICAV ändert, sodass eine „abstrakte" Steuerpflicht die Ansässigkeit und damit die Abkommensberechtigung begründe.[1195] Es wurde danach geurteilt, ob die SICAV

1187 DBA D-Frankreich vom 21.07.1959 i.d.F. des Zusatzabkommens vom 28.09.1989, BGBl II 1990, 770.

1188 Vgl. DBA D-Luxemburg vom 23.04.2012, BGBl. II 2012, 1402; BGBl. II 2014, 728.

1189 Organisme de placement collectif en valeurs mobilières (UCITS). Sie umfassen in Frankreich FCP und SICAV, vgl. *Kramer*, in: Wassermeyer/Kaeser/Schwenke/Drüen (Hrsg.), DBA-Kommentar, Art. 25b DBA Frankreich, Rn. 14.

1190 Eine Regelung für „gleichberechtigt Begünstigte" ist nicht enthalten.

1191 Vgl. *Eberhardt*, IStR 2013, 377 (385).

1192 Vgl. *Staiger/Köth*, BB 2012, 2915 (2919).

1193 Vgl. *Jacob/Link*, IStR 2012, 949 (952).

1194 Vgl. BFH-Urteil vom 06.06.2012, I R 52/11, in: BStBl 2014 II, 240; BFH-Urteil vom 20.01.2015 - II R 42/12, in: BFH/NV 2015, 1079 Nr. 8; Vorinstanz: FG Rheinland-Pfalz vom 15.06.2011, 1 K 2422/08, in: EFG 2011, 1828.

1195 Vgl. *Staiger/Köth*, BB 2012, 2915 (2918); BFH-Urteil vom 20.01.2015 - II R 42/12, in: BFH/NV 2015, 1079 Nr. 8, Rz. 12 f.; BFH-Urteil vom 06.06.2012, I R 52/11, in: BStBl 2014 II, 240, Rz. 11; *Klein/Hörner/Adam*, ISR 2018, 216 (213); *Jacob/Link*, IStR 2012, 949 (950).

i.S.v. Art. 2 Abs. 1 Nr. 4 a) in Frankreich ansässig ist.[1196] Dies sollte ebenso für deutsche Investmentvermögen gelten.[1197] Ist der Investmentfonds nicht als körperschaftsteuerliches Gebilde (wie die französische FCP) anzusehen, sind nach Art. 25b Abs. 4 die Abkommensvorteile den Anteilseignern der O.P.C.V.M. zukommen zu lassen, indem die Fonds die Anträge stellen.[1198]

Das Änderungsprotokoll zum DBA mit **Luxemburg** vom 06. Juli 2023[1199] regelt in Artikel 10, dass für Dividenden, die an einen „Organismus für gemeinsame Anlagen" gezahlt werden, nur die Regelung des Art. 10 Abs. 2 des Abkommens gilt. Demnach wird die QuSt für Dividenden auf 15 % begrenzt. Ziff. 1 Abs. 1 des Protokolls definiert den Ausdruck „Organismus für gemeinsame Anlagen:" für Deutschland als Investmentfonds i.S.d. InvStG und für Luxemburg als Investmentfonds gemäß den Gesetzen „RAIF", „SIF" und „OGA" (PersGes jeweils ausgenommen).[1200] Zudem bestimmen die Absätze 2 und 3, dass diese „Organismen" in ihrem Errichtungsstaat als ansässig und als Nutzungsberechtigte der bezogenen Einkünfte gelten. Die bisherige[1201] Unterscheidung zwischen „Investmentvermögen" (Abs. 1 a.F.) und „Investmentgesellschaften" (InvGes, Abs. 2 a.F.) entfällt damit. Als Investmentvermögen galten luxemburgische FCP sowie durch eine KVG verwaltetes Sondervermögen i.S.d. deutschen InvG. InvGes waren deutsche Investment-AG sowie luxemburgische SICAR, SICAV, SICAF[1202]. Während InvGes die Beschränkungen der Art. 10 und 11 selbstständig geltend machen konnten, konnten Investmentvermögen dies nur, soweit die Anteile des Investmentvermögens auch von im selben Staat ansässigen Personen gehalten wurden. InvGes konnten gem. Art. 10 Abs. 2a) DBA D-Luxemburg keine Reduktion auf 5 % QuSt beanspruchen; Investmentvermögen derweil schon, jedoch nur unter der Maßgabe der Beteiligung entsprechender Anleger.[1203] Diese Regelung wurde damals „auf ausdrücklichen Wunsch Luxemburgs"[1204] aufgenommen, um dem unangemessenen

1196 Vgl. *Jacob/Link*, IStR 2012, 949 (950).

1197 Vgl. *Schäfer*, in: Moritz/Jesch/Mann (Hrsg.), Kommentar InvStG, Annex II, Rn. 43; *Zinkeisen/Walter*, IStR 2007, 583 (585); *Eberhardt*, IStR 2013, 377 (384); *Geurts/Jacob*, IStR 2007, 737 (739).

1198 Vgl. *Jacob/Link*, IStR 2012, 949 (950).

1199 Vgl. Gesetz zu dem Protokoll vom 6. Juli 2023 zur Änderung des Abkommens vom 23.04.2012, BGBl. II 2023, Nr. 334.

1200 Vgl. EY, Luxemburg und Deutschland verständigen sich auf Änderungsprotokoll zum DBA, https://www.ey.com/de_de/steuernachrichten/luxemburg-und-deutschland-verstaendigen-sich-auf-aenderungsprotokoll-zum-dba (zuletzt besucht am 07.07.2024).

1201 Vgl. DBA D-Luxemburg vom 23.04.2012, BGBl. II 2012, 1402; BGBl. II 2014, 728.

1202 SICAR-Risikoanlagegesellschaften; SICAV-Anlagegesellschaften mit variablem Kapital; SICAF-mit festem Kapital; vgl. *Käshammer/Kestler*, IStR 2012, 477 (477).

1203 So auch in *Link*, RdF 2021, 122 (127).

1204 Gesetzentwurf zum DBA zwischen Deutschland und Luxemburg vom 10.08.2012, BR-Drs. 478/12, 23.

Einsatz von FCP zur Reduktion inländischer Quellensteuersätze durch Drittstaaten-Anleger entgegenzuwirken.[1205] Für die konkrete Geltendmachung von Abkommensvorteilen war hier auf die gesellschaftsrechtliche Ausgestaltung des Investmentvehikels zu achten.[1206] In der Folge behandelte das Abkommen deutsche Fondstypen unterschiedlich.[1207] Mit der Änderung erfolgte eine Vereinheitlichung und insbesondere Fonds der luxemburgischen Rechtsform FCP sind selbst abkommensberechtigt und nicht mehr auf die Beteiligung ansässiger Anleger angewiesen.[1208]

5. Ausschüttungen eines Investmentfonds

In diesem Abschnitt werden die Regelungen zu den Ausschüttungen von Investmentfonds an ihre Anleger exkursiert. Wie bereits ausgeführt, besteht Konsens in den DBA darüber, dass diese unter den Dividendenartikel zu fassen sind. Hierbei soll jedoch auf entsprechende BFH-Urteile rekurriert werden, welche sich auf die Ausschüttungen einer luxemburgischen SICAV beziehen.[1209] Die Urteile betreffen die Rechtslagen der Jahre 2009-2011, sodass die Urteile vor dem Hintergrund des InvStG 2004 sowie des DBA zwischen D und Luxemburg von 1958 einzuordnen sind. Hierbei ist fraglich, ob die Ausschüttungen der luxemburgischen SICAV unter den abkommensrechtlichen Dividendenartikel zu subsumieren sind und dahingehend das DBA-Schachtelprivileg in Anspruch genommen werden kann. Weiterhin wird ein Rechtstypenvergleich der luxemburgischen SICAV vorgenommen, sowie auf die virtuelle Doppelbesteuerung i.V.m dem Verbot der doppelten Nichtbesteuerung sowie Rückfallklauseln eingegangen. Das nationale Schachtelprivileg (§ 8b Abs. 1 KStG) findet nach derzeitiger[1210] und damaliger[1211] Rechtslage keine Anwendung. Dies stellen auch die Urteile klar. Investmenterträge stellen also nach nationalem Verständnis keine Dividenden dar. Nach derzeitiger Rechtslage werden diese auch nicht unter § 20 Abs. 1 Nr. 1 EStG gefasst, sondern separat unter § 20 Abs. 1 Nr. 3 EStG. Im abkommensrechtlichen Kontext werden Investmenterträge jedoch in nahezu allen mit D abgeschlossenen DBA

1205 Vgl. *Jacob*, IStR 2012, 749 (751).

1206 Vgl. auch *Eberhardt*, IStR 2013, 377 (382)

1207 Vgl. *Ebenda*, 377 (382).

1208 Vgl. EY, Luxemburg und Deutschland verständigen sich auf Änderungsprotokoll zum DBA, https://www.ey.com/de_de/steuernachrichten/luxemburg-und-deutschland-verstaendigen-sich-auf-aenderungsprotokoll-zum-dba (zuletzt besucht am 07.07.2024).

1209 Vgl. BFH vom 15.03.2021, I R 61/17, in: DStRE 2021, 1153; FG Düsseldorf vom 17.10.2017, 6 K 1141/14 K,G,F, in: IStR 2018, 159; BFH vom 15.03.2021, I R 1/18, in: BeckRS 2021, 24197.

1210 Nach derzeitiger Rechtslage wird § 8b KStG für Publikums-Investmentfonds in § 16 Abs. 3 InvStG deklaratorisch ausgeschlossen. Dies gilt auch für SpIF. Sollten diese jedoch die Transparenzoption nach § 30 InvStG wählen, ist § 8b KStG u.U anwendbar.

1211 § 2 Abs. 1 Satz 1 2. HS InvStG 2004.

unter die Dividendendefinition subsumiert. Dabei wird sich entweder im Protokoll oder im Dividendenartikel dem Zusatz bedient: „Der Ausdruck `Dividenden` umfasst auch Ausschüttungen auf Anteilsscheine an einem Investmentvermögen.“ Das DBA-Schachtelprivileg kann damit Wirkung entfalten. Dies gilt jedoch nur, wenn keine Rückfallklauseln Anwendung finden, denn ein SICAV wird nach luxemburgischen Recht keiner Ertragsbesteuerung unterworfen. In der Folge könnte eine doppelte Nichtbesteuerung ermöglicht werden. Nach heutiger Reglung finden sich im konkreten DBA D-Luxemburg Rückfallklauseln sowie Aktivitätsvorbehalte für diesen Fall.[1212] Auch § 16 Abs. 4 InvStG lässt eine Freistellung der Ausschüttung nur unter bestimmten Voraussetzungen zu. Dabei muss der ausländische Investmentfonds einer allgemeinen Ertragsbesteuerung i.H.v. mind. 10 % unterliegen und die Ausschüttung muss zu mehr als 50 % auf steuerpflichtigen Einkünften des Fonds beruhen. § 50d Abs. 9 EStG ist dabei nicht einschlägig. Hinsichtlich des Rechtstypenvergleichs wird die SICAV als Kapitalgesellschaft qualifiziert.[1213] Diese Einordnung wird nicht durch die Regelung des InvStG verdrängt.[1214] Die Anwendung des Dividendenartikels ist jedoch aufgrund des Zusatzes (s.o.) unabhängig, ob die SICAV als KapGes angesehen wird oder das InvStG diese Einordnung verdrängt.[1215] Die Leitsätze der Urteile sollten auch für die Einordnung anderer ausländischer Investmentvehikel gemäß des Rechtstypenvergleichs Bedeutung entfalten.[1216]

6. Investmentsteuerliche Regelungen bzgl. DBA

Zur Verdeutlichung der Zusammenhänge sollen schließlich die abkommensrechtlichen Bezüge des InvStG im Kontext der DBA kurz dargestellt werden:

- § 16 Abs. 4 i.V.m. § 34 Abs. 3 Satz 2 InvStG: Schüttet ein ausländischer (Spezial)-Investmentfonds Erträge aus, erfolgt die DBA-Freistellung dieser Einkünfte unter den Voraussetzungen der subject-to-tax-Klausel in § 16 Abs. 4 InvStG.
- § 29 Abs. 3 Satz 2 InvStG: I.R.e. Treaty Override wird geregelt, dass bei einer möglichen Überschreitung der Beteiligungsgrenze nach § 26 Nr. 6 InvStG, Steuerermäßigungen nach DBA (Schachtelprivilegien) nicht anzuwenden sind und wirkt damit der zweckwidrigen Ausnutzung von Abkommensvorteilen entgegen.[1217]

1212 Vgl. *Häuselmann*, Investmentanteile, 319.
1213 Vgl. BFH vom 15.03.2021, I R 61/17, in: DStRE 2021, 1153, Rn. 30 ff.
1214 Vgl. *Mending/Müller/Scherer*, IStR 2022, 191 (196).
1215 Vgl. *Ebenda*, 191 (196).
1216 Vgl. *Ebenda*, 191 (196).
1217 Vgl. Gesetzentwurf zum InvStRefG vom 07.04.2016, BT-Drs. 18/8045, 98.

- § 30 InvStG: Bei Ausübung der Transparenzoption durch einen Spezial-Investmentfonds werden die inländischen Beteiligungseinnahmen den Anlegern direkt zugerechnet. Hinsichtlich der Inanspruchnahme von Quellensteuervergünstigungen ist vielmehr das DBA mit dem Anleger-Staat zu prüfen. Da Spezial-Investmentfonds nur eine übersichtliche Zahl an Anlegern verzeichnen kann, sollten diese die Ansprüche geltend machen können.[1218]
- § 42 Abs. 4 InvStG: Die 100 %ige Freistellung bei Körperschaftsteuersubjekten bzgl. inländischer Beteiligungseinnahmen in den ausgeschütteten und agE gilt nur, wenn der Spezial-Investmentfonds dem vollen KSt-satz von 15 % unterliegt und sich das DBA keine höheren Entlastungsansprüche ergeben.
- § 43 Abs. 1 InvStG: Hierbei wird die abkommensrechtliche Freistellung von Einkünften, welche aufgrund der beschränkten Steuerpflicht von SpIF auf dieser Ebene sowieso nicht steuerpflichtig sind, an die Anleger weiter gegeben.

7. Zwischenfazit Abkommensrecht

Wie aufgezeigt wurde, enthalten bereits einige DBA konkrete Regelungen Investmentfonds betreffend. Die Bedeutung solcher Regelungen wurde in der vorherigen Ausführungen dargelegt. Insgesamt gibt es zwei Arten, wie Abkommensvorteile geltend gemacht werden können: entweder an der Quelle durch den Investmentfonds selbst oder durch den Anleger im Erstattungsverfahren.[1219] Letzteres ist aufwändiger und komplexer, sodass letztendlich in der Praxis oftmals keine Erstattungen geltend gemacht werden.[1220] Sind in den konkreten DBA keine spezifischen Regelungen enthalten, welche die steuerliche Behandlung im Zusammenhang mit Investmentfonds einvernehmlich regeln, muss die Einstufung des jeweiligen Investmentvehikels als Person, welche in einem der Vertragsstaaten ansässig ist und Nutzungsberechtigter der Einkünfte ist, erfolgen.[1221] Dennoch bergen die fehlenden Regelungen ein hohes Maß an Rechtsunsicherheit, welche der Investor in seine Investitionsentscheidungen einkalkulieren muss. Daher ist es wichtig, Quellensteueransprüche von Investmentfonds in Abhängigkeit der unterschiedlichen Besteuerungsregime bilateral zu regeln.[1222] Auch sollten

---

1218 Vgl. auch *Hagen/Schober*, RdF 2020, 276 (279).
1219 Vgl. *Lawson/Sunderland*, BIT 2019, 371 (371).
1220 Vgl. *Ebenda*, 371 (371).
1221 Vgl. OECD, Model Tax Convention 2017, Kommentar Art. 1 OECD-MA, Rn. 23; *Birker*, RdF 2015, 221 (222).
1222 Vgl. auch so auch OECD, Model Tax Convention 2017, Kommentar Art. 1 OECD-MA, Rn. 29 ff.; v.a. aber auch die Besteuerung auf Anlegerebene berücksichtigen, falls Investmentfonds (und deren Anleger) hinsichtlich gesellschaftsrechtlichem Statut und steuerlicher Behandlung unterschiedlichen Rechtsfolgen unterliegen.

Vorschriften implementiert werden, welche Abkommensmissbräuche mit Hilfe von Investmentfonds zielgerichtet verhindern. Bei den LOB-Klauseln ist zweifelhaft, wie die Umsetzung v.a. bei Publikumsfonds mit ständig wechselnden Anlegern realisiert werden kann.[1223] Dabei wird auf die Entwicklung statistischer Verfahren hingewiesen[1224], sowie auf das TRACE-Projekt der OECD, sowie auf die FASTER-Richtlinie der EU.[1225]

Zusammenfassend kann statuiert werden, dass Investmentfonds allgemeinhin abkommensberechtigt sind, wie aus den Empfehlungen der OECD, der einschlägigen Literatur und Rechtsprechung sowie der Gesetzgebung im JStG 2019 hervorgeht. Diese Entwicklung zeigt eine Abkehr vom Transparenzgedanken und der Gleichstellung mit Direktanlagen, insbesondere durch die Neujustierung der Investmentbesteuerung hin zum Trennungsprinzip. Dennoch erfordert die konkrete Behandlung in verschiedenen Staaten besondere Aufmerksamkeit. Es muss weiterhin berücksichtigt werden, dass Abkommenspolitik auf verschiedenen Stufen erfolgt: Die DBA und ihre Revisionsprotokolle werden regelmäßig angepasst, das MLI betrifft letztendlich nur neun deutsche DBA, ist aber für diese Staaten zusätzlich zu berücksichtigen. Zudem sind die nationalen Regelungen auf abkommensrechtliche Regelungen zu prüfen, die insbesondere einen Treaty-Override in sich tragen. Für Investmentfonds sind auch die einkommensteuerlichen Normen (z.B. § 50d Abs. 3 EStG) von Relevanz. Aktuelle Entwicklungen wie z.B. das TRACE-Projekt und die FASTER-Richtline sollten ebenfalls berücksichtigt werden. Dieses komplexe Regelungsgeflecht erhöht die Komplexität es Internationalen Steuerrechts im Kontext von Investmentfonds und muss bei der Analyse und Anwendung berücksichtigt werden.

1223 Vgl. *Weggenmann/Nehls*, in: Vogel/Lehner (Hrsg.), DBA-Kommentar, Art. 1 OECD-MA, Rn. 54g.

1224 Vgl. *Schultes-Schnitzlein/Piontek*, IWB 2017, 400 (408); *Schraufl*, PIStB 2011, 335 (336 f.).

1225 Vgl. OECD, Treaty Relief and Compliance Enhancement, erhältlich im Internet: https://www.oecd.org/ctp/exchange-of-tax-information/treatyreliefandcomplianceenhancementtrace.htm (zuletzt besucht am 29.06.2023); EU-Kommission, Vorschlag für eine Richtlinie des Rates über schnellere und sicherere Verfahren für die Entlastung von überschüssigen Quellensteuern vom 19.06.2023, COM(2023) 324 final.

III. Einfluss der EuGH-Rechtsprechung

1. Überblick und Bedeutung des Unionsrechts

Das europäische Steuerrecht als Rechtsgebiet beschreibt die „Einwirkung des Europäischen Unionsrechts auf das nationale Steuerrecht der Mitgliedstaaten."[1226] Es umfasst das Primärrecht als „eigenes Steuerrecht" der EU sowie das Sekundär- und Tertiärrecht.[1227] EU-Regelungen sind multilaterale Regelungen, d.h. sie wirken in das nationale Steuerrecht der Mitgliedsstaaten hinein.[1228] Zudem besteht ein eigenständiger Rechtsschutz durch den EuGH.[1229]

Das Primärrecht umfasst den Vertrag der Europäischen Union (EUV) sowie den Vertrag über die Arbeitsweise der Europäischen Union (AEUV) und die Grundrechtecharta.[1230] Für das Steuerrecht ist insbesondere der AEUV von Bedeutung, der u.a. die allgemeine Freizügigkeit, das allgemeine Diskriminierungsverbot sowie die Grundfreiheiten normiert.[1231] Im Bereich des Investmentsteuerrechts ist insbesondere die Kapitalverkehrsfreiheit von Relevanz.

Das Sekundärrecht umfasst die Rechtsakte, die auf Grundlage des AEUV erlassen werden.[1232] Darunter fallen insbesondere Verordnungen und Richtlinien.[1233] Während Verordnungen in all ihren Teilen verbindlich sind und unmittelbare Wirkung in den Mitgliedstaaten entfalten, sind Richtlinien hinsichtlich des zu erreichenden Ziels verbindlich und die Umsetzung in das innerstaatliche Recht wird den Mitgliedstaaten selbst überlassen.[1234] Zu den wichtigsten Richtlinien im Steuerecht zählen die MTRL, die Fusionsrichtlinie, die Zins- und Lizenzgebühren-Richtlinie sowie die Anti-Tax-Avoidance-Directive (ATAD).[1235] Für Investmentfonds gelten die OGAW-IV-Richtlinie[1236] und die AIFM-Richtline[1237] als zentrale Richtlinien, die mithin keine steuerrechtliche Harmonisierung vorsehen, sondern aufsichtsrechtliche Regelungen

---

1226 *Musil*, in: Musil/Weber-Grellet (Hrsg.), Europäisches Steuerrecht, Einführung, Rn. 13.
1227 Vgl. *Musil*, in: Musil/Weber-Grellet (Hrsg.), Europäisches Steuerrecht, Einführung, Rn. 14.
1228 Vgl. *Frotscher*, Internationales Steuerrecht, Rn. 47.
1229 Vgl. *Ebenda*, Rn. 47.
1230 Vgl. *Ebenda*, Rn. 55; *Streinz*, Europarecht, Rn. 457.
1231 Vgl. *Musil*, in: Musil/Weber-Grellet (Hrsg.), Europäisches Steuerrecht, Einführung, Rn. 15.
1232 Vgl. *Frotscher*, Internationales Steuerrecht, Rn. 58.
1233 Außerdem Beschlüsse, Empfehlungen und Stellungnahmen, vgl. *Streinz*, Europarecht, Rn. 476.
1234 Vgl. *Ebenda*, Rn. 478, 485.
1235 Vgl. *Musil*, in: Musil/Weber-Grellet (Hrsg.), Europäisches Steuerrecht, Einführung, Rn. 16.
1236 Richtlinie 2009/65/EG des Europäischen Parlaments und des Rates vom 13.07.2009 zur Koordinierung der Rechts- und Verwaltungsvorschriften betreffend bestimmte Organismen für gemeinsame Anlagen in Wertpapieren (OGAW), ABl. EG vom 17.11.2009 L 302/32.
1237 Richtlinie 2011/61/EU des Europäischen Parlaments und des Rates vom 8. Juni 2011über die Verwalter alternativer Investmentfonds und zur Änderung der Richtlinien 2003/41/EG und 2009/65/EG und der Verordnungen (EG) Nr. 1060/2009 und (EU) Nr. 1095/2010 („AIFM-Richtlinie)", ABl. EU vom 01.07.2011 L 174/1.

enthalten, die aufgrund der Verzahnung mit dem InvStG auch Auswirkungen auf dieses haben.[1238] I.R.d. MTRL[1239] sind Gewinnausschüttungen zwischen Tochter- und Muttergesellschaft, welche sich in unterschiedlichen EU-Mitgliedstaaten befinden, vom Quellensteuerabzug befreit. Eine Anwendung ist für bestimmte Gesellschaftsformen vorgeschrieben, die im Anhang der Richtlinie aufgeführt sind; zudem unterliegen diese einer dort genannten Steuer und sind nicht davon befreit.[1240] Vor allem letzteres Kriterium ist für Investmentfonds relevant, wenn diese zwar als Steuersubjekt i.R.d. KSt behandelt werden, mithin aber oft sachlichen Steuerbefreiungen unterliegen, sodass die MTRL nicht einschlägig ist.[1241] Zudem muss eine unmittelbare Mindestbeteiligung von 10 % an der Tochtergesellschaft vorliegen. Die MTRL kann nur im Inbound-Fall zur Anwendung kommen, da Gewinnausschüttungen inländischer KapGes der Steuerpflicht nach § 6 Abs. 2 InvStG unterliegen, während ausländische Einkünfte davon ausgenommen werden.

Im ersten Teil der Arbeit wurde bereits dargelegt, dass der maßgeblichste Grund für die Neuregelung des deutschen Investmentsteuerrechts in den europarechtlichen Risiken des InvStG 2004 liegt. In diesem Abschnitt werden die unionsrechtlichen Entscheidungen analysiert, die zum einen vor der Reformierung entschieden wurden und zum anderen im Anschluss daran ergangen sind. Zunächst werden die Sachverhalte kompakt dargestellt und die EuGH-Entscheidungen kurz wiedergegeben. In Abschnitt H.III.3. erfolgt eine ausführliche und integrative Darstellung der Urteilsbegründungen, da sich diese größtenteils überschneiden. Besondere Aspekte werden dabei separat beschrieben. Die zugrunde liegenden Rechtsprechungen sollen Rückschlüsse auf die aktuelle Ausgestaltung der Fondsbesteuerung zulassen. Dabei werden auch die aktuellen, an das EU-Recht angepassten Besteuerungssysteme der betroffenen EU-Staaten kurz dargestellt. Ziel ist es, eine Tendenz aufzuzeigen, in welche Richtung sich die zukünftige Fondsbesteuerung aufgrund der unionsrechtlichen Einflüsse entwickeln könnte.

1238 Vgl. AIFM-StAnpG vom 18.12.2013, BGBl. I 2013, 4318; OGAW-IV-Umsetzungsgesetz vom 22.06.2011, BGBl. I 2011, 1126; *Pantazatou*, in: Haslehner (Hrsg.), Investment Fund Taxation, Funds and EU Tax Directives, 157 (160).

1239 Die MTRL ist in § 43b EStG umgesetzt und erfasst nach für Deutschland Gesellschaften in der Rechtsform AG oder GmbH sowie andere Gesellschaften, die der deutschen Körperschaftsteuer unterliegen, vgl. Anlage 2 Nr. 1 f) EStG.

1240 Vgl. Anlage 2 Nr. 1, Nr. 3 EStG; Art. 2 a) i)-iii) MTRL.

1241 Vgl. *Schwarz*, Investmentbesteuerung im Anwendungsbereich des InvStG, 114.

2. Fallmaterial

a. Finnland – Rechtssache *Aberdeen* vom 18. Juni 2009 und Rechtssache *A SCPI* vom 07. April 2022

In der Rechtssache *Aberdeen* hat der EuGH über die Unionsrechtskonformität des Einbehalts von Quellensteuer bei Ausschüttungen finnischer Aktiengesellschaften an einen luxemburgischen Investmentfonds (SICAV) geurteilt. Finnische Muttergesellschaften (bzw. Investmentfonds in Vertragsform) unterliegen analog keiner Quellensteuer. Der vorliegende Sachverhalt war anhand der Niederlassungsfreiheit zu prüfen, da die strittige Rechtvorschrift die Besteuerung von Anteilseignern betrifft, die einen „sicheren Einfluss" (100 % Beteiligung) auf die Tochtergesellschaft haben.[1242] Eine Anwendung der MTRL läuft leer, da die luxemburgische SICAV nicht als „Gesellschaft" i.R.d. MTRL gelistet ist und keiner Ertragsbesteuerung unterliegt.[1243] Außerdem sei die SICAV nicht mit einer finnischen AG vergleichbar. Die finnischen Rechtsvorschriften, welche 2005/2006 galten, stehen der Niederlassungsfreiheit entgegen, da sie die von einer in Finnland ansässigen Tochtergesellschaft an eine Aktiengesellschaft mit Sitz in Finnland ausgeschütteten Dividenden von der QuSt befreien, aber ähnliche Dividenden dieser QuSt unterwerfen, die an eine in einem anderen Mitgliedstaat ansässige Muttergesellschaft in der Form einer SICAV gezahlt werden, deren Rechtsform im Recht des erstgenannten Staates unbekannt ist und nicht in der Liste der Gesellschaften, die unter die MTRL fallen, benannt ist und die nach den Rechtsvorschriften des anderen Mitgliedstaats von der Einkommensteuer befreit ist.[1244]

Die Rechtssache *A SCPI* erweitert die bisherige Rechtsprechung hinsichtlich der Vergleichbarkeit der Rechtsformen der zugrundeliegenden Investmentfonds hinsichtlich des finnischen Rechts. Hierbei klagt eine französische Immobilien-Investmentgesellschaft, welche in Frankreich steuerlich transparent ist und in Satzungsform aufgesetzt wurde, gegen die steuerliche Behandlung im Jahr 2020 aufgrund einer Gesetzesänderung in Finnland. Demnach falle die französische Gesellschaft nicht unter die neuen Regelungen bzgl. der Steuerbefreiung für Investmentfonds, da diese nicht in Vertragsform ausgestaltet worden ist.[1245] Noch im Steuerjahr 2019, vor Einführung der

---

[1242] Vgl. EuGH vom 18.06.2009, Rs. C-303/07 *Aberdeen*, ECLI:EU:C:2009:377, Rn. 30 f.

[1243] Vgl. *Genta*, ET 2013, 80 (87); EuGH vom 18.06.2009, Rs. C-303/07 *Aberdeen*, ECLI:EU:C:2009:377, Rn. 22.

[1244] Vgl. EuGH vom 18.06.2009, Rs. C-303/07 *Aberdeen*, ECLI:EU:C:2009:377, Urteilsspruch.

[1245] Vgl. EuGH vom 07.04.2022, Rs. C-342/20, *A SCPI*, ECLI:EU:C:2022:276, Rn. 21; weitere Ausführungen zum finnischen Recht, siehe Abschnitt H.III.5.a.

Änderung, konnte dieselbe Gesellschaft jedoch von der finnischen QuSt befreit werden.[1246] Die ab 2020 geltenden finnischen Rechtsvorschriften verstoßen gegen die Art. 63 und 65 AEUV, da sie die Steuerbefreiung für bestimmte Einkünfte ausschließlich den Investmentfonds in Vertragsform vorbehalten, einen gebietsfremden Investmentfonds in Satzungsform von dieser Befreiung mithin ausschließen, obwohl Letzterer in dem Mitgliedstaat, in dem er niedergelassen ist, steuerlich transparent ist und in letzterem Mitgliedstaat nicht der Einkommensteuer unterliegt.[1247]

b. Frankreich – Rechtssache *Santander* vom 10. Mai 2012

Die verbundenen Rechtssachen betreffen Investmentfonds, welche zum einen in der EU (Belgien, Deutschland, Spanien) ansässig sind, als auch US-amerikanische Fonds, welche Dividenden französischer Gesellschaften erhielten und der französischen Quellenbesteuerung unterlagen. Gebietsansässige Investmentfonds (SICAV, FCP) unterliegen in Frankreich derweil keiner Körperschaft-/Quellensteuer. Die entsprechende französische Regelung war vor dem Hintergrund der Beschränkung des freien Kapitalverkehrs zu beurteilen. Hierbei ging es konkret um die Frage der Berücksichtigung der Ebene der Fondsanleger zur Beurteilung der Vergleichbarkeit der Situationen in- und ausländischer Fonds.[1248] Der EuGH entschied, dass die Art. 63 und 65 AEUV dahin auszulegen sind, dass sie einer Regelung eines Mitgliedstaats entgegenstehen, die die Dividenden inländischer Herkunft einer QuSt unterwirft, wenn sie von in einem anderen Staat ansässigen OGAW bezogen werden, während solche Dividenden, die von im ersten Staat ansässigen OGAW bezogen werden, von der Steuer befreit sind.[1249]

c. Belgien – Rechtssache *Kommission/Belgien* vom 25. Oktober 2012

Am 19. Juli 2011 hat die Europäische Kommission im Rahmen eines Vertragsverletzungsverfahrens Klage gegen das Königreich Belgien erhoben.[1250] Als Ergebnis des

---

1246 Vgl. EuGH vom 07.04.2022, Rs. C-342/20, *A SCPI*, ECLI:EU:C:2022:276, Rn. 16 f.

1247 Vgl. *Ebenda*, Urteilsspruch.

1248 Vgl. EuGH vom 10.05.2012, Rs. C-338/11-C-347/11 *Santander*, ECLI:EU:C:2012:286, Vorlagefragen, Rn. 13.

1249 Vgl. *Ebenda*, Urteilsspruch.

1250 Vgl. Vertragsverletzungsverfahren Nr. INFR(2008)4624; Klage in der Rechtssache C-387/11, ABl. EU C 305/4 vom 15.10.2011, erhältlich im Internet: https://eur-lex.europa.eu/legal-content/de/TXT/PDF/?uri=uriserv %3AOJ.C_.2011.305.01.0004.01.DEU (zuletzt besucht am 14.06.2023).

Verfahrens hat der EuGH entschieden, dass ein Verstoß gegen die Niederlassungs- als auch gegen die Kapitalverkehrsfreiheit vorliegt.[1251] Dies betrifft Regelungen, die bei der Besteuerung („Mobiliensteuervorabzug“) von Einkünften aus Kapitalvermögen und beweglichen Gütern dahingehend unterscheiden, ob diese von gebietsansässigen oder gebietsfremden Investmentgesellschaften ohne belgische Niederlassung bezogen werden.[1252] Belgische Investmentfonds in der Rechtsform einer Gesellschaft unterliegen, wie auch ausländische Investmentfonds, einer QuSt auf Dividenden. Belgische Investmentfonds sind Steuersubjekt, aber nach Art. 185bis ITC[1253] vom Quellensteuerabzug für solche Einkünfte befreit. Des Weiteren profitieren belgische Fonds von einer möglichen Anrechnung erhobener Quellensteuern (siehe auch Abschnitt H.III.5.c.). Gemäß des EuGH-Judikats hat Belgien gegen seine Verpflichtungen aus den Art. 49 und 63 AEUV verstoßen, da Regeln beibehalten wurden, die bei der Besteuerung von den o.g. Einkünften danach unterscheiden, ob diese Einkünfte von gebietsansässigen oder von gebietsfremden Investmentgesellschaften ohne feste Niederlassung in Belgien bezogen werden.[1254]

d. Polen – Rechtssache *Emerging Markets* vom 10. April 2014

Dieser Fall betrifft einen Investmentfonds mit Ansässigkeit in den USA und eröffnet damit erneut die Drittstaaten-Dimension, welche durch die Kapitalverkehrsfreiheit geschützt ist. Der US-amerikanische Fonds erzielte Dividenden aus polnischen Gesellschaften, welche mit QuSt belastet wurden. Von der Steuer befreit sind derweil Fonds mit Sitz in Polen und der EU/des EWR[1255], sodass die Erstattung der QuSt an den US-Fonds abgelehnt wurde. Dies wird begründet mit der Ermangelung eines rechtlichen Rahmens und einer Verwaltungszusammenarbeit mit der EU.[1256] Folglich sieht sich Polen nicht in der Lage, die Auskünfte US-amerikanischer Behörden zur Nachweisführung der Vergleichbarkeit auf Richtigkeit zu überprüfen. Der EuGH stellt zum einen fest, dass die in Rede stehende Regelung anhand der Kapitalverkehrsfreiheit zu

1251 Vgl. *O'Shea*, TNI 2013, 889 (889).

1252 Vgl. EuGH vom 25.10.2012, Rs. C-387/11 *Kommission/Belgien*, ECLI:EU:C:2012:670, Urteilsspruch.

1253 Income Tax Code (Einkommensteuergesetz Belgien).

1254 Vgl. EuGH vom 25.10.2012, Rs. C-387/11 *Kommission/Belgien*, ECLI:EU:C:2012:670, Urteilsspruch.

1255 Bezüglich Fonds mit EU/EWR-Ansässigkeit unter bestimmten Voraussetzungen, die die Vergleichbarkeit mit polnischen Fonds sicherstellen soll; vgl. *Hagemann/Kopec*, StuB 2014, 651 (651).

1256 Vgl. *von Brocke*, IWB 2014, 146 (147); EuGH vom 10.04.2014, Rs. C-190/12 *Emerging Markets*, ECLI:EU:C:2014:249, Rn. 71 ff.

prüfen ist. Des Weiteren steht sie der Kapitalverkehrsfreiheit entgegen, da die Steuerbefreiung nicht für die Dividenden gilt, die in diesem Mitgliedstaat ansässige Gesellschaften an einen im Drittstaat ansässigen Investmentfonds ausschütten, sofern es zwischen dem betreffenden Mitgliedstaat und dem Drittstaat eine vertragliche Verpflichtung zur gegenseitigen Amtshilfe gibt, die es den nationalen Steuerbehörden ermöglicht, die Auskünfte zu überprüfen, die der Investmentfonds übermittelt.[1257]

e. Dänemark – Rechtssache *Fidelity Funds* vom 21. Juni 2018

Die Fidelity Funds mit Sitz in Luxemburg und Großbritannien (OGAW i.S.d. Richtlinie) bezogen von in Dänemark ansässigen Gesellschaften Dividenden, auf welche dänische QuSt erhoben wurde.[1258] Im Gegensatz können inländische Investmentfonds diese QuSt vermeiden. Für die Steuerbefreiung wird ein in Dänemark ansässiger Investmentfonds vorausgesetzt, welcher eine Mindestausschüttung[1259] vornimmt bzw. ausweist und einen Steuereinbehalt auf Fondsausgangsseite vornimmt (sog. „§ 16C-Fonds“).[1260] Ausländische Fonds können diese Voraussetzungen mangels dänischer Ansässigkeit *de facto* nicht erfüllen.[1261] Der EuGH entschied, dass Dividenden, die eine dänische Gesellschaft an einen in einem anderen Mitgliedstaat ansässigen OGAW ausschüttet, im Ansässigkeitsstaat der ausschüttenden Gesellschaft dem Quellensteuerabzug unterliegen, wohingegen Ausschüttungen an einen im selben Staat ansässigen OGAW vom Quellensteuerabzug befreit sind, gegen den freien Kapitalverkehr verstößt.[1262] Ob die Voraussetzung der Mindestausschüttung europarechtskonform ist, wurde durch den EuGH nicht geklärt, da dies kein Bestandteil der Vorlagefrage war.

f. Niederlande – Rechtssache *Köln Aktienfonds* vom 30. Januar 2020

Der nach deutschem Recht errichtete und in Deutschland börsennotierte und ansässige Publikums-Fonds erhielt von 2002-2008 Dividenden niederländischer Gesellschaften, welche der niederländischen Dividendensteuer unterlagen. In- und ausländische

---

1257 Vgl. EuGH vom 10.04.2014, Rs. C-190/12 *Emerging Markets*, ECLI:EU:C:2014:249, erster Urteilsspruch.

1258 Vgl. *Kohl*, IWB 2018, 707 (708).

1259 Dies wird geregelt in § 16C Ligningslov (Steuergesetz).

1260 Näheres zur damaligen Regelung in: EuGH vom 21.06.2018, Rs. C-480/15 *Fidelity Funds*, ECLI:EU:C:2018:480, Rn. 9 ff., 13.

1261 Vgl. *Kohl*, IWB 2018, 707 (708).

1262 Vgl. EuGH vom 21.06.2018, Rs. C-480/15 *Fidelity Funds*, ECLI:EU:C:2018:480, Urteilsspruch.

Investmentfonds, welche als sog. SAO (FII)[1263] konzipiert sind und dies nachweisen, wird die Steuer erstattet.[1264] Um als SAO zu qualifizieren, müssen die erzielten Erträge mittels Ausschüttung innerhalb von acht Monaten nach Abschluss des Geschäftsjahres an die Anteilseigner ausgezahlt werden, wobei QuSt durch den Fonds einbehalten wird.[1265] Des Weiteren werden bestimmte Anteilsinhaberanforderungen vorausgesetzt, je nachdem, ob die Anteile des Fonds börsengehandelt werden.[1266] Bis 2007 war der Handel an der Amsterdamer Börse Voraussetzung – aufgrund europarechtlicher Bedenken wurde die Voraussetzung auf alle Märkte für Finanzinstrumente ausgeweitet.[1267] Obwohl diese Voraussetzungen unterschiedslos für gebietsfremde und gebietsansässige Investmentfonds gelten, kann es zu einer Benachteiligung grenzüberschreitender Sachverhalte kommen.[1268] Dies kann der Fall sein, wenn die Voraussetzungen dergestalt inlandsspezifisch sind, dass *de facto* nur gebietsansässige Fonds in den Anwendungsbereich fallen.[1269] Der EuGH verweist diese Frage zurück an das vorlegende Gericht. Andererseits können auch die zu erbringenden Nachweise zur Erfüllung der Voraussetzungen, ausländische Fonds von der Investition abhalten, indem die Nachweiserbringung bspw. an dieselben Form- und Genauigkeitserfordernisse wie für inländische Steuerpflichtige gebunden sind und dadurch „übermäßig erschwert" wird.[1270] Im vorliegenden Fall konnte der Fonds die Anteilsinhabervoraussetzungen nicht nachweisen, da der Handel über „global stream" keine Kenntnisse über die Anteilsinhaber vermittelt.[1271] Der EuGH entschied, dass dieser Umstand mithin nicht zu einer Benachteiligung des gebietsfremden Investmentfonds führt, da das niederländische Recht diesen Umstand nicht auffangen müsse.[1272] In diesem Zusammenhang ist durch das niederländische Gericht weitergehend zu prüfen, ob auch gebietsansässige Fonds den Nachweis über die Anteilseigner erbringen müssen.[1273]

Hinsichtlich des acht-Monats Ausschüttungserfordernisses ist das verfolgte Ziel durch das vorlegende Gericht zu bestimmen, denn allgemein richten sich ausländische Fonds

---

1263 „steuerliche Anlageorganismen" bzw. Fiscal Investment Institutions (FII), vgl. *van Os/de Graaf*, in: IFA (Hrsg.), Cahiers 2019 Vol. 104B, Netherlands Branch Report, 629 (629).

1264 Vgl. EuGH vom 30.01.2020, Rs. C-156/17 *Köln Aktienfonds*, ECLI:EU:C:2020:51, Rn. 39.

1265 Vgl. *Ebenda*, Rn. 9.

1266 Siehe dazu konkret: EuGH vom 30.01.2020, Rs. C-156/17 *Köln Aktienfonds*, ECLI:EU:C:2020:51, Rn. 13 ff.; in einer vorherigen Gesetzesfassung wurden die Voraussetzungen auch an die Notierung an der Amsterdamer Börse geknüpft.

1267 Vgl. EuGH vom 30.01.2020, Rs. C-156/17 *Köln Aktienfonds*, ECLI:EU:C:2020:51, Rn. 59.

1268 Vgl. *Ebenda*, Rn. 55; *Erdem*, ISR 2020, 203 (204).

1269 Vgl. EuGH vom 30.01.2020, Rs. C-156/17 *Köln Aktienfonds*, ECLI:EU:C:2020:51, Rn. 56.

1270 Vgl. *Ebenda*, Rn. 50, 62.

1271 "Global stream".

1272 Vgl. EuGH vom 30.01.2020, Rs. C-156/17 *Köln Aktienfonds*, ECLI:EU:C:2020:51, Rn. 65 f.

1273 Vgl. *Ebenda*, Rn. 67; *Adema*, FCM 2020, Vol. 3, 1 (10).

nach den Regelungen ihres Sitzstaates, welche nicht denen des Quellenstaates entsprechen.[1274] Die Fonds befänden sich jedoch in vergleichbaren Lagen, wenn das Ziel des Ausschüttungserfordernisses die Besteuerung auf Anlegerebene sei und mit dem des Sitzstaates korrespondiert.[1275] Dahingehend steht die strenge Acht-Monats-Voraussetzung Europarecht entgegen. Keine Vergleichbarkeit ist gegeben, wenn das Ziel darin besteht, den Anlegern die Erträge nur so schnell wie möglich zukommen zu lassen.[1276] Der EuGH erweitert mit diesem Urteil die bisherige Rechtsprechung i.R.v. unterschiedslosen Voraussetzungen sowie die damit einhergehende Nachweiserbringung.[1277]

g. Portugal – Rechtssache *AllianzGI-Fonds* vom 17. März 2022

Dieser Sachverhalt bezieht sich auf einen nach deutschem Recht gegründeten Investmentfonds (OGAW), welcher Dividenden von in Portugal ansässigen Gesellschaften erhielt und darauf eine QuSt i.H.v. 25 % bzw. 15 % nach geltendem DBA entfällt. Gebietsansässige (portugiesische) Investmentfonds sind derweil von der QuSt (Körperschaftsteuer) befreit; sie unterliegen jedoch einer sog. Stempelsteuer (Steuer auf das Nettovermögen) und unter bestimmen Voraussetzungen einer Spezialsteuer. Der EuGH hat entschieden, dass Art. 63 AEUV der portugiesischen Regelung entgegensteht, nach der bei Dividenden, die von portugiesischen Gesellschaften an einen gebietsfremden OGAW gezahlt werden, ein Steuerabzug an der Quelle vorgenommen wird, während Dividenden, die an einen gebietsansässigen OGAW gezahlt werden, von einem solchen Steuerabzug befreit sind.[1278]

h. Deutschland – Rechtssache *L Fund* vom 27. April 2023

Im Ausgangsfall vor dem FG Münster[1279] klagt ein luxemburgischer Spezial-Investmentfonds in der Rechtsform eines FCP (Sondervermögen)[1280] gegen die Körperschaftsteuerbescheide von 2008-2010. Der SpIF investierte in deutsche Immobilien.

[1274] Vgl. *Scherleitner*, Intertax 2022, 484 (488).
[1275] Vgl. EuGH vom 30.01.2020, Rs. C-156/17 *Köln Aktienfonds*, ECLI:EU:C:2020:51, Rn. 81.
[1276] Vgl. *Ebenda*, Rn. 80.
[1277] Vgl. *Erdem*, ISR 2020, 203 (204); *Eisendle/Henze*, ISR 2021, 63 (67).
[1278] Vgl. EuGH vom 17.03.2022, Rs. C-545/19, *AllianzGI-Fonds u.a.*, ECLI:EU:C:2022:193, Urteilsspruch.
[1279] Vgl. FG Münster vom 20.04.2017, 10 K 3059/14 K, in: openJur 2019, 3340.
[1280] Fonds commun de placement, vgl. *Steichen*, in: Wassermeyer/Kaeser/Schwenke/Drüen (Hrsg.), DBA-Kommentar, DBA Luxemburg Anh., Rn. 150; *Bartnik/Aldinger*, in: Jesch/Klebeck/Dobrauz-Saldapenna (Hrsg.), Investmentrecht, Luxemburg, 489 (Rn. 16).

Erste Ausschüttungen wurden ab 2010 an die zwei nicht in Deutschland ansässigen institutionellen Anleger des Fonds getätigt. Mit Einreichen der Körperschaftsteuererklärungen wies der klagende Fonds zum einen darauf hin, nicht als Zweckvermögen nach § 1 Abs. 1 Nr. 5 KStG bzw. Vermögensmasse nach § 2 Nr. 1 KStG zu gelten und damit keiner beschränkten Steuerpflicht in Deutschland zu unterliegen. Dennoch veranlagte die deutsche Finanzverwaltung den ausländischen SpIF und erhob Körperschaftsteuer. Der vorliegende FCP-Spezial-Investmentfonds klassifiziert gemäß der Finanzverwaltung als Zweckvermögen bzw. Vermögensmasse[1281] und ist damit als beschränkt steuerpflichtiges Subjekt mit inländischen Einkünften nach § 49 Abs. 1 Nr. 6 und 2 f) EStG anzusehen. Zum anderen ist der Anwendungsbereich für die KSt-Befreiung von Investmentfonds nach § 11 Abs. 1 Satz 2 InvStG 2004 für ausländische Fonds nicht eröffnet, sodass diese einer Steuerbelastung in Deutschland unterliegen. In Luxemburg unterlag der Fonds keiner Besteuerung.[1282] Der luxemburgische FCP zweifelt bereits am Vorliegen der beschränkten Steuerpflicht, da die Qualifikation als Zweckvermögen nicht gegeben sei.[1283] Weiterhin wird im Ausschluss von der Steuerbefreiung in § 11 Abs. 1 Satz 2 InvStG 2004, sollte entgegen dem Kläger eine beschränkte Steuerpflicht vorliegen, ein Verstoß gegen die Kapitalverkehrsfreiheit gesehen.

Bezüglich der Frage, ob ein FCP als Zweckvermögen eingestuft werden kann, nimmt das FG Münster ausführlich Stellung.[1284] Es erteilt der Auffassung des Klägers eine Absage und bejaht die beschränkte Steuerpflicht. Auch der BFH schließt sich nachfolgend dieser Auffassung an.[1285]

Nach Auffassung von FG und BFH verstößt die Regelung nicht gegen Unionsprimärrecht, insbesondere den freien Kapitalverkehr. Das FG stellt die ungleiche steuerliche Behandlung in- und ausländischer Investmentfonds und somit die Beschränkung des Kapitalverkehrs eindeutig fest, liefert aber Gründe für die Europarechtskonformität.[1286] Aufgrund der bestehenden unionsrechtlichen Bedenken ist der BFH als letzte

---

1281 Die verwendeten Begriffe „Zweckvermögen" und „Vermögensmasse" sind im gleichen Sinne zu verstehen, vgl. *Rengers*, in: Brandis/Heuermann (Hrsg.), Ertragsteuerrecht Kommentar, § 1 KStG, Rn. 107.

1282 Körperschaftsteuer, Vermögenssteuer, Gewerbesteuer und Quellensteuer spielen keine Rolle Es ist eine jährliche Zeichnungsteuer und für diesen Zeitraum auch eine Kapitalverkehrssteuer zu entrichten, vgl. *Bartnik/Aldinger*, in Jesch/Klebeck/Dobrauz-Saldapenna (Hrsg.), Investmentrecht, Luxemburg, 489 (Rn. 145).

1283 Vgl. FG Münster vom 20.04.2017, 10 K 3059/14 K, in: openJur 2019, 3340, Rn. 14.

1284 Vgl. *Ebenda*, Rn. 48 ff.

1285 Vgl. BFH vom 18.12.2019, I R 33/17, in: BFH/NV 2021, 157 Nr. 1, Rn. 29.

1286 Vgl. *Hahne*, BB 2017, 2010 (2012); FG Münster vom 20.04.2017, 10 K 3059/14 K, in: openJur 2019, 3340, Rn. 88 ff.

Instanz zur Vorlage an den EuGH nach Art. 267 Abs. 3 AEUV aufgrund Entscheidungserheblichkeit verpflichtet.[1287] Aus dem EuGH-Urteil geht hervor, dass im Nachgang zu der am 17. März 2022 ergangenen Entscheidung zum portugiesischen Fall *AllianzGI-Fonds* der BFH dennoch an seinem Vorabentscheidungsersuchen festhielt.[1288] Der BFH ging demnach weiterhin von der Entscheidungserheblichkeit für den konkreten Fall aus und sieht die richtige Auslegung des Unionsrechts als nicht zweifelsfrei an.[1289] Das EuGH-Urteil erging derweil ohne Schlussanträge des Generalanwaltes, was darauf schließen lässt, dass keine neuen Rechtsfragen aufgeworfen wurden.[1290] Der EuGH hat zur Vorlagefrage des BFH eine Entscheidung getroffen auch die daran gebundene finale Entscheidung des BFH erfolgte. (siehe Abschnitt D.II.2.a.(1))

3. Grundfreiheitenprüfung durch den EuGH

a. Überblick

In den Rechtssachen, welche i.R.d. Arbeit in Bezug zu der Besteuerung von Investmentfonds auf der Fondseingangsseite betrachtet wurden, verfolgt der EuGH seine Rechtsprechung stringent und verfestigt diese stetig. Die Urteile folgen hinsichtlich der Prüfungsreihenfolge einem ähnlichen Muster, welches in Abbildung H.3 kurz dargestellt und nachfolgend für die o.g. Rechsachen konkret erläutert wird.

Abbildung H.3: Prüfungsschema unionsrechtlicher Grundfreiheitenverstoß.

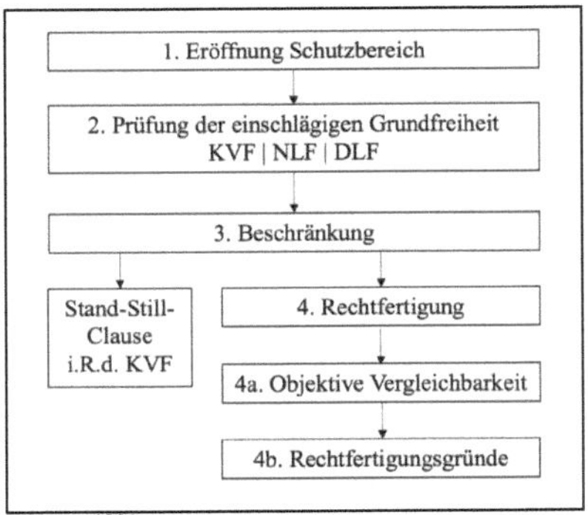

Quelle: Eigene Darstellung.[1291]

1287 Vgl. EuGH vom 06.10.1982, Rs. C-283/81, *Cilfit*, ECLI:EU:C:1982:335, Rn. 6 f., 21.
1288 Vgl. EuGH vom 27.04.2023, Rs. C-537/20, *L Fund*, ECLI:EU:C:2023:339, Rn. 39.
1289 Vgl. EuGH vom 06.10.1982, Rs. C-283/81, *Cilfit*, ECLI:EU:C:1982:335, Rn. 21.
1290 Vgl. *Patzner/Nagler*, IStR 2023, 355 (360).
1291 Abkürzungen: KVF – Kapitalverkehrsfreiheit; NLF – Niederlassungsfreiheit; DLF – Dienstleistungsfreiheit.

Eingangs ist zu prüfen, ob der persönliche, sachliche und räumliche Schutzbereich einer Grundfreiheit eröffnet ist.[1292] Der persönliche Anwendungsbereich bezieht sich darauf, wer die jeweilige Grundfreiheit in Anspruch nehmen kann, und umfasst Unionsbürger als natürliche Personen mit Staatsangehörigkeit eines Mitgliedstaates sowie Personen- und Kapitalgesellschaften mit entsprechendem Sitz oder Hauptverwaltung.[1293] Der sachliche Anwendungsbereich bezieht sich auf die Tätigkeiten, die unter den Schutzbereich der jeweiligen Grundfreiheit fallen. Weiterhin setzt die Anwendung der Grundfreiheiten stets einen grenzüberschreitenden Bezug voraus.[1294] Die Grundfreiheiten entfalten ihre Wirkung räumlich auf dem Gebiet der Europäischen Union, wobei die Kapitalverkehrsfreiheit auch in Bezug zu Drittstaaten anzuwenden ist.[1295] Im nächsten Schritt wird geprüft, ob eine einschlägige Grundfreiheit durch einen Eingriff bzw. eine Beschränkung beeinträchtigt wird. Sollte ein Verstoß gegen den AEUV festgestellt werden, ist im vierten Schritt zu prüfen, ob dieser gerechtfertigt werden kann. In Bezug zu Outbound-Dividenden hat sich der sog. „rules of reason"-Ansatz herausgebildet, der die Vergleichbarkeit der inländischen und grenzüberschreitenden Situationen sowie die der von einem Mitgliedstaat zur Rechtfertigung vorgebrachten zwingenden Gründe des Allgemeininteresses prüft.[1296] Im Folgenden werden die Rechtssachen und Urteile nicht separat dargestellt, sondern vielmehr sollen die Gemeinsamkeiten in den Begründungen zusammengefasst und die Unterschiede herausgestellt werden, um eine allumfängliche Übersicht zu erlangen.

b. Einschlägige Grundfreiheit

Zu Beginn wird die einschlägige Grundfreiheit geprüft. Bezüglich der konkreten Rechtssachen und Vorlagefragen wurden insgesamt drei Grundfreiheiten angeführt: Kapitalverkehrsfreiheit, Niederlassungsfreiheit und Dienstleistungsfreiheit. Alle drei Freiheiten sind als Diskriminierungs- als auch Beschränkungsverbote ausgestaltet.[1297] Demnach kann sich eine nachteilige steuerliche Behandlung aufgrund der Staatsangehörigkeit (oder einem vergleichbaren Kriterium) – diskriminierend – als auch unterschiedslos – beschränkend – ergeben.[1298] Bei der Einordnung ist auf den Zweck der

---

[1292] Vgl. *Haase*, Internationales und Europäisches Steuerrecht, Rn. 829; *Frotscher*, Internationales Steuerrecht, Rn. 111.

[1293] Vgl. *Musil*, in: Musil/Weber-Grellet (Hrsg.), Europäisches Steuerrecht, Einführung, Rn. 85

[1294] Vgl. *Ebenda*, Rn. 87.

[1295] Vgl. *Ebenda*, Rn. 88; *Streinz*, Europarecht, Rn. 831.

[1296] Vgl. *Genta*, ET 2013, 80 (82).

[1297] Vgl. *Englisch/Reimer*, in: Schaumburg/Englisch (Hrsg.), Europäisches Steuerrecht, Rn. 7.82, 7.71, 7.87; *Haase*, Internationales und Europäisches Steuerrecht, Rn. 857, 864.

[1298] Vgl. *Haase*, Internationales und Europäisches Steuerrecht, Rn. 864.

betroffenen Regelung abzustellen.[1299] Dies ist hierbei regelmäßig die steuerliche Behandlung von Dividenden; in der Rechtssache *L Fund* geht es um die Besteuerung von Immobilienerträgen. Insbesondere die Kapitalverkehrsfreiheit ist im Bereich der Investmentfondsbesteuerung einschlägig.

Die Dienstleistungsfreiheit wurde in den Rechtssachen *Fidelity Funds* und *AllianzGI* diskutiert, denn die in Frage stehende Regelung könnte einen Aktivitätsverlust für ausländische Investmentfonds in einem Mitgliedstaat bewirken, in dem er seine Dienstleistungen erbringt.[1300] Dennoch ist die Kapitalverkehrsfreiheit gegenüber der Dienstleistungsfreiheit vorrangig und die grundsätzlich einschlägige.[1301]

In der Rechtssache *Aberdeen* wurde die Prüfung anhand der Niederlassungsfreiheit vorgenommen, da hier ein sicherer Einfluss im Mutter-Tochter-Verhältnis bestand und keine Portfoliobeteiligung wie in den anderen Rechtssachen vorlag. Investitionen mit der bloßen Absicht der Geldanlage unterliegen dem Anwendungsbereich der Kapitalverkehrsfreiheit.[1302] Hierbei wird der unionsrechtliche Schutzbereich auf Drittstaaten ausgeweitet. Dies gilt im Outbound als auch im Inbound-Fall.[1303] Bei Unternehmensbeteiligungen gilt als Abgrenzungskriterium das Vorliegen eines „sicheren Einflusses" auf die Entscheidungen der Gesellschaften.[1304] Auch die über ein Vertragsverletzungsverfahren judizierte Rechtssache *Kommission/Belgien* prüft den Verstoß gegen die Niederlassungsfreiheit, da sich die Regelung ebenfalls auf Investitionen mit sicherem Einfluss beziehen könne.[1305]

Bezüglich der Rechtssache *L Fund* stellt sich die Frage nach der einschlägigen Grundfreiheit nicht, sondern wird bereits i.R.d. Vorlagefrage adressiert (so auch in *Santander, College Pension Plan, Köln Aktienfonds Deka*).[1306] Gemäß Anhang I der

---

1299 Vgl. *Genta*, ET 2013, 80 (83); EuGH vom 21.06.2018, Rs. C-480/15 *Fidelity Funds*, ECLI:EU:C:2018:480, Rn. 33; EuGH vom 17.03.2022, Rs. C-545/19, *AllianzGI-Fonds u.a.*, ECLI:EU:C:2022:193, Rn. 31; EuGH vom 10.04.2014, Rs. C-190/12 *Emerging Markets*, ECLI:EU:C:2014:249, Rn. 25.

1300 Vgl. EuGH vom 21.06.2018, Rs. C-480/15 *Fidelity Funds*, ECLI:EU:C:2018:480, Rn. 37; EuGH vom 17.03.2022, Rs. C-545/19, *AllianzGI-Fonds u.a.*, ECLI:EU:C:2022:193, Rn. 34.

1301 Vgl. EuGH vom 21.06.2018, Rs. C-480/15 *Fidelity Funds*, ECLI:EU:C:2018:480, Rn. 37; *Korte*, in: Calliess/Ruffert (Hrsg.), EUV/AEUV Kommentar, Art. 63 AEUV, Rn. 41.

1302 Vgl. *Korte*, in: Calliess/Ruffert (Hrsg.), EUV/AEUV Kommentar, Art. 63 AEUV, Rn. 39.

1303 Vgl. *von Brocke/Wohlhöfler*, IWB 2014, 468 (470); *Hagemann/Kopec*, StuB 2014, 651 (653); Schlussanträge Mengozzi C-190/12 *Emerging Markets* ECLI:EU:C:2013:710, Rn. 21 ff.

1304 Vgl. *Haase*, Internationales und Europäisches Steuerrecht, Rn. 850; EuGH vom 25.10.2012, Rs. C-387/11 *Kommission/Belgien*, ECLI:EU:C:2012:670, Rn. 33 ff; EuGH vom 10.04.2014, Rs. C-190/12 *Emerging Markets*, ECLI:EU:C:2014:249, Rn. 26.

1305 Vgl. EuGH vom 25.10.2012, Rs. C-387/11 *Kommission/Belgien*, ECLI:EU:C:2012:670, Rn. 84 ff.

1306 Vgl. EuGH vom 27.04.2023, Rs. C-537/20, *L Fund*, ECLI:EU:C:2023:339, Rn. 40.

Kapitalverkehrsrichtlinie[1307] sind Immobilieninvestitionen unter den Begriff des „Kapitalverkehrs" zu fassen.

c. Beschränkung des freien Kapitalverkehrs

Zweck der Kapitalverkehrsfreiheit ist die „Sicherung der Investitionsfinanzierung im Gemeinschaftsgebiet".[1308] Ob folglich eine Beschränkung der Kapitalverkehrsfreiheit vorliegt, wird im nächsten Prüfungsschritt festgestellt. Vorab weist der EuGH stets darauf hin, „dass die direkten Steuern zwar in die Zuständigkeit der Mitgliedstaaten fallen, diese jedoch ihre Befugnisse unter Wahrung des Unionsrechts ausüben müssen."[1309]

Zu diesen Maßnahmen, die Art. 63 Abs. 1 AEUV als „Beschränkungen des Kapitalverkehrs verbietet [gehören] solche, die geeignet sind, Gebietsfremde von Investitionen in einem Mitgliedstaat oder die Gebietsansässigen von Investitionen in anderen Staaten [und dritten Ländern] abzuhalten."[1310] Obwohl die Regelungen zwischen Gebietsfremden und -ansässigen unterscheiden und damit den freien Kapitalverkehr beschränken, wird nach Art. 65 Abs. 1 a) AEUV bestimmt, dass „Art. 63 AEUV nicht das Recht der Mitgliedstaaten [berührt], […] die einschlägigen Vorschriften ihres Steuerrechts anzuwenden, die Steuerpflichtige mit unterschiedlichen Wohn- oder Kapitalanlageort unterschiedlich behandeln."[1311] Gemäß EuGH soll diese Norm eng auszulegen sein, da sie eine Ausnahme vom freien Kapitalverkehr darstellt.[1312] Mithin

---

1307 Richtlinie über die Liberalisierung des Kapitalverkehrs 88/361/EWG vom 24.06.1988, ABl. 1988 Nr. L 178/5.

1308 *Steinmüller*, in: Musil/Weber-Grellet (Hrsg.), Europäisches Steuerrecht, InvStG-Kommentar, Rn. 7.

1309 U.a. EuGH vom 10.04.2014, Rs. C-190/12 *Emerging Markets*, ECLI:EU:C:2014:249, Rn. 38; EuGH vom 10.05.2012, Rs. C-338/11-C-347/11 *Santander*, ECLI:EU:C:2012:286, Rn. 14; so auch EuGH vom 27.04.2023, Rs. C-537/20, *L Fund*, ECLI:EU:C:2023:339, Rn. 41; EuGH vom 25.10.2012, Rs. C-387/11 *Kommission/Belgien*, ECLI:EU:C:2012:670, Rn. 36.

1310 U.a. EuGH vom 10.04.2014, Rs. C-190/12 *Emerging Markets*, ECLI:EU:C:2014:249, Rn. 39; EuGH vom 10.05.2012, Rs. C-338/11-C-347/11 *Santander*, ECLI:EU:C:2012:286, Rn. 15; EuGH vom 21.06.2018, Rs. C-480/15 *Fidelity Fund*, ECLI:EU:C:2018:480, Rn. 40; EuGH vom 17.03.2022, Rs. C-545/19, *AllianzGI-Fonds u.a.*, ECLI:EU:C:2022:193, Rn. 36; EuGH vom 13.11.2019, Rs. C-641/17 *College Pension Plan*, ECLI:EU:C:2019:960, Rn. 48; EuGH vom 30.01.2020, Rs. C-156/17 *Köln Aktienfonds*, ECLI:EU:C:2020:51, Rn. 49, EuGH vom 27.04.2023, Rs. C-537/20, *L Fund*, ECLI:EU:C:2023:339, Rn. 42.

1311 EuGH vom 21.06.2018, Rs. C-480/15 *Fidelity Funds*, ECLI:EU:C:2018:480, Rn. 46; EuGH vom 17.03.2022, Rs. C-545/19, *AllianzGI-Fonds u.a.*, ECLI:EU:C:2022:193, Rn. 40; EuGH vom 10.04.2014, Rs. C-190/12 *Emerging Markets*, ECLI:EU:C:2014:249, Rn. 54; EuGH vom 10.05.2012, Rs. C-338/11-C-347/11 *Santander*, ECLI:EU:C:2012:286, Rn. 20; EuGH vom 13.11.2019, Rs. C-641/17 *College Pension Plan*, ECLI:EU:C:2019:960, Rn. 62, EuGH vom 27.04.2023, Rs. C-537/20, *L Fund*, ECLI:EU:C:2023:339, Rn. 43; EuGH vom 25.10.2012, Rs. C-387/11 *Kommission/Belgien*, ECLI:EU:C:2012:670, Rn. 42.

1312 EuGH vom 27.04.2023, Rs. C-537/20, *L Fund*, ECLI:EU:C:2023:339, Rn. 44; EuGH vom 25.10.2012, Rs. C-387/11 *Kommission/Belgien*, ECLI:EU:C:2012:670, Rn. 43; EuGH vom

kann nicht jede „Steuerregelung, die nach Wohnort oder dem Staat der Kapitalanlage unterscheidet, ohne Weiteres als vereinbar mit dem AEUV angesehen werden.“[1313] Diese Ausnahme wird wiederrum durch Art. 65 Abs. 3 AEUV eingeschränkt, wonach die in Art. 65 Abs. 1 AEUV genannten Maßnahmen „weder ein Mittel zur willkürlichen Diskriminierung noch eine verschleierte Beschränkung des freien Kapital- und Zahlungsverkehrs im Sinne des Artikels 63 [AEUV] darstellen [dürfen]“.[1314] Es ist mitunter in nach Art. 65 Abs. 1 a) AEUV „zulässige Ungleichbehandlungen“ und den „verbotenen Ungleichbehandlungen“ nach Art. 65 Abs. 3 AEUV zu differenzieren.[1315] Eine verschleierte Diskriminierung stellt jede als Schutzmaßnahme „getarnte“ Behinderung dar, wie z.B. hinausschießende Kontrollmaßnahmen, Darlegungs- und Nachweispflichten.[1316] Die „zulässige“ Ungleichbehandlung meint dabei, dass eine nationale Norm, welche Gebietsansässige und -fremde unterschiedlich behandelt und damit gegen Unionsrecht verstößt, als vereinbar bzw. zulässig angesehen werden kann, wenn die unterschiedliche Behandlung entweder Situationen betrifft, die nicht objektiv miteinander vergleichbar sind, oder wenn sie durch zwingende Gründe des Allgemeininteresses gerechtfertigt ist.[1317]

17.03.2022, Rs. C-545/19, *AllianzGI-Fonds u.a.*, ECLI:EU:C:2022:193, Rn. 41; *Korte*, in: Calliess/Ruffert (Hrsg.), EUV/AEUV Kommentar, Art. 65 AEUV, Rn. 6; EuGH vom 21.06.2018, Rs. C-480/15 *Fidelity Funds*, ECLI:EU:C:2018:480, Rn. 47; EuGH vom 10.04.2014, Rs. C-190/12 *Emerging Markets*, ECLI:EU:C:2014:249, Rn. 55; EuGH vom 10.05.2012, Rs. C-338/11-C-347/11 *Santander*, ECLI:EU:C:2012:286, Rn. 21.

1313 EuGH vom 27.04.2023, Rs. C-537/20, *L Fund*, ECLI:EU:C:2023:339, Rn. 44; EuGH vom 25.10.2012, Rs. C-387/11 *Kommission/Belgien*, ECLI:EU:C:2012:670, Rn. 43; EuGH vom 17.03.2022, Rs. C-545/19, *AllianzGI-Fonds u.a.*, ECLI:EU:C:2022:193, Rn. 41; EuGH vom 21.06.2018, Rs. C-480/15 *Fidelity Funds*, ECLI:EU:C:2018:480, Rn. 47; EuGH vom 10.04.2014, Rs. C-190/12 *Emerging Markets*, ECLI:EU:C:2014:249, Rn. 55; EuGH vom 10.05.2012, Rs. C-338/11-C-347/11 *Santander*, ECLI:EU:C:2012:286, Rn. 21.

1314 EuGH vom 21.06.2018, Rs. C-480/15 *Fidelity Funds*, ECLI:EU:C:2018:480, Rn. 47; EuGH vom 17.03.2022, Rs. C-545/19, *AllianzGI-Fonds u.a.*, ECLI:EU:C:2022:193, Rn. 41; EuGH vom 10.04.2014, Rs. C-190/12 *Emerging Markets*, ECLI:EU:C:2014:249, Rn. 55, 56; EuGH vom 10.05.2012, Rs. C-338/11-C-347/11 *Santander*, ECLI:EU:C:2012:286, Rn. 21, 22; EuGH vom 13.11.2019, Rs. C-641/17 *College Pension Plan*, ECLI:EU:C:2019:960, Rn. 63, EuGH vom 27.04.2023, Rs. C-537/20, *L Fund*, ECLI:EU:C:2023:339, Rn. 44; EuGH vom 25.10.2012, Rs. C-387/11 *Kommission/Belgien*, ECLI:EU:C:2012:670, Rn. 44.

1315 EuGH vom 27.04.2023, Rs. C-537/20, *L Fund*, ECLI:EU:C:2023:339, Rn. 45; EuGH vom 25.10.2012, Rs. C-387/11 *Kommission/Belgien*, ECLI:EU:C:2012:670, Rn. 45; EuGH vom 17.03.2022, Rs. C-545/19, *AllianzGI-Fonds u.a.*, ECLI:EU:C:2022:193, Rn. 42; EuGH vom 21.06.2018, Rs. C-480/15 *Fidelity Funds*, ECLI:EU:C:2018:480, Rn. 48; EuGH vom 10.04.2014, Rs. C-190/12 *Emerging Markets*, ECLI:EU:C:2014:249, Rn. 57; EuGH vom 10.05.2012, Rs. C-338/11-C-347/11 *Santander*, ECLI:EU:C:2012:286, Rn. 20; *Ukrow/Ress*, in: Grabitz/Hilf/Nettesheim (Hrsg.), Das Recht der Europäischen Union, Art. 65 AEUV, Rn. 17.

1316 Vgl. *Ukrow/Ress*, in: Grabitz/Hilf/Nettesheim (Hrsg.), Das Recht der Europäischen Union, Art. 65 AEUV, Rn. 98 f.

1317 Vgl. *Ukrow/Ress*, in: Grabitz/Hilf/Nettesheim (Hrsg.), Das Recht der Europäischen Union, Art. 65 AEUV, Rn. 17; *Sedlaczek/Züger*, in: Streinz (Hrsg.), EUV/AEUV Kommentar, Art. 65 AEUV, Rn. 39.

In der Rechtssache *Köln/Aktienfonds* steht es der Kapitalverkehrsfreiheit zunächst nicht entgegen, wenn die Erstattung Gebietsfremden verwehrt bleibt, weil die Erfüllung der Voraussetzungen dafür nicht nachgewiesen werden.[1318] Diese Voraussetzungen dürfen aber gebietsfremde Fonds zum einen *de facto* nicht benachteiligen; zum anderen kann nicht verlangt werden, dass der Steuerpflichtige Nachweise erbringt, die hinsichtlich Form und Genauigkeit denen entsprechen, die Gebietsansässige erbringen müssen. Der Nachweis darf also nicht übermäßig erschwert werden, sodass es unmöglich wird, den Steuervorteil zu beanspruchen.[1319]

Die Kapitalverkehrsfreiheit entfaltet auch in Bezug zu Drittstaaten Wirkung. Dahingehend ist im Drittstaatenkontext zudem die „stand-still"-Klausel nach Art. 64 AEUV zu berücksichtigen, welche beschränkende Regelungen ohne Rechtfertigung zulassen, die zum 31. Dezember 1993 bestanden haben und im Zusammenhang mit Direktinvestitionen einschließlich Immobilienanlagen stehen. Die entsprechende Prüfung in der Rechtssache *Emerging Markets* lief dabei ins Leere, da die in Frage stehende Regelung derart nicht bereits zum 31. Dezember 1993 bestand.[1320]

d. Zulässigkeit der Beschränkung

Wird eine Beschränkung des Kapitalverkehrs festgestellt, schließt sich die Rechtfertigungsprüfung an. Denn die entsprechende Regelung kann „als mit den Bestimmungen über den freien Kapitalverkehr vereinbar angesehen werden, wenn die Ungleichbehandlung Situationen betrifft, die nicht objektiv miteinander vergleichbar sind oder durch einen zwingenden Grund des Allgemeininteresses gerechtfertigt ist."[1321] Eine Diskriminierung liegt nach europarechtlichem Verständnis vor, wenn identische Situationen unterschiedlich oder unterschiedliche Situationen in gleicher Weise behandelt werden.[1322]

Folglich nimmt der EuGH eine Vergleichspaarbildung vor und prüft die objektive Vergleichbarkeit. Dies erfolgt in den vorliegenden Rechtssachen jedoch erst im Rahmen

1318 Vgl. EuGH vom 30.01.2020, Rs. C-156/17 *Köln Aktienfonds*, ECLI:EU:C:2020:51, erster Urteilsspruch.

1319 Vgl. *Ebenda*, Rn. 62, erster Urteilsspruch.

1320 Vgl. EuGH vom 10.04.2014, Rs. C-190/12 *Emerging Markets*, ECLI:EU:C:2014:249, Rn. 45 ff.

1321 Vgl. EuGH vom 10.04.2014, Rs. C-190/12 *Emerging Markets*, ECLI:EU:C:2014:249, Rn. 57; EuGH vom 10.05.2012, Rs. C-338/11-C-347/11 *Santander*, ECLI:EU:C:2012:286, Rn. 23; EuGH vom 25.10.2012, Rs. C-387/11 *Kommission/Belgien*, ECLI:EU:C:2012:670, Rn. 45; EuGH vom 18.06.2009, Rs. C-303/07 *Aberdeen*, ECLI:EU:C:2009:377, Rn. 57, 41; EuGH vom 21.06.2018, Rs. C-480/15 *Fidelity Funds*, ECLI:EU:C:2018:480, Rn. 48; EuGH vom 17.03.2022, Rs. C-545/19, *AllianzGI-Fonds u.a.*, ECLI:EU:C:2022:193, Rn. 42; EuGH vom 27.04.2023, Rs. C-537/20, *L Fund*, ECLI:EU:C:2023:339, Rn. 45.

1322 Vgl. *Genta*, ET 2013, 80 (82).

der Rechtfertigung.[1323] In anderen Fällen wird dies bereits im Rahmen des Beschränkungstatbestandes erörtert.[1324] Dass der EuGH die Vergleichbarkeitsprüfung nicht stringent i.R.d. Beschränkungstatbestandes prüft, wird jedoch kritisch gesehen.[1325] Von den nationalen Staaten wird stets angeführt, dass die Situationen eines aus- und inländischen Investmentfonds mit inländischen Einkünften nicht miteinander zu vergleichen sind. Begründet wird dies z.B. damit, dass die Fonds unterschiedlichen Besteuerungstechniken unterliegen (Rs. *Allianz GI-Fonds*; Rs. *College Pension Plan*); es sich um einen Drittstaat handelt, wodurch die europarechtlichen Regelungen, wie die der OGAW-Richtlinie nicht auf den ausländischen Fonds anzuwenden sind (Rs. *Emerging Markets*) oder ein inländisches Pendant zum ausländischen Fonds nicht existiert (Rs. *Aberdeen*). Weiterhin sei die Ebene der Anteilseigner zu berücksichtigen, um zu bestimmen, ob die unterschiedliche Behandlung der Einkünfte gebietsfremder Fonds im Vergleich zu gebietsansässigen Fonds Situationen erfasse, die nicht objektiv miteinander vergleichbar wären (Rs. *Santander, Rs. AllianzGI-Fonds, Rs. Fidelity Funds, Rs. L Fund*).[1326]

(1) Objektive Vergleichbarkeit

Hinsichtlich der objektiven Vergleichbarkeit grenzüberschreitender Sachverhalte hat der EuGH festgestellt, dass sich Gebietsansässige und -fremde grundsätzlich nicht in vergleichbaren Situationen befinden.[1327] Dies bezieht sich jedoch vielmehr auf die Versagung bestimmter Steuervergünstigungen i.R.d. beschränkten Steuerpflicht, wohingegen das Leistungsfähigkeitsprinzip vordergründig im Wohnsitzstaat berücksichtigt wird; diese objektivierte Besteuerung ist im Allgemeinen als nicht diskriminierend anzusehen.[1328]

[1323] Nach *Korte* „oftmals erst auf Rechtfertigungsebene", vgl. *Korte*, in: Calliess/Ruffert (Hrsg.), EUV/AEUV Kommentar, Art. 63 AEUV, Rn. 50.

[1324] Vgl. *Henze*, in: Lüdicke/Mellinghoff/Rödder (Hrsg.), Nationale und internationale Unternehmensbesteuerung in der Rechtsordnung (Festschrift Gosch), 137 (138).

[1325] *Musil*, in: Musil/Weber-Grellet (Hrsg.), Europäisches Steuerrecht, Einführung, Rn. 100; *Englisch*, IStR 2014, 561 (561 ff.); *Kokott*, Das Steuerrecht der Europäischen Union, 128.

[1326] Vgl. EuGH vom 10.05.2012, Rs. C-338/11-C-347/11 *Santander*, ECLI:EU:C:2012:286, Rn. 24 f.; *von Brocke/Auer*, IWB 2012, 457 (459); EuGH vom 21.06.2018, Rs. C-480/15 *Fidelity Funds*, ECLI:EU:C:2018:480, Rn. 57; EuGH vom 17.03.2022, Rs. C-545/19, *AllianzGI-Fonds u.a.*, E-CLI:EU:C:2022:193, Rn. 45 ff.

[1327] Vgl. *Ukrow/Ress*, in: Grabitz/Hilf/Nettesheim (Hrsg.), Das Recht der Europäischen Union, Art. 65 AEUV, Rn. 19.

[1328] Vgl. *Ebenda*, Rn. 19; werden jedoch im Wohnsitzstaat kaum Einkünfte erzielt, sondern der Großteil im anderen Staat, dann kann die Versagung bestimmter Vergünstigungen diskriminierend wirken. Deshalb existiert im deutschen Recht die unbeschränkte Steuerpflicht am Antrag nach § 1 Abs. 3 EStG; vgl. *Sedlaczek/Züger*, in: Streinz (Hrsg.), EUV/AEUV Kommentar, Art. 65 AEUV, Rn. 40.

Um die Vergleichbarkeit von Situationen zu beurteilen, ist insbesondere das Ziel, der Zweck und der Inhalt der Norm zu berücksichtigen.[1329]

Im Hinblick auf Dividendenbezüge Gebietsfremder und -ansässiger bestehen in Bezug auf Maßnahmen zur Vermeidung oder Abschwächung mehrfacher Belastung oder wirtschaftlicher Doppelbesteuerung nicht unbedingt vergleichbare Situationen.[1330] Mitunter soll durch die Steuerbefreiung die Gleichstellung zur Direktanlage erfolgen.[1331] Die Situationen Gebietsfremder und -ansässiger nähern sich jedoch einander an, sobald ein Staat einseitig oder im Wege eines Abkommens nicht nur die gebietsansässigen, sondern auch die gebietsfremden Steuerpflichtigen, der Einkommen-/Körperschaftsteuer unterwirft.[1332] Denn die Ausübung der Steuerhoheit durch diesen Mitgliedstaat birgt die Gefahr einer mehrfachen Belastung (Kettenbesteuerung).[1333] Dahingehend hat der Sitzstaat der ausschüttenden Gesellschaft dafür Sorge zu tragen, dass die gebietsfremden Empfänger wie die gebietsansässigen einen gleichwertigen Mechanismus zur Abschwächung oder Vermeidung der wirtschaftlichen Doppelbesteuerung erhalten.[1334] Werden gebietsansässige Fonds durch eine Quellensteuerbefreiung von einer mehrfachen Belastung der ausgeschütteten Gewinne bewahrt, muss gebietsfremden Fonds eine „gleichwertige Behandlung" zu teil werden.[1335] Die Situation in- und ausländischer Fonds ist somit im Hinblick auf die Gefahr einer

---

1329 Vgl. EuGH vom 07.04.2022, Rs. C-342/20, *A SCPI*, ECLI:EU:C:2022:276, Rn. 69; EuGH vom 27.04.2023, Rs. C-537/20, *L Fund*, ECLI:EU:C:2023:339, Rn. 54.

1330 Vgl. *Ukrow/Ress*, in: Grabitz/Hilf/Nettesheim (Hrsg.), Das Recht der Europäischen Union, Art. 65 AEUV, Rn. 28; EuGH vom 25.10.2012, Rs. C-387/11 *Kommission/Belgien*, ECLI:EU:C:2012:670, Rn. 48; EuGH vom 21.06.2018, Rs. C-480/15 *Fidelity Funds*, ECLI:EU:C:2018:480, Rn. 53; EuGH vom 17.03.2022, Rs. C-545/19, *AllianzGI-Fonds u.a.*, ECLI:EU:C:2022:193, Rn. 64; EuGH vom 30.01.2020, Rs. C-156/17 *Köln Aktienfonds*, ECLI:EU:C:2020:51, Rn. 64.

1331 Vgl. EuGH vom 21.06.2018, Rs. C-480/15 *Fidelity Funds*, ECLI:EU:C:2018:480, Rn. 52.

1332 Vgl. *Ukrow/Ress*, in: Grabitz/Hilf/Nettesheim (Hrsg.), Das Recht der Europäischen Union, Art. 65 AEUV, Rn. 28; EuGH vom 25.10.2012, Rs. C-387/11 *Kommission/Belgien*, ECLI:EU:C:2012:670, Rn. 49; EuGH vom 21.06.2018, Rs. C-480/15 *Fidelity Funds*, ECLI:EU:C:2018:480, Rn. 54; EuGH vom 17.03.2022, Rs. C-545/19, *AllianzGI-Fonds u.a.*, ECLI:EU:C:2022:193, Rn. 65.

1333 Vgl. EuGH vom 25.10.2012, Rs. C-387/11 *Kommission/Belgien*, ECLI:EU:C:2012:670, Rn. 50; EuGH vom 21.06.2018, Rs. C-480/15 *Fidelity Funds*, ECLI:EU:C:2018:480, Rn. 55; EuGH vom 17.03.2022, Rs. C-545/19, *AllianzGI-Fonds u.a.*, ECLI:EU:C:2022:193, Rn. 66.

1334 Vgl. *Ukrow/Ress*, in: Grabitz/Hilf/Nettesheim (Hrsg.), Das Recht der Europäischen Union, Art. 65 AEUV, Rn. 28; EuGH vom 25.10.2012, Rs. C-387/11 *Kommission/Belgien*, ECLI:EU:C:2012:670, Rn. 50; EuGH vom 21.06.2018, Rs. C-480/15 *Fidelity Funds*, ECLI:EU:C:2018:480, Rn. 55; EuGH vom 17.03.2022, Rs. C-545/19, *AllianzGI-Fonds u.a.*, ECLI:EU:C:2022:193, Rn. 66.

1335 Vgl. EuGH vom 10.04.2014, Rs. C-190/12 *Emerging Markets*, ECLI:EU:C:2014:249, Rn. 59; EuGH vom 25.10.2012, Rs. C-387/11 *Kommission/Belgien*, ECLI:EU:C:2012:670, Rn. 50; EuGH vom 18.06.2009, Rs. C-303/07 *Aberdeen*, ECLI:EU:C:2009:377, Rn. 44; EuGH vom 10.05.2012, Rs. C-338/11-C-347/11 *Santander*, ECLI:EU:C:2012:286, Rn. 42; EuGH vom 17.03.2022, Rs. C-545/19, *AllianzGI-Fonds u.a.*, ECLI:EU:C:2022:193, Rn. 66; EuGH vom 21.06.2018, Rs. C-480/15 *Fidelity Funds*, ECLI:EU:C:2018:480, Rn. 55.

Doppelbesteuerung vergleichbar.[1336] Sollten inländische Investmentfonds zusätzlich einer anderen Steuer unterliegen, ist dies nach Ansicht des EuGH unbeachtlich und führt nicht dazu, dass objektiv andere Situationen vorliegen.[1337]

Als weiteres Ziel wird die Sicherstellung der Besteuerungsbefugnis genannt, welche dazu führt, dass dem ausländischen Fonds die Erstattung der QuSt versagt bleibt.[1338] In der Rs. *Fidelity Funds* wurde die Steuerbefreiung inländischer Fonds zusätzlich sogar an eine tatsächliche bzw. ausgewiesene Mindestausschüttung geknüpft, sodass die Besteuerung auf Anlegerebene stattfindet.[1339] Gleichzeitig soll damit also auch dem Ziel der Gleichstellung zur Direktanlage gedient sein.

Hierbei sind jedoch die Voraussetzungen der Steuerhoheit über die Einkünfte der Anteilseigner entscheidend.[1340] Denn der ausländische Fonds kann wiederrum inländische Anleger haben, wodurch sich jener in einer vergleichbaren Situation mit einem inländischen Fonds befindet, da die Steuerhoheit des Inlands auf Anlegerebene ausgeübt werden kann.[1341] Die Befreiung des gebietsfremden Fonds wird nur nicht gewährt, da ansonsten das Besteuerungssubstrat durch mangelnde Steuerhoheit bei ausländischen Fonds mit ausländischen Anlegern verloren geht. Mit dem Ziel der Verlagerung auf den Anleger kann demzufolge der inländische Staat die Dividenden eines ausländischen Fonds an einen ebenso ausländischen Investor nicht besteuern, da dies außerhalb seiner Steuerhoheit liegt. Dieser fehlende Steuerzugriff ist der „Logik" der Verlagerung auf die Anlegerebene immanent.[1342] Dahingehend kann dies auch nicht mit dem Grund der ausgewogenen Aufteilung der Besteuerungsbefugnisse gerechtfertigt werden, da gar keine Besteuerungsbefugnis besteht.[1343] Der Quellenstaat könne einen gebietsfremden Fonds nicht verpflichten, auf dessen Fondsausgangsseite eine QuSt zugunsten des „Asset"-Staates und dessen Anlegerbesteuerung einzubehalten.[1344]

1336 Vgl. EuGH vom 30.01.2020, Rs. C-156/17 *Köln Aktienfonds*, ECLI:EU:C:2020:51, Rn. 67; EuGH vom 21.06.2018, Rs. C-480/15 *Fidelity Funds*, ECLI:EU:C:2018:480, Rn. 56; EuGH vom 07.04.2022, Rs. C-342/20, *A SCPI*, ECLI:EU:C:2022:276, Rn. 71, 74.

1337 Vgl. EuGH vom 25.10.2012, Rs. C-387/11 *Kommission/Belgien*, ECLI:EU:C:2012:670, Rn. 53; EuGH vom 17.03.2022, Rs. C-545/19, *AllianzGI-Fonds u.a.*, ECLI:EU:C:2022:193, Rn. 57.

1338 Vgl. EuGH vom 21.06.2018, Rs. C-480/15 *Fidelity Funds*, ECLI:EU:C:2018:480, Rn. 52.

1339 Vgl. EuGH vom 21.06.2018, Rs. C-480/15 *Fidelity Funds*, ECLI:EU:C:2018:480, Rn. 57.

1340 Vgl. EuGH vom 17.03.2022, Rs. C-545/19, *AllianzGI-Fonds u.a.*, ECLI:EU:C:2022:193, Rn. 68; EuGH vom 21.06.2018, Rs. C-480/15 *Fidelity Funds*, ECLI:EU:C:2018:480, Rn. 60; EuGH vom 21.06.2018, Rs. C-480/15 *Fidelity Funds*, ECLI:EU:C:2018:480, Rn. 68.

1341 Vgl. EuGH vom 17.03.2022, Rs. C-545/19, *AllianzGI-Fonds u.a.*, ECLI:EU:C:2022:193, Rn. 69; EuGH vom 21.06.2018, Rs. C-480/15 *Fidelity Funds*, ECLI:EU:C:2018:480, Rn. 61; *Kohl*, IWB 2018, 707 (710); EuGH vom 27.04.2023, Rs. C-537/20, *L Fund*, ECLI:EU:C:2023:339, Rn. 58.

1342 Vgl. EuGH vom 17.03.2022, Rs. C-545/19, *AllianzGI-Fonds u.a.*, ECLI:EU:C:2022:193, Rn. 70; EuGH vom 21.06.2018, Rs. C-480/15 *Fidelity Funds*, ECLI:EU:C:2018:480, Rn. 62.

1343 Vgl. EuGH vom 21.06.2018, Rs. C-480/15 *Fidelity Funds*, ECLI:EU:C:2018:480, Rn. 58.

1344 Vgl. *Ebenda*, Rn. 57.

Beim Vergleichbarkeitskriterium stützt sich der EuGH nur auf die Ebene des Fonds; ein Einbezug der Anlegerebene erfolgt derweil nicht. In der Rechtssache *Santander* hat er, aufgrund der konkreten Vorlagefrage, zum Einbezug der Ebene des Fondsanlegers Stellung bezogen. Grundsätzlich ist es auch hier Sache des Mitgliedstaates das System der Dividendenbesteuerung unionsrechtskonform auszugestalten. Erfolgt eine unterschiedliche Behandlung aufgrund eines bestimmten Kriteriums, ist die Beurteilung der Vergleichbarkeit anhand dieses Kriteriums zu überprüfen.[1345] Da entsprechende Regelungen als maßgebliches Unterscheidungskriterium auf den Sitz des Fonds abstellen, ist die Situation der Fondsanleger unerheblich.[1346]

Bereits in der Rechtssache *Aberdeen* folgte der EuGH dem Argument, dass in Folge der transparenten Betrachtung des Fonds, auf die Anleger abzustellen sei und demzufolge deren Ansässigkeitsstaat eine Doppelbesteuerung der Dividenden zu vermeiden hat, nicht.[1347] Dies sei auch im grenzüberschreitenden Fall Aufgabe des Quellenstaates.[1348]

Zwischen der Steuerbefreiung der Dividenden und einer Besteuerung der Fondsanleger bestehe kein Zusammenhang bzw. Abhängigkeit (Ablehnung des Kohärenzarguments).[1349] Somit komme es bei der unterschiedlichen Besteuerung des Fonds nicht auf die steuerliche Situation der Fondsanleger an.[1350] Aus den genannten Gründen besteht Einigkeit darüber, dass die Vergleichbarkeit allein auf Ebene des Investmentfonds zu prüfen ist und dessen Anleger nicht mit einbezogen werden.[1351] Dies zeigt sich auch in der Rs. *Fidelity Funds*, wobei die vorgeschriebene Mindestausschüttung für die Steuerbefreiung nicht zum Einbezug der Anlegerebene führt.

1345 Vgl. EuGH vom 10.05.2012, Rs. C-338/11-C-347/11 *Santander*, ECLI:EU:C:2012:286, Rn. 27; EuGH vom 10.04.2014, Rs. C-190/12 *Emerging Markets*, ECLI:EU:C:2014:249, Rn. 62; EuGH vom 21.06.2018, Rs. C-480/15 *Fidelity Funds*, ECLI:EU:C:2018:480, Rn 51; EuGH vom 30.01.2020, Rs. C-156/17 *Köln Aktienfonds*, ECLI:EU:C:2020:51, Rn. 60; EuGH vom 27.04.2023, Rs. C-537/20, *L Fund*, ECLI:EU:C:2023:339, Rn. 54.

1346 Vgl. EuGH vom 10.05.2012, Rs. C-338/11-C-347/11 *Santander*, ECLI:EU:C:2012:286, Rn. 28; EuGH vom 10.04.2014, Rs. C-190/12 *Emerging Markets*, ECLI:EU:C:2014:249, Rn. 63; *Linn*, IStR 2012, 455 (456).

1347 Vgl. EuGH vom 18.06.2009, Rs. C-303/07 *Aberdeen*, ECLI:EU:C:2009:377, Rn. 47, 54.

1348 Vgl. EuGH vom 18.06.2009, Rs. C-303/07 *Aberdeen*, ECLI:EU:C:2009:377, Rn. 54.

1349 Vgl. EuGH vom 10.05.2012, Rs. C-338/11-C-347/11 *Santander*, ECLI:EU:C:2012:286, Rn. 30; EuGH vom 10.04.2014, Rs. C-190/12 *Emerging Markets*, ECLI:EU:C:2014:249, Rn. 62.

1350 Vgl. EuGH vom 10.05.2012, Rs. C-338/11-C-347/11 *Santander*, ECLI:EU:C:2012:286, Rn. 41.

1351 Vgl. EuGH vom 10.05.2012, Rs. C-338/11-C-347/11 *Santander*, ECLI:EU:C:2012:286, Rn. 39; EuGH vom 10.04.2014, Rs. C-190/12 *Emerging Markets*, ECLI:EU:C:2014:249, Rn. 63; EuGH vom 25.10.2012, Rs. C-387/11 *Kommission/Belgien*, ECLI:EU:C:2012:670, Rn. 67.

Zusammenfassend kann auf die drei Feststellungen des EuGH in der Rs. *L Fund* zur deutschen Investmentbesteuerung hinsichtlich der objektiven Vergleichbarkeit von gebietsansässigen und -fremden Fonds verwiesen werden:[1352]
(1) Beteiligung gebietsansässiger/deutscher Anleger: In beiden Fällen können gebietsansässige/deutsche Anleger beteiligt sein. Wie bereits erörtert sind die Voraussetzungen der Steuerhoheit über die Einkünfte der Anteilseigner entscheidend.[1353] Denn der ausländische Fonds kann wiederum inländische Anleger haben, wodurch sich jener in einer vergleichbaren Situation mit einem inländischen Fonds befindet, da die Steuerhoheit des Inlands auf Anlegerebene ausgeübt werden kann.[1354]
(2) Ziel der Transparenz: Bei gebietsansässigen, hier insbes. deutschen Fonds, erfolgt die Gleichbehandlung von Fonds- und Direktanlage durch die Freistellung des (inländischen) Fonds nach § 11 Abs. 1 Satz 2 InvStG 2004 und die Besteuerung des inländischen Anlegers bzw. durch die direkte Zurechnung der Einkünfte bei ausländischen Anlegern nach § 15 Abs. 2 Satz 2 InvStG 2004. Eine Befreiung des ausländischen Fonds wird nur deshalb nicht normiert, weil ansonsten das durch das Belegenheitsprinzip begründete Besteuerungssubstrat durch mangelnde Steuerhoheit bei ausländischen Fonds mit ausländischen Anlegern verloren ginge.
(3) Verlagerung der Besteuerung auf den Anleger: Mit dem Ziel der Verlagerung auf den Anleger kann der inländische Staat die Einkünfte eines ausländischen Fonds an einen ebenso ausländischen Investor nicht besteuern, da dies außerhalb seiner Steuerhoheit liegt. Dieser fehlende Steuerzugriff ist der „Logik" der Verlagerung auf die Anlegerebene immanent. Entsprechend kann dieser auch nicht mit der Wahrung der ausgewogenen Aufteilung der Besteuerungsbefugnisse gerechtfertigt werden, da gar keine Besteuerungsbefugnis besteht.

Weiterhin rechtfertigt eine Nicht-Besteuerung von Dividenden im Empfängerstaat keine Quellenbesteuerung ausschließlich dieser ausländischen Fonds, denn im rein inländischen Fall nimmt der Quellenstaat seine Besteuerungszuständigkeit aufgrund der Freistellung ebenfalls nicht wahr.[1355]

Auch, dass gebietsansässige Gesellschaften einer anderen Steuer unterliegen (z.B. in der Rs. *Kommission/Belgien* einer „Gesellschaftssteuer"; in der Rs. *AllianzGI* einer

1352 Vgl. EuGH vom 27.04.2023, Rs. C-537/20, *L Fund*, ECLI:EU:C:2023:339, Rn. 58 ff.
1353 Vgl. EuGH vom 17.03.2022, Rs. C-545/19, *AllianzGI-Fonds u.a.*, ECLI:EU:C:2022:193, Rn. 68; EuGH vom 21.06.2018, Rs. C-480/15 *Fidelity Funds*, ECLI:EU:C:2018:480, Rn. 60.
1354 Vgl. EuGH vom 17.03.2022, Rs. C-545/19, *AllianzGI-Fonds u.a.*, ECLI:EU:C:2022:193, Rn. 69; EuGH vom 21.06.2018, Rs. C-480/15 *Fidelity Funds*, ECLI:EU:C:2018:480, Rn. 61; *Kohl*, IWB 2018, 707 (710).
1355 Vgl. EuGH vom 18.06.2009, Rs. C-303/07 *Aberdeen*, ECLI:EU:C:2009:377, Rn. 52.

„Stempelsteuer"; in der Rs. *College Pension Plan* hinsichtlich der Deckungsrückstellungen) und damit sogar einer anderen Besteuerungstechnik, wird vom EuGH nicht anerkannt. Die bloße Belastung durch eine Steuer, der nur inländische Investmentfonds unterworfen sind, führt nach ständiger Rechtsprechung nicht dazu, dass eine diskriminierende Benachteiligung, wegen des etwaigen Vorteils (Nicht-Erhebung bei ausl. Fonds) als mit dem Unionsrecht als vereinbar gilt.[1356] In der Rechtssache *AllianzGI* hat die Generalanwältin *Kokott* die unterschiedliche Behandlung als vereinbar erklärt, da die Rechtfertigungsgründe überwiegen.[1357] Sie war der Auffassung gewesen, dass Quellen- und Stempelsteuer zusammen zu betrachten sind, da die Gesamtsteuerbelastung entscheidend wäre.[1358] Der EuGH wiederum stellt fest, dass die Stempelsteuer eine gänzlich andere Steuer ist (Steuer auf das Vermögen, nicht den Ertrag)[1359] und keine andere Besteuerungstechnik begründet.[1360] In der Rs. *PMT*[1361] kam dieser Vergleichbarkeitsausnahme grundlegende Bedeutung zu. Hierbei kann eine geringere Besteuerung inländischer Pensionsfonds als Folge unterschiedlicher Besteuerungstechniken[1362] ausgelöst werden, da die Regelungen auch unterschiedliche Ziele für Gebietsansässige und -fremde vorsahen.[1363]

Auch befinden sich die zu vergleichenden Fonds nicht in einer objektiv anderen Lage, weil sie nicht dem konkreten Gesellschaftstypus im Quellenstaat entsprechen.[1364] Diese Begründung wurde in der Rs. *Aberdeen* geltend gemacht.[1365] Die Vergleichbarkeit anhand von Rechtstypenvergleichen wurde in der Rs. *Santander*, welche u.a. einen Drittstaatenfonds betrifft, nicht weiter thematisiert. Eine weitläufige Vergleichbarkeit der Fonds reiche demnach auch bzgl. der betroffenen Drittstaatenfonds aus.[1366] Dies wird vor allem in der Rs. *Emerging Markets* in Bezug zu Drittstaatenfonds

---

1356 Vgl. EuGH vom 25.10.2012, Rs. C-387/11 *Kommission/Belgien*, ECLI:EU:C:2012:670, Rn. 53; EuGH vom 20.10.2011, Rs. C-284/09 *Kommission/Deutschland*, ECLI:EU:C:2011:670, Rn. 71.

1357 Vgl. *JH,* DStZ 2022, 299 (300); Schlussanträge Kokott C-545/19 *AllianzGI* ECLI:EU:C:2021:372, Rn. 113.

1358 Vgl. Schlussanträge Kokott C-545/19 *AllianzGI* ECLI:EU:C:2021:372, Rn. 43 ff.

1359 Vgl. *Stöber*, DB 2021, 2383 (2386).

1360 Vgl. EuGH vom 17.03.2022, Rs. C-545/19, *AllianzGI-Fonds u.a.*, ECLI:EU:C:2022:193, Rn. 52 f.

1361 Vgl. EuGH vom 02.06.2016 Rs. C-252/14, *PMT*, ECLI:EU:C:2016:402.

1362 Bei Gebietsfremden 30 % Quellensteuer; bei Gebietsansässigen pauschale Ertragsteuer von 15 % auf fiktive Dividende; vgl. *Stöber*, DB 2021, 2383 (2386).

1363 Vgl. *Zimmermann*, ISR 2022, 197 (198); EuGH vom 02.06.2016 Rs. C-252/14, *PMT*, ECLI:EU:C:2016:402, Rn. 52.

1364 Vgl. EuGH vom 18.06.2009, Rs. C-303/07 *Aberdeen*, ECLI:EU:C:2009:377, Rn. 45, 50.

1365 Vgl. *Thömmes*, IWB 2009, 711 (712); EuGH vom 18.06.2009, Rs. C-303/07 *Aberdeen*, ECLI:EU:C:2009:377, Rn. 45.

1366 Vgl. *Kloster*, Neukonzeption der Investmentbesteuerung, 519 ff.; *Linn*, IStR 2012, 455 (456 ff.).

bestätigt.[1367] In der Rs. *A SCPI* vom 07. April 2022 setzte sich der EuGH mit einer finnischen Regelung auseinander, welche das Unterscheidungskriterium nicht auf den Sitz des Fonds, sondern auf die Rechtsform abstellt.[1368] Nach finnischem Recht sind Fonds in der Satzungsform nicht von der Steuerbefreiung erfasst, somit auch der ausländische Fonds. Da jedoch der ausländische Fonds in seinem Sitzstaat von der Steuer befreit bzw. als steuerlich transparent behandelt wird, ist dieser mit einem inländischen Fonds in Vertragsform hinsichtlich des Ziels der entsprechenden Regelung vergleichbar und somit von der QuSt zu befreien.[1369]

Dieses Argument verneint der EuGH zu Recht, da die Grundfreiheiten ansonsten stets in Leere laufen würden, wenn die Rechtsformen für die Vergleichbarkeit exakt übereinstimmen müssten.[1370] Dahingehend wird in den bezuggenommenen Rechtssachen kein objektiver Unterschied zwischen den Situationen beider Fonds festgestellt.[1371]

(2) Rechtfertigungsgründe

Betrifft die Ungleichbehandlung Situationen, welche miteinander objektiv vergleichbar sind, kann die Beschränkung der Grundfreiheiten durch geschriebene und ungeschriebene Rechtfertigungsgründe zulässig sein. Geschriebene Rechtfertigungsgründe finden sich z.B. in Art. 36 AEUV bezüglich der Warenverkehrsfreiheit[1372] und Art. 52, 45, 62 AEUV hinsichtlich der Niederlassungs-, Dienstleistungsfreiheit und der Arbeitnehmerfreizügigkeit.[1373] Hinsichtlich der Kapitalverkehrsfreiheit zählt die „standstill"-Klausel zu den geschriebenen Rechtfertigungsgründen.[1374] Auch die bereits in Abschnitt H.III.3.c. beschriebenen „Befugnisse" in Art. 65 Abs. 1a) AEUV sind darunter zu fassen. Weiter regelt Art. 65 Abs. 1b) AEUV, dass die Mitgliedstaaten Maßnahmen treffen können, um Zuwiderhandlungen gegen innerstaatliche Vorschriften zu verhindern. Dies gilt insbesondere auf dem Gebiet des Steuerrechts, der Finanzaufsicht, bei Meldeverfahren oder aus Gründen der öffentlichen Ordnung und

---

1367 Vgl. EuGH vom 10.04.2014, Rs. C-190/12 *Emerging Markets*, ECLI:EU:C:2014:249, Rn. 67; *von Brocke/Wohlhöfler*, IWB 2014, 468 (470).

1368 Vgl. EuGH vom 07.04.2022, Rs. C-342/20, *A SCPI*, ECLI:EU:C:2022:276, Rn. 52.

1369 Vgl. *Ebenda*, Rn. 74 ff.

1370 Vgl. EuGH vom 18.06.2009, Rs. C-303/07 *Aberdeen*, ECLI:EU:C:2009:377, Rn. 50; *Thömmes*, IWB 2009, 711 (713).

1371 Vgl. EuGH vom 27.04.2023, Rs. C-537/20, *L Fund*, ECLI:EU:C:2023:339, Rn. 61; EuGH vom 17.03.2022, Rs. C-545/19, *AllianzGI-Fonds u.a.*, ECLI:EU:C:2022:193, Rn. 70; EuGH vom 21.06.2018, Rs. C-480/15 *Fidelity Funds*, ECLI:EU:C:2018:480, Rn. 63.

1372 Hiernach kann die Einschränkung der Warenverkehrsfreiheit „aus Gründen der öffentlichen Sittlichkeit, Ordnung und Sicherheit, zum Schutze der Gesundheit und des Lebens von Menschen, Tieren oder Pflanzen, des nationalen Kulturguts von künstlerischem, geschichtlichem oder archäologischem Wert oder des gewerblichen und kommerziellen Eigentums gerechtfertigt" sein.

1373 Hiernach aus „Gründen der öffentlichen Ordnung, Sicherheit und Gesundheit".

1374 Vgl. *Kokott*, Das Steuerrecht der Europäischen Union, 131.

Sicherheit.[1375] Wie bereits beschrieben, sind diese Regelungen eng auszulegen und der Vorbehalt in Art. 65 Abs. 3 AEUV zu beachten. Die geschriebenen Rechtfertigungsgründe erlangen insbesondere für das Steuerrecht keine wesentliche Bedeutung.[1376] Die ungeschriebenen Rechtfertigungsgründe sind durch richterrechtliche Fortentwicklung nach ständiger EuGH-Rechtsprechung entstanden. Dabei kann eine Regelung zulässig sein, die ein legitimes Ziel verfolgt und zwingende Gründe des Allgemeinwohls/-interesses dafür sprechen.[1377] Hierbei ist der Grundsatz der Verhältnismäßigkeit zu beachten; des Weiteren sollen keine wirtschaftlichen Ziele verfolgt werden.[1378] Daraus ergeben sich die folgenden ungeschriebenen Rechtsfertigungsgründe: Sicherstellung einer wirksamen steuerlichen Kontrolle, die Kohärenz des Steuersystems, Abwehr von Steuerumgehungen und Missbräuchen, Wahrung einer ausgewogenen Aufteilung von Besteuerungshoheiten, Verhinderung doppelter Verlustberücksichtigung, Anlegerschutz.[1379]

In den o.g. Rechtssachen Investmentfonds betreffend werden stets die Rechtfertigungsgründe der Wahrung der Kohärenz, der Aufteilung der Besteuerungsbefugnisse, die Verhinderung von Steuerumgehungen sowie die Gewährleistung steuerlicher Kontrollen genannt und versucht die Beschränkung der Kapitalverkehrsfreiheit zu rechtfertigen.[1380] Der EuGH lehnt sämtliche Gründe, wie nachfolgend dargestellt, ab.

(a) Wahrung der Kohärenz

Unter Kohärenz, „wird ein Zustand verstanden, in dem mehrere Vorschriften aus systematischen Gründen aufeinander bezogen sind und gemeinsam eine angemessene systemgerechte Regelung darstellen".[1381] Damit der Grund der Kohärenzwahrung[1382] greift, muss ein „unmittelbarer Zusammenhang zwischen dem betreffenden

1375 Vgl. *Hakenberg*, Europarecht, Rn. 444.

1376 Vgl. *Frotscher*, Internationales Steuerrecht, Rn. 120; *Haase*, Internationales und Europäisches Steuerrecht, Rn. 871.

1377 Vgl. *Kokott*, Das Steuerrecht der Europäischen Union, 132; *Rupp/Knies/Faust/Hüll*, Internationales Steuerrecht, 1004 f.

1378 Vgl. *Haase*, Internationales und Europäisches Steuerrecht, Rn. 872; *Streinz*, in: Merten/Papier (Hrsg.), Handbuch der Grundrechte in Deutschland und Europa, Grundrechte in der Europäischen Union (Band IV/1), Rn. 11 .

1379 Vgl. *Frotscher*, Internationales Steuerrecht, Rn. 121; *Kokott*, Das Steuerrecht der Europäischen Union, 133; *Streinz*, in: Merten/Papier (Hrsg.), Handbuch der Grundrechte in Deutschland und Europa, Grundrechte in der Europäischen Union (Band IV/1), Rn. 11.

1380 In der Rs. *Köln Aktienfonds* wurden mithin keine Rechtfertigungsgründe angegeben.

1381 *Rupp/Knies/Faust/Hüll*, Internationales Steuerrecht, 1005

1382 Vgl. EuGH vom 10.05.2012, Rs. C-338/11-C-347/11 *Santander*, ECLI:EU:C:2012:286, Rn. 50; EuGH vom 10.04.2014, Rs. C-190/12 *Emerging Markets*, ECLI:EU:C:2014:249, Rn. 89; EuGH vom 21.06.2018, Rs. C-480/15 *Fidelity Funds*, ECLI:EU:C:2018:480, Rn. 65; EuGH vom 27.04.2023, Rs. C-537/20, *L Fund*, ECLI:EU:C:2023:339, Rn. 68; EuGH vom 17.03.2022, Rs. C-545/19, *AllianzGI-Fonds u.a.*, ECLI:EU:C:2022:193, Rn. 76.

steuerlichen Vorteil und dessen Ausgleich durch eine bestimmte steuerliche Belastung" bestehen.[1383] Hinsichtlich der Einordnung, wo der Ausgleich stattfinden kann, wird eine Steuer- und Personenidentität nicht (mehr)[1384] gefordert, sodass auch zwischen Fonds- und Anlegerebene Belastungsausgleiche anerkannt werden könnten.[1385] Die Unmittelbarkeit ist hinsichtlich des verfolgten Ziels der Regelung zu beurteilen.[1386] Die Steuerbefreiung der Dividenden wird jedoch regelmäßig nicht von der Voraussetzung abhängig gemacht, dass die Dividenden z.B. weiter ausgeschüttet werden und als „Ausgleich" die Besteuerung beim Fondsanleger stattfindet.[1387] Es bestehe mithin kein unmittelbarer Zusammenhang zwischen dem steuerlichen Vorteil und dessen Ausgleich durch eine steuerliche Belastung.[1388]

In der Regelung zur Rs. *Fidelity Funds* wurde der Kohärenz des Steuersystems Rechnung getragen, denn durch die ausgewiesene bzw. tatsächliche Mindestausschüttung wird der gewährte Vorteil der Quellensteuerbefreiung durch die Besteuerung der Mindestausschüttung ausgeglichen.[1389] Weiterführend geht die Regelung, welche nur für gebietsansässige OGAW gilt, jedoch über das Erforderliche hinaus, was zur Wahrung der Kohärenz notwendig ist.[1390] Denn die „interne Kohärenz" hätte auch aufrecht erhalten werden können, wenn die gebietsfremden Fonds bei Erbringung der entsprechenden Nachweise ebenso in den Genuss der Steuerbefreiung kommen könnten.[1391] Dies wäre aber lediglich eine „weniger einschränkende Maßnahme", denn die nationalen Behörden müssten sich bezüglich der Gewährung der Steuerbefreiung vergewissern, dass der ausländische Fonds auf die Mindestausschüttung eine Steuer einbehält, die der nationalen entspreche.[1392] Diese Argumentation wird auch in der Rechtssache *L Fund* wieder aufgenommen, denn die deutsche Regelung des § 15 Abs. 2 Satz 2

1383 EuGH vom 10.05.2012, Rs. C-338/11-C-347/11 *Santander*, ECLI:EU:C:2012:286, Rn. 51; EuGH vom 10.04.2014, Rs. C-190/12 *Emerging Markets*, ECLI:EU:C:2014:249, Rn. 92; EuGH vom 21.06.2018, Rs. C-480/15 *Fidelity Funds*, ECLI:EU:C:2018:480, Rn. 80; *Rupp/Knies/Faust/Hüll*, Internationales Steuerrecht, 1005 f.; EuGH vom 27.04.2023, Rs. C-537/20, *L Fund*, ECLI:EU:C:2023:339, Rn. 68.

1384 Vgl. *Rupp/Knies/Faust/Hüll*, Internationales Steuerrecht, 1005 f.

1385 Vgl. *Bannes/Holle*, FR 2016, 661 (665).

1386 Vgl. EuGH vom 10.04.2014, Rs. C-190/12 *Emerging Markets*, ECLI:EU:C:2014:249, Rn. 92; EuGH vom 10.05.2012, Rs. C-338/11-C-347/11 *Santander*, ECLI:EU:C:2012:286, Rn. 51; EuGH vom 27.04.2023, Rs. C-537/20, *L Fund*, ECLI:EU:C:2023:339, Rn. 68.

1387 Vgl. EuGH vom 10.05.2012, Rs. C-338/11-C-347/11 *Santander*, ECLI:EU:C:2012:286, Rn. 52; EuGH vom 10.04.2014, Rs. C-190/12 *Emerging Markets*, ECLI:EU:C:2014:249, Rn. 93.

1388 Vgl. EuGH vom 18.06.2009, Rs. C-303/07 *Aberdeen*, ECLI:EU:C:2009:377, Rn. 72; EuGH vom 10.05.2012, Rs. C-338/11-C-347/11 *Santander*, ECLI:EU:C:2012:286, Rn. 53; EuGH vom 10.04.2014, Rs. C-190/12 *Emerging Markets*, ECLI:EU:C:2014:249, Rn. 99.

1389 Vgl. EuGH vom 21.06.2018, Rs. C-480/15 *Fidelity Funds*, ECLI:EU:C:2018:480, Rn. 82.

1390 Vgl. *Ebenda*, Rn. 83.

1391 Vgl. *Ebenda*, Rn. 84.

1392 Vgl. *Ebenda*, Rn. 84.

InvStG 2004 normiert die direkte Zurechnung von Immobilieneinkünften an die gebietsfremden Anleger bei inländischen Spezial-Immobilienfonds.[1393] Obwohl der EuGH dem deutschen Gericht aufgibt den direkten Zusammenhang zu prüfen,[1394] nimmt er EuGH dies bereits selbst vor.[1395] Sollte sich ein direkter Zusammenhang ergeben, muss folglich geprüft werden, ob die Befreiung für ausschließlich gebietsansässige Spezial-Immobilienfonds nicht über das Erforderliche hinaus geht, um die Kohärenz zu wahren.[1396]

(b) Aufteilung von Besteuerungsbefugnissen

Auf den Rechtfertigungsgrund der ausgewogenen Aufteilung von Steuerbefugnissen[1397] kann sich berufen werden, wenn mit der „betreffenden Regelung Verhaltensweisen verhindert werden sollen, die geeignet sind, das Recht eines Mitgliedstaats auf Ausübung seiner Steuerhoheit für die in seinem Hoheitsgebiet durchgeführten Tätigkeiten zu gefährden".[1398] Werden jedoch gebietsansässige Fonds von der Besteuerung befreit, kann sich der Mitgliedstaat nicht auf diesen Grund berufen, um die Besteuerung gebietsfremder Fonds zu rechtfertigen.[1399] Dass die Regelung die Verlagerung der Besteuerung auf die Anlegerebene zum Ziel hat, tut nichts zur Sache, denn der Quellenstaat hätte auch bei gebietsansässigen Anlegern ausländischer Fonds eine Besteuerungsbefugnis (siehe dazu Ausführungen in Abschnitt H.III.3.d.).[1400] Die Regelungen sind nicht gegen rein künstliche Konstruktionen gerichtet, welche

---

1393 Vgl. EuGH vom 27.04.2023, Rs. C-537/20, *L Fund*, ECLI:EU:C:2023:339, Rn. 69.

1394 Vgl. *Patzner/Nagler*, IStR 2023, 355 (361); EuGH vom 27.04.2023, Rs. C-537/20, *L Fund*, ECLI:EU:C:2023:339, Rn. 72.

1395 Vgl. EuGH vom 27.04.2023, Rs. C-537/20, *L Fund*, ECLI:EU:C:2023:339, Rn. 73-75; BFH vom 11.10.2023, I R 23/23, in: IStR 2024, 185, Rn. 37.

1396 Vgl. EuGH vom 27.04.2023, Rs. C-537/20, *L Fund*, ECLI:EU:C:2023:339, Rn. 72; *Patzner/Nagler*, IStR 2023, 355 (362) .

1397 Vgl. EuGH vom 10.05.2012, Rs. C-338/11-C-347/11 *Santander*, ECLI:EU:C:2012:286, Rn 47; EuGH vom 10.04.2014, Rs. C-190/12 *Emerging Markets*, ECLI:EU:C:2014:249, Rn. 96 ff.; EuGH vom 21.06.2018, Rs. C-480/15 *Fidelity Funds*, ECLI:EU:C:2018:480, Rn. 65; EuGH vom 25.10.2012, Rs. C-387/11 *Kommission/Belgien*, ECLI:EU:C:2012:670, Rn. 71; EuGH vom 27.04.2023, Rs. C-537/20, *L Fund*, ECLI:EU:C:2023:339, Rn. 76 ff.; EuGH vom 17.03.2022, Rs. C-545/19, *AllianzGI-Fonds u.a.*, ECLI:EU:C:2022:193, Rn. 76.

1398 EuGH vom 10.05.2012, Rs. C-338/11-C-347/11 *Santander*, ECLI:EU:C:2012:286, Rn. 47; EuGH vom 10.04.2014, Rs. C-190/12 *Emerging Markets*, ECLI:EU:C:2014:249, Rn. 98; EuGH vom 21.06.2018, Rs. C-480/15 *Fidelity Funds*, ECLI:EU:C:2018:480, Rn. 70; EuGH vom 25.10.2012, Rs. C-387/11 *Kommission/Belgien*, ECLI:EU:C:2012:670, Rn. 75.

1399 Vgl. EuGH vom 18.06.2009, Rs. C-303/07 *Aberdeen*, ECLI:EU:C:2009:377, Rn. 67; EuGH vom 10.05.2012, Rs. C-338/11-C-347/11 *Santander*, ECLI:EU:C:2012:286, Rn. 48; EuGH vom 10.04.2014, Rs. C-190/12 *Emerging Markets*, ECLI:EU:C:2014:249, Rn. 99; EuGH vom 21.06.2018, Rs. C-480/15 *Fidelity Funds*, ECLI:EU:C:2018:480, Rn. 71; EuGH vom 25.10.2012, Rs. C-387/11 *Kommission/Belgien*, ECLI:EU:C:2012:670, Rn. 76; EuGH vom 27.04.2023, Rs. C-537/20, *L Fund*, ECLI:EU:C:2023:339, Rn. 77; EuGH vom 17.03.2022, Rs. C-545/19, *AllianzGI-Fonds u.a.*, ECLI:EU:C:2022:193, Rn. 83.

1400 Vgl. EuGH vom 21.06.2018, Rs. C-480/15 *Fidelity Funds*, ECLI:EU:C:2018:480, Rn. 74

Steuerumgehungen bezwecken.[1401] Die Besteuerung der Gewinne der ausschüttenden Gesellschaft erfolgte bereits, sodass der Quellenstaat sein Recht zur Besteuerung von Einkünften aufgrund von wirtschaftlicher Tätigkeit auf seinem Gebiet in dem Sinne wahrnimmt.[1402]

(c) Gewährleistung steuerlicher Kontrollen

Die Gewährleistung steuerlicher Kontrolle bzw. Wirksamkeit der Steueraufsicht[1403] entfaltet rechtfertigende Wirkung, wenn die Gewährung eines Steuervorteils von bestimmten Voraussetzungen abhängt, deren Erfüllung nicht durch Auskünfte von Behörden eines Drittstaates überprüft werden kann, da eine vertragliche Verpflichtung zur Auskunftserteilung zwischen des Staaten fehlt und es daher verunmöglicht entsprechende Auskünfte zu erhalten.[1404] Die Notwendigkeit zur Gewährleistung steuerlicher Kontrollen könne dennoch ebenfalls keine Besteuerung ausschließlich Gebietsfremder rechtfertigen.[1405] Denn für die Steuerbefreiung komme es nicht auf Garantien im Bereich der steuerlichen Kontrollen an.[1406] Dieser Rechtfertigungsgrund wurde insbesondere in der Rs. *Emerging Markets* ausführlich diskutiert, denn der Fall betrifft einen in einem Drittstaat (USA) ansässigen Investmentfonds. Nach Angaben des polnischen Staates sei dieser nicht in der Lage mangels eines „gemeinsamen Rechtsrahmens" die Einhaltung der Befreiungsvoraussetzungen zu prüfen und die steuerliche Kontrolle zu beurteilen, denn der US-amerikanische Fonds unterliege nicht der europäischen OGAW-Richtlinie, welche Verfahren zur verstärkten Zusammenarbeit enthalte.[1407] Der EuGH hat untersucht, dass sich das in der OGAW-Richtlinie geregelte Informationsaustauschsystem nicht auf den Bereich der Steuern beziehe und dem polnischen Staat dahingehend keine Befugnis zur steuerlichen Kontrolle gewährt.[1408] Im Bereich der Drittstaaten müssen mithin bilaterale Möglichkeiten berücksichtigt werden, um i.R.d. Amtshilfe einen entsprechenden Informationsaustausch zu

1401 Vgl. EuGH vom 18.06.2009, Rs. C-303/07 *Aberdeen*, ECLI:EU:C:2009:377, Rn. 65.

1402 Vgl. EuGH vom 21.06.2018, Rs. C-480/15 *Fidelity Funds*, ECLI:EU:C:2018:480, Rn. 72; EuGH vom 25.10.2012, Rs. C-387/11 *Kommission/Belgien*, ECLI:EU:C:2012:670, Rn. 79.

1403 Vgl. EuGH vom 10.05.2012, Rs. C-338/11-C-347/11 *Santander*, ECLI:EU:C:2012:286, Rn. 49; EuGH vom 10.04.2014, Rs. C-190/12 *Emerging Markets*, ECLI:EU:C:2014:249, Rn. 71 ff.; EuGH vom 25.10.2012, Rs. C-387/11 *Kommission/Belgien*, ECLI:EU:C:2012:670, Rn. 72.

1404 Vgl. EuGH vom 10.04.2014, Rs. C-190/12 *Emerging Markets*, ECLI:EU:C:2014:249, Rn. 84.

1405 Vgl. EuGH vom 10.05.2012, Rs. C-338/11-C-347/11 *Santander*, ECLI:EU:C:2012:286, Rn. 49.

1406 Vgl. EuGH vom 25.10.2012, Rs. C-387/11 *Kommission/Belgien*, ECLI:EU:C:2012:670, Rn. 81.

1407 Vgl. EuGH vom 10.04.2014, Rs. C-190/12 *Emerging Markets*, ECLI:EU:C:2014:249, Rn. 72.

1408 Vgl. *Ebenda*, Rn. 74 ff.

gewährleisten.[1409] Eine Informationsaustauschvereinbarung mit dem Anteilseigner für den Erstattungsanspruch sei indessen nicht erforderlich, da nur relevant ist, dass ein ausländischer Fonds eine inländische Dividende erzielt, denn die Ebene des Anteilseigners ist irrelevant.[1410] Dass sich in Bezug zu Drittstaaten keine Einschränkungen ergeben, scheint „bemerkenswert" im Vergleich zur bisherigen Rechtsprechung.[1411] In reinen EU-Fällen wurde die Gewährleistung steuerlicher Kontrollen nicht als Rechtfertigungsgrund anerkannt; bei Drittstaaten Sachverhalten wurde mithin differenzierter entschieden.[1412]

In den betrachteten Urteilen trennt der EuGH strikt zwischen den drei Ebenen des Investmentfondskonstruktes (Fondsanleger, Investmentfonds und Assets). Bei seinen Urteilsbegründungen verweist er vielfach auf die bereits ergangenen Urteile bzgl. der Quellenbesteuerung zwischen Kapitalgesellschaften.[1413] Da die historische Intention darin liegt, die Investmentfonds steuerlich transparent zu betrachten, sind diese Rückschlüsse fraglich, da die Fondsbesteuerung aufgrund ihres historisch grundlegenden Ziels nicht dem Trennungs- sondern eher dem Transparenzprinzip folgt, mit der Intention eine Gleichstellung zur Direktanlage herbeizuführen. Wie die Fälle zeigen, wurde dies auch von den Mitgliedstaaten weitgehend ähnlich konzeptionell umgesetzt.

4. Weitere Verfahren

a. Vorabentscheidungsersuchen, EuGH C-602/23, Rs. Finanzamt für Großbetriebe

In der Rechtssache *Finanzamt für Großbetriebe* (C-602/23) reichte der österreichische Verwaltungsgerichtshof am 03. Oktober 2023 ein Vorabentscheidungsersuchen beim EuGH ein.[1414] In den Vorlagefragen wird erstens danach gefragt, ob die Bestimmung des § 188 InvFG 2011 gegen die Kapitalverkehrsfreiheit verstößt. Gemäß der österreichischen Bestimmung sind ausländische Gebilde, die mit einer inländischen

1409 Vgl. *Ebenda*, Rn. 85; *Wünsche/Brielmaier*, BB 2012, 2467 (2471); dies wurde vom Generalanwalt in der Rs. Emerging Markets jedoch abgelehnt, siehe Schlussanträge Mengozzi C-190/12 *Emerging Markets*, Rn.106; vgl. *von Brocke*, IWB 2014, 146 (147 f.).

1410 Vgl. *Linn*, IStR 2012, 455 (458); *Wünsche/Brielmaier*, BB 2012, 2467 (2471).

1411 Vgl. *Wünsche/Brielmaier*, BB 2012, 2467 (2473); *Linn*, IStR 2012, 455 (457); *Patzner/Nagler*, IStR 2012, 255 (257).

1412 Näher siehe *von Brocke*, IWB 2014, 146 (147); *Wünsche/Brielmaier*, BB 2012, 2467 (2470).

1413 u.a. EuGH vom 12.12.2006, Rs. C-446/04 *Test Claiments*, ECLI:EU:C:2006:774; EuGH vom 14.12.2006, Rs. C-170/05 *Denkavit*, ECLI:EU:C:2006:783; EuGH vom 8.11.2007, Rs. C-379/05 *Amurta*, ECLI:EU:C:2007:655; *Kloster*, Neukonzeption der Investmentbesteuerung, S. 529; EuGH vom 20.10.2011, Rs. C-284/09 *Kommission/Deutschland*, ECLI:EU:C:2011:670; *Bannes/Holle*, FR 2016, 661 (663); *Steinmüller*, in: Musil/Weber-Grellet (Hrsg.), Europäisches Steuerrecht, InvStG-Kommentar, § 11, Rn. 12.

1414 VwGH Österreich vom 20.09.2023, EU 2023/0005-1.

Körperschaft vergleichbar sind (also in Satzungsform ausgestaltet sind), in Österreich dennoch von der Rückerstattung der KapESt ausgenommen, wenn sie materiell einem OGAW entsprechen, da für diese Gebilde in Österreich nur die Rechtsform der transparenten Sondervermögen vorgesehen ist. Falls dem so ist, wird zweitens gefragt, ob eine vergleichbare Situation zwischen einer inländischen Körperschaft, die ihr Vermögen i.S.d. Risikostreuung anlegt, aber kein OGAW ist, und einer ausländischen Investmentfondsgesellschaft, die als OGAW gelten würde und daher in Österreich nicht als Körperschaft angesehen wird, in einer vergleichbaren Situation befinden. Falls ja, wird drittens gefragt, ob die Beschränkung i.R.d. der ausgewogenen Aufteilung der Besteuerungsbefugnisse gerechtfertigt werden kann, da sichergesellt wird, dass weder inländische noch ausländische Publikumsinvestmentfonds gegenüber den Anteilsinhabern eine Abschirmwirkung entfalten und eine Quellensteuerentlastung erfolgt, wenn Österreich über ein DBA die Einkünfte freistellt.[1415]

In dem zugrunde liegenden Fall beantragte ein in den Vereinigten Staaten ansässiger, in körperschaftsteuerlicher Rechtsform ausgestalteter Investmentfonds die Rückerstattung einbehaltender QuSt.[1416] Nach US-amerikanischem Steuerrecht erfolgte die Ausschüttung im Fonds einkommensteuermindernd.[1417] Nach österreichischem Recht wird die Kapitalertragsteuer für beschränkt Steuerpflichtige nur insoweit erstattet, als diese im Ansässigkeitsstaat nicht angerechnet werden kann.[1418] Diese Rückerstattungsmöglichkeit ist jedoch auf beschränkt Steuerpflichtige mit Ansässigkeit in einem EU- oder EWR-Mitgliedstaat beschränkt, worin ein Verstoß gegen die Kapitalverkehrsfreiheit gesehen wird, sodass eine Ausdehnung der Rückerstattungsregelung auch auf Drittstaaten in Betracht zu ziehen ist.[1419]

Am 30. April 2025 entschied der EuGH, dass „Art. 63 AEUV ist dahin auszulegen [ist], dass eine nationale Regelung, die bewirkt, dass ein gebietsfremdes Gebilde, das einerseits die gleichen Merkmale aufweist wie ein OGAW […], andererseits jedoch Rechtspersönlichkeit besitzt und insoweit mit einer gebietsansässigen juristischen Person vergleichbar ist, obwohl nach der nationalen Regelung ein gebietsansässiger

1415 Vgl. VwGH Österreich, Antrag Vorabentscheidungsersuchen zu C-602/23 vom 01.12.2023, in: ABl. EU vom 18.12.2023, C/2023/1436.

1416 Vgl. EuGH vom 30.04.2025, Rs. 602/23, *Finanzamt Großbetriebe*, ECLI:EU:C:2025:290, Rn. 13 ff.

1417 Vgl. EuGH vom 30.04.2025, Rs. 602/23, *Finanzamt Großbetriebe*, ECLI:EU:C:2025:290, Rn. 16.

1418 Vgl. EuGH vom 30.04.2025, Rs. 602/23, *Finanzamt Großbetriebe*, ECLI:EU:C:2025:290, Rn. 7, 20 ff.

1419 Vgl. EuGH vom 30.04.2025, Rs. 602/23, *Finanzamt Großbetriebe*, ECLI:EU:C:2025:290, Rn. 20.

OGAW steuerlich als transparent angesehen wird und nicht als juristische Person tätig werden kann, von der Erstattung der Kapitalertragsteuer ausgeschlossen wird, keine Beschränkung des freien Kapitalverkehrs darstellt, sofern die von dem gebietsfremden Gebilde erzielten Einkünfte seinen Anteilinhabern zugerechnet werden und in seinem Sitzstaat nicht auf seiner Ebene, sondern auf Ebene seiner Anteilinhaber besteuert werden.“

Die Rechtssache betrifft insbesondere den Typenvergleich. Der EuGH stellt klar, dass Unterschiede in der Rechtsform allein nicht genügen, um ein ausländisches Investmentvehikel von einem inländischen OGAW abzugrenzen.[1420] Die bloße Versagung der Kapitalertragsteuererstattung stellt daher keine Beschränkung des Kapitalverkehrs dar, sofern die erzielten Einkünfte den Anlegern zugerechnet und auf deren Ebene besteuert werden.[1421] Entscheidend ist somit, ob das ausländische Vehikel im Hinblick auf das Investmentsteuerrecht objektiv mit einem inländischen Vehikel vergleichbar ist.[1422]

b. EuGH-Rechtssache C-18/23 - Dyrektor Krajowej Informacji Skarbowej

Diese Rechtssache befasst sich mit der Thematik, ob gebietsfremde intern verwaltete und gebietsansässige extern verwaltete Investmentfonds steuerlich gleich zu behandeln sind. Nach polnischem Recht wird eine Steuerbefreiung nur für extern, verwaltete Investmentfonds geregelt, denn intern verwaltete Investmentfonds kennt das polnische Recht nicht. Bereits in der Rechtssache *A SCPI* vom 07. April 2022 (C-342/20) wurde zu einer finnischen Regelung geurteilt, dass eine Steuerbefreiung für Investmentfonds in Vertragsform, aber nicht in Satzungsform, nicht mit der Kapitalverkehrsfreiheit vereinbar ist, nur weil das jeweilige Recht die Satzungsform für Investmentfonds nicht zulässt.[1423] Für das Vorabentscheidungsersuchen ergingen am 11. Juli 2024 Schlussanträge der Generalanwältin *Kokott*. Dahingehend liegt kein Verstoß gegen die

---

1420 Vgl. *Gindl/Wehinger-Malang*, EuGH Entscheidung zu Verweigerung der KESt-Erstattung an ausländische Corporate Funds:, erhältlich im Internet: https://www.deloitte.com/at/de/services/tax/perspectives/fsi-kest-erstattung-auslaendische-corporate-funds.html (zuletzt besucht am 19.08.2025).

1421 Vgl. *Ebenda*.

1422 Vgl. *Salomone/Belugin*, End to the Franklin withholding tax saga in Austria, erhältlich im Internet: https://whpartners.eu/news/c-602-23-end-to-the-franklin-withholding-tax-saga-in-austria-the-cjeu-has-confirmed-that-austria-is-permitted-to-withhold-tax-refunds-from-foreign-investment-funds-provided-that-there-is-no-discri/#:~:text=The%20CJEU%20has%20confirmed%20that,domestic%20funds%20are%20treated%20equally (zuletzt besucht am 19.08.2025).

1423 Vgl. EuGH vom 07.04.2022, Rs. C-342/20, *A SCPI*, ECLI:EU:C:2022:276.

Kapitalverkehrsfreiheit vor, wenn die Körperschaftsteuerbefreiung nur für extern verwaltete Investmentfonds vorgesehen ist, solange in- und ausländische Investmentfonds gleich behandelt werden.[1424] Eine mittelbare Diskriminierung ist ausgeschlossen, „wenn das nationale Investmentrecht die Errichtung intern verwalteter Investmentfonds nicht zulässt, so dass die Steuerpflicht von Einkünften intern verwalteter Investmentfonds nur im Ausland ansässige intern verwaltete Investmentfonds betrifft, die dann wie alle anderen Körperschaften auch besteuert werden".[1425]

Der EuGH entschied die Rechtssache am 27. Februar 2025 und erkennt eine Ungleichbehandlung von intern und extern verwalteten Fonds als Verstoß gegen die Kapitalverkehrsfreiheit; entgegen den Schlussanträgen der Generalanwältin, die keinen Verstoß festgestellt hatte.[1426] Maßgeblich sei dabei nicht nur der Sitz des Investmentfonds, sondern auch die Art der Verwaltung.[1427] Damit erweitert der EuGH die Anknüpfungspunkte für die Feststellung unionsrechtlich relevanter Diskriminierung.[1428]

c. EuGH-Rechtssache C-39/23 – Pensionsfonds Schweden Keva u.a.

In der vorliegenden Rechtssache wurde eine finnische Rentenkasse, eine finnischer Pensionsfonds sowie ein kirchlicher Zentralfonds (im Folgenden zusammengefasst als „Pensionsfonds"), die sämtlich Mittel der gesetzlichen betrieblichen Altersversorgung verwalten und in Finnland von der Besteuerung befreit sind, auf von schwedischen Gesellschaften erhaltenden Dividenden mit schwedischer Dividendensteuer belastet. Die Pensionsfonds beantragten die Erstattung der erhobenen Dividendensteuer und argumentierten, dass der Steuerabzug gegen Art. 63 AEUV verstoße, da die finnischen Pensionsfonds mit schwedischen öffentlich-rechtlichen Pensionsfonds vergleichbar seien und daher ebenfalls von der Besteuerung befreit werden müssten.[1429] Im Ergebnis konstatiert der EuGH in seinem Urteil vom 29. Juli 2024 einen Verstoß gegen die Kapitalverkehrsfreiheit nach Art. 63 AEUV. Dem Urteil gingen zudem Schlussanträge des Generalanwaltes voraus.[1430] Die Urteilsbegründung des EuGH orientiert sich an den Maßstäben der unionsrechtlichen Grundfreiheitenprüfung und verweist mehrfach

---

1424 Schlussanträge Kokott C-18/23 *Dyrektor Krajowej Informacji Skarbowej,* ECLI:EU:C:2024:609, Rn. 93.

1425 *Ebenda*, Rn. 93.

1426 Vgl. EuGH vom 27.02.2025, Rs. C-18/23 *Dyrektor Krajowej Informacji Skarbowej,* ECLI:EU:C:2025:119, Leitsatz.

1427 Vgl. *Schlücke*, ISR 2025, 228 (230).

1428 *Ebenda.*

1429 Vgl. EuGH vom 29.07.2024, Rs. C-39/23, *Keva u.a.*, ECLI:EU:C:2024:648.

1430 Dies war bei der Rs. *L Funds* nicht der Fall.

auf das Urteil in der Rechtssache *L Fund*. Der Gerichtshof bleibt seiner bisherigen Rechtsprechungslinie treu und erstreckt diese auf den öffentlich-rechtlichen Bereich. Bei der Prüfung einer möglichen Beschränkung des Kapitalverkehrs stellt der EuGH klar, dass hier keine Unterscheidung zwischen privaten und öffentlichen Einrichtungen vorgenommen werden darf.[1431] Die schwedische Regierung berief sich auf Art. 24 OECD-MA und insbesondere den Musterkommentar, dem zufolge ein Staat nicht verpflichtet sei, denselben steuerlichen Vorteil, den er seinen eigenen öffentlich-rechtlichen Einrichtungen gewährt, auch Einrichtungen eines anderen Staates zu gewähren.[1432] Weiterhin argumentierte Schweden, dass keine Verpflichtung bestehe, die Finanzierung der Sozialsysteme anderer Mitgliedstaaten zu unterstützen.[1433] Dennoch entgegnete der EuGH, dass die Mitgliedstaaten bei der Ausübung ihrer Zuständigkeiten die unionsrechtlichen Vorgaben zu beachten haben.[1434]

Der EuGH bestätigt auch die Vergleichbarkeit der Situationen. Der Zweck der schwedischen Regelung zur Steuerbefreiung inländischer Pensionsfonds liege, aufgrund deren öffentlich-rechtlichen Charakters, in der Vermeidung eines Kreislaufs öffentlicher Mittel.[1435] Diesem Ziel, so der EuGH, könnte jedoch ebenso entsprochen werden, wenn auch ausländische Pensionsfonds von der Steuerbefreiung erfasst würden.[1436] Diese Argumentation bleibt konsistent zu den bisherigen Urteilen. Der Gerichtshof stellt darüber hinaus fest, dass das von Schweden angeführte Unterscheidungskriterium nicht in der Rechtsform der Pensionsfonds liegt, sondern in ihrem Sitz.[1437] Obwohl die Fonds unterschiedliche Rechtsformen haben, verfolgen sie dieselben Ziele, erfüllen vergleichbare Funktionen und weisen eine ähnliche rechtliche Ausgestaltung auf.[1438] Auch diese Kriterien sind bei der Prüfung mit einzubeziehen. Die objektive Vergleichbarkeit wird daher in dieser Konstellation bestätigt.

Abschließend werden zwingende Gründe des Allgemeininteresses vorgebracht, namentlich die Erreichung der sozialpolitischen Ziele und die Aufteilung der Besteuerungsrechte.[1439] Hinsichtlich der sozialpolitischen Ziele stellt der EuGH klar, dass etwaige verwaltungstechnische Nachteile eine Beschränkung der

---

[1431] Vgl. EuGH vom 29.07.2024, Rs. 39/23, *Keva u.a.*, ECLI:EU:C:2024:648, Rn. 39.
[1432] Vgl. *Ebenda*, Rn. 47.
[1433] Vgl. *Ebenda*, Rn. 49.
[1434] Vgl. *Ebenda*, Rn. 49.
[1435] Vgl. *Ebenda*, Rn. 52
[1436] Vgl. *Ebenda*, Rn. 56.
[1437] Vgl. *Ebenda*, Rn. 62.
[1438] Vgl. *Ebenda*, Rn. 59 f.
[1439] Vgl. *Ebenda*, Rn. 65.

Kapitalverkehrsfreiheit nicht rechtfertigen können.[1440] Bezüglich der Aufteilung der Besteuerungsrechte verweist der Gerichtshof auf seine ständige Rechtsprechung.

d. BFH, I R 1/20 und I R 2/20 – Europarechtskonformität von § 11 InvStG 2004

Weiterhin thematisieren zwei BFH-Verfahren (I R 1/20 und I R 2/20) die Fondsbesteuerung nach § 11 InvStG 2004 i.V.m. Dividendeneinkünften.[1441] Die mündlichen Verhandlungen zu I R 1/20 und I R 2/20 fanden am 13. März 2024 statt.[1442] Da die Leitsätze des Urteils I R 2/20 nicht veröffentlicht wurden und diese mit denen des Urteils I R 1/20 identisch sind, wird im Folgenden auf das Urteil I R 1/20 verwiesen. Kläger vor dem Hessischen FG waren ein französischer (FCP) und luxemburgischer (SICAV) Investmentfonds, welche Dividenden deutscher KapGes bezogen, worauf KapESt einbehalten wurde, obwohl dies bei inländischen Fonds aufgrund § 11 InvStG 2004 nicht der Fall ist. Das FG in Kassel entschied zugunsten der beklagten Finanzverwaltung und spricht sich gegen einen Verstoß der Kapitalverkehrsfreiheit aus. I.R.d. Vergleichbarkeitsprüfung erkannt das FG den Ausschluss der Anlegerebene grundsätzlich an und stellt eine Ungleichbehandlung fest.[1443] Vielmehr sei der Rechtfertigungsgrund der Kohärenzwahrung einschlägig und verhältnismäßig. Hierbei soll mithin eine „erweiterte" Vergleichbarkeitsprüfung stattfinden.[1444] Argumente, die für die Kohärenz sprechen, sind, dass sich gemäß der EuGH-Rechtsprechungen Vor- und Nachteil zahlenmäßig nicht vollständig ausgleichen müssen; der unmittelbare Zusammenhang sei vielmehr „rechtlicher Natur". Dabei sei Personenidentität v.a. im System der Investmentfonds[1445] nicht gefordert, sodass Fonds und Anteilseigner für steuerliche Zwecke „wie eine Einheit behandelt" werden sollen.[1446] Des Weiteren stellt das FG alle möglichen Fallvarianten dar. Dabei kommt es u.a. zu dem Ergebnis, dass die Steuerbelastung für den Auslandsfall regelmäßig geringer gegenüber dem Inlandsfall

---

1440 Vgl. *Ebenda*, Rn. 68.

1441 Vgl. FG Hessen vom 21.08.2019, 4 K 999/17, in: openJur 2020, 44950; BFH vom 13.3.2024, I R 1/20, in: openJur 2024, 8060, Rn. 26; FG Hessen vom 21.08.2019, 4 K 2029/16, in: openJur 2020, 44949; BFH vom 13.3.2024, I R 1/20, in: openJur 2024, 8060; BFH vom 13.3.2024, I R 2/20, in: openJur 2024, 8068 (NV).

1442 Vgl. BFH, Verhandlungstermine, https://www.bundesfinanzhof.de/de/anhaengige-verfahren/verhandlungstermine/ (zuletzt besucht am 19.07.2024).

1443 Vgl. FG Hessen vom 21.08.2019, 4 K 999/17, in; openJur 2020, 44950, Rn. 56; FG Hessen vom 21.08.2019, 4 K 2029/16, in: openJur 2020, 44949, Rn. 43.

1444 Vgl. FG Hessen vom 21.08.2019, 4 K 999/17, in; openJur 2020, 44950, Rn. 56; FG Hessen vom 21.08.2019, 4 K 2029/16, in: openJur 2020, 44949, Rn. 43.

1445 Gleichstellung Fonds- und Direktanlage; Transparente Besteuerung.

1446 Vgl. FG Hessen vom 21.08.2019, 4 K 999/17, in; openJur 2020, 44950, Rn. 60 f.; FG Hessen vom 21.08.2019, 4 K 2029/16, in: openJur 2020, 44949, Rn. 47 f.

ausfällt.[1447] Insgesamt eruiert das FG, dass es nicht auf eine Mindestausschüttung ankommt, sondern auf die Besteuerung des inländischen Anteilsinhabers.[1448] Hinsichtlich der Verhältnismäßigkeit einer kohärenten Regelung, wird diese unter Statuierung der Unvergleichbarkeit mit der Rechtssache *Fidelity Funds*, bejaht. Nach ehemaligen deutschen Recht gibt es eben keine „erforderliche" Mindestausschüttung, denn die Steuerbefreiung des § 11 Abs. 1 Satz 2 InvStG 2004 ergibt sich in Zusammenhang mit § 1 Abs. 3 Satz 2 und 3 InvStG 2004.[1449] Eine Übertragung einer solchen Pflicht auf ausländische Fonds ist im deutschen Recht nicht vorgesehen. Auch die Anrechnungsregelung des § 4 InvStG 2004 trage zur Verhältnismäßigkeit bei. Dahingehend sei anzumerken, dass der EuGH in der Rs. *L Fund* dem BFH die Kohärenzprüfung aufgetragen hat.[1450] Dazu führt der BFH in seinem darauffolgenden Urteil aus, dass zunächst zu prüfen war, ob die direkte Zurechnung der Einkünfte an die ausländischen Anleger und die Besteuerung der gebietsansässigen Anleger des gebietsansässigen Fonds die Steuerbefreiung ausgleicht.[1451] Weiterhin, ob die Steuerbefreiung für ausschließlich ausländische Fonds über das erforderliche Maß hinaus geht. Diese Verhältnismäßigkeitsprüfung macht der EuGH jedoch selbst und stellt fest, „dass die Beschränkung des freien Kapitalverkehrs, die durch die im Ausgangsverfahren in Rede stehenden deutschen Rechtsvorschriften hervorgerufen wird, [...] mithin nicht durch die Notwendigkeit, die Kohärenz des nationalen Steuersystems zu wahren, gerechtfertigt werden".[1452]

Der Rechtfertigungsgrund hinsichtlich der gerechten Aufteilung von Besteuerungsbefugnissen solle die Ungleichbehandlung rechtfertigen.[1453] Vor dem Hintergrund des Transparenzprinzips habe der Fiskus im Inlandsfall die „Wahl", auf welcher Ebene besteuert wird.[1454] Im grenzüberschreitenden Fall jedoch nicht, da nur durch die Besteuerung des ausländischen Fonds, das deutsche Besteuerungsrecht gewahrt bleibt.

1447 Vgl. FG Hessen vom 21.08.2019, 4 K 999/17, in; openJur 2020, 44950, Rn. 70; FG Hessen vom 21.08.2019, 4 K 2029/16, in: openJur 2020, 44949, Rn. 57.

1448 Vgl. FG Hessen vom 21.08.2019, 4 K 999/17, in; openJur 2020, 44950, Rn. 79; FG Hessen vom 21.08.2019, 4 K 2029/16, in: openJur 2020, 44949, Rn. 66.

1449 Vgl. FG Hessen vom 21.08.2019, 4 K 999/17, in; openJur 2020, 44950, Rn. 81; FG Hessen vom 21.08.2019, 4 K 2029/16, in: openJur 2020, 44949, Rn. 68.

1450 Vgl. EuGH vom 27.04.2023, Rs. C-537/20, *L Fund*, ECLI:EU:C:2023:339, Rn. 71.

1451 Vgl. BFH vom 11.10.2023, I R 23/23, in: IStR 2024, 185, Rn. 37.

1452 EuGH vom 27.04.2023, Rs. C-537/20, *L Fund*, ECLI:EU:C:2023:339, Rn. 75; BFH vom 11.10.2023, I R 23/23, in: IStR 2024, 185, Rn. 37.

1453 Vgl. FG Hessen vom 21.08.2019, 4 K 999/17, in; openJur 2020, 44950, Rn. 83; FG Hessen vom 21.08.2019, 4 K 2029/16, in: openJur 2020, 44949, Rn. 70.

1454 Vgl. FG Hessen vom 21.08.2019, 4 K 999/17, in; openJur 2020, 44950, Rn. 85; FG Hessen vom 21.08.2019, 4 K 2029/16, in: openJur 2020, 44949, Rn. 72.

Im Folgenden soll näher auf die Entscheidungsgründe im BFH-Urteil vom 13. März 2024 zu I R 1/20 eingegangen werden. Aufgrund der Entscheidung vor dem EuGH in der Rs. *L Fund* hat der BFH entsprechend geurteilt und folgt dem BFH-Urteil vom 11. Oktober 2023, I R 23/23, indem § 11 Abs. 1 Satz 2 InvStG 2004 geltungserhaltend ausgelegt wird.[1455] Als Begründung stützt er sich auf den Sachverhalt in der Rs. *L Fund* (I R 33/17), welcher vor dem EuGH (C-527/20) verhandelt wurde. Aufgrund der „rechtlichen und tatsächlichen Besonderheiten des Streitfalls (Spezialimmobilienfonds, ausländische Anleger, Geltung § 15 Abs. 2 Satz 2 InvStG 2004 als sogenannte Volltransparenzregelung)“, wurde eine kleine Chance für die Europarechtskonformität gesehen.[1456] Dass der EuGH dennoch einen Verstoß gegen die Kapitalverkehrsfreiheit sieht, führt den BFH dazu, dass „die Versagung der Steuerbefreiung [...] erst recht gegen die Kapitalverkehrsfreiheit verstößt“.[1457] Das EuGH-Urteil ist auch im Hinblick auf die Vergleichbarkeit der Situationen der Publikums-Investmentfonds übertragbar.[1458] Auch bezüglich des Kohärenzarguments „kann im Ergebnis nichts anderes gelten“, wodurch der Rechtfertigungsgrund an der Verhältnismäßigkeitsprüfung des EuGH scheitert.[1459] Der Rechtfertigungsgrund der Kohärenz wird außerdem gänzlich abgelehnt.[1460] Eine geltungserhaltende Reduktion wird umgesetzt, indem das Tatbestandsmerkmal „inländisch“ in § 11 Abs. 1 Satz 1 und Satz 2 InvStG 2004 zugunsten des ausländischen Publikums-Investmentfonds unbeachtet bleibt.[1461] Die Ansicht des BMF, dass die Vorschriften des InvStG 2004 „zur Gänze“ geltungserhaltend reduziert und angewandt werden, was die Anwendung des § 7 Abs. 1 InvStG 2004 hinsichtlich der Quellensteuerabzugspflicht auf Fondsausgangsseite sowie des § 4 Abs. 2 Satz 7 InvStG 2004 hinsichtlich der Anrechnung mit sich bringen würde, ist nicht zu folgen.[1462] Auch hier ist eine eingriffsverschärfende Extension an eine sonst unionsrechtlich unbedenkliche Vorschrift i.R.d. geltungserhaltenden Reduktion nicht gerechtfertigt.[1463] Die Entscheidungen sind von erheblicher finanzieller Auswirkung, da

1455 Vgl. BFH vom 13.3.2024, I R 1/20, in: openJur 2024, 8060, Rn. 26; *Morawitz*, IStR 2024, 185 (191).
1456 BFH vom 13.3.2024, I R 1/20, in: openJur 2024, 8060, Rn. 28.
1457 *Ebenda*, Rn. 28.
1458 Vgl. *Ebenda*, Rn. 34.
1459 *Ebenda*, Rn. 38.
1460 Vgl. *Ebenda*, Rn. 35.
1461 Vgl. *Ebenda*, Rn. 41.
1462 Vgl. *Ebenda*, Rn. 42 ff.
1463 Vgl. *Ebenda*, Rn. 45.

zahlreiche offene Erstattungsanträge ausländischer Fonds vorliegen, welche zudem mit 6 % p.a. zu verzinsen sind.[1464]

5. Ausgestaltung ausgewählter Investmentsteuersysteme in der EU im Nachgang zu den EuGH-Rechtsprechungen

In diesem Abschnitt sollen die Implikationen der EuGH-Rechtsprechung in den konkreten nationalen Gesetzgebungen dargelegt werden.

a. Finnland

Als Folge der Rechtssache *Aberdeen* hat das finnische Steuerrecht gebietsfremde Investmentfonds in kapitalgesellschaftlicher Ausgestaltung (Satzungsform) als mit finnischen Kapitalgesellschaften vergleichbar eingestuft und sie damit unter die Regelungen der MTRL gefasst.[1465] I.R.d. konnte mangels Sachverhaltsimplikation keine Vergleichbarkeit zu finnischen Fonds hergestellt werden, da diese nur in Vertragsform im finnischen Recht angelegt sind. Dies wird allerdings mit dem Urteil in der Rechtssache *A SCPI* vom 7. April 2022 nachgeholt. Zum 01. Januar 2020 wurde im finnischen Einkommensteuerrecht § 20a eingeführt, um Rechtssicherheit bzgl. der Investmentfondsproblematik zu schaffen.[1466] Allerdings warf diese Regelung vielmehr neue Fragen auf. Nach dieser Regelung sind vergleichbare ausländische Investmentfonds nur von der Einkommensteuer befreit, soweit sie offen und in Vertragsform errichtet wurden und mind. 30 Anteilseigner haben.[1467] SpIF erhalten die Steuerbefreiung auch bei geschlossener Ausgestaltung oder einer Beteiligung von weniger als 30 Anlegern, sofern mind. ¾ der Gewinne ausgeschüttet werden, mind. 2 Mio. € Kapital vorhanden ist und professionelle oder vermögende Anleger beteiligt sind; bei Immobilien-Fonds müssen ¾ der Gewinne verteilt werden.[1468] Die Gesetzesänderung führte dazu, dass die im Sachverhalt klagende französische Immobilien-Investmentgesellschaft, aufgrund ihrer Vergleichbarkeit mit finnischen Kapitalgesellschaften als Ergebnis der Rechtssache *Aberdeen* im Steuerjahr 2019 von der Besteuerung von Dividenden und Immobilienerträgen und -gewinnen befreit ist, mangels Errichtung in Vertragsform

1464 Vgl. *Kleinert*, FR 2024, 951 (951).

1465 Vgl. *Järvinen*, in: IFA (Hrsg.), Cahiers 2019 Vol. 104B, Finland Branch Report, 325 (325).

1466 Vgl. *Tallgren/Juusela*, FCM 2022, No. 2, 1 (9).

1467 Vgl. EuGH vom 07.04.2022, Rs. C-342/20, *A SCPI*, ECLI:EU:C:2022:276, Rn. 9; *Tallgren/Juusela*, FCM 2022, No. 2, 1 (4 f.).

1468 Vgl. *Tallgren/Juusela*, FCM 2022, No. 2, 1 (4 f.).

jedoch im Steuerjahr 2020 der Besteuerung unterworfen wird.[1469] Der EuGH urteilte, dass es gegen Unionsrecht verstößt, wenn die Steuerbefreiung ausschließlich Investmentfonds der Vertragsform vorbehalten bleibt und gebietsfremde Investmentfonds in Satzungsform ausschließt.[1470] Dem EuGH-Urteil nachfolgend urteilte das oberste finnische Verwaltungsgericht (SAC) über offene Fälle, in denen ausländischen Fonds die Steuerbefreiung aufgrund der normierten Voraussetzungen des § 20a nicht gewährt werden konnte.[1471] Die Urteile verzichten in ihrer Vergleichbarkeitsprüfung mit inländischen (Immobilien)-Fonds auf Kriterien wie Mindestanlegerzahl, offene Ausgestaltung und Vertragsform und setzen für die Steuerbefreiung lediglich voraus, dass mind. ¾ der Gewinne an die Anteilseigner verteilt werden sollen.[1472] Es wird gefordert, dass Finnland seine Vorschriften zur Investmentfondsbesteuerung im Hinblick auf das Unionsrecht überarbeitet.[1473] Am 11. August 2023 veröffentlichte die finnische Steuerverwaltung eine offizielle Anweisung zur Besteuerung von Investmentfonds und den Regelungen des § 20a.[1474] Dahingehend gelten die Regelungen des § 20a unter bestimmten Umständen auch für ausländische Fonds des Gesellschaftstypes, sofern die Bedingungen des §20a erfüllt sind und der ausländische Investmentfonds nachweisen kann, dass er sich in einer objektiv vergleichbaren Situation wie ein inländischer Fonds in Vertragsform befindet.[1475] Die Beurteilung erfolgt dahingehend, dass die Besteuerung nur auf Anlegerebene stattfindet (Steuertransparenz oder Steuerbefreiung im Errichtungsstaat).[1476]

1469 Vgl. EuGH vom 07.04.2022, Rs. C-342/20, *A SCPI*, ECLI:EU:C:2022:276, Rn. 16 f.

1470 Vgl. EuGH vom 07.04.2022, Rs. C-342/20, *A SCPI*, ECLI:EU:C:2022:276, Urteilsspruch.

1471 Vgl. Vgl. PWC, The Supreme Administrative Court clarifies the scope of foreign investment fund tax exemption, erhältlich im Internet: https://uutishuone.pwc.fi/the-supreme-administrative-court-clarifies-the-scope-of-foreign-investment-fund-tax-exemption (zuletzt besucht am 14.03.2023); *Alakare/Manu*, New Finnish Case Law Considering The Tax Exemption Of Foreign Investment Funds, erhältlich im Internet: https://www.mondaq.com/tax-authorities/1268784/new-finnish-case-law-considering-the-tax-exemption-of-foreign-investment-funds (zuletzt besucht am 14.03.2023).

1472 Vgl. PWC, The Supreme Administrative Court clarifies the scope of foreign investment fund tax exemption, erhältlich im Internet: https://uutishuone.pwc.fi/the-supreme-administrative-court-clarifies-the-scope-of-foreign-investment-fund-tax-exemption (zuletzt besucht am 14.03.2023); *Alakare/Manu*, New Finnish Case Law Considering The Tax Exemption Of Foreign Investment Funds, erhältlich im Internet: https://www.mondaq.com/tax-authorities/1268784/new-finnish-case-law-considering-the-tax-exemption-of-foreign-investment-funds (zuletzt besucht am 14.03.2023).

1473 Vgl. *Ambagtsheer-Pakarinen*, ET 2023, 401 (403).

1474 Vgl. Finnisches Finanzministerium, Anweisung “On the taxation of investment funds and the provisions of section 20a of the Income Tax Act” vom 11.08.2023, erhältlich im Internet: https://www.vero.fi/en/detailed-guidance/guidance/80594/on-the-taxation-of-investment-funds-and-the-provisions-of-section-20a-of-the-income-tax-act3/ (zuletzt besucht am 19.07.2024).

1475 Vgl. *Ebenda.*

1476 Vgl. *Ebenda.*

b. Frankreich

Als Konsequenz aus dem *Santander*-Urteil[1477] wird auf Dividenden französischer Gesellschaften an ausländische Investmentfonds keine QuSt mehr erhoben, soweit der Investmentfonds die folgenden Voraussetzungen erfüllt: [1478] (1) Sitzstaat des Fonds in einem Mitgliedstaat oder Staat mit vereinbartem gegenseitigen Amtshilfeabkommen in Steuersachen zur Bekämpfung von Steuerhinterziehung und Steuerflucht, (2) Beschaffung von Kapital bei einer Anzahl von Investoren mit dem Ziel dieses gemäß einer festgelegten Anlagestrategie zum Nutzen dieser Anleger zu investieren, (3) Merkmale entsprechen denen französischer Fonds (SICAV, FCP, OPCI, SICAF).[1479] Französische Immobilienfonds (OPCI) unterliegen nicht der französischen KSt, wenn bestimmte Ausschüttungsanforderungen erfüllt sind.[1480] Die Kosten, die die EuGH-Entscheidung nach sich zog, wurden für den französischen Fiskus auf 4-5 Mrd. € geschätzt.[1481]

c. Belgien

Das belgische Steuerrecht unterscheidet in der Fondsbesteuerung anhand Rechtsformen. Während Sondervermögen ohne Rechtspersönlichkeit in der Vertragsform (FCP) als transparente Gebilde gelten und nicht als Steuersubjekte, werden Investment-Gesellschaften in Satzungsform mit Körperschaftsteuer belastet. Dabei profitieren belgische Investmentgesellschaften in regulierter Form von einer „limited tax base" (Article 185bis ITC), wonach die Fondserträge von der Bemessungsgrundlage ausgenommen werden. [1482] Des Weiteren unterliegen belgische Investmentgesellschaften als auch ausländische Investmentfonds einer QuSt auf Dividenden belgischer KapGes.[1483] Im

---

1477 Vgl. EuGH vom 10.05.2012, Rs. C-338/11-C-347/11 *Santander*, ECLI:EU:C:2012:286; in einem Vertragsverletzungsverfahren der Europäischen Kommission (C-76/12) wurde gegen dieselbe französische Regelung geklagt. Die Klage wurde jedoch 2013 zurückgenommen (ABl. C 225/56 vom 3.8.2013).

1478 Vgl. *Charles-Péronne*, in: IFA (Hrsg.), Cahiers 2019 Vol. 104B, France Branch Report, 347 (355).

1479 Vgl. *Gouthière*, ET 2012, 560 (562); *Saiac/Rozant*, ET 2014, 468 (469).

1480 Vgl. *Bundestag* – Wissenschaftliche Dienste, Arten und Besteuerung von Investmentfonds in Luxemburg, Frankreich und Irland, 23.

1481 Vgl. *Gaoua*, ET 2012, 556 (556); *Gouthière*, ET 2012, 560 (561).

1482 Vgl. *Coudron*, Belgium: WHT Reclaim, erhältlich im Internet: https://wts.com/global/publishing-article/20220412-belgium-fs-nl~publishing-article?language=de (zu. besucht am 17.03.23); in Abgrenzung zu „regulierten" Gesellschaften sind die privaten zu sehen (non-complient) – diese erhalten eine Steuerbefreiung ohne bestimmte Voraussetzungen zu erfüllen, vgl. *Coudron*, in: IFA (Hrsg.), Cahiers 2019 Vol. 104B, Belgien Branch Report, 143 (143, 145).

1483 Vgl. *Coudron*, Belgium: WHT Reclaim, erhältlich im Internet: https://wts.com/global/publishing-article/20220412-belgium-fs-nl~publishing-article?language=de (zu. besucht am 17.03.23).

Gegensatz zu ausländischen Investmentfonds konnten belgische Investmentgesellschaften die QuSt anrechnen lassen, sodass in den meisten Fällen die Steuerbelastung belgischer Fonds gegen Null tendierte.[1484] Die QuSt wirkt für gebietsfremde Fonds mithin definitiv.[1485] Die Anrechnung war vor dem EuGH-Urteil *Kommission/Belgien* nur für inländische Investmentgesellschaften möglich. Infolge des EuGH-Urteils konnten auch ausländische Fonds Anträge auf Erstattung der belgischen QuSt stellen.[1486]

Daneben kann eine Befreiung von der Dividenden-Quellensteuer erfolgen, wenn die Beteiligung an der KapGes mind. 10 % mit einer Haltedauer von mind. Einem Jahr beträgt (Art. 106 § 6 RD/ITC).[1487]

Ab 2014 ist eine Anrechnung der belgischen QuSt auf die „limited tax base" bei inländischen Fonds nicht mehr möglich, um die Diskriminierung ausländischer Fonds zu eliminieren.[1488] Folglich können auch ausländische Fonds ab 2014 keine QuSt mehr erstattet bekommen. Für inländische Fonds in Satzungsform ist eine Befreiung von der Dividenden-Quellensteuer möglich, wenn diese zu mind. 10 % über ein Jahr beteiligt sind. Dies gilt in Umsetzung der MTRL für EU-Muttergesellschaften. Ausländische Fonds fallen unter die MTRL, sofern sie im Sitzstaat einer Körperschaftsbesteuerung unterliegen. Andernfalls stellt ein Quellensteuereinbehalt keinen Verstoß gegen die Richtlinie zu sehen.[1489]

Ab dem 01. Dezember 2015 regelt Art. 116 1° und 3° RD/ITC die Befreiung von der QuSt für u.a. Zinseinkünfte ausländischer EWR-Fonds, ohne dass es der Erfüllung bestimmter Mindestvoraussetzungen bedarf. Dividenden werden ausgenommen. Ausländische EWR-Fonds, welche Dividenden aus Portfolio-Beteiligungen erhalten, unterliegen weiterhin der Quellensteuer.[1490] Dies könnte allerdings gegen Unionsrecht verstoßen.[1491]

Ab dem 07. Februar 2022 wurde Art. 106 § 6 RD/ITC erweitert auf „Organismen für gemeinsame Anlagen", welche als Gesellschaft gegründet wurden und als ELTIF im

---

1484 Vgl. *Ebenda.*

1485 Vgl. *Ebenda.*

1486 Vgl. *Ebenda.*

1487 Vgl. *Coudron*, in: IFA (Hrsg.), Cahiers 2019 Vol. 104B, Belgien Branch Report, 143 (146).

1488 Vgl. *Coudron*, Belgium: WHT Reclaim, erhältlich im Internet: https://wts.com/global/publishing-article/20220412-belgium-fs-nl~publishing-article?language=de (zu. besucht am 17.03.23).

1489 Vgl. EuGH vom 08.03.2017, Rs. C-448/15 *Wereldhave*, ECLI:EU:C:2017:180.

1490 Vgl. *Esquerra/Berndt/Vekeman/Mitterlehner/Rolle*, Withholding tax on dividends – current status in some Member States, erhältlich im Internet: https://wts.com/global/publishing-article/20220627-withholding-tax-on-dividends-status-member-states~publishing-article?language=de (zuletzt besucht am 20.03.23).

1491 Vgl. *Ebenda.*

Ausland anerkannt sind. Eine QuSt auf Dividenden wird demnach nicht erhoben, wenn diese an der Kapitalgesellschaft zu mind. 10 % über ein Jahr beteiligt sind. Dies gilt auch für vergleichbare europäische Investmentfonds (ELTIF).[1492] Für Zinsen und Vermietungs-und Verpachtungseinkünfte bspw. ist ein Verzicht auf QuSt für in- und vergleichbare ausländische Gesellschaften sowie ELTIF-Fonds ohne Erfüllung von Mindestbeteiligungen oder -haltedauern möglich.[1493]

d. Polen

Als Ergebnis einer Stellungnahme[1494] in einem Vertragsverletzungsverfahren gegen Polen wurde ab 2011 die Steuerbefreiung, welche bislang für polnische Investmentfonds galt, auf OGAW mit Sitz in der EU bzw. im EWR ausgeweitet.[1495] Die Befreiung ist an bestimmte Voraussetzungen geknüpft, um eine Vergleichbarkeit zu polnischen Fonds herzustellen[1496]: (1) Steuerpflicht mit gesamten Einkünften im Sitzstaat, (2) ausschließlicher Zweck ist die gemeinsame Anlage von Mitteln durch öffentliches Angebot der Anteile, (3 und 4) Zulassung und Überwachung durch Finanzaufsichtsbehörde, (5) Verwahrstelle für die Verwahrung des Vermögens, (6) verwaltet von Personen, welche von der Finanzaufsichtsbehörde zugelassen wurden. Im Juni 2011 hat die EU-Kommission Polen erneut zur Änderung benachteiligender Steuervorschriften für Investment- und Pensionsfonds anderer EU-Staaten aufgefordert.[1497] Als unvereinbar wurde die erste Voraussetzung gesehen, welche besagt, dass EWR-Fonds nur von der polnischen Besteuerung befreit werden, wenn sie im Niederlassungsstaat steuerpflichtig sind; die Steuerbefreiung inländischer Fonds wird dagegen uneingeschränkt gewährt.[1498] Die polnische Regierung hat daraufhin klargestellt, dass die Bedingungen gewährleisten sollen, dass die Steuerbefreiung ausländische Gesellschaften erhalten,

---

1492 Vgl. *van Belleghem/Hermand*, Belgium fine-tunes the tax framework for ELTIFs, erhältlich im Internet: https://news.pwc.be/belgium-fine-tunes-the-tax-framework-for-eltifs/ (zuletzt besucht am 17.03.23).

1493 Vgl. Art. 116 RD/ITC.

1494 Vgl. Pressemitteilung Europäische Kommission vom 14.05.2009, IP/09/780, erhältlich im Internet: https://ec.europa.eu/commission/presscorner/detail/en/IP_09_780 (zuletzt besucht am 23.03.2023).

1495 Vgl. EuGH vom 10.04.2014, Rs. C-190/12 *Emerging Markets*, ECLI:EU:C:2014:249, Rn. 4; *Rzepa/Wyganowski*, DFI 2012, 176 (176); *Hagemann/Kopec*, StuB 2014, 651 (651).

1496 Vgl. *Rzepa/Wyganowski*, DFI 2012, 176 (177).

1497 Vgl. Pressemitteilung Europäische Kommission vom 16.06.2011, IP/11/720, erhältlich im Internet: https://ec.europa.eu/commission/presscorner/detail/de/IP_11_720 (zuletzt besucht am 23.03.2023).

1498 Vgl. *Ebenda*.

welche mit polnischen vergleichbar sind.[1499] Die erste Voraussetzung ist als Bedingung für den steuerlichen Wohnsitz zu verstehen, die nicht mit der Frage der tatsächlichen Besteuerung des Fonds zusammenhängt.[1500] Nach der EuGH-Rechtsprechung ist die Voraussetzung bzgl. des Steuerstatus und der Rechtsform eines Fonds kein angemessener Anknüpfungspunkt für die Steuerbefreiung.[1501] Eine Gesetzesanpassung bleibt bislang aus, sodass in polnischen Rechtsprechungen eine Fülle an Entscheidungen bezüglich der Vergleichbarkeit ausländischer Rechtsformen existiert.[1502] In der Praxis können sich auch Investmentfonds auf die Steuerbefreiung berufen, die außerhalb der EU/des EWR ansässig sind und die o.g. Voraussetzungen erfüllen.[1503] Hinsichtlich der EuGH-Rechtsprechungen[1504] werden ausländische Fonds, welche UCITS ähneln, die Steuerbefreiung in Polen bekommen.[1505] Nach dem EuGH „ist Sache des vorlegenden Gerichts, im Ausgangsverfahren zu prüfen, ob das in diesem Kooperationsrahmen vorgesehene Verfahren für den Informationsaustausch tatsächlich den polnischen Steuerbehörden ermöglichen kann, die von den in den Vereinigten Staaten ansässigen Investmentfonds vorgelegten Informationen über die Bedingungen, unter denen sie gegründet wurden und ihre Tätigkeiten ausüben, gegebenenfalls zu prüfen, um festzustellen, ob sie innerhalb eines Regelungsrahmens tätig sind, der dem der Union gleichwertig ist".[1506]

Der polnische Gesetzgeber hat die damals beurteilten Regelungen bisher nicht unionsrechtskonform ausgestaltet, sodass das *Emerging Markets* Urteil vom 10. April 2014 die Grundlage für die Rückforderung von polnischen Quellensteuern bleibt.[1507] In diesem Zusammenhang hat der EuGH am 08. Juni 2023 ein anschließendes Urteil bezüglich Drittstaatenfonds, welche in Polen investieren, erlassen. In der Rechtssache C-

---

1499 Vgl. Interpellation Nr. 23720 Polen, erhältlich im Internet: http://orka2.sejm.gov.pl/IZ6.nsf/main/4B1ADC80 (zuletzt besucht am 23.03.2023); Antwort für die Interpellation Nr. 23720 Polen, erhältlich im Internet: http://orka2.sejm.gov.pl/IZ6.nsf/main/00E4B5FD (zuletzt besucht am 23.03.2023).

1500 Vgl. *Ebenda.*

1501 Vgl. *Rzepa/Wyganowski*, DFI 2012, 176 (178); EuGH vom 18.06.2009, Rs. C-303/07 *Aberdeen*, ECLI:EU:C:2009:377.

1502 Vgl. *Kostowska/Gnutzmann*, ET 2019, 552 (553).

1503 Vgl. *Rutkowska/Kaleta/Miazek/Lewandowski*, in: IFA (Hrsg.), Cahiers 2019 Vol. 104B, Poland Branch Report, 745 (745).

1504 EuGH vom 21.06.2018, Rs. C-480/15 *Fidelity Funds*, ECLI:EU:C:2018:480; EuGH vom 30.01.2020, Rs. C-156/17 *Köln Aktienfonds*, ECLI:EU:C:2020:51.

1505 Vgl. *Kostowska/Gnutzmann*, ET 2019, 552 (555).

1506 EuGH vom 10.04.2014, Rs. C-190/12 *Emerging Markets*, ECLI:EU:C:2014:249, Zweiter Urteilsspruch.

1507 Vgl. KPMG Tax Alert, CJEU judgment (C-322/22) clears the way for interest recovery on unduly withheld taxes in Poland, erhältlich im Internet: https://kpmg.com/pl/en/home/insights/2023/06/tax-alert-cjeu-judgmen-c-322-22-clears-the-way-for-interest-recovery-on-unduly-withheld-taxes-in-poland.html (zuletzt besucht am 26.02.2024); *Niesten/Prandecki*, ET 2023, 442 (442).

322/22[1508] ging es um einen US-amerikanischen Investmentfonds, welcher auf Grundlage des EuGH Urteils zur Rechtssache *Emerging Markets* eine Erstattung von unionsrechtswidrig einbehaltener KSt (sowie Zinsen) geltend machte.[1509] Im polnischen Recht existiert eine Regelung, welche es ermöglicht, nach Verstreichen einer Frist, keine Zinsen auf die „überzahlten" Quellensteuern zu erhalten, welche aufgrund der Rechtssache *Emerging Markets* unionsrechtswidrig erhoben wurden.[1510] Der EuGH stellt klar, dass der Steuerpflichtige neben dem Anspruch auf Erstattung unionsrechtswidrig erhobener Steuern auch einen Anspruch auf die Zahlung von Zinsen hat.[1511] Somit verstoßen Regelungen, welche zustehende Zinsen auf den überzahlten Betrag begrenzen oder ganz ausschließen, gegen Unionsrecht, insbesondere gegen die Grundsätze der „loyalen Zusammenarbeit, der Äquivalenz und der Effektivität".[1512]

e. Dänemark

Die dänische Fondsbesteuerung ist abhängig von der gesellschaftsrechtlichen Ausgestaltung. Auch hier erfolgt die Unterscheidung zwischen steuerlich transparenten und intransparenten Fonds.[1513] Für letztere stehen vier Besteuerungssysteme zur Verfügung: (1) „account holding investment fund"; (2) "investment fund with minimum taxation" – siehe EuGH-Urteil *Fidelity Funds*; (3) "accumulating investment fund"; (4) "investment company status".[1514] Grundsätzlich sind die Investmentfonds Steuersubjekte; bis auf Nr. (3) sind sie steuerbefreit.[1515] Die Qualifikation ausländischer Fonds erfolgt gemäß den dänischen Kriterien.[1516]

Im Zuge der Zurückweisung der zugrunde liegenden Rs. *Fidelity Funds* hat der *Østre Landsret* entschieden, dass die Voraussetzung für die Quellensteuerbefreiung, nämlich die dänische Ansässigkeit, nicht mit EU-Recht vereinbar ist.[1517] Das Mindestausschüttungserfordernis nach § 16C ist auch von ausländischen Fonds zu erfüllen (dies wird mit der Kohärenz des Steuersystems weiter verteidigt).[1518] Folglich können ausländische Fonds die Quellensteuerbefreiung nur in Anspruch nehmen, wenn auch eine

---

1508 Vgl. EuGH vom 08.06.2023, Rs. C-322/22 *Dyrektor Izby Administracji Skarbowej we Wrocławiu*, ECLI:EU:C:2023:460.
1509 Vgl. *von Streit/Streit*, DB 2023, 2400 (2401).
1510 Zur genauen Regelung: *von Streit/Streit*, DB 2023, 2400 (2401 f.).
1511 Vgl. *von Streit/Streit*, DB 2023, 2400 (2402).
1512 Vgl. EuGH vom 08.06.2023, Rs. C-322/22 *Dyrektor Izby Administracji Skarbowej we Wrocławiu*, ECLI:EU:C:2023:460, Urteilsspruch, Rn. 59.
1513 Vgl. *Falk*, in: IFA (Hrsg.), Cahiers 2019 Vol. 104B, Denmark Branch Report, 297 (297)
1514 Vgl. *Ebenda* 297 (298).
1515 Vgl. *Ebenda* 297 (298).
1516 Vgl. *Ebenda* 297 (303).
1517 Vgl. *Adema*, DFI 2019, Vol. 5, 1 (5)
1518 Vgl. *Ebenda* 1 (5).

Mindestausschüttung nach § 16C erfolgt bzw. ausgewiesen wird.[1519] Das oberste dänische Gericht hat die Erstattungsansprüche abgelehnt.[1520] In der Literatur wird kritisiert, dass die Vorlagefrage nicht zusätzlich in Bezug auf das Ausschüttungserfordernis formuliert wurde.[1521] Denn dies könnte ebenfalls nicht mit EU-Recht vereinbar sein.[1522] Die entsprechende Berufung beim dänischen obersten Gerichtshof führte zum gleichen Ergebnis; eine Vorlage beim EuGH in dieser Frage erfolgte nicht.[1523] Ab dem 1. Januar 2022 wird für dänische Fonds (2), auch wenn die Regelungen zur Mindestausschüttung erfüllt sind, ebenfalls 15 % QuSt erhoben, wodurch in- und ausländische Fonds gleich behandelt werden.[1524]

f. Niederlande

Nach niederländischem Recht werden vier Besteuerungssysteme für Investmentvermögen unterschieden: (1) reguläres Körperschaftsteuersystem; (2) Fiscal Investment Institutions (FII bzw. SAO); (3) Exempt Investment Institution (EII) und (4) steuerlich transparente Fonds (in der Rechtsform CV und FGR).[1525] FII und EII sind beides Fondstypen, welche zwar körperschaftsteuerpflichtig sind, aber davon befreit werden. Als FII-Fonds sind bestimmte Anleger- und Ausschüttungsvoraussetzungen zu erfüllen. Als EII-Fonds Mitte 2007 eingeführt worden sind, sind vergleichbare Voraussetzungen nicht zu erfüllen; andererseits fällt dieser nicht als Person unter DBA.[1526]
Zur Rechtssache *Köln-Aktienfonds* verwies der EuGH hinsichtlich des FII-Regimes der Prüfung dreier Aspekte der in Frage stehenden niederländischen Vorschriften zurück an das vorlegende Gericht: (1) die Bestimmung des verfolgten Ziels des achtmonatigen Ausschüttungserfordernisses; (2) Benachteiligung gebietsfremder Fonds durch die Anteilsinhaber-Voraussetzung, da nur für inländische Fonds erfüllbar; (3) ob der deutsche Aktienfonds für das niederländische System des Anteilshandels entschieden hat. Das niederländische oberste Gericht (*Hoge Raad*) urteilte am 23.

1519 *Schneider/Stoltz*, Fund Taxation Alert 2021-06, erhältlich im Internet: https://kpmg.com/lu/en/home/insights/2021/08/Fund %20Taxation %20Alert %202021-06.html (besucht am 24.03.2023).

1520 Vgl. *Patzner*, IStR 2024, 725 (736); BFH vom 13.3.2024, I R 1/20, in: openJur 2024, 8060, Rn. 41.

1521 Vgl. *Adema*, DFI 2019, Vol. 5, 1 (1)

1522 Vgl. *Ebenda*, 1 (5).

1523 Vgl. *FS Newsflash*, erhältlich im Internet: https://www.pwc.dk/da/nyt/2021/fs-newsflash-supreme-court-judgement-in-fidelity-funds-case.pdf (zuletzt besucht am 24.03.2023).

1524 *Schneider/Stoltz*, KPMG Fund Taxation Alert 2021-2016, erhältlich im Internet: https://kpmg.com/lu/en/home/insights/2021/08/Fund %20Taxation %20Alert %202021-06.html (zuletzt besucht am 24.03.2023).

1525 Vgl. *van Os/de Graaf*, in: IFA (Hrsg.), Cahiers 2019 Vol. 104B, Netherlands Branch Report, 629 (635).

1526 Vgl. *Ebenda*, 629 (637 f.).

Oktober 2020, dass ausländische Investmentfonds die niederländische QuSt erstattet bekommen, wenn bestimmte Voraussetzungen erfüllt werden.[1527] Damit werden sie als vergleichbar mit den niederländischen SAO (bzw. FII) angesehen.

Hinsichtlich der damals geltenden deutschen Investmentbesteuerung erkennt das Gericht die Besteuerung über die ausschüttungsgleichen Erträge als ausreichend für das Ausschüttungserfordernis an.[1528] Eine tatsächliche Ausschüttung innerhalb von acht Monaten nach Ende des Geschäftsjahres ist nicht erforderlich; mithin bestand das Ziel dieser Regelung die Besteuerung auf Ebene der Anteilseigner durchzuführen.[1529] Für eine Rückerstattung der niederländischen QuSt muss der ausländische Fonds jedoch eine „Ersatzzahlung" leisten.[1530] Der damit einhergehende administrative Aufwand hält ausländische Fonds von der Erstattung ab. Ab 2008 galt das sog. „remittance reduction system".[1531] Das Gericht bestimmt weiterhin, dass die Anteilseigner-Voraussetzungen EU-Recht nicht verletzen.[1532] Hinsichtlich der strikteren Bedingungen hinsichtlich der Quellensteuererstattung ist eine EU-Rechtsverletzung nahe liegend. Ein entsprechendes Vertragsverletzungsverfahren liegt nicht an. In einer Entscheidung des *Dutch Supreme Court* am 09. April 2021 wird amerikanischen und britischen Fonds erneut die Erstattung verwehrt.[1533] Im britischen Fall wurde das Ausschüttungserfordernis nicht erfüllt, da dahingehend keine Besteuerung der Fondsanleger stattfand.[1534] Im amerikanischen Fall ging es hauptsächlich um die Erstattungsmethode. In der Rs. *Deka Aktienfonds* hat sich der Gerichtshof mit einer anders gelagerten Methode beschäftigt, sodass der *Hoge Raad* der Argumentation nicht folgte und die „remittance method" (Steuergutschrift) als vereinbar mit der Kapitalverkehrsfreiheit ansah. Dem

---

1527 Vgl. *van der Jagt*, Dutch Supreme Court decision on Dutch withholding tax on dividends paid to foreign investment funds (Köln Aktienfonds Deka), erhältlich im Internet: https://assets.kpmg.com/content/dam/kpmg/xx/pdf/2020/10/etf-436-dutch-supreme-court-decision-on-dutch-withholding-tax-on-dividends-paid-to-foreign-investment-funds.pdf (zuletzt besucht am 02.08.2024).

1528 Vgl. *Scherleitner*, Intertax 2022, 484 (488)

1529 Vgl. *Mensing*, Foreign investment funds may be eligible for Dutch, erhältlich im Internet: https://www.europeantax.blog/post/102gkjr/foreign-investment-funds-may-be-eligible-for-dutch-dividend-withholding-tax-refun (zuletzt besucht am 14.04.2023).

1530 Diese zielt darauf ab, die Dividendensteuer zu erfassen, die der Fonds auf die an seine Anleger ausgeschütteten Gewinne hätte zahlen müssen, wenn er ein niederländischer Fonds gewesen wäre, vgl. WTS, Dutch Supreme Court of 9 April 2021 regarding Dutch dividend WHT refund claims, erhältlich im Internet: https://wts.com/global/publishing-article/20210705-netherlands-fsnl~publishing-article?language=de (zuletzt besucht am 14.04.2023).

1531 Vgl. *Ebenda*.

1532 Vgl. *Ebenda*.

1533 Vgl. *Ebenda*.

1534 Vgl. Deloitte, Supreme Court releases decisions on nonresident funds' entitlement to WHT relief, erhältlich im Internet: https://www.taxathand.com/article/17502/Netherlands/2021/Supreme-Court-releases-decisions-on-nonresident-funds-entitlement-to-WHT-relief (zuletzt besucht am 17.04.2023).

amerikanischen Fonds war dahingehend keine Steuer gutzuschreiben, da keine Verpflichtung zum Einbehalt niederländischer Steuern bestand. Die unterschiedliche Behandlung erfolge nicht aufgrund einer benachteiligenden Behandlung nur ausländischer Fonds, sondern aufgrund der unterschiedlichen Jurisdiktionen. Hierbei sollte es nicht verwundern, wenn der EuGH dem eine Absage erteilt. Hinsichtlich des britischen Falls hat das Gericht am 14. Dezember 2022 den Fall dem EuGH zur Vorabentscheidung vorgelegt.[1535]

g. Portugal

Im Jahr 2015 hat der portugiesische Gesetzgeber die Fondsbesteuerung hin zu einer „taxation at exit“ reformiert (Art. 22 Estatuto dos Benefícios Fiscais (EBF)).[1536] Damit wird die Besteuerung der Fondserträge auf die Ebene der Fondsanleger verlagert. Investmentfonds unterliegen grundsätzlich der portugiesischen Körperschaftsbesteuerung; sachlich werden mitunter bestimmte Einkunftsquellen (Kapitalerträge, Mieteinnahmen, Veräußerungsgewinne) vom steuerpflichtigen Einkommen ausgenommen (Ausnahme: Niedrigsteuerländer).[1537] Ein Ausschüttungserfordernis wird nicht vorgeschrieben. Des Weiteren erfolgt kein Einbehalt einer Quellensteuer (Art. 22 Abs. 10 EBF). Stattdessen unterliegen die Investmentvehikel einer sog. Stempelsteuer.[1538] Art. 22 Abs. 1 EBF[1539] umfasst persönlich jedoch nur Wertpapier- und Immobilienfonds bzw. -gesellschaften, welche nach portugiesischem Recht gegründet wurden. Ausländische Investmentfonds unterliegen derweil unter dem allgemeinen Körperschaftsteuersystem einem endgültigen Quellensteuersatz von 25 % (15 % mit DBA).[1540] Eine Anrechnung der QuSt, was in diesem Zusammenhang u.U. nach portugiesischem Recht geregelt ist, war in der Rechtssache *AllianzGI* wegen deutscher Steuerfreiheit nicht möglich.[1541]

In der dem EuGH-Urteil nachfolgenden Entscheidung des portugiesischen Schiedszentrums CAAD *Arbitragem Tributária* wurde in der Sache festgestellt, dass Art. 22 Abs. 1 des Gesetzes über Steuerbefreiungen rechtswidrig ist, soweit dieser sich auf

---

1535 Vorabentscheidungsersuchen des Gerechtshof 's-Hertogenbosch (Niederlande) vom 14.12.2014, Rs. C-782/22, in: ABl. EU C 155/26 vom 02.05.2023.

1536 Vgl. *Figueiredo*, in: IFA (Hrsg.), Cahiers 2019 Vol. 104B, Portugal Branch Report, 771 (773).

1537 Vgl. *Ebenda* 771 (773); *Stöber*, ET 2022, 3 (4).

1538 0,0025 % bis 0,0125 % des Gesamtnettobuchwertes pro Quartal, vgl. *Stöber*, ET 2022, 3 (4).

1539 Gesetzestexte online verfügbar unter https://info.portaldasfinancas.gov.pt/pt/informacao_fiscal/codigos_tributarios/Pages/default-com-pdf.aspx (zuletzt besucht am 17.04.2023).

1540 Vgl. *Stöber*, ET 2022, 3 (3 f.); *Figueiredo*, in: IFA (Hrsg.), Cahiers 2019 Vol. 104B, Portugal Branch Report, 771 (773).

1541 Vgl. *Stöber*, ET 2022, 3 (4).

Gesellschaften portugiesischen Rechts beschränkt und EU-Gesellschaften ausschließt.[1542] Nach der Entscheidung des EuGH haben mehrere ähnliche Fälle nun positive Entscheidungen des portugiesischen Schiedsgerichts erhalten, was bedeutet, dass die Fonds Anspruch auf Rückerstattung zu Unrecht gezahlter QuSt haben.[1543]

6. Kritische Würdigung und Zwischenfazit

Die verschiedenen Fondsarten und -ausgestaltungen im Unionsraum machen es schwierig, eine einheitliche und konsistente Regulierung innerhalb der EU zu erreichen. Erste Schritte zu einer Harmonisierung von Fondstypen im aufsichtsrechtlichen Kontext wurden mit den OGAW-Richtlinien sowie der AIFM-Richtlinie unternommen. Des Weiteren führt die stringente und einheitliche Rechtsprechung hinsichtlich der Investmentfondsbesteuerung und dahingehend in Bezug auf die Quellensteuererhebung auf Fondseingangsseite dazu, dass auch hier eine einheitliche Linie verfolgt wird, an denen sich die Mitgliedstaaten orientieren sollten. Dennoch kann die strikte Rechtsprechung des EuGH kritisch gesehen werden, da sie sich anfänglich an den Rechtsprechungen zur Dividendenbesteuerung zwischen KapGes orientiert und diese Rechtsgrundsätze fortgesetzt hat. Die eigentliche Natur von Investmentfonds als Pooling-Instrument wurde dahingehend ignoriert. Aus den ausgeführten Judikaten ergibt sich, dass die Anpassung der deutschen Investmentbesteuerung dringend notwendig war. Zumindest ab 2018 konnten damit Steuererstattungen in erheblicher Höhe vermieden werden.

Gemäß *Zetzsche* sollte die EU einen bedeutenden Schritt zur Harmonisierung in diesem Bereich gehen und für Investmentfonds entweder einen Status vollständiger Transparenz etablieren oder sie als steuerpflichtige Rechtsgebilde mit vollständigen Steuerfreistellungen betrachten, wobei es wichtig sei, nur einen Status zu regeln.[1544] Dieser „mutige" Schritt würde die grenzüberschreitende Fondsbesteuerung vereinfachen und langfristig sowohl den Steuerbehörden als auch den Investoren zugutekommen.[1545] Zudem würden Steueranpassungen, wie bspw. in Deutschland, die Investoren

1542 Vgl. Centro de arbitragem administrative (CAAD), Urteil vom 17.06.2022, 93/2019-T, erhältlich im Internet: https://caad.org.pt/tributario/decisoes/decisao.php?listOrder=Sorter_data&listDir=DESC&listPage=10&id=4469 (zuletzt besucht am 17.04.2023).

1543 Vgl. *Schneider*, Fund Taxation Alert 2024-02, erhältlich im Internet: https://kpmg.com/lu/en/home/insights/2024/03/portugal-supreme-administrative-court_decision-discrimination-withholding-tax.html (zuletzt besucht am 19.07.2024).

1544 Vgl. *Zetzsche*, in: Haslehner (Hrsg.), Investment Fund Taxation, Non-collective Investment Funds under BEPS Action 6 Versus European Investment Fund Law, 181 (195)

1545 Vgl. *Ebenda*, 181 (195).

und Fondsgesellschaften nicht dazu zwingen, ihre Investments kurzfristig aus steuerlichen Gründen umzustrukturieren.[1546] Die Vereinheitlichung der Definition und Besteuerung von OGAW auf europäischer Ebene würde insbesondere für Investoren Barrieren für grenzüberschreitende Fondsinvestitionen beseitigen, die Auswahl an Fondsprodukten erleichtern, Kapital effizienter nutzen und die Effizienz der europäischen Kapitalmärkte steigern.[1547]

Allerdings wurden Harmonisierungsbestrebungen im Bereich der Investmentfonds bereits im Jahr 1994 als nicht realisierbar erachtet; vielmehr wurde ein bilateraler Weg über DBA vorgeschlagen.[1548] Angesichts der Komplexität des Sektors und des Einstimmigkeitserfordernisses verwundert es nicht, dass es keine harmonisierten Steuerregeln in der EU gibt.[1549] Das Hauptproblem, welches die fehlende Harmonisierung in diesem Bereich verursacht, liegt in der Ausgestaltung und dem Zweck von Investmentfonds. Diese stellen hybride Gebilde dar, die unterschiedliche Ausgestaltungen annehmen können: Vertragstyp, Satzungstyp – Gesellschaft, Sondervermögen. Die jeweiligen Ausgestaltungen haben sich in den EU-Mitgliedstaaten unterschiedlich herausgebildet. Daher ist es schwierig, einen adäquaten Rechtstypenvergleich zu etablieren, da sie entweder als transparent oder als intransparent angesehen werden. Wie sich in der jüngeren Judikatur[1550] zeigt, rückt nun vor allem die Besteuerung in Abhängigkeit von der Ausgestaltung des Fonds in den Fokus. Es besteht keine Konsistenz einheitliche Regelungen für Investmentfonds insgesamt zu schaffen.[1551] Die Mitgliedstaaten werden versuchen ihre Regelungen einerseits dahingehend anzupassen, dass bei Einkunftsströmen ins Ausland, ihr inländisches Besteuerungsrecht verwirklicht werden kann und andererseits, ihr Risiko minimieren, dass die Normen gegen die Grundfreiheiten der EU verstoßen.[1552] In diesem Zusammenhang stellt sich die Frage, inwieweit auf Investmentfonds die steuerrechtlich relevanten Richtlinien, wie bspw. die MTRL und der ATAD anzuwenden sind. Andererseits ist festzuhalten, dass eine Vielzahl an

1546 Vgl. *Ebenda* 181 (195).
1547 Vgl. *Ebenda* 181 (196).
1548 Vgl. *Sorgenfrei*, IStR 1994, 465 (470).
1549 Vgl. *Pantazatou*, in: Haslehner (Hrsg.), Investment Fund Taxation, Funds and EU Tax Directives, 157 157 (158).
1550 EuGH vom 07.04.2022, Rs. C-342/20, *A SCPI*, ECLI:EU:C:2022:276; Rs. C-18/23, *Dyrektor Krajowej Informacji Skarbowej*; Rs. 602/23, *Finanzamt für Großbetriebe*.
1551 Der „klassische" Rechtstypenvergleich unterscheidet zwischen der Identifikation eines Gebildes als Personen- oder Kapitalgesellschaft. Bei Investmentfonds müsste ebenso zwischen transparenter und intransparenter Besteuerung unterschieden werden. Dies ist jedoch nicht zielführend. Vielmehr ist eine einheitliche Definition wünschenswert, um entsprechende Gebilde klar als Investmentfonds zu identifizieren (und damit keine Unterscheidung in in-/transparente Investmentfonds vornehmen).
1552 Vgl. *Scherleitner*, ET 2022, 443 (446).

Staaten eine ähnliche steuerliche Behandlung bzgl. Investmentfonds haben und gebietsfremde und -ansässige unterschiedlich behandeln, vor dem Hintergrund der Steuerneutralität zwischen Fonds- und Direktanlage und der Sicherung des eigenen Besteuerungsrechts.[1553]

Zuletzt ist noch einmal genauer auf das Urteil des EuGH in der Rs. *L Fund* einzugehen, welches einige bemerkenswerte Facetten aufweist.[1554] In den vorangegangenen Entscheidungen wurde über Fälle mit Investitionen in Kapitalgesellschaftsbeteiligungen judiziert; in der *L Fund* Entscheidung handelt es sich um Immobilieninvestitionen. Für Einkünfte aus unbeweglichen Vermögen gilt im internationalen Steuerrecht das sog. Belegenheitsprinzip, welches ein uneingeschränktes Besteuerungsrecht des Belegenheitsstaates und üblicherweise die Freistellung im Ansässigkeitsstaat normiert.[1555] Bei Dividendeneinkünften wird dem Quellenstaat auch ein Besteuerungsrecht zugestanden, jedoch nicht uneingeschränkt. Der inländische Anknüpfungspunkt bzgl. Immobilienerträgen kann damit als „bedeutender" für die Territorialität von Staaten angesehen werden.[1556] Auch eine Vorbelastung an der Quelle, wie sie bei Beteiligungen auf Ebene der KapGes vorliegt, existiert nicht.[1557] Aber auch im EuGH-Urteil *L Fund* betrachtet der EuGH erneut lediglich die Besteuerungsunterschiede auf Ebene der Fonds, ohne die Anlegerebene mit einzubeziehen. Die historisch gewachsenen steuerlichen Besonderheiten der dreistufigen Fondsstruktur, welche im Zusammenspiel von Fondsvehikel und Anlegerbesteuerung liegen, werden i.R.d. Kohärenzprüfung verworfen, da kein unmittelbarer Zusammenhang in der Freistellung des inländischen Fonds und der Belastung der Anleger gesehen wird; sowie der Besteuerung des ausländischen Fonds und der Nicht-Durchsetzung von Besteuerungsansprüchen bei wiederum ausländischen Anlegern.[1558]

Mit der Reformierung des InvStG wurden diese europarechtlichen Problematiken durch die Besteuerung in- und ausländischer Fonds ausgeräumt. Hiermit wird das internationale Quellenstaatsprinzip gewahrt, jedoch zu Lasten des investmentsteuerlichen Transparenzprinzips.[1559] Eine Vereinbarkeit der beiden Prinzipien konnte nicht hergestellt werden. Selbst der EuGH hat in der Rs. *Fidelity Funds* einen Versuch zur Wahrung der „internen Kohärenz" unternommen, in der die Steuerbefreiung

---

[1553] So auch *Guarino/Giglio*, ET 2021, 319 (319).
[1554] Vgl. *Patzner/Nagler*, IStR 2023, 355 (360), hierzu auch *Haberkorn/Kraft*, EWS 2023, 193.
[1555] Vgl. *Haase*, Internationales und Europäisches Steuerrecht, 630.
[1556] Vgl. *Haberkorn/Kraft*, EWS 2023, 193 (199).
[1557] Vgl. *Ebenda*, 193 (199).
[1558] Vgl. *Ebenda*, 193 (199).
[1559] Vgl. *Ebenda*, 193 (199).

inländischer Fonds an eine Mindestausschüttung an die Anleger (und deren Quellenbesteuerung) geknüpft ist: Der ausländische Fonds könnte durch Entrichtung einer entsprechenden QuSt, in den Genuss der Steuerbefreiung kommen.[1560] Dies stellt nach EuGH aber nur eine „weniger einschränkende Maßnahme" dar. Diese Sichtweise wird auch in der Rs. *L Fund* aufgenommen.[1561]

IV. Aktuelle Entwicklungen – FASTER Richtlinie

Mit dem TRACE-Projekt[1562] der OECD sollen manuell gestellte Ansprüche auf Quellensteuererstattungen nach DBA automatisiert und harmonisiert werden sowie Gestaltungsmissbräuche wie Cum/Cum oder Cum/ex-Transaktionen verhindern.[1563] Als Ergebnis der Arbeitsgruppe legt das „TRACE Implantation Package"[1564] konkrete Vorschläge zu Prozessen und Verträgen bereit.[1565] So werden in Bezug zu Investmentfonds Vorschläge zum einen zur Regelung der Abkommensberechtigung sowie dem Umfang der Ansprüche unterbreitet und zum anderen Verfahren zur Bestimmung dieser Ansprüche empfohlen.[1566] Da eine Umsetzung des TRACE-Packages nicht verpflichtend war, hat bisher nur Finnland die TRACE-Leitlinien in nationales Recht umgesetzt.[1567]

Am 19. Juni 2023 veröffentlichte die EU-Kommission einen Vorschlag für eine „Richtline über schnellere und sicherere Verfahren für die Entlastung von überschüssigen Quellensteuern" (sog. FASTER-Richtlinie).[1568] Die Existenz von 27 unterschiedlichen Steuersystemen in der EU, insbesondere im Kontext der Investmentfondsbesteuerung, stellt eine erhebliche Herausforderung für Investoren dar, die EU-weit investieren möchten, denn die bestehenden ineffizienten Verfahren zur Quellensteuerrückerstattung erschweren diese Investitionen und sind außerdem anfällig für

---

1560 Vgl. EuGH vom 21.06.2018, Rs. C-480/15 *Fidelity Funds*, ECLI:EU:C:2018:480, Rn. 84.

1561 Vgl. *Haberkorn/Kraft*, EWS 2023, 193 (198); EuGH vom 27.04.2023, Rs. C-537/20, *L Fund*, ECLI:EU:C:2023:339, Rn. 74.

1562 OECD, Treaty Relief and Compliance Enhancement, erhältlich im Internet: https://www.oecd.org/ctp/exchange-of-tax-information/treatyreliefandcomplianceenhancementtrace.htm (zuletzt besucht am 29.06.2023).

1563 Vgl. *Frey/Jung*, IStR 2019, 924 (924); *Müller/Mack*, ISR 2021, 113 (118); *Patzner/Nagler*, RdF 2023, 273 (273).

1564 OECD, Trace Implementation Package vom 23.01.2013, erhältlich im Internet: https://www.oecd.org/ctp/exchange-of-tax-information/TRACE_Implementation_Package_Website.pdf (besucht am 26.06.2023).

1565 Vgl. *Frey/Jung*, IStR 2019, 924 (925).

1566 Vgl. Trace Implementation Package, 113 f.; *Letizia*, Intertax 2015, 526 (530).

1567 Vgl. *Patzner/Nagler*, RdF 2023, 273 (273).

1568 Vgl. EU-Kommission, Vorschlag für eine Richtlinie des Rates über schnellere und sicherere Verfahren für die Entlastung von überschüssigen Quellensteuern vom 19.06.2023, COM(2023) 324 final.

Gestaltungsmissbräuche.[1569] Die damit verbundenen jährlichen Verluste für Investoren werden jährlich auf 6,62 bis 8,4 Mrd. € geschätzt, die durch Compliance-Aufwand und nicht vermeidbare Doppelbesteuerung entstehen.[1570] Des Weiteren entstehen Erstattungsansprüche von Investmentfonds aufgrund der unionsrechtlichen Rechtsprechung.[1571] I.R.d. FASTER-Richtlinie wurden die Problematiken im Zusammenhang mit grenzüberschreitenden Quellensteuererstattungen herausgearbeitet[1572] und auch Investmentfonds als betroffene Finanzintermediäre identifiziert.[1573] Die European Fund and Asset Management Association (EFAMA) hebt dahingehend die Unsicherheiten bezüglich der Anspruchsberechtigung für DBA-Vorteile für Investmentfonds hervor.[1574] Dahingehend könne eine „Matrix" entwickelt werden, die klare Kriterien für die Anspruchsberechtigung definiert.[1575] Zudem wird der Einsatz der Blockchain-Technologie für eine verbesserte Transparenz, digitale Steueransässigkeitsbescheinigungen und zur Identifizierung von Dividendenarbitrage und Betrug empfohlen.[1576] Am 14. Mai 2024 hat sich der Rat der Europäischen Union auf die FASTER-Richtlinie geeinigt.[1577] Hierbei werden auch Regelungen Investmentfonds betreffend eingeführt, denn die Regelung der FASTER-Richtlinie basieren darauf, dass der eingetragene Eigentümer der Wertpapiere auch die Person ist, die nach DBA oder nationalen Recht Anspruch auf die Quellensteuerentlastung hat.[1578] Art. 13a der FASTER-Richtline gewährt die Entlastung in den Fällen, in denen bestimmte Organismen für gemeinsame Anlagen oder deren Anleger Anspruch auf die Entlastung haben, aber nicht die eingetragenen Eigentümer sind.[1579] Dies ist der Fall, wenn die Wertpapiere bspw. von einem steuerlich transparenten Organismus gehalten werden.[1580] Dahingehend können Investmentfonds als transparente Rechtsgebilde ausgestaltet werden, mit der Folge, dass die Anleger oder die Investmentfonds selbst die abkommensrechtlichen Ansprüche über die Finanzintermediäre geltend machen können und das Verfahren dahingehend

---

1569 Vgl. EFAMA, Fact Book 2024, S. 41 f., erhältlich im Internet: https://flipbook.vcpgraphics.online/EFAMA/Factbook/2024/Factbook2024.html (zuletzt besucht am 27.08.2024).

1570 Vgl. *Ebenda*, S. 41 f.

1571 Vgl. *Patzner/Nagler*, RdF 2023, 273 (274 ff.).

1572 Divergierende Quellensteuerverfahren in der Mitgliedstaaten; fehlende oder ungleichmäßige Digitalisierung der Erstattungsverfahren; unklare/nicht harmonisierte Haftungszuweisung für Intermediäre, vgl. Commission Staff Working Document vom 19.06.2023, SWD(2023) 216 final, 8 ff.

1573 Vgl. Commission Staff Working Document vom 19.06.2023, SWD(2023) 216 final, 8 ff., 12.

1574 Vgl. *Ebenda*, 73.

1575 Vgl. *Ebenda*, 73.

1576 Vgl. *Ebenda*, 73.

1577 Vgl. Rat der Europäischen Union, Beratungsergebnisse vom 14.05.2024, ST 9925 2024 INIT.

1578 Vgl. *Ebenda*, 16.

1579 Vgl. *Ebenda*, 16.

1580 Vgl. *Ebenda*, 16.

vereinfacht und automatisiert wird. Die Richtlinie ist bis 31. Dezember 2028 in nationales Recht umzusetzen; soll mithin erst ab 01. Januar 2030 gelten.[1581] In dieser Richtlinie wird auch die Chance gesehen, die QuSt für Zahlungen an Investmentfonds abzuschaffen, Steuerneutralität umzusetzen und Doppelbesteuerungen zu vermeiden.[1582]

V. Verhältnis Investmentfondsbesteuerung und Hinzurechnungsbesteuerung

1. Überblick

Nach der reformierten Investmentfondsbesteuerung strahlen auch (Spezial-)Investmentfonds aufgrund des nun zugrunde liegenden Trennungsprinzips eine Abschirmwirkung aus; die Fondserträge werden den Anlegern grundsätzlich nicht mehr i.R.d. Semi-Transparenz zugerechnet.[1583] Da (Spezial-)Investmentfonds eher in passive Kapitalanlagen zur Vermögensverwaltung investieren und in ausländischen Rechtsordnungen oft keiner Besteuerung unterliegen, könnten diese auch in den Anwendungsbereich der Hinzurechnungsbesteuerung fallen.[1584] Ein Zusammentreffen der Besteuerungsregime von Hinzurechnungs- und der Investmentfondsbesteuerung kommt in erster Linie immer dann zustande, wenn ein ausländischer (Spezial-)Investmentfonds als Zwischengesellschaft, also als niedrig besteuerte ausländische Gesellschaft mit passiven Einkünften (§ 8 Abs. 1 AStG) qualifiziert. Die Abschirmwirkung, die auch im Zusammenhang mit ausländischen KapGes einhergeht, wird von beiden Besteuerungsregimen durchbrochen.[1585] Die Anlegerbesteuerung i.R.d. InvStG sowie die Hinzurechnungsbesteuerung haben eine „strukturell ähnliche Wirkungsweise".[1586] Bei der Hinzurechnungsbesteuerung werden die „abgeschirmten" passiven Einkünfte dem Anleger der ausländischen Zwischengesellschaft (ZG) als Hinzurechnungsbetrag zugerechnet. Die auf Fondsebene thesaurierten Beträge manifestieren sich bei Kapitel-2-Investmentfonds in der beim Fondsanleger steuerpflichtigen Vorabpauschale; bei Kapitel-3-Investmentfonds werden diese über die agE beim Anleger erfasst. Treffen

---

[1581] Vgl. Pressemitteilung Rat der Europäischen Union vom 14.05.2024, erhältlich im Internet: https://www.consilium.europa.eu/de/press/press-releases/2024/05/14/taxation-council-agrees-on-new-rules-for-withholding-tax-procedures-faster/ (zuletzt besucht am 09.07.2024).

[1582] Vgl. EFAMA, Fact Book 2024, S. 41 f., erhältlich im Internet: https://flipbook.vcpgraphics.online/EFAMA/Factbook/2024/Factbook2024.html (zuletzt besucht am 27.08.2024).

[1583] Vgl. *Scheifele/Adam*, IWB 2023, 391 (394).

[1584] Vgl. *Haug*, DStZ 2021, 612 (613).

[1585] Vgl. *Grabbe*, DB 2022, 223 (223).

[1586] BMF vom 22.12.2023, IV B 5 – S 1340/23/10001:001, Rn. 303, in: BStBl. 2023, I Sondernr. 1, 2 (AEAStG); *Nürnberg*, in: Haase (Hrsg.), AStG, DBA Kommentar, § 7 AStG, Rn. 117 (4. Aufl.).

beide Regelungsbereiche aufeinander, wäre folglich zum einen der Hinzurechnungsbetrag zu versteuern, zum anderen die durch das InvStG angeordnete Erfassung thesaurierter Erträge in Form der Vorabpauschale bzw. der agE. Zur Vermeidung von Doppelbelastungen legt das AStG in §§ 7 und 13 den grundsätzlichen Vorrang des InvStG fest, mit der Konsequenz, dass sowohl die reguläre als auch die erweiterte Hinzurechnungsbesteuerung suspendiert werden.[1587] Die nachfolgenden Fallkonstellationen 1a und 1b dienen der Veranschaulichung dieser Sachverhalte. Zudem kann durch das mit dem ATAD-UmsG[1588] geänderte Beherrschungskonzept und dem damit einhergehenden Wegfall der Regelung zu nachgeschalteten Zwischengesellschaften (§ 14 AStG a.F.) eine Hinzurechnungsbesteuerung bei mittelbarer Investition in Zwischengesellschaften über (Spezial)Investmentfonds ausgelöst werden.[1589] Dieser Sachverhalt wird in Fall 2 dargestellt. Außerdem werden in diesem Abschnitt weitere Fälle der Anwendungskonkurrenz zwischen beiden Besteuerungsregimen untersucht. Dabei wird einerseits die Erfassung des (Spezial-)Investmentfonds als Subjekt der Hinzurechnungsbesteuerung selbst (Fallkonstellation 3) betrachtet. Andererseits werden die Auswirkungen erörtert, wenn ein (Spezial-)Investmentfonds selbst als Quelle passiver Einkünfte fungiert (Fallkonstellation 4).

Im Folgenden wird zunächst die historische Entwicklung des Verhältnisses beider Regelungsbereiche zueinander dargestellt. Darauf folgt eine eingehende Betrachtung der Tatbestandsvoraussetzungen und der Rechtsfolgen der regulären und erweiterten Hinzurechnungsbesteuerung gemäß §§ 7-13 AStG. In diesem Zusammenhang werden die Grundlagen für die Anwendungskonkurrenzen gelegt, indem konkrete Bezüge zur Investmentfondsbesteuerung herausgearbeitet werden. Basierend darauf erfolgt die systematische Untersuchung der Anwendungskonkurrenzen zwischen der Hinzurechnungsbesteuerung und dem InvStG anhand der o. g. Fallkonstellationen. Abschließend wird die Betrachtung auf aktuelle internationale Entwicklungen ausgeweitet und mögliche Auswirkungen auf die Fondsbesteuerung dargelegt.

1587 Vgl. BMF vom 22.12.2023, IV B 5 – S 1340/23/10001:001, Rn. 303 in: BStBl. 2023, I Sondernr. 1, 2 (AEAStG).

1588 ATAD-UmsG vom 25.06.2021, in: BGBl. I 2021, 2035.

1589 Vgl. *Baumgartner/Stehr*, PE-Magazin 2024, erhältlich im Internet https://www.pe-magazin.de/die-neue-hinzurechnungsbesteuerung-im-kontext-typischerfondsstrukturen-teil-ii/ (zuletzt besucht am 29.08.2024).

2. Historische Betrachtung des Verhältnisses

Bei der Untersuchung der Anwendungshierachie von InvStG und der Hinzurechnungsbesteuerung soll in diesem Abschnitt deren regelungssystematische Historie dargestellt und eingeordnet werden. Während das AStG seit seiner Einführung im Jahr 1972[1590], bis zur Umsetzung der ATAD, in seinen grundsätzlichen Zügen keinen wesentlichen Änderungen unterlag[1591], durchliefen die Regelungen zur Fondsbesteuerung diversen Überarbeitungen. Die Leitidee der Fondsbesteuerung bestand jedoch größtenteils im Transparenzprinzip, mit dem Ziel der Gleichstellung von Fonds- und Direktanlage und behauptete sich jahrzehntelang.[1592] Zur Historie der Investmentfondsbesteuerung siehe Kapitel B.IV.

Das Konkurrenzverhältnis wurde im AStG erstmals im damaligen § 21 Abs. 8 AStG a.F. durch das StÄndG[1593] vom 25. Februar 1992 geregelt. Demnach sollten die Regelungen des AuslInvestmG als nicht anwendbar gelten. Mit dem StMBG[1594] vom 21. Dezember 1993 wurde der § 21 Abs. 8 AStG a.F. jedoch wieder abgeschafft.[1595] Mit dem „Gesetz zur Fortentwicklung des Unternehmenssteuerrechts (UntStFG)“ wurde am 20. Oktober 2001 Abs. 7 in § 7 AStG angefügt.[1596]
Die ursprüngliche Fassung lautet: *„(7) Die Absätze 1 bis 6 sind nicht anzuwenden, wenn auf die Einkünfte, für die die ausländische Gesellschaft Zwischengesellschaft ist, die steuerrechtlichen Vorschriften des Auslandinvestment-Gesetzes [...] in der jeweils geltenden Fassung anzuwenden sind.“*
In der Gesetzesbegründung zur Einführung des Abs. 7 heißt es, dass nach den damals geltenden Vorschriften des AuslInvestmG auch Erträge ausländischer Investmentvermögen besteuert werden, welche „nicht zur Ausschüttung verwendet“ werden, ergo thesaurierte Erträge.[1597] Da die investmentsteuerlichen Vorschriften ähnlich der Hinzurechnungsbesteuerung wirken, hat der Gesetzgeber zur Schaffung von

---

1590 Gesetz zur Wahrung der steuerlichen Gleichmäßigkeit bei Auslandsbeziehungen und zur Verbesserung der steuerlichen Wettbewerbslage bei Auslandsinvestitionen vom 08.09.1972, in: BGBl. I 1972, 1713.

1591 Bis auf die Einführung des Motivtests in § 8 Abs. 2 AStG aufgrund der EuGH-Entscheidung zur Rs. *Cadburry-Schweppes,* vgl. *Haase*, Überlegungen zur Reform der Hinzurechnungsbesteuerung, 11; *Oppel/Wittling*, BB 2022, 1495 (1495); *Baumgartner/Lührs*, IStR 2024, 1 (1).

1592 Vgl. *Kohl*, Ubg 2017, 643 (643).

1593 Steueränderungsgesetz (StÄndG 1992) vom 25.02.1992, in: BGBl. I 1992, 297 (325).

1594 Mißbrauchsbekämpfungs- und Steuerbereinigungsgesetz (StMBG) vom 21.12.1993, in: BGBl. I 1993, 2310.

1595 Vgl. *Fock*, IStR 2006, 734 (735).

1596 Vgl. UntStFG vom 20.12.2001, in: BGBl. I 2001, 3858 (3875).

1597 Vgl. Entwurf eines UntStFG vom 10.09.2001, BT-Drs. 14/6882, 42.

Rechtssicherheit mit dem UntStFG erstmals das Verhältnis beider Vorschriften durch den Vorrang des AuslInvestmG geregelt.[1598]

Zwei Jahre später wurde mit dem Investmentmodernisierungsgesetz (InvModG) vom 15. Dezember 2003 Abs. 7 wie folgt gefasst: *„(7) Die Absätze 1 bis 6a sind nicht anzuwenden, wenn die Einkünfte, für die die ausländische Gesellschaft Zwischengesellschaft ist, nach den Vorschriften des Investmentsteuergesetzes vom 15. Dezember 2003 […] in der jeweils geltenden Fassung steuerpflichtig sind, es sei denn, Ausschüttungen oder ausschüttungsgleiche Erträge wären nach einem Abkommen zur Vermeidung der Doppelbesteuerung von der inländischen Bemessungsgrundlage auszunehmen.“*[1599] Diese Anpassung musste aufgrund der Einführung des InvStG 2004 umgesetzt werden; der *lex specialis* Charakter des InvStG bleibt grundsätzlich erhalten.[1600] Denn die Anleger versteuern die Einkünfte im Rahmen der transparenten Investmentfondsbesteuerung als agE.[1601] Damit soll weiterhin einer (partiellen) Doppelbesteuerung entgegengewirkt werden.[1602] Die Anpassung des § 7 Abs. 7 AStG a.F. mit dem InvModG verlangte konkret die „Steuerpflicht“ der Einkünfte.[1603] Bereits ein Jahr später war erneut die abstrakte Anwendbarkeit des InvStG Voraussetzung.[1604] Die DBA-Rückausnahme erfasst derweil Fälle, bei denen die aus dem InvStG resultierende transparente Besteuerung der von dem ausländischen Investmentvermögen erzielten Erträge auf Ebene des Anteilseigners durch ein DBA-Schachtelprivileg freigestellt werden[1605]; folglich soll dann eine Besteuerung hinzurechnungspflichtiger Einkünfte nach dem AStG erfolgen.[1606] Mit dem AIFM-StAnpG[1607] unterliegen Kapital-Investitionsgesellschaften nach § 19 Abs. 4 InvStG 2004 jedoch generell den allgemeinen Besteuerungsregeln sowie der Hinzurechnungsbesteuerung und durchbrechen damit das postulierte Vorrangverhältnis.[1608]

1598 Vgl. *Ebenda*.

1599 Investmentmodernisierungsgesetz (InvModG) vom 15.12.2003, in: BGBl. I 2003, 2676 (2731).

1600 Vgl. *Ebenda* (2731); Entwurf eines Investmentmodernisierungsgesetzes vom 19.09.2003, BT-Drs. 15/1553, 132; *Haug*, IStR 2016, 597 (597).

1601 Vgl. *Haug*, IStR 2016, 597 (597).

1602 Vgl. *Ebenda*, 597 (598); *Kloster*, Neukonzeption der Investmentbesteuerung, 343; *Haase*, in: Haase (Hrsg.), InvStG-Kommentar, Einl. InvStG 2004, Rn. 55.

1603 Vgl. *Fock*, IStR 2006, 734 (735).

1604 Mit dem Richtlinien-Umsetzungsgesetz vom 09.12.2004, BGBl. I 2004, 3310 (3325), vgl. *Fock*, IStR 2006, 734 (735).

1605 Vgl. *Fuhrmann*, in: Fuhrmann (Hrsg.), AStG-Kommentar, § 7, Rn. 267.

1606 Vgl. Entwurf eines Investmentmodernisierungsgesetzes vom 19.09.2003, BT-Drs. 15/1553, 132.

1607 AIFM-StAnpG vom 18.12.2013, BGBl. I 2013, 4318.

1608 Vgl. *Angsten*, IWB 2015, 199 (199); *Richter/Moser*, FR 2015, 888 (888); *Haug*, Ubg 2020, 84 (84); *Bauderer/Mundel*, in: Haase (Hrsg.), InvStG-Kommentar, § 1 InvStG 2004, Rn. 15; *Richter/Moser/Bachmann/Kraft*, Ubg 2014, 694 (698).

Durch das InvStRefG vom 19. Juli 2016[1609] wird das geltende Transparenzprinzip bei der Fondsbesteuerung ab 01. Januar 2018 aufgegeben. Eine konzeptionelle Änderung des § 7 Abs. 7 AStG a.F. erfolgte jedoch nicht. Lediglich die Rückausnahme bzgl. DBA wurde gestrichen sowie damit auch der Bezug zu den agE.[1610] Dahingehend wurde mit § 16 Abs. 4 InvStG eine innerstaatliche Subject-to-tax-Klausel in Form eines Treaty-Overrides geschaffen, welche die inländische Freistellung nach einem DBA bei Vorliegen bestimmter Voraussetzungen verneint.[1611]
Aufgrund des geänderten Anwendungsbereiches des InvStG ab 2018 und dem Wegfall einer § 19 Abs. 4 InvStG 2004 entsprechenden Regelung, gilt der Vorrang des InvStG nun auch für Kapital-Investitionsgesellschaften.[1612] Nach vorheriger Rechtslage unterlagen die Anleger der Hinzurechnungsbesteuerung und konnten diese durch den Motivtest vermeiden. Nun unterliegen sie der Investmentfondsbesteuerung.[1613]
Durch das InvStRefG wurden, wie bereits in Kapitel F erläutert, die agE durch die Vorabpauschale i.R.v. Publikums-Investmentfonds ersetzt. Da die Besteuerung der agE als Begründung für den Vorrang des InvStG gegenüber der Hinzurechnungsbesteuerung postuliert wird, hält der Gesetzgeber mit der Einführung der Vorabpauschale am Vorrang des InvStG fest. Dies soll dazu dienen, Abgrenzungsschwierigkeiten und Zweifelsfragen zu vermeiden.[1614]

Hinsichtlich der Reformierung der Hinzurechnungsbesteuerung wurde mit der ATAD vom 12. Juli 2016[1615] ein verpflichtender Mindeststandard der Hinzurechnungsbesteuerung für alle Mitgliedstaaten eingeführt. Die Vorgaben der Richtlinie waren bis zum 31. Dezember 2018 in deutsches Recht umzusetzen. Dies ist jedoch nicht fristgemäß erfolgt. Da in Deutschland bereits die Hinzurechnungsbesteuerung geregelt ist, waren jedoch nur wenige Anpassungen vorzunehmen.[1616] Mit dem ersten RefE zu einem ATAD-UmsG vom 10. Dezember 2019 hat das BMF einen Vorschlag zur Neuregelung der Hinzurechnungsbesteuerung unterbreitet. Darin wird der grundsätzliche

---

1609 Vgl. InvStRefG vom 19.07.2016, in: BGBl. I 2016, 1730.
1610 Diese wurden durch die Besteuerung einer Vorabpauschale ersetzt.
1611 Vgl. Bericht des Finanzausschusses vom 08.06.2016, BT-Drs. 18/8739, 118.
1612 Vgl. *Haug*, IStR 2016, 597 (600).
1613 In der Literatur wird die Frage nach der Unionsrechtmäßigkeit aufgeworfen, da die Gesellschaften den Motivtest nun nicht mehr anwenden können, vgl. *Klein*, in: H/H/R (Hrsg.), EStG, KStG-Kommentar, Einf. InvStG, Rn. 7.
1614 Vgl. Bericht des Finanzausschusses vom 08.06.2016, BT-Drs. 18/8739, 117 f.
1615 Richtlinie 2016/1164 des Rates vom 12. Juli 2016 mit Vorschriften zur Bekämpfung von Steuervermeidungspraktiken mit unmittelbaren Auswirkungen auf das Funktionieren des Binnenmarkts, ABl. vom 19.07.2016 L 193 (ATAD I-Richtlinie).
1616 Vgl. *Frank-Fahle/Löbker*, IStR 2021, 44 (46); *Kilincsoy*, ISR 2021, 421 (421); Entwurf eines ATAD-UmsG vom 19.04.2021, BT-Drs. 19/28652, 50.

Vorrang des InvStG in § 7 Abs. 7 AStG a.F. nicht fortgeführt, wodurch eine gleichzeitige Anwendung der Vorschriften des AStG und InvStG die Folge ist.[1617] Denn, so führt die Gesetzesbegründung aus, es existieren Fälle, in denen die Vorabpauschalen die thesaurierten Erträge nicht ausreichend erfassen.[1618] Zur Zeit des Gesetzgebungsverfahrens wurde aufgrund des negativen bzw. sehr geringen Basiszinses eine äußerst niedrige bzw. gar keine Vorabpauschale besteuert.[1619] Durch den § 10 Abs. 6 AStG wird zur Vermeidung einer daraus resultierenden Doppelbesteuerung eine Anrechnungsregelung normiert, indem der Hinzurechnungsbetrag um die Vorabpauschale gemindert wird. Weiterhin werden tatsächliche Ausschüttungen des Fonds durch den Abzug eines sog. Kürzungsbetrages, welcher sich nach § 11 AStG ermittelt, berücksichtigt. Neben den steuerlichen Nachteilen würde mit der Anwendung der Hinzurechnungsbesteuerung im investmentsteuerlichen Kontext zudem ein hoher Compliance-Aufwand einhergehen.[1620] Infolge erheblicher Bedenken seitens der Verbände[1621] wurde der angestrebte Paradigmenwechsel nicht in den überarbeiteten Referentenentwurf vom 24. März 2020 übernommen. Das formelle Gesetzgebungsverfahren wurde jedoch erst ein Jahr später Ende März 2021 eröffnet und mündete im Inkrafttreten des ATAD-UmsG am 01. Juli 2021.[1622] Das ATAD-UmsG nimmt wesentliche Änderungen bei den Regelungen zur „neuen" Hinzurechnungsbesteuerung vor, welche ab 2022 anzuwenden sind. So wird das Beherrschungskonzept reformiert, wonach eine rein „zufällige" Inländerbeherrschung nicht mehr möglich ist.[1623] Zudem entfällt aufgrund der Berücksichtigung mittelbarer Beteiligungen die Regelung zu nachgeschalteten Zwischengesellschaften (§ 14 AStG a.F.).[1624] Das Vorrangverhältnis des InvStG bleibt grundsätzlich bestehen, wurde jedoch insofern modifiziert, dass der Vorrang nunmehr nur noch eingeschränkt gilt. Die aktuelle Fassung des den Vorrang regelnden § 7 Abs. 5 AStG lautet: „*Die Absätze 1 bis 4 sind nicht anzuwenden, wenn auf die Einkünfte, für die die ausländische Gesellschaft Zwischengesellschaft ist, die Vorschriften des Investmentsteuergesetzes in der jeweils geltenden Fassung anzuwenden sind. Satz 1*

1617 Vgl. *Ebenda*, 88.

1618 Vgl. Referentenentwurf eines ATAD-UmsG vom 10.12.2019, 88.

1619 Vgl. *Haug*, DStZ 2021, 612 (613).

1620 Vgl. *Baumgartner*, IStR 2020, 524 (526).

1621 Vgl. Stellungnahme der Wirtschaftsverbände vom 13.12.2019 zum RefE eines ATAD-UmsG, erhältlich im Internet: https://www.gdv.de/resource/blob/54850/4bc38fbeaa19e287c4d2c5801eea814a/atad--enttaeuschende-vorschlaege-zum-aussensteuerrecht---download-data.pdf (zuletzt besucht am: 02.04.2020).

1622 Vgl. ATAD-UmsG vom 25.06.2021, in: BGBl. I 2021, 2035.

1623 Vgl. *Ditz/Wassermeyer/Hörnicke*, in: F/W/B/S (Hrsg.), AStG-Kommentar, § 7 AStG, Rn. 21; *Haun/Solowjeff*, in: Haun/Kahle/Goebel/Reiser (Hrsg.), AStG Kommentar, Vorbemerkung §§ 7-13 AStG, Rn. 16.

1624 Vgl. *Ditz/Wassermeyer/Hörnicke*, in: F/W/B/S (Hrsg.), AStG-Kommentar, § 7 AStG, Rn. 21.

gilt nicht, wenn die den Einkünften zugrunde liegenden Geschäfte zu mehr als einem Drittel mit dem Steuerpflichtigen oder ihm nahestehenden Personen betrieben werden.“ Am 22. Dezember 2023 wurde vom BMF ein Anwendungserlass zum AStG (AEAStG) veröffentlicht, welcher das BMF-Schreiben vom 14. Mai 2004[1625] nach nahezu 20 Jahren ablöst. Die aktualisierten Inhalte werden im Folgenden berücksichtigt.

3. Regelungen zur Hinzurechnungsbesteuerung

a. Zweck und Zielsetzung der Hinzurechnungsbesteuerung

Zweck der Hinzurechnungsbesteuerung ist es zu verhindern, dass unbeschränkt Steuerpflichtige sich der inländischen Besteuerung entziehen, indem bestimmte Aktivitäten auf eine KapGes mit Ansässigkeit in einem Niedrigsteuerland verlagert werden.[1626] Das Trennungsprinzip bei KapGes führt zu einer Abschirmwirkung, sodass die Besteuerung des unbeschränkt Steuerpflichtigen bis zur Ausschüttung seitens der Gesellschaft aufgeschoben wird (sog. Aufschubwirkung).[1627] Mit dem Instrument der Hinzurechnungsbesteuerung sollen steuerlich indizierte Verlagerungen von Aktivitäten Steuerpflichtiger in nicht aktiv tätige KapGes unter Ausnutzung des internationalen Steuergefälles verhindert werden.[1628] Dahingehend werden die in den sog. Zwischengesellschaften anfallenden Gewinne der deutschen Besteuerung sofort zugeführt, sollten sie nicht aus „echter“ wirtschaftlicher Betätigung im Ausland stammen.[1629] Dies erfolgt durch die §§ 7-13 AStG, die bestimmte Einkünfte einer ausländischen, niedrig besteuerten Gesellschaft dem inländischen Anteilseigner als fiktive Gewinnausschüttung zuordnen. Auf diese Weise wird die Steuerbelastung auf das Niveau der deutschen Besteuerung geschleust, um dem Verlust von Steueraufkommen entgegenzuwirken.[1630] Das Ziel der Hinzurechnungsbesteuerung besteht demnach darin, die

---

1625 BMF vom 14.05.2004 – IV B 4 - S 1340 - 11/04, in: BStBl. I 2004, Sondernummer 1/2004, 3.

1626 Vgl. *Engel/Hilbert*, IWB 2016, 317 (317).

1627 Vgl. *Rupp/Knies/Ott/Faust/Hüll*, Internationales Steuerrecht, 827; *Haun/Solowjeff*, in: Haun/Kahle/Goebel/Reiser (Hrsg.), AStG Kommentar, Vorbemerkung §§ 7-13 AStG, Rn. 24; *Frank-Fahle/Löbker*, IStR 2021, 44 (45); *Oppel/Wittling*, BB 2022, 1495 (1495); *Oppel*, in: Schaumburg (Hrsg.), Internationales Steuerrecht, Rn. 13.1 (5. Aufl.).

1628 So auch in der ursprünglichen Gesetzesbegründung zum Entwurf des AStG vom 02.12.1971, BT-Drs. VI/2883, Rn. 27, 83 f.; *Reiche*, in: Haase (Hrsg.), AStG, DBA Kommentar, § 7 AStG, Rn. 4 (3. Aufl.); *Micker/Pohl/Oppel*, Kompendium Internationales Steuerrecht, Rn. 4311; *Kilincsoy*, ISR 2021, 421 (423); *Oppel/Wittling*, BB 2022, 1495 (1495).

1629 Vgl. Gesetzesbegründung zum Entwurf des AStG vom 02.12.1971, BT-Drs. VI/2883, 1.

1630 Vgl. *Reiche*, in: Haase (Hrsg.), AStG, DBA Kommentar, § 7 AStG, Rn. 1 (3. Aufl.); *Haun/Solowjeff*, in: Haun/Kahle/Goebel/Reiser (Hrsg.), AStG Kommentar, Vorbemerkung §§ 7-13 AStG, Rn. 27.

Steuerflucht durch unangemessene Gestaltungen bereits präventiv zu vermeiden.[1631] Darüber hinaus soll sichergestellt werden, dass tatsächliche Gewinnausschüttungen aus dem Ausland, die im Inland aufgrund gesetzlicher Vorschriften freigestellt oder nicht vollumfänglich steuerlich erfasst werden, nach dem inländischen Korrespondenzprinzip ausreichend steuerlich vorbelastet sind.[1632] Als weitere Gründe werden Steuergerechtigkeit sowie die Wahrung der Kapitalexportneutralität genannt.[1633] Gemäß der Gesetzesbegründung zum ATAD-UmsG stellt die Hinzurechnungsbesteuerung eine „robuste Regelungseinheit zur Verhinderung steuerlich indizierter, nicht notwendigerweise missbräuchlicher, Verlagerung von passiven Einkünften ins niedrig besteuernde Ausland dar."[1634] Der (historische) Zweck der Hinzurechnungsbesteuerung liegt in der Herstellung von Wettbewerbsneutralität sowie in der Verwirklichung des Grundsatzes der Gleichmäßigkeit der Besteuerung.[1635] Insbesondere sollen bestehende Steueransprüche gesichert werden.[1636] Die Rechtsprechung bezeichnet die Hinzurechnungsbesteuerung als typisierende Maßnahme zur Missbrauchsabwehr.[1637]

b. Tatbestandsvoraussetzungen der regulären Hinzurechnungsbesteuerung

Das Eintreten der Hinzurechnungsbesteuerung ist an folgende kumulativ zu erfüllende Tatbestandvoraussetzungen geknüpft[1638]:

- Beherrschung nach § 7 Abs. 1 und Abs. 2 AStG
- Un-/beschränkt Steuerpflichtiger als Beteiligter
- Ausländische Gesellschaft
- Passive Einkünfte nach § 8 Abs. 1 AStG
- Niedrigbesteuerung nach § 8 Abs. 5 AStG: Ertragsteuerbelastung liegt unter 15 %
- Fehlende Substanz der ausländischen Gesellschaft: Motivtest nach § 8 Abs. 2 AStG
- Überschreitung der Freigrenze nach § 9 AStG.

1631 Vgl. *Haun/Solowjeff*, in: Haun/Kahle/Goebel/Reiser (Hrsg.), AStG Kommentar, Vorbemerkung §§ 7-13 AStG, Rn. 21 ff.; *Kilincsoy*, ISR 2021, 421 (423).

1632 Vgl. *Brähler*, Internationales Steuerrecht, 516; *Hintzen*, StB 2019, 178 (179); Entwurf eines ATAD-UmsG vom 19.04.2021, BT-Drs. 19/28652, 50; *Haug*, DStZ 2023, 22 (23).

1633 Vgl. *Geurts*, in: Fuhrmann/Geurts/Nientimp/Wilmanns (Hrsg.), AStG-Kommentar, Vorbemerkungen zu §§ 7-13, Rn. 7 ff.

1634 Entwurf eines ATAD-UmsG vom 19.04.2021, BT-Drs. 19/28652, 50.

1635 Vgl. *Kilincsoy*, ISR 2021, 421 (423); Gesetzesbegründung zum Entwurf des AStG vom 02.12.1971, BT-Drs. VI/2883, Rn. 6, 15, 30.

1636 Vgl. *Kilincsoy*, ISR 2021, 421 (424).

1637 Vgl. *Ebenda*, 421 (424); *Becker*, in: Musil/Weber-Grellet (Hrsg.), Europäisches Steuerrecht, §§ 7-13 AStG, Rn. 3; BFH vom 21.10.2009, I R 114/08, in: BStBl. II 2010, 774, Rn. 22.

1638 Vgl. *Geurts*, in: Fuhrmann/Geurts/Nientimp/Wilmanns (Hrsg.), AStG-Kommentar, Vorbemerkungen zu §§ 7-13, Rn. 40; *Vogt*, in: Brandis/Heuermann (Hrsg.), Ertragsteuerrecht Kommentar, § 7 AStG, Rn. 71.

(1) Un-/beschränkte Steuerpflicht und Beherrschungskonzept

Die Hinzurechnungsbesteuerung kommt nach § 7 Abs. 1 Satz 1 AStG grundsätzlich zur Anwendung, wenn „ein unbeschränkt Steuerpflichtiger" eine Körperschaft, Personenvereinigung oder Vermögensmasse i.S.d. KStG ohne Ort der Geschäftsleitung und Sitz im Inland (ausländische Gesellschaft) beherrscht. Auch ein beschränkt Steuerpflichtiger kann das Beherrschungskriterium erfüllen und der Hinzurechnungsbesteuerung unterliegen, soweit die Beteiligung der ausländischen Gesellschaft einer inländischen Betriebsstätte des beschränkt Steuerpflichtigen mittelbar oder unmittelbar zugeordnet werden kann (§ 7 Abs. 1 Satz 4 AStG).[1639] Als Steuerpflichtige kommen Einkommen- sowie Körperschaftsteuersubjekte in Betracht. Im aktuellen Anwendungserlass zum AStG wird präzisiert, dass sowohl inländische (Spezial-)Investmentfonds als unbeschränkt körperschaftsteuerpflichtig gelten als auch ausländische (Spezial-)Investmentfonds als beschränkt Körperschaftsteuerpflichtige anzusehen sind.[1640] Insofern kann auch ein (Spezial-)Investmentfonds der Hinzurechnungsbesteuerung unterliegen.[1641] Dieser Sachverhalt wird in Fallkonstellation 3 näher untersucht.

Eine „Beherrschung" i.S.v. § 7 Abs. 2 AStG liegt vor, wenn dem Steuerpflichtigen allein oder zusammen mit (in- und ausländischen)[1642] nahe stehenden Personen am Ende des Wirtschaftsjahres der ausländischen Zwischengesellschaft mehr als die Hälfte der Stimmrechte, der Anteile am Nennkapital, des Gewinns oder Liquidationserlöses unmittelbar oder mittelbar zuzurechnen ist bzw. zusteht (Beherrschungsbeteiligung).[1643] Gemäß dem neu definierten Beherrschungskriterium ist nicht unbedingt eine gesellschaftsrechtliche Beteiligung erforderlich.[1644] Entscheidend ist vielmehr der durchsetzbare „Wille", den der Gesellschafter zur Verfolgung seiner steuerlichen Motive nutzen kann bzw. die „Kontrolle" über eine ZG (im internationalen Kontext auch als „controlled foreign company" – CFC-Konzept bekannt).[1645] Insofern kann die

---

[1639] Vgl. *Köhler*, in: Strunk/Kaminski/Köhler (Hrsg.), AStG, DBA Kommentar, § 7 AStG, Rn. 281.

[1640] Vgl. BMF vom 22.12.2023, IV B 5 – S 1340/23/10001:001, Rn. 220, 254, in: BStBl. 2023, I Sondernr. 1, 2 (AEAStG); dies gilt auch für Teilfonds nach § 1 Abs. 4 InvStG, vgl. *Fuhrmann/Geurts*, in: Fuhrmann/Geurts/Nientimp/Wilmanns (Hrsg.), AStG-Kommentar, § 7, Rn. 51; *Berg*, DB 2023, 1952 (1953); *Jahn/Thissen*, in: Mann/Staats (Hrsg.), Beck AStG OK, § 11, Rn. 784.

[1641] Vgl. *Heckerodt*, in: Jacobsen (Hrsg.), AStG e-Kommentar, § 7 ab 1.1.2022, Rn. 102.

[1642] Vgl. *Baumgartner*, IStR 2020, 524 (525); *Böhmer/Gebhardt/Krüger*, IWB 2021, 479 (482).

[1643] Vgl. *Nürnberg*, SteuerStud 2021, 833 (836).

[1644] Vgl. *Böhmer/Gebhardt/Krüger*, in: Hagemann/Kahlenberg (Hrsg.), ATAD-Kommentar, Art. 2, Rn. 77; *Böhmer/Oppel*, IWB 2020, 5 (7).

[1645] Vgl. *Oppel/Wittling*, BB 2022, 1495 (1497).

Beteiligung an einem ausländischen (Spezial-)Investmentfonds in Vertragsform als eine nach § 7 Abs. 1 AStG anzusehen sein.[1646] Bezüglich der alleinigen Beherrschung eines (Spezial-)Investmentfonds als ZG entfaltet dies bei institutionellen Anlegern praktische Relevanz.[1647] Dabei sind neben unmittelbaren Beteiligungen auch mittelbare zu berücksichtigen.[1648] Die Hinzurechnungsbesteuerung findet also nicht mehr nur bei unmittelbarer Beteiligung an der ausländischen Gesellschaft statt, sondern auch, wenn mittelbare Beteiligungen bestehen, vorausgesetzt die vermittelnde Person unterliegt selbst keiner Hinzurechnungsbesteuerung. Die übertragende Hinzurechnungsbesteuerung nach § 14 AStG a.F. entfällt, da durch die Änderung des Beherrschungskonzeptes der Hinzurechnungsbetrag einer nachgeschalteten Gesellschaft direkt dem Steuerpflichtigen zugerechnet wird.[1649] Besteht also die mittelbare Beteiligung des Steuerpflichtigen an der ZG über eine andere ausländische Gesellschaft (bisher: Obergesellschaft), dann werden die Zwischeneinkünfte an der Obergesellschaft vorbei, direkt dem Steuerpflichtigen zugerechnet.[1650]

Im Zuge der Anpassung an die ATAD wurde das Beherrschungskonzept neu konzipiert, indem auf eine gesellschafterbezogene Betrachtungsweise unter Berücksichtigung nahe stehender Personen i.S.v. § 1 Abs. 2 AStG[1651] abgestellt wird.[1652] Insbesondere ist eine Person nahestehend, wenn diese am Steuerpflichtigen oder der Steuerpflichtige an ihr mittelbar oder unmittelbar zu mindestens 25 % beteiligt ist. Eine (ggf. zufällige)[1653] Inländerbeherrschung reicht nicht mehr aus.[1654] Die Beteiligungen der nahe stehenden Personen an der Zwischengesellschaft werden dem Steuerpflichtigen allerdings in voller Höhe zugerechnet („Vollzurechnung").[1655] Hat der Steuerpflichtige

---

[1646] Vgl. *Sanning*, Spannungsfeld von Investmentsteuerrecht und Hinzurechnungsbesteuerung, 142.

[1647] Vgl. *Haug*, DStZ 2023, 22 (23).

[1648] Hierbei ist auf Rechtsfolgenseite zu beachten, dass die vermittelnde Gesellschaft keiner ausl. Hinzurechnungsbesteuerung unterliegt, vgl. *Nürnberg*, SteuerStud 2021, 833 (835); *Fuhrmann/Geurts*, in: Fuhrmann/Geurts/Nientimp/Wilmanns (Hrsg.), AStG-Kommentar, § 7, Rn. 117.

[1649] Vgl. BMF, Referentenentwurf ATAD-UmsG vom 10.12.2019, 93 und vom 24.03.2020, 101; *Rautenstrauch*, GmbHR 2020, R36 (R37).

[1650] Vgl. *Herr/Link*, RdF 2020, 20 (24).

[1651] Dabei wird in § 7 Abs. 3 Satz 1 AStG auf den § 1 Abs. 2 AStG verwiesen. Nach Satz 2 sind PersGes und Mitunternehmerschaften nahe stehende Personen, wenn § 1 Abs. 2 AStG erfüllt ist, vgl. Entwurf eines ATAD-UmsG vom 19.04.2021, BT-Drs. 19/28652, 53; *Böhmer/Oppel*, IWB 2020, 5 (7); *Linn*, IStR 2020, 77 (78).

[1652] Vgl. Entwurf eines ATAD-UmsG vom 19.04.2021, BT-Drs. 19/28652, 51; *Böhmer/Oppel*, IWB 2020, 5 (6); *Ditz/Bärsch/Engelen/Quilitzsch*, DStR 2020, 73 (77); *Linn*, IStR 2020, 77 (78).

[1653] Vgl. *Schnitger/Nitzschke/Gebhardt*, IStR 2016, 960 (963); *Quilitzsch/Engelen*, FR 2018, 293 (294).

[1654] Vgl. Referentenentwurf ATAD-UmsG vom 10.12.2019, 78 und vom 24.03.2020, 87 f.

[1655] Vgl. BMF vom 22.12.2023, IV B 5 – S 1340/23/10001:001, Rn. 265 in: BStBl. 2023, I Sondernr. 1, 2 (AEAStG); *Lechner/Spranger*, RdF 2023, 281 (282); *Micker/Pohl/Oppel*, Kompendium

jedoch lediglich eine sehr geringe Beteiligung, während die restlichen Anteile über nahe stehende Personen gehalten werden, greift dennoch die Hinzurechnungsbesteuerung.[1656] Im AEAStG wird klargestellt, dass auch in- und ausländische (Spezial-)Investmentfonds als nahe stehende Personen in Betracht kommen.[1657]

Nahe stehende Person ist nach § 7 Abs. 4 Satz 1 AStG auch, wenn i.S.e. „abgestimmten Verhaltens" („acting in concert") in Bezug auf die ZG zusammengewirkt wird.[1658] Ein abgestimmtes Verhalten liegt laut BMF insbesondere vor, wenn eine Abstimmung über den Erwerb oder die Übertragung einer un-/mittelbaren Beteiligung an der ZG vorgenommen wird; wenn Stimmbindungsverträge abgeschlossen wurden oder sich hinsichtlich Rechtsbeziehungen mit der ZG abgestimmt wird.[1659] Dahingehend ist jedoch ein „acting-in-concert" bei den Anlegern von Publikums-Investmentfonds wegen des umfangreichen und anonymen Anlegerkreises regelmäßig ausgeschlossen.[1660] Bei Spezial-Investmentfonds könnte aufgrund des begrenzten Anlegerkreises und dass dieser nur für institutionelle Investoren eröffnet ist, ein „schädliches Näherverhältnis"[1661] (Konzerngesellschaften) eintreten.[1662] Dies gilt v.a. auch bei sog. Family Offices.[1663]

Ein „abgestimmtes Verhalten" wird nach § 7 Abs. 4 Satz 2 AStG zwischen Gesellschaftern einer PersGes oder Mitunternehmerschaft „widerlegbar" unterstellt.[1664] Dies könnte Investments in bzw. über Investmentfonds in personengesellschaftlicher Ausgestaltung betreffen.[1665] Diese unterliegen aufgrund von § 1 Abs. 3 Nr. 2 InvStG zwar nicht dem InvStG, sodass eine parallele Anwendung zur Hinzurechnungsbesteuerung ausscheidet; entfaltet mithin Bedeutung für die Erfüllung des Beherrschungskriteriums über Fondsstrukturen, welche häufig personengesellschaftliche Rechtsformen

---

Internationales Steuerrecht, Rn. 4409; kritisch: *Käshammer/Pavlenko/Vöstel*, ISR 2024, 46 (48); *Böhmer/Gebhardt/Krüger*, IWB 2024, 53 (56).

1656 Vgl. *Böhmer/Gebhardt/Krüger*, IWB 2021, 479 (480); *Brinkmann*, in: Schnitger/Rasch/Holle (Hrsg.), Nationales und internationales Unternehmenssteuerrecht, Kapitel II.3 Reform der Hinzurechnungsbesteuerung, Rn. 13.

1657 Vgl. BMF vom 22.12.2023, IV B 5 – S 1340/23/10001:001, Rn. 282, in: BStBl. 2023, I Sondernr. 1, 2 (AEAStG).

1658 Vgl. *Baumgartner*, IStR 2020, 524 (525).

1659 Vgl. BMF vom 22.12.2023, IV B 5 – S 1340/23/10001:001, Rn. 292, in: BStBl. 2023, I Sondernr. 1, 2 (AEAStG).

1660 Vgl. *Haug*, DStZ 2021, 612 (614); *Herr/Link*, RdF 2021, 268 (271); *Ditz/Quilitzsch*, Ubg 2021, 485 (487).

1661 Vgl. *Haug*, DStZ 2021, 612 (614); *Herr/Link*, RdF 2021, 268 (271).

1662 Vgl. *Schwenke/Sanning*, in: K/S/B/H/K (Hrsg.), InvStG-Kommentar, Anhang 7, Rn. 139; *Haug*, DStZ 2021, 612 (614).

1663 Vgl. *Haug*, DStZ 2021, 612 (614).

1664 Kritisch in *Vogt*, in: Brandis/Heuermann (Hrsg.), Ertragsteuerrecht Kommentar, § 7 AStG, Rn. 137 ff. m.w.N.

1665 Vgl. *Lechner/Spranger*, RdF 2023, 281 (284).

annehmen (insbesondere Private-Equity-Fonds).[1666] Hierbei liegt ein „abgestimmtes Verhalten“ bei den Gesellschaftern bzw. Anlegern fern, denn die Entscheidung für die Investition in eine Zwischengesellschaft wird regulatorisch von der KVG getroffen.[1667] § 7 Abs. 4 Satz 2 AStG wird demzufolge äußert kritisch gesehen.[1668] Auch das bloße Beteiligtsein an einer PersGes reiche nicht für ein „acting-in-concert“ aus [1669] Das Interesse am Erfolg des Unternehmens ebenso wenig.[1670] Vielmehr sind Stimmbindungsvereinbarungen im Gesellschaftsvertrag als Beweis für ein Zusammenwirken anzusehen.[1671] Der AEAStG bestimmt, dass die Widerlegbarkeit der unterstellten Prämisse eines Zusammenwirkens in Betracht kommt, wenn die Förderung eines gemeinsamen Zwecks unmöglich ist; außerdem kann der Steuerpflichtige „ernstliche Meinungsverschiedenheiten“ mit den anderen Gesellschaftern nachweisen; weiterhin, wenn der gemeinsame Zweck lediglich in der Vermögensanlage besteht und die Anleger untereinander unbekannt sind oder nur Informationsrechte besitzen.[1672] Letzteres könnte Bedeutung für Investmentstrukturen in Form von PersGes haben, welche in Zwischengesellschaften investiert sind.[1673] Mitunter sind die Kriterien zu eng gefasst und es ist unklar, welche Anforderungen bspw. an die „Kenntnis“ der Gesellschafter untereinander gestellt werden.[1674] Die eindeutige Formulierung einer „Fondsausnahme“ wäre wünschenswert.[1675] Im finalen AEAStG wird eine quantitative Beteiligungsgrenze festgelegt: bis zu einer durchgerechneten Beteiligung von unter 5 % an der PersGes wird ein abgestimmtes Verhalten widerlegt.[1676] Mit dieser Konkretisierung trägt die Finanzverwaltung für Fondsstrukturen zu erfreulicher Klarheit bei, denn die Feststellungslast für die Widerlegung des unterstellten Zusammenwirkens obliegt aus Sicht der Finanzverwaltung dem Steuerpflichtigen.[1677]

1666 Näher dazu *Lechner/Spranger*, RdF 2023, 281 (284); *Herr/Link*, RdF 2021, 268 (272).

1667 Vgl. *Oppel/Wittling*, BB 2022, 1495 (1497); *Schneider/Hruschka*, in: Steuerberater (Hrsg.), Steuerberater-Jahrbuch 2020/2021, 243 (264); *Fuhrmann/Geurts*, in: Fuhrmann/Geurts/Nientimp/Wilmanns (Hrsg.), AStG-Kommentar, § 7, Rn. 131; *Bindl/Leidel/Bücheler*, IStR 2022, 790 (795); *Gütle/Sotta*, BB 2021, 224 (228).

1668 Vgl. *Herr/Link*, RdF 2021, 268 (273)

1669 Vgl. *Ebenda,* 268 (273).

1670 Vgl. *Ebenda,* 268 (273).

1671 Vgl. *Ebenda,* 268 (273).

1672 Vgl. BMF vom 22.12.2023, IV B 5 – S 1340/23/10001:001, Rn. 300, in: BStBl. 2023, I Sondernr. 1, 2 (AEAStG).

1673 Vgl. Fall in *Gütle/Sotta*, BB 2021, 224 (225 f.).

1674 Vgl. *Lechner/Spranger*, RdF 2023, 281 (285); *Baumgartner/Lührs*, IStR 2024, 1 (5).

1675 Vgl. *Baumgartner/Lührs*, IStR 2024, 1 (5).

1676 Vgl. BMF vom 22.12.2023, IV B 5 – S 1340/23/10001:001, Rn. 301, in: BStBl. 2023, I Sondernr. 1, 2 (AEAStG), diese Bestimmung war im Entwurf noch nicht enthalten.

1677 Vgl. BMF vom 22.12.2023, IV B 5 – S 1340/23/10001:001, Rn. 217, in: BStBl. 2023, I Sondernr. 1, 2 (AEAStG); unzulässig gemäß *Ditz/Quilitzsch*, Ubg 2021, 485 (487).

Zusammengefasst ist bei der Prüfung des Beherrschungskriteriums die direkte und indirekte Beteiligung an der ZG durch den Steuerpflichtigen sowie auf die direkte und indirekte Beteiligung nahe stehender Personen, welche zudem erst einmal identifiziert werden müssen, mit einzubeziehen. Hierbei ist zu beachten, dass die mittelbare Beteiligung des Steuerpflichtigen an der ZG nicht in die Beherrschungsprüfung einzubeziehen ist, da diese bereits bei der Zurechnung der Beteiligung der nahe stehenden Person berücksichtigt wurde.[1678]

(2) Ausländische Gesellschaft und Niedrigbesteuerung

Weiteres Tatbestandsmerkmal ist die niedrig besteuerte, ausländische Gesellschaft. Eine ausländische Gesellschaft ist nach § 7 Abs. 1 Satz 1 AStG eine Körperschaft, Personenvereinigung oder Vermögensmasse i.S.d. KStG[1679] ohne Ort der Geschäftsleitung und Sitz im Inland. (Spezial-)Investmentfonds in Satzungs- sowie auch in Vertragsform sind als ausländische Gesellschaft i.S.v. § 7 Abs. 1 AStG zu qualifizieren.[1680] Dies ergibt sich daraus, dass ausländische (Spezial-)Investmentfonds nach § 6 Abs. 1 Satz 2 InvStG i.V.m. § 29 Abs. 1 InvStG als Vermögensmasse nach § 2 Nr. 1 KStG gelten.[1681] Im AEAStG wird dies seitens der Finanzverwaltung noch einmal klargestellt.[1682] Die Einstufung eines (Spezial-)Investmentfonds als „ausländische" richtet sich nach § 2 Abs. 3 InvStG.[1683] Dass hierbei nicht auf den Sitz bzw. den Ort der Geschäftsleitung, sondern auf das ausländische Privatrecht abgestellt wird, ist aufgrund des dynamischen Rechtsgrundverweises, welcher in § 7 Abs. 5 Satz 1 AStG auf die Geltung des InvStG in der jeweils geltenden Fassung abstellt, nicht bedeutsam.[1684] Unerheblich für die Einordnung als ausländische Gesellschaft nach § 7 Abs. 1 Satz 1 AStG ist ebenso die Steuerbefreiung nach § 6 Abs. 2 Satz 1 InvStG.[1685]

1678 Vgl. BMF vom 22.12.2023, IV B 5 – S 1340/23/10001:001, Rn. 265, in: BStBl. 2023, I Sondernr. 1, 2 (AEAStG).

1679 Hier ist ein Rechtstypenvergleich vorzunehmen, BMF vom 22.12.2023, IV B 5 – S 1340/23/10001:001, Rn. 221, in: BStBl. 2023, I Sondernr. 1, 2 (AEAStG).

1680 Vgl. *Scheifele/Adam*, IWB 2023, 391 (394); *Haug*, DStZ 2021, 612 (614); *Schwenke/Sanning*, in: K/S/B/H/K (Hrsg.), InvStG-Kommentar, Anhang 7, Rn. 135.

1681 Andere Ansichten beschränken die Wirkung der Fiktion des § 6 Abs. 1 Satz 2 InvStG nur auf den Anwendungsbereich des InvStG, ausführlich dazu: *Schwarz*, Investmentbesteuerung im Anwendungsbereich des InvStG, 246; *Richter*, Ubg 2016, 9 (10).

1682 Vgl. BMF vom 22.12.2023, IV B 5 – S 1340/23/10001:001, Rn. 223, in: BStBl. 2023, I Sondernr. 1, 2 (AEAStG).

1683 Vgl. *Fuhrmann/Geurts*, in: Fuhrmann/Geurts/Nientimp/Wilmanns (Hrsg.), AStG-Kommentar, § 7, Rn. 224.

1684 Vgl. *Staats*, in: Mann/Staats (Hrsg.), Beck AStG OK, § 7, Rn. 276.

1685 Vgl. BMF vom 22.12.2023, IV B 5 – S 1340/23/10001:001, Rn. 309, in: BStBl. 2023, I Sondernr. 1, 2 (AEAStG); *Staats*, in: Mann/Staats (Hrsg.), Beck AStG OK, § 7, Rn. 278; *Heckerodt*, in: Jacobsen (Hrsg.), AStG e-Kommentar, § 7 ab 1.1.2022, Rn. 99.

Eine niedrige Besteuerung liegt vor, wenn die nach § 10 Abs. 3 AStG ermittelten passiven Einkünfte einer Ertragsteuerbelastung von weniger als 15 % unterliegen.[1686] Die Niedrigsteuerschwelle betrug bis zur Einführung des MindStG[1687] 25 %. Die 25 %-Schwelle sah sich über Jahre erheblicher Kritik ausgesetzt.[1688] Zuletzt bestätigte der BFH die bestehenden verfassungs- und unionsrechtlichen Zweifel.[1689] Gemäß der ATAD liegt eine Niedrigbesteuerung vor, wenn der nationale KSt-Satz um die Hälfte unterschritten wird, was demnach 7,5 % entspricht.[1690] Ab 2024 liegt die Niedrigsteuergrenze in Anpassung an die Regelungen zu „Pillar 2" bei 15 %.[1691] In vielen Jurisdiktionen werden Fonds jedoch von der Besteuerung befreit, sodass die Einkünfte weiterhin einer niedrigen Besteuerung unterliegen.[1692]

Für die Ermittlung der Ertragsteuerbelastung werden die nach § 10 Abs. 3 AStG ermittelten passiven Einkünfte zu den von der ausländischen Gesellschaft entrichteten Steuern ins Verhältnis gesetzt.[1693] Es kann zwischen abstrakter und konkreter Ertragsteuerbelastung unterschieden werden.[1694] Die konkrete Ertragsteuerbelastung wird durch den Vergleich der nach deutschen Grundsätzen ermittelten Einkünfte mit den von der ausländischen Gesellschaft tatsächlich gezahlten Steuern berechnet.[1695] Die abstrakte Ertragsteuerbelastung spiegelt sich in den im Ausland geltenden Steuertarifen.[1696] Dabei ist nach BMF die konkrete Ertragsteuerbelastung entscheidend.[1697]

(3) Passive Einkünfte

Von der Hinzurechnungsbesteuerung sollen Einkünfte erfasst werden, bei denen die ausländische Gesellschaft „keine wesentliche wirtschaftliche Funktion" ausüben

---

1686 Vgl. BMF vom 22.12.2023, IV B 5 – S 1340/23/10001:001, Rn. 488, in: BStBl. 2023, I Sondernr. 1, 2 (AEAStG).

1687 Gesetz zur Gewährleistung einer globalen Mindestbesteuerung für Unternehmensgruppen (Mindeststeuergesetz - MinStG) vom 21.12.2023, BGBl. 2023 I, Nr. 397.

1688 Vgl. *Quilitzsch/Engelen*, FR 2018, 293 (296); *Wassermeyer*, IStR 2008, 496 (496 ff.); *Kraft*, IStR 2010, 377 (377 f.); zusammenfassend *Richter/Lentes*, IStR 2024, 117 (118 f.).

1689 Vgl. BFH-Beschluss vom 12.09.2023, I B 11/22, in: ISR 2023, 405.

1690 Art. 7 Abs. 1 Bst. b) ATAD; z.B. *Oppel/Wittling*, BB 2022, 1495 (1500); *Köhler/Staats*, ISR 2021, 295 (298).

1691 Vgl. Gesetz zur Gewährleistung einer globalen Mindestbesteuerung für Unternehmensgruppen (Mindeststeuergesetz - MinStG) vom 21.12.2023, BGBl. 2023 I, Nr. 397, 60.

1692 Vgl. *Bindl/Leidel/Bücheler*, IStR 2022, 790 (797).

1693 Vgl. BMF vom 22.12.2023, IV B 5 – S 1340/23/10001:001, Rn. 491, in: BStBl. 2023, I Sondernr. 1, 2 (AEAStG).

1694 Vgl. *Ehlermann*, in: Strunk/Kaminski/Köhler (Hrsg.), AStG, DBA Kommentar, § 8 AStG, Rn. 282; *Nürnberg*, SteuerStud 2021, 833 (839).

1695 Vgl. *Baumgartner/Lührs*, IStR 2024, 1 (7).

1696 Vgl. *Ehlermann*, in: Strunk/Kaminski/Köhler (Hrsg.), AStG, DBA Kommentar, § 8 AStG, Rn. 282 f.

1697 Vgl. BMF vom 14.05.2004, IV B 4 - S 1340 - 11/04, in: BStBl. I 2004, Sondernummer 1/2004, 3; BMF vom 22.12.2023, IV B 5 – S 1340/23/10001:001, Rn. 505, in: BStBl. 2023, I Sondernr. 1, 2 (AEAStG).

muss.[1698] Gemäß der ATAD sind nach Art. 7 Abs. 2 Bst. a) Unterbst. i), und iii) ATAD u.a. Zinsen, Dividenden und Einkünfte aus der Veräußerung von Anteilen als passive Einkünfte zu behandeln.[1699] Die deutsche Systematik hält in § 8 Abs. 1 AStG an einem Aktivkatalog fest, in dem jene dort nicht aufgeführten Einkünfte als passive Einkünfte zu qualifizieren sind.[1700] Für Zwecke dieser Arbeit werden im Folgenden nicht sämtliche Tatbestände der passiven Einkünfte dargelegt, sondern nur jene, die im Zusammenhang mit Investmentfondsstrukturen stehen können. Dies betrifft vordergründig Zinsen, Dividenden, Beteiligungsveräußerungsgewinne und Immobilienerträge.

Mit der Abschaffung des § 8 Abs. 1 Nr. 7 AStG a.F., werden die dort geregelten Zinsen nun grundsätzlich der Hinzurechnungsbesteuerung unterworfen.[1701] Dabei ist vor allem auf die Einordnung von Zinsen als Einkünfte mit Kapitalanlagecharakter hinzuweisen, für die keine Beherrschungsbeteiligung Voraussetzung ist.

Weiterhin werden Dividendenausschüttungen an die ZG zwar grundsätzlich und entgegen der ATAD-Richtlinie als aktive Einkünfte klassifiziert[1702], jedoch unterliegen sie unter bestimmten Voraussetzungen als passive Einkünfte der Hinzurechnungsbesteuerung.[1703] Dies gilt für Dividenden, welche ohne die ZG einer inländischen Besteuerung unterliegen würden. Dabei zählt § 8 Abs. 1 Nr. 7 a)-c) AStG Tatbestände auf, in denen Dividenden als passiv zu qualifizieren sind.
Demnach unterliegen nach § 8 Abs. 1 Nr. 7a) AStG zunächst Dividenden der Hinzurechnungsbesteuerung, soweit diese das Einkommen der leistenden Körperschaft gemindert haben. Hierbei wird das Korrespondenzprinzip im AStG verankert.[1704] Ob die Dividenden der ausländischen Gesellschaft aus aktiven Einkünften i.S.v. § 8 Abs. 1 Nr. 1-6 AStG stammen, ist unerheblich, dennoch sind für diese Fälle Rückausnahmen vorgesehen.[1705] Eine Rückausnahme regelt bspw. den Fall, in dem die der Dividende

---

1698 Vgl. *Nürnberg*, SteuerStud 2021, 833 (838).

1699 Vgl. ATAD I-Richtlinie 2016/1164 vom 12.07.2016, ABl. vom 19.07.2016 L 193.

1700 Vgl. *Nürnberg*, NWB 2020, 330 (335).

1701 Vgl. *Ebenda*, 330 (335 f.); *Böhmer/Oppel*, IWB 2020, 5 (13).

1702 Damit hält der Gesetzgeber an der Systematik des § 8b Abs. 1 KStG fest, welcher eine Steuerfreistellung nach entsprechender Vorbelastung zur Vermeidung der Doppelbesteuerung vorsieht, vgl. Entwurf eines ATAD-UmsG vom 19.04.2021, BT-Drs. 19/28652, 56. Die Regelung ist mitunter folgerichtig, vgl. *Haase/Nürnberg*, Ubg 2020, 1 (2); *Nürnberg*, SteuerStud 2021, 833 (839); *Ditz/Bärsch/Engelen/Quilitzsch*, DStR 2020, 73 (78).

1703 Vgl. *Ditz/Bärsch/Engelen/Quilitzsch*, DStR 2020, 73 (78); *Böhmer/Schewe/Schlücke*, FR 2020, 164 (165); *Nürnberg*, NWB 2020, 330 (336); *Ditz/Wassermeyer*, in: F/W/B/S (Hrsg.), AStG-Kommentar, Vor §§ 7-14 AStG, Rn. 95.

1704 Vgl. *Linn*, IStR 2020, 77 (81); *Ditz/Bärsch/Engelen/Quilitzsch*, DStR 2020, 73 (78); *Ditz/Wassermeyer*, in: F/W/B/S (Hrsg.), AStG-Kommentar, Vor §§ 7-14 AStG, Rn. 95.

1705 Vgl. § 8 Abs. 1 Nr. 7 a) Unterbst. aa) und bb) AStG; *Linn*, IStR 2020, 77 (81); *Ditz/Wassermeyer*, in: F/W/B/S (Hrsg.), AStG-Kommentar, Vor §§ 7-14 AStG, Rn. 95; *Micker/Pohl/Oppel*, Kompendium Internationales Steuerrecht, Rn. 4531.

zugrunde liegenden Einkünfte selbst aus passiven Aktivitäten stammen. Um eine Doppelbesteuerung zu vermeiden, werden die Dividenden als aktive Einkünfte behandelt, soweit die leistende Körperschaft mit den der Dividende zugrunde liegenden Einkünften selbst ZG ist.[1706] Hinsichtlich dieses Dividendentatbestandes ist jedoch anzumerken, dass für die reguläre Hinzurechnungsbesteuerung über einen (Spezial-)Investmentfonds als ZG der Anleger allein oder zusammen mit nahe stehenden Personen un-/mittelbar zu über 50 % beteiligt sein muss. Damit die Dividenden einer ausschüttenden Gesellschaft des Fonds aktive Einkünfte darstellen, wird vorausgesetzt, dass die Dividenden das Einkommen der ausländischen Gesellschaft (des Fonds) nicht mindern. Wenn dies doch erfolgt ist, dann werden über die Rückausnahme Dividenden nur als aktiv eingeordnet, soweit die ausschüttende Gesellschaft mit den der Dividende zugrunde liegenden Einkünften ZG ist. Dabei erzielt jene passive und niedrig besteuerte Einkünfte und das Beherrschungskriterium wird erfüllt. Letzteres ist gegeben, wenn der Fonds, welcher aufgrund der 25 % Beteiligung eines Anlegers, für den Anleger eine nahe stehende Person ist und an der Gesellschaft über 50 % beteiligt ist. Diese Überlegungen sind nur für Anleger relevant, welche auch die notwendigen Beteiligungshöhen aufweisen.[1707] Die Hinzurechnungsbesteuerung im Fall, dass der Fonds ZG ist, wird durch § 7 Abs. 5 Satz 1 AStG ausgeschlossen; gesellschaftsrechtliche Vereinbarungen, die den Dividendenzahlungen zugrunde liegen, sind außerdem nicht als „Geschäfte" nach § 7 Abs. 5 Satz 2 AStG einzuordnen (siehe Abschnitt H.V.4.a.(2)). Erzielte Dividenden einen (Spezial-)Investmentfonds unterliegen nicht der regulären Hinzurechnungsbesteuerung. Ob Dividenden Einkünfte mit Kapitalanlagecharakter darstellen, wird ebenfalls in Abschnitt H.V.4.a.(2) näher erörtert.

Als zweiter Tatbestand werden Dividenden, welche ohne die Existenz der Zwischengesellschaft Bezüge nach § 8b Abs. 4 KStG (aus Streubesitzbeteiligungen) darstellen würden, der Hinzurechnungsbesteuerung beim Anleger unterworfen.[1708] Durch die Zwischenschaltung einer niedrig besteuerten ausländischen Gesellschaft lösen die von ihr erzielten Dividenden im Inland im Thesaurierungsfall keine Steuerpflicht aus.[1709] Portfoliodividenden werden demnach als passive Einkünfte qualifiziert. Dies gilt auch, wenn die Ausschüttungen funktional aktiven Tätigkeiten zuzuordnen sind.[1710] Ist der

1706 Vgl. *Haase/Nürnberg*, Ubg 2020, 1 (2).
1707 Dies sind institutionelle Anleger oder Family Offices.
1708 Vgl. *Böhmer/Schewe/Schlücke*, FR 2020, 164 (166); *Ditz/Bärsch/Engelen/Quilitzsch*, DStR 2020, 73 (78); *Mühlhausen/Hanke*, IWB 2024, 99 (105).
1709 Vgl. *Böhmer/Schewe/Schlücke*, FR 2020, 164 (166).
1710 Vgl. *Ebenda*, 164 (166).

Anleger an der ZG zudem zu mehr als 10 % beteiligt, greift im Ausschüttungsfall § 8b Abs. 1 KStG, wodurch die Dividenden steuerfrei gestellt werden. Ist die ZG ein (Spezial-)Investmentfonds, welcher Portfoliodividenden erhält, kann eine Hinzurechnungsbesteuerung bei den Anlegern ausgelöst werden. Spezial-Investmentfonds können aufgrund ihrer Anlagebestimmungen i.d.R. weniger als 10 % un-/mittelbar an KapGes beteiligt sein, sodass diese passive Streubesitzdividenden erzielen. Dabei ist des Vorrangverhältnis nach § 7 Abs. 5 und § 13 Abs. 5 AStG zu beachten. Im Thesaurierungsfall wird die Vorabpauschale bzw. agE beim Anleger versteuert; im Ausschüttungsfall ist zu beachten, dass der Anleger § 8b Abs. 1 KStG nach § 16 Abs. 3 InvStG nicht in Anspruch nehmen kann, wodurch die Ausschüttung einer Besteuerung unterliegt. Eine Erfassung i.R.d. Hinzurechnungsbesteuerung ist damit nicht erforderlich.

Der dritte Tatbestand erfasst Dividenden als passive Einkünfte, wenn ohne das Vorhandensein der ZG § 3 Nr. 40 Satz 3 EStG bzw. § 8b Abs. 7 KStG Anwendung finden würde. Nach diesen beiden Vorschriften sind Steuerbefreiungen i.S.d. TEV und nach § 8b Abs. 1 KStG ausgeschlossen für Anteile, welche sich im Handelsbestand/Umlaufvermögen eines Kreditinstituts bzw. Finanzunternehmen befinden. Dies hat für ausländische Investmentfonds keine Relevanz.

Auch Beteiligungsveräußerungsgewinne in § 8 Abs. 1 Nr. 8 AStG sind nur unter bestimmten Voraussetzungen, welche denen der Dividendenausschüttung ähnlich sind, als passive Einkünfte einzuordnen.[1711] Beteiligungsveräußerungsgewinne könnten mithin „Geschäfte" i.S.d. Öffnungsklausel in § 7 Abs. 5 Satz 2 AStG darstellen.

Außerdem investieren (Spezial-)Investmentfonds in Immobilien und Immobiliengesellschaften.[1712] Passive Einkünfte stellen nach § 8 Abs. 1 Nr. 6 AStG Einnahmen aus der Vermietung und Verpachtung von ausländischen Immobilien bei fehlendem DBA oder DBA mit Anrechnungsmethode dar.[1713]

(Spezial-)Investmenterträge nach § 20 Abs. 1 Nr. 3 und 3a EStG fallen selbst nicht unter den Aktivkatalog in § 8 Abs. 1 AStG, sodass diese als passive Einkünfte zu qualifizieren sind.[1714] Dies wird in Fallkonstellation 4 betrachtet.

1711 Vgl. *Ditz/Bärsch/Engelen/Quilitzsch*, DStR 2020, 73 (78).

1712 Vgl. *Haug*, Ubg 2020, 84 (86).

1713 Vgl. *Bauderer/Mundel*, in: Haase (Hrsg.), InvStG-Kommentar, § 1 InvStG 2004, Rn. 15; *Haug*, Ubg 2020, 84 (86).

1714 Vgl. BMF vom 22.12.2023, IV B 5 – S 1340/23/10001:001, Rn. 400, in: BStBl. 2023, I Sondernr. 1, 2 (AEAStG); *Baumgartner/Lührs*, IStR 2024, 1 (6).

Zusammenfassend ist festzuhalten, dass von einem (Spezial-)Investmentfonds, welcher gleichzeitig ZG ist, erzielte Dividenden passive Einkünfte darstellen können (Streubesitzdividenden). Die Zurechnung wird jedoch durch § 7 Abs. 5 und § 13 Abs. 5 AStG suspendiert. Zudem ist die Anwendung der Öffnungsklausel nicht einschlägig, denn das zugrundeliegende „Geschäft" stellt keines i.S.d. § 7 Abs. 5 Satz 2 AStG dar. Inwieweit eine Zurechnung von Dividenden im Fall von mittelbaren Beteiligungen einschlägig ist, wird in Abschnitt H.III.V.4.b. erörtert.

(4) Motivtest nach § 8 Abs. 2 AStG

Es besteht ferner die Entlastung von der Hinzurechnungsbesteuerung bezüglich ZG im EU/EWR-Raum durch den Motivtest, welcher in § 8 Abs. 2-4 AStG geregelt ist. Dahingehend muss nachgewiesen werden, dass die ZG einer wesentlichen wirtschaftlichen Tätigkeit nachgeht. Das ATAD-UmsG verschärft jedoch die Voraussetzungen für den Motivtest, auf die hier nicht näher eingegangen werden soll.[1715] Erfolgt die Anlage nicht direkt durch den Investmentfonds selbst, sondern wie in vielen Fällen durch die KVG und damit durch einen Dritten, könnte der Motivtest nach § 8 Abs. 2 Satz 5 AStG jedoch keine Anwendung finden.[1716] (Spezial-)Investmentfonds sind indessen dazu verpflichtet, eine interne oder externe Verwaltung zu beauftragen, was dazu führen würde, dass sie grundsätzlich von der Anwendung des Motivtests ausgeschlossen werden.[1717] Mit dem finalen AEAStG erfolgt die Ausnahme für (Spezial-)-Investmentfonds, sodass deren Verwaltung durch eine KVG im gleichen Staat für den Motivtest unschädlich ist.[1718] Bei Zwischeneinkünften mit Kapitalanlagecharakter ist der Substanztest unter Berücksichtigung der Kapitalverkehrsfreiheit nicht auf EU/EWR-Staaten begrenzt.[1719]

1715 Vgl. *Nürnberg*, NWB 2020, 330 (335 f.); BMF, Referentenentwurf ATAD-UmsG vom 10.12.2019, 85 und vom 24.03.2020, 92 f.; „wesentliche" statt „tatsächliche" Wirtschaftstätigkeit, Nachweis einer „erforderlichen sachlichen und personellen Ausstattung".

1716 Vgl. *Haug*, Ubg 2020, 84 (86); *Stadler/Ludwig/Peters*, BB 2023, 2071 (2079)

1717 Vgl. *Stadler/Ludwig/Peters*, BB 2023, 2071 (2079).

1718 Vgl. BMF vom 22.12.2023, IV B 5 – S 1340/23/10001:001, Rn. 458, in: BStBl. 2023, I Sondernr. 1, 2 (AEAStG); damit wird auch einer unionsrechtswidrigen Auslegung entgegengewirkt, da die Investition über ausl. europarechtlich regulierte Fonds zu einer Hinzurechnungsbesteuerung aufgrund der Outsourcing-Regelung kommt; vgl. *Stadler/Ludwig/Peters*, BB 2023, 2071 (2079).

1719 Vgl. *Mühlhausen/Hanke*, IWB 2024, 158 (159).

c. Tatbestandsvoraussetzungen der erweiterten Hinzurechnungsbesteuerung

Die Vorschriften zur „erweiterten" Hinzurechnungsbesteuerung für Einkünfte mit Kapitalanlagecharakter (EmK) werden in einem eigenständigen Paragraphen (§ 13 AStG) normiert.[1720] Die Regelung zur erweiterten Hinzurechnungsbesteuerung wurde mit dem Steueränderungsgesetz vom 20. Februar 1992 aufgrund der Beschlussempfehlung des Finanzausschusses eingeführt.[1721] Demnach wird im Allgemeinen der Vermeidung von ungerechtfertigten Steuervorteilen durch den Einsatz ausländischer Rechtsträger mit Kapitalanlagefunktion entgegengewirkt, um die Gleichmäßigkeit und Neutralität der deutschen Besteuerung zu gewährleisten; insbesondere war beabsichtigt, durch den ehemaligen § 7 Abs. 6 AStG a.F. „Umgehungen durch internationale Beteiligungsstreuung" zu unterbinden.[1722] In der damaligen Fassung war eine Mindestbeteiligung von 10 % für die erweiterte Hinzurechnungsbesteuerung normiert, bis sie mit dem UntStFG vom 20. Dezember 2001 auf 1 % abgesenkt wurde.[1723]

Da die EmK als besonders missbrauchsanfällig angesehen werden, greift die erweiterte Hinzurechnungsbesteuerung auch wenn keine Beherrschung der ZG gegeben ist; eine Mindestbeteiligungsquote wird nicht mehr explizit definiert.[1724] Hierbei wird allerdings auf gesellschaftsrechtliche Beteiligungen (Nennkapitalbeteiligung) abgestellt.[1725] Bei einer Beteiligungsquote eines unbeschränkt Steuerpflichtigen von weniger als 1 % muss die ausländische Gesellschaft (Kapitalanlagegesellschaft) jedoch ausschließlich oder fast ausschließlich EmK erzielen und eine nicht-börsennotierte Gesellschaft darstellen.[1726] Gemäß der Börsenklausel in § 13 Abs. 1 Satz 4 AStG entfällt die Hinzurechnungsbesteuerung bei Beteiligungen unter 1 %, sofern ein wesentlicher und regelmäßiger Handel der Aktien der Kapitalanlagegesellschaft an einer Börse

---

1720 Vgl. BMF vom 22.12.2023, IV B 5 – S 1240/23/10001:001, Rn. 200, 712.

1721 Gesetz zur Entlastung der Familien und zur Verbesserung der Rahmenbedingungen für Investitionen und Arbeitsplätze (Steueränderungsgesetz 1992 – StÄndG 1992) vom 25.02.1992, in: BGBl. 1992 I, 297 (324); Beschlussempfehlung und Bericht des Finanzausschusses vom 07.11.1991, BT-Drs. 12/1506, 80.

1722 Vgl. Beschlussempfehlung und Bericht des Finanzausschusses vom 07.11.1991, BT-Drs. 12/1506, 181; auch im Entwurf eines ATAD-UmsG vom 19.04.2021, BT-Drs. 19/28652, 63.

1723 Vgl. Gesetz zur Fortentwicklung des Unternehmenssteuerrechts (Unternehmenssteuerfortentwicklungsgesetz — UntStFG) vom 20.12.2001, in: BGBl. I 2001, 3858 (3874); *Rättig/Protzen*, IStR 2002, 123 (123).

1724 Vgl. *Lechner*, RdF 2023, 47 (47).

1725 vgl. *Ditz/Wassermeyer/Hörnicke*, in: F/W/B/S (Hrsg.), AStG-Kommentar, § 7 AStG, Rn. 9; *Baumgartner/Lührs*, IStR 2024, 1 (4); BMF vom 22.12.2023, IV B 5 – S 1340/23/10001:001, Rn. 705, in: BStBl. 2023, I Sondernr. 1, 2 (AEAStG).

1726 Vgl. *Geurts*, in: Fuhrmann/Geurts/Nientimp/Wilmanns (Hrsg.), AStG-Kommentar, § 13, Rn. 34; *Micker/Pohl/Oppel*, Kompendium Internationales Steuerrecht, Rn. 4772.

erfolgt. Dieses Merkmal ist regelmäßig für sog. Exchange-Traded-Funds (ETF) zutreffend und besonders für Kleinanleger relevant, welche größtenteils in börsennotierte Publikums-Investmentfonds investieren und von der erweiterten Hinzurechnungsbesteuerung demnach nicht betroffen sind.[1727] In § 13 Abs. 4 AStG wurde der Motivtest nach § 8 Abs. 2 AStG aufgenommen, welcher in diesem Zusammenhang auch für in einem Drittstaat ansässige Zwischengesellschaft, welche EmK erzielt, gilt.[1728] Voraussetzung ist hierbei, dass mit dem betreffenden Staat ein zwischenstaatlicher Informationsaustausch vereinbart ist. Die erweiterte Hinzurechnungsbesteuerung ist nur bei unbeschränkt Steuerpflichtigen und nicht bei beschränkt Steuerpflichtigen anzuwenden.[1729] Außerdem sind die Grenzen des § 13 Abs. 1 Satz 3 AStG zu berücksichtigen.

EmK sind nach § 13 Abs. 2 AStG „Einkünfte, einschließlich Veräußerungsgewinne, die aus dem Halten, der Verwaltung, der Werterhaltung oder der Werterhöhung von Zahlungsmitteln, Forderungen, Wertpapieren, Beteiligungen (ausgenommen Einkünfte i.S.d. § 8 Abs. 1 Nr. 7 und 8 AStG[1730]) oder ähnlichen Vermögenswerten stammen.“ Dies gilt nicht für Einkünfte, bei denen der Steuerpflichtige nachweisen kann, dass sie einer aktiven Tätigkeit der ausländischen Gesellschaft nach § 8 Abs. 1 Nr. 1-6 AStG dienen. EmK sind stets passive Einkünfte und demnach als Teilmenge der passiven Einkünfte zu verstehen.[1731] Dies ändert auch der modifizierte Gesetzeswortlaut nicht, welcher nach alter Rechtslage noch von „Zwischeneinkünften“ mit Kapitalanlagecharakter sprach, während jetzt nur noch von „Einkünften“ die Rede ist.[1732] Durch die Ausnahmen der § 8 Abs. 1 Nr. 7 und Nr. 8 AStG im Klammerzusatz stellen Dividenden und Anteilsveräußerungen keine EmK dar. In der Fachliteratur wird diskutiert, ob sowohl aktive als auch passive Einkünfte unter diese Ausnahme fallen oder ausschließlich die aktiven Einkünfte, sodass passive Einkünfte nach Nr. 7 und Nr. 8 als EmK zu qualifizieren wären.[1733] Die Frage ist insbesondere für Fondsinvestments relevant, bei denen oft keine beherrschende Stellung vorliegt. Nach herrschender

1727 Vgl. *Haug*, Ubg 2020, 84 (85); Bericht des Finanzausschusses zum UntStFG vom 08.11.2001, BT-Drs. 14/7344, 12; *Euler*, Ausländische Investmentvermögen zwischen InvStG und Hinzurechnungsbesteuerung, 78.

1728 Vgl. *Kraft*, IStR 2022, 526 (528).

1729 Vgl. *Kortendick/Ekinci*, DStR 2022, 2526 (2526).

1730 Nach Auffassung der Finanzverwaltung sind nur die aktiven Einkünfte aus § 8 Abs. 1 Nr. 7 und 8 AStG keine Einkünfte mit Kapitalanlagecharakter, vgl. BMF vom 22.12.2023, IV B 5 – S 1340/23/10001:001, Rn. 749, in: BStBl. 2023, I Sondernr. 1, 2 (AEAStG); a.A. *Bindl/Leidel/Bücheler*, IStR 2022, 790 (794).

1731 Vgl. *Baumgartner/Lührs*, IStR 2024, 1 (2); BMF vom 22.12.2023, IV B 5 – S 1340/23/10001:001, Rn. 735, in: BStBl. 2023, I Sondernr. 1, 2 (AEAStG); *Protzen*, in: Kraft (Hrsg.), AStG-Kommentar, § 7 AStG, Rn. 139.

1732 Vgl. *Treusch*, in: Mann/Staats (Hrsg.), Beck AStG OK, § 13, Rn. 293, 257.

1733 Siehe nachfolgende Literaturverweise.

Literaturmeinung und der Finanzverwaltung stellen aktive Einkünfte keine EmK dar, während die entsprechenden passiven Einkünfte darunter fallen.[1734] Der Klammerzusatz hat daher nur deklaratorische Bedeutung.[1735] Somit sind insbesondere passive Portfoliodividenden als EmK zu qualifizieren.[1736] Die gegenteilige Ansicht geht davon aus, dass mit der Ausnahme der Einkünfte, sowohl aktive als auch passive Einkünfte umfasst werden.[1737] Für diese Ansicht spricht, dass bspw. Dividenden nach vorheriger Rechtslage durchweg als aktiv qualifiziert wurden und somit auch vom Klammerzusatz umfasst waren. Da keine passiven Einkünfte anzunehmen waren, konnte der Verweis als deklaratorisch angesehen werden. Da der Gesetzgeber mit den Regelungen zu EmK über das Mindestschutzniveau der ATAD hinaus geht[1738], könnte die Regelung beabsichtigen, Dividenden in diesem Zusammenhang erneut als ausschließlich aktiv einzustufen. Dies steht jedoch im Widerspruch zur Gesetzesbegründung, welche weiterhin von „Zwischeneinkünften mit Kapitalanlagecharakter […] aus passiven Erwerb" spricht.[1739] Eine eindeutige Klärung der Frage wäre wünschenswert.

Weiterhin ist das Verhältnis zwischen der erweiterten und der regulären Hinzurechnungsbesteuerung unklar.[1740] Zum einen hat der BFH im Urteil vom 18. Dezember 2019 zur alten Rechtslage erklärt, dass die erweiterte Hinzurechnungsbesteuerung lediglich eine Lücke der regulären Hinzurechnungsbesteuerung schließt und spricht sich für eine subsidiäre Anwendung aus.[1741] Die h.M. vertritt das Subsidiaritätsverhältnis auch hinsichtlich der aktuellen Rechtslage.[1742] Auch das BMF sowie die Gesetzesbegründung gehen von einer subsidiären Anwendung aus.[1743] Liegen demnach die

---

1734 Vgl. *Ebenda*, Rn. 293; *Geurts*, in: Fuhrmann/Geurts/Nientimp/Wilmanns (Hrsg.), AStG-Kommentar, § 13, Rn. 82; *Baumgartner/Lührs*, IStR 2024, 1 (7); *Stadler/Ludwig/Peters*, BB 2023, 2071 (2079); *Rechid/Schäfer*, BB 2020, 2199 (2205); BMF vom 22.12.2023, IV B 5 – S 1340/23/10001:001, Rn. 749, in: BStBl. 2023, I Sondernr. 1, 2 (AEAStG).

1735 Vgl. *Treusch*, in: Mann/Staats (Hrsg.), Beck AStG OK, § 13, Rn. 293; *Geurts*, in: Fuhrmann/Geurts/Nientimp/Wilmanns (Hrsg.), AStG-Kommentar, § 13, Rn. 82.

1736 Vgl. *Stadler/Ludwig/Peters*, BB 2023, 2071 (2079).

1737 Vgl. *Gütle/Sotta*, BB 2021, 224 (226); *Bindl/Leidel/Bücheler*, IStR 2022, 790 (793).

1738 Vgl. *Böhmer/Gebhardt/Krüger*, IWB 2021, 479 (484).

1739 Entwurf eines ATAD-UmsG vom 19.04.2021, BT-Drs. 19/28652, 63.

1740 Vgl. *Berg*, DB 2023, 1952 (1952).

1741 Vgl. BFH vom 18.12.2019, I R 59/17, ECLI:DE:BFH:2019:U.181219.IR59.17.0, Rn. 14; *Kahlenberg/Quilitzsch*, IStR 2021, 135 (137); *Gebhardt/Krüger*, IWB 2021, 77 (78).

1742 Vgl. *Fuhrmann/Geurts*, in: Fuhrmann/Geurts/Nientimp/Wilmanns (Hrsg.), AStG-Kommentar, § 7, Rn. 16; BMF vom 22.12.2023, IV B 5 – S 1340/23/10001:001, Rn. 200, in: BStBl. 2023, I Sondernr. 1, 2 (AEAStG); *Ditz/Wassermeyer/Hörnicke*, in: F/W/B/S (Hrsg.), AStG-Kommentar, § 7 AStG, Rn. 38; *Kortendick/Ekinci*, DStR 2022, 2526 (2527, Fn. 7); *Heinsen/Gsödl/Dietrich*, IStR 2020, 729 (730); *Rechid/Schäfer*, BB 2020, 2199 (2204); *Staats*, in: Mann/Staats (Hrsg.), Beck AStG OK, § 7, Rn. 31; *Micker/Pohl/Oppel*, Kompendium Internationales Steuerrecht, Rn. 4774; *Köhler/Schober*, Praxisleitfaden Investmentsteuerrecht, 471; *Mühlhausen/Hanke*, IWB 2024, 158 (159).

1743 Vgl. BMF vom 22.12.2023, IV B 5 – S 1340/23/10001:001, Rn. 200, 712, in: BStBl. 2023, I Sondernr. 1, 2 (AEAStG); Entwurf eines ATAD-UmsG vom 19.04.2021, BT-Drs. 19/28652, 63.

Voraussetzungen der regulären Hinzurechnungsbesteuerung vor, entfaltet § 13 AStG keine Wirkung.[1744] Zum anderen wird die Meinung vertreten, dass der Gesetzeswortlaut von § 13 Abs. 1 Satz 1 AStG „auch wenn die Voraussetzungen des § 7 Absatz 1 Satz 1 im Übrigen nicht erfüllt sind", dahingehend ausgelegt werden kann, dass Fälle der erweiterten Hinzurechnungsbesteuerung neben die reguläre Hinzurechnungsbesteuerung treten können.[1745] Damit wird dem § 13 AStG *lex specialis* Charakter zugewiesen.[1746] Vor allem hinsichtlich der uneingeschränkten Sperrklausel in § 13 Abs. 5 AStG für (Spezial-)Investmentfonds entfaltet die Frage erhebliche Bedeutung.[1747]

d. Rechtsfolgen

Die Rechtsfolgen ergeben sich ebenfalls aus § 7 Abs. 1 AStG. Demnach sind die Einkünfte, für die die ausländische Gesellschaft ZG ist, bei dem unbeschränkt Steuerpflichtigen entsprechend seiner unmittelbaren und mittelbaren[1748] Beteiligung am Nennkapital steuerpflichtig (Hinzurechnungsquote bzw. -beteiligung).[1749] Bei einer die Beteiligung vermittelnden Person wird diese nach § 7 Abs. 1 Satz 2 AStG bei der Bestimmung der Hinzurechnungsquote des Steuerpflichtigen nicht erfasst, soweit die Person selbst einer Hinzurechnungsbesteuerung oder vergleichbaren Regelung und dabei keiner niedrigen Besteuerung unterliegt.

Dabei ist der Hinzurechnungsbetrag gemäß § 10 Abs. 3 Satz 1 AStG nach deutschen Gewinnermittlungsvorschriften zu bestimmen, wobei die Zwischeneinkünfte als gewerbliche Einkünfte zu behandeln sind.[1750] Bestimmte steuerliche Vergünstigungen bleiben nach Satz 4 unberücksichtigt; dahingehend ist § 6 Abs. 2 Satz 1 InvStG nicht

---

1744 Vgl. *Staats*, in: Mann/Staats (Hrsg.), Beck AStG OK, § 7, Rn. 31; *Jahn/Thissen*, in: Mann/Staats (Hrsg.), Beck AStG OK, § 11, Rn. 868.1; *Oppel*, in: Schaumburg (Hrsg.), Internationales Steuerrecht, Rn. 13.49 (5. Aufl.).

1745 Vgl. *Böhmer/Gebhardt/Krüger*, IWB 2021, 479 (484); *Gebhardt/Krüger*, IWB 2021, 77 (82); *Kraft*, IStR 2022, 526 (528); *Böhmer/Gebhardt/Krüger*, IWB 2024, 53 (61).

1746 Vgl. *Köhler*, in: Strunk/Kaminski/Köhler (Hrsg.), AStG, DBA Kommentar, § 13 AStG, Rn. K5.

1747 Vgl. *Gebhardt/Krüger*, IWB 2021, 77 (82); *Krüger/Gebhardt*, in: Schnitger/Rasch/Holle (Hrsg.), Nationales und internationales Unternehmenssteuerrecht, Kapitel II.6. § 13 AStG, Rn. 31.

1748 Die Ergänzung der mittelbaren Beteiligung resultiert aus dem Wegfall des § 14 AStG a.F., vgl. *Köhler*, in: Strunk/Kaminski/Köhler (Hrsg.), AStG, DBA Kommentar, § 7 AStG, Rn. 3; *Linn*, IStR 2020, 77 (78); *Böhmer/Oppel*, IWB 2020, 5 (7); *Oertel*, in: Mann/Staats (Hrsg.), Beck AStG OK, § 10, Rn. 337 ff.

1749 Vgl. BMF vom 22.12.2023, IV B 5 – S 1340/23/10001:001, Rn. 228, in: BStBl. 2023, I Sondernr. 1, 2 (AEAStG); *Nürnberg*, SteuerStud 2021, 833 (836). Richtet sich die Gewinnverteilung der ausländischen Gesellschaft nicht nach der Beteiligung am Nennkapital, so ist die Hinzurechnungsquote gemäß § 7 Abs. 1 Satz 3 AStG nach dem abweichenden Maßstab für die Gewinnverteilung zu bestimmen.

1750 Vgl. *Böhmer/Gebhardt/Krüger*, IWB 2021, 479 (493).

anzuwenden.[1751] Der Hinzurechnungsbetrag gehört zu den Einkünften aus Kapitalvermögen und wird dem Steuerpflichtigen als fiktive Dividende i.S.d. § 20 Abs. 1 Nr. 1 EStG[1752] zugerechnet, wobei das Subsidiaritätsprinzip gilt.[1753] Ein Abzug der Steuern der ausländischen Gesellschaft ist auf dieser Ebene nicht möglich (§ 12 Abs. 3 AStG); die Ermittlung nach § 4 Abs. 3 EStG (EÜR) ist ebenso ausgeschlossen.[1754] Ergibt sich ein negativer Hinzurechnungsbetrag, findet keine Hinzurechnungsbesteuerung statt.[1755] Ein Verlustvortrag ist nach § 10 Abs. 3 Satz 5 AStG zulässig, wohingegen ein Verlustrücktrag gemäß Satz 6 nicht gestattet ist und ein Verlustausgleich bezüglich nachgeschalteter ZG ist gänzlich ausgeschlossen.[1756] Sind im Hinzurechnungsbetrag Investmenterträge in Form der Vorabpauschale oder der agE enthalten, wird der Hinzurechnungsbetrag nach § 10 Abs. 6 AStG in Höhe dieser Erträge gekürzt. Damit wird der Doppelbesteuerung im Thesaurierungsfall entgegengewirkt, soweit der Anleger die Einkünfte auch als Vorabpauschale/agE zu versteuern hat.[1757]

Wie bisher ist die Anwendung von § 32d EStG, § 3 Nr. 40 Satz 1 Bst. d) EStG und § 8b KStG auf den Hinzurechnungsbetrag ausgeschlossen.[1758] Somit erfolgt eine zeitlich vorgelagerte Besteuerung von Gewinnausschüttungen, ohne, dass die dafür vorgesehenen Begünstigungen gewährt werden.[1759] Die Anwendung des § 3c Abs. 2 EStG wurde jedoch gestrichen, sodass die Abziehbarkeit von Aufwendungen, welche im Zusammenhang mit den Beteiligungen stehen, möglich ist.[1760] Bei dem Zeitpunkt der Hinzurechnung wird auf das Ende des Geschäftsjahres der Zwischengesellschaft abgestellt und gilt nicht mehr phasenverschoben als nach Ablauf des Wirtschaftsjahres der ZG als zugeflossen.[1761] Weiterhin sind Freigrenzen in § 9 AStG für gemischte Einkünfte definiert.[1762] Zudem existiert in § 12 AStG eine Anrechnungsregelung für

---

1751 Vgl. § 10 Abs. 3 Satz 4 AStG; BMF vom 22.12.2023, IV B 5 – S 1340/23/10001:001, Rn. 571, in: BStBl. 2023, I Sondernr. 1, 2 (AEAStG).

1752 Wird die Beteiligung im BV gehalten, erfolgt die Zurechnung gemäß § 10 Abs. 2 Satz 2 AStG zu den EaGB, EaLuF oder EaSA.

1753 Vgl. *Böhmer/Oppel*, IWB 2020, 5 (17).

1754 Vgl. *Nürnberg*, NWB 2020, 330 (336); *Micker*, IWB 2023, 339 (342).

1755 Vgl. § 10 Abs. 1 Satz 2 AStG.

1756 Vgl. *Böhmer/Gebhardt/Krüger*, IWB 2021, 479 (494); *Micker*, IWB 2023, 339 (341, 344).

1757 Vgl. *Höring*, IWB 2021, 546 (548).

1758 Vgl. § 10 Abs. 2 Satz 4 AStG.

1759 Vgl. *Oppel*, in: Schaumburg (Hrsg.), Internationales Steuerrecht, Rn. 13.3 (5. Aufl.).

1760 Vgl. BMF, Referentenentwurf ATAD-UmsG vom 10.12.2019, 87 und vom 24.03.2020, 94; § 20 Abs. 9 EStG ist zu beachten, vgl. *Micker*, IWB 2023, 339 (341).

1761 Vgl. § 10 Abs. 2 Satz 1 AStG; *Böhmer/Oppel*, IWB 2020, 5 (17).

1762 Die Regelung wurde i.R.d. ATAD-UmsG stellenweise abgeändert: es werden jetzt nicht mehr die der Zwischengesellschaft zugrunde liegenden Bruttoerträge für die relative Grenze von mehr als 10 Prozent der gesamten Bruttoerträge der Gesellschaft berücksichtigt, sondern auf die Einkünfte der ausländischen Gesellschaft abgestellt. Die absolute Grenze bezieht sich auf die

ausländische Steuern auf die Einkommen- bzw. Körperschaftsteuer (nicht auf die Gewerbesteuer).[1763]

Schüttet die ZG nun ihrerseits tatsächlich Gewinne (Bezüge nach § 20 Abs. 1 Nr. 1, 3, 3a EStG) aus, welche bereits durch die Hinzurechnungsbesteuerung erfasst wurden, werden diese zur Vermeidung der Doppelbesteuerung aufgrund des Wegfalls von § 3 Nr. 41 EStG demnach nicht mehr innerhalb eines Sieben-Jahres-Zeitraumes steuerfrei gestellt, sondern unterliegen einem Kürzungsbetrag, welcher sich nach § 11 AStG ermittelt.[1764] Nach dieser Regelung kann der Steuerpflichtige im Jahr der Gewinnausschüttung den Kürzungsbetrag nach § 11 Abs. 1 Satz 1 AStG steuermindernd bei der Ermittlung der Summe der Einkünfte ansetzen.[1765] Der Kürzungsbetrag entspricht gemäß § 11 Abs. 2 Satz 1 AStG dem Betrag der steuerpflichtigen Bezüge i.S.d. § 20 Abs. 1 Nr. 1, 3, 3a EStG. Er ist begrenzt i.H.d. steuerpflichtigen Gewinnausschüttung der ZG nach § 20 Abs. 1 Nr. 1 EStG und im Falle von (Spezial)-Investmentfonds nach § 16 Abs. 1 Nr. 1 bzw. § 34 Abs. 1 Nr. 1 InvStG.[1766] Über § 11 Abs. 4 AStG wird die Regelung auf Anteilsveräußerungen ausgeweitet, sodass auch Veräußerungen von (Spezial-)Investmentfondsanteilen nach § 16 Abs. 1 Nr. 3 und § 34 Abs. 1 Nr. 3 InvStG unter § 11 AStG fallen.[1767] Dabei sind i.S.d. Steuerpflicht das TEV sowie die Teilfreistellungen bei (Spezial-)Investmentfonds[1768] zu berücksichtigen.[1769] Der Kürzungsbetrag wird weiterhin nach § 11 Abs. 2 Satz 2 AStG auf den Betrag begrenzt, welcher sich ergibt, wenn das festgestellte Hinzurechnungskorrekturvolumen des vorangegangenen Veranlagungszeitraumes zzgl. des laufenden Hinzurechnungsbetrages bei einer Ausschüttung steuerpflichtig wäre.[1770] Eine zeitliche Beschränkung ist nicht vorgesehen.[1771] Das Hinzurechnungskorrekturvolumen wird in einem gesonderten Feststellungsverfahren ermittelt und bestimmt sich gemäß der folgenden

---

gesellschafterbezogene Freigrenze i.H.v. 80 000 €. Die gesellschaftsbezogene Grenze entfällt; vgl. BMF, Referentenentwurf ATAD-UmsG vom 10.12.2019, 86 und vom 24.03.2020, 93f.

1763 Vgl. *Micker*, IWB 2023, 339 (348).

1764 Vgl. *Ebenda*, 339 (344 f.).

1765 Vgl. *Böhmer/Oppel*, IWB 2020, 5 (18 f.); *Geils*, IWB 2023, 351 (352).

1766 Vgl. *Böhmer/Oppel*, IWB 2020, 5 (19); *Micker*, IWB 2023, 339 (345).

1767 Vgl. *Micker/Pohl/Oppel*, Kompendium Internationales Steuerrecht, Rn. 4724.

1768 Teilfreistellungen: §§ 20-22 InvStG und §§ 42, 43 InvStG.

1769 Vgl. § 11 Abs. 2 AStG; BMF, Referentenentwurf ATAD-UmsG vom 10.12.2019, 89 und vom 24.03.2020, 97; *Geurts*, in: Fuhrmann/Geurts/Nientimp/Wilmanns (Hrsg.), AStG-Kommentar, § 11, Rn. 53; *Jahn/Thissen*, in: Mann/Staats (Hrsg.), Beck AStG OK, § 11, Rn. 860.

1770 Vgl. § 11 Abs. 2 Satz 2 AStG; *Böhmer/Oppel*, IWB 2020, 5 (19); *Micker*, IWB 2023, 339 (346); *Geurts*, in: Fuhrmann/Geurts/Nientimp/Wilmanns (Hrsg.), AStG-Kommentar, § 11, Rn. 54.

1771 Vgl. *Münch*, FR 2019, 902 (905).

Abbildung.[1772] Das Hinzurechnungskorrekturvolumen darf nach § 11 Abs. 3 Satz 2 AStG nicht negativ sein.[1773]

Abbildung H.4: Berechnung des Hinzurechnungskorrekturvolumens.

Laufender Hinzurechnungsbetrag nach § 10 Abs. 2 AStG
./. Ausschüttungen im laufenden Veranlagungszeitraum (Bezüge i.S.d. § 20 Abs. 1 Nr. 1, 3, 3a EStG) ./. Veräußerungsgewinne (§ 11 Abs. 4 AStG)
+ festgestelltes Hinzurechnungskorrekturvolumen des vorangegangenen Veranlagungszeitraumes
= laufendes Hinzurechnungskorrekturvolumen

Quelle: Eigene Darstellung in Anlehnung an *Geils*, IWB 2023, 351 (354).

Zur Verdeutlichung wird ein entsprechender Sachverhalt i.R.d. Belastungsanalyse in Kapitel I rechnerisch aufbereitet. Die Berechnung des Kürzungsbetrages zur Vermeidung von Doppelbesteuerungen bei tatsächlicher Ausschüttung der Erträge ist nun durchaus komplexer geworden.

Des Weiteren bleibt der Hinzurechnungsbetrag nach § 10 Abs. 2 Satz 4 AStG gewerbesteuerpflichtig.[1774] Im Falle einer tatsächlichen Ausschüttung mindert der Kürzungsbetrag nach § 11 Abs. 5 AStG auch den Gewerbeertrag. Die im Referentenentwurf zum MinStG beabsichtigte Streichung der Gewerbesteuerpflicht wurde nicht in das Gesetz übernommen.[1775]

Gemäß § 18 Abs. 3 Satz 1 AStG hat jeder der an der ausländischen Gesellschaft beteiligten Steuerpflichtigen eine Erklärung abzugeben. Wird der Motivtest geltend gemacht, ist dies nach § 18 Abs. 3 Satz 2 AStG anzuzeigen. Die Finanzverwaltung befreit (Spezial-)Investmentfonds als Hinzurechnungssubjekt von der Abgabepflicht nach § 18 Abs. 3 Satz 1 AStG, sofern die Hinzurechnungsbeträge auf Ebene des (Spezial-)-Investmentfonds nicht steuerpflichtig sind.[1776] Sperren § 7 Abs. 5 Satz 1 bzw. § 13 Abs. 5 Satz 1 AStG die Anwendung des AStG, hat der Anleger in diesem Fall nach Lesart des AEAStG dennoch eine Feststellungserklärung nach § 18 Abs. 3 Satz 1 AStG abzugeben.[1777] Denn eine Erklärung ist unabhängig davon einzureichen, ob eine

---

[1772] Vgl. BMF, Referentenentwurf ATAD-UmsG vom 10.12.2019, 89 und vom 24.03.2020, 97.

[1773] Vgl. *Geils*, IWB 2023, 351 (354).

[1774] **Strittig**: FG Baden-Württemberg, Urteil vom 8.5.2018 - 6 K 2814/16, in: EFG 2019, 240 Nr. 4 (Revision beim BFH, I R 29/18 zurückgenommen); FG Münster, Urteil vom 27.11.2020 - 13 K 401/17 G, in: DStRE 2021, 796 Nr. 13 (Revision wurde nicht eingelegt).

[1775] Vgl. RefE zum MinBestRl-UmsG vom 07.07.2023, 284; Gesetzentwurf der Bundesregierung zum MinBestRL-UmsG vom 18.08.2023, BT-Drs. 365/23, 280.

[1776] Vgl. BMF vom 22.12.2023, IV B 5 – S 1340/23/10001:001, Rn. 956 f., in: BStBl. 2023, I Sondernr. 1, 2 (AEAStG).

[1777] Vgl. *Berg*, DB 2023, 1952 (1953).

Hinzurechnungsbesteuerung tatsächlich erfolgt.[1778] Nach Literaturmeinung ist jedoch keine Erklärung nach § 18 AStG abzugeben.[1779] Mitunter sind die benötigten Informationen für den Anleger nicht verfügbar bzw. durch den (Spezial-)Investmentfonds bereit zu stellen.[1780] Eine Klarstellung des BMF wäre dahingehend wünschenswert.[1781] Des Weiteren bestimmt der AEAStG in Rn. 217 die Sachverhalte, für welche der Steuerpflichtige die Feststellungslast trägt. In Bezug zum Verhältnis von InvStG und Hinzurechnungsbesteuerung wird Folgendes genannt:

- Widerlegung der Unterstellung eines Zusammenwirkens durch abgestimmtes Verhalten im Sinne des § 7 Abs. 4 Satz 2 AStG;
- Anwendbarkeit der Vorschriften des InvStG in der jeweils geltenden Fassung für §§ 7 Abs. 5 Satz 1 sowie 13 Abs. 5 Satz 1 AStG[1782];
- Vorliegen von (Spezial-)Investmenterträgen nach § 20 Absatz 1 Nr. 3 und Nr. 3a EStG (§ 10 Abs. 6 AStG);
- Halten einer mittelbaren Beteiligung über einen (Spezial-)Investmentfonds i.S.d. InvStG (§ 13 Abs. 5 Satz 2 AStG).

4. Wirkungen des Verhältnisses i.V.m. Fondsinvestments

Im nachfolgenden Abschnitt werden Szenarien und deren steuerliche Behandlung analysiert, in denen es zu einem Aufeinandertreffen der Anwendungsbereiche von Hinzurechnungs- und Investmentfondsbesteuerung kommt. In der ersten Fallkonstellation (Fall 1) qualifiziert ein ausländischer (Spezial-)Investmentfonds selbst als Zwischengesellschaft. Zudem kann es aufgrund des geänderten hinzurechnungssteuerlichen Beherrschungskonzeptes ebenfalls zur Hinzurechnungsbesteuerung kommen, wenn der Anleger über einen (Spezial-)Investmentfonds in ausländische Zwischengesellschaften investiert (Fall 2). Darüber hinaus widmet sich der Abschnitt der Besteuerung von (Spezial-)Investmentfonds als Hinzurechnungssubjekt (Fall 3). Zuletzt wird der Fall untersucht, in dem eine ausländische Zwischengesellschaft mit inländischen Anteilseignern an einem ausländischen (Spezial-)Investmentfonds beteiligt ist (Fall 4).

1778 Vgl. BMF vom 22.12.2023, IV B 5 – S 1340/23/10001:001, Rn. 954, in: BStBl. 2023, I Sondernr. 1, 2 (AEAStG); *Treusch*, in: Mann/Staats (Hrsg.), Beck AStG OK, § 18, Rn. 185; *Vogt*, in: Brandis/Heuermann (Hrsg.), Ertragsteuerrecht Kommentar, § 18 AStG, Rn. 23.

1779 Vgl. *Stadler/Ludwig/Peters*, BB 2023, 2071 (2073); *Berg*, DB 2023, 1952 (1953); *Haun/Schneider*, IStR 2022, 116 (117).

1780 Vgl. *Köhler/Schober*, Praxisleitfaden Investmentsteuerrecht, 465 f.

1781 Vgl. *Stadler/Ludwig/Peters*, BB 2023, 2071 (2074).

1782 Der Nachweis kann durch Vorlage einer Statusbescheinigung i.S.d. § 7 Abs. 3 InvStG (ggf. i. V. m. § 29 Absatz 2 InvStG) geführt werden.

a. Fall 1 – (Spezial-)Investmentfonds als Zwischengesellschaft

(1) Grundfall: Vorrang des InvStG

Der AWB der regulären Hinzurechnungsbesteuerung ist nach § 7 Abs. 1 Satz 1 AStG eröffnet, wenn ein un-/beschränkt Steuerpflichtiger eine ausländische Gesellschaft beherrscht. Wie bereits erörtert, ist ein ausländischer (Spezial-)Investmentfonds als ausländische Gesellschaft i.S.v. § 7 Abs. 1 AStG zu qualifizieren.

Damit es zu einer Hinzurechnungsbesteuerung beim un-/beschränkt steuerpflichtigen Anleger kommt, hat dieser den (Spezial-)Investmentfonds zu „beherrschen". Für die Beherrschungskriterien siehe Abschnitt H.V.3.b.(1). Zu beachten ist, dass auch nahe stehende Personen des Anlegers i.S.d. § 1 Abs. 2 AStG in die Beherrschungsprüfung mit einzubeziehen sind. Des Weiteren erzielt der (Spezial-)Investmentfonds passive Einkünfte, i.d.R. Zinsen sowie Dividenden aus Streubesitzbeteiligungen.[1783] Diese Einkünfte unterliegen im Falle des ausländischen Fonds üblicherweise keiner Besteuerung und werden daher in der Regel mit einem Steuersatz von unter 15 % „niedrig" besteuert. Sind die o.g. Tatbestandsvoraussetzungen der regulären Hinzurechnungsbesteuerung erfüllt, sind die passiven Einkünfte des Fonds dem un-/beschränkt steuerpflichtigen Anleger als Hinzurechnungsbetrag zuzurechnen und entsprechend zu versteuern. Bei der erweiterten Hinzurechnungsbesteuerung nach § 13 AStG ist eine Beherrschung nicht erforderlich. Hier ist außerdem die Börsenklausel nach § 13 Abs. 1 Satz 4 AStG zu berücksichtigen.

Die Steuerpflicht nach § 7 Abs. 1 AStG bzw. § 13 Abs. 1 AStG entfällt nach § 7 Abs. 5 Satz 1 AStG bzw. § 13 Abs. 5 Satz 1 AStG, wenn auf die Einkünfte, für die die ausländische Gesellschaft (hier: ausländischer (Spezial-)Investmentfonds) Zwischengesellschaft ist, die Vorschriften des InvStG in der jeweils geltenden Fassung anzuwenden sind.[1784] Eine tatsächliche Besteuerung ist nicht erforderlich, lediglich die abstrakte Anwendbarkeit des InvStG wird vorausgesetzt.[1785] Denn Abgrenzungskriterium für beide Steuerbereiche ist die Erfassung thesaurierter Beträge. Daher ist es irrelevant, ob diese auf Fondsebene der Besteuerung unterlagen oder nicht. Werden diese

---

1783 Vgl. *Haug*, DStZ 2021, 612 (614); *Haug*, Ubg 2020, 84 (86).

1784 Vgl. *Nürnberg*, in: Haase (Hrsg.), AStG, DBA Kommentar, § 7 AStG, Rn. 118 (4. Aufl.).

1785 Vgl. *Köhler*, in: Strunk/Kaminski/Köhler (Hrsg.), AStG, DBA Kommentar, § 7 AStG, Rn. 203.4; *Scheifele/Adam*, IWB 2023, 391 (394 f.); *Heckerodt*, in: Jacobsen (Hrsg.), AStG e-Kommentar, § 7 ab 1.1.2022, Rn. 99; *Haug*, IStR 2016, 597 (600); *Stadler/Sotta*, BB 2020, 1943 (1944); *Miethke*, in: Haun/Kahle/Goebel/Reiser (Hrsg.), AStG Kommentar, § 7 AStG, Rn. 135.

thesauriert, erfolgt eine Besteuerung über die Vorabpauschale bzw. agE beim Anleger. Folgende Abbildung verdeutlicht den Sachverhalt.

Abbildung H.5: Illustration Hinzurechnungsbesteuerung im Fall 1a – (Spezial-)Investmentfonds als Zwischengesellschaft.

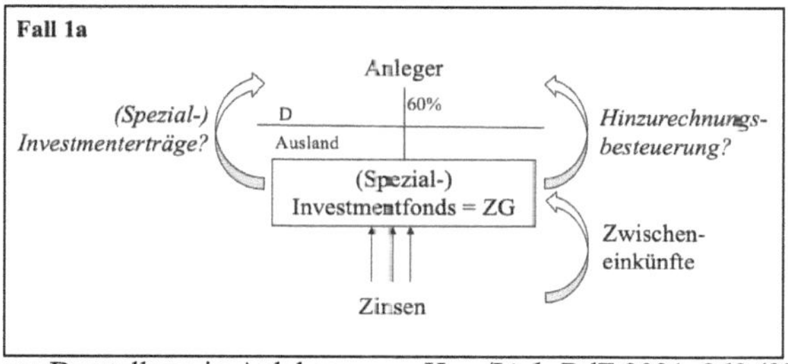

Quelle: Eigene Darstellung in Anlehnung an *Herr/Link*, RdF 2021, 263 (270 f.).

Im **Fall 1a** ist der ausländische (Spezial-)Investmentfonds selbst ZG, da es sich bei dem (Spezial-)Investmentfonds um eine niedrig besteuerte Gesellschaft/Vermögensmasse handelt, welche ausschließlich passive Zinseinkünfte erzielt. Der Anleger[1786] beherrscht allein oder zusammen mit nahe stehenden Personen aufgrund einer 60 % Beteiligung den (Spezial-)Investmentfonds. Der entsprechende Anleger hat zum einen den Hinzurechnungsbetrag in Höhe seiner Hinzurechnungsquote zu versteuern, zum anderen werden (Spezial-)Investmenterträge nach § 20 Abs. 1 Nr. 3 bzw. 3a EStG steuerbar. Aufgrund von § 7 Abs. 5 Satz 1 AStG wird die Hinzurechnungsbesteuerung jedoch suspendiert, denn der (Spezial-)Investmentfonds unterliegt dem InvStG, sodass dessen Regelungen vorrangig Anwendung finden. Die ausländischen Zinsen sind jedoch auf Fondsebene nicht steuerpflichtig; bei Thesaurierung sind die dem Fonds zugeflossenen Einkünfte in indirekter Weise i.R.d. Vorabpauschale bzw. als agE bei den Anlegern zu versteuern. Liegt keine Beherrschung vor und sind die passiven Einkünfte als EmK einzuordnen, ergibt sich der Vorrang des InvStG aus § 13 Abs. 5 Satz 1 AStG. Ist die Börsenklausel nach § 13 Abs. 1 Satz 4 AStG einschlägig, entfaltet die erweiterte Hinzurechnungsbesteuerung keine Anwendung. Dadurch entsteht keine Anwendungskonkurrenz, welche durch § 13 Abs. 5 AStG aufgelöst werden müsste.

(2) Rückausnahme: Drittelregelung

Bei der regulären Hinzurechnungsbesteuerung setzt § 7 Abs. 5 Satz 2 AStG für den Vorrang des InvStG jedoch voraus, dass die den Einkünften zugrunde liegenden

1786 Anleger sind hier Einkommen- bzw. Körperschaftsteuersubjekte.

Geschäfte nicht zu mehr als einem Drittel mit dem Steuerpflichtigen oder ihm nahestehende Personen betrieben werden (im Folgenden „Drittelregelung“). Zweck der Drittelregelung ist es die Verlagerung von Einkünften des Steuerpflichtigen auf niedrig besteuerte und nicht der Hinzurechnungsbesteuerung unterliegende (Spezial-)Investmentfonds zu verhindern.[1787] Da die Vorabpauschale niedrig ausfallen kann oder in Zeiten negativer Basiszinsen gar nicht erhoben wird, wird die Erfassung der Einkünfte im Gegensatz zur Hinzurechnungsbesteuerung und damit dem Vorrang des InvStG kaum Rechnung getragen.[1788] Dies wollte das BMF im RefE vom 10. Dezember 2019 zunächst verhindern, indem der Vorrang in Gänze abgeschafft werden sollte; der Gesetzgeber hat sich letztlich jedoch für die Öffnungsklausel entschieden.[1789] Die Besteuerung der agE bei Spezial-Investmentfonds führe wohl zu einer vergleichbaren Steuerbelastung.[1790] Die Norm geht zurück auf das Wahlrecht in Art. 7 Abs. 3 Satz 2 der ATAD.[1791] Sinn und Zweck der Drittelregelung ist zudem auch die Verringerung von Verwaltungsaufwand.[1792]

Der Begriff der „Einkünfte“ stellt nach dem Wortlaut des § 7 Abs. 5 Satz 1 AStG auf die Einkünfte ab, mit denen der (Spezial-)Investmentfonds ZG ist.[1793] Damit sind für die Drittelregelung nur die passiven Einkünfte, statt der gesamten Einkünfte, aus den entsprechenden Geschäften mit dem (Spezial-)Investmentfonds zu berücksichtigen, was die Anwendbarkeit der Rückausnahme begünstigt.[1794]

Das Gesetz beschreibt den Begriff „Geschäfte“ nicht näher. Gemäß AEAStG sind diese als „jedwede synallagmatischen Rechtsgeschäfte[1795] – insbesondere Finanzierungsbeziehungen“ zu verstehen.[1796] Darunter sind Darlehensverträge oder

1787 Vgl. *Lechner*, RdF 2023, 47 (50).

1788 Vgl. BMF, Referentenentwurf ATAD-UmsG vom 10.12.2019, 88; Belastungsvergleich in: *Sanning*, Spannungsfeld von Investmentsteuerrecht und Hinzurechnungsbesteuerung, 225.

1789 Vgl. *Schwenke/Sanning*, in: K/S/B/H/K (Hrsg.), InvStG-Kommentar, Anhang 7, Rn. 130, 140.

1790 Vgl. *Haug*, DStZ 2021, 612 (615); *Staats*, in: Mann/Staats (Hrsg.), Beck AStG OK, § 7, Rn. 264; *Köhler*, in: Strunk/Kaminski/Köhler (Hrsg.), AStG, DBA Kommentar, § 7 AStG, Rn. 470.

1791 Demnach sind Finanzunternehmen nicht als ZG zu behandeln, wenn ein Drittel der Einkünfte aus den Kategorien unter Art. 7 Abs. 2 a) ATAD aus Transaktionen mit dem Steuerpflichtigen oder seinen verbundenen Unternehmen stammen.

1792 Vgl. *Böhmer/Gebhardt/Krüger*, in: Hagemann/Kahlenberg (Hrsg.), ATAD-Kommentar, Artikel 7, Rn. 226.

1793 Vgl. *Fuhrmann/Geurts*, in: Fuhrmann/Geurts/Nientimp/Wilmanns (Hrsg.), AStG-Kommentar, § 7, Rn. 230; BMF vom 22.12.2023, IV B 5 – S 1340/23/10001:001, Rn. 313, in: BStBl. 2023, I Sondernr. 1, 2 (AEAStG).

1794 Vgl. *Haug*, DStZ 2021, 612 (613); *Stadler/Ludwig/Peters*, BB 2023, 2071 (2078), **a.A.** *Stadler/Sotta*, BB 2020, 1943 (1946); *Bindl/Leidel/Bücheler*, IStR 2022, 790 (798); *Baumgartner/Lührs*, IStR 2024, 1 (6); *Ditz/Quilitzsch/Spychalski/Rötting*, ISR 2023, 287 (290).

1795 Ein synallagmatischer Vertrag ist ein gegenseitiger Vertrag, „bei dem beiderseitige Verpflichtungen existieren, die in einem gegenseitigen Abhängigkeitsverhältnis (Synallagma) stehen.“, *Schmidt*, in: Weber (Hrsg.), Rechtswörterbuch, Stichwort: Gegenseitiger Vertrag, Rn. 1.

1796 Vgl. BMF vom 22.12.2023, IV B 5 – S 1340/23/10001:001, Rn. 314, in: BStBl. 2023, I Sondernr. 1, 2 (AEAStG).

partiarische Darlehen sowie Anteilskaufverträge zu fassen.[1797] Einkünfte aus Geschäften auf gesellschaftsvertraglicher Grundlage, wie z.B. Dividendenzahlungen, sind nach diesem Verständnis von der herrschenden Literaturmeinung nicht erfasst.[1798] Nicht zu berücksichtigen sind damit als passiv zu qualifizierende Dividenden nach § 8 Abs. 1 Nr. 7 AStG.[1799] Diese Frage muss laut *Haug* noch abschließende Klärung finden, denn die ATAD-Richtlinie stelle zudem ausdrücklich auf Dividenden ab.[1800] Außerdem werden die Einkünfte des Investmentfonds eher nicht aus Geschäften mit den inländischen Anlegern stammen, sondern durch seine Investments in nachgelagerte Gesellschaften zum Nutzen der Anleger.[1801] Somit bezieht sich die Drittelregelung vielmehr auf dem Investmentfonds nachgelagerte Gesellschaften, welche bei Erfüllung der mittelbaren Beteiligungshöhe als nahe stehende Personen der Anleger eingeordnet werden könnten.[1802] Für dieses Kriterium ist eine durchgerechnete Beteiligung von mindestens 25 % erforderlich. Dies ist erfüllt, wenn der Anleger zu mindestens 50 % am (Spezial-)Investmentfonds und dieser zu 50 % an der KapGes beteiligt ist. Eine höhere Kapitalgesellschaftsbeteiligung ist mithin nur bei Immobiliengesellschaften sowie ÖPP und EE-Gesellschaften nach § 26 Nr. 6 Satz 2 InvStG möglich. In diesem Kontext erscheint die Einhaltung der Drittelregelung bei ausländischen Publikums-Investmentfonds aufgrund des breiten Anlegerkreises im Gegensatz zu Spezial-Investmentfonds, bei denen auch nur ein Anleger oder nahe stehende Personen beteiligt sind, eher unwahrscheinlich.[1803] Teilweise wird vertreten, dass bei der Drittelregelung zwischen Kapitel-2- und -3-Investmentfonds unterschieden werden sollte, sodass lediglich Letztere die Prüfung vorzunehmen haben.[1804] Bei Ausübung der Transparenzoption nach § 30 InvStG werden die entsprechenden Einkünfte direkt den Anlegern zugerechnet und versteuert, sodass hier keine Abschirmwirkung besteht und die

---

1797 Vgl. *Stadler/Ludwig/Peters*, BB 2023, 2071 (2078).

1798 Vgl. *Berg*, DB 2023, 1952 (1953); *Stadler/Sotta*, BB 2020, 1943 (1946); *Bindl/Leidel/Bücheler*, IStR 2022, 790 (798); **a.A.** *Haug*, DStZ 2023, 22 (23).

1799 Vgl. *Baumgartner/Lührs*, IStR 2024, 1 (6).

1800 Vgl. *Haug*, DStZ 2023, 22 (29).

1801 Vgl. *Ditz/Hörnicke*, in: F/W/B/S (Hrsg.), AStG-Kommentar, § 7 AStG, Rn. 301; *Stadler/Ludwig/Peters*, BB 2023, 2071 (2078); *Schwenke/Sanning*, in: K/S/B/H/K (Hrsg.), InvStG-Kommentar, Anhang 7, Rn. 133; *Haug*, DStZ 2023, 22 (28).

1802 Vgl. *Schwenke/Sanning*, in: K/S/B/H/K (Hrsg.), InvStG-Kommentar, Anhang 7, Rn. 133; *Haug*, DStZ 2021, 612 (616).

1803 Vgl. *Scheifele/Adam*, IWB 2023, 391 (395); *Rechid/Schäfer*, BB 2020, 2071 (2075); *Schwenke/Sanning*, in: K/S/B/H/K (Hrsg.), InvStG-Kommentar, Anhang 7, Rn. 134; *Herr/Link*, RdF 2021, 268 (271).

1804 Vgl. *Rechid/Schäfer*, BB 2020, 2071 (2075); *Schäfer/Rechid*, RdF 2023, 289 (292).

Besteuerung im Inland sicher gestellt ist.[1805] Dazu wird im AEAStG an diversen Stellen auf den Vorbehalt bzw. die Unbeachtlichkeit der Transparenzoption hingewiesen.[1806]

Abbildung H.6: Illustration Hinzurechnungsbesteuerung im Fall 1b – Anwendung der Drittelregelung.

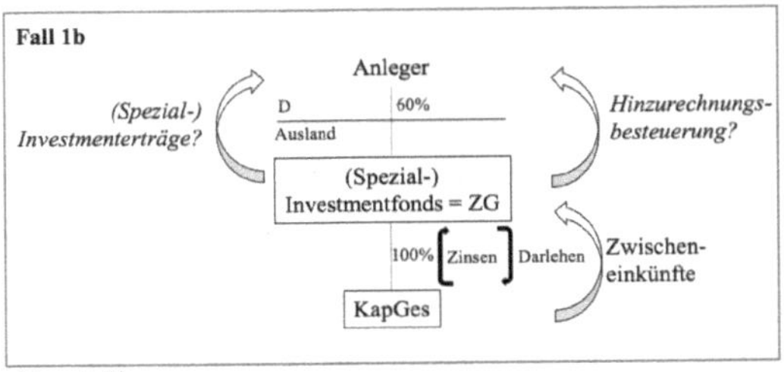

Quelle: Eigene Darstellung.

In **Fall 1b** gilt die nachgeschaltete Gesellschaft des (Spezial-)Investmentfonds aufgrund der 60 %igen mittelbaren Beteiligung als dem Anleger nahe stehende Person.[1807] In der Folge erzielt der (Spezial-)Investmentfonds seine Einkünfte aus Geschäften, wie in diesem Fall Kreditvergaben, an Personen, die dem Steuerpflichtigen nahestehen. Betrifft dies mehr als 1/3 der passiven Einkünfte, ist die Drittelregelung einschlägig und die Hinzurechnungsbesteuerung ist anzuwenden. Hier stellt sich die Frage einer „normzweckspezifischen Einschränkung“[1808], denn der Zweck der Drittelregelung könnte in der Verhinderung der Verlagerung von Einkünften aus der Sphäre des Anlegers auf die niedrig besteuerte nicht der Hinzurechnungsbesteuerung unterliegende Fondsebene liegen.[1809] In diesem Fall resultieren die Einkünfte aber aus der Fonds-Sphäre, die eine Einkünfteverlagerung des Anlegers und damit einen Missbrauch ausschließen, da lediglich eine reine Kapitalanlage vorliegt.[1810] Somit sollte ggf. überdacht werden, dass ein Nahestehen auch innerhalb der Fondsstruktur die Hinzurechnungsbesteuerung aufgrund der Drittelregelung auslöst.[1811]

1805 Vgl. *Schäfer/Rechid*, RdF 2023, 289 (292 f.).

1806 Vgl. BMF vom 22.12.2023, IV B 5 – S 1340/23/10001:001, Rn. 220, 223, 254, 305, in: BStBl. 2023, I Sondernr. 1, 2 (AEAStG); *Haug*, DStZ 2023, 22 (24).

1807 SpIF können gemäß den Anlagebedingungen nur zu unter 10 % an KapGes beteiligt sein. Die 60 % können sich zusammensetzen aus der Einzelbeteiligung eines Anlegers, sowie der gemeinsamen Beteiligung nahe stehender Personen u.a. auch durch abgestimmtes Verhalten nach § 7 Abs. 4 Satz 1 AStG, welcher eher bei SpIF einschlägig wäre.

1808 *Lechner/Spranger*, RdF 2023, 281 (288f.).

1809 Vgl. *Lechner*, RdF 2023, 47 (50).

1810 Vgl. *Ebenda*, 47 (59); *Stadler/Sotta*, BB 2020, 1943 (2947).

1811 Vgl. *Ditz/Hörnicke*, in: F/W/B/S (Hrsg.), AStG-Kommentar, § 7 AStG, Rn. 301; *Lechner*, RdF 2023, 47 (50); *Lechner/Spranger*, RdF 2023, 281 (288f.); *Baumgartner/Stehr*, PE-Magazin

In dieser Konstellation sind Hinzurechnungs- und Investmentfondsbesteuerung parallel anzuwenden. Der Hinzurechnungsbetrag ist nach § 10 Abs. 3 bis 5 AStG gemäß den deutschen Einkünfteermittlungsvorschriften (des InvStG)[1812] zu ermitteln. Demnach ist für (Spezial-)Investmentfonds auf § 6 Abs. 7 InvStG zurückzugreifen.[1813] Außerdem ist § 6 Abs. 2 InvStG in § 10 Abs. 3 Satz 4 AStG nicht anzuwenden.[1814] Die Doppelbesteuerung wird vermieden, indem im Thesaurierungsfall die im Hinzurechnungsbetrag enthaltenen Vorabpauschalen und agE den Hinzurechnungsbetrag nach § 10 Abs. 6 AStG mindern.[1815] Es dürfte jedoch für den Anleger in der Praxis äußerst schwierig sein festzustellen, in welchem Umfang der Hinzurechnungsbetrag in die Vorabpauschale eingeflossen ist.[1816] Zu den agE zählen gemäß BMF auch Hinzurechnungsbeträge, sodass im Umkehrschluss anzunehmen ist, dass der Hinzurechnungsbetrag vollständig um die agE zu mindern ist.[1817] Im Ausschüttungsfall werden i.R.v. § 11 Abs. 1 Satz 1 Nr. 2 und 3 AStG Bezüge nach § 16 Abs. 1 Nr. 1 InvStG (Ausschüttungen des Investmentfonds) und § 34 Abs. 1 Nr. 1 InvStG (ausgeschüttete Erträge des Spezial-Investmentfonds) als Kürzungsbetrag nach § 11 Abs. 2 AStG abgezogen.[1818]

2024, erhältlich im Internet: https://www.pe-magazin.de/die-neue-hinzurechnungsbesteuerung-im-kontext-typischerfondsstrukturen-teil-ii/ (zuletzt besucht am 29.08.2024).

1812 Vgl. *Jahn/Thissen*, in: Mann/Staats (Hrsg.), Beck AStG OK, § 11, Rn. 827; *Grabbe*, DB 2022, 223 (225).

1813 Vgl. *Jahn/Thissen*, in: Mann/Staats (Hrsg.), Beck AStG OK, § 11, Rn. 828.

1814 Vgl. BMF vom 22.12.2023, IV B 5 – S 1340/23/10001:001, Rn. 571, in: BStBl. 2023, I Sondernr. 1, 2 (AEAStG); Nach Ansicht von *Grabbe* fehlt es an der Voraussetzung der „Niedrigbesteuerung“, da nach § 10 Abs. 3 Satz 4 AStG auch steuerliche Vergünstigungen, die an die unbeschränkte Steuerpflicht geknüpft sind, bei der Berechnung des Hinzurechnungsbetrages unberücksichtigt bleiben und dies auch für die Steuerbefreiung nach § 6 Abs. 2 InvStG gilt. Folglich unterliegen die passiven Einkünfte nicht dem Hinzurechnungsbetrag und können daher nicht niedrig besteuert werden, vgl. *Grabbe*, DB 2022, 223 (224). Unterliegen also Zwischeneinkünfte auch i.R.d. deutschen Fondsbesteuerung keiner Erfassung, sollte dies auch nicht über die Hinzurechnungsbesteuerung im Inland geschehen, vgl. *Lechner*, RdF 2023, 47 (51). Das BMF tritt mit dem Ausschluss von § 6 Abs. 2 InvStG dieser Ansicht entgegen, vgl. *Stadler/Ludwig/Peters*, BB 2023, 2071 (2080).

1815 Vgl. BMF vom 22.12.2023, IV B 5 – S 1340/23/10001:001, Rn. 596, 599, in: BStBl. 2023, I Sondernr. 1, 2 (AEAStG). Werden gemischte Einkünfte erzielt, so ist die Vorabpauschale aufzuteilen, vgl. *Ebenda*.

1816 Vgl. *Köhler/Schober*, Praxisleitfaden Investmentsteuerrecht, 474; *Stadler/Sotta*, BB 2020, 1943 (1948).

1817 Vgl. BMF vom 29.04.2021, IV C 1 - S 1980-1/19/10008:017, Rn. 36.6, in: BStBl. I 2021, 735 (Änderung BMF-Schreiben vom 21.05.2019); vgl. auch *Jahn/Thissen*, in: Mann/Staats (Hrsg.), Beck AStG OK, § 11, Rn. 833.

1818 Vgl. *Köhler*, in: Strunk/Kaminski/Köhler (Hrsg.), AStG, DBA Kommentar, § 7 AStG, Rn. 470; Bis zum ATAD-UmsG sah § 43 Abs. 2 InvStG Freistellungen von Gewinnausschüttungen und Veräußerungsgewinnen auf Anlegerebene vor, indem auf § 3 Nr. 41 a EStG verwiesen wurde. Mit der Einführung der Regelungen von § 10 Abs. 6 bzw. § 11 AStG erübrigt sich § 43 Abs. 2 InvStG und wurde aufgehoben, vgl. *Kreft*, in: Moritz/Jesch/Mann (Hrsg.), Kommentar InvStG, § 43, Rn. 41.

Dass auf Rechtsfolgenseite nun die Hinzurechnungsbesteuerung als Grundlage für die Vermeidung der Doppelbesteuerung herangezogen wird, kann kritisch gesehen werden, da grundsätzlich ein Vorrang des (vorteilhafteren) Investmentbesteuerungsregimes normiert ist.[1819] Zudem können Inkonsistenzen bei der Ermittlung des Abzugsbetrages nach § 10 Abs. 6 bzw. § 11 AStG auftreten. Die Vorabpauschale fließt dem Steuerpflichtigen gemäß § 18 Abs. 3 InvStG erst nach Ablauf des maßgebenden KJ zu; während der Hinzurechnungsbetrag nach § 10 Abs. 2 Satz 1 AStG vor Ablauf des (Wirtschafts-)Jahres als zugeflossen gilt. Gemäß der Gesetzesbegründung zum ATAD-UmsG ist die Minderung um die Vorabpauschale jedoch ungeachtet dessen vorzunehmen, dass diese erst zu einem späteren Zeitpunkt zufließt.[1820] In der Folge mindert die Vorabpauschale den Hinzurechnungsbetrag des Vorjahres; wird mithin im folgenden Jahr versteuert. Die agE gelten nach § 36 Abs. 4 Satz 2 InvStG mit Ablauf des Geschäftsjahres als zugeflossen.[1821] Außerdem liegt der Vorabpauschale der Basisertrag zu Beginn des KJ zugrunde, sodass der Hinzurechnungsbetrag dieses KJ nicht in der Vorabpauschale für dieses KJ enthalten ist;[1822] mithin in der Vorabpauschale des Folgejahres. Die Berechnung der Vorabpauschale knüpft außerdem nicht an die passiven Einkünfte an, sodass fraglich ist, wie der Betrag zu bestimmen ist.[1823] Abgesehen davon, stellt sich die Frage, ob sich der Hinzurechnungsbetrag überhaupt im Rücknahmepreis des Fonds niederschlägt, da dieser einen steuerlichen „Einkunftsposten eigener Art“ darstellt.[1824]

Wird der (Spezial-)Investmentfonds nicht durch den Anleger beherrscht, könnte die erweiterte Hinzurechnungsbesteuerung Anwendung finden, denn hierbei wird nicht auf eine „Beherrschung“ abgestellt. In beiden Fällen bleibt der Vorrang des InvStG nach § 13 Abs. 5 InvStG jedoch uneingeschränkt erhalten.[1825] Eine Drittelregelung findet sich hier nicht. Handelt es sich i.R.d. Drittelregelung um EmK wird vertreten, dass § 13 Abs. 5 InvStG einschlägig ist, welcher eben keine solche Ausnahmebestimmung normiert.[1826] Damit wird § 13 AStG *lex specialis* Charakter eingeräumt – dies entspricht mithin nicht der h.M. (siehe H.V.3.c).

1819 Vgl. *Schwenke/Sanning*, in: K/S/B/H/K (Hrsg.), InvStG-Kommentar, Anhang 7, Rn. 140.

1820 Vgl. Entwurf eines ATAD-UmsG vom 19.04.2021, BT-Drs. 19/28652, 59.

1821 Eine zeitliche Diskrepanz kann in den Fällen des § 34 Abs. 4 Satz 4 InvStG auftreten.

1822 Vgl. *Jahn/Thissen*, in: Mann/Staats (Hrsg.), Beck AStG OK, § 11, Rn. 839.

1823 Vgl. *Ditz/Hörnicke*, in: F/W/B/S (Hrsg.), AStG-Kommentar, § 7 AStG, Rn. 279.

1824 *Wassermeyer/Schönfeld*, in: F/W/B/S (Hrsg.), AStG-Kommentar, § 10 AStG, Rn. 144.

1825 Vgl. *Grabbe*, DB 2022, 223 (224).

1826 Vgl. *Köhler*, in: Strunk/Kaminski/Köhler (Hrsg.), AStG, DBA Kommentar, § 7 AStG, Rn. 470, 472; **a.A:** *Fuhrmann/Geurts*, in: Fuhrmann/Geurts/Nientimp/Wilmanns (Hrsg.), AStG-Kommentar, § 7, Rn. 88.

b. Fall 2 – Mittelbare Beherrschung über (Spezial-)Investmentfonds an Zwischengesellschaft

Aufgrund des Wegfalls der Regelung zu nachgeschalteten Zwischengesellschaften gemäß § 14 AStG a.F., werden auch Zwischeneinkünfte einer mittelbar gehaltenen ausländischen Gesellschaft dem unbeschränkt Steuerpflichtigen (an der vermittelnden Person vorbei) zugerechnet.[1827] Ist eine Gesellschaft, in die der (Spezial-)Investmentfonds investiert, selbst ZG und erzielt Zwischeneinkünfte, sind diese der Hinzurechnungsbesteuerung beim deutschen Anleger zu unterwerfen, auch wenn die Obergesellschaft/die vermittelnde Person ein (Spezial-)Investmentfonds ist.[1828] Es erfolgt eine direkte Zurechnung des Hinzurechnungsbetrages beim Anleger „am (Spezial-)Investmentfonds vorbei".[1829] § 7 Abs. 5 AStG ist nicht einschlägig. Allerdings sind die investmentsteuerlichen Regelungen, welche auf Anlegerebene wirken, zu berücksichtigen.

Dies war nach § 14 AStG a.F. nicht möglich, denn hier wurden die Erträge zunächst dem (Spezial-)Investmentfonds zugerechnet, welcher auch Zwischeneinkünfte aus mittelbaren Beteiligungen abschirmen konnte.[1830] Der Hinzurechnungsbetrag stellte bei Kapitel-2-Fonds mithin keinen steuerpflichtigen Ertrag dar, sodass lediglich eine indirekte Besteuerung auf Anlegerebene i.R.d. Ausschüttung bzw. Vorabpauschale möglich war.[1831] Bei Spezial-Investmentfonds war der Hinzurechnungsbetrag Teil der sonstigen ausschüttungsgleichen Erträge nach § 36 Abs. 1 InvStG.[1832]

Bezüglich der erweiterten Hinzurechnungsbesteuerung nach § 13 Abs. 5 AStG regelt Satz 2, dass mittelbare Beteiligungen für den unbeschränkt Steuerpflichtigen unbeachtlich sind, wenn diese über einen (Spezial-)Investmentfonds gehalten werden. Satz 2 wurde gemäß der Beschlussempfehlung des Finanzausschusses eingeführt. Darin wird klargestellt, dass die Hinzurechnungsbesteuerung bei einer mittelbaren Beteiligung über einen ausländischen als auch inländischen (Spezial-)Investmentfonds ausgeschlossen ist.[1833] Die Anleger sollen dahingehend von den Erklärungspflichten zur

---

1827 Vgl. *Herr/Link*, RdF 2021, 268 (269).

1828 Vgl. *Ebenda*, 268 (270).

1829 Vgl. *Herr/Link*, RdF 2020, 20 (24); *Haug*, DStZ 2021, 612 (617); *Scheifele/Adam*, IWB 2023, 391 (396); *Fuhrmann/Geurts*, in: Fuhrmann/Geurts/Nientimp/Wilmanns (Hrsg.), AStG-Kommentar, § 7, Rn. 225.

1830 Vgl. *Oppel*, in: Schaumburg (Hrsg.), Internationales Steuerrecht, Rn. 13.48 (5. Aufl.).

1831 Vgl. *Haug*, DStZ 2021, 612 (617).

1832 Vgl. *Herr/Link*, RdF 2020, 20 (20 ff.); *Haug*, DStZ 2021, 612 (617).

1833 Vgl. Beschlussempfehlung des Finanzausschusses zum ATAD-UmsG vom 19.05.2021, BT-Drs.19/29848, 62.

Hinzurechnungsbesteuerung verschont bleiben; mithin reichen die Instrumente der Vorabpauschale sowie der agE aus, um der steuerfreien Thesaurierung entgegenzuwirken.[1834] Inländische (Spezial-)Investmentfonds können jedoch selbst Hinzurechnungssubjekt sein (siehe Fall 3)[1835]

Abbildung H.7: Illustration Hinzurechnungsbesteuerung im Fall 2 – Mittelbare Beherrschung über Investmentfonds an ZG.

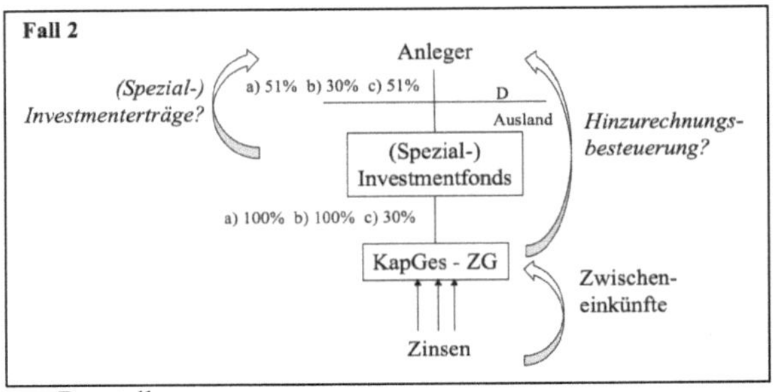

Quelle: Eigene Darstellung.

In **Fall 2** investiert der ausländische (Spezial-)Investmentfonds selbst in Zwischengesellschaften. Bei SpIF ist zu beachten, dass diese sich gemäß den Anlagebedingungen nur unter 10 % an KapGes beteiligen dürfen, sodass lediglich die Ausnahmen von § 26 Nr. 6 Satz 2 InvStG diesen Anwendungsbereich eröffnen.[1836] Der Anleger unterliegt der Hinzurechnungsbesteuerung, wenn er die ausländische ZG allein oder zusammen mit nahe stehenden Personen beherrscht. Im Beteiligungsfall a) beherrscht der Anleger die ZG mittelbar (Beherrschungsbeteiligung von 51 %). Im Beteiligungsfall b) ist eine mittelbare Beherrschung i.H.v. 30 % durch den Anleger allein nicht einschlägig. Der (Spezial-)Investmentfonds ist aufgrund der Beteiligung von 30 % als nahe stehende Person des Anlegers einzubeziehen.[1837] Damit wird die 100 % Beteiligung des (Spezial-)Investmentfonds an der ZG dem Anleger voll zugerechnet, sodass auch hier der Beherrschungstatbestand erfüllt ist. Im Beteiligungsfall c) ist der (Spezial-)Investmentfonds ebenso nahe stehende Person des Anlegers, jedoch wird auch mit Einbezug dessen Beteiligung an der ZG keine Beherrschung erreicht (51 % • 30 % + 30 % = 45,3 %). Ist das Beherrschungskriterium auf Anlegerebene erfüllt, werden die

[1834] Vgl. *Ebenda*, 62; *Herr/Link*, RdF 2021, 268 (270).
[1835] Vgl. *Herr/Link*, RdF 2021, 268 (270, Fn. 11).
[1836] Gilt nicht für Immobilien-Gesellschaften, ÖPP-Projektgesellschaften und EE-Gesellschaften.
[1837] In- und ausländische (Spezial-)Investmentfonds können nahe stehende Personen sein, vgl. BMF vom 22.12.2023, IV B 5 – S 1340/23/10001:001, Rn. 282, in: BStBl. 2023, I Sondernr. 1, 2 (AEAStG).

Einkünfte der ausländischen Zwischengesellschaft am (Spezial-)Investmentfonds vorbei bei den Anlegern der Hinzurechnungsbesteuerung unterworfen. § 7 Abs. 5 AStG ist nicht einschlägig, sodass es für die Anwendung der Hinzurechnungsbesteuerung in diesem Fall nicht auf die Erfüllung der Drittelregelung ankommt. Der Anleger unterliegt zum einen der regulären Hinzurechnungsbesteuerung; gleichzeitig werden die Einkünfte der Investmentfondsbesteuerung unterworfen.
Erzielt die ZG Streubesitzdividenden könnten diese passive Einkünfte nach § 8 Abs. 1 Nr. 7 b) AStG darstellen, wenn die Bezüge der Gesellschaft nach § 8b Abs. 4 KStG zu berücksichtigen wären, wenn diese unbeschränkt steuerpflichtig wäre. Dies wäre in Fall 2 einschlägig, sodass die Dividenden als passive Einkünfte dem Anleger zuzurechnen sind. Der ausländische (Spezial-)Investmentfonds wird folglich ignoriert.

Die Doppelbesteuerung könnte nach den außensteuerlichen Vorschriften in §§ 10 Abs. 6 und 11 AStG vermieden werden.[1838] Die Gesetzesbegründung zu § 10 Abs. 6 AStG führt für diese Anrechnung lediglich den Fall des § 7 Abs. 5 Satz 2 AStG an, nach dem eine gleichzeitige Anwendung von AStG und InvStG ausgelöst werden kann (siehe Fall 1b).[1839] Eine Klarstellung, dass eine Anrechnung nach § 10 Abs. 6 AStG auch in Fall 2 in Frage kommt, wäre wünschenswert.[1840] Für diesen Fall relevant ist allerdings, dass den Anlegern, insbesondere von Publikums-Investmentfonds, nicht bekannt ist, in welcher Höhe die erzielten Investmenterträge aus ZG stammen.[1841] Im AEAStG äußert sich die Finanzverwaltung dahingehend, dass bei Spezial-Investmentfonds, welche in den agE Hinzurechnungsbeträge nach § 10 Abs. 1 AStG enthalten, der Hinzurechnungsbetrag aus der mittelbaren Beteiligung des Steuerpflichtigen/Anlegers an der ZG entsprechend gemindert wird, um eine Doppelbelastung zu vermeiden.[1842] Denn Hinzurechnungsbeträge zählen unter die agE nach § 36 Abs. 1 Nr. 1 InvStG.[1843] Im Falle der Ausschüttung des vermittelnden (Spezial-)Investmentfonds findet § 11 AStG Anwendung, soweit die Ausschüttungen steuerpflichtig sind.[1844]

1838 Vgl. *Haug*, DStZ 2021, 612 (617); *Schwarz*, Investmentbesteuerung im Anwendungsbereich des InvStG, 418.

1839 Vgl. Entwurf eines ATAD-UmsG vom 19.04.2021, BT-Drs. 19/28652, 59; *Fuhrmann/Geurts*, in: Fuhrmann/Geurts/Nientimp/Wilmanns (Hrsg.), AStG-Kommentar, § 10, Rn. 198.

1840 Vgl. Stellungnahme Verband der Auslandsbanken vom 01.09.2023 zum AEAStG -Entwurf, 7, erhältlich im Internet: https://www.vab.de/wp-content/uploads/2023/09/stell_BMF_010923.pdf (zuletzt besucht am 20.01.2024).

1841 Vgl. *Haug*, DStZ 2021, 612 (617).

1842 Vgl. BMF vom 22.12.2023, IV B 5 – S 1340/23/10001:001, Rn. 603, in: BStBl. 2023, I Sondernr. 1, 2 (AEAStG).

1843 Vgl. BMF vom 29.04.2021, IV C 1 - S 1980-1/19/10008:017, Rn. 36.6, in: BStBl. I 2021, 735 (Änderung BMF-Schreiben vom 21.05.2019).

1844 Vgl. *Jahn/Thissen*, in: Mann/Staats (Hrsg.), Beck AStG OK, § 11, Rn. 859.

Im Rahmen der erweiterten Hinzurechnungsbesteuerung, wobei keine Beherrschung, wie in Fall c) (Abbildung H.7), vorliegen muss, bleibt der Vorrang des InvStG bestehen, da gemäß § 13 Abs. 5 AStG die unmittelbare Zurechnung mittelbarer Beteiligungen durch Satz 2 ausgeschlossen ist (sog. Kollisionsklausel).[1845] Die Regelung wirke unzureichenden Mitwirkungspflichten des Anlegers aufgrund Informationsdefiziten sowie einer Doppelbesteuerung entgegen.[1846] Dies wird von *Treusch* kritisiert, welcher die Problematik der Informationsdefizite nicht nur auf Investitionen über Investmentfonds einschränkt, sondern auf sämtliche Kleinstbeteiligungen.[1847] Des Weiteren sind die passiven Einkünfte der nachgeschalteten thesaurierenden ZG keine agE auf Fondsausgangsseite, sodass keine Doppelbesteuerung der passiven Einkünfte vorliegt.[1848]

Dem Beherrschungstatbestand kommt bei nachgeschalteten Zwischengesellschaften also entscheidende Bedeutung zu.[1849] Ob eine Beherrschung vorliegt, ist folglich bei jeder ausländischen Gesellschaft, die als Zwischengesellschaft fungiert und für jede Anteilseignerebene zu prüfen.[1850] Eine Beherrschung kann in nachgeschalteten Strukturen bei einer Beteiligung am (Spezial-)Investmentfonds mit nur 25 % greifen, wenn der Fonds mehr als 50 % der Anteile an der ZG hält, da Beteiligungen nahe stehender Personen (hier: des Fonds) nach § 1 Abs. 2 AStG mit einbezogen werden.[1851] Die Erfüllung des Beherrschungskriteriums von Anlegern in Publikums-Investmentfonds ist tendenziell eher unwahrscheinlich.[1852] Ist an dem (Spezial-)Investmentfonds jedoch eine PersGes beteiligt, ist nach § 7 Abs. 4 Satz 2 AStG bei den Gesellschaftern ein abgestimmtes Verhalten widerlegbar zu vermuten. Hierbei ist auf die Bestimmungen zur Widerlegbarkeit im AEAStG zurückzugreifen.[1853] Wird das Beherrschungskriterium erfüllt, kommt es in Fall 2 zu einer unterschiedlichen Reichweite der Sperrwirkung[1854]: Für EmK in Nicht-Beherrschungssituationen entfällt die

1845 So auch BMF vom 22.12.2023, IV B 5 – S 1340/23/10001:001, Rn. 601, in: BStBl. 2023, I Sondernr. 1, 2 (AEAStG); vgl. *Krüger/Gebhardt*, in: Schnitger/Rasch/Holle (Hrsg.), Nationales und internationales Unternehmenssteuerrecht, Kapitel II.6. § 13 AStG, Rn. 75.

1846 Vgl. *Stadler/Sotta*, BB 2020, 1943 (1947); *Höring*, IWB 2021, 546 (548 f.).

1847 Vgl. *Treusch*, in: Mann/Staats (Hrsg.), Beck AStG OK, § 13, Rn. 409.

1848 Vgl. *Ebenda*, Rn. 409.

1849 Vgl. *Lechner*, RdF 2023, 47 (51).

1850 Vgl. *Fuhrmann/Geurts*, in: Fuhrmann/Geurts/Nientimp/Wilmanns (Hrsg.), AStG-Kommentar, § 7, Rn. 84.

1851 Vgl. *Lechner*, RdF 2023, 47 (52); *Stadler/Ludwig/Peters*, BB 2023, 2071 (2073); *Jahn/Thissen*, in: Mann/Staats (Hrsg.), Beck AStG OK, § 11, Rn. 835.

1852 Vgl. *Herr/Link*, RdF 2021, 268 (272); *Oppel*, in: Schaumburg (Hrsg.), Internationales Steuerrecht, Rn. 13.46 (5. Aufl.).

1853 Vgl. BMF vom 22.12.2023, IV B 5 – S 1340/23/10001:001, Rn. 300, in: BStBl. 2023, I Sondernr. 1, 2 (AEAStG).

1854 Vgl. *Herr/Link*, RdF 2021, 268 (270).

Hinzurechnungsbesteuerung; die reguläre Hinzurechnungsbesteuerung entfaltet mithin Wirkung. Die vollständige Sperrung der Hinzurechnungsbesteuerung in § 13 Abs. 5 AStG begründet der Gesetzgeber damit, dass es sich in diesem Kontext bei Investmentfonds „um marktübliche, standardisierte Anlageformen handelt".[1855]

Ist der steuerpflichtige Anleger an einer Dachfondsstruktur beteiligt, welche in eine Zwischengesellschaft investiert, ist Folgendes zu beachten.

Abbildung H.8: Illustration Hinzurechnungsbesteuerung im Fall von Dachfonds-Strukturen.

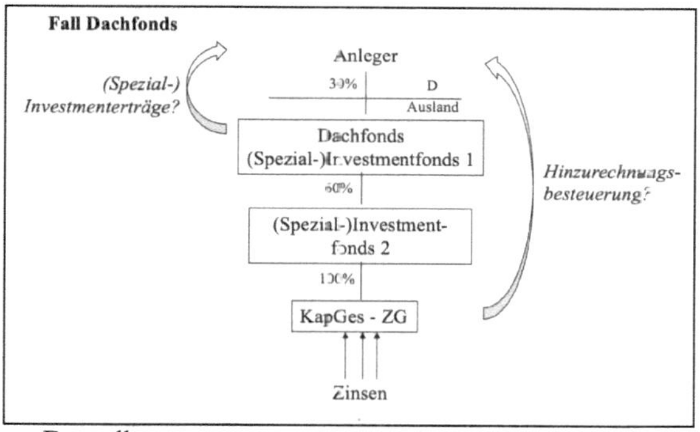

Quelle: Eigene Darstellung.

Im Fall, dass der (Spezial-)Investmentfonds 1 (Dachfonds) als auch der (Spezial)-Investmentfonds 2 passive Einkünfte erzielen, scheidet die Hinzurechnungsbesteuerung im Allgemeinen aufgrund von § 7 Abs. 5 Satz 1 AStG aus, sollten die Voraussetzungen der regulären Hinzurechnungsbesteuerung einschlägig sein.[1856] Hinsichtlich der passiven Einkünfte der Zwischengesellschaft (KapGes) stellt sich die Frage nach der Beherrschung durch den Anleger. Eine alleinige mittelbare Beherrschung (durchgerechnete Beteiligung von 18 %) ist nicht gegeben. (Spezial-)Investmentfonds 2 stellt keine nahe stehende Person für den Anleger dar, da die Beteiligung von 18 % § 1 Abs. 2 AStG nicht erfüllt. (Spezial-)Investmentfonds 1 gilt aufgrund der 30 % Beteiligung als nahe stehende Person des Anlegers. Nach Meinung der Literatur wird die mittelbare Beteiligung der nahe stehenden Person an der ZG i.H.v. 60 % dem Anleger nicht

[1855] Entwurf eines ATAD-UmsG vom 19.04.2021, BT-Drs. 19/28652, 64; *Staats*, in: Mann/Staats (Hrsg.), Beck AStG OK, § 7, Rn. 261.1.

[1856] Vgl. *Lechner*, RdF 2023, 47 (52).

zugerechnet.[1857] Eine „stufenweise Vollzurechnung" erfolgt demnach nicht.[1858] Nur der unmittelbare Gesellschafter den Zwischengesellschaft kann als nahe stehende Person angesehen werden.[1859] Das BMF vertritt hier jedoch die Auffassung, dass eine Beherrschungssituation vorliegt, da dem Anleger die mittelbare 60 %-Beteiligung an (Spezial-)Investmentfonds 1 zugerechnet wird.[1860]

c. Fall 3 – (Spezial-)Investmentfonds als Hinzurechnungssubjekt

Hinsichtlich des Tatbestandsmerkmals eines unbeschränkt Steuerpflichtigen nach § 7 Abs. 1 Satz 1 AStG bzw. beschränkt Steuerpflichtigen nach § 7 Abs. 1 Satz 4 AStG sind ebenso inländische als auch ausländische (Spezial-)Investmentfonds als Hinzurechnungssubjekt anzusehen.[1861] Letztere sind nicht i.R.d. § 13 AStG zu berücksichtigen, da dieser nur auf unbeschränkt Steuerpflichtige abstellt. Sind die Voraussetzungen für die Hinzurechnungsbesteuerung erfüllt, der (Spezial-)Investmentfonds entsprechend an einer ZG beteiligt und der Motivtest nicht einschlägig, ist der Hinzurechnungsbetrag nach § 10 Abs. 3 bis 5 AStG zu ermitteln.[1862] Der Hinzurechnungsbetrag qualifiziert als Einkünfte aus Kapitalvermögen i.S.d. § 20 Abs. 1 Nr. 1 EStG, ist jedoch auf Fondsebene nicht steuerpflichtig. Die rechtstechnische Einordnung des Hinzurechnungsbetrages als Dividenden führt mithin nicht dazu, dass diese zu den Beteiligungseinnahmen zählen.[1863] Insbesondere sind die Hinzurechnungsbeträge als ausländische Einkünfte zu qualifizieren, da sie auf den Einkünften der ausländischen ZG

1857 Vgl. *Lechner*, RdF 2023, 47 (52); *Bindl/Leidel/Bücheler*, IStR 2022, 790 (793); *Fuhrmann/Geurts*, in: Fuhrmann/Geurts/Nientimp/Wilmanns (Hrsg.), AStG-Kommentar, § 7, Rn. 233.

1858 *Lechner*, RdF 2023, 47 (52); *Bindl/Leidel/Bücheler*, IStR 2022, 790 (793).

1859 Vgl. *Lechner*, RdF 2023, 47 (52).

1860 Eine Zurechnung der mittelbaren Beteiligung des Anlegers an der ZG i.H.v. 18 % unterbleibt jedoch, vgl. BMF vom 22.12.2023, IV B 5 – S 1340/23/10001:001, Beispiel 3, Rn. 265, in: BStBl. 2023, I Sondernr. 1, 2 (AEAStG); *Lechner/Spranger*, RdF 2023, 281 (283).

1861 Vgl. BMF vom 22.12.2023, IV B 5 – S 1240/23/10001:001, Rn. 220, 254; *Fuhrmann/Geurts*, in: Fuhrmann/Geurts/Nientimp/Wilmanns (Hrsg.), AStG-Kommentar, § 7, Rn. 51; *Heckerodt*, in: Jacobsen (Hrsg.), AStG e-Kommentar, § 7 ab 1.1.2022, Rn. 102; *Jahn/Thissen*, in: Mann/Staats (Hrsg.), Beck AStG OK, § 11, Rn. 784.

1862 Vgl. *Jahn/Thissen*, in: Mann/Staats (Hrsg.), Beck AStG OK, § 11, Rn. 785.

1863 Vgl. *Schwenke/Sanning*, in: K/S/B/H/K (Hrsg.), InvStG-Kommentar, Anhang 7, Rn. 127; in der Literatur wird bezüglich des Hinzurechnungsbetrages auch von einem „Einkunftsposten eigener Art" gesprochen, vgl. *Wassermeyer/Schönfeld*, in: F/W/B/S (Hrsg.), AStG-Kommentar, § 10 AStG, Rn. 144; *Luckey*, in: Strunk/Kaminski/Köhler (Hrsg.), AStG, DBA Kommentar, § 10 AStG, Rn. 40; BFH vom 7.9.2005 - I R 118/04, in: BStBl. II 2006, 537, Rn. 12; BFH, vom 11.02.2009, I R 40/08, in: BStBl II 2009, 594, Rn. 6; *Mann*, in: Moritz/Jesch/Mann (Hrsg.), Kommentar InvStG, § 6, Rn. 101; *Baumgartner/Lührs*, IStR 2024, 1 (8).

beruhen.[1864] Eine Besteuerung kommt nur dann in Frage, wenn der Hinzurechnungsbetrag über § 6 Abs. 5 Satz 1 Nr. 1 InvStG i.V.m. § 49 Abs. 1 Nr. 1a) EStG einer inländischen Betriebsstätte zuzurechnen ist und eine aktiv unternehmerische Bewirtschaftung vorliegt.[1865] Die Hinzurechnungsbeträge werden damit steuerfrei vereinnahmt.[1866]

Der Hinzurechnungsbetrag spiegelt sich bei Publikums-Investmentfonds nicht in der Vorabpauschale wider,[1867] da diese auf den Rücknahmepreis der Fondsanteile zu Jahresbeginn basiert. Für Anleger von Spezial-Investmentfonds ist der Hinzurechnungsbetrag als sonstige Einkünfte nach § 36 Abs. 1 Nr. 3 InvStG anzusehen.[1868] Die Finanzverwaltung fasst Hinzurechnungsbeträge jedoch unter § 36 Abs. 1 Satz 1 Nr. 1 InvStG zu den Kapitalerträgen.[1869]

Zudem könnten den inländischen Anlegern die Einkünfte direkt zugerechnet werden, wenn die ZG mittelbar beherrscht wird.[1870] Da auf Ebene des inländischen (Spezial-)-Investmentfonds der Hinzurechnungsbetrag nicht von der Besteuerung erfasst wird, ist der Hinzurechnungsbetrag auf Anlegerebene zu erfassen. Die hierbei entstehende Doppelbelastung von Hinzurechnungsbetrag und der Vorabpauschale könnte durch Kürzung des Hinzurechnungsbetrages über § 10 Abs. 6 AStG vermieden werden; im Fall der Ausschüttung des (Spezial-)Investmentfonds gilt § 11 AStG.[1871]

1864 Vgl. *Schwenke/Sanning*, in: K/S/B/H/K (Hrsg.), InvStG-Kommentar, Anhang 7, Rn. 127; *Ditz/Hörnicke*, in: F/W/B/S (Hrsg.), AStG-Kommentar, § 7 AStG, Rn. 288; *Jahn/Thissen*, in: Mann/Staats (Hrsg.), Beck AStG OK, § 11, Rn. 790.

1865 Vgl. *Schwenke/Sanning*, in: K/S/B/H/K (Hrsg.), InvStG-Kommentar, Anhang 7, Rn. 127; *Schwarz*, Investmentbesteuerung im Anwendungsbereich des InvStG, 186; *Jahn/Thissen*, in: Mann/Staats (Hrsg.), Beck AStG OK, § 11, Rn. 790.

1866 Vgl. *Schwarz*, Investmentbesteuerung im Anwendungsbereich des InvStG, 186.

1867 Vgl. *Ditz/Hörnicke*, in: F/W/B/S (Hrsg.), AStG-Kommentar, § 7 AStG, Rn. 289.

1868 Vgl. *Haug*, DStZ 2021, 612 (619); *Schwenke/Sanning*, in: K/S/B/H/K (Hrsg.), InvStG-Kommentar, Anhang 7, Rn. 128.

1869 Vgl. BMF vom 29.04.2021, IV C 1 - S 1980-1/19/10008:017, Rn. 36.6, in: BStBl. I 2021, 735 (Änderung BMF-Schreiben vom 21.05.2019).

1870 Beispiel dazu in: *Ditz/Hörnicke*, in: F/W/B/S (Hrsg.), AStG-Kommentar, § 7 AStG, Rn. 280.

1871 Vgl. *Haug*, DStZ 2021, 612 (618 f.); *Höring*, IWB 2021, 546 (548); *Ditz/Hörnicke*, in: F/W/B/S (Hrsg.), AStG-Kommentar, § 7 AStG, Rn. 280; *Stadler/Sotta*, BB 2020, 1943 (1951).

Abbildung H.9: Illustration Hinzurechnungsbesteuerung im Fall 3 – (Spezial-) Investmentfonds als Hinzurechnungssubjekt.

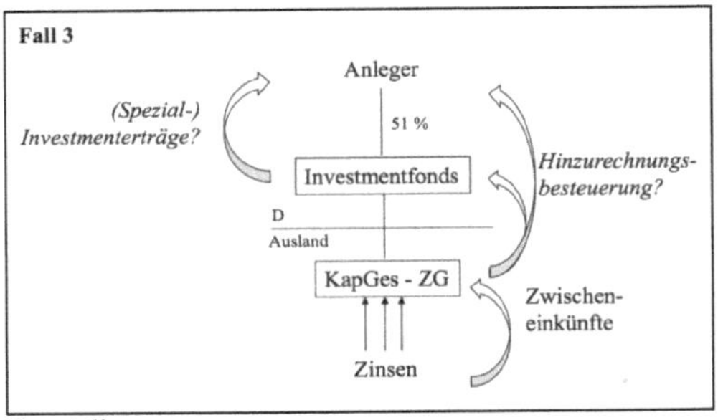

Quelle: Eigene Darstellung.

d. Fall 4 – Beteiligung einer ausländischen Zwischengesellschaft mit inländischen Anteilseignern an einem ausländischen (Spezial-)Investmentfonds

Abbildung H.10: Illustration Hinzurechnungsbesteuerung im Fall 4 – Zwischeneinkünfte Fondsausgangsseite.

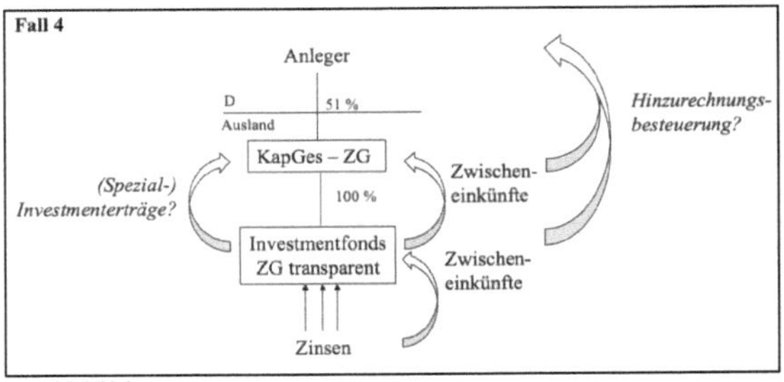

Quelle: Eigene Abbildung.

In Abbildung H.10 ist der Fall dargestellt, in dem eine ausländische ZG an einem ausländischen (Spezial-)Investmentfonds beteiligt ist. Da in diesem Fall der Anleger auch den (Spezial-)Investmentfonds beherrscht, könnte er mit passiven Einkünften der regulären bzw. erweiterten Hinzurechnungsbesteuerung unterliegen.[1872] Der Hinzurechnungsbetrag ist jedoch nach den Vorschriften des deutschen Steuerrechts zu berechnen, sodass das Intransparenzprinzip zur Anwendung kommt, obwohl der (Spezial-)-Investmentfonds nach ausländischem Recht annahmegemäß als transparentes Gebilde angesehen wird.[1873] Außerdem scheidet eine Hinzurechnungsbesteuerung nach § 7

[1872] Vgl. *Schwenke/Sanning*, in: K/S/B/H/K (Hrsg.), InvStG-Kommentar, Anhang 7, Rn. 151.
[1873] Vgl. *Ebenda*, Rn. 151.

Abs. 1 Satz 2 AStG aus, wenn die vermittelnde Person bereits einer Hinzurechnungsbesteuerung unterliegt.[1874] Dahingehend erzielt die ausländische ZG Vorabpauschalen, Ausschüttungen oder agE aus dem ausländischen Fonds nach § 20 Abs. 1 Nr. 3 und Nr. 3a EStG. Diese Einkünfte stellen auf Ebene der ZG passive Einkünfte dar, da sie nicht vom Aktivkatalog des § 8 Abs. 1 AStG erfasst werden.[1875] Es kommt also zur Hinzurechnungsbesteuerung der Investmenterträge. Ohne die Zwischengesellschaft hätte der Anleger diese ebenfalls zu versteuern. Eine ZG tritt dort aber aufgrund des § 7 Abs. 5 Satz 1 AStG zurück. Bei tatsächlicher Ausschüttung durch die ZG ist ein Kürzungsbetrag anzusetzen.[1876]

5. Aktuelle Entwicklungen

Am 22. Dezember 2022 veröffentlichte die EU die Richtlinie zur globalen Mindestbesteuerung.[1877] Damit soll die sog. „Pillar 2" der GloBE-Regelungen der OECD umgesetzt werden. Dabei werden i.R.e. Income Inclusion Rule – IIR (deutsch: Ertragseinbeziehungsregelung – EER) weltweite Gewinne eines Konzerns im Staat der Muttergesellschaft einer Mindestbesteuerung unterworfen.[1878] Die EU-Kommission hat die Wechselwirkungen zur den Vorschriften der Hinzurechnungsbesteuerung gemäß der ATAD untersucht und keinen Änderungsbedarf festgestellt.[1879] Demnach werden vordergründig die Regelungen der ATAD hinsichtlich der Hinzurechnungsbesteuerung anzuwenden sein und die sich daraus ergebenen zusätzlichen Steuern werden i.R.d. GloBE-Regelungen in die Berechnung des effektiven Steuersatzes einbezogen.[1880] Die Mindestbesteuerung kommt somit nach der Hinzurechnungsbesteuerung zur Anwendung.[1881] Bei der IIR ist im Gegensatz zur Hinzurechnungsbesteuerung eine „Top-up-Tax" normiert, wodurch eine globale Mindeststeuer von 15 % konstituiert wird, welche sich auf alle niedrig besteuerten Einkünfte erstreckt und nicht nur auf passive.[1882] Deutschland hat am 21. Dezember 2023 das „Gesetz zur Umsetzung der Richtlinie

1874 Vgl. *Ebenda*, Rn. 151.

1875 Vgl. *Ebenda*, Rn. 152; *Jahn/Thissen*, in: Mann/Staats (Hrsg.), Beck AStG OK, § 11, Rn. 874.

1876 Vgl. *Jahn/Thissen*, in: Mann/Staats (Hrsg.), Beck AStG OK, § 11, Rn. 874.

1877 Richtlinie (EU) 2022/2523 zur Gewährleistung einer globalen Mindestbesteuerung für multinationale Unternehmensgruppen und große inländische Gruppen in der Union im Amtsblatt der Europäischen Union vom 22.12.2022, ABl. L 328/1.

1878 Vgl. *Polatzky/Michelberger*, IStR 2023, 89 (89).

1879 Vgl. Vorschlag für eine Richtlinie des Rates zur Gewährleistung einer globalen Mindestbesteuerung für multinationale Unternehmensgruppen in der Union, COM(2021) 823 final, 2; *Richter/Lentes*, IStR 2024, 117 (118).

1880 Vgl. Vorschlag für eine Richtlinie des Rates zur Gewährleistung einer globalen Mindestbesteuerung für multinationale Unternehmensgruppen in der Union, COM(2021) 823 final, 2; *Richter/Lentes*, IStR 2023, 409 (410).

1881 Vgl. *Ditz/Pinkernell*, ISR 2020, 417 (427 f.); *Hierstetter*, IStR 2020, 874 (875).

1882 Vgl. *Polatzky/Michelberger*, IStR 2023, 89 (89).

(EU) 2022/2523 des Rates zur Gewährleistung einer globalen Mindestbesteuerung und weiterer Begleitmaßnahmen" beschlossen.[1883] Hierfür wurde das Mindeststeuergesetz (MinStG) eingeführt. Die Mindestbesteuerung findet nach § 1 MinStG bei einem konsolidierten Konzernumsatz von mindestens 750 Mio. € Anwendung (bei sog. MNEs – Multinational Enterprises).[1884] Mit der Einführung des MinStG wird außerdem die Niedrigsteuergrenze der Hinzurechnungsbesteuerung von 25 % auf 15 % abgesenkt.[1885] Ob das MinStG auch auf Investmentfonds und ihre Anleger anwendbar ist, hängt von der Qualifikation als Investmenteinheit nach § 7 Abs. 18 Nr. 1 MinStG ab.[1886] Weiterhin ist maßgeblich, ob die Investmenteinheiten im Konzernabschluss einer Muttergesellschaft konsolidiert werden. Erfolgt dies, ist zu prüfen, ob die Investmenteinheit steuerlich transparent oder intransparent ist.[1887] Falls keine Konsolidierung erfolgt, ist das MinStG auf Investmentvehikel nicht anwendbar, wenn entweder gar keine Pflicht zur Aufstellung eines Konzernabschlusses des Fonds besteht oder nach § 5 Abs. 1 Nr. 5 und 6 MinStG als oberste Muttergesellschaft vom MinStG ausgeschlossen sind.[1888] Als „Investmenteinheit" qualifizieren nach § 7 Abs. 18 MinStG insbesondere „Investmentvehikel" und „Immobilien-Investmentvehikel". Der Begriff „Investmentvehikel" wird in § 7 Abs. 19 MinStG definiert, wobei hier nicht auf das InvStG verwiesen wird, sondern sieben eigenständige Voraussetzungen definiert werden, die der europäischen Richtlinie entsprechen. Es wird bereits angemerkt, dass der Investmentfondsbegriff i.R.d. MinStG enger gefasst ist als im InvStG.[1889] In der Folge könnten die dem InvStG unterfallende Investmentfonds auch dem MinStG unterworfen werden.[1890] Hierbei besteht indessen weiterer Forschungsbedarf. Bisher wird darauf hingewiesen, dass zwar die Besonderheiten der Investmentfondsanlage erkannt werden, jedoch unzureichende Berücksichtigung finden.[1891] Andererseits wird im

---

1883 Gesetz zur Umsetzung der Richtlinie (EU) 2022/2523 des Rates zur Gewährleistung einer globalen Mindestbesteuerung und weiterer Begleitmaßnahmen vom 21.12.2023, BGBl. I 2023 Nr. 397.

1884 Vgl. *Haun/Solowjeff*, in: Haun/Kahle/Goebel/Reiser (Hrsg.), AStG Kommentar, Vorbemerkung §§ 7-13 AStG, Rn. 17c.

1885 Vgl. Gesetz zur Umsetzung der Richtlinie (EU) 2022/2523 des Rates zur Gewährleistung einer globalen Mindestbesteuerung und weiterer Begleitmaßnahmen vom 21.12.2023, BGBl. I 2023 Nr. 397, 60.

1886 Vgl. *Stadler/Ludwig*, DB 2024, 749 (749).

1887 Dazu genauer: *Stadler/Ludwig*, DB 2024, 749 (763 f.).

1888 Vgl. *Ebenda*, 749 (749).

1889 Vgl. *Ebenda*, 749 (749); *Niedling/Hempelmann*, RdF 2022, 108 (115).

1890 Vgl. *Niedling/Hempelmann*, RdF 2022, 108 (111 f.)

1891 Vgl. *Ebenda*, 108 (115).

Ausschluss der Investmentvehikel ein ungerechtfertigter Wettbewerbsvorteil für Private-Equity- bzw. Venture-Capital-Funds gesehen.[1892]

Außerdem tritt mit dem StAbwG vom 25. Juni 2021[1893] eine „verschärfte“ Hinzurechnungsbesteuerung nach § 9 StAbwG ein. Einkünfte aus nicht kooperativen Steuerhoheitsgebieten unterliegen unabhängig ihrer Passivität bzw. Aktivität und eines Motivtests der Hinzurechnungsbesteuerung.[1894] Der Vorrang des InvStG gilt bei der regulären als auch der verschärften Hinzurechnungsbesteuerung.[1895] § 9 StAbwG setzt insbesondere die Beherrschung durch den Steuerpflichtigen (allein oder zusammen mit nahe stehenden Personen) voraus; mithin nicht für Fälle des § 13 AStG.[1896]

6. Zwischenfazit Hinzurechnungsbesteuerung

Aufgrund der gesetzlichen Änderungen der Hinzurechnungsbesteuerung durch das ATAD-UmsG hat deren Bedeutung erneut zugenommen. Durch das angepasste Beherrschungskonzept sowie die Drittelregelung, welche die Sperrwirkung des InvStG gegenüber der Hinzurechnungsbesteuerung aufheben, kann eine Hinzurechnungsbesteuerung nun auch in Investmentfondsstrukturen auftreten. Im Vergleich zur bisherigen Rechtslage ergeben sich daher zusätzliche Möglichkeiten, in denen beide Regelungsbereiche kollidieren. Diese wirken auf unterschiedlichen Ebenen und beziehen sich nicht nur auf den (Spezial-)Investmentfonds als Zwischengesellschaft. Daher wird ein erhöhter Prüfungs- und Complianceaufwand in der Fondsbranche erwartet.[1897] Außerdem könne die Anwendung der Hinzurechnungsbesteuerung u.U. eine steuerliche Mehrbelastung mit sich bringen.[1898] Dies stigmatisiert sich vor allem in der Gewerbesteuerpflicht des Hinzurechnungsbetrages nach § 10 Abs. 2 Satz 4 AStG sowie die fehlende Anrechenbarkeit der ausländischen Steuer auf die GewSt.[1899]

Die vorgehenden Fallkonstellationen haben die entsprechenden Sachverhalte aufgezeigt. § 7 Abs. 5 AStG sperrt dahingehend die Hinzurechnungsbesteuerung nur noch für Einkünfte des (Spezial-)Investmentfonds selbst und nicht mehr für dem (Spezial)-

1892 Vgl. *Sheppard*, TNI 2022, 861 (862).
1893 Gesetz zur Abwehr von Steuervermeidung und unfairem Steuerwettbewerb und zur Änderung weiterer Gesetze vom 25.6.2021, BGBl. I 2021, 2056; BStBl. I 2021, 895.
1894 Vgl. BMF vom 22.12.2023, IV B 5 – S 1340/23/10001:001, Rn. 202, in: BStBl 2023, I Sondernr. 1, 2 (AEAStG).
1895 Vgl. *Jahn/Thissen*, in: Mann/Staats (Hrsg.), Beck AStG OK, § 11, Rn. 815; *Berg*, DB 2023, 1952 (1953); *Herr/Link*, RdF 2021, 268 (281).
1896 Vgl. *Link/Tschatsch*, RdF 2022, 276 (282).
1897 Vgl. *Berg*, DB 2023, 1952 (1952).
1898 Vgl. *Schwarz*, Investmentbesteuerung im Anwendungsbereich des InvStG, 422.
1899 Vgl. *Berg*, DB 2023, 1952 (1952).

Investmentfonds nachgeschaltete Zwischengesellschaften.[1900] Bezüglich der erweiterten Hinzurechnungsbesteuerung bleibt die Sperrwirkung mithin uneingeschränkt erhalten, da die Berücksichtigung mittelberarer Beteiligungen nach § 13 Abs. 5 Satz 2 AStG ausgeschlossen wird und eine Drittelregelung nicht vorgesehen ist.

Die Anwendung der Hinzurechnungsbesteuerung auf Investmentfondsstrukturen hängt hauptsächlich von der Erfüllung des Beherrschungskriteriums ab. Für Publikums-Investmentfonds ist dies in der Regel nicht gegeben, da die Anleger oft nur geringfügig beteiligt sind. Eine mögliche Anwendung der Hinzurechnungsbesteuerung gemäß § 13 AStG könnte in Betracht gezogen werden, wobei Absatz 5 die vollständige Sperrwirkung des InvStG regelt.[1901] Außerdem ist die Börsenausnahme zu berücksichtigen. Betroffen sind daher eher SpIF, welche umfangreich in Immobilien-Gesellschaften investieren und Strukturen mit institutionellen Anlegern, Family Offices oder Private-Equity-Fonds.[1902]

Der aktuelle AEAStG nimmt an zahlreichen Stellen Bezug zur Rolle von Investmentfondsstrukturen, was der Branche zusätzliche Rechtssicherheit bringt. U.a. wird klargestellt, dass (Spezial-)Investmentfonds als nahe stehende Personen anzusehen sind.[1903] Somit kann es zur Hinzurechnungsbesteuerung am (Spezial-)Investmentfonds vorbei kommen, denn dieser könnte die Beherrschung seines Anlegers an der Zwischengesellschaft innerhalb der Fondsstruktur vermitteln. Des Weiteren würde die Drittelregelung Anwendung entfalten, obwohl es sich um „übliche, wirtschaftlich begründete, Strukturen handelt."[1904] Nach Auffassung des Verbandes der Auslandsbanken in Deutschland e.V. sollten (Spezial-)Investmentfonds nicht als dem Anleger nahe stehende Personen bzgl. der Beherrschungsprüfung anzusehen sein, sofern es an gesellschaftsrechtlichen Durchgriffsrechten fehlt.[1905] KVG sind nun dazu angehalten, die Drittelregelung in Einzelfällen sorgfältig zu überwachen.[1906] Hinsichtlich der Drittelregelung und der Erfassung von Einkünften innerhalb des Fondsinvestments wird angeregt, hierbei nur nahe stehende Personen außerhalb der Fondsstruktur zu

---

1900 Vgl. *Lechner/Spranger*, RdF 2023, 281 (281).

1901 Vgl. *Staats*, in: Mann/Staats (Hrsg.), Beck AStG OK, § 7, Rn. 265.

1902 Vgl. zusammenfassend *Oppel*, in: Schaumburg (Hrsg.), Internationales Steuerrecht, Rn. 13.46 (5. Aufl.).

1903 Vgl. BMF vom 22.12.2023, IV B 5 – S 1340/23/10001:001, Rn. 282, in: BStBl. 2023, I Sondernr. 1, 2 (AEAStG).

1904 Vgl. Stellungnahme Verband der Auslandsbanken vom 01.09.2023 zum AEAStG -Entwurf, 2, erhältlich im Internet: https://www.vab.de/wp-content/uploads/2023/09/stell_BMF_010923.pdf (zuletzt besucht am 20.01.2024).

1905 Vgl. *Ebenda.*

1906 Vgl. *Schäfer/Rechid*, RdF 2023, 289 (291).

berücksichtigen.[1907] Dies liegt daran, dass innerhalb der Fondstruktur aufgrund der Natur der Fondsanlage als Kapitalanlage keine Missbrauchsmöglichkeiten entstehen sollten.[1908] Außerdem ist zu klären, ob Dividenden Einkünfte i.S.d. Drittelregelung darstellen.[1909]

Es wird dennoch befürchtet, dass es durch den grundsätzlichen Vorrang des InvStG und der Anwendung der Vorabpauschale im Falle beherrschter Zwischengesellschaften zu Steuerstundungsvorteilen kommt, da die Höhe der Vorabpauschale gering ausfallen kann.[1910] In der Folge könnten Gesellschaften in der Weise umstrukturiert werden, sodass sie dem weiten Anwendungsbereich des InvStG unterfallen.[1911] Diese Umgehung der Hinzurechnungsbesteuerung ist aber vor dem Hintergrund zu sehen, dass dies v.a. von institutionellen Anlegern praktiziert werden kann, welche die entsprechenden Gesellschaften beherrschen.[1912]

Auch die Anrechnung der Vorabpauschale auf den Hinzurechnungsbetrag könnte sich schwierig gestalten, da dem Anleger kaum bekannt sein wird, in welcher Höhe die passiven Einkünfte in die Vorabpauschale eingegangen sind.[1913] *Jahn/Thissen* argumentieren, dass die Einkünfte bzw. Einkunftsquelle zu Erträgen nach § 20 Abs. 1 Nr. 3 EStG führen, welche in der Vorabpauschale enthalten sind, da die Vorabpauschale auf die Fondsanteilssteigerung abstellt, welche auch die passiven Einkünfte des § 8 AStG enthält.[1914] Andererseits stellt die Vorabpauschale auf den Fondsanteilswert zu Jahresbeginn ab. Folglich ist der Hinzurechnungsbetrag um die volle Vorabpauschale zu mindern.[1915] Für den Fall der agE bei SpIF hat sich der AEAStG geäußert.[1916] Problematisch an den Entlastungsregelungen des § 10 Abs. 6 AStG wird gesehen, dass auf die außensteuerliche BMG abgestellt wird und die (i.d.R.) geringere investmentsteuerliche Belastung gekürzt wird.[1917] Hinsichtlich des Kürzungsbetrags nach § 11 AStG ist dieser jedoch bei der Ermittlung der Summe der Einkünfte abzuziehen, sodass die investmentsteuerliche Ausschüttung nach § 20 Abs. 1 Nr. 3 bzw. 3a EStG den

---

1907 Vgl. *Lechner*, RdF 2023, 47 (50).
1908 Vgl. *Ebenda* 47 (50); *Stadler/Sotta*, BB 2020, 1943 (2947).
1909 Vgl. *Haug*, DStZ 2023, 22 (28).
1910 Vgl. *Haug*, IStR 2016, 597 (603 ff.); *Staats*, in: Mann/Staats (Hrsg.), Beck AStG OK, § 7, Rn. 264.
1911 Vgl. *Haug*, IStR 2016, 597 (606).
1912 Vgl. *Staats*, in: Mann/Staats (Hrsg.), Beck AStG OK, § 7, Rn. 265.
1913 Vgl. *Köhler/Schober*, Praxisleitfaden Investmentsteuerrecht, 474.
1914 Vgl. *Jahn/Thissen*, in: Mann/Staats (Hrsg.), Beck AStG OK, § 11, Rn. 832.
1915 Vgl. *Jahn/Thissen*, in: Mann/Staats (Hrsg.), Beck AStG OK, § 11, Rn. 832.
1916 Vgl. BMF vom 22.12.2023, IV B 5 – S 1340/23/10001:001, Rn. 603, in: BStBl. 2023, I Sondernr. 1, 2 (AEAStG).
1917 Vgl. *Haug*, DStZ 2021, 612 (619).

Minuenden darstellen.[1918] Anleger, die diesem Anwendungsfall unterliegen, müssen also eine AStG-Erklärung abgeben und sind dabei auf Informationen der KVG hinsichtlich des maßgeblichen Hinzurechnungsbetrages angewiesen.[1919]

Dennoch ist zu beachten, dass durch die pauschale Erhebung der Vorabpauschale, diese mit steigendem Basiszins signifikant ansteigen kann, sodass eine adäquate Erfassung thesaurierter Erträge stattfindet. Des Weiteren sollte in Betracht gezogen werden, dass die Gründung eines (ausländischen) (Spezial-)Investmentfonds im Gegensatz zu KapGes weitaus schwieriger ist, denn es sind eine Vielzahl von aufsichtsrechtlichen Vorgaben zu erfüllen. Daher kann grundsätzlich nicht davon ausgegangen werden, dass Investmentfonds gezielt gegründet werden, um aktiv die Abschirmwirkung im missbräuchlichen Kontext zu nutzen.

In der Gesamtbetrachtung ergeben sich zahlreiche offene Fragestellungen bezüglich des Zusammenwirkens der neu gestalteten Investmentbesteuerung ab 2018 und der überarbeiteten Hinzurechnungsbesteuerung ab 2022. Diese Aspekte bedürfen einer äußerst detaillierten Analyse, welche i.R.d. Arbeit nicht abschließend umgesetzt werden kann.

VI. Steuerplanerische Gestaltungen um den Dividendenstichtag

Im Zuge des InvStRefG vom 10. Juli 2016 wurden restriktive Regelungen für die vollständige Anrechnung von KapESt auf die KSt/ESt in einem neuen § 36a EStG eingeführt, die bereits für Kapitalerträge ab dem 01. Januar 2016 gelten. Damit soll insbesondere dem sog. „Dividendenstripping“ (z.B. Cum/Cum-Gestaltungen) entgegengewirkt werden. Auch Investmentfonds wurden häufig für derartige Gestaltungen genutzt.[1920] § 36a EStG ist eine Komponente der Investmentsteuerreform, die darauf abzielt, die Anfälligkeit des Steuersystems für steuerliche Gestaltungen zu reduzieren. Da diese Gestaltungen v.a. im grenzüberschreitenden Kontext auftreten, wird diese Thematik in diesem Kapitel berücksichtigt.

1918 So jedoch nicht in *Haug*, DStZ 2021, 612 (619), aber in *Haug*, DStZ 2023, 22 (31 f.).

1919 Vgl. *Haug*, DStZ 2021, 612 (619).

1920 Vgl. BMF, Evaluation InvStRefG – Zwischenbericht, 11; Gesetzentwurf zum InvStRefG vom 07.04.2016, BT-Drs. 18/8045, 49 ff.

1. Definition und Funktionsweise von Cum/Cum-Gestaltungen

Über Cum/Cum-Gestaltungen werden grenzüberschreitend bestehende Steuernachteile, die sich aus dem rein inländischen Fall heraus nicht ergeben, zulasten des deutschen Steuersubstrates umgangen. Des Weiteren spielt die unterschiedliche Besteuerung von Dividenden und Veräußerungsgewinnen eine zentrale Rolle.[1921] Zu dieser Thematik nimmt die Finanzverwaltung in dem aktuellen BMF-Schreiben vom 09. Juli 2021 „steuerliche Behandlung von „Cum/Cum-Transaktionen" Stellung.[1922]

Bei einer Inbound-Beteiligung eines körperschaftsteuerpflichtigen Steuerausländers an einer deutschen KapGes unterliegen die gezahlten Dividenden in Deutschland grundsätzlich der abgeltenden 25 %-igen KapESt nach § 2 KStG i.V.m. § 49 Abs. 1 Nr. 5 a) EStG i.V.m. § 32 Abs. 1 Nr. 2 KStG. Über § 44a Abs. 9 EStG sowie bei Vorliegen eines DBA nach Art. 10 Abs. 2 OECD-MA kann diese Quellensteuerbelastung auf 15 %[1923] (Definitivbelastung) reduziert werden.[1924] Der Steuerausländer erhält demzufolge eine Erstattung der KapESt i.H.v. mind. 10 % nach § 50c Abs. 2 oder 3 EStG. Die QuSt könnte im ausländischen Staat angerechnet werden. Hierbei ist ggf. ein Anrechnungshöchstbetrag zu berücksichtigen. Es verbleibt ein Anrechnungsüberhang, wenn die ausländische Steuer geringer als die deutsche Steuer ausfällt.
Im Gegensatz dazu ist es im rein inländischen Fall möglich die KapESt auf die KSt gemäß § 36 Abs. 2 Nr. 2 EStG anzurechnen. Um diesen Umstand auszunutzen, wird die Aktie vor dem Dividendenstichtag an eine inländische anrechnungsberechtigte Person (üblicherweise Kredit- oder Finanzdienstleistungsinstitut[1925]) übertragen.[1926] Dies erfolgt insbesondere durch Kassa- oder Wertpapierleihgeschäfte.[1927] Die

---

1921 Vgl. *Jensch/Rüdiger*, RdF 2016, 319 (319)

1922 BMF vom 09.07.2021, IV C 1 -S 2252/19/10035 :014, in BStBl. I 2021, 995, Neufassung des BMF-Schreibens vom 17.07.2017, in: BStBl. I 2017, 986.

1923 5 % bei Erreichen der abkommensrechtlichen Voraussetzungen sowie 0 % gemäß der Mutter-Tochter-Richtlinie.

1924 Vgl. *Fiand*, NWB 2016, 344 (344).

1925 Diese unterliegen den Vorschriften des § 8 Abs. 7 und 8 KStG. Für solche Körperschaften (Kreditinstitute, Finanzdienstleistungsinstitute) soll § 8b Abs. 1 – 6 KStG und damit die Befreiungen für Dividenden und Veräußerungsgewinne nicht gelten. Durch den Verkauf nach dem Dividendenstichtag erzielt der Steuerinländer jedoch einen Verlust. Dieser kann aufgrund der Nichtanwendbarkeit des § 8b Abs. 3 Satz 3 KStG i.V.m. § 8b Abs. 7/8 KStG geltend gemacht werden, vgl. *Krämer/Gläßer*, in: Dötsch/Pung/Möhlenbrock, KStG-Kommentar, § 31 KStG, Tz. 49.

1926 Vgl. BMF vom 09.07.2021, IV C 1 -S 2252/19/10035 :014, in BStBl. I 2021, 995, Rn. 22.

1927 Vgl. *Anemüller,* in: K/K/B (Hrsg.), EStG-Kommentar, § 36a, Rn. 17.
Kassageschäfte: Bei einem Kassageschäft erfolgt die Übertragung der Wertpapiere durch kurzzeitigen Kauf durch den inländischen Anrechnungsberechtigten vor dem Dividendenstichtag und Rückübertragung nach dem Dividendenstichtag zu einem festgelegten Preis bzw. durch

inländische Person erzielt die Dividende und kann die KapESt auf die KSt anrechnen. Im Idealfall zahlt die Person keine KSt, sodass die KapESt vollständig angerechnet und erstattet werden kann. Nach dem Dividendenstichtag erhält der ursprüngliche Eigentümer die Aktie zurück.

Im Ergebnis wird die beim Steuerausländer steuerpflichtige Dividende in eine in Deutschland nicht steuerpflichtige Kompensationszahlung aus dem Wertpapierleihgeschäft bzw. einen nicht steuerpflichtigen Veräußerungsgewinn[1928] aus dem Kassageschäft umgewandelt.[1929] Das Ganze macht jedoch nur Sinn, wenn im Ausland ein niedrigerer Steuersatz herrscht, mit dem die Kompensationszahlung besteuert wird. Wird dort auch mit 15 % KSt besteuert, ergibt sich kein Vorteil aus der Gesamtsteuerbelastung.

2. Rolle von Investmentfonds

Investmentfonds können für Cum/Cum-Gestaltungen eingesetzt werden, da diese u.U. von der Körperschaftsteuerpflicht befreit werden können:[1930] bei Kapitel-2-Fonds durch Beteiligung steuerbegünstigter Anleger und bei SpIF durch die Wahl der Transparenzoption. Dahingehend wurden entsprechende Regelungen geschaffen, die solche Gestaltungen über Investmentfonds verhindern sollen: im Sinne des Rechtsgrundverweises wird auf § 36a EStG in §§ 8 Abs. 4 Satz 1, 10 Abs. 1 Satz 2, 31 Abs. 3 InvStG Bezug genommen.[1931] Vor der Reformierung der Investmentbesteuerung wurden Investmentfonds als transparente Gebilde definiert, denen die abgeführte KapESt aus Kapitalerträgen nach § 11 Abs. 2 Satz 1 InvStG 2004 erstattet wurde. Der inländische Investmentfonds hat dafür inländische Aktien ausländischer Anleger erworben (Kassageschäft). Die inländische KapESt wurde dem Investmentfonds erstattet. Andererseits kann ein ausländischer Fonds die Aktien gegen ein festverzinsliches Wertpapier an einen inländischen Investmentfonds verleihen.[1932] Nach alter Rechtslage bis 31.

Absicherung des Kurses mittels Sicherungsgeschäften, vgl. BMF vom 09.07.2021, IV C 1 -S 2252/19/10035 :014, in BStBl. I 2021, 995, Rn. 21.

Im Fall von Wertpapierleihgeschäften wird ein Teil der Dividendenzahlung als sog. „Leihgebühr" bzw. Kompensationszahlung an den ausländischen „Verleiher" der Aktie gezahlt, die er dann nach dem im Ausland (ggf. günstigeren) Steuersatz versteuert. Diese beträgt üblicherweise 95 % der Bruttodividende, vgl. *Fiand*, NWB 2016, 344 (346).

1928 Veräußerungsgewinne unterliegen gem. DBA nach Art. 13 Abs. 5 OECD-MA beim Ansässigkeitsstaat des Veräußerers (Ausland) der Besteuerung.

1929 Vgl. BMF vom 09.07.2021, IV C 1 -S 2252/19/10035 :014, in BStBl. I 2021, 995, Rn. 10.

1930 Andererseits können Investmentanteile auch als „gegenläufige Ansprüche" erworben werden, sodass dies Auswirkungen auf das Mindestwertänderungsrisiko hat. Der Investmentanteil bildet die Wertentwicklung einer oder mehrerer Aktien umgekehrt proportional ab, vgl. BMF vom 03.04.2017 - IV C 1 - S 2299/16/10002 BStBl. 2017 I, 726, Rn. 15.

1931 Vgl. *Hahne/Völker*, BB 2017, 858 (860).

1932 Vgl. BMF vom 09.07.2021, IV C 1 -S 2252/19/10035 :014, in BStBl. I 2021, 995, Rn. 32.

Dezember 2017 wurde in § 7 Abs. 7 InvStG 2004 direkt auf den § 36 Abs. 2 EStG verwiesen.[1933] Demzufolge war der § 36a EStG, da dieser bereits rückwirkend ab 01. Januar 2016 Wirkung entfaltet, zu berücksichtigen. Hierbei ist auf das Anzeigeverfahren nach § 36a Abs. 4 EStG zu verweisen.[1934] Demnach besteht eine Pflicht zur Zahlung der KapESt, sollten Kapitalerträge einer Befreiung unterliegen bzw. KapESt bereits erstattet worden sein, obwohl dies nach § 36a EStG zu beschränken ist.[1935]

Bei Kapitel-2-Investmentfonds, welche in Bezug zu inländischen Beteiligungseinnahmen einem abgeltenden Steuerabzug von 15 % unterliegen, ist § 36a EStG grundsätzlich wenig bedeutsam.[1936] Im reformierten Besteuerungssystem für Investmentfonds sind diese aufgrund der Abgeltungswirkung gem. § 7 Abs. 2 InvStG weder anrechnungsberechtigt noch von der KapESt auf inländische Dividenden befreit.[1937] Falls die KapESt gem. § 7 Abs. 5 Satz 1 InvStG bei nachträglicher Vorlage der Statusbescheinigung erstattet wird, ist § 36a EStG nicht anwendbar, denn die Erstattung erfolgt von 25 % auf 15 % und unterschreitet damit nicht die eingeschränkte Anrechnung gem. § 36a Abs. 1 Satz 2 EStG.[1938] Der Investmentfonds insbesondere in einer kapitalgesellschaftlichen Rechtsform hat damit nicht die Möglichkeit die KapESt auf die KSt nach § 36 Abs. 2 Nr. 2 EStG anzurechnen. Dies liegt darin begründet, dass die Beteiligung an einem Investmentfonds eben nicht einer kapitalgesellschaftlichen gleichgestellt werden soll, sondern der Investmentfonds intermediär tätig ist. Durch das Sonderregime soll diesem Fakt Rechnung getragen werden.[1939] Für Investmentfonds gilt die KapESt auf inländische Beteiligungseinnahmen als abgeltend; eine Berücksichtigung von Betriebsausgaben ist nicht, auch nicht pauschalierend, möglich. Eine Wahl zur Veranlagung besteht nicht.

Sind an dem Investmentfonds mithin steuerbegünstigte Anleger nach §§ 8-10 InvStG beteiligt, wird der Investmentfonds von der KSt/KapESt befreit. In diesem Fall kommt

---

[1933] § 7 InvStG a.F. normiert das Verfahren des KapESt-Abzuges bei Ausschüttung, Thesaurierung und Anteilsrückgabe, vgl. *Schöler/Tassius*, in: Fuhrmann/Kraeusel/Schiffers, EStG- eKommentar, § 36, Rn. 8.

[1934] Vgl. *Reiter*, in: Lademann, EStG-Kommentar, § 36a EStG, Rn. 13; *Link*, in: H/H/R, § 36a EStG, Rn. 6.

[1935] Vgl. *Krämer/Gläßer*, in: Dötsch/Pung/Möhlenbrock (D/P/M), KStG-Kommentar, § 31 KStG, Tz. 57.

[1936] Vgl. *Link*, in: H/H/R, § 36a EStG, Rn. 6.

[1937] Vgl. *Behrens/Bielinis*, RdF 2020, 105 (106).

[1938] Vgl. *Hahne/Völker*, BB 2017, 858 (860).

[1939] Auch bei der Einführung der Körperschaftsteueroption wird eine Anwendung auf Investmentfonds explizit in § 1a Abs. 1 Satz 6 Nr. 1 KStG ausgeschlossen, mit der Begründung, das InvStG enthalte spezielle Regelungen für die Besteuerung, vgl. Gesetzentwurf zum KöModG vom 19.04.2021, BT-Drs. 19/28656, 29.

es zur Anwendung von § 36a EStG aufgrund ausdrücklichen Verweises. Nach §§ 8 Abs. 4 und 10 Abs. 1 Satz 2 InvStG müssen dafür die Voraussetzungen nach § 36a EStG auf Ebene des Fonds erfüllt sein. Für § 8 Abs. 4 InvStG sind auch für die Anleger entsprechende Voraussetzungen zu erfüllen. Erst mit Erfüllung der Voraussetzungen wird die Steuer dem Investmentfonds nach § 7 Abs. 5 Satz 2 InvStG i.V.m. § 8 Abs. 1 InvStG erstattet. Eine Erstattung von 25 % auf 15 % bzw. ein 15 %iger Steuerabzug von vornherein erfolgt durch die Vorlage der Statusbescheinigung. Eine weitergehende Erstattung erfolgt soweit steuerbegünstigte Anleger i.S.d. §§ 8 und 10 InvStG beteiligt sind. Der Verweis auf § 36a EStG ist ein Rechtsgrundverweis, sodass sich die Rechtsfolgen aus dem InvStG ergeben, aber die Voraussetzungen des § 36a EStG erfüllt werden müssen.[1940]

3. Voraussetzungen des § 36a EStG

a. Allgemein

Die volle Anrechnung der KapESt erfolgt auf Kapitalerträge im Sinne des § 43 Abs. 1 Satz 1 Nr. 1a EStG. Diese umfassen Kapitaleinkünfte i.S.d. § 20 Abs. 1 Nr. 1 EStG, die entweder im Inland sammelverwahrt, sonderverwahrt oder die Erträge gegen Aushändigung der Dividendenscheine gezahlt werden. Bei diesen Kapitalerträgen wird die Abzugsverpflichtung der KapESt von der die Dividenden zahlenden Gesellschaft auf das depotführende Institut verlagert.[1941] Gemäß § 36a Abs. 1 Satz 4 EStG werden auch Kapitalerträge erfasst, welche im Ausland verwahrt werden.

Die Tatbestandvoraussetzungen nach § 36a Abs. 1 Satz 1 EStG umfassen für die betroffenen Kapitalerträge:

(1) Mindesthaltedauer der zugrunde liegenden Aktien

(2) Mindestwertänderungsrisiko bzgl. der Aktien während der Mindesthaltedauer

(3) keine Verpflichtung zur Vergütung der Kapitalerträge.

Sind die Voraussetzungen kumulativ erfüllt, kann die KapESt, welche auf die Kapitalerträge erhoben wurde, vollständig auf die ESt/KSt angerechnet werden; ansonsten nur zu 40 % (insgesamt 10 % KapESt anrechenbar). Dahingehend ergibt sich eine Definitivsteuerbelastung mit KapESt i.H.v. 15 %, welche durch § 36a EStG nicht angerechnet werden kann. Für die investmentsteuerlichen Regelungen sind die

[1940] Vgl. *Hoffmann,* in: Korn, EStG, § 10 InvStG, Rn. 13.
[1941] Vgl. *Bleschick,* in: Kirchhof/Seer (Hrsg.), Einkommensteuergesetz, § 43 EStG, Rn. 7.

Voraussetzungen i.R.d. Rechtsgrundverweise relevant. Hinsichtlich der Rechtsfolgen (Höhe der anrechenbaren Steuer) ist das InvStG zu beachten.[1942]

Die **Mindesthaltedauer** beträgt nach § 36a Abs. 2 EStG 45 Tage innerhalb eines Zeitraumes von 45 Tagen vor und nach[1943] der Fälligkeit der Kapitalerträge, was dem Gewinnverteilungsbeschluss der Hauptversammlung entspricht.[1944] Während dieser Mindesthaltedauer muss der Steuerpflichtige (bzw. SpIF/Investmentfonds) wirtschaftlicher (nicht aber zivilrechtlicher) Eigentümer der zugrunde liegenden Aktien sein.[1945]

Des Weiteren hat der Steuerpflichtige während der Mindesthaltedauer ununterbrochen das **Mindestwertänderungsrisiko** (Risikoübernahme zu 70 %) zu tragen. Für die Berechnung dieses Risikos schreibt die Finanzverwaltung in ihrem BMF-Schreiben die Anwendung einer Berechnungsformel nieder. Die Berechnung des Wertänderungsrisikos kann jedoch bei Investmentfonds nach den dort angewandten Methoden gemäß der Derivate-Verordnung erfolgen.[1946] Eine Anwendung der im BMF-Schreiben beschriebenen Berechnungsformeln ist damit nicht erforderlich. „Gegenläufige Ansprüche", also Instrumente, wie z.B. Optionen, Futures und Forwards[1947], welche das Grundgeschäft durch gegenläufige Kursentwicklungen absichern, mindern das Wertänderungsrisiko. Auch Investmentanteile können selbst gegenläufige Positionen darstellen.[1948] Dabei sind Absicherungen der einzelnen Grundgeschäfte (Micro-Hedges), Gruppen von Grundgeschäften (Macro-Hedge) oder dem Portfolio zu berücksichtigen. Bei der Berechnung sind ferner auch Ansprüche nahe stehender Personen einzubeziehen. Die Definition nahe stehender Personen richtet sich nach § 1 Abs. 2 AStG (25 % Beteiligung maßgeblich)[1949]; bei SpIF gelten die Anleger nach § 31 Abs. 3 Satz 4 InvStG unabhängig von der Beteiligungshöhe als nahe stehende Personen des Investmentfonds.[1950] Der Einbezug nahe stehender Personen soll Auslagerungen besagter

---

1942 Vgl. *Hoffmann,* in: Korn, EStG, § 10 InvStG, Rn. 13.

1943 „Mindesthaltezeitraum" von 91 Tagen; BMF vom 03.04.2017 - IV C 1 - S 2299/16/10002 BStBl. 2017 I, 726, Rn. 2.

1944 Vgl. BMF vom 03.04.2017, IV C 1 - S 2299/16/10002, BStBl. 2017 I, 726, Rn. 3.

1945 Vgl. *Klein*, in: K/S/B/H/K (Hrsg.), InvStG-Kommentar, § 8, Rn. 45; § 36a Abs. 1 Satz 1 Nr. 1 EStG.

1946 Vgl. BMF vom 03.04.2017 - IV C 1 - S 2299/16/10002, BStBl. 2017 I, 726, Rn. 43.

1947 Mehr vgl. BMF vom 03.04.2017 - IV C 1 - S 2299/16/10002, BStBl. 2017 I, 726, Rn. 15.

1948 Vgl. BMF vom 03.04.2017 - IV C 1 - S 2299/16/10002, BStBl. 2017 I, 726, Rn. 15.

1949 Vgl. *Ebenda*, Rn. 64

1950 Damit soll umgangen werden, dass sich fünf Anleger für Gestaltungszwecke zu je 20 % an einem SpIF beteiligen und die Sicherungsgeschäfte abschließen, vgl. Bericht des Finanzausschusses vom 7.11.2019, BT-Drs. 19/14909, 56.

Sicherungsgeschäfte auf solche Personen verhindern.[1951] Bei Beteiligungen an Investmentfonds ist in Abgrenzung von Kapitalgesellschafts-Beteiligungen, welche vordergründig mit § 1 Abs. 2 AStG gemeint sind, zu beachten, dass bei Fremdverwaltung (externe KVG) ein Einfluss der Anleger auf die Entscheidungen des Fonds aufsichtsrechtlich ausgeschlossen ist.[1952] Somit kann ein Zusammenwirken von Anleger und Investmentfonds zumindest in den meisten Fällen verneint werden.[1953] Fraglich ist außerdem, ob die Investmentfonds, welche von einer KVG verwaltet werden und einen „beherrschenden" Einfluss auf den Fonds ausüben, i.S.d. § 1 Abs. 2 Nr. 3 AStG als nahe stehende Personen angesehen werden soll.[1954] Insgesamt mag es eine theoretische Möglichkeit geben, dass Anleger und Investmentfonds bzw. KVG durch abgestimmtes Verhalten in der Weise zusammenwirken, dass das Mindestwertänderungsrisiko des Fonds erhalten bleibt, um nach § 36a EStG die KapESt anzurechnen. Der Gesetzgeber hat diesen Fall über die Fiktion der nahe stehenden Personen geregelt. Dies zieht jedoch für den Entrichtungspflichtigen der KapESt weitere, umfangreiche und ggf. unmögliche Prüfungsschritte hinsichtlich des Mindestwertänderungsrisikos nach sich.[1955] Gemäß der Finanzverwaltung darf der Entrichtungspflichtige auf Erfüllung des geforderten Mindestwertänderungsrisikos vertrauen.[1956] Die etwaige Unmöglichkeit des Unterfangens liegt damit beim Investmentfonds.

Als letztes darf der Steuerpflichtige nicht verpflichtet sein, die Kapitalerträge anderen Personen zu vergüten. Dies ist der Fall, wenn die Kapitalerträge zu mehr als die Hälfte in Form von Ausgleichszahlungen weitergereicht werden (Leihgebühren/Kompensationszahlungen).

§ 36a Abs. 5 EStG enthält Ausnahmebestimmungen, die auch für Investmentfonds als Anleger gelten.[1957] Zum einen wird ein Schwellenwert festgelegt, nach dem § 36a Abs. 1-4 EStG nicht anwendbar ist, wenn die Kapitalerträge unter 20.000 € liegen und

---

1951 Vgl. Bericht des Finanzausschusses zu dem Entwurf eines InvStRefG vom 08.06.2016, BT-Drs. 18/8739, 114.

1952 Vgl. *Schneider-Deters*, in: Moritz/Jesch/Mann (Hrsg.), Kommentar InvStG, § 8, Rn. 70; *Hahne/Völker*, BB 2017, 858 (862).

1953 Vgl. *Hahne/Völker*, BB 2017, 858 (862).

1954 Vgl. *Ebenda*, 858 (863).

1955 Vgl. *Schneider-Deters*, in: Moritz/Jesch/Mann (Hrsg.), Kommentar InvStG, § 8, Rn. 71.

1956 Vgl. BMF vom 21.05.2019, IV C 1 - S 1980-1/16/10010:001, Rn. 8.31, 10.13, in: BStBl. I 2019, 527.

1957 Vgl. *Hahne/Völker*, BB 2017, 858 (859).

zum anderen der Steuerpflichtige bereits seit mind. einem Jahr ununterbrochen wirtschaftlicher Eigentümer der Assets ist.[1958]

b. §§ 8 und 10 InvStG i.V.m. § 36a EStG

Die Verweise in § 8 Abs. 4 Satz 1 und § 10 Abs. 1 Satz 2 InvStG lauten konkret: „Die Steuerbefreiung inländischer Beteiligungseinnahmen, setzt voraus, dass“ bzw. „Inländische Beteiligungseinnahmen sind nur steuerbefreit, wenn“ „der Investmentfonds die Voraussetzungen für eine Anrechenbarkeit von KapESt nach § 36a EStG erfüllt“. Die Normen unterscheiden sich dahingehend, dass § 8 InvStG die partielle Steuerbefreiung bei gemischter Anlegerstruktur regelt. Wobei § 10 InvStG die vollumfängliche Befreiung des Investmentfonds mit ausschließlich steuerbegünstigten Anlegern normiert.
In § 8 Abs. 4 Satz 2 InvStG werden „zudem“ Voraussetzungen auf Ebene der steuerbegünstigten Anleger für die Steuerbefreiung nach § 8 Abs. 1 Nr. 1 und Abs. 2 InvStG (inländische Immobilienerträge) vorgeschrieben: der Anleger muss zum einen seit mind. drei Monaten sowohl zivilrechtlicher als auch wirtschaftlicher Eigentümer der Investmentanteile sein (Nr. 1). Für die Berechnung der Frist ist auf den Tag der Hauptversammlung abzustellen.[1959] Zum anderen sollen die Anteile nicht auf andere Personen übertragen werden müssen (Nr. 2). Damit sollen Steuerumgehungen durch kurzfristige Übertragung der Investmentanteile an steuerbegünstigte Anleger ausgeschlossen werden.[1960] Nach § 8 Abs. 4 Satz 1 InvStG ist der Antrag auf Steuerbefreiung erst zu stellen, wenn bei der Antragsstellung die Mindesthaltedauer nach § 36a Abs. 2 EStG bereits erreicht ist, das Mindestwertänderungsrisiko nach § 36a Abs. 3 EStG getragen wurde und keine Verpflichtung besteht, die Kapitalerträge ganz oder überwiegend, unmittelbar oder mittelbar anderen Personen zu vergüten.[196]
Für § 10 InvStG ist eine solche Regelung nicht notwendig, da ausschließlich steuerbegünstigte Anleger erfasst werden und eine Beteiligung nicht steuerbegünstigter Anleger ausgeschlossen sowie nach Absatz 3 keine Anteilsübertragung möglich ist.

Mit dem JStG 2019 wurde § 8 Abs. 4 InvStG neu gefasst, um die Verwaltungsmeinung klarzustellen.[1962] Zuvor erfasste der Wortlaut der Vorschrift nicht die Anteile nach § 8 Abs. 1 Nr. 2 InvStG, die i.R.v. Altersvorsorge- oder Basisrentenverträgen gehalten

---

1958 Vgl. *Ebenda*, 858 (850).
1959 Vgl. BMF vom 06.09.2022, IV C 1 - S 1980-1/19/10008:025, S. 3, in: BStBl. I 2022, 1380 (Änderung BMF-Schreiben vom 21.05.2019).
1960 Vgl. Gesetzentwurf zum InvStRefG vom 07.04.2016, BT-Drs. 18/8045, 78.
1961 Vgl. BMF vom 21.05.2019, IV C 1 - S 1980-1/16/10010:001, Rn. 8.30, in: BStBl. I 2019, 527.
1962 Vgl. *Ebenda,* Rn. 8.29.

werden. Die Neufassung stellt klar, dass auch in solchen Fällen die Voraussetzungen des § 36a EStG auf Ebene des Investmentfonds erfüllt werden müssen, wodurch eine Angleichung mit § 10 Abs. 1 Satz 2 InvStG erfolgt.[1963] Sind die Voraussetzungen erfüllt, kann der Investmentfonds eine vollständige (§ 10 InvStG) oder anteilige (§ 8 InvStG) Steuerbefreiung inländischer Beteiligungseinnahmen (bzw. inländischer Immobilienerträge) erreichen.

c. § 31 InvStG i.V.m. § 36a EStG

SpIF unterliegen einem eigenen Steuerregime nach Kapitel 3 des InvStG. Grundsätzlich sind auch SpIF körperschaftsteuerpflichtig. Jedoch besteht die Möglichkeit sich von der Körperschaftsteuerpflicht befreien zu lassen. Der SpIF hat damit ein Wahlrecht zur Inanspruchnahme der sog. Transparenzoptionen. Es existieren dabei unterschiedliche Verfahren für die Steuerbefreiung. Nach § 30 InvStG erfolgt die Steuerbefreiung von den inländischen Beteiligungserträgen und anderen Einkünften mit Steuerabzug. Nach § 33 InvStG werden die Immobilienerträge und andere Einkünfte ohne Steuerabzug freigestellt. Von Bedeutung ist die Transparenzoption nach § 30 InvStG. Rechtsfolge ist, dass die Anleger als Gläubiger der inländischen Beteiligungseinnahmen und als Schuldner der KapESt gelten (§ 30 Abs. 1 Satz 2 InvStG). Dadurch sind die einkommensteuerlichen Regelungen zum Steuerabzug auf Kapitalerträge anwendbar, und die einbehaltene KapESt auf Fondseingangsseite kann auf die ESt/KSt des jeweiligen Anlegers nach § 36 Abs. 2 Satz 2 EStG angerechnet werden.[1964]

Dafür muss der SpIF die Voraussetzungen von § 36a Abs. 1 bis 3 InvStG gemäß § 31 Abs. 3 Satz 1 Nr. 1 InvStG erfüllen.[1965] Ebenfalls muss mit dem JStG 2019[1966] auch der Anleger über die Mindesthaltedauer wirtschaftlicher Eigentümer sein und das volle Risiko der sinkenden Wertentwicklung des SpIF tragen (nicht wie in § 36a Abs. 3 EStG zu 70 %, sondern 100 %). Als dritte Voraussetzung ist der Anleger nicht verpflichtet worden, die Zurechnungsbeträge anderen Personen zu vergüten. Werden die Voraussetzungen nicht erfüllt, dürfen 60 % der KapESt nicht angerechnet werden, d.h. 15 % sind zu versteuern. Die Ausnahmetatbestände des § 36a Abs. 5 EStG und § 31

1963 Vgl. Gesetzentwurf zum JStG 2019 vom 23.09.2019, BT-Drs. 19/13436, 198; *Haug*, Ubg 2020, 84 .

1964 Vgl. *Neugebauer/Jost*, in: K/S/B/H/K (Hrsg.), InvStG-Kommentar, § 31, Rn. 18.

1965 Für § 36a Abs. 4 und 5 EStG enthält § 31 Abs. 3 InvStG in Satz 3 und Satz 5 ähnliche Regelungen.

1966 Laut Gesetzgeber soll die Erweiterung zur Rechtssicherheit beitragen und nicht erfasste Umgehungsmöglichkeiten ausschließen, vgl. Bericht des Finanzausschusses vom 7.11.2019, BT-Drs. 19/14909, 53 f.

Abs. 3 Satz 3 InvStG decken sich weitgehend. Bei der investmentsteuerlichen Regelung muss jedoch auch der Anleger seit mindestens einem Jahr wirtschaftlicher Eigentümer der Anteile am SpIF sein.[1967]

In Bezug auf das Wertänderungsrisiko, welches der Anleger für seine SpIF-Anteile in voller Höhe zu tragen hat, gelten SpIF und deren Anleger nach § 31 Abs. 3 Satz 4 InvStG als nahe stehende Personen unabhängig vom Beteiligungsverhältnis.[1968] Daraus lässt sich schließen, dass bei der Berechnung des jeweiligen Wertänderungsrisikos die Kurssicherungsgeschäfte der nahe stehenden Personen einzubeziehen sind. Der Anleger hat in Bezug zu seinen SpIF-Anteilen jedoch das volle Risiko zu tragen, d.h. eine Absicherung der Anteile am SpIF ist schädlich für die Anrechnung der KapESt. Nach der Gesetzesbegründung ist eine solche Absicherung unüblich und legt schon dadurch eine gekünstelte Gestaltung nahe.[1969] Nimmt der SpIF selbst Sicherungsgeschäfte vor, muss er ein Wertänderungsrisiko für die Beteiligungen von mind. 70 % tragen. Schließt ein Anleger Sicherungsgeschäfte an den zugrundeliegenden Werten ab, dann ist dies bei der Berechnung des Mindestwertänderungsrisikos beim SpIF einzubeziehen.

4. Zusammenfassung

Insgesamt konnten Investmentfonds *de lege abrogata* für steuerplanerische Gestaltungen eingesetzt werden. Auch *de lege lata* sind solche Gestaltungen denkbar. Da sich die Schwäche aus dem Einkommen-/bzw. Körperschaftsteuerrecht ergab, wurde mit § 36a EStG eine entsprechende Regelung geschaffen, ebendiese Gestaltungen zu verhindern. Das InvStG bedient sich dahingehend Rechtsgrundverweisen, welche die Geltung des § 36a EStG voraussetzen; mithin die investmentsteuerlichen Rechtsfolgen der §§ 8, 10 und 31 InvStG eintreten. Weiterhin können sich indirekt Anknüpfungspunkte hinsichtlich der Anrechnungsansprüche von Personen ergeben, welche neben Direktinvestments zusätzlich Fondsinvestments halten: Investmentfonds könnten als nahe stehende Person des Anlegers nach § 36a Abs. 3 EStG gelten, wodurch sich deren abgeschlossene Sicherungsgeschäfte auf die Einhaltung des Wertänderungsrisikos für die Anrechnung der KapESt beim Anleger auswirken können; oder selbst gegenläufige

[1967] Zusätzlich neben dem SpIF, welcher wirtschaftlicher Eigentümer der Aktien seit mind. einem Jahr ist.

[1968] Vgl. Bericht des Finanzausschusses vom 7.11.2019, BT-Drs. 19/14909, 56.

[1969] Vgl. *Ebenda,* 54.

(i.S.e. Absicherung) Positionen darstellen und damit das vorgeschriebene Mindestwertrisiko beeinträchtigen.[1970]

Bei SpIF, welche die Transparenzoption nach § 30 InvStG ausüben, ist zu beachten, dass diese selbst die Voraussetzungen nach § 36a EStG erfüllen müssen, obwohl nach § 30 Abs. 1 Satz 2 InvStG die Anleger als Gläubiger der inländischen Beteiligungseinnahmen und Schuldner der KapESt gelten.[1971] Dahingehend ist es folgerichtig, dass die Anleger als nahe stehende Personen angesehen werden, sodass deren Sicherungsgeschäfte, wie im Direktanlage-Fall, Einfluss auf die Anrechnung der KapESt haben. Andererseits können Sicherungsgeschäfte der Anleger dazu führen, dass der Investmentfonds die Voraussetzung nicht erfüllen kann.[1972] Generell können Sicherungsgeschäfte fremder Dritte Auswirkungen auf die Anrechenbarkeit der KapESt haben, wenn der Investmentfonds dadurch das 70 % Wertänderungsrisiko nicht einhalten kann, da diese als nahe stehende Personen anzusehen sind. Dies hat damit Auswirkungen auf andere Anleger, welche keine Sicherungsgeschäfte abschließen.[1973]

VII. Aktuelle Relevanz der Vermögenszuwachsbesteuerung im Rahmen des InvStG

Im Gesetzgebungsverfahren zu einem JStG 2024 hat der Bundesrat in seiner Stellungahme die Erweiterung der Vermögenszuwachsbesteuerung bzw. Wegzugsbesteuerung auf Anteile an (Spezial-)Investmentfonds i.S.d. § 6 AStG angeregt.[1974] Entsprechend werden die §§ 19 und 49 InvStG um Steuertatbestände für die Vermögenszuwachsbesteuerung ergänzt.[1975] Der Begriff der Wegzugsbesteuerung wird häufig im Zusammenhang mit § 6 AStG verwendet, umfasst allerdings nur einen Tatbestand, der den tatsächlichen Wegzug des Steuerpflichtigen impliziert. Im Folgenden werden die Grundlagen der Vermögenszuwachsbesteuerung in § 6 AStG sowie deren Tatbestände, Rechtsfolgen und Ausnahmeregelungen erläutert. Anschließend erfolgt eine Analyse und die Bewertung der entsprechenden neuen investmentsteuerlichen Regelungen.

1970 Vgl. *Hahne/Völker*, BB 2017, 858 (858).
1971 So auch *Hahne/Völker*, BB 2017, 858 (861).
1972 Vgl. *Ebenda*, 858 (859).
1973 Vgl. *Ebenda*, 858 (859).
1974 Vgl. Stellungnahme des Bundesrates und Gegenäußerung der Bundesregierung zu einem JStG 2024 vom 02.10.2024, BT-Drs. 20/13157.
1975 Vgl. JStG 2024 vom 05.12.2024, BGBl. 2024 I, Nr. 387, 16 ff.

1. Hintergrund und Regelungsinhalt der Vermögenszuwachsbesteuerung

Das Ziel der Vermögenszuwachsbesteuerung besteht darin, die steuerliche Erfassung stiller Reserven bei Beteiligungen an in- und ausländischen KapGes i.S.d. § 17 EStG zu gewährleisten, wenn der Wohnsitz bzw. gewöhnliche Aufenthalt einer natürlichen Person im Inland aufgegeben wird, die Anteile unentgeltlich auf eine nicht unbeschränkt steuerpflichtige Person übertragen oder das Besteuerungsrecht am Veräußerungsgewinn ausgeschlossen oder beschränkt wird.[1976] Mit dem ATAD-Umsetzungsgesetz wurde der persönliche Anwendungsbereich der Vermögenszuwachsbesteuerung einer Reformierung unterzogen.[1977] Dahingehend ist auch das neue Anwendungsschreiben zum AStG zu berücksichtigen.[1978]

Der persönliche AWB der Vermögenszuwachsbesteuerung erstreckt sich gemäß § 6 Abs. 1 und Abs. 2 AStG auf natürliche Personen, die innerhalb der letzten zwölf Jahre für mindestens sieben Jahre in Deutschland unbeschränkt steuerpflichtig waren. Vom sachlichen Anwendungsbereich werden wesentliche Beteiligungen an einer KapGes i.S.d. § 17 EStG erfasst (mindestens 1% Beteiligung im Privatvermögen zu irgendeinem Zeitpunkt innerhalb der letzten fünf Jahre vor dem Wegzugstatbestand). Bei nur „vorübergehender Abwesenheit" des Steuerpflichtigen und der erneuten Begründung der unbeschränkten Steuerpflicht innerhalb von sieben Jahren[1979], entfällt der Besteuerungsanspruch nachträglich nach § 6 Abs. 3 Satz 1 AStG.[1980] Dies erfolgt allerdings nur, soweit drei Voraussetzungen kumulativ erfüllt sind: (1) die Anteile müssen weiterhin dem PV des Steuerpflichtigen zuzurechnen sein; (2) es dürfen keine wesentlichen Gewinnausschüttungen oder Einlagerückgewähren stattgefunden haben und (3) das deutsche Besteuerungsrecht im Zeitpunkt der Beendigung der Steuerpflicht muss erneut begründet werden.[1981]

Rechtsfolge der Vermögenszuwachsbesteuerung ist die fiktive Veräußerung der entsprechenden Anteile i.S.d. § 17 Abs. 1 Satz 1 EStG zum gemeinen Wert, wobei der Veräußerungsgewinn i.R.d. Einkommensteuer dem Teileinkünfteverfahren

---

1976 Vgl. *Ebenda*, 243; *Kraft*, in: Kraft (Hrsg.), AStG-Kommentar, § 6, Rn. 15; *Beinert*, ISR 2024, 357 (358); *Frey/Schober*, DStR 2024, 2732 (2735 f.).

1977 Vgl. *Kraft*, IWB 2022, 553 (553).

1978 Vgl. BMF vom 22.12.2023, IV B 5 – S 1340/23/10001:001, in: BStBl. 2023, I Sondernr. 1, 2 (AEAStG).

1979 Eine Verlängerung um fünf Jahre ist nach § 6 Abs. 3 Satz 3 AStG möglich.

1980 Vgl. *Grotherr*, NWB 2024, 174 (183).

1981 Vgl. Ebenda, 174 (183); § 6 Abs. 1 Satz 1 AStG.

unterliegt.[1982] Damit wird die Besteuerung der in Deutschland gebildeten stillen Reserven sicher gestellt.[1983] Es erfolgt also eine Besteuerung, ohne, dass dem Steuerpflichtigen Liquidität zugeflossen ist („dry income").[1984] Nach § 6 Abs. 4 Satz 1 AStG kann die festgesetzte Steuer auf Antrag in sieben gleichen Jahresraten gegen Sicherheitsleistung auch bei Wegzügen innerhalb der EU/des EWR entrichtet werden.[1985] Dies bringt eine erhebliche Verschärfung der Vermögenszuwachsbesteuerung mit sich[1986]; außerdem wird die Vereinbarkeit mit Unionsrecht bezweifelt.[1987] In § 6 Abs. 5 AStG werden dem Steuerpflichtigen Mitteilungspflichten hinsichtlich der Inanspruchnahme der Stundungsregelungen auferlegt. Kommt der Steuerpflichtige seinen Mitwirkungspflichten, wie bspw. der jährlichen Mitteilung der aktuellen Anschrift, nicht nach, kann die Stundung widerrufen werden.[1988]

2. Ausweitung der Vermögenszuwachsbesteuerung auf (Spezial-)Investmentfondsanteile

Die Anteile an (Spezial-)Investmentfonds in der Rechtsform des Sondervermögens stellen keine Anteile i.S.d. § 17 EStG dar und waren somit bisher nicht von der Vermögenszuwachsbesteuerung erfasst.[1989] Außerdem führte die Rechtslage in Bezug zu (Spezial-)-Investmentfonds in kapitalgesellschaftlicher Ausgestaltung zu Rechtsunsicherheit.[1990] Im Ergebnis traten Besteuerungslücken zutage, die dazu führten, dass Beteiligungen bevorzugt über Investmentfonds gehalten wurden, um Wertzuwächse bei einem Wegzug der Vermögenszuwachsbesteuerung zu entziehen.[1991] Obwohl durch die Vorabpauschale sowie die agE Wertzuwächse in Anteilen an Publikums-Investmentfonds und thesaurierte Erträge bei SpIF grundsätzlich besteuert werden, fielen insbesondere die Vorabpauschalen aufgrund niedriger oder gar negativer Basiszinsen in der Vergangenheit sehr gering aus. Für Publikums-Investmentfonds wird nun ein neuer Absatz 3 in § 19 InvStG eingeführt, für Spezial-Investmentfonds ein neuer

---

1982 Vgl. *Cortez/Lang*, IWB 2024, 796 (797).
1983 Vgl. *Kraft*, in: Kraft (Hrsg.), AStG-Kommentar, § 6, Rn. 15.
1984 Vgl. *Cortez/Lang*, IWB 2024, 796 (797).
1985 Vgl. *Kraft*, DStR 2023, 1690 (1690).
1986 Vgl. *Beinert*, ISR 2024, 357 (357).
1987 Vgl. *Kahlenberg*, IStR 2020, 378 (384); *Pohl*, in: Brandis/Heuermann (Hrsg.), Ertragsteuerrecht Kommentar, § 6 AStG, Rn. 15 m.w.N.
1988 Vgl. *Pohl*, in: Brandis/Heuermann (Hrsg.), Ertragsteuerrecht Kommentar, § 6 AStG, Rn. 122.
1989 Vgl. Beschlussempfehlung und Bericht des Finanzausschusses zu einem JStG 2024 vom 16.10.2024, BT-Drs. 20/13419, 243; *Häck*, in: Flick/Wassermeyer/Baumhoff/Schönfeld (Hrsg.), AStG-Kommentar, § 6 AStG, Rn. 345.
1990 Beschlussempfehlung und Bericht des Finanzausschusses zu einem JStG 2024 vom 16.10.2024, BT-Drs. 20/13419, 243.
1991 Vgl. *Ebenda*, 243.

Absatz 5 in § 49 InvStG. Beide Bestimmungen spiegeln nahezu den Wortlaut des § 6 Abs. 1 Satz 1 AStG und erfassen Anteile an inländischen als auch ausländischen (Spezial-)Investmentfonds im Privatvermögen.[1992] Sie stellen damit folgende Tatbestände der Veräußerung von Anteilen aus (Spezial-)Investmentanteilen gleich:

(1) die Beendigung der unbeschränkten Steuerpflicht des Anlegers infolge der Aufgabe des Wohnsitzes oder des gewöhnlichen Aufenthalts,
(2) die unentgeltliche Übertragung auf eine nicht unbeschränkt steuerpflichtige Person sowie,
(3) vorbehaltlich der Nummern 1 und 2, der Ausschluss oder die Beschränkung des Besteuerungsrechts der Bundesrepublik Deutschland hinsichtlich des Gewinns aus der Veräußerung der Investmentanteile.

Des Weiteren sind § 6 Abs. 1 Satz 2 und 3 sowie Absätze 2-5 AStG entsprechend anzuwenden, sodass die Stundungs- sowie Rückkehrmöglichkeit in diesem Kontext eröffnet sind.

Bei Erfüllung eines Tatbestandes nach § 19 Abs. 3 Satz 1 InvStG oder § 49 Abs. 5 Satz 1 InvStG erfolgt die Besteuerung der Veräußerungsgewinne. Hierbei gilt nach § 19 Abs. 3 Satz 2 sowie § 49 Abs. 5 Satz 2 InvStG, dass die Summe der steuerpflichtigen Gewinne positiv ist, sodass Vermögensminderungen unberücksichtigt bleiben.

Bezüglich der Beteiligung an Publikums-Investmentfonds wird die 1 %-ige Beteiligungsschwelle aus § 17 EStG übernommen, was bedeutet, dass der Steuerpflichtige in den letzten fünf Jahren vor der Veräußerung zu irgendeinem Zeitpunkt un-/mittelbar mind. 1 % der Anteile am Investmentfonds im Privatvermögen gehalten hat.[1993] Alternativ greift die Vermögenszuwachsbesteuerung bei Anschaffungskosten von mind. 500.000 €; die 1 %-Schwelle muss nicht erreicht werden. Beteiligungen an verschiedenen Investmentfonds werden getrennt betrachtet.[1994] Die Schwelle von 500.000 € erscheint niedrig und könnte auch durchschnittliche Investoren in den Anwendungsbereich der Wegzugsbesteuerung einbeziehen. Zudem wirkt diese Grenze willkürlich gesetzt und sachlich nicht gerechtfertigt. Die Begründung der niedrigen Grenze liegt in der Annahme, dass Investmentfondsanteile potentiell mehr stille Reserven aufweisen, da nur bestimmte inländische Einkünfte auf Fondsebene einer Besteuerung

---

1992 Vgl. *Ebenda*, 244; Gesetzeswortlaut: „nicht im Betriebsvermögen hält".
1993 Vgl. *Cortez/Lang*, IWB 2024, 796 (796 f.)
1994 Vgl. Beschlussempfehlung und Bericht des Finanzausschusses zu einem JStG 2024 vom 16.10.2024, BT-Drs. 20/13419, 245 JStG 2024 vom 05.12.2024, BGBl. 2024 I, Nr. 387, 16 f.

unterliegen.[1995] Insbesondere Veräußerungsgewinne können Investmentfonds steuerfrei vereinnahmen. Zudem lässt sich dieses Kriterium bei Publikums-Investmentfonds mit einer Vielzahl an Anlegern administrativ leichter umsetzen als die Überprüfung der 1%-Schwelle.[1996] Diese Erweiterung der Vermögenszuwachsbesteuerung bei Investmentanteilen geht über die „originäre" Vermögenszuwachsbesteuerung in § 6 AStG verschärfend hinaus.[1997] Zudem ist anzumerken, dass eine Investition in Investmentfonds, insbesondere ETF, nicht geeignet ist, den angeführten Gestaltungsspielraum auszunutzen.[1998] Hinsichtlich SpIF-Anteilen werden in § 49 Abs. 5 InvStG keine Schwellenwerte festgelegt, da die gesetzlich maximal zulässige Anlegerzahl von 100 einen „faktischen" Einfluss auf die Fondsaktivitäten nahelegt. [1999] Da natürliche Personen nur in Ausnahmefällen Anteile an Spezial-Investmentfonds halten, stellt die Anwendung eher die Ausnahme dar.

Die Regelung der Vermögenszuwachsbesteuerung i.R.d. Investmentfondsbesteuerung ist dem Grunde nach sachgerecht, da bspw. die Veräußerung von in- und ausländischen Kapitalgesellschaftsbeteiligungen durch den Investmentfonds keiner inländischen Steuerpflicht nach § 6 Abs. 2 InvStG unterliegen und auf dieser Ebene realisiert werden. Verliert Deutschland zudem das Besteuerungsrecht an den Anteilen des Investmentfonds, welche sich in den Werten der zugrundeliegenden nicht zu besteuernden Assets ergibt, ist eine Entstrickungsbesteuerung auf Anlegerebene sachdienlich. Außerdem führt ein Wegzug nicht zur Entstehung der beschränkten Steuerpflicht des Anlegers nach § 49 EStG, da es an einer analogen Regelung des § 49 Abs. 1 Nr. 5 EStG mangelt. Würde eine Besteuerung von Veräußerungsgewinnen auf Fondsebene erfolgen, könnten mit der Wegzugsbesteuerung in §§ 19, 49 InvStG Doppelbesteuerungen zutage treten. Eine Besteuerung findet allerdings bereits mit der Vorabpauschale sowie den agE statt. I.R.d. § 19 Abs. 1 Satz 3 InvStG sowie des § 49 Abs. 3 InvStG werden bereits gezahlte Vorabpauschalen und agE auf den (fiktiven) Veräußerungsgewinn angerechnet.

Die Anwendung der Regelungen ist ab dem 01. Januar 2025 vorgesehen.[2000]

1995 Vgl. *Ebenda*, 245.

1996 Vgl. *Ebenda*, 245.

1997 Vgl. *Kühn/Lindermann*, FGS-Blog - Ausdehnung der Wegzugsbesteuerung auf Investmentanteile, erhältlich im Internet: https://www.fgs.de/news-and-insights/blog/detail/ausdehnung-der-wegzugsbesteuerung-auf-investmentanteile (besucht am 28.10.2024); *Frey/Schober*, DStR 2024, 2732 (2736).

1998 Vgl. *Frey/Schober*, DStR 2024, 2732 (2736).

1999 Vgl. Beschlussempfehlung und Bericht des Finanzausschusses zu einem JStG 2024 vom 16.10.2024, BT-Drs. 20/13419, 247.

2000 Vgl. JStG 2024 vom 05.12.2024, BGBl. 2024 I, Nr. 387, 18 (§ 57 Abs. 10 Nr. 7 und 8).

I. Belastungsanalyse grenzüberschreitender Fonds-investments

I. Überblick

In diesem Kapitel wird die Anwendung der zuvor erörterten Aspekte zur deutschen Investmentfondsbesteuerung sowie der internationalen Fragestellungen durch eine umfassende Fall- und Belastungsanalyse vorgenommen. Ziel ist es, steueroptimale Gestaltungsansätze zu identifizieren und potenziellen Anpassungsbedarf im Bereich der Investmentfondsbesteuerung zu eruieren. Die Belastungsanalyse bietet einen Überblick über die quantitative steuerliche Belastung unterschiedlicher internationaler Fondskonstrukte.

Analysiert werden sämtliche Fälle, die grenzüberschreitende Aspekte auf Ebene des (Spezial-)Investmentfonds, der Anleger und/oder der Vermögenswerte aufweisen. Ausgangspunkt ist der reine Inlandsfall, bei dem sich Anleger, (Spezial-)Investmentfonds sowie deren Vermögenswerte im Inland befinden. Fall 1 behandelt den Sachverhalt, wenn der (Spezial-)Investmentfonds im Ausland ansässig ist, während sich in Fall 2 die Vermögenswerte im Ausland befinden. Fall 3 betrachtet die Konstellation, bei der sich der Anleger im Inland befindet, während der (Spezial-)Investmentfonds sowie die Anlagen im Ausland sind. In den Fällen 4 und 5 sind ausländische Anleger an einem inländischen (Fall 4) bzw. ausländischen (Fall 5) (Spezial-)Investmentfonds mit jeweils inländischen Vermögenswerten beteiligt. Fall 6 beschäftigt sich mit ausländischen Anlegern, die an einem inländischen (Spezial-)Investmentfonds beteiligt sind, welcher jedoch in ausländische Vermögenswerte investiert.

Die nachfolgende Abbildung zeigt die zu betrachtenden Fälle grafisch.

C. Haberkorn, *International-steuerliche Strukturen der reformierten Investmentbesteuerung*, Hallesche Schriften zur Betriebswirtschaft 38,
https://doi.org/10.1007/978-3-658-49895-5_9

Abbildung I.1: Darstellung der Fälle der Belastungsanalyse.

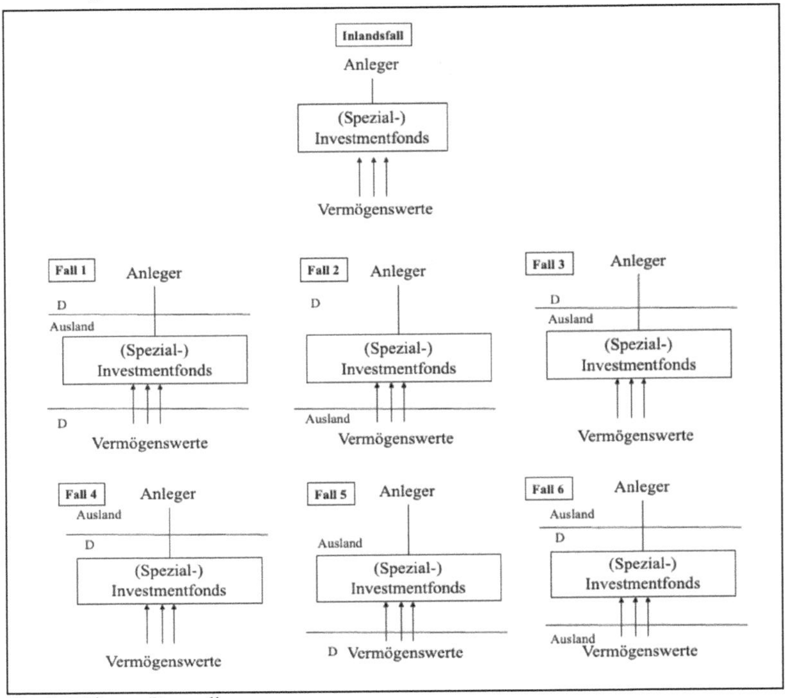

Quelle: Eigene Darstellung.

1. Rahmenbedingungen

Der in- und ausländische (Spezial-)Investmentfonds qualifiziert als solcher gemäß § 1 Abs. 2 InvStG i.V.m. § 1 Abs. 1 KAGB sowie § 26 InvStG. Folglich findet das InvStG auf den (Spezial-)Investmentfonds und dessen Anleger Anwendung. Auf Anlegerebene werden die steuerlichen Auswirkungen für Körperschaften und natürliche Personen, welche die Fondsanteile im Privat[2001]- und Betriebsvermögen halten, dargestellt. Hierbei ist zu beachten, dass natürliche Personen nach § 26 Nr. 8 Satz 2 InvStG nur unter bestimmten Voraussetzungen an einem SpIF beteiligt sein dürfen.

Es wird angenommen, dass der (Spezial-)Investmentfonds 60 % seines Vermögens in Kapitalgesellschaftsbeteiligungen (Aktien) und die restlichen 40 % in Anleihen investiert. Entsprechend stammen 60 % der Einkünfte aus Dividenden und 40 % aus Zinsen. Der (Spezial-)Investmentfonds erzielt insgesamt Einnahmen i.H.v. 10.000.000 €

[2001] Die Anleger werden im Folgenden als Privatanleger bezeichnet.

(Bruttoangabe) pro Jahr, wovon 6.000.000 € auf Dividenden (60 %) und 4.000.000 € auf Zinsen (40 %) entfallen. In den ersten drei Jahren (Jahr 00, 01, 02) thesauriert der (Spezial-)Investmentfonds die Erträge und schüttet diese im Jahr 03 an die Anleger aus.
Da mehr als 50 % des Aktivvermögens in Kapitalbeteiligungen angelegt sind, handelt sich um einen Aktienfonds nach § 2 Abs. 6 Satz 1 i.V.m. Abs. 8 InvStG. Bei den SpIF werden die Anlagegrenzen nach § 26 Nr. 5 und Nr. 6 InvStG entsprechend eingehalten.

Für die Berechnung der Vorabpauschale im Kontext von Kapitel-2-Investmentfonds ist der Wert der Fondsanteile relevant. Um konkrete Berechnungen vornehmen zu können, wird angenommen, dass der Investmentfonds zu Beginn des betrachteten KJ ein Fondsvermögen i.H.v. 100.000.000 € hat, das sich auf 500.000 Anteile verteilt. Da sich die Investition in Investmentfonds an „eine Vielzahl von Anlegern" richtet, wird angenommen, dass der jeweils betrachtete Anleger im Zuge seines Investments 1 % am Investmentfonds erworben hat. Dies entspricht 5.000 Anteilen zu je 200 €. Demzufolge beläuft sich der Wert der Fondsanteile eines Anlegers insgesamt auf 1.000.000 €. Bei SpIF dürfen sich gemäß § 26 Nr. 8 Satz 1 InvStG zudem nicht mehr als 100 Anleger beteiligen.

- Wert des Aktienfonds am 01.01.00: 100.000.000 €
- Wert des Aktienfondsanteils am 01.01.00: 1.000.000 €

Für die Steuerbelastung auf Anlegerebene wird angenommen, dass natürliche Personen einem Einkommensteuersatz (Grenzsteuersatz) von 42 % unterliegen. Der Gewerbesteuersatz beträgt stets 14 %. Der SolZ wird aus Vereinfachungsgründen auf Anlegerebene nicht berücksichtigt. Der Sparer-Pauschbetrag nach § 20 Abs. 9 EStG i.H.v. 1.000 € wird in dieser Analyse aus Gründen der Übersichtlichkeit nicht mit einbezogen. An gegebener Stelle wird jedoch darauf verwiesen.

2. Einordnung in den DBA-Kontext

Wenn sich die Kapitalgesellschaftsbeteiligungen und Anleihen eines inländischen (Spezial-)Investmentfonds im DBA-Ausland befinden oder umgekehrt, kann eine Reduzierung der Quellensteuerlast über DBA erfolgen, sofern eine QuSt auf Fondseingangsseite erhoben wird. Dabei stellt sich die Frage nach der Abkommensberechtigung des (Spezial-)Investmentfonds. Dieser Aspekt wurde in Abschnitt H.II. ausführlich beleuchtet. Grundsätzlich werden (Spezial-)Investmentfonds im DBA-Kontext als abkommensberechtigt angesehen. In der deutschen Verhandlungsgrundlage wird dem Investmentfonds die Vergünstigung jedoch nur gewährt, wenn zu einem bestimmten Umfang Personen beteiligt sind (sog. LOB-Klauseln). Erhält der Investmentfonds also Dividenden aus einem Staat, mit dem Deutschland ein DBA abgeschlossen hat, könnten die Quellensteuerermäßigungen nach Art. 10 Abs. 2 a) und b) OECD-MA auf 15 % bzw. 5 % unter bestimmten Voraussetzungen erfolgen, die im konkreten DBA festgelegt sind. Oftmals wird in diesen Fällen auf die dahinterstehenden Anleger abgestellt. Sind keine spezifischen Regelungen enthalten, muss die steuerliche Behandlung ggf. in einem Verständigungsverfahren geklärt werden, ansonsten wird keine Quellensteuerermäßigung gewährt.

Eine Quellensteuerermäßigung nach Art. 10 Abs. 2 b) OECD-MA auf 5 % ist nur einschlägig, wenn der Investmentfonds als eine Gesellschaft neben der (hier angenommenen) Nutzungsberechtigung an den Dividenden unmittelbar über 25 % (in deutschen DBA 10 %) an der Dividenden zahlenden Gesellschaft beteiligt ist. Für SpIF könnte die Ermäßigung auf 5 % nur zum Tragen kommen, wenn diese an Gesellschaften gemäß § 26 Nr. 6 Bst. a)-c) InvStG über 10 % beteiligt sind. Für andere Kapitalgesellschaftsbeteiligungen muss die Beteiligung unter 10 % liegen. Dahingehend regelt § 29 Abs. 3 Satz 2 InvStG, dass bei Überschreitung der Beteiligungsgrenze Steuerermäßigungen nach DBA nicht anzuwenden sind (Treaty Override) und wirkt der zweckwidrigen Ausnutzung von Abkommensvorteilen entgegen.[2002] Bei Prüfung von LOB-Klauseln ist auf die Anlegerzusammensetzung zurückzugreifen. Eine Ermäßigung auf 5 % ist in den meisten Fällen unwahrscheinlich und wird daher im Folgenden nicht angenommen. Dies ergibt sich auch aus der Analyse der konkreten DBA, welche die Belastung zumeist auf 15 % begrenzen.

Im Fall ausländischer (Spezial-)Investmentfonds, welche sich in einem DBA-Staat befinden, sind Ausschüttungen des Fonds unter den abkommensrechtlichen Dividendenbegriff zu subsumieren. Auch die Vorabpauschalen sind unter Art. 10 OECD-MA zu subsumieren.[2003] Wird eine ausländische Fondsausgangsquellensteuer einbehalten, ist für Ausschüttungen des (Spezial-)Investmentfonds auf den Dividendenartikel des entsprechenden DBA zurückzugreifen.

2002 Vgl. Gesetzentwurf zum InvStRefG vom 07.04.2016, BT-Drs. 18/8045, 98.

2003 Vgl. *Schwarz*, Investmentbesteuerung im Anwendungsbereich des InvStG, 434; *von Freeden*, in: Schaumburg (Hrsg.), Internationales Steuerrecht, Rn. 12.23 (5. Aufl.).

Hinsichtlich Zinsen wird in der Fallstudie eine Quellensteuerreduktion auf 10% angenommen. Diese ergibt sich aus den Regelung in Art. 11 Abs. 2 Satz 1 OECD-MA. In der deutschen Verhandlungsgrundlage wird das Besteuerungsrecht an den Zinsen nur dem Ansässigkeitsstaat zuerkannt, während der Quellenstaat freistellt.[2004] Daraus ergibt sich auch, dass Zinsen nicht unter § 6 Abs. 2 InvStG der 15 %igen Besteuerung auf Fondsebene unterliegen. Dennoch enthalten einige konkrete DBA einen Quellensteuersatz auf Zinsen. Daher wird dies auch in der Fallstudie angewandt. Eine Übersicht der DBA-Quellensteuer auf Zinsen und Dividenden ist der Übersicht des BZSt zu entnehmen.[2005]

3. Veräußerung des (Spezial-)Investmentfondsanteils

Hinsichtlich einer möglichen Veräußerung des Aktienfondsanteils im Jahr 03 nach der Ausschüttung entsteht im vorliegenden Fall kein Veräußerungsgewinn, denn der Veräußerungspreis stimmt mit dem Anschaffungspreis (1.000.000 €) überein (siehe dazu Tabelle 5). Mitunter kann ein Veräußerungsverlust entstehen, da die angesetzten Vorabpauschalen des Anlegers den „Gewinn" ungeachtet der Teilfreistellung nach § 19 Abs. 1 Satz 3, 4 InvStG mindern. Trotz dieser Formulierung ist anzunehmen, dass sich auch ein Veräußerungsverlust weiter erhöhen kann.[2006] Demzufolge entsteht ein steuerlich geltend zu machender Verlust. Bei Privatanlegern ist zu beachten, dass dieser Verlust nach § 20 Abs. 6 Satz 1, 2 EStG nur mit Einkünften aus Kapitalvermögen verrechnet werden kann und nicht mit anderen Einkunftsarten; zudem ist nur ein Verlustvortrag möglich. § 20 Abs. 6 Satz 4 EStG ist mithin nicht einschlägig; somit ist eine Verrechnung mit bspw. Dividendenerträgen möglich.

2004 Vgl. Art. 11 Abs. 1 DVHG.

2005 Vgl. BZSt, Anrechenbarkeit der Quellensteuer auf Dividenden und Zinsen von Staaten, mit denen Deutschland ein Doppelbesteuerungsabkommen abgeschlossen hat, erhältlich im Internet: https://www.google.com/url?sa=t&source=web&rct=j&opi=89978449&url=https://www.bzst.de/SharedDocs/Downloads/DE/EU_OECD/anrechenbare_ausl_quellensteuer_2023.pdf%3F__blob%3DpublicationFile%26v%3D2&ved=2ahUKEwi_nLrCgvy-JAxXGhP0HHWgBHVYQFnoECBgQAQ&usg=AOvVaw0eyhDmd9rB_VQsUGPqMqG_ (besucht am 27.11.2024).

2006 Vgl. BMF vom 21.05.2019, IV C 1 - S 1980-1/16/10010:001, Rn. 19.4, in: BStBl. I 2019, 527.

II. Ausgangsfall – Inlandsfall

1. Ebene des inländischen (Spezial-)Investmentfonds

Der vorliegende inländische (Spezial-)Investmentfonds gilt nach § 6 Abs. 1 Satz 1 InvStG als Zweckvermögen nach § 1 Abs. 1 Nr. 5 KStG und ist als ein unbeschränkt steuerpflichtiges KSt-Subjekt anzusehen. Die Anwendung von §§ 6, 7, 11 und 15 InvStG auf Spezial-Investmentfonds richtet sich nach § 29 Abs. 1 InvStG. § 6 Abs. 2 Satz 1 InvStG regelt die grundsätzliche Steuerbefreiung in- und ausländischer (Spezial-)Investmentfonds. Sie unterliegen jedoch nach § 6 Abs. 2 Satz 2 InvStG mit bestimmten inländischen Einkünften der Steuerpflicht. Dazu gehören abschließend: inländische Beteiligungseinnahmen, inländische Immobilienerträge sowie sonstige inländische Einkünfte. Der (Spezial-)Investmentfonds erzielt inländische Dividendenerträge und Zinsen. Die Dividendenerträge fallen unter die inländischen Beteiligungseinnahmen nach § 6 Abs. 3 InvStG, während die Zinsen keinen Tatbestand nach § 6 Abs. 2 InvStG erfüllen. Weiterhin sind die Voraussetzungen von § 15 InvStG für die Nicht-Erhebung der GewSt erfüllt. Folglich unterliegen nur die Dividenden i.H.v. 6.000.000 € der Besteuerung auf Fondsebene. Die Ermittlung erfolgt auf Bruttobasis; ein Werbungskostenabzug ist nach § 6 Abs. 7 Satz 3 InvStG nicht vorgesehen. Des Weiteren wird die Anwendung des § 8b KStG nach § 6 Abs. 6 InvStG ausgeschlossen, sodass keine Mindestbeteiligung vorliegen muss bzw. die Beteiligungshöhe kein Gestaltungspotential auslöst. Die Steuererhebung erfolgt nach § 7 Abs. 2 InvStG durch KapESt-Abzug mit abgeltender Wirkung. Liegt eine entsprechende Statusbescheinigung nach § 7 Abs. 1 InvStG vor, wird ein Steuerabzug von 15 % inkl. SolZ vorgenommen.

Tabelle 4: Besteuerung auf Ebene des inländischen (Spezial-)Investmentfonds für die Jahre 00-03.

Höhe inländische Dividenden	6.000.000 €
KSt, §§ 6 Abs. 2 i.V.m. 7 InvStG (14,218 %)	853.080 €
SolZ, § 7 Abs. 1 InvStG (0,782 %)	46.920 €
Gesamtsteuerbelastung Dividenden	900.000 €
Höhe inländische Zinsen	4.000.000 €
Keine Besteuerung nach § 6 Abs. 2 ff. InvStG	0 €

Quelle: Eigene Darstellung.

Im Inlandsfall erzielt der (Spezial-)Investmentfonds Erträge in Höhe von 10 Mio. €. Davon sind auf 6 Mio. € 15 % KSt/KapESt (inkl. SolZ) i.H.v. 900.000 € (853.080 € KSt, 46.920 € SolZ) gemäß § 7 Abs. 1 InvStG zu zahlen. In der Folge bleiben dem

(Spezial-)Investmentfonds pro Jahr 9,1 Mio. € zur Ausschüttung an die Anleger bzw. zur Wiederanlage bei Thesaurierung.

Nimmt der SpIF die Transparenzoption nach § 30 Abs. 1 InvStG in Anspruch, entfällt die Körperschaftsteuerpflicht auf die inländischen Beteiligungseinnahmen. Die Steuererhebung wird auf die Anlegerebene „verschoben".

2. Ebene der inländischen Anleger

Für den bzw. die im Inland unbeschränkt steuerpflichtigen Anleger sind zunächst § 20 Abs. 1 Nr. 3 und Nr. 3a EStG als separate Tatbestände für die Besteuerung von Einkünften im Zusammenhang mit (Spezial-)Investmentfonds einschlägig. Demnach werden die Investmenterträge nach § 16 InvStG sowie die Spezial-Investmenterträge nach § 34 InvStG der Besteuerung auf Anlegerebene unterworfen.

Investmenterträge nach § 16 InvStG sind Ausschüttungen des Investmentfonds, die Vorabpauschale nach § 18 InvStG sowie Veräußerungsgewinne aus den Investmentfondsanteilen.

In den ersten drei Jahren werden die Erträge des (Spezial-)Investmentfonds thesauriert. Erst im Jahr 03 erfolgt eine Ausschüttung der Erträge. Dahingehend schmälert die Steuerbelastung auf Fondsebene die Höhe der Ausschüttung an die Anleger, da dem Investmentfonds ein geringerer ausschüttungsfähiger Gewinn verbleibt. Aufgrund der Thesaurierung der Fondserträge erhöht sich mithin der Wert des Aktienfonds(anteils). Eine Ausschüttung erfolgt im Jahr 03 in Höhe der in den Vorjahren (und im Jahr 03) vereinnahmten Erträge. Die Ausschüttung würde demnach insgesamt 36,4 Mio. € (9,1 Mio. € pro Jahr) betragen. Für den Anleger, welcher zu 1 % beteiligt ist, ergibt sich eine Ausschüttung i.H.v. 364.000 € in Jahr 03. Der Fondswert mindert sich im Jahr 03 um den Ausschüttungsbetrag, sodass dieser dem Wert zu Beginn des Jahres 00 entspricht.[2007] Folgende Tabelle zeigt die Entwicklung des Wertes des Fondsanteils.

2007 Vgl. *Kral/Watzlaw*, BB 2018, 2717 (2718).

Tabelle 5: Entwicklung des Wertes des Fondsanteils (Inlandsfall).

Jahr	00	01	02	03
Wert des Aktienfonds-anteils am 01.01.	1.000.000 €	1.091.000 €	1.182.000 €	1.273.000 €
Thesaurierung/Erträge des Fonds (Fondsanteil)	100.000 €	100.000 €	100.000 €	100.000 €
Steuerbelastung Fonds (Fondsanteil)	9.000 €	9.000 €	9.000 €	9.000 €
Ausschüttung (Fondsanteil)	0 €	0 €	0 €	364.000 €
Wert des Aktienfonds-anteils am 31.12.	1.091.000 €	1.182.000 €	1.273.000 €	1.000.000 €

Quelle: Eigene Darstellung.

Die Vorabpauschale berechnet sich aus dem Wert des Aktienfondsanteils zu Jahresbeginn unter Berücksichtigung der Ausschüttungen des Investmentfonds gemäß der nachfolgenden Tabelle. Dabei wird der Basiszins für die Vorabpauschale 2024 zugrunde gelegt (2,29%).[2008]

Tabelle 6: Berechnung der Vorabpauschale für die Jahre 00-03.

	00	01	02	03
Rücknahmepreis zu Beginn des KJ	1.000.000 €	1.091.000 €	1.182.000 €	1.273.000 €
• 70 % des Basiszinssatzes (2,29 %)	1,603 %	1,603 %	1,603 %	1,603 %
= Basisertrag	16.030 €	17.489 €	18.947 €	20.406 €
./. Ausschüttungen	0 €	0 €	0 €	364.000 €
= Vorabpauschale	16.030 €	17.489 €	18.947 €	0 €

Quelle: Eigene Darstellung.

Hierbei ist zu beachten, dass die Vorabpauschale des Jahres 00 gemäß § 18 Abs. 3 InvStG am ersten Werktag des folgenden KJ (01) als zugeflossen gilt. Dies wird damit begründet, dass zu Jahresbeginn noch der vollständige Sparer-Pauschbetrag zur Verfügung steht, der genutzt werden kann, um keine negativen Steuerfolgen auszulösen (vorausgesetzt ein entsprechender Freistellungsauftrag wurde gestellt).[2009] Die Vorabpauschale ist nach § 18 Abs. 1 Satz 1 InvStG begrenzt auf die tatsächliche Wertsteigerung des Fondsanteils. Im vorliegenden Fall greift jedoch keine solche Begrenzung.

[2008] BMF vom 05.01.2024, IV C 1 - S 1980-1/19/10038:008, in: BStBl. I 2024, 154.

[2009] Vgl. Vgl. BMF vom 21.05.2019, IV C 1 - S 1980-1/16/10010:001, Rn. 18.12, in: BStBl. I 2019, 527; *Höring*, StBp 2019, 236 (238).

Die jeweiligen Anleger erzielen demzufolge die folgenden Investmenterträge nach § 16 InvStG:

Tabelle 7: Zeitliche Erfassung der Vorabpauschale.

Investmenterträge nach § 16 InvStG	00	01	02	03
Vorabpauschale § 16 Abs. 1 Nr. 2 InvStG	0 €	16.030 €	17.489 €	18.947 €
Ausschüttungen § 16 Abs. 1 Nr. 1 InvStG	0 €	0 €	0 €	364.000 €

Quelle: Eigene Darstellung.

Im Zeitverlauf erhöht sich die Vorabpauschale, da der Fondswert durch die Reinvestition thesaurierter Erträge zunimmt. Bei dieser Analyse werden externe Faktoren wie die Entwicklung einzelner Vermögenswerte nicht berücksichtigt; es wird ausschließlich der steuerliche Effekt betrachtet. Die Anleger unterliegen Teilfreistellungssätzen nach § 20 InvStG: für Privatanleger beträgt die Teilfreistellung bei Aktienfonds 30 %, für betriebliche Anleger 60 % und für Körperschaften 80 %. Bei der Gewerbesteuer reduzieren sich die Teilfreistellungssätze auf die Hälfte.[2010]

Für Privatanleger wird 25 % Abgeltungsteuer (zzgl. SolZ) auf die Investmenterträge fällig. Angefallene Werbungskosten können nur i.R.v. § 20 Abs. 9 EStG abgezogen werden (hier aus Gründen der Übersichtlichkeit vernachlässigt). Für betriebliche Anleger und Körperschaften werden das TEV sowie § 8b KStG nach § 16 Abs. 3 InvStG suspendiert. Stattdessen gelten höhere Teilfreistellungssätze; Werbungskosten können entsprechend anteilig abgezogen werden (§ 21 InvStG).
Es ergeben sich je nach Anlegerart die folgenden, in Tabelle 8, dargestellten Steuerbelastungen. Die konkreten Berechnungen sind in Anhang D (Tabelle 47) dargestellt.

2010 § 20 Abs. 5 InvStG.

Tabelle 8: Steuerbelastungen auf Anlegerebene (Kapitel-2-Investmentfonds, Inlandsfall).

	00	01	02	03	Gesamt
Investmenterträge nach § 16 InvStG	0 €	16.030 €	17.489 €	18.947 € 364.000 €	
Privatanleger	25 % Abgeltungsteuer (30 % TFS)				
Gesamtsteuerbelastung (Steuersatz)	0 €	2.805 €	3.061 €	67.016 €	72.882 € (20 %)
verbleiben	0 €	./. 2.805 €	./. 3.061 €	296.984 €	291.118 €
Betrieblicher Anleger	42 % ESt (60 % TFS), 14 % GewSt (30 % TFS)				
Gesamtsteuerbelastung (Steuersatz)	0 €	2.693 €	2.938 €	64.335 €	69.966 € (19,2 %)
verbleiben	0 €	./. 2.693 €	./. 2.938 €	299.665 €	294.034 €
Körperschaft	15 % KSt (80 % TFS), 14 % GewSt (40 % TFS)				
Gesamtsteuerbelastung (Steuersatz)	0 €	1.828 €	1.994 €	43.656 €	47.478 € (13 %)
verbleiben	0 €	./. 1.828 €	./. 1.994 €	320.344 €	316.522 €

Quelle: Eigene Darstellung.

Im Jahr 00 hat die Thesaurierung der Fondserträge auf Anlegerebene keine steuerlichen Auswirkungen, da die Vorabpauschale für dieses Jahr erst zu Beginn des Jahres 01 als zugeflossen gilt.[2011] Im Jahr 01 wird die Vorabpauschale mit Ertragsteuer belastet, obwohl dem Anleger keine realisierten Erträge zufließen. Dabei ist zu beachten, dass die Vorabpauschale aufgrund der Teilfreistellung nur teilweise steuerpflichtig ist. Zudem müsste beim Privatanleger noch der Sparer-Pauschbetrag nach § 20 Abs. 9 EStG i.H.v. 1.000 € berücksichtigt werden.[2012] Auch im Jahr 02 ist die Vorabpauschale ohne tatsächliche Kapitalzuflüsse zu versteuern. Im Jahr 03 wird die Vorabpauschale des Jahres 02 als Investmentertrag erfasst. In diesem Jahr erfolgt die Ausschüttung der thesaurierten Fondserträge aus den Jahren 00, 01 und 02 sowie der Erträge aus dem Jahr 03. Dahingehend erhält der Anleger einen positiven Kapitalzufluss.

Spezial-Investmenterträge nach § 34 InvStG sind ausgeschüttete Erträge, ausschüttungsgleiche Erträge sowie Veräußerungsgewinne aus den Spezial-Investmentfondsanteilen.

Schüttet ein SpIF seine Erträge aus (§ 2 Abs. 11 InvStG), können diese als ausgeschüttete Erträge (§ 35 InvStG) der Besteuerung beim Anleger unterworfen sein. Der Ausschüttungsbegriff nach § 2 Abs. 11 InvStG unterscheidet sich dabei von dem der ausgeschütteten Erträge nach § 35 InvStG. Bei der Bestimmung der ausgeschütteten

2011 § 18 Abs. 3 InvStG.

2012 Dahingehend wäre die Steuerbelastung um 250 € (1.000 € • 25 %) geringer.

Erträge ist die sog. Verwendungsreihenfolge nach § 35 Abs. 2 InvStG zu beachten. Demnach gelten Zurechnungs- sowie Absetzungsbeträge als vorrangig ausgeschüttet. Bei Nichtausübung der Transparenzoption existieren keine Zurechnungsbeträge. Auch Absetzungsbeträge gibt es mangels Immobilieninvestitionen nicht. Schüttet der Spezial-Investmentfonds seine Erträge im Jahr 03 vollständig (nach Abzug der Steuer auf Fondsebene) an die Anleger aus, erhalten diese jeweils 364.000 € als tatsächlichen Ausschüttungsbetrag (§ 2 Abs. 11 InvStG).

Die Besteuerungsregelungen für Anleger eines SpIF sind in §§ 34-51 InvStG geregelt. Dabei regeln die §§ 37-41 InvStG die Ermittlung der Einkünfte auf Ebene des SpIF. Die Verortung der Paragrafen bei der Anlegerbesteuerung scheint zunächst verwirren, ist dennoch sachlogisch nachvollziehbar, weil diese Einkunftsermittlung die Grundlage für die ausgeschütteten und agE auf Anlegerebene bilden.[2013]

Die ausgeschütteten Erträge nach § 35 InvStG ermitteln sich gemäß § 37 Abs. 1 Satz 1 InvStG auf Ebene des SpIF[2014] entsprechend § 2 Abs. 2 Nr. 2 EStG, wobei der Überschuss der Einnahmen über die Werbungskosten zugrunde gelegt wird. Da hierbei auch die Regelung des § 12 Nr. 3 EStG zu berücksichtigen ist, sind die ausgeschütteten Erträge stets als Bruttobetrag inklusive ausländischer Quellensteuern auf Fondseingangsseite sowie der Besteuerung auf Fondsebene durch § 7 Abs. 1 InvStG zu verstehen.[2015] Wird keine Ausschüttung der Fondserträge vorgenommen, sondern erfolgt eine Thesaurierung, entstehen dem Anleger agE nach § 36 InvStG.[2016] Diese belaufen sich i.V.m. § 37 InvStG im Fall auf 100.000 €[2017] pro Jahr. Die ausgeschütteten Erträge nach § 35 InvStG berücksichtigen außerdem die bereits besteuerten agE der Vorjahre, welche in den Folgejahren steuerneutral ausgeschüttet werden können.[2018] Hinsichtlich der Werbungskosten, welche auf Ebene des SpIF anfallen, können SpIF gemäß § 39 Abs. 2 InvStG und § 40 Abs. 5 InvStG diese nicht mit Dividendeneinnahmen verrechnen.[2019]

2013 Vgl. *Gottschling*, in: K/S/B/H/K (Hrsg.), InvStG-Kommentar, § 39, Rn. 7.

2014 Vgl. *Böcker*, in: K/S/B/H/K (Hrsg.), InvStG-Kommentar, § 37, Rn. 10.

2015 Vgl. *Köhler/Schober*, Praxisleitfaden Investmentsteuerrecht, 186, 214; *Aigner*, in: Moritz/Jesch/Mann (Hrsg.), Kommentar InvStG, § 37, Rn. 18.

2016 Auch diese ermitteln sich nach §§ 37-41 InvStG.

2017 Lediglich Werbungskosten der Fondsebene können nach §§ 39, 40 InvStG berücksichtigt werden; vgl. BMF vom 20.01.2021, IV C 1 - S 1980-1/19/10008:011, Rn. 37.2, in: BStBl. I 2021, 156 (Änderung BMF-Schreiben vom 21.05.2019); *Aigner*, in: Moritz/Jesch/Mann (Hrsg.), Kommentar InvStG, § 37, Rn. 19.

2018 Vgl. BMF vom 20.01.2021, IV C 1 - S 1980-1/19/10008:011, Rn. 35.5, in: BStBl. I 2021, 156 (Änderung BMF-Schreiben vom 21.05.2019).

2019 Vgl. *Ebner*, RdF 2018, 132 (138).

Im vorliegenden Fall wurden bereits in den ersten drei Jahren je 100.000 € als agE versteuert, sodass schlussendlich für das Jahr 03 von den 364.000 € als Ausschüttung noch 64.000 € als ausgeschüttete Erträge zur Besteuerung verbleiben. Ausgeschüttete und agE werden als EaKV nach § 20 Abs. 1 Nr. 3a EStG beim Anleger erfasst. Folgende Tabelle fasst die Auswirkungen zusammen.

Tabelle 9: Kennzahlen Fonds- und Anlegerbesteuerung (Kapitel-3-Investmentfonds, Inlandsfall).

	00	01	02	03
Ausgeschüttete Erträge/agE, § 37 Abs. 1 Satz 2 InvStG	100.000 €	100.000 €	100.000 €	64.000 € [2020]
§ 6 Abs. 2 InvStG (Fondsanteil)	60.000 €	60.000 €	60.000 €	60.000 €
KSt auf Fondsebene (Fondsanteil), 15 %	9.000 €	9.000 €	9.000 €	9.000 €
Ausschüttungsfähig	91.000 €	91.000 €	91.000 €	91.000 €
Tatsächliche Ausschüttung				364.000 €

Quelle: Eigene Darstellung.

Gemäß § 50 InvStG hat der inländische SpIF auf der Fondsausgangsseite als Entrichtungspflichtiger einen Steuerabzug von 15 % zzgl. SolZ für die Anleger vorzunehmen. Der Steuerabzug würde hierbei 15.000 € zzgl. 750 € SolZ betragen. Der Steuerabzug ist nicht abgeltend. Nach § 43 Abs. 2 Satz 3 Nr. 1 EStG kann von der Abführung Abstand genommen werden. Dieser Steuerabzug stellt bei den Anlegern eine Vorauszahlung nach § 36 EStG dar.

Privatanleger können sich nur unter den engen Voraussetzungen von § 26 Nr. 8 Satz 2 Bst. b) InvStG an einem SpIF beteiligen.[2021] In diesem Fall wird sowohl die Abgeltungsteuer als auch der Sparer-Pauschbetrag nach § 34 Abs. 2 Satz 1 InvStG suspendiert. Demnach sind Werbungskosten in voller Höhe abziehbar und der tarifliche Einkommensteuersatz kommt zum Tragen. § 8b KStG und das TEV finden bei betrieblichen Anlegern und Körperschaften nach § 34 Abs. 2 Satz 2 InvStG grundsätzlich keine Anwendung. Dafür gelten nach § 42 Abs. 4 und 5 InvStG Steuerbefreiungen für ausgeschüttete und agE, die inländische Beteiligungseinnahmen enthalten und auf Fondsebene bereits der Besteuerung unterlagen. Die (Teil-)freistellungen betragen für Privatanleger und betriebliche Anleger 60 % und für Körperschaften 100 %. Bestimmte

2020 Ausgeschüttete Erträge nach § 35 InvStG: 364.000 € (ausschüttungsfähig) ./. 300.000 (agE der Vorjahre) = 64.000 €

2021 Dies umfasst den Fall, dass die Vergütung des Fondsverwalters bspw. teilweise in Anteilen an dem SpIF besteht, vgl. Gesetzentwurf zum InvStRefG vom 07.04.2016, BT-Drs. 18/8045, 96.

Spezial-Investmenterträge unterliegen ebenfalls der Gewerbesteuer bei den entsprechenden Anlegern. Die gewerbesteuerliche Behandlung wird in § 45 InvStG geregelt. Im Wesentlichen betrifft dies bestimmte in- und ausländische Kapitalerträge wie Dividenden und Aktienveräußerungsgewinne. Diese müssen in den ausgeschütteten und agE enthalten sein; die Transparenzoption darf also nicht in Anspruch genommen worden sein.[2022] Die in § 42 Abs. 4 InvStG geregelte Teilfreistellung gilt jedoch nicht für Zwecke der Gewerbesteuer.[2023] Dies gilt ebenso für die Befreiungen gemäß § 3 Nr. 40 EStG und § 8b KStG, welche bei Ausübung der Transparenzoption Anwendung finden würden.[2024] Dies ergibt sich aus § 45 Abs. 1 Satz 1 InvStG.[2025] Ausnahmen gemäß § 45 Abs. 1 Satz 2 InvStG betreffen u.a. nach Nr. 2 Anleger nach dem KStG, die die Steuerbefreiungen auch für Zwecke der GewSt nutzen können, sofern die Anforderungen aus § 45 Abs. 1 Satz 2 Nr. 1 und Nr. 3 InvStG erfüllt sind. Die Steuerbefreiungen gelten nur, wenn der Schuldner der Kapitalerträge eine Gesellschaft nach § 26 Nr. 6 InvStG ist und die durchgerechnete Beteiligung des Anlegers an dieser Gesellschaft mind. 15 % beträgt (§ 9 Nr. 2 bzw. 7 GewStG). In diesem Zusammenhang erscheint es fraglich, warum ein körperschaftsteuerlicher Anleger von der Gewerbesteuerbefreiung erfasst wird, während dies gemäß dem Gesetzeswortlaut für natürliche Personen mit der Anlage im BV nicht der Fall ist.[2026] Für den vorliegenden Fall mangelt es dem körperschaftsteuerlichen Anleger an den Voraussetzungen der Nr. 1 und Nr. 3, sodass die Erträge mit GewSt belastet werden. Zudem gilt die Steuerbefreiung des § 42 Abs. 4 InvStG nur für inländische Beteiligungseinnahmen, sodass die Zinsen, welche in den ausgeschütteten und agE enthalten sind, davon nicht erfasst werden. Die Berechnungen der Steuerbelastungen für Anleger von SpIF werden detailliert in Anhang D (Tabelle 48) ausgeführt.

2022 Vgl. *Korff*, DStR 2018, 943 (944).
2023 Vgl. *Bindl/Leidel*, BB 2018, 151 (151).
2024 Vgl. *Korff*, DStR 2018, 943 (944).
2025 Vgl. *Ebenda*, 943 (944).
2026 Kritisch auch: *Korff*, DStR 2018, 943 (946); *Mann*, in: Brandis/Heuermann (Hrsg.), Ertragsteuerrecht Kommentar, § 45 InvStG, Rn. 9.

Tabelle 10: Steuerbelastungen auf Anlegerebene (Kapitel-3-Investmentfonds, Inlandsfall).

	00	01	02	03	Gesamt
Spezial-Investmenterträge § 34 InvStG	100.000 €	100.000 €	100.000 €	64.000 €	
Privatanleger	42 % Einkommensteuer (60 % TFS, § 42 Abs. 4 InvStG)				
Gesamtsteuerbelastung (Steuersatz)	26.880 €	26.880 €	26.880 €	17.203 €	97.843 € (26,9 %)
verbleiben	./.26.880 €	./.26.880 €	./.26.880 €	346.797€	266.157 €
Betrieblicher Anleger	42 % ESt (60 % TFS, § 42 Abs. 4 InvStG), 14 % GewSt (0 % TFS, § 45 Abs. 1 InvStG)				
Gesamtsteuerbelastung (Steuersatz)	26.880 €	26.880 €	26.880 €	17.203 €	97.843 € (26,9 %)
verbleiben	./.26.880 €	./.26.880 €	./.26.880 €	346.797€	266.157 €
Körperschaft	15 % KSt (100 % TFS[2027], § 42 Abs. 4 InvStG), 14 % GewSt (keine TFS, § 45 Abs. 1 Satz 2 InvStG)				
Gesamtsteuerbelastung (Steuersatz)	20.000 €	20.000 €	20.000 €	12.800 €	72.800 € (20 %)
verbleiben	./.20.000 €	./.20.000 €	./.20.000 €	351.200€	291.200 €

Quelle: Eigene Darstellung.

Wird die Transparenzoption nach § 30 InvStG in Anspruch genommen, entfällt die Körperschaftsteuerpflicht des inländischen SpIF bzgl. der inländischen Beteiligungseinnahmen. Die Einnahmen werden den Anlegern unmittelbar zugerechnet, jedoch ohne dass ein tatsächlicher Zufluss stattfindet. Bei tatsächlicher Ausschüttung der Erträge werden die Beträge i.R.d. § 35 InvStG als Zurechnungsbeträge erfasst, sodass eine erneute Erfassung unter die ausgeschütteten Erträge entfällt. Die Anleger erzielen keine Spezial-Investmenterträge nach § 20 Abs. 1 Nr. 3a EStG, sondern die inländischen Dividendeneinnahmen i.H.v. 60.000 €, welche unter § 20 Abs. 1 Nr. 1 EStG zu subsumieren sind. Die Besteuerung erfolgt demnach nach §§ 43 Abs. 1 Nr. 1 und 43a Abs. 1 Nr. 1 EStG, indem zunächst 25 % KapESt einbehalten wird, welche wiederum durch § 31 Abs. 3 InvStG angerechnet werden kann. Die Steuerbefreiung nach § 8b KStG sowie des TEV sind unter bestimmten Voraussetzungen des § 30 Abs. 2 und 3 InvStG einschlägig und zu prüfen. Für diesen Fall wird angenommen, dass § 3 Nr. 40 EStG und § 8b KStG nach § 30 Abs. 3 InvStG grundsätzlich anwendbar sind; § 8b

2027 Bezogen auf inländische Beteiligungseinnahmen i.H.v. 60.000 €.

KStG jedoch aufgrund der engen Voraussetzungen von § 30 Abs. 2 InvStG nicht, da die Zielgesellschaft keine i.S.d. § 26 Nr. 6 Satz 2 InvStG[2028] ist. Hinsichtlich der Gewerbesteuerpflicht ist § 45 Abs. 1 Satz 1 InvStG zu beachten, welcher für natürliche Personen mit Anlage im BV die Anwendbarkeit des TEV auch für GewSt-Zwecke suspendiert. Wird die Transparenzoption ausgeübt, können Werbungskosten des SpIF mangels Steuerbarkeit der Einnahmen nicht abgezogen werden. Bei Publikums-Investmentfonds erfolgt aufgrund der Bruttobesteuerung auch kein Werbungskostenabzug auf Fondsebene.

Lediglich die Zinsen i.H.v. 40.000 € stellen Spezial-Investmenterträge für den Anleger dar da diese nicht von der Transparenzoption erfasst werden. Die Ergebnisse werden in Tabelle 11 dargestellt; für detaillierte Berechnungen wird auf Anhang D Tabelle 49 verwiesen.

Tabelle 11: Steuerbelastungen auf Anlegerebene (Kapitel-3-Investmentfonds mit Transparenzoption, Inlandsfall).

	00	01	02	03	Gesamt
Spezial-Investmenterträge, § 34 InvStG	40.000 €	40.000 €	40.000 €	40.000 € [2029]	
Zurechnungsbeträge, § 20 Abs. 1 Nr. 1 EStG	60.000 €	60.000 €	60.000 €	60.000 €	
Privatanleger	42 % ESt auf Spezial-Investmenterträge; 25 % Abgeltungsteuer auf Zurechnungsbeträge				
Gesamtsteuerbelastung (Steuersatz)	31.800 €	31.800 €	31.800 €	31.800 €	127.200 € (31,8 %)
netto verbleiben	./.31.800 €	./.31.800 €	./.31.800 €	368.200 €	272.800€
Betrieblicher Anleger	42 % ESt auf Spezial-Investmenterträge und Zurechnungsbeträge (TEV beachten), 14 % GewSt				
Gesamtsteuerbelastung (Steuersatz)	31.920 €	31.920 €	31.920 €	31.920 €	127.680 € (31,9 %)
netto verbleiben	./.31.920 €	./.31.920 €	./.31.920 €	368.080 €	272.320€
Körperschaft	15 % KSt, 14 % GewSt (kein § 8b KStG)				
Gesamtsteuerbelastung (Steuersatz)	29.000 €	29.000 €	29.000 €	29.000 €	116.000 € (29 %)
netto verbleiben	./.29.000 €	./.29.000 €	./.29.000 €	371.000 €	284.000 €

Quelle: Eigene Darstellung.

2028 Immobilien-Gesellschaft, ÖPP-Gesellschaft, EE-Gesellschaft.

2029 Ausgeschüttete Erträge gem. § 35 InvStG: 400.000 € (ausschüttungsfähig, da keine Besteuerung auf Fondsebene) ./. 240.000 € (Zurechnungsbeträge) ./. 120.000 € (agE Vorjahre) = 40.000 €

3. Ergebnisanalyse und Zusammenfassung

Die folgenden Tabellen fassen die Besteuerungswirkungen für den Inlandsfall zusammen. Dabei wurde die Gesamtsumme von Anleger- und Fondssteuerbelastung errechnet und als Vergleichsmaßstab für die nachfolgenden internationalen Fallkonstellationen berechnet. Außerdem kann so ein Vergleich zur Direktanlage unternommen werden. Die Berechnungen zur Direktanlage werden in Tabelle 50 in Anhang D vorgenommen.

Tabelle 12: Steuerbelastung von Fonds- und Anlegerebene im Inlandsfall mit Kapitel-2-Investmentfonds.

Inlandsfall		Ergebnisse Anleger	Ergebnisse Fondskonstrukt	Ergebnisse Direktanlage
Fondsebene (Kapitel-2-Fonds)		9.000 € p.a. (36.000 € insgesamt)		-
BMG für Nettoverbleib und Steuersatz		364.000 €	400.000 €	400.000 €
Privatanleger	Gesamtsteuer Nettoverbleib Steuersatz	72.882 € 291.118 € 20 %	108.882 € 291.118 € 27,2 %	100.000 € 300.000 € 25 %
Betrieblicher Anleger	Gesamtsteuer Nettoverbleib Steuersatz	69.966 € 294.034 € 19,2 %	105.966 € 294.034 € 26,5 %	127.680 € 272.320 € 31,9 %
Körperschaft	Gesamtsteuer Nettoverbleib Steuersatz	47.478 € 316.522 € 13 %	83.478 € 316.522 € 20,9 %	116.000 € 284.000 € 29 %

Quelle: Eigene Darstellung.

Die Steuerbelastungen der Anleger bei einer Fondsanlage fallen im Vergleich zur Direktanlage insgesamt geringer aus (Spalte „Ergebnisse Anleger"). Dem stehen aber auch geringere Einnahmen aufgrund der Vorbelastung auf Fondsebene sowie der Besteuerung der Vorabpauschale gegenüber. Wird die prozentuale Steuerbelastung auf Anlegerebene errechnet, ist die Fondsanlage stets der Direktanlage vorzuziehen. Absolut verbleibt aber bei der Direktanlage ein höherer Nettobetrag. Somit sind die Ergebnisse des Fondskonstruktes (inkl. der Belastung auf Fondsebene) mit der Direktanlage in Beziehung zu setzen, um eine verlässliche Vergleichsaussage treffen zu können.

Die Berechnungen zeigen grau unterlegt, dass die Investition unter den angenommenen Umständen über Investmentfonds für betriebliche Anleger und Körperschaften günstiger ist als die Direktanlage. Das ist vor allem darauf zurückzuführen, dass 40 %

der Einnahmen des Fonds (Zinsen) auf Fondsebene keiner Besteuerung unterliegen. Gleichzeitig stehen den Anlegern pauschale Teilfreistellungen zu. Sollte sich der Aktienanteil des Fonds verringern, sind allerdings geringere Teilfreistellungen vorgesehen, sodass der Effekt abgemildert wird. Bei betrieblichen Anlegern führt das TEV bei der Direktanlage dazu, dass 40 % der Dividendeneinnahmen steuerfrei sind; stattdessen treibt der Zinsanteil die Steuerbelastung, da dieser mit annahmegemäß 42 % besteuert wird. Bei der Fondsanlage ist die Teilfreistellung über Investmentfonds mit 60 % der Investmenterträge, welche einen Zins- und Dividendenanteil enthalten, höher. Fällt der Dividendenanteil höher aus, würde sich der Effekt umdrehen, da die Dividenden bei der Direktanlage vom TEV erfasst werden und bei der Fondsanlage einer höheren steuerlichen Vorbelastung auf Fondsebene ausgesetzt werden. I.R.d. Gewerbesteuer findet das TEV bei der Direktanlage keine Anwendung (§ 8 Nr. 5 i.V.m. § 9 Nr. 2a GewStG). Dagegen gilt die investmentsteuerliche Teilfreistellung, welche nur die Hälfte der einkommensteuerlichen beträgt.

Bei Körperschaften ist der Effekt noch deutlicher zu erkennen. Über die Direktanlage und bei einer Beteiligung von unter 10 % an der Dividenden zahlenden Gesellschaft kommt § 8b Abs. 1 i.V.m. Abs. 4 KStG nicht zur Anwendung und die Dividende ist voll steuerpflichtig. Auch das gewerbesteuerliche Schachtelprivileg greift nicht. I.R.d. Investmentfondsanlage erhalten Körperschaften mithin eine 80 %ige Teilfreistellung (40 % für Gewerbesteuerzwecke) unabhängig von der Beteiligungshöhe.

Für Privatanleger ist die Direktanlage günstiger. Mithin werden die Investmenterträge zu 30 % freigestellt. Wie sich zeigt, kompensiert die Teilfreistellung jedoch nicht die fondsseitige Vorbelastung und die Besteuerung der Vorabpauschale.

Eine Gleichstellung wird mit einer solchen pauschalen, wenn auch einfach handhabbaren Teilfreistellung, nicht erreicht. Vor allem in der vorliegenden Konstellation, in der ein als Aktienfonds eingestufter Investmentfonds für Anlegerzwecke die höchsten Teilfreistellungen erreicht. Bezüglich Investmentfonds, welche die Voraussetzung als Aktienfonds nicht erfüllen, können die Anleger keine bzw. nur eine niedrigere Teilfreistellung geltend machen, sodass die Belastung in dieser Kategorie für den Anleger ansteigen würde und neben der Renditeschmälerung aufgrund der Fondsbesteuerung ggf. die volle ertragsteuerliche Belastung anfällt. Die Steuerbelastung sollte in diesem Fall gemindert werden, indem die Anleger im betrieblichen Kontext höhere Werbungskosten geltend machen oder Depotumschichtungen in Fonds mit

Teilfreistellungen vornehmen. Auch von Seiten der Fondsmanager ist es also von Vorteil, wenn der Investmentfonds die Voraussetzung als Aktienfonds erfüllt und idealerweise gerade über 50 % in Aktien investiert sind. Das führt zu einer geringeren Steuerbelastung des Fonds bei gleichzeitig höherer Teilfreistellung der Anleger.

Würden 100 % der Fondseinnahmen aus Dividenden bestehen, hätte der Fonds eine Körperschaftsteuer von 1,5 Mio. €, statt 900.000 € zu entrichten. Diese höhere Vorbelastung könnte Auswirkungen auf die Vorteilhaftigkeit der Fondsanlage haben, denn die Teilfreistellungen auf Anlegerebene bleiben gleich, bei gleichzeitig gesunkener Rendite der Anleger. Hierbei sei anzumerken, dass für diesen Fall auf die Berechnungen von Fall 1 zurückgegriffen werden kann, welcher von einer ausländischen Ertragsbesteuerung von 15 % auf die *gesamten* Fondserträge ausgeht.

Die folgende Übersicht fasst die steuerlichen Wirkungen im Zusammenhang mit SpIF zusammen.

Tabelle 13: Steuerbelastung von Fonds- und Anlegerebene im Inlandsfall mit Kapitel-3-Investmentfonds.

Inlands-fall		Steuerbelastung	Ergebnis Fonds-konstrukt	Steuerbelastung (Transparenzoption)	Ergebnis Fonds-konstrukt	Direkt-anlage
Ebene SpIF		9.000€ p.a./ 36.000€ gesamt		-		-
BMG für Nettoverbleib und Steuersatz		364.000€	400.000€	400.000€		400.000€
Privatanleger	Gesamtsteuer Nettoverbleib Steuersatz	97.843€ 266.157€ 26,9 %	133.843€ 266.157€ 33,5 %	127.200€ 272.800€ 31,8 %	127.200€	100.000€ 300.000€ 25 %
Betrieblicher Anleger	Gesamtsteuer Nettoverbleib Steuersatz	97.843€ 266.157€ 26,9 %	133.843€ 266.157€ 33,5 %	127.680€ 272.320€ 31,9 %	127.680€	127.680€ 272.320€ 31,9 %
Körperschaft	Gesamtsteuer Nettoverbleib Steuersatz	72.800€ 291.200€ 20 %	108.800€ 291.200€ 27 %	116.000€ 284.000€ 29 %	116.000€	116.000€ 284.000€ 29 %

Quelle: Eigene Darstellung.

Der SpIF hat außerdem die Möglichkeit, die Transparenzoption für inländische Beteiligungseinnahmen anzuwenden, wobei im vorliegenden Fall die Steuerauswirkungen mit denen der Direktanlage korrespondieren. Für Privatanleger gilt eine Ausnahme: zwar werden die Dividenden mit 25 % KapESt belastet, jedoch lassen sich die übrigen Spezial-Investmenterträge nicht über den gesonderten Steuertarif erfassen, wie § 34

Abs. 2 Satz 1 InvStG festlegt. Wird die Transparenzoption nicht ausgeübt, erfolgt die Besteuerung des SpIF. Dahingehend werden den Anlegern jedoch Teilfreistellungen ermöglicht. Für körperschaftsteuerliche Anleger betragen diese 100 %, sodass die Spezial-Investmentfondserträge lediglich mit GewSt und auf Fondsebene mit 15 % KSt vorbelastet werden. Dieser Umstand wirkt sich zu Gunsten der Anlage in SpIF aus, denn eine Mindestbeteiligung wie in § 8b Abs. 1 i.V.m. Abs. 4 KStG wird nicht vorausgesetzt. Für natürliche Personen, welche sich nur in Ausnahmefällen an SpIF beteiligen dürfen, erweist sich die Direktanlage als vorteilhafter.

III. Fall 1 – ausländischer (Spezial-)Investmentfonds mit inländischen Vermögenswerten

Die folgende Abbildung illustriert Fall 1. Hierbei investiert ein inländischer Investor in einen ausländischen (Spezial-)Investmentfonds, welcher das Kapital wiederum in inländische Vermögenswerte anlegt.

Abbildung I.2: Darstellung von Fall 1.

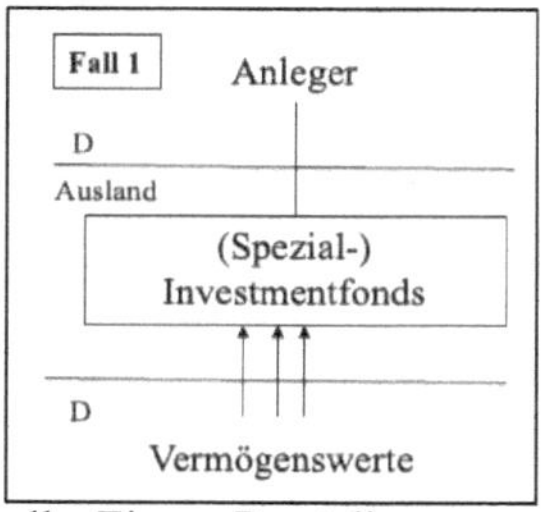

Quelle: Eigene Darstellung.

1. Ebene des ausländischen (Spezial-)Investmentfonds

Der ausländische (Spezial-)Investmentfonds unterliegt nach § 2 Abs. 3 InvStG ausländischem Recht; nach § 6 Abs. 1 Satz 2 InvStG gilt er als Vermögensmasse nach § 2 Nr. 1 KStG und ist als beschränkt körperschaftsteuerpflichtig anzusehen. Ziel der Investmentsteuerreform 2018 war es, insbesondere in- und ausländische Fonds steuerlich gleich zu behandeln. Daher sind auch ausländische Investmentfonds nach § 6 Abs. 2 InvStG grundsätzlich steuerbefreit und unterliegen mit inländischen Beteiligungseinnahmen, inländischen Immobilienerträgen sowie sonstigen inländischen Einkünften der deutschen Körperschaftsteuer. Beteiligt sich der ausländische (Spezial-)Investmentfonds an einer in Deutschland ansässigen Kapitalgesellschaft, die Dividenden ausschüttet, unterliegen diese nach § 7 Abs. 1 und 2 InvStG einem abgeltenden

Steuerabzug von 15 %, sofern eine Statusbescheinigung vorliegt. Die deutsche QuSt i.H.v. 15 % könnte aufgrund eines DBA ggf. auf 5 % reduziert werden, wenn eine Schachtelbeteiligung vorliegt und das DBA entsprechende Regelungen enthält. Dahingehend ist § 50d Abs. 3 EStG zu berücksichtigen (siehe Abschnitt H.II.3.). Eine Erstattung nach § 44 Abs. 9 Satz 1 EStG wird nach § 7 Abs. 1 Satz 2 InvStG ausgeschlossen. Die inländische KSt wird direkt auf 15 % inkl. SolZ begrenzt, da in den meisten DBA-Fällen eine Reduktion auf 15 % erreicht wird. Unterliegt der ausländische Investmentfonds in seinem Sitzstaat insgesamt oder nur bezogen auf die deutschen Einkünfte keiner Ertragsbesteuerung, ergeben sich Steuerbelastungen wie im Inlandsfall. Eine Gleichstellung in- und ausländischer (Spezial-)Investmentfonds ist somit erfolgt.

Zusätzlich sollte berücksichtigt werden, dass der ausländische (Spezial-)Investmentfonds einer unbeschränkten Steuerpflicht in seinem Errichtungsstaat unterliegen könnte. Ob sich der Investmentfonds die deutsche Körperschaftsteuer erstatten oder anrechnen lassen kann, hängt vom jeweiligen ausländischen Staat ab. In vielen Jurisdiktionen unterliegen Investmentfonds keiner Ertragsbesteuerung oder erfahren sachliche Steuerbefreiungen. Dies sollte insbesondere vor dem Hintergrund geprüft werden, dass die europarechtliche Rechtsprechung transparente Systeme suspendiert hat, wenn inländische Fonds zwar steuerbefreit sind, ausländische jedoch mit einer QuSt belastet wurden. Gemäß dem Wissenschaftlichen Dienst des Deutschen Bundestages existieren international unterschiedliche Modelle der Fondsbesteuerung, die von vollständiger Transparenz bis zur Behandlung als Körperschaftsteuersubjekt reichen.[2030] Ist das Trennungsprinzip implementiert, muss die wirtschaftliche Doppelbesteuerung vermieden werden. Dabei gibt es verschiedene Ansätze: Zum einen kann der Fonds persönlich steuerbefreit sein, wobei diese Befreiung oft an Bedingungen wie die Art der Anleger oder der Einkünfte des Fonds geknüpft ist. Zum anderen kann auf eine persönliche Steuerbefreiung verzichtet und stattdessen eine sachliche Steuerbefreiung vorgesehen werden, wodurch der Investmentfonds bspw. nur mit bestimmten Einkünften steuerpflichtig wird. Eine vollständige Besteuerung des Fonds bei gleichzeitiger Entlastung der Anleger ist ebenfalls denkbar.[2031]

2030 Vgl. *Bundestag* – Wissenschaftliche Dienste, Arten und Besteuerung von Investmentfonds in Luxemburg, Frankreich und Irland, 15.

2031 Vgl. *Ebenda*, 16.

In diesem Abschnitt wird analysiert, welche Auswirkungen eine ausländische Ertragsteuerbelastung haben kann. Es wird angenommen, dass der ausländische Staat sowohl die vereinnahmten deutschen Zinsen als auch die Dividenden einer Ertragsteuerbelastung von 15 % unterwirft.[2032] Somit wird eine ausländische „Fondssteuer" von 1.500.000 € (pro Fondsanteil 15.000 €) erhoben. Der ausländische Staat lässt die Anrechnung der deutschen Körperschaftsteuer von 900.000 € zu, sodass die ausländische Steuer 600.000 € beträgt; die Gesamtsteuerlast des Investmentfonds wird mithin auf das ausländische Steuerniveau hochgeschleust und beträgt 1,5 Mio. € (15.000 € pro Fondsanteil). Die folgende Tabelle fasst die Fallannahmen entsprechend zusammen.

Tabelle 14: Besteuerung auf Ebene des ausländischen (Spezial-)Investmentfonds für die Jahre 00-03 (Fall 1).

Höhe inländische Dividenden	6.000.000 €
KSt, §§ 6 Abs. 2 i.V.m. 7 InvStG (14,218 %)	853.080 €
SolZ, § 7 Abs. 1 InvStG (0,782 %)	46.920 €
Gesamtsteuerbelastung Dividenden	900.000 €
Höhe inländische Zinsen	4.000.000 €
Keine Besteuerung nach § 6 Abs. 2 ff. InvStG	0 €
Ggf. ausländische Ertragsteuer z.B. 15 %	1.500.000 €
verbleiben nach Anrechnung i.H.v. 900.000 €	600.000 €

Quelle: Eigene Darstellung.

Des Weiteren kann auch ein ausländischer SpIF die Transparenzoption gem. § 30 InvStG für inländische Beteiligungseinnahmen und sonstige inländische Einkünfte mit Steuerabzug in Anspruch nehmen. In der Folge gelten die inländischen Beteiligungseinnahmen (Dividenden) als dem Anleger direkt zugeflossen; die deutsche Körperschaftsteuerpflicht des Fonds entfällt. Unterliegt der ausländische Investmentfonds einer ausländischen „Fondssteuer" auf die inländischen Dividenden, kann mangels deutscher Steuerpflicht jedoch keine deutsche Steuer angerechnet werden.

2. Ebene der inländischen Anleger

Für die Berechnung der Vorabpauschale als Investmentertrag nach § 20 Abs. 1 Nr. 3 EStG ist keine aktive Mitarbeit durch den ausländischen Investmentfonds erforderlich, sodass eine Bestimmung unkompliziert erfolgen kann. Dafür ist lediglich der Rücknahmepreis des Fondsanteils zu Jahresbeginn notwendig. Der Wert des Aktienfondsanteils sowie die Höhe der Vorabpauschale ergeben sich pro Jahr unter

2032 Hierbei kann angemerkt werden, dass für Zinsen und Dividenden bspw. aufgrund unionsrechtlicher Richtlinien keine Quellensteuern einbehalten werden sollen.

Berücksichtigung der ausländischen Ertragsteuer auf Fondesebene wie folgt. Die konkrete Berechnung wird in Tabelle 51 in Anhang E dargestellt.

Tabelle 15: Entwicklung des Wertes des Fondsanteils und Vorabpauschale (Fall 1).

Jahr	00	01	02	03
Wert des Aktienfondsanteils am 01.01.	1.000.000 €	1.085.000 €	1.170.000 €	1.255.000 €
Thesaurierung/Erträge des Fonds (Fondsanteil)	100.000 €	100.000 €	100.000 €	100.000 €
Steuerbelastung (Fondsanteil)	15.000 €	15.000 €	15.000 €	15.000 €
Ausschüttung (Fondsanteil)	0 €	0 €	0 €	340.000 €
Wert des Aktienfondsanteils am 31.12.	1.085.000 €	1.170.000 €	1.255.000 €	1.000.000 €
Vorabpauschale	16.030 €	17.393 €	18.755 €	0 €

Quelle: Eigene Darstellung.

Aufgrund der höheren Ertragsteuerbelastung des ausländischen Fonds steht ein geringerer Betrag für die Wiederanlage bzw. Thesaurierung zur Verfügung, sodass der Fondswert in entsprechend geringerem Maße als im Inlandsfall absteigt. Entsprechend fällt auch die Vorabpauschale im Vergleich zum Inlandsfall niedriger aus. Nach Abzug der Steuerbelastung auf Fondsebene verbleiben jährlich 85.000 € an Fondserträgen, wodurch im Jahr 03 insgesamt 340.000 € ausgeschüttet werden können. Es ergeben sich die nachfolgenden Steuerbelastungen der jeweiligen Anleger von Kapitel-2-Investmentfonds. Die genauen Berechnungen sind in Tabelle 52 (Anhang E) dargestellt. Hier wird außerdem angenommen, dass der inländische Anleger keiner beschränkten Steuerpflicht im Ausland unterliegt.

Tabelle 16: Steuerbelastungen auf Anlegerebene (Kapitel-2-Fonds, Fall 1).

	00	01	02	03	Gesamt
Investmenterträge § 16 InvStG	0 €	16.030 €	17.393 €	18.755 € 340.000 €	
Privatanleger	25 % Abgeltungsteuer (30 % TFS)				
Gesamtsteuerbelastung (Steuersatz)	0 €	2.805 €	3.044 €	62.782 €	68.631 € (20,2 %)
verbleiben	0 €	./. 2.805 €	./. 3.044 €	277.218 €	271.369 €
Betrieblicher Anleger	42 % ESt (60 % TFS), 14 % GewSt (30 % TFS)				
Gesamtsteuerbelastung (Steuersatz)	0 €	2.693 €	2.922 €	60.271 €	65.886 € (19,4 %)
verbleiben	0 €	./. 2.693 €	./. 2.922 €	279.729 €	274.114 €
Körperschaft	15 % KSt (80 % TFS), 14 % GewSt (40 % TFS)				
Gesamtsteuerbelastung (Steuersatz)	0 €	1.828 €	1.983 €	40.898 €	44.709 € (13,1 %)
verbleiben	0 €	./. 1.828 €	./. 1.983 €	299.102 €	295.291 €

Quelle: Eigene Darstellung.

Bei Ausschüttung ist außerdem zu prüfen, ob der ausländische Staat eine QuSt auf der Fondsausgangsseite für die Anleger einbehält.[2033] Ist dies der Fall, könnte die Steuer für Privatanleger nach § 32d Abs. 5 EStG angerechnet werden. Der Anrechnungshöchstbetrag (AHB) bezieht sich auf den einzelnen steuerpflichtigen Kapitalertrag, sodass Teilfreistellungen bei der Berechnung mitberücksichtigt werden müssen.[2034] Bezüglich der betrieblichen Anleger gelten §§ 34c, 34d EStG und § 26 KStG entsprechend. Des Weiteren ist zu prüfen, ob ein DBA vorliegt. Die meisten DBA regeln diesen Sachverhalt und fassen Ausschüttungen aus Anteilsscheinen an Investmentvermögen unter den Dividendenbegriff, wodurch sich die ausländische QuSt reduziert und in Deutschland angerechnet bzw. die Einkünfte freigestellt werden. Ist die Ausschüttung eines ausländischen Investmentfonds nach einem DBA in Deutschland freigestellt, so wird die Freistellung nur unter den Voraussetzungen des § 16 Abs. 4 InvStG gewährt (Treaty Override). Demnach muss der ausländische Investmentfonds einer allgemeinen Ertragsbesteuerung unterliegen und die Ausschüttung zu mehr als 50 % auf nicht steuerbefreiten Einkünften des Investmentfonds beruhen. § 16 Abs. 4 InvStG gilt über § 34 Abs. 3 Satz 2 InvStG auch in Bezug auf SpIF.

Erzielt der Anleger Spezial-Investmenterträge nach § 20 Abs. 1 Nr. 3a EStG, können die Teilfreistellungen nach § 42 Abs. 4 InvStG angewandt werden. Im vorliegenden

2033 Vgl. *Ebner*, RdF 2017, 305 (307).
2034 Konkretisiert mit dem Gesetzentwurf zum JStG 2020 vom 25.09.2020, BT-Drs. 19/22850, 92.

Fall werden die agE in den Jahren 00-02 erneut mit jeweils 100.000 € festgestellt. Tatsächlich unterliegt der SpIF einer jährlichen Steuerbelastung, sodass im Jahr 03 insgesamt 340.000 € zur Ausschüttung an den Anleger zur Verfügung stehen. Die ausgeschütteten Erträge bestimmen sich nach § 35 InvStG unter Berücksichtigung der bereits versteuerten agE der Vorjahre (insgesamt 300.000 €), sodass im Jahr 03 ausgeschüttete Erträge i.H.v. 40.000 € steuerpflichtig sind. Die Kennzahlen, welche der Besteuerung der Anleger von SpIF zugrunde liegen, sind in Tabelle 17 zusammengefasst. Die konkreten Steuerbelastungen ergeben sich aus Tabelle 53 (Anhang E).

Tabelle 17: Kennzahlen Fonds- und Anlegerbesteuerung (Kapitel-3-Fonds, Fall 1).

	00	01	02	03
Ausgeschüttete Erträge/agE § 37 Abs. 1 Satz 2 InvStG	100.000 €	100.000 €	100.000 €	40.000 € [2035]
§ 6 Abs. 2 InvStG (Fondsanteil)	60.000 €	60.000 €	60.000 €	60.000 €
KSt auf Fondsebene (Fondsanteil)	15.000 €	15.000 €	15.000 €	15.000 €
Ausschüttungsfähig	85.000 €	85.000 €	85.000 €	85.000 €
Tatsächliche Ausschüttung				340.000 €

Quelle: Eigene Darstellung.

Nimmt der ausländische SpIF die Transparenzoption nach § 30 InvStG in Anspruch, ergeben sich analog die folgenden Kennzahlen für die Anlegerbesteuerung:

Tabelle 18: Kennzahlen Anlegerbesteuerung (Kapitel-3-Fonds, Transparenzoption, Fall 1).

	00	01	02	03
Ausgeschüttete Erträge/agE § 37 Abs. 1 Satz 2 InvStG	40.000 €	40.000 €	40.000 €	0 € [2036]
Zurechnungsbeträge	60.000 €	60.000 €	60.000 €	60.000 €
§ 6 Abs. 2 InvStG (Fondsanteil)	0 €	0 €	0 €	0 €
KSt auf Fondsebene (Fondsanteil)	15.000 €	15.000 €	15.000 €	15.000 €
Ausschüttungsfähig	85.000 €	85.000 €	85.000 €	85.000 €
Tatsächliche Ausschüttung				340.000 €

Quelle: Eigene Darstellung.

[2035] Ausgeschüttete Erträge nach § 35 InvStG: 340.000 € (ausschüttungsfähig) ./. 300.000 € (agE der Vorjahre) = 40.000 €.

[2036] Ausgeschüttete Erträge nach § 35 InvStG: 340.000 € (ausschüttungsfähig, da definitive ausländische Ertragsteuer) ./. 240.000 € (Zurechnungsbeträge) ./. 120.000 € (agE Vorjahre) = ./. 60.000 €; ausgeschüttete Erträge sind positive Erträge.

In Tabelle 54 (Anhang E) sind ebenso die Berechnungen bei Inanspruchnahme der Transparenzoption nach § 30 InvStG dargelegt. Hierbei fällt auf, dass aufgrund der Ertragsteuerbelastung im Ausland auch eine geringere Ausschüttung erfolgt. Werden Zurechnungsbeträge und agE der Vorjahre gemäß der Verwendungsreihenfolge abgezogen, ergeben sich (negative) keine ausgeschütteten steuerpflichtigen Erträge nach § 35 InvStG.

3. Ergebnisanalyse und Zusammenfassung

Die folgenden Tabellen bieten eine Übersicht über die steuerlichen Auswirkungen für Anleger, die in ausländische (Spezial-)Investmentfonds investieren, welche selbst einer ausländischen Ertragsbesteuerung auf inländische/deutsche Einkünfte unterliegen. Im Gegensatz zum vorherigen Inlandsfall erfolgt nun die Investition über einen ausländischen (Spezial-)Investmentfonds in inländische Vermögenswerte. Daher richten sich die Besteuerungsfolgen der Direktanlage nach dem inländischen Fall und bleiben gleich. Es wird gezeigt, welche Effekte eine ausländische Ertragsbesteuerung auf der Fondsebene haben kann.

Tabelle 19: Steuerbelastung von Fonds- und Anlegerebene in Fall 1 mit Kapitel-2-Investmentfonds.

Fall 1		Ergebnisse Anleger	Ergebnisse Fondskonstrukt	Ergebnisse Direktanlage
Fondsebene (Kapitel-2-Fonds)		15.000 € p.a./60.000 € insgesamt		-
BMG für Nettoverbleib und Steuersatz		340.000 €	400.000 €	400.000 €
Privatanleger	Gesamtsteuer	68.631 €	128.631 €	100.000 €
	Nettoverbleib	271.369 €	271.369 €	300.000 €
	Steuersatz	20,2 %	32,2 %	25 %
Betrieblicher Anleger	Gesamtsteuer	65.886 €	125.886 €	127.680 €
	Nettoverbleib	274.114 €	274.114 €	272.320 €
	Steuersatz	19,4 %	31,5 %	31,9 %
Körperschaft	Gesamtsteuer	44.709 €	104.709 €	116.000 €
	Nettoverbleib	295.291 €	295.291 €	284.000 €
	Steuersatz	13,1 %	26,2 %	29 %

Quelle: Eigene Darstellung.

In diesem Fall wirkt die steuerliche Vorbelastung auf Fondsebene mit 15.000 € p.a. (insgesamt 60.000 €). Beim Vergleich der Steuerbelastungen zwischen dem Fondskonstrukt und der Direktanlage zeigt sich, dass die Direktanlage im Falle von Privatanlegern gegenüber der ausländischen Fondsanlage weiterhin vorteilhafter ist (grau unterlegt). Die Teilfreistellungen auf Anlegerebene können die Steuerbelastung nicht kompensieren. Bei den betrieblichen Anlegern gleicht sich die Steuerbelastung nahezu an. Für Körperschaften ist die Fondsanlage aufgrund der umfangreichen Teilfreistellung immer noch vorteilhafter. Hinzu kommt, dass in der Fallannahme sowohl die Dividenden- als auch die Zinseinnahmen der ausländischen Ertragsteuer unterworfen werden. Der ausländische Steuersatz gleicht mit 15 % dem inländischen Körperschaftsteuersatz von 15 %, welcher zudem nur auf die inländischen Dividendeneinnahmen anzuwenden wäre. Bei einer höheren ausländischen Steuerbelastung (z.B. 20 %), ist davon auszugehen, dass sich die Direktanlage als vorteilhafter gegenüber der Fondsanlage herausstellt. Es erfolgt eine „Hochschleusung" auf das höhere ausländische Steuerniveau. Die Existenz eines DBA würde keine Minderung bringen, denn diese könnten eine Beschränkung der deutschen Fondseingangssteuer auf einen sowieso nach § 7 Abs. 1 InvStG normierten Steuersatz von 15 % regeln, dennoch verbleibe das hohe ausländische Ertragsteuerniveau.

Die folgende Tabelle zeigt die steuerlichen Wirkungen im Zusammenhang mit SpIF.

Tabelle 20: Steuerbelastung von Fonds- und Anlegerebene in Fall 1 mit Kapitel-3-Investmentfonds.

Fall 1		Steuerbelastung	Ergebnis Fondskonstrukt	Steuerbelastung (Transparenzoption)	Ergebnis Fondskonstrukt	Direktanlage
Ebene SpIF		15.000 € p.a./ 60.000 € gesamt		15.000 € p.a./60.000 € gesamt		-
BMG für Nettoverbleib und Steuersatz		340.000 €	400.000 €	340.000 €	400.000 €	400.00€
Privat-anleger	Gesamtsteuer	91.392 €	151.392 €	110.400 €	170.400 €	100.000 €
	Nettoverbleib	248.608 €	248.608 €	229.600 €	229.600 €	300.000 €
	Steuersatz	26,9 %	37,8 %	32,5 %	42,6 %	25 %
Betrieblicher Anleger	Gesamtsteuer	91.392 €	151.392 €	110.880 €	170.880 €	127.680 €
	Nettoverbleib	248.608 €	248.608 €	229.120 €	229.120 €	272.320 €
	Steuersatz	26,9 %	37,8 %	32,6 %	42,7 %	31,9 %
Körperschaft	Gesamtsteuer	68.000 €	128.000 €	110.000 €	170.000 €	116.000 €
	Nettoverbleib	272.000 €	272.000 €	230.000 €	230.000 €	284.000 €
	Steuersatz	20 %	32 %	32,4 %	42,5 %	29 %

Quelle: Eigene Darstellung.

Hierbei zeigt sich, dass die Ausübung der Transparenzoption durch den ausländischen SpIF eher einen Nachteil für die Anleger darstellt. Dies liegt daran, dass die deutsche Körperschaftsteuer für die inländischen Beteiligungseinnahmen auf Fondsebene zwar vermieden wird, dies aber nicht auf die ausländische Fonds-Ertragsteuer durchgreift, sodass die Vorbelastung bestehen bleibt. Die Anleger versteuern die Dividendeneinnahmen des ausländischen SpIF. Somit kommt es zu einer Doppelbesteuerung. Hierbei stellt sich die Frage, ob § 42 Abs. 4 InvStG anwendbar ist, da die inländischen Beteiligungseinnahmen durch den ausländischen SpIF, wenn auch nicht mit inländischer Körperschaftsteuer, versteuert wurden. Dagegen spricht die Sicherung des deutschen Besteuerungsrechts, also die Besteuerung der inländischen Dividendeneinnahmen auf Fondsebene mit inländischer Körperschaftsteuer oder auf Anlegerebene ohne Teilfreistellung. Die Besteuerung im Ausland ist für den deutschen Fiskus dahingehend irrelevant.

Wird auf Fondsausgangsseite durch den ausländischen Staat eine Steuer für die Anleger erhoben, ist das DBA zu prüfen, denn die Ausschüttungen eines Investmentfonds sind als Dividenden anzusehen. Mitunter könnte die ausländische Steuer in Deutschland angerechnet oder die Investmenterträge könnten freigestellt werden. Im letzten Fall ist bei (Spezial-)Investmentfonds auf § 16 Abs. 4 InvStG zu achten.[2037]

Es zeigt sich, dass der Wechsel zu einem Steuersystem, in dem (Spezial-)Investmentfonds als Körperschaftsteuersubjekt auch einer sachlichen Steuerpflicht unterliegen zu einer geringeren Rendite für die Anleger führt und das Fondskonstrukt im Vergleich zur Direktanlage, auch unter Berücksichtigung der geregelten Teilfreistellungen, mit steigender ausländischer Belastung nachteilige Auswirkungen entfalten kann. Im Ergebnis ist also das ausländische Steuersystem zu berücksichtigen und zu untersuchen, ob ebenfalls ein Wechsel vom Transparenz- zum Trennungsprinzip i.R.d. europarechtlichen Rechtsprechung vollzogen wurde, wie dies im deutschen Steuerrecht erfolgt ist. Dies könnte Auswirkungen auf die steuerliche Vorbelastung haben, sowie zu Anrechnungsfragen i.R.e. Doppelbesteuerung führen. Außerdem solle dahingehend auf die Ausübung der Transparenzoption verzichtet werden.

Wird angenommen, dass der ausländische Staat korrespondierende deutsche Regelungen implementiert hat, sind die deutschen Einkünfte auf ausländischer Fondsebene nach ausländischem Recht sachlich steuerbefreit; unterliegt mithin der deutschen Investmentbesteuerung nach § 6 Abs. 2, § 7 InvStG. Der ausländische Staat könnte i.R.e. Fondsausgangs-Quellensteuer ein Besteuerungsrecht verwirklichen.

2037 § 34 Abs. 3 Satz 2 InvStG.

IV. Fall 2 – inländischer (Spezial-)Investmentfonds mit ausländischen Vermögenswerten

Im Folgenden wird der Fall betrachtet, in dem ein inländischer (Spezial-)Investmentfonds in ausländische Vermögenswerte, insbesondere ausländische Kapitalbeteiligungen, investiert.

Abbildung I.3: Darstellung von Fall 2.

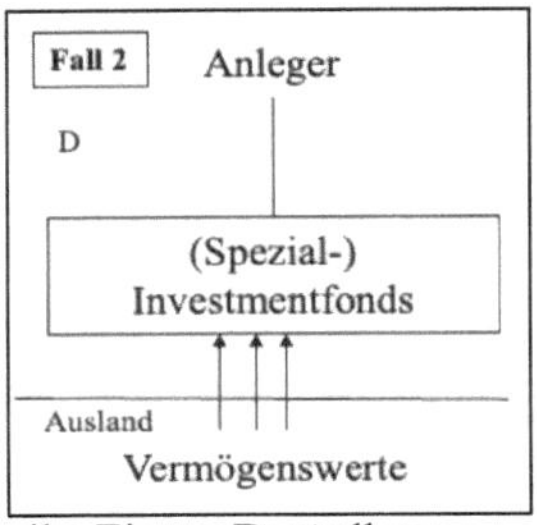

Quelle: Eigene Darstellung.

1. Ebene des inländischen (Spezial-)Investmentfonds

Wie bereits im inländischen Sachverhalt ausgeführt, sind (Spezial-)Investmentfonds gemäß § 6 Abs. 2 Satz 1 i.V.m. § 29 Abs. 1 InvStG grundsätzlich sachlich steuerbefreit. Nach § 6 Abs. 2 Satz 2 InvStG unterliegen lediglich bestimmte inländische Erträge und Einnahmen der Körperschaftsteuerpflicht. Da der (Spezial-)Investmentfonds in diesem Fall nur in ausländische Vermögenswerte investiert, unterliegen die Einnahmen nicht der deutschen Körperschaftsteuer. Lediglich QuSt des Auslands könnte auf Fondseingangsseite anfallen. Im Rahmen der Belastungsanalyse wird angenommen, dass der ausländische Staat auf Dividendenausschüttungen 30 %[2038] und auf Zinsen 20 % QuSt einbehält. Aufgrund der Steuerbefreiung des (Spezial-)Investmentfonds kann die QuSt auf Fondsebene jedoch nicht angerechnet werden.[2039] Diese fehlende Anrechnungsmöglichkeit erscheint folgerichtig, da die ausländischen Einkünfte auf Fondsebene nicht steuerpflichtig sind und daher im Sinne des grundsätzlich geltenden Trennungsprinzips keine Doppelbesteuerung vorliegt, die vermieden werden sollte.[2040] Eine wirtschaftliche Doppelbesteuerung der Einkünfte liegt vielmehr auf Fonds- und Anlegerebene vor, die durch die Teilfreistellungen auf Anlegerebene pauschal

2038 Vgl. *Schäfer*, in: Moritz/Jesch/Mann (Hrsg.), Kommentar InvStG, Annex II, Rn. 4.
2039 Vgl. *Haase*, IStR 2019, 616 (618); *Haug*, IStR 2020, 866 (872).
2040 Vgl. *Klein/Hörner/Adam*, ISR 2018, 216 (219).

abgemildert werden soll.[2041] Übt der SpIF die Transparenzoption nach § 30 InvStG aus, ist zu beachten, dass diese nur für inländische Beteiligungseinnahmen und sonstige inländische Erträge gilt, die einem Steuerabzug unterliegen. Für ausländische Einkünfte kommt diese Option daher nicht in Frage.[2042] Abkommensrechtliche Problematiken entstehen dadurch nicht und auch auf Ebene des SpIF hat dies keinen Einfluss, da ausländische Einkünfte nicht der Besteuerung im Inland unterliegen. Für die Anleger sind die ausländischen Einkünfte nicht als Zurechnungsbeträge, sondern nach § 20 Abs. 1 Nr. 3a EStG zu berücksichtigen.

Besteht mit dem Ausland ein DBA, könnte die QuSt auf Dividenden auf 15 % und für Zinsen auf 10 % reduziert werden.[2043] Dieses Szenario findet im Folgenden Eingang in die Belastungsanalyse.

Tabelle 21: Besteuerung auf Ebene des inländischen (Spezial-)Investmentfonds für die Jahre 00-03 (Fall 2).

	DBA	Nicht DBA
Höhe ausländische Dividenden	6.000.000 €	6.000.000 €
Keine Besteuerung nach § 6 Abs. 2 ff. InvStG	0 €	0 €
QuSt 15 % DBA; 30 % Nicht-DBA	900.000 €	1.800.000 €
Höhe ausländische Zinsen	4.000.000 €	4.000.000 €
Keine Besteuerung nach § 6 Abs. 2 ff. InvStG	0 €	0 €
QuSt 10 % DBA; 20 % Nicht-DBA	400.000 €	800.000 €
Gesamtsteuerbelastung	1.300.000 €	2.600.000 €

Quelle: Eigene Darstellung.

Weiterhin ist zu prüfen, ob der inländische (Spezial-)Investmentfonds Beteiligungen an Zwischengesellschaften hält. Dies könnte dazu führen, dass der (Spezial-)Investmentfonds als Hinzurechnungssubjekt in Frage kommt. Dabei ist jedoch zu beachten, dass ein Hinzurechnungsbetrag auf Ebene des inländischen Investmentfonds nicht steuerpflichtig ist, bei SpIF jedoch als agE nach § 36 InvStG zu behandeln sind. Eine Doppelbesteuerung wird nach § 10 Abs. 6 und § 11 AStG vermieden. Die Anwendungsfälle für die Hinzurechnungsbesteuerung in (Spezial-)Investmentfondsstrukturen werden in Fall 3 ausführlich dargelegt und quantitativ analysiert.

2041 Vgl. *Haase*, IStR 2019, 616 (624).

2042 Vgl. *Mann*, in: Brandis/Heuermann (Hrsg.), Ertragsteuerrecht Kommentar, § 30 InvStG, Rn. 6.

2043 Vgl. Art. 10 Abs. 2 b) und Art. 11 Abs. 2 Satz 1 OECD-MA. In der deutschen Verhandlungsgrundlage wird das Besteuerungsrecht an den Zinsen nur dem Ansässigkeitsstaat zuerkannt, während der Quellenstaat freistellt, vgl. Art 11 Abs. 1 DVHG.

2. Ebene des inländischen Anlegers

Der inländische Anleger ist zunächst mit den (Spezial-)Investmenterträgen gemäß § 20 Abs. 1 Nr. 3 bzw. 3a EStG steuerpflichtig. Bei vollständiger Ausschüttung der Fondserträge im Jahr 03 an die Anleger schmälert die ausländische QuSt auf Fondsebene dessen Rendite. Im DBA-Kontext kann der Investmentfonds im Jahr 03 348.000 € an den jeweiligen Anleger ausschütten, nachdem die Fondserträge in den Jahren 00-03 jeweils 100.000 € pro Anleger und die darauf entfallende QuSt 13.000 € betrugen. Liegt kein DBA vor bzw. enthält dieses keine entsprechenden Regelungen, beträgt die QuSt pro Anleger 26.000 €, und nur 296.000 € können im Jahr 03 ausgeschüttet werden. Da der Investmentfonds im Nicht-DBA-Fall einer erhöhten Steuerbelastung unterliegt, fällt der Rücknahmepreis zu Beginn des darauffolgenden KJ geringer aus als im DBA-Fall. Dadurch ist die Vorabpauschale im Vergleich zum DBA-Fall niedriger. Die Rücknahmepreise und Vorabpauschalen sind der folgenden Tabelle zu entnehmen; die ausführlichen Berechnungen befinden sich im Anhang F (Tabelle 56, Tabelle 58).

Tabelle 22: Entwicklung des Wertes des Fondsanteils und Vorabpauschale (Fall 2).

Jahr		DBA	Nicht DBA
00	Wert des Aktienfonds-anteils am 01.01.00	1.000.000 €	1.000.000 €
	Vorabpauschale	16.030 €	16.030 €
01	Wert des Aktienfonds-anteils am 01.01.01	1.087.000 €	1.074.000 €
	Vorabpauschale	17.425 €	17.216 €
02	Wert des Aktienfonds-anteils am 01.01.02	1.174.000 €	1.148.000 €
	Vorabpauschale	18.819 €	18.402 €
03	Wert des Aktienfonds-anteils am 01.01.03	1.261.000 €	1.222.000 €
	Vorabpauschale	0 €	0 €

Quelle: Eigene Darstellung.

In Tabelle 23 sind die Steuerbelastungen der Investmenterträge im DBA- und Nicht-DBA-Fall zusammengefasst. Die detaillierten Berechnungen finden sich in Tabelle 57 und Tabelle 59 (Anhang F).

Tabelle 23: Steuerbelastungen auf Anlegerebene (Kapitel-2-Fonds, Fall 2 DBA und Nicht-DBA).

		00	01	02	03	Gesamt
Investmenterträge § 16 InvStG	DBA	0 €	16.030 €	17.425 €	18.819 € + 348.000 €	
	NDBA	0 €	16.030 €	17.216 €	18.402 € + 296.000 €	
Privatanleger		25 % Abgeltungsteuer (30 % TFS)				
Gesamtsteuerbelastung (Steuersatz)	DBA	0 €	2.805 €	3.049 €	64.193 €	70.047 € (20,1 %)
	NDBA	0 €	2.805 €	3.013 €	55.020 €	60.838 € (20,6 %)
verbleiben	DBA	0 €	./. 2.805 €	./. 3.049 €	283.807 €	277.953 €
	NDBA	0 €	./. 2.805 €	./. 3.013 €	240.980 €	235.162 €
Betrieblicher Anleger		42 % ESt (60 % TFS), 14 % GewSt (30 % TFS)				
Gesamtsteuerbelastung (Steuersatz)	DBA	0 €	2.693 €	2.927 €	61.626 €	67.246 € (19,3 %)
	NDBA	0 €	2.693 €	2.892 €	52.820 €	58.405 € (19,7 %)
verbleiben	DBA	0 €	./. 2.693 €	./. 2.927 €	286.374 €	280.754 €
	NDBA	0 €	./. 2.693 €	./. 2.892 €	243.180 €	237.595 €
Körperschaft		15 % KSt (80 % TFS), 14 % GewSt (40 % TFS)				
Gesamtsteuerbelastung (Steuersatz)	DBA	0 €	1.823 €	1.987 €	41.818 €	45.633 € (13,1 %)
	NDBA	0 €	1.823 €	1.962 €	35.842 €	39.632 € (13,4 %)
verbleiben	DBA	0 €	./. 1.823 €	./. 1.987 €	306.182 €	302.367 €
	NDBA	0 €	./. 1.823 €	./. 1.962 €	260.158 €	256.368 €

Quelle: Eigene Darstellung.

Besteht mit dem ausländischen Staat ein DBA, bestünde die Möglichkeit, dass der Investmentfonds die QuSt auf 5 % reduzieren kann. Dies würde zu einer höheren Rendite des Anlegers führen. In den meisten DBA-Fällen ist jedoch nur eine Reduktion auf 15 % möglich; sind im DBA keine Regelungen enthalten, kann dies dazu führen, dass die im Ausland erhobene QuSt als final zu betrachten ist. In einigen Fällen (DBA D-Großbritannien, DBA D-NL) ist es möglich, dass die Fondsverwalter die Abkommensvergünstigungen für die Investoren geltend machen können. Dies gilt mithin nur, wenn der Investmentfonds als transparent betrachtet wird, was nach deutschem Recht nunmehr nicht mehr der Fall ist, sodass vielmehr nur dem Investmentfonds selbst die Erstattung zufallen könnte.

Im Zusammenhang mit der Investition in SpIF werden die agE in den Jahren 00-02 erneut mit jeweils 100.000 € festgestellt. Tatsächlich unterliegt der SpIF keiner inländischen Steuerbelastung, sondern einer auf den Anleger gerechneten ausländischen QuSt von 13.000 € im DBA- und 26.000 € im Nicht-DBA-Fall. Im Jahr 03 stehen dem Investmentfonds im DBA-Fall insgesamt 348.000 € und im Nicht-DBA-Fall 296.000 € zur Ausschüttung zur Verfügung. Die ausgeschütteten Erträge bestimmen sich unter Berücksichtigung der bereits versteuerten agE der Vorjahre (insgesamt 300.000 €), sodass im Jahr 03 ausgeschüttete Erträge i.H.v. 48.000 € (DBA) und 0 €[2044] (Nicht-DBA) vom Anleger zu versteuern sind. Die konkreten Steuerbelastungen im Zusammenhang mit der Investition in SpIF sind in Tabelle 60 und Tabelle 61 (Anhang F) dargestellt.

Tabelle 24: Kennzahlen Fonds- und Anlegerbesteuerung (Kapitel-3-Fonds, Fall 2 DBA und Nicht-DBA).

		00	01	02	03
Ausgeschüttete Erträge/ agE § 37 Abs. 1 Satz 2 InvStG	DBA	100.000 €	100.000 €	100.000 €	48.000 €[2045]
	NDBA	100.000 €	100.000 €	100.000 €	0 €[2046]
§ 6 Abs. 2 InvStG (Fondsanteil)		0 €	0 €	0 €	0 €
KSt auf Fondsebene (Fondsanteil)		0 €	0 €	0 €	0 €
Ausländische QuSt	DBA	13.000 €	13.000 €	13.000 €	13.000 €
	NDBA	26.000 €	26.000 €	26.000 €	26.000 €
Tatsächliche Ausschüttung	DBA				348.000 €
	NDBA				296.000 €

Quelle: Eigene Darstellung.

Hinsichtlich der Spezial-Investmenterträge ist zu berücksichtigen, dass die ausländische QuSt auf Anlegerebene nach § 47 InvStG angerechnet werden kann. Zudem ist § 42 Abs. 1-3 InvStG zu beachten, wenn die ausgeschütteten und agE des SpIF ausländische Kapitalerträge nach § 43 Abs. 1 Satz 1 Nr. 6 und 9 EStG (Dividenden und Gewinne aus Anteilsveräußerungen) enthalten. Natürliche Personen, die ihre Spezial-Investmentfondsanteile im BV halten, können das TEV nach § 3 Nr. 40 EStG

2044 296.000 € Ausschüttung ./. 300.000 € bereits versteuerte agE.

2045 Ausgeschüttete Erträge nach § 35 InvStG: 348.000 € (ausschüttungsfähig) ./. 300.000 € (agE der Vorjahre) = 48.000 €.

2046 Ausgeschüttete Erträge nach § 35 InvStG: 296.000 € (ausschüttungsfähig) ./. 300.000 € (agE der Vorjahre) = ./. 4.000 € (hier: 0 €, da nicht negativ); vgl. *Gottschling*, in: K/S/B/H/K (Hrsg.), InvStG-Kommentar, § 35, Rn. 12.

anwenden (§ 42 Abs. 1 InvStG). Nach h.M. greift § 42 Abs. 1 InvStG nicht für natürliche Personen, die in Ausnahmefällen an SpIF über das Privatvermögen beteiligt sind.[2047] Für körperschaftsteuerliche Anleger greift § 8b KStG gemäß § 42 Abs. 2 InvStG für ausländische Dividendenerträge[2048] unter den Voraussetzungen des § 30 Abs. 2 InvStG (Gewinnausschüttung einer Gesellschaft nach § 26 Nr. 6 Satz 2 InvStG, durchgerechnete 10 % Beteiligung des Anlegers an der Gesellschaft). Wie bereits im Inlandsfall angenommen, ist § 30 Abs. 2 InvStG für die Belastungsanalyse nicht einschlägig. § 42 Abs. 3 InvStG setzt voraus, dass die ausländischen Kapitalerträge von steuerlich vorbelasteten Kapitalgesellschaften stammen. Die Steuerbefreiungen nach § 42 Abs. 4 und 5 InvStG gelten nur für inländische Beteiligungseinnahmen und Immobilienerträge und sind daher nicht anwendbar.

Bei der Ermittlung der anrechenbaren ausländischen Steuer unterscheidet § 47 Abs. 2 InvStG zwischen einkommen- und körperschaftsteuerlichen Anlegern. Bei natürlichen Personen ist der durchschnittliche Steuersatz, der sich bei Veranlagung des zvE einschließlich der ausländischen Einkünfte ergibt, auf die ausländischen Einkünfte anzuwenden. Bei juristischen Personen ist die deutsche KSt nach dem Verhältnis der ausländischen Einkünfte zur Summe der Einkünfte (SdE) aufzuteilen. In dieser Fallstudie wird angenommen, dass bei den jeweiligen Anlegern ausländische Quellensteuern i.H.v. 13.000 €[2049] bzw. 26.000 € in den ausgeschütteten und agE enthalten sind. Die ausgeschütteten und agE ermitteln sich nach §§ 37 ff. InvStG. Der Betrag der ausgeschütteten und agE gemäß §§ 35 und 36 InvStG stimmt zudem nicht mit den tatsächlichen Ausschüttungen nach § 2 Abs. 11 InvStG überein, wie es bei Kapitel-2-Fonds der Fall ist.[2050] Dahingehend dotieren die ausgeschütteten bzw. agE jeweils zu 100.000 € p.a. inkl. der ausländischen Quellensteuerbelastung. Auf diese Weise wird die Anrechnung der ausländischen QuSt steuersystematisch ermöglicht.

Der betriebliche Anleger unterliegt mit den in den ausgeschütteten bzw. agE enthaltenen ausländischen Dividendenerträgen dem TEV; die ausländischen Zinsen sind hingegen voll steuerpflichtig. Aufgrund der 60 %igen Steuerpflicht ergibt sich ein

---

2047 Vgl. *Link*, in: H/H/R (Hrsg.), EStG, KStG-Kommentar, § 42 InvStG, Rn. 5; *Jesch*, in: Moritz/Jesch/Mann (Hrsg.), Kommentar InvStG, § 42, Rn. 24; *Lampert*, in: Bödecker/Ernst/Hartmann (Hrsg.), BeckOK InvStG, § 42 InvStG, Rn. 23.

2048 Lediglich Verweis auf § 43 Abs. 1 Satz 1 Nr. 6 und Satz 2 EStG.

2049 Ergibt sich ein Erstattungsanspruch aus dem DBA gegen den ausländischen Staat ist die Steueranrechnung nach § 47 InvStG *insoweit* ausgeschlossen, vgl. *von Freeden*, in: Schaumburg (Hrsg.), Internationales Steuerrecht, Rn. 12.57 (5. Aufl.).

2050 Vgl. § 16 Abs. 1 Nr. 1 InvStG.

Anrechnungshöchstbetrag nach § 47 Abs. 2 Nr. 1 InvStG i.H.v. 31.920 €[2051]. In beiden Fällen kann die QuSt i.H.v. 13.000 € bzw. 26.000 € also vollständig auf Anlegerebene angerechnet werden. Für die Anrechnung der GewSt nach § 35 EStG auf die Einkommensteuer ist zunächst die Steuerbefreiung nach § 47 InvStG zu berücksichtigen. Bei körperschaftsteuerlichen Anlegern ist die ausländische Steuer im Verhältnis der ausländischen Einkünfte zur SdE aufzuteilen. In diesem Fall entspricht die SdE den ausländischen Einkünften, sodass die 15 %ige QuSt angerechnet werden kann. Hier können maximal 15.000 € angerechnet werden. Im DBA-Fall erfolgt eine komplette Anrechnung der QuSt i.H.v. 13.000 €, im Nicht-DBA-Fall verbleibt ein Anrechnungsüberhang. In Jahr 03 erfolgt keine Besteuerung von ausgeschütteten und agE im Nicht-DBA-Fall, sodass auch keine ausländische QuSt angerechnet werden kann.

Weiterhin ist § 43 Abs. 1 InvStG zu beachten. Enthalten ausgeschüttete und agE ausländische Einkünfte, für die Deutschland gemäß eines DBA die Freistellungsmethode vorgesehen hat, sind diese auf Anlegerebene freizustellen (vorbehaltlich der nationalen – § 43 Abs. 1 Satz 2 InvStG – oder abkommensrechtlicher Rückfallklauseln).[2052] Dahingehend ist das DBA aus Anlegersicht relevant.[2053] Hinsichtlich ausländischer Dividendeneinnahmen könnte die Freistellungsmethode mithin nur i.R.d. Schachtelprivilegs bei Beteiligungen von mindestens 10 % anwendbar sein. Da SpIF sich ohnehin nur zu unter 10 % an Kapitalgesellschaften beteiligen dürfen, verbleiben kaum Anwendungsfälle.[2054] Vielmehr finden sich diese im Bereich der Immobilien-Fonds, da die Beteiligung an Immobilien-Gesellschaften nach § 26 Nr. 6 Satz 2 a) InvStG auch über 10 % betragen darf.[2055] Voraussetzung für die Steuerfreistellung ist die Ermittlung des Fonds-Abkommensgewinns durch den SpIF nach § 48 Abs. 5 InvStG.[2056] Bei Vorliegen der Voraussetzungen ist § 47 InvStG nicht anwendbar.[2057]
Gemäß § 50 Abs. 1 InvStG hat ein inländischer SpIF als Entrichtungspflichtiger KapESt i.H.v. 15 % einzubehalten. Die KapESt mindert sich grundsätzlich um die anrechenbaren ausländischen Steuern z.B. nach § 47 InvStG.[2058] Wird vom KapESt-Abzug

---

2051 = 60.000 € • 60 % • 42 % + 40.000 • 42 %.

2052 Vgl. *Meynköhn*, in: K/S/B/H/K (Hrsg.), InvStG-Kommentar, § 43, Rn. 4, 16; Bei der Abkommensberechtigung ist auf das Verhältnis von ausländischem Quellenstaat und dem Anleger des SpIF abzustellen, vgl. *Meynköhn*, in: K/S/B/H/K (Hrsg.), InvStG-Kommentar, § 43, Rn. 17; *Lampert*, in: Bödecker/Ernst/Hartmann (Hrsg.), BeckOK InvStG, § 43 InvStG, Rn. 22.

2053 Vgl. *von Freeden*, in: Schaumburg (Hrsg.), Internationales Steuerrecht, Rn. 12.41 (5. Aufl.).

2054 Vgl. *Meynköhn*, in: K/S/B/H/K (Hrsg.), InvStG-Kommentar, § 43, Rn. 24.

2055 Vgl. *Ebenda*, Rn. 19.

2056 Vgl. § 48 Abs. 2 Satz 2 InvStG.

2057 Vgl. § 47 Abs. 5 InvStG.

2058 Vgl. *Böcker*, in: K/S/B/H/K (Hrsg.), InvStG-Kommentar, § 50, Rn. 25

gemäß § 50 Abs. 3 InvStG Abstand genommen, können die ausländischen Steuern jedenfalls nicht über § 50 InvStG angerechnet werden.[2059] Eine Abstandnahme betrifft insbesondere ausländische Dividenden gemäß § 43 Abs. 1 Satz 1 Nr. 6 EStG i.V.m. § 43 Abs. 2 Satz 3-8 EStG.[2060] Für betriebliche und auch Privatanleger hat die KapESt keine abgeltende Wirkung, sodass die Anrechnung der ausländischen Steuer sowieso im Veranlagungsverfahren stattfindet.[2061]

Der Vollständigkeit halber sei erwähnt, dass bei Vorliegen von Tatbeständen der Vermögenszuwachsbesteuerung gemäß §§ 19 und 49 InvStG eine Besteuerung der Veräußerungsgewinne von (Spezial-)Investmentfondsanteilen erfolgt. Im Rahmen dieser Fallstudie führt die Thesaurierung bis zur Ausschüttung im Jahr 03 zu einer Wertsteigerung (siehe Tabelle 22). Wie bereits erläutert, werden dabei keine marktüblichen Kursschwankungen der Ziel-Assets berücksichtigt, sondern ausschließlich die Auswirkungen der Thesaurierung betrachtet. Verzieht der Anleger vor der Ausschüttung des Fonds oder tritt ein anderer Tatbestand der Vermögenszuwachsbesteuerung ein, erfolgt eine Besteuerung nach §§ 49 und 19 InvStG, ohne dass der Anleger den Veräußerungsgewinn tatsächlich realisiert hat. Dies gilt ebenso für den folgenden Fall 3.

3. Ergebnisanalyse und Zusammenfassung

Die nachfolgenden Tabellen zeigen die Steuerbelastungen sowie die Nettoverbleibe der Anleger, wenn ein inländischer (Spezial-)Investmentfonds in ausländische Vermögenswerte investiert und daraus mit QuSt vorbelastete Erträge erzielt. Zusätzlich erfolgt eine Gegenüberstellung mit der Direktanlage. Die konkreten Berechnungen sind im Anhang F nachzuvollziehen.

2059 Vgl. *Ebenda*, Rn. 25; BMF vom 21.05.2019, IV C 1 - S 1980-1/16/10010:001, Rn. 50.9, in: BStBl. I 2019, 527.

2060 Vgl. *Böcker*, in: K/S/B/H/K (Hrsg.), InvStG-Kommentar, § 50, Rn. 25.

2061 Vgl. *Ronig*, in: Bödecker/Ernst/Hartmann (Hrsg.), BeckOK InvStG, § 50 InvStG, Rn. 58 ff., demgemäß § 50 Abs. 2 InvStG auch gänzlich abgeschafft werden könnte.

Tabelle 25: Steuerbelastung von Fonds- und Anlegerebene in Fall 2 mit Kapitel-2-Investmentfonds im DBA-Sachverhalt.

Fall 2 DBA		Ergebnisse Anleger	Ergebnisse Fondskonstrukt	Ergebnisse Direktanlage
Fondsebene (Kapitel-2-Fonds)		13.000 € p.a./52.000 € insgesamt		-
BMG für Nettoverbleib und Steuersatz		348.000 €	400.000 €	400.000 €
Privatanleger	Gesamtsteuer	70.047 €	122.047 €	100.000 €
	Nettoverbleib	277.953 €	277.953 €	300.000 €
	Steuersatz	20,1 %	30,5 %	25 %
Betrieblicher Anleger	Gesamtsteuer	67.246 €	119.246 €	127.680 €
	Nettoverbleib	280.754 €	280.754 €	272.320 €
	Steuersatz	19,3 %	29,8 %	31,9 %
Körperschaft	Gesamtsteuer	45.633 €	97.633 €	116.000 €
	Nettoverbleib	302.367 €	302.367 €	284.000 €
	Steuersatz	13,1 %	24,4 %	29 %

Quelle: Eigene Darstellung.

Im DBA-Sachverhalt wird der inländische Investmentfonds mit ausländischer QuSt auf Zins- und Dividendenerträge belastet. Im Inland unterliegt der Investmentfonds nur mit bestimmten inländischen Einkünften der unbeschränkten Steuerpflicht; ausländische Einkünfte sind steuerbefreit. Eine Anrechnung ausländischer QuSt auf Ebene des Investmentfonds ist nicht möglich; die QuSt wird definitiv. Auch auf Ebene der inländischen Anleger kann die ausländische QuSt aufgrund des implementierten Trennungsprinzips nicht angerechnet werden. Dafür regelt das deutsche Investmentsteuerrecht Teilfreistellungen nach § 20 InvStG, welche einer Doppelbesteuerung entgegenwirken sollen. Für betriebliche Anleger sowie Körperschaften ist die Investition in das Fondskonstrukt steuerlich vorteilhafter, denn hier sind die Teilfreistellungen mit 60 % und 80 % höher als bei der Direktanlage und überkompensieren die ausländische Quellensteuerbelastung. Für Privatanleger bleibt die Direktanlage attraktiver, obwohl die Steuerlast bei der Fondsanlage geringer ist, aber dem Anleger aufgrund der ausländischen QuSt niedrigere Beträge zufließen, was die Teilfreistellung von 30 % nicht ausgleichen kann. Die Vorbelastung auf Fondsebene in Bezug zu den Zinsen könnte im DBA-Fall, bei Freistellung im Quellenstaat noch geringer ausfallen (siehe Artikel 11 DVHG) und wäre mit dem Inlandsfall vergleichbar, da in- und ausländische Zinsen nicht durch § 6 Abs. 2 InvStG erfasst sind. Dies würde an der Höhe der Teilfreistellungen nichts ändern.

Tabelle 26: Steuerbelastung von Fonds- und Anlegerebene in Fall 2 mit Kapitel-2-Investmentfonds im Nicht-DBA-Sachverhalt.

Fall 2 Nicht-DBA		Ergebnisse Anleger	Ergebnisse Fondskonstrukt	Ergebnisse Direktanlage
Fondsebene (Kapitel-2-Fonds)		26.000 € p.a./104.000 € insgesamt		-
BMG für Nettoverbleib und Steuersatz		296.000 €	400.000 €	400.000 €
Privatanleger	Gesamtsteuer	60.838 €	164.838 €	104.000 €
	Nettoverbleib	235.162 €	235.162 €	296.000 €
	Steuersatz	20,6 %	41,2 %	26 %
Betrieblicher Anleger	Gesamtsteuer	58.405 €	162.405 €	160.000 €
	Nettoverbleib	237.595 €	237.595 €	240.000 €
	Steuersatz	19,7 %	40,6 %	40 %
Körperschaft	Gesamtsteuer	39.632 €	143.632 €	160.000 €
	Nettoverbleib	256.368 €	256.368 €	240.000 €
	Steuersatz	13,4 %	35,9 %	40 %

Quelle: Eigene Darstellung.

Im Nicht-DBA-Sachverhalt kommt es zu keiner Begrenzung der ausländischen QuSt, sodass auf den Investmentfondsanteil von 1 % rechnerisch 26.000 € QuSt auf ausländische Zinsen und Dividenden entfällt; die QuSt wird definitiv. In der Folge erhöht sich die Steuerbelastung des Fondskonstruktes. Nun gleicht sich die Belastung der betrieblichen Anleger für die Direktanlage und dem Fondskonstrukt nahezu an. Bei Körperschaften, die eine 80 %ige Teilfreistellung geltend machen können, bleibt die Fondsanlage trotz hoher Quellensteuerbelastung vorteilhafter. Bei gemeinsamer Betrachtung von Fonds- und Anlegerebene werden die ausländischen Einkünfte im Zeitverlauf mit insgesamt 35,9 % im Fall von Körperschaften bis zu 41,2 % im Zusammenhang mit Privatanlegern belastet.

Bei der Investition über SpIF ergeben sich die folgenden Steuerbelastungen im DBA und Nicht-DBA-Fall. Die Transparenzoption ist in diesem Fall nicht möglich, da diese nur für inländische Beteiligungseinnahmen und sonstige Einkünfte mit Steuerabzug Anwendung entfaltet.

Tabelle 27: Steuerbelastung von Fonds- und Anlegerebene in Fall 2 mit Kapitel-3-Investmentfonds im DBA-Sachverhalt.

Fall 2 DBA		Steuerbelastung	Ergebnis Fondskonstrukt	Direktanlage DBA
Ebene SpIF		13.000 € p.a./ 52.000 € gesamt		-
BMG für Nettoverbleib und Steuersatz		348.000 €	400.000 €	400.000 €
Privatanleger	Gesamtsteuer Nettoverbleib Steuersatz	94.160 € 253.840 € 27,1 %	146.160 € 253.840 € 36,5 %	100.000 € 300.000 € 25 %
Betrieblicher Anleger	Gesamtsteuer Nettoverbleib Steuersatz	63.480 € 284.520 € 18,2 %	115.480 € 284.520 € 28,9 %	127.680 € 272.320 € 31,9 %
Körperschaft	Gesamtsteuer Nettoverbleib Steuersatz	100.920 € 247.080 € 29 %	152.920 € 247.080 € 38,2 %	116.000 € 284.000 € 29 %

Quelle: Eigene Darstellung.

Im DBA-Fall zeigt sich beim betrieblichen Anleger, dass für diesen die Fondsanlage günstiger ist. Für diesen Fall kann der Anleger zwar keine Teilfreistellung i.H.v. 60 % nach § 42 Abs. 4 InvStG geltend machen, da keine inländischen Beteiligungseinnahmen in den ausgeschütteten und agE enthalten sind, aber nach § 42 Abs. 1 InvStG kann das TEV (40 % Teilfreistellung) auf ausländische Dividendeneinkünfte, wie bei der Direktanlage, angewandt werden. Für die Zinseinnahmen des SpIF findet das TEV aber keine Anwendung. Außerdem kann die ausländische QuSt nach § 47 InvStG angerechnet werden. Die ausländische QuSt wirkt sich mithin nur in Jahr 03 aus, in dem der Anleger eine geringere Ausschüttung erhält und aufgrund der Berücksichtigung der agE der Vorjahre geringere ausgeschüttete Erträge nach § 35 InvStG versteuert.

Für Privatanleger bleibt die Direktanlage vorteilhafter, weil die steuerlichen Begünstigungen wie der Abgeltungsteuertarif bei Beteiligungen an SpIF nicht zum Tragen kommen.

Bei Körperschaften ist ebenfalls die Direktanlage günstiger. Dies ist auf die Erfassung der Ausschüttung im Jahr 03 zurückzuführen. Hier werden ausgeschüttete Erträge nach § 35 InvStG unter Berücksichtigung der bereits erfassten agE der Vorjahre i.H.v. 48.000 € festgestellt. Diese Spezial-Investmenterträge unterliegen der inländischen Körperschaftsteuer nach § 23 KStG mit 15 % (7.200 €). In der Folge kann jedoch die ausländische QuSt bis zu diesem Betrag angerechnet werden, welcher den AHB darstellt. Dies führt dazu, dass im Fall der Direktanlage die ausländische QuSt direkt angerechnet werden kann, aufgrund der Bestimmungen nach § 35 InvStG mithin bei der Anlage in SpIF ein Anrechnungsüberhang nach § 47 InvStG verbleibt, der nicht genutzt werden kann.

Tabelle 28: Steuerbelastung von Fonds- und Anlegerebene in Fall 2 mit Kapitel-3-Investmentfonds im Nicht-DBA-Sachverhalt.

Fall 2 NDBA		Steuerbelastung (DBA)	Ergebnis Fondskonstrukt	Direktanlage DBA
Ebene SpIF		26.000 € p.a./ 104.000 € gesamt		-
BMG für Nettoverbleib und Steuersatz		296.000 €	400.000 €	400.000 €
Privatanleger	Gesamtsteuer Nettoverbleib Steuersatz	48.000 € 248.000 € 16,2 %	152.000 € 248.000 € 38 %	104.000 € 296.000 € 26 %
Betrieblicher Anleger	Gesamtsteuer Nettoverbleib Steuersatz	42.000 € 254.000 € 14,2 %	146.000 € 254.000 € 36,5 %	160.000 € 240.000 € 40 %
Körperschaft	Gesamtsteuer Nettoverbleib Steuersatz	42.000 € 254.000 € 14,2 %	146.000 € 254.000 € 36,5 %	160.000 € 240.000 € 40 %

Quelle: Eigene Darstellung.

In Bezug auf den Nicht-DBA-Sachverhalt verschärfen sich diese Feststellungen, da die QuSt zum einen mit 26.000 € p.a. signifikant höher ausfällt, andererseits fallen im Ausschüttungsjahr 03 keine ausgeschütteten Erträge an, denn die in den Jahren 00-02 erfassten agE sind höher als die tatsächliche Ausschüttung. Der Privatanleger kann die ausländische QuSt i.H.v. 26.000 € im Falle der Fondsanlage vollständig auf die Einkommensteuer anrechnen; i.R.d. Direktanlage nur bis 25.000 €, sodass ein Anrechnungsüberhang verbleibt. Da dem Privatanleger § 32d EStG i.R.d. Fondsanlage verwehrt wird und er mit annahmegemäß 42 % Einkommensteuer belastet wird, ist dennoch die Direktanlage günstiger.

Der betriebliche Anleger kann die ausländische QuSt über § 47 InvStG komplett anrechnen. Der AHB beträgt 31.920 € (S. 310). Auf die verbleibende Einkommensteuer kann die Gewerbesteuer nach § 35 EStG angerechnet werden.

Bei Körperschaften kann die ausländische QuSt lediglich bis zu 15.000 € p.a. auf die Körperschaftsteuer angerechnet werden. Es entsteht ein Anrechnungsüberhang ausländischer QuSt. Die Gewerbesteuer wird definitiv, da eine Anrechnung ausländischer QuSt auf die Gewerbesteuer nicht möglich ist. Dies ist auch für den Fall der

Direktanlage einschlägig. Ein Vorteil aus der Spezial-Investmentfondsanlage ergibt sich erneut durch die Erfassung der ausgeschütteten Erträge nach § 35 InvStG. Da die Ausschüttung in 03 bereits i.R.d. agE der Jahre 00-02 einer Besteuerung unterlag, erfolgt auf Anlegerebene keine Besteuerung mehr im Jahr 03, denn 300.000 € wurden bereits versteuert. Während bei der Direktanlage die deutsche Gewerbesteuer und die ausländische QuSt die Erträge belasten, ist es bei den Anlegern der Fondsanlage „nur" die Gewerbesteuer der Jahre 00-02, denn im Jahr 03 findet mangels ausgeschütteter Erträge nach § 35 InvStG keine Besteuerung statt. Die Belastung der ausländischen QuSt findet auf Fondsebene statt, was sich in einer geringeren Ausschüttung bemerkbar macht.

V. Fall 3 – ausländischer (Spezial-)Investmentfonds mit ausländischen Vermögenswerten und inländischen Anlegern

1. Vorbetrachtung

Abbildung I.4: Darstellung von Fall 3.

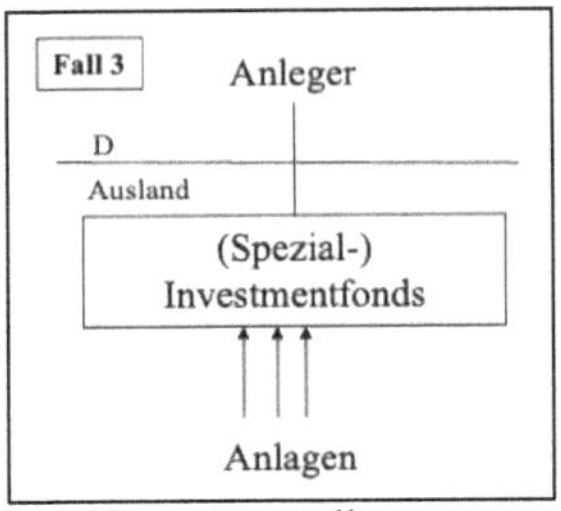

Quelle: Eigene Darstellung

Für diesen Sachverhalt wird davon ausgegangen, dass das Ausland des (Spezial-)Investmentfonds und das der Vermögenswerte identisch sind. Sollten hingegen zwei verschiedene ausländische Staaten involviert sein, wäre eine differenzierte Betrachtung für beide Staaten in DBA- und Nicht-DBA-Fall erforderlich. Die Anrechnung ausländischer Quellensteuern unterliegt den Regelungen des ausländischen Staates sowie dem abgeschlossenen DBA zwischen beiden ausländischen Staaten, die hier nicht antizipiert werden sollen. Eine entsprechende Unterscheidung wurde in Fall 2 vorgenommen.

Vielmehr ist darauf zu achten, ob der ausländische (Spezial-)Investmentfonds im Ausland als Steuersubjekt angesehen wird. Ist dies nicht der Fall, gilt der (Spezial-

)Investmentfonds als transparentes Gebilde und die Besteuerung erfolgt beim deutschen Anleger. In diesem Zusammenhang ist zu berücksichtigen, ob der ausländische Staat ggf. eine Fondsausgangsquellensteuer zur Sicherung seines Besteuerungsrechts erhebt.

Das EU-Recht verbietet eine Besteuerung dahingehend, dass diese auf Fondseingangsseite nur bei ausländischen Investmentfonds stattfindet, während inländische Investmentfonds davon befreit werden. Daher müssten entweder die inländischen Investmentfonds besteuert werden oder die ausländischen Fonds davon befreit sein. In den folgenden Ausführungen wird dahingehend zwischen ausländischen transparenten und intransparenten Investmentfonds unterschieden. Insbesondere soll in diesem Fall die Anwendung der Hinzurechnungsbesteuerung analysiert werden.

2. Ebene des ausländischen (Spezial-)Investmentfonds

Wenn der ausländische (Spezial-)Investmentfonds im Ausland als transparentes Gebilde behandelt wird und keiner Besteuerung unterliegt, vereinnahmt der (Spezial-)Investmentfonds 10 Mio. € (6 Mio. € aus Dividenden und 4 Mio. € aus Zinsen). Die Besteuerung findet auf Anlegerebene statt.

Wird der (Spezial-)Investmentfonds hingegen im Ausland als Steuersubjekt angesehen, unterliegt er mit den Dividenden und Zinsen einer Besteuerung, der sog. Fondseingangssteuer. Angenommen, der Steuersatz für Dividenden beträgt – analog zum Nicht-DBA-Fall in Fall 2 – 30 % und für Zinsen 20 %, werden insgesamt 2,6 Mio. € fällig (pro Fondsanteil von 1 % entspricht dies 26.000 €). Die steuerliche Vorbelastung des (Spezial-)Investmentfonds entspricht damit dem Nicht-DBA-Sachverhalt in Fall 2, auf den in diesem Zusammenhang verwiesen werden soll.

3. Ebene des inländischen Anlegers

Der inländische Anleger erzielt aus seiner Beteiligung am ausländischen (Spezial-)Investmentfonds (Spezial-)Investmenterträge nach § 20 Abs. 1 Nr. 3 bzw. Nr. 3a EStG. Die Transparenzoption für SpIF spielt hier keine Rolle, da keine inländischen Beteiligungseinnahmen erzielt werden. Ausländische QuSt auf der Eingangsseite eines ausländischen SpIF kann gemäß § 47 InvStG auf Anlegerebene angerechnet werden. Bei Kapitel-2-Investmentfonds schmälern die ausländischen QuSt den ausschüttbaren Gewinn des Investmentfonds. Der inländische Anleger erhält zur Abmilderung der ausländischen Quellensteuerbelastung Teilfreistellungen nach § 20 InvStG. Zu beachten ist, inwieweit der ausländische Fonds einer Besteuerung im Errichtungsstaat unterliegt und ob ggf. eine Fondsausgangsquellensteuer einbehalten wird. Für letzteren Fall ist erneut das DBA zu prüfen und § 16 Abs. 4 InvStG zu beachten. Hier wird auf die Ausführungen zu Fall 1 verwiesen.

Unterliegt der Investmentfonds keiner Besteuerung im Ausland, entwickeln sich der Wert des Aktienfondsanteils und die Vorabpauschale gemäß der nachstehenden Tabelle. Die Fondserträge können in diesem Fall ohne steuerliche Vorbelastung auf Fondsebene thesauriert werden und im Jahr 03 stehen 400.000 € für die Ausschüttung zur Verfügung. Die thesaurierten Erträge werden über die Vorabpauschale beim Anleger erfasst. Da der Investmentfonds keine Steuer auf seine Fondserträge entrichten muss, erhöht sich der Wert des Aktienfondsanteils, was wiederum zu einer höheren steuerpflichtigen Vorabpauschale führt.

Tabelle 29: Entwicklung des Wertes des Fondsanteils und Vorabpauschale (Fall 3).

Jahr		
00	Wert des Aktienfondsanteils am 01.01.00	1.000.000 €
	Vorabpauschale	16.030 €
01	Wert des Aktienfondsanteils am 01.01.01	1.100.000 €
	Vorabpauschale	17.633 €
02	Wert des Aktienfondsanteils am 01.01.02	1.200.000 €
	Vorabpauschale	19.236 €
03	Wert des Aktienfondsanteils am 01.01.03	1.300.000 €
	Vorabpauschale	0 €

Quelle: Eigene Darstellung.

Auf Anlegerebene können, obwohl auf Fondsebene keine Vorbelastung stattgefunden hat, die pauschalen Teilfreistellungssätze nach § 20 InvStG angewandt werden. Daraus ergeben sich die folgenden Steuerbelastungen. Die konkreten Berechnungen werden im Anhang G dargestellt.

Tabelle 30: Steuerbelastungen auf Anlegerebene (Kapitel-2-Fonds, Fall 3).

	00	01	02	03	Gesamt
Investmenterträge nach § 16 InvStG	0 €	16.030 €	17.633 €	19.236 € 400.000 €	
Privatanleger	25 % Abgeltungsteuer (30 % TFS)				
Gesamtsteuerbelastung (Steuersatz)	0 €	2.805 €	3.086 €	73.366 €	79.257 € (19,8 %)
netto verbleiben	0 €	./. 2.805 €	./. 3.086 €	326.634 €	320.743 €
Betrieblicher Anleger	42 % ESt (60 % TFS), 14 % GewSt (30 % TFS)				
Gesamtsteuerbelastung (Steuersatz)	0 €	2.693 €	2.962 €	70.431 €	76.086 € (19 %)
netto verbleiben	0 €	./. 2.693 €	./. 2.962 €	329.569 €	323.914 €
Körperschaft	15 % KSt (80 % TFS), 14 % GewSt (40 % TFS)				
Gesamtsteuerbelastung (Steuersatz)	0 €	1.828 €	2.010 €	47.793 €	51.631 € (12,9 %)
netto verbleiben	0 €	./. 1.828 €	./. 2.010 €	352.207 €	348.369 €

Quelle: Eigene Darstellung.

Für die Anleger von SpIF ergeben sich die nachstehenden Steuerbelastungen analog zu den vorherigen Fällen. Im Jahr 03 können 400.000 € ausgeschüttet werden. Die ausgeschütteten Erträge nach § 35 InvStG berücksichtigen die bereits erfassten agE i.H.v. 300.000 €.

Tabelle 31: Steuerbelastungen auf Anlegerebene (Kapitel-3-Fonds, Fall 3).

	00	01	02	03	Summe
Spezial-Investmenterträge § 34 InvStG i.V.m. § 20 Abs. 1 Nr. 3a EStG	100.000€	100.000€	100.000€	100.000€	
Privatanleger					
ESt, 42 % (Steuersatz)	42.000€	42.000€	42.000€	42.000€	168.000 (42 %)
verbleiben	./.42.000€	./.42.000€	./.42.000€	358.000€	232.000€
Betrieblicher Anleger					
Gesamtsteuerbelastung (nach § 35 EStG)	31.920€	31.920€	31.920€	31.920€	127.680€ (31,9 %)
verbleiben	./.31.920€	./. 31.920€	./. 31.920€	368.080€	272.320€
Körperschaft					
Gesamtsteuerbelastung (Steuersatz)	29.000 €	29.000 €	29.000 €	29.000 €	116.000 (29 %)
verbleiben	./.29.000€	./. 29.000€	./. 29.000€	371.000€	284.000€

Quelle: Eigene Darstellung.

4. Exkurs: Hinzurechnungsbesteuerung

Für diesen Fall soll insbesondere untersucht werden, wann die Investmentfondsbesteuerung und die Hinzurechnungsbesteuerung aufeinandertreffen. Dabei wird analysiert, unter welchen Umständen im vorliegenden Sachverhalt die Hinzurechnungsbesteuerung zusätzlich zur Besteuerung nach dem InvStG Anwendung finden kann und welche Mechanismen zur Vermeidung der Doppelbesteuerung existieren.

Die Tatbestandvoraussetzungen für die reguläre Hinzurechnungsbesteuerung sind zunächst das Vorliegen einer niedrig besteuerten, ausländischen Gesellschaft. Dies können ebenso (Spezial-)Investmentfonds sein, denn diese unterliegen als Investitionsvehikel oftmals keiner Ertragsbesteuerung. Von einer Niedrigbesteuerung ist überdies gemäß § 8 Abs. 5 AStG auszugehen, wenn die ausländische Gesellschaft einer Ertragsteuerbelastung von unter 15 % unterliegt. So auch in den Fallannahmen, in denen der (Spezial-)Investmentfonds als transparent angesehen wird. Zudem erzielt der (Spezial-)Investmentfonds passive Einkünfte. Dividenden sind gemäß dem Aktivkatalog und entgegen der ATAD grundsätzlich als aktive Einkünfte einzustufen, können aber unter bestimmten Voraussetzungen passive Einkünfte darstellen. Zinsen sind stets als passive Einkünfte zu qualifizieren. Zusätzlich ist für die reguläre Hinzurechnungsbesteuerung eine Beherrschung der ausländischen Gesellschaft bzw. des ausländischen (Spezial-)Investmentfonds durch einen un-/beschränkt Steuerpflichtigen notwendig. Ob dies im Falle von Kapitel-2-Investmentfonds vorliegt, ist fraglich, aber dennoch im Einzelfall zu prüfen, denn für das Beherrschungskonzept werden die Beteiligungen nahe stehender Personen mit einbezogen. Für Kapitel-3-Fonds ist eine Beherrschungssituation aufgrund des begrenzten Anlegerkreises durchaus wahrscheinlicher. Die erweiterte Hinzurechnungsbesteuerung nach § 13 AStG greift zudem auch, wenn keine Beherrschung der Zwischengesellschaft gegeben ist. Beträgt die Beteiligung weniger als 1 % und werden die Anteile des Fonds an der Börse gehandelt, entfällt die erweiterte Hinzurechnungsbesteuerung, sodass Kleinanleger nicht betroffen sind.

Für diese Fallkonstellation stellt sich der Sachverhalt hinsichtlich der Hinzurechnungsbesteuerung wie folgt dar:

Abbildung I.5: Illustration von Fall 3 im Zusammenhang mit der Hinzurechnungsbesteuerung.

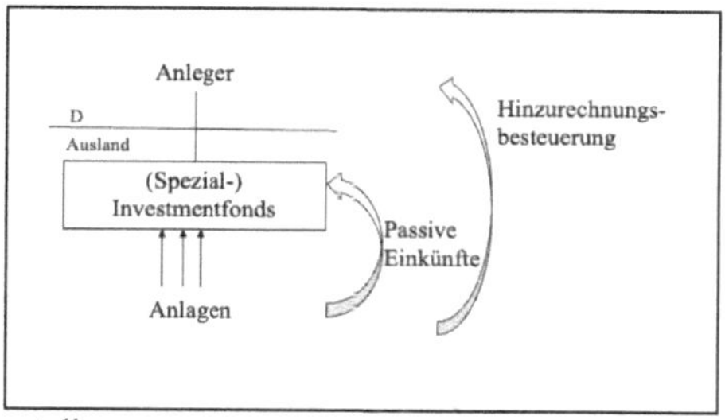

Quelle: Eigene Darstellung.

Im Fall erzielt der ausländische (Spezial-)Investmentfonds Dividenden i.H.v. 6 Mio. € sowie Zinsen i.H.v. 4 Mio. €. Diese Einkünfte könnten als passive Einkünfte nach § 8 Abs. 1 AStG zu qualifizieren sein. Damit die Einkünfte des Fonds auf Anlegerebene steuerbar werden, muss nicht unbedingt eine Ausschüttung seitens des (Spezial-)Investmentfonds erfolgen. Diese werden i.R.d. Vorabpauschale und der agE ohne Zufluss beim Anleger als (Spezial-)Investmenterträge nach § 20 Abs. 1 Nr. 3 bzw. Nr. 3a EStG versteuert. Gleichzeitig könnte die reguläre Hinzurechnungsbesteuerung greifen, falls der inländische Anleger den ausländischen (Spezial-)Investmentfonds beherrscht.

Das Anwendungsverhältnis von Hinzurechnungs- und Investmentfondsbesteuerung regelt zunächst § 7 Abs. 5 AStG. Gemäß Satz 1 dieser Vorschrift hat das InvStG Vorrang, sodass der Anleger lediglich die Vorabpauschale bzw. agE versteuert und nicht den Hinzurechnungsbetrag (HZRB). Liegt keine Beherrschung vor, ergibt sich der Vorrang des InvStG aus § 13 Abs. 5 Satz 1 AStG. Bei der regulären Hinzurechnungsbesteuerung ist jedoch zu beachten, dass der Vorrang des InvStG nur greift, wenn die den Einkünften zugrunde liegenden Geschäfte nicht zu mehr als einem Drittel mit dem Steuerpflichtigen oder ihm nahe stehenden Personen betrieben werden (Drittelregelung). Im AStG-Anwendungsschreiben werden unter den Begriff der „Geschäfte" insbesondere Finanzierungsbeziehungen gefasst.[2062] Die h.M. fasst dahingehend Geschäfte auf gesellschaftsvertraglicher Grundlage nicht unter diesen Begriff.[2063] Daher kommt die Rückausnahme für passive Dividenden von Definitions wegen nicht in Betracht; bei Zinsen, denen Finanzierungsbeziehungen zugrunde liegen, hingegen schon. Es ist dennoch anzumerken, dass ein klarer Ausschluss von Dividenden dem Gesetz

2062 Vgl. BMF vom 22.12.2023, IV B 5 – S 1340/23/10001:001, Rn. 314, in: BStBl. 2023, I Sondernr. 1, 2 (AEAStG).

2063 Vgl. *Berg*, DB 2023, 1952 (1953); *Stadler/Sotta*, BB 2020, 1943 (1946); *Bindl/Leidel/Bücheler*, IStR 2022, 790 (798).

sowie dem Anwendungsschreiben nicht entnommen werden kann. Für Zwecke dieser Arbeit wird daher nur auf die Zinsen als passive Einkünfte abgestellt. Auf die Einordnung der Dividendeneinnahmen als passive Einkünfte nach § 8 Abs. 1 AStG wird aus Vereinfachungsgründen verzichtet. Damit gelten sie als aktive Einkünfte.

In Abschnitt H.V.4. wurden Fälle herausgearbeitet, in denen die Hinzurechnungsbesteuerung i.R.v. Fondsinvestments greift und beide Besteuerungssysteme nebeneinander wirken. Dabei stellte sich heraus, dass der Einbezug von nahe stehenden Personen dazu führen kann, dass entweder das Beherrschungskriterium bei einer dem (Spezial-)Investmentfonds nachgeschalteten Zwischengesellschaft oder die Drittelregelung ausgelöst wird. Liegt keine Beherrschung vor, bleibt der Vorrang des InvStG durch § 13 Abs. 5 AStG uneingeschränkt bestehen; eine Drittelregelung findet sich hier nicht. Auch eine Hinzurechnungsbesteuerung von dem Investmentfonds nachgelagerten ZG scheidet durch § 13 Abs. 5 Satz 2 AStG aus.

Im Folgenden werden diese beiden möglichen Anwendungsfälle der Hinzurechnungsbesteuerung in Investmentfondsstrukturen näher analysiert. Quantitative Berechnungen erfolgen dabei ausschließlich für den konstruierten Fall der Drittelregelung, welcher die Systematik zu verdeutlicht.

a. Drittelregelung

Die Drittelregelung des § 7 Abs. 5 Satz 2 AStG setzt den (Spezial-)Investmentfonds als ZG mit passiven Einkünften voraus. Dieser unterliegt keiner Ertragsbesteuerung und die reguläre Hinzurechnungsbesteuerung entfaltet Anwendung, wenn der Anleger den (Spezial-)Investmentfonds gemeinsam mit nahe stehenden Personen beherrscht. Gemäß der Drittelregelung müssen die Einkünfte des (Spezial-)Investmentfonds (Zwischengesellschaft) zu mehr als einem Drittel aus Geschäften mit dem Steuerpflichtigen bzw. dem Anleger oder ihm nahe stehenden Personen betrieben werden. Dass der (Spezial-)Investmentfonds passive Einkünfte aus „Geschäften" mit seinen Anlegern erzielt, scheint praktisch unwahrscheinlich; vielmehr erhält der Fonds Zinsen nahe stehender Personen der Anleger, die die Drittelregelung auslösen könnten.[2064] Die folgende Abbildung stellt den Sachverhalt graphisch dar.

2064 Vgl. *Ditz/Hörnicke*, in: F/W/B/S (Hrsg.), AStG-Kommentar, § 7 AStG, Rn. 301; *Stadler/Ludwig/Peters*, BB 2023, 2071 (2078); *Schwenke/Sanning*, in: K/S/B/H/K (Hrsg.), InvStG-Kommentar, Anhang 7, Rn. 133; *Haug*, DStZ 2023, 22 (28).

Abbildung I.6: Anwendung der Drittelregelung in Investmentfondsstrukturen.

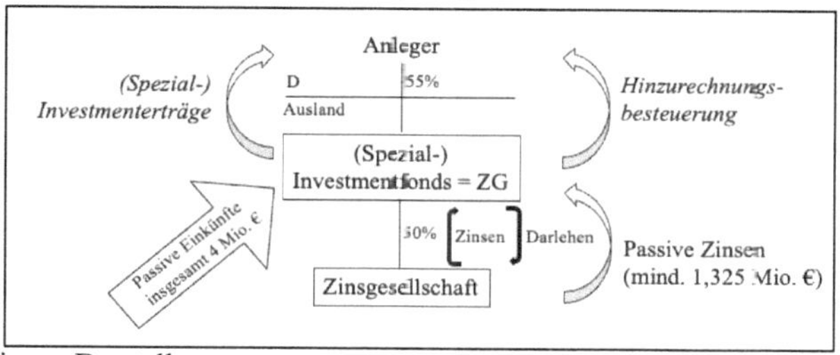

Quelle: Eigene Darstellung.

Dahingehend ist der (Spezial-)Investmentfonds an der zinszahlenden Gesellschaft (hier „Zinsgesellschaft") beteiligt, die als nahe stehende Person des Anlegers gilt. Damit die Zinsgesellschaft als solche betrachtet wird, muss die durchgerechnete Beteiligung nach § 1 Abs. 2 AStG mind. 25 % betragen. Zudem muss der Anleger den (Spezial-)Investmentfonds (ggf. zusammen mit anderen nahe stehenden Personen) beherrschen. Eine durchgerechnete Beteiligung von mind. 25 % wird erreicht, wenn der Anleger zu mehr als 50 % am Investmentfonds beteiligt ist, und dieser wiederum zu mind. 50 % an der Zinsgesellschaft. Gleichzeitig wird das Beherrschungskriterium durch den Anleger erfüllt. Im Folgenden wird eine Beteiligung des Anlegers am (Spezial-)Investmentfonds von 55 % (statt bisher 1 %) angenommen.

Des Weiteren muss die Drittelregelung greifen. Der (Spezial-)Investmentfonds erhält insgesamt 10 Mio. € Einkünfte, davon 4 Mio. € aus Zinsen, welche passive Einkünfte darstellen. Die Drittelregelung bezieht sich allerdings auf die Einkünfte, mit denen der Investmentfonds Zwischengesellschaft ist. Die Drittelgrenze errechnet sich dahingehend wie folgt:

$$\frac{\text{Zwischeneinkünfte mit dem Steuerpflichtigen oder ihm nahe stehendePersonen}}{\text{gesamte Zwischeneinkünfte}}$$

Demzufolge müssten passive Einkünfte i.H.v. mindestens 1,325 Mio. €[2065] von dem Steuerpflichtigen bzw. ihm nahe stehenden Personen stammen. Ist dies der Fall, erhält der Anleger, der zu 55 % beteiligt ist, 2,2 Mio. € als Hinzurechnungsbetrag zu (4 Mio. € • 55 %).

Im Rahmen dieses Sachverhaltes soll nun die Auflösung der Anwendungskonkurrenz quantitativ vorgestellt werden.

2065 1,325 Mio. €/4 Mio. € = 33,1 %

Bei Anwendung der o.g. Beteiligungsverhältnisse (Anleger mit 55 % Beteiligung) ergeben sich die folgenden Investmenterträge in den Jahre 00-03 unter Berücksichtigung von § 18 Abs. 3 InvStG. Die Berechnungen sind im Anhang G (Tabelle 67) nachzuvollziehen.

Tabelle 32: Zeitliche Erfassung der Investmenterträge.

Investmenterträge nach § 16 InvStG	00	01	02	03
Vorabpauschale § 16 Abs. 1 Nr. 2 InvStG	0 €	881.650 €	969.815 €	1.057.980 €
Ausschüttungen § 16 Abs. 1 Nr. 1 InvStG	0 €	0 €	0 €	22.000.000 €

Quelle: Eigene Darstellung.

Demzufolge ergeben sich die folgenden Steuerbelastungen für den jeweiligen Anlegertyp auf die Investmenterträge nach § 16 InvStG i.V.m. § 20 Abs. 1 Nr. 3 EStG und die Spezial-Investmenterträge nach § 34 InvStG i.V.m. § 20 Abs. 1 Nr. 3a EStG (siehe dazu Tabelle 68 für Kapitel-2-Investmentfonds und Tabelle 69 (Anhang G) für Kapitel-3-Investmentfonds.

Tabelle 33: Steuerbelastungen auf Anlegerebene mit 55 % Beteiligung (Kapitel-2-Investmentfonds, Fall 3).

	00	01	02	03	Gesamt
Investmenterträge nach § 16 InvStG	0 €	881.650€	969.815€	1.057.980€ 22.000.000€	
Privatanleger	25 % Abgeltungsteuer (30 % TFS)				
Gesamtsteuerbelastung (Steuersatz)	0 €	154.289€	169.718€	4.035.147€	4.359.154€ (19,8 %)
netto verbleiben	0 €	./. 154.289€	./. 169.718€	17.964.853€	17.640.846€
Betrieblicher Anleger	42 % ESt (60 % TFS), 14 % GewSt (30 % TFS)				
Gesamtsteuerbelastung (Steuersatz)	0 €	148.117€	162.929€	3.873.741€	4.184.787€ (19 %)
netto verbleiben	0 €	./.148.117€	./.162.929€	18.126.259€	17.815.213€
Körperschaft	15 % KSt (80 % TFS), 14 % GewSt (40 % TFS)				
Gesamtsteuerbelastung (Steuersatz)	0 €	100.500€	110.558€	2.628.609€	2.839.676€ (12,9 %)
netto verbleiben	0 €	./.100.509€	./.110.558€	19.371.391€	19.160.324€

Quelle: Eigene Darstellung.

Tabelle 34: Steuerbelastungen auf Anlegerebene mit 55 % Beteiligung (Kapitel-3-Investmentfonds, Fall 3).

	00	01	02	03	Gesamt
Spezial-Investmenterträge, § 34 InvStG	5.500.000€	5.500.000€	5.500.000€	5.500.000€	
Privatanleger	42 % Einkommensteuer (keine TFS nach § 42 Abs. 4 InvStG)				
Gesamtsteuerbelastung (Steuersatz)	2.310.000€	2.310.000€	2.310.000€	2.310.000€	9.240.000€ (42 %)
netto verbleiben	./. 2.310.000€	./. 2.310.000€	./. 2.310.000€	19.690.000 €	12.760.000 €
Betrieblicher Anleger	42 % ESt (TEV bei Dividendeneinnahmen, § 42 Abs. 1 InvStG), 14 % GewSt				
Gesamtsteuerbelastung (Steuersatz)	1.755.600€	1.755.600€	1.755.600€	1.755.600 €	7.022.400€ (31,9 %)
netto verbleiben	./. 1.755.600€	./. 1.755.600€	./. 1.755.600€	20.244.400 €	14.977.600 €
Körperschaft	15 % KSt (keine TFS § 42 Abs. 4 InvStG), 14 % GewSt				
Gesamtsteuerbelastung (Steuersatz)	1.595.000€	1.595.000€	1.595.000 €	1.595.000€	6.380 000€ (29 %)
netto verbleiben	./. 1.595.000€	./. 1.595.000€	./. 1.595.000€	20.405.000 €	15.620.000 €

Quelle: Eigene Darstellung.

Nach Konzeption des vorliegenden Falls ist außerdem die Hinzurechnungsbesteuerung einschlägig. Demzufolge hat entfällt auf den Anleger ein Hinzurechnungsbetrag i.H.v. 2,2 Mio. €.

Der Hinzurechnungsbetrag bestimmt sich nach § 10 Abs. 2 AStG und gehört demnach zu den Einkünften i.S.d. § 20 Abs. 1 Nr. 1 EStG. Er gilt außerdem in dem Veranlagungszeitraum (VAZ) als zugeflossen, in dem das maßgebende Wirtschaftsjahr der ausländischen Gesellschaft bzw. des ausländischen (Spezial-)Investmentfonds endet. Nach § 10 Abs. 6 AStG können die Erträge i.S.d. § 20 Abs. 1 Nr. 3 EStG i.V.m. § 16 Abs. 1 Nr. 2 InvStG (Vorabpauschale) und § 20 Abs. 1 Nr. 3a EStG i.V m. § 34 Abs. 1 Nr. 2 InvStG (agE) angerechnet werden. Kommt es im Jahr 03 zu einer Ausschüttung, erzielt der Anleger (Spezial-)Investmentfondserträge nach § 16 Abs. 1 Nr. 1 bzw. § 34 Abs. 1 Nr. 1 InvStG, welche nach § 11 Abs. 1 Nr. 2 und 3 AStG bei der Einkünfteermittlung als Kürzungsbetrag nach § 11 Abs. 2 AStG abziehbar sind. Der Kürzungsbetrag entspricht nach § 11 Abs. 2 Satz 1 AStG dem Betrag, der als Fondsausschüttung bzw. ausgeschüttete Erträge beim Anleger steuerpflichtig ist. Hierbei ist außerdem das Hinzurechnungskorrekturvolumen (HZRKV) zu beachten, welches nach § 11 Abs. 2 Satz 2 AStG maßgeblich für die Obergrenze des Kürzungsbetrages ist.

Die Anrechnung der Vorabpauschale sowie der agE nach § 10 Abs. 6 AStG wird in der nachfolgenden Tabelle dargestellt. Die Behandlung der Ausschüttung wird in einem späteren Schritt erläutert. Bei Kapitel-2-Investmentfonds wird die Vorabpauschale auf den Hinzurechnungsbetrag angerechnet; bei Kapitel-3-Fonds die agE. Eine vollständige Anrechnung der Vorabpauschale bzw. der agE ist nicht möglich, da diese nur zu 40 % auf passiven Zinsen basieren. Der restliche Teil der Vorabpauschale bzw. der agE resultiert auf aktiven Einkünften. Nach § 10 Abs. 6 AStG mindert sich der Hinzurechnungsbetrag *soweit*, als die ihm zugrunde liegenden Einkünfte aus Vorabpauschalen bzw. agE stammen.

Tabelle 35: Hinzurechnungsbetrag und dessen Besteuerung.

	00	01	02	03
Hinzurechnungsbetrag, § 10 Abs. 2 AStG	2.200.000€	2.200.000€	2.200.000€	2.200.000€
Kapitel-2-Investmentfonds				
Anrechnung der Vorabpauschale (40 %)	352.660 €	387.926 €	423.192 €	0 €
Ergebnis Hinzurechnungsbetrag	1.847.340 €	1.812.074 €	1.776.808 €	2.200.000 €
Privatanleger, 42 %	775.883 €	761.071 €	746.259 €	924.000 €
Betrieblicher Anleger	775.883 €	761.071 €	746.259 €	924.000 €
Körperschaft	535.729 €	525.501 €	515.274 €	638.000 €
Kapitel-3-Investmentfonds				
Anrechnung der agE (40 %)	2.200.000 €	2.200.000 €	2.200.000 €	0 €
Ergebnis Hinzurechnungsbetrag	0 €	0 €	0 €	2.200.000 €
Privatanleger, 42 %	0 €	0 €	0 €	924.000 €
Betrieblicher Anleger	0 €	0 €	0 €	924.000 €
Körperschaft	0 €	0 €	0 €	638.000 €

Quelle: Eigene Darstellung.

Es ist zu beachten, dass die Vorabpauschale dem Steuerpflichtigen nach § 18 Abs. 3 InvStG erst nach Ablauf des maßgebenden KJ zufließt, während der Hinzurechnungsbetrag vor Ablauf des (Wirtschafts-)Jahres als zugeflossen gilt. Wie bereits in Abschnitt H.V.4. anhand der Gesetzesbegründung zum ATAD-UmsG herausgearbeitet, mindert die Vorabpauschale jedoch den Hinzurechnungsbetrag des Vorjahres; wird allerdings im darauffolgenden Jahr versteuert. Eine vollständige Minderung des Hinzurechnungsbetrages durch die Vorabpauschale ist nicht möglich, da die Vorabpauschale geringer ausfällt.

Bei SpIF mindern die agE den Hinzurechnungsbetrag in den Jahren 00-02 vollständig, sodass dieser nicht versteuert werden muss. Die Besteuerung der agE kompensiert dahingehend die Hinzurechnungsbesteuerung.

Im Jahr 03 nimmt der (Spezial-)Investmentfonds eine Ausschüttung der thesaurierten Erträge i.H.v. 22 Mio. € für den „55 %-Anleger" vor. Die Ausschüttung unterliegt beim Anleger als (Spezial-)Investmentertrag der Besteuerung nach § 20 Abs. 1 Nr. 3 bzw. 3a EStG. Ist zudem die Hinzurechnungsbesteuerung anwendbar, ist der Kürzungsbetrag gemäß § 11 AStG zu berücksichtigen. Nach dieser Regelung kann der Steuerpflichtige im Jahr der Ausschüttung den Kürzungsbetrag steuermindernd ansetzen. Der Kürzungsbetrag darf maximal i.H.d. steuerpflichtigen Ausschüttung nach § 20 Abs. 1 Nr. 3 bzw. Nr. 3a EStG unter Berücksichtigung der Teilfreistellungen angesetzt werden. Der Kürzungsbetrag wird jedoch nach § 11 Abs. 2 Satz 2 AStG auf den Betrag begrenzt, welcher sich ergibt, wenn das festgestellte HZRKV des vorangegangenen VAZ zzgl. des laufenden HZRB bei einer Ausschüttung steuerpflichtig wäre. Das laufende HZRKV bestimmt sich nach folgender Formel:

Abbildung I.7: Berechnungsformel Hinzurechnungskorrekturvolumen.

Laufender Hinzurechnungsbetrag nach § 10 Abs. 2 AStG

./. Ausschüttungen im laufenden Veranlagungszeitraum (Bezüge i.S.d. § 20 Abs. 1 Nr. 1, 3, 3a EStG)

./. Veräußerungsgewinne (§ 11 Abs. 4 AStG)

+ festgestelltes Hinzurechnungskorrekturvolumen des vorangegangenen Veranlagungszeitraumes

= laufendes Hinzurechnungskorrekturvolumen

Quelle: Eigene Darstellung.

Tabelle 36: Berechnung Hinzurechnungskorrekturvolumen.

Jahr	Hinzurechnungsbetrag	HZRKV
0	2.200.000 €	2.200.000 €
1	2.200.000 €	4.400.000 €
2	2.200.000 €	6.600.000 €
3	2.200.000 €	- €

Quelle: Eigene Darstellung.

Die Tabelle 37 stellt die für den vorliegenden Sachverhalt relevanten Informationen zur Bestimmung des Kürzungsbetrages dar. Der Investmentfonds erzielt im VAZ 00 Zwischeneinkünfte i.H.v. 2,2 Mio. €, die dem Anleger nach § 10 Abs. 2 AStG zugerechnet werden. Es ist ein HZRKV für 00 i.H.v. 2,2 Mio. € gesondert festzustellen, da keine Ausschüttung erfolgt. Im Veranlagungszeitraum 01 werden wiederum 2,2 Mio. € an Zwischeneinkünften erzielt. Damit steigt das Hinzurechnungskorrekturvolumen für 01 auf 4,4 Mio. €. Für die VAZ 02 erfolgt die Bestimmung des HZRKV analog. Im Jahr 03 werden erneut 2,2 Mio. € als passive Einkünfte pro Anleger erzielt und eine Ausschüttung i.H.v. 22 Mio. € pro Anleger vorgenommen. Da ein negatives HZRKV entsteht, erfolgt eine Feststellung auf 0.[2066]

Zur Berechnung des Kürzungsbetrages ist zunächst die steuerpflichtige Ausschüttung zu bestimmen. Diese richtet sich im Sachverhalt nach § 16 Abs. 1 Nr. 1 bzw. § 34 Abs. 1 Nr. 1 InvStG. Demnach sind Ausschüttungen eines Investmentfonds nach Anwendung der Teilfreistellungen steuerpflichtig. Dies bedeutet für die einzelnen Anleger:

Tabelle 37: Berechnung der steuerpflichtigen Ausschüttung für die Bestimmung des Kürzungsbetrages.

	Privatanleger	Betrieblicher Anleger	Körperschaft
Ausschüttung	22.000.000	22.000.000	22.000.000
Steuerpflichtige Ausschüttung, § 16 Abs. 1 Nr. 1 InvStG i.V.m. § 20 InvStG	15.400.000 (70 %)	8.800.000 (40 %)	4.400.000 (20 %)
Steuerpflichtige ausgeschüttete Erträge, § 34 Abs. 1 Nr. 1 InvStG	5.500.000 €	4.180.000 € (TEV)	5.500.000 €

Quelle: Eigene Darstellung.

Die steuerpflichtige Ausschüttung aus obiger Tabelle stellt den maximalen Kürzungsbetrag nach § 11 Abs. 2 Satz 1 AStG dar. Dieser wird jedoch nach Satz 2 begrenzt, indem fiktiv angenommen wird das HZRKV aus 02 (6,6 Mio. €) und der Hinzurechnungsbetrag aus 03 (2,2 Mio. €) werden ausgeschüttet, insgesamt 8,8 Mio. €. Dabei kommen erneut die Teilfreistellungen zur Anwendung. In Bezug auf die ausgeschütteten Erträge nach § 35 InvStG und bei einer angenommenen Ausschüttung von 8,8 Mio. € statt der tatsächlichen 22 Mio. € würde aufgrund der im Vorfeld versteuerten

2066 Vgl. BMF vom 22.12.2023, IV B 5 – S 1340/23/10001:001, Rn. 638, in: BStBl. 2023, I Sondernr. 1, 2 (AEAStG).

agE keine ausgeschütteten Erträge nach § 35 InvStG i.V.m. § 34 Abs. 1 Nr. 1 InvStG verbleiben. Demzufolge kann kein Kürzungsbetrag bei der Investition über SpIF abgezogen werden.

Tabelle 38: Berechnung des begrenzten Kürzungsbetrages.

	Privatanleger	Betrieblicher Anleger	Körperschaft
Fiktiv angenommene Ausschüttung	8.800.000 €	8.800.000 €	8.800.000 €
Begrenzter Ausschüttungsbetrag, Kapitel-2-Fonds	6.160.000 € 70 %	3.520.000 € 40 %	1.760.000 € 20 %
Begrenzter Ausschüttungsbetrag, Kapitel-3-Fonds	0 €	0 €	0 €

Quelle: Eigene Darstellung.

Die Steuerbelastung der Ausschüttung des Kapitel-2-Investmentfonds ergibt sich aus nachfolgender Tabelle:

Tabelle 39: Steuerbelastung der Dividendenausschüttung des Investmentfonds nach Anwendung des Kürzungsbetrages.

	Privatanleger	Betrieblicher Anleger	Körperschaft
Investmentertrag nach § 16 Abs. 1 Nr. 1 InvStG	22.000.000 €	22.000.000 €	22.000.000 €
Steuerpflichtige Ausschüttung nach TFS	15.400.000 €	8.800.000 €	4.400.000 €
./. anzuwendender Kürzungsbetrag	6.160.000 €	3.520.000 €	1.760.000 €
= zu versteuernde Dividende	9.240.000 €	5.280.000 €	2.640.000 €
ESt/KSt/GewSt	2.310.000 € (25 %)	2.217.600 € (42 %)	765.600 € (29 %)

Quelle: Eigene Darstellung.

Daher ergeben sich die folgenden Gesamtsteuerbelastungen, sofern sowohl die Investment- als auch die Hinzurechnungsbesteuerung zur Anwendung kommen:

Tabelle 40: Gesamtsteuerbelastungen bei Anwendung von Investment- und Hinzurechnungsbesteuerung (Kapitel-2-Investmentfonds).

	00	01	02	03	Summe
Privatanleger					
Vorabpauschale	0 €	154.289 €	169.718 €	185.146 €	509.153 €
HZRB	775.883 €	761.071 €	746.259 €	924.000 €	3.207.213 €
Ausschüttung HZRB				2.310.000 €	2.310.000 €
Gesamtbelastung					6.026.366 €
Betrieblicher Anleger					
Investmenterträge	0 €	148.117 €	162.929 €	177.741 €	488.787 €
HZRB	775.883 €	761.071 €	746.259 €	924.000 €	3.207.213 €
Ausschüttung HZRB				2.217.600 €	2.217.600 €
Gesamtbelastung					5.913.600 €
Körperschaft					
Investmenterträge	0 €	100.508 €	110.559 €	120.610 €	331.677 €
HZRB	535.729 €	525.501 €	515.274 €	638.000 €	2.214.504
Ausschüttung HZRB				765.600 €	765.600 €
Gesamtbelastung					3.311.781€

Quelle: Eigene Darstellung.

Die Vorabpauschale kann in den Jahren 00-02 nicht vollständig auf den Hinzurechnungsbetrag angerechnet werden. Das liegt zum einen daran, dass sowieso nur 40 % der Vorabpauschale auf Hinzurechnungsbeträge entfallen; zum anderen fällt die Vorabpauschale aufgrund des Basiszinssatzes niedriger als der Hinzurechnungsbetrag aus. In der Folge wird die Besteuerung auf das Niveau der Hinzurechnungsbesteuerung gehoben. Auch der Kürzungsbetrag wurde begrenzt, auf den steuerpflichtigen Teil des bereits besteuerten Hinzurechnungsbetrages.

Für Anleger in SpIF werden die Steuerbelastungen wie folgt zusammengefasst.

Tabelle 41: Gesamtsteuerbelastungen bei Anwendung von Investment- und Hinzurechnungsbesteuerung (Kapitel-3-Investmentfonds).

	00	1	2	3	Summe
Privatanleger					
agE	2.310.000 €	2.310.000 €	2.310.000 €	2.310.000 €	9.240.000 €
HZRB	0 €	0 €	0 €	0 €	0 €
Ausschüttung HZRB				550.000 €	550.000 €
Gesamtbelastung					9.790.000 €
Betrieblicher Anleger					
agE	1.755.600 €	1.755.600 €	1.755.600 €	1.755.600 €	7.022.400 €
HZRB	0 €	0 €	0 €	0 €	0 €
Ausschüttung HZRB				924.000 €	924.000 €
Gesamtbelastung					7.946.400 €
Körperschaft					
agE	1.595.000 €	1.595.000 €	1.595.000 €	1.595.000 €	6.380.000 €
HZRB	0 €	0 €	0 €	0 €	0
Ausschüttung HZRB				638.000 €	638.000 €
Gesamtbelastung					7.018.000 €

Quelle: Eigene Darstellung.

Die Besteuerung der Ausschüttung erfolgt, ohne dass ein Kürzungsbetrag angesetzt werden kann. Dies liegt darin begründet, dass die fiktive Ausschüttung des SpIF aufgrund der im Vorfeld versteuerten agE nicht steuerpflichtig wäre. Die Anleger eines SpIF haben lediglich den HZRB in Jahr 03 i.H.v. 2,2 Mio. € zu versteuern, da keine anzurechnenden agE mehr vorliegen. Die Besteuerung der Ausschüttung richtet sich nach dem InvStG; ein Kürzungsbetrag kann nicht abgezogen werden.[2067] Der HZRB wird in den Jahren 00-02 um die agE gemindert, sodass kein steuerpflichtiger HZRB verbleibt.

[2067] Vgl. *Haug*, DStZ 2023, 22 (31 f.); so auch in den Berechnungen von *Böhmer/Oppel*, IWB 2020, 5 (18 f.); *Lentz/Sezer*, ISR 2021, 85 (93).

b. Nachgeschaltete Zwischengesellschaft

Des Weiteren finden Hinzurechnungs- und Investmentbesteuerung bei einer dem (Spezial-)Investmentfonds nachgeschalteten Zwischengesellschaft parallel Anwendung. Damit die Hinzurechnungsbesteuerung beim Anleger greift, muss die ZG durch den Anleger beherrscht werden. Dafür kann die durchgerechnete Beteiligung des Anlegers an der ZG bei über 50 % liegen. Andererseits kann der (Spezial-)Investmentfonds eine dem Anleger nahe stehende Person darstellen, also mindestens eine Beteiligung von 25 % vorliegen. Um den Beherrschungstatbestand zu erfüllen, muss der Investmentfonds an dieser zu mindestens über 50 % beteiligt sein. Dahingehend wird dem Anleger die Beteiligung des (Spezial-)Investmentfonds an der Zwischengesellschaft i.H.v. über 50 % zugerechnet; seine mittelbare Beteiligung für Zwecke der Beherrschungsprüfung nicht berücksichtigt.[2068]

Im vorliegenden Fall erzielt der (Spezial-)Investmentfonds insgesamt 10 Mio. € Zinsen und Dividenden. Auf den Anleger gerechnet (25 %) würden 2,5 Mio. € entfallen. Diese werden zunächst thesauriert und über die Vorabpauschale beim Anleger besteuert. Nun wird angenommen, dass die Zwischengesellschaft 2 Mio. € passive Zinsen erhält. Diese Zwischeneinkünfte sind beim unbeschränkt Steuerpflichtigen entsprechend seiner unmittelbaren und mittelbaren Beteiligung am Nennkapital steuerpflichtig. Die mittelbare Beteiligung beträgt knapp über 12,5 %. Somit ergibt sich ein Hinzurechnungsbetrag von ca. 250.000 €.

Bei der Anrechnung der Vorabpauschale nach § 10 Abs. 6 AStG ist darauf zu achten, dass eine Minderung um die Vorabpauschale nur *insoweit* erfolgt, als die Erträge dem Hinzurechnungsbetrag zugrundeliegenden Investmenterträge unterliegen. Die Vorabpauschale muss also dem Hinzurechnungsbetrag unterliegen. Durch die Beteiligung des Investmentfonds an der ZG würde der Wert des Investmentanteils mit den Erträgen der ZG ansteigen. Hier mithin nur zu 50 %. D.h. die bei der Zwischengesellschaft unversteuerten passiven Zinsen i.H.v. 2 Mio. € würden sich zu 1 Mio. € im Fondswert und somit in der Vorabpauschale wieder spiegeln. Die Vorabpauschale unterläge damit zu 1/10 der Hinzurechnungsbesteuerung, da sich 1 Mio. € Zwischeneinkünfte auf 10 Mio. € Gesamteinkünfte des Fonds als Hinzurechnungsbeträge auf die Vorabpauschale auswirken. Der Fall ist in der folgenden Abbildung illustriert. Auf konkrete

[2068] Vgl. BMF vom 22.12.2023, IV B 5 – S 1340/23/10001:001, Rn. 265, in: BStBl. 2023, I Sondernr. 1, 2 (AEAStG).

Berechnungen wird verzichtet. Die Systematik des Nebeneinanders von Hinzurechnungs- und Investmentbesteuerung für i.R.d. Drittelregelung dargelegt.

Abbildung I.8: Nachgeschaltete Zwischengesellschaften in Investmentfondsstrukturen.

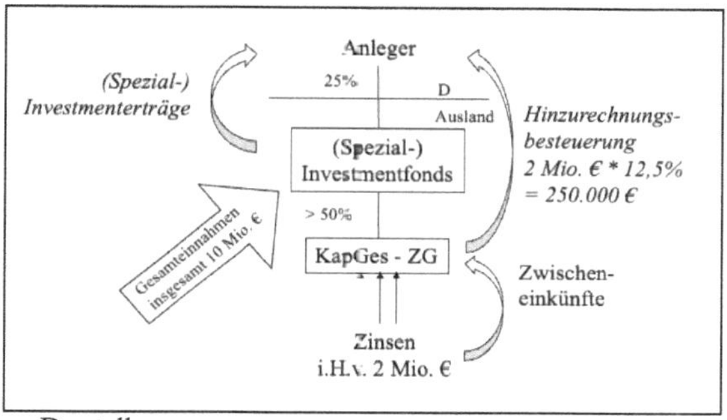

Quelle: Eigene Darstellung.

5. Ergebnisanalyse und Zusammenfassung

Im Folgenden werden die Besteuerungswirkungen bei Nicht-Besteuerung des (Spezial-)Investmentfonds zusammenfassend dargestellt.

Tabelle 42: Steuerbelastungen von Fonds- und Anlegerebene in Fall 3 mit Kapitel-2-Investmentfonds.

Fall 3		Ergebnisse Anleger	Ergebnisse Fondskonstrukt	Ergebnisse Direktanlage
Fondsebene (Kapitel-2-Fonds)		0 €		-
BMG für Nettoverbleib und Steuersatz		400.000 €	400.000 €	400.000 €
Privatanleger	Gesamtsteuer Nettoverbleib Steuersatz	79.257 € 320.743 € 19,8 %	79.257 € 320.743 € 19,8 %	100.000 € 300.000 € 25 %
Betrieblicher Anleger	Gesamtsteuer Nettoverbleib Steuersatz	76.086 € 323.914 € 19 %	76.086 € 323.914 € 19 %	127.680 € 272.320 € 31,9 %
Körperschaft	Gesamtsteuer Nettoverbleib Steuersatz	51.631 € 348.369 € 12,9 %	51.631 € 348.369 € 12,9 %	116.000 € 284.000 € 29 %

Quelle: Eigene Darstellung.

Die angestellten Berechnungen zeigen, dass bei steuerlich nicht vorbelasteter Fondsanlage die Investition über Investmentfonds gegenüber der Direktanlage vorzuziehen ist. Die pauschalen Teilfreistellungen greifen auch, wenn keine Vorbelastung mit ausländischer Ertragsteuer bzw. QuSt auf Fondseingangsseite vorliegt.

Tabelle 43: Steuerbelastungen von Fonds- und Anlegerebene in Fall 3 mit Kapitel-2-Investmentfonds.

Fall 3		Steuerbelastung	Ergebnis Fondskonstrukt	Direktanlage
Ebene SpIF		0 €		-
BMG für Nettoverbleib und Steuersatz		400.000€	400.000€	400.000€
Privatanleger	Gesamtsteuer Nettoverbleib Steuersatz	168.000€ 232.000€ 42 %	168.000€ 232.000 42 %	100.000€ 300.000€ 25 %
Betrieblicher Anleger	Gesamtsteuer Nettoverbleib Steuersatz	127.680€ 272.320€ 31,9 %	127.680€ 272.320€ 31,9 %	127.680€ 272.320€ 31,9 %
Körperschaft	Gesamtsteuer Nettoverbleib Steuersatz	116.000€ 284.000€ 29 %	116.000€ 284.000€ 29 %	116.000€ 284.000€ 29 %

Quelle: Eigene Darstellung.

Demgegenüber ist die Direktanlage für Privatanleger, welche in SpIF investieren, aufgrund des Ausschlusses des 25 %-igen Abgeltungsteuertarifs vorteilhafter. Betriebliche Anleger unterliegen derweil derselben steuerlichen Belastung bei Fonds- und Direktanlage, da auch bei der Fondsanlage das TEV nach § 42 Abs. 1 InvStG auf Anlegerebene möglich ist. So auch bei körperschaftsteuerlichen Anlegern, wenn in beiden Fällen § 8b KStG suspendiert wird.

Im Rahmen der Hinzurechnungbesteuerung zeigt sich, dass im Thesaurierungsfall bei Investitionen über Kapitel-2-Investmentfonds die hohen Steuerbelastungen der Hinzurechnungsbesteuerung greifen, da mitunter eine geringe Vorabpauschale den Hinzurechnungsbetrag nicht vollständig kompensieren kann. Im Ausschüttungsfall dagegen wird eine hohe Ausschüttung des Investmentfonds nach dem InvStG i.V.m. dem EStG besteuert, während ein hinzurechnungssteuerlicher Kürzungsbetrag auch diesen Betrag nicht vollständig ausgleichen kann. Bei Kapitel-3-Investmentfonds führt die andersartige Erfassung agE im Thesaurierungsfall dazu, dass der Hinzurechnungsbetrag im Sachverhalt vollständig gemindert werden konnte. Mithin erfolgt nur die Besteuerung der agE nach dem InvStG. Im Ausschüttungsfall richtet sich die Besteuerung ebenfalls nach dem InvStG, denn ein Kürzungsbetrag konnte nicht abgezogen werden.

VI. Fall 4 und 5 – ausländischer Anleger

1. Ebene des in- und ausländischen (Spezial-)Investmentfonds

Die Fälle 4 und 5 skizzieren Konstellationen, in denen sich ausländische Anleger über inländische also auch ausländische (Spezial-)Investmentfonds mit inländischen Vermögenswerten beteiligen. Die nachfolgende Abbildung stellt die Konstellationen dar:

Abbildung I.9: Illustration der Fälle 4 und 5.

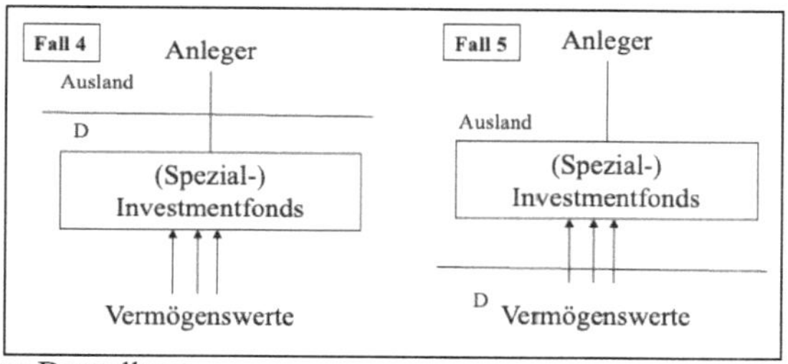

Quelle: Eigene Darstellung.

Wie bereits anhand des Inlandsfalls sowie für den Fall 1 analysiert, unterliegen die Dividendeneinnahmen des in- und ausländischen (Spezial-)Investmentfonds grundsätzlich als inländische Beteiligungseinnahmen auf Fondseingangsseite dem abgeltenden Steuerabzug i.H.v. 15 % gem. § 6 Abs. 2 i.V.m. § 7 InvStG. Die Zinsen werden auf Ebene des (Spezial-)Investmentfonds nicht erfasst. Bei ausländischen (Spezial-)Investmentfonds ist auf eine Ertragsbesteuerung im ausländischen Staat zu achten. Der Ausschluss des § 8b KStG über § 6 Abs. 6 InvStG wird kritisch betrachtet, da es bei ausländischen Vehikeln, die dem InvStG unterliegen, wie in Fall 5, vorkommen kann, dass Beteiligungen von über 10 % bestehen.[2069] Der Regelung wird ansonsten eher deklaratorischer Charakter zugeschrieben, da Beteiligungen von über 10 % üblicherweise von Vehikeln in personengesellschaftlicher Ausgestaltung gehalten werden, die wiederrum nicht von InvStG erfasst sind.[2070] Für die Berechnungen wird in Bezug auf Fall 4 auf den Inlandsfall, bzgl. Fall 5 auf Fall 1 verwiesen. Inländische SpIF müssen 15 % KapESt zzgl. SolZ nach § 50 InvStG einbehalten und abführen. Gegenüber

2069 Vgl. *Boxberger*, in: W/B/A (Hrsg.), KAGB Kommentar, § 6 InvStG, Rn. 39; *Hoffmann*, in: Korn (Hrsg.), EStG Kommentar, § 6 InvStG 2018, Rn. 60.

2070 Vgl. *Wenzel*, in: Brandis/Heuermann (Hrsg.), EStG, KStG, GewStG-Kommentar, § 6 InvStG2018, Rn. 71.

beschränkt steuerpflichtigen Anlegern ist jedoch kein Abzug vorzunehmen.[2071] Der in- sowie ausländische SpIF kann die Transparenzoption nach § 30 InvStG für die inländischen Beteiligungseinnahmen ausüben. Die Besteuerung findet auf Ebene des ausländischen Anlegers statt.

2. Ebene des ausländischen Anlegers

Ist ein ausländischer Anleger beteiligt, könnte dieser mit den Einkünften aus dem (Spezial-)Investmentfonds der beschränkten Steuerpflicht gemäß § 1 Abs. 4 i.V.m. § 49 EStG unterliegen. Allerdings werden (Spezial-)Investmenterträge nicht im Katalog des § 49 EStG aufgelistet, welcher die beschränkt steuerpflichtigen Einkünfte regelt. Demzufolge unterliegt der ausländische Anleger, sollte er bspw. Ausschüttungen des (Spezial-)Investmentfonds erhalten, keiner beschränkten deutschen Steuerpflicht. Vielmehr erfolgt die Besteuerung der Investmenterträge im Ansässigkeitsstaat; eine Nicht-Besteuerung bewirkt keine Besteuerung im Inland.[2072] Die Steuerfreistellungen nach § 42 Abs. 4 und 5 InvStG sowie § 20 InvStG kommen mangels Steuerpflicht bei den ausländischen Anlegern nicht zum Tragen, sondern gelten nur bei inländischen Anlegern. Dies ist allerdings unionsrechtlich kritisch zu sehen, da ausländische Anleger, ebenso durch die Besteuerung auf Fondsebene vorbelastet werden, was mit den Teilfreistellungen allerdings abgemildert werden soll.[2073] Eine beschränkte Steuerpflicht der (Spezial-)Investmenterträge kann mithin vorliegen, wenn die Beteiligung an dem (Spezial-)Investmentfonds dem BV seiner inländischen Betriebsstätte zugeordnet werden kann, § 49 Abs. 1 Nr. 2 a) EStG.[2074] Dahingehend können die Teilfreistellungen genutzt werden. § 49 Abs. 1 Nr. 5 EStG regelt beschränkt steuerpflichtige Kapitaleinkünfte. In Bst. d) verweist das Gesetz u.a. auf § 43 Abs. 1 Nr. 9 EStG, welcher auf Kapitalerträge i.S.d. § 16 Abs. 1 Nr. 3 InvStG referenziert.[2075] Die Vorschrift bezieht sich auf Tafelgeschäfte. Ein solches liegt vor, wenn „die auszahlende Stelle ein inländisches Kreditinstitut, ein inländischen Finanzdienstleistungsinstitut oder ein inländisches Wertpapierinstitut ist“.[2076]

[2071] Vgl. Gesetzentwurf zum InvStRefG vom 07.04.2016, BT-Drs. 18/8045, 121; durch den Verweis auf § 43 Abs. 1 Nr. 7 EStG.

[2072] Vgl. *von Freeden*, in: Schaumburg (Hrsg.), Internationales Steuerrecht, Rn. 12.28 (5. Aufl.).

[2073] Siehe Abschnitt F.II.2.b.

[2074] Vgl. *Brandl*, in: Brandis/Heuermann (Hrsg.), Ertragsteuerrecht Kommentar, § 42 InvStG, Rn. 2

[2075] Vgl. *Stöber/Kaligin/Heß/Anissimov*, in: Lademann (Hrsg.), § 49 EStG, Rn. 1823.

[2076] Vgl. *Ebenda*, Rn. 1827.

Liegt ein in- oder ausländischer SpIF vor, kann dieser die Transparenzoption nach § 30 InvStG in Anspruch nehmen. Dies hat zur Folge, dass die Steuerpflicht des SpIF auf die inländischen Beteiligungseinnahmen entfällt und der ausländische Anleger mit diesen gem. § 49 Abs. 1 Nr. 5 a) EStG beschränkt steuerpflichtig ist. Die Zinsen fallen nicht unter die Transparenzoption und würden mangels beschränkter Steuerpflicht auch nicht als ausgeschüttete oder agE erfasst.

Die Besteuerung der inländischen Dividendeneinnahmen erfolgt in diesem Fall nach § 50 Abs. 2 Satz 1 EStG bzw. § 32 Abs. 1 KStG. Demnach wird die KapESt auf die Dividenden i.H.v. 25 % mit Abgeltungswirkung erhoben, wodurch die Steuererhebung sichergestellt wird. Ausnahmen von diesem abgeltenden Steuerabzug sind in § 50 Abs. 2 Satz 2 EStG geregelt und erfasst Fälle, in denen die Einkünfte bspw. zu einem inländischen Betrieb zuzuordnen sind. Außerdem kann eine Reduktion der QuSt insbesondere in Fall 5 über ein DBA auf 15 % erfolgen. § 44a Abs. 9 Satz 1 EStG ist weiterhin zu berücksichtigen.[2077] In dieser Fallstudie wird angenommen, dass sich der Betrieb des ausländischen betrieblichen Anlegers im Ausland befindet, sodass eine beschränkte Steuerpflicht nur i.R.d. Transparenzoption nach § 30 InvStG i.V.m. § 49 Abs. 1 Nr. 5 a) EStG in Frage kommt.

3. Zusammenfassung

Tabelle 44: Steuerbelastung von Fonds- und Anlegerebene in den Fällen 4 und 5 mit Kapitel-2-Investmentfonds.

Fall 4 und 5		Ergebnisse Anleger	Ergebnisse Fondskonstrukt	Ergebnisse Direktanlage
In- und ausländische Fondsebene (Kapitel-2-Fonds)		9.000 € p.a./36.000 € insgesamt + ggf. ausländische Ertragsteuer		-
BMG für Nettoverbleib und Steuersatz		364.000 €	400.000 €	400.000 €
Ausländische natürliche Person	Gesamtsteuer	0 €	36.000 €	60.000 €
	Nettoverbleib	364.000 €	364.000 €	340.000 €
	Steuersatz	0 %	9 %	15 %
Ausländische Körperschaft	Gesamtsteuer	0 €	36.000 €	36.000 €
	Nettoverbleib	364.000 €	364.000 €	364.000 €
	Steuersatz	0 %	9 %	9 %

Quelle: Eigene Darstellung.

[2077] Vgl. BMF vom 20.01.2021, IV C 1 - S 1980-1/19/10008:011, Rn. 31.1, in: BStBl. I 2021, 156 (Änderung BMF-Schreiben vom 21.05.2019).

Es zeigt sich, dass der ausländische Anleger bei der Investition in deutsche Kapitel-2-Investmentfonds die Fondsanlage steuerlich vorziehen könnte. Das liegt daran, dass Investmenterträge keiner beschränkten Steuerpflicht in Deutschland unterliegen. Lediglich auf Ebene des Investmentfonds unterliegen die Dividendeneinnahmen der inländischen 15 %-igen Steuerpflicht. Zudem unterliegen Zinsen auf keiner Ebene der Besteuerung.

Für die Investition in Kapitel-3-Investmentfonds sind die SpIF-erträge ebenso wenig im Katalog der inländischen Einkünfte zu finden. Nur im Fall der ausgeübten Transparenzoption hat der ausländische Anleger die Dividenden zu versteuern. Dies erfolgt analog zur Besteuerung der Inbound Direktanlage.

Für den Inbound-Fall bei der Direktanlage unterliegt der ausländische Anleger mit den Dividenden und Zinsen der beschränkten Steuerpflicht nach § 49 Abs. 1 Nr. 5 EStG. Es erfolgt ein Steuerabzug vom Kapitalertrag i.H.v. 25 % mit abgeltender Wirkung. Für beschränkt steuerpflichtige, betriebliche Anleger, die ihr BV im Ausland haben, kann das TEV aufgrund der Abgeltungswirkung der KapESt nicht greifen, da keine Veranlagung durchgeführt wird.[2078] Für Körperschaften gilt § 44a Abs. 9 EStG, sodass 15 % KapESt erhoben wird. In Bezug auf Zinsen unterliegen diese nach § 49 Abs. 1 Nr. 5 c) Satz 1 EStG nur der beschränkten Steuerpflicht, wenn das Kapitalvermögen bspw. durch inländischen Grundbesitz gesichert ist.[2079] Dies wird hier nicht angenommen.

2078 Vgl. *Intemann*, in: H/H/R (Hrsg.), EStG KStG-Kommentar, § 3 EStG, Rn. 27.

2079 Dies könnte der Fall bei Immobilien-Spezial-Investmentfonds sein, welche Immobiliengesellschaften finanzieren.

Tabelle 45: Steuerbelastung von Fonds- und Anlegerebene in den Fällen 4 und 5 mit Kapitel-3-Investmentfonds.

Fall 4 und 5		Steuerbelastung	Ergebnis Fondskonstrukt	Steuerbelastung (Transparenzoption)	Ergebnis Fondskonstrukt	Direktanlage
Ebene SpIF		9.000 € p.a./36.000 € gesamt		-		-
BMG für Nettoverbleib und Steuersatz		364.000 €	400.000 €	400.000 €		400.000 €
Anleger natürliche Person	Gesamtsteuer Nettoverbleib Steuersatz	0 € 364.000 € 0 %	36.000 € 364.000 € 9 %	60.000 € 340.000 € 15 %	60.000 €	60.000 € 340.000 € 15 %
Anleger Körperschaft	Gesamtsteuer Nettoverbleib Steuersatz	0 € 364.000 € 0 %	36.000 € 364.000 € 9 %	36.000 364.000 9 %	36.000 €	36.000 € 364.000 € 9 %

Quelle: Eigene Darstellung.

VII. Fall 6 – inländischer (Spezial-)Investmentfonds mit ausländischen Vermögenswerten und ausländischen Anlegern

Hat ein inländischer (Spezial-)Investmentfonds ausländische Anleger und investiert ausschließlich in ausländische Vermögenswerte, ist dieser zwar im Inland unbeschränkt steuerpflichtig. Die erzielten Erträge werden mithin nicht der inländischen Besteuerung unterworfen. Auch die Ausschüttung an ausländische Anleger unterliegt beim Anleger nicht der beschränkten Steuerpflicht. Die ausländischen Dividenden werden durch den Investmentfonds durchgeleitet und unterliegen ggf. im Ausland der Besteuerung. Ausländische QuSt kann aufgrund der Abkommensberechtigung des deutschen Investmentfonds reduziert werden. Ausländische QuSt kann nach § 47 InvStG auch bei beschränkter Steuerpflicht angerechnet werden.[2080] Die Transparenzoption nach § 30 InvStG kann mangels inländischer Beteiligungseinnahmen nicht ausgeübt werden.

[2080] Vgl. *von Freeden*, in: Schaumburg (Hrsg.), Internationales Steuerrecht, Rn. 12.46 (5. Aufl.) m.w.N.

VIII. Ergebniszusammenfassung

Um die vorliegende Belastungsanalyse durchführen zu können, mussten eine Vielzahl von Annahmen getroffen werden. Insbesondere die steuerliche Behandlung im Ausland konnte dabei nicht immer impliziert werden. Im praktischen Fall ist daher auf die Besonderheiten des ausländischen Investmentsteuersystems zu achten. Vor allem sind etwaige Änderungen vor dem Hintergrund der europarechtlichen Rechtsprechung, denen auch Deutschland mit seiner Reform ab 2018 nachgekommen ist, zu berücksichtigen. Im Folgenden werden verschiedene Aspekte, die bei der Durchführung und in den Ergebnissen der vorgenommen Belastungsanalyse aufgefallen sind, explizit herausgestellt.

1. Getroffene Annahmen

I.R.d. Belastungsanalyse musste festgelegt werden, wie sich die Einnahmen des (Spezial-)Investmentfonds zusammensetzen. Zur umfassenden Erörterung der Regelungen der Investmentfondsbesteuerung wurden Dividenden- und Zinseinnahmen gewählt. Damit wurde verdeutlicht, dass nur inländische Dividendeneinnahmen der Fondsbesteuerung unterliegen, während in- und ausländische Zinseinnahmen auf Fondsebene steuerfrei sind. Zinsen stellen allerdings stets passive Einkünfte nach § 8 Abs. 1 AStG dar, was einen Anwendungsfall für die Hinzurechnungsbesteuerung ermöglichte.

Die Gewichtung von 60 % in Aktien und 40 % in Anleihen war hinsichtlich der Einstufung als Aktienfonds nach § 2 Abs. 6 InvStG notwendig, damit die Anleger über § 20 Abs. 1 InvStG die höchsten Teilfreistellungsätze geltend machen konnten. Bei Mischfonds nach § 2 Abs. 7 InvStG, bei denen mindestens 25 % des Fondsvermögens in Kapitalbeteiligungen angelegt sein muss, können die Teilfreistellungen nur zur Hälfte in Anspruch genommen werden. Ist der Anteil geringer, kommen keine Teilfreistellungen zur Anwendung. Es ist für die Anleger daher von Bedeutung, wie sich das Vermögen des Investmentfonds zusammensetzt.

2. (Deutsche) Steuerpflicht auf Ebene des (Spezial-)Investmentfonds

Auf Ebene des in- oder ausländischen (Spezial-)Investmentfonds sind nur bestimmte inländische Einkünfte steuerpflichtig. Ausländische Einkünfte bleiben steuerfrei, wodurch auf eine vollständige Ausübung des Welteinkommensprinzips für inländische (Spezial-)Investmentfonds verzichtet wird. Dies soll der Problematik der Doppelbesteuerung entgegenwirken. Die ausländischen Einkünfte unterliegen ggf. im

Ausland einer QuSt, die im DBA-Fall (auf 15 %) reduziert werden kann. Allerdings erfolgt eine Bruttobesteuerung, bei der Kosten des Investmentfonds nicht berücksichtigt werden. Eine Anrechnung der ausländischen QuSt ist mangels Steuerpflicht auf Ebene des Investmentfonds nicht möglich. Die steuerfreien Fondserträge wirken auf Anlegerebene lediglich indirekt i.R.d. (Spezial-)Investmenterträge. Steuerbefreiungen wie § 8b KStG , § 3 Nr. 40 EStG und § 9 Nr. 2a und Nr. 7 GewStG gelten auf Anlegerebene nicht. Um eine Doppelbesteuerung abzumildern, können mithin Teilfreistellungen in Anspruch genommen werden. Für Anleger von SpIF ermöglicht § 47 InvStG die Anrechnung der auf Fondseingangsseite angefallenen ausländischen QuSt.

In- und ausländische Zinseinnahmen werden auf Fondsebene nicht besteuert. Inländische Zinsen unterliegen im Direktanlagefall einer 25 %igen KapESt; während sie bei der Fondsanlage über die (geringe) Vorabpauschale bzw. erst bei Ausschüttung mit KapESt besteuert werden, wobei zudem Teilfreistellungen Anwendung finden können.

Die pauschalen Teilfreistellungssätze nach § 20 InvStG gelten unabhängig von der tatsächlichen Vorbelastung der Erträge. Sie sind mithin abhängig von der Fondsart, die entsprechende Vorbelastungen impliziert. Liegt bspw. keine ausländische QuSt auf ausländische Fondserträge, findet zum einen auf Fondsebene keine Besteuerung mangels inländischer Einnahmen statt, zum anderen kann der Anleger ggf. Teilfreistellungen für die Investmentfondserträge geltend machen.

3. Teilfreistellungen

Bei der Investition über Kapitel-2-Fonds spielen die Teilfreistellungen, insbesondere bei Körperschaften, eine wichtige Rolle. I R.d. Fondsanlage erhalten Körperschaften unabhängig von der Beteiligungshöhe eine 80 %ige Teilfreistellung (40 % für GewSt-Zwecke). Bei der Direktanlage ist für eine insgesamt 95 %ige Freistellung der Dividenden eine Mindestbeteiligung von 10 % erforderlich.

Wie sich zeigt, kann eine Gleichstellung von Fonds- und Direktanlage mit einer solchen pauschalen, wenn auch einfach handhabenden Teilfreistellung, nicht erreicht werden. Wurden i.R.d. Analyse die höchsten Teilfreistellungssätze angenommen, würde die Steuerbelastung des Anlegers ansteigen, falls keine oder nur geringere Teilfreistellungen in Anspruch genommen werden können. Außerdem könnte die Steuerbelastung auf Fondsebene aufgrund einer anderes gewichteten Vermögenszusammensetzung i.V.m. § 6 Abs. 2 InvStG in diesem Zusammenhang geringer ausfallen.

Für Spezial-Investmenterträge gelten Teilfreistellungen nach § 42 Abs. 4 InvStG für inländische Beteiligungseinnahmen, vorausgesetzt die ausgeschütteten und agE enthalten bereits durch den SPIF versteuerte inländische Beteiligungseinnahmen. Gemäß § 42 Abs. 4 Satz 2 InvStG sind diese Einnahmen bei Körperschaften vollständig freigestellt. Bei Ausübung der Transparenzoption entfällt jedoch diese Freistellung und die inländischen Beteiligungseinnahmen werden direkt beim Anleger versteuert. Damit die Steuerfreistellung greift, müssen die Voraussetzungen des § 8b KStG nach § 30 Abs. 2 und 3 InvStG erfüllt sein. Die Ausübung der Transparenzoption kann grundsätzlich als nachteilig für körperschaftsteuerliche Anleger angesehen werden.

Liegen auf Anlegerebene bspw. hohe Ausgaben im Zusammenhang mit dem Fondsinvestment vor und wäre auch die Mindestbeteiligung des § 8b Abs. 4 KStG erfüllt, wäre die Ausübung der Transparenzoption durch den SpIF günstiger. In diesem Fall können tatsächliche Ausgaben gem. § 8b Abs. 5 KStG abgezogen werden, und Verluste verrechnet werden. Demgegenüber sind für die Ermittlung des Gewerbeertrages die Teilfreistellungen nach § 42 Abs. 4 InvStG auf inländische Beteiligungseinnahmen nicht anwendbar, da diese auf Ebene des SpIF i.d.R. nicht der Gewerbesteuer unterliegen und die Besteuerung auf Anlegerebene nachgeholt werden soll. Daher verwundert die Ausnahme in § 45 Abs. 1 Satz 2 Nr. 2 InvStG für Körperschaften.

4. Regularien für Spezial-Investmentfonds

Die Regularien für Investitionen im Zusammenhang mit SpIF sind komplexer als für Kapitel-2-Investmentfonds. Dies betrifft die Ermittlung der ausgeschütteten und agE nach §§ 37 ff. InvStG, wonach bestimmte Einkünfte gesondert auszuweisen sind. Weiterhin sind Steuerbefreiungen für Beteiligungseinkünfte und inländische Immobilienerträge nach § 42 InvStG zu beachten. Die Besteuerungsgrundlagen sind außerdem nach § 51 InvStG gesondert festzustellen.

Wie die Analyse zeigt, hängen einige ertragsteuerliche Steuerbegünstigungen, insbesondere für körperschaftsteuerliche Anleger, davon ab, ob der SpIF in Gesellschaften nach § 26 Nr. 6 Satz 2 InvStG investiert. Dazu zählen Beteiligungen an Immobilien-Gesellschaften, ÖPP-Gesellschaften und EE-Gesellschaften, bei denen der SpIF zudem Beteiligungen von über 10 % halten kann. Diese Ausnahmen begünstigen zudem die Erfüllung des Beherrschungskonzeptes i.R.d. Hinzurechnungsbesteuerung.

5. DBA

Fall 2 behandelt die DBA-Problematik auf Fondseingangsseite. Dabei werden die Investmentfonds als „Person“ i.S.d. Abkommensrechts angesehen, welche die Abkommensvergünstigungen selbst erhalten können. In der Praxis ist mithin das geltende DBA zu berücksichtigen. Eine Vielzahl dieser DBA enthalten keine Regelungen Investmentfonds betreffend. In einigen Fällen ist es möglich, dass den Investoren die Abkommensvergünstigungen zustehen, wenn der Investmentfonds im Ausland als transparentes Gebilde behandelt wird. Hierbei könnte es zu Qualifikationskonflikten kommen, die ggf. über Verständigungsverfahren aufgelöst werden können.
Auch bei der Ausschüttung eines Investmentfonds können auf Fondsausgangsseite QuSt einbehalten werden. In den meisten DBA wird die Behandlung über den Dividendenartikel abgebildet.

6. Hinzurechnungsbesteuerung

I.R.d. Belastungsanalyse wurden die Fallkonstellationen herausgearbeitet, in denen eine Hinzurechnungsbesteuerung neben der Investmentbesteuerung zur Anwendung kommen kann. Es zeigt sich, dass dies nur möglich ist, wenn, bei Vorliegen passiver Einkünfte, bestimmte Beteiligungsvoraussetzungen erfüllt sind, die die Hinzurechnungsbesteuerung auslösen. Vor allem der Einbezug nahe stehender Personen kann dazu führen, dass entweder das Beherrschungskriterium bei einer dem (Spezial-)Investmentfonds nachgeschalteten Zwischengesellschaft oder die Drittelregelung ausgelöst wird. Dahingehend wurden die Steuerbelastungen gegenübergestellt. Es zeigt sich, dass im Thesaurierungsfall die hohen Steuerbelastungen der Hinzurechnungsbesteuerung greifen. Dies erfolgt in Bezug zu Kapitel-2-Investmentfonds, wobei die geringe Vorabpauschale den Hinzurechnungsbetrag über § 10 Abs. 6 AStG nicht vollständig kompensieren kann. Anders stellt es sich bei Kapitel-3-Fonds heraus, wobei die agE eine angemessene Vorbelastung für Zwecke der Hinzurechnungsbesteuerung auslösen. Im Ausschüttungsfall ist es umgekehrt. Hier wird die hohe Ausschüttung über das InvStG erfasst, während der hinzurechnungssteuerlich begrenzte Kürzungsbetrag keinen vollständigen Ausgleich bietet. Bei SpIF dagegen kann es dazu kommen, dass gar kein Kürzungsbetrag abgezogen werden kann.

7. Steuerbelastungen

Die Investmentfondsanlage kann sich steuerlich vorteilhafter als die Direktanlage erweisen, selbst bei Vorbelastung des Investmentfonds. Dies hat sich im betrieblichen

Kontext gezeigt. Entscheidend ist die konkrete Steuerbelastung des Investmentfonds, die sich aus § 6 Abs. 2 InvStG ergibt. Ist der Anteil der steuerpflichtigen inländischen Einkünfte eher gering, fällt die Vorbelastung ebenso gering aus. Dabei ist zu beachten, dass nach § 20 Abs. 1 InvStG die höchsten Teilfreistellungen für Aktieninvestmentfondserträge gewährt werden,. Daher investiert der Investmentfonds idealerweise knapp über 50 % in Kapitalbeteiligungen, um die steuerliche Vorbelastung zu reduzieren und den Anlegern die Anwendung der hohen Teilfreistellung zu ermöglichen. Zudem kann auf thesaurierende bzw. nicht ausschüttende KapGes-Beteiligungen gesetzt werden, denn Veräußerungsgewinne werden nach § 6 Abs. 2 InvStG nicht erfasst; Vermögenssteigerungen werden allerdings über die (geringe) Vorabpauschale jährlich erfasst. Dies führt dazu, dass die Fondsanlage der Direktanlage vorzuziehen ist. Dies zeigt sich auch in Fall 1, bei der eine höhere Steuerbelastung auf Fondsebene aufgrund ausländischer Ertragsbesteuerung angenommen wurde. Hierbei hat sich gezeigt, dass sich die Steuerbelastung bei betrieblichen Anlegern angleicht; bei Körperschaften ist die Fondsanlage aufgrund der hohen Teilfreistellung immer noch vorteilhafter. Dies zeigt sich im Fall 2 im Nicht-DBA Fall, der von einer hohen Quellenbesteuerung der ausländischen Einkünfte ausgeht.

Bei der Direktanlage bleiben zwar 40 % der Dividenden i.R.d. TEV bei betrieblichen Anlegern steuerfrei; mithin treibt der Zinsanteil die Steuerbelastung. Auf Fondsebene werden Zinsen nicht besteuert; zudem erhalten die Anleger eine Teilfreistellung auf die Investmenterträge, die sowohl den Zins- und Dividendenanteil des Investmentfonds enthalten, i.H.v. 60 %. Wäre der Dividendenanteil höher, würde sich der Effekt umdrehen. Auch i.R.d. Gewerbesteuer schlägt das TEV bei der Direktanlage nicht durch, während im Fondskontext Teilfreistellungen gewährt werden.

Eine Gleichstellung in- und ausländischer (Spezial-)Investmentfonds ist durch das InvStG 2018 erfolgt. Dies zeigt der Vergleich des Inlandsfalls mit Fall 1. Sie unterliegen aus deutscher Steuersicht derselben Steuerbelastung. Außerdem kann der ausländische SpIF die Transparenzoption nach § 30 InvStG in Anspruch nehmen. Dennoch ist zu berücksichtigen, ob der ausländische (Spezial-)Investmentfonds im Ausland einer Ertragsbesteuerung unterliegt. Ist dies der Fall, könnte die steuerliche Vorbelastung des Fonds in Abhängigkeit von der Höhe der ausländischen Steuer ansteigen, was zur Renditeschmälerung auf Anlegerebene führt. Ggf. könnte eine inländische Körperschaftsteuer im Ausland angerechnet werden. Der Umfang ist zu prüfen. Zu einer Erhöhung der Steuerlast kommt es, wenn ein Anrechnungsüberhang entsteht oder eine

Anrechnung ausscheidet. Ein Anrechnungsüberhang entsteht, wenn die inländische Körperschaftsteuer niedriger ist als die ausländische „Fondssteuer“, was die Rendite der Anleger weiter mindert. Zudem könnte ein DBA zwischen dem ausländischen Staat und Deutschland bestehen. Dieses könnte die deutsche QuSt auf Fondseingangsseite ggf. auf 5 % reduzieren: 10 % sind zurückzuerstatten. Insgesamt ist festzuhalten, dass die Steuerlast im Vergleich zum Inlandsfall durch Anrechnungsüberhänge oder gänzlich fehlende Anrechnungsmöglichkeiten auf Fondseingangsseite und auf Fondsausgangsseite erhöhen kann. Vor allem vor dem Hintergrund der europarechtlichen Rechtsprechung sind Änderungen in Steuerrechtsordnungen zu verfolgen und entsprechende Anpassungen vorzunehmen, um einer zusätzlichen Steuerbelastung entgegenzuwirken.

I.R.e. ausgeübten Transparenzoption stellt sich die Frage nach dem Zusammenspiel zwischen ausländischer Fondssteuer und der entfallenden Körperschaftsteuer in Bezug zu den inländischen Beteiligungseinnahmen. Hierbei könnte sich die Steuerbelastung mangels Anrechnung erhöhen, sodass die Transparenzoption bei jeder Anlegerkategorie von Nachteil ist (siehe Fall 1).

Außerdem ist in grenzüberschreitenden Fondsinvestments auf die Erhebung einer Fondsausgangsquellensteuer bei Ausschüttung durch einen ausländischen Staat zu achten. Diese könnte, wie in Fall 1, auf die inländische Steuerbelastung des Anlegers nach § 32d Abs. 5 bzw. §§ 34c, 34d, EStG und 26 KStG angerechnet werden. Die meisten DBA regeln diesen Fall und wenden den Dividendenartikel entsprechend an. Hierbei ist allerdings § 16 Abs. 4 InvStG zu berücksichtigen.

Die Besteuerung der Vorabpauschale ist kritisch im Hinblick auf langfristige Investments, z.B. im privaten Kontext als Altersvorsorge, zu sehen. Jährlich wird eine Vorabpauschale besteuert, obwohl keine tatsächlichen Zuflüsse erfolgen, was die Gesamtrendite des Anlegers schmälert und die Attraktivität von Fondsanlagen verringert. Erst bei Realisation werden die gezahlten Vorabpauschalen angerechnet, was bei langfristigen Vermögensaufbau eher kontraproduktiv erscheint. Im Gegensatz zur Investition in Aktien, bei denen bei Gewinnthesaurierung keine fiktiven Beträge angesetzt und besteuert werden, führt eine Thesaurierung im Vergleich zu einer Ausschüttung oft zu Kurssteigerungen. Das Gutachten schlägt vor, die Vorabpauschale mit einem eigenen Freibetrag und einer De-minimis-Regelung zu verknüpfen.[2081]

[2081] Vgl. BMF, Evaluation InvStRefG – Zwischenbericht, 48.

J. Schlussbetrachtung und kritische Würdigung

Investmentfonds ermöglichen eine breite globale Diversifikation von Investitionen, schaffen aber auch steuerliche Komplexität durch die zusätzliche Ebene zwischen den Anlegern und den Ziel-Assets. Im steuerlichen Kontext wurde frühzeitig das Problem der Doppelbelastung, das durch die Fondsebene ausgelöst wird, erkannt. Daher werden Investmentvermögen grundsätzlich als steuerlich transparent behandelt und unterliegen keiner weiteren Besteuerung. Diese erfolgt auf Anlegerebene – analog zur Direktanlage. Es hat sich jedoch gezeigt, dass die Entscheidungen des EuGH zu einer Abkehr vom ursprünglich verfolgten Ziel der Steuertransparenz führen können: um nationale Besteuerungsansprüche bei grenzüberschreitenden Investitionen zu wahren, wird das Trennungsprinzip umgesetzt, welches in- und ausländische Investmentfonds der Besteuerung unterwirft.

Die vorliegende Arbeit hat die vielschichtigen ertragsteuerlichen Implikationen der reformierten Investmentfondsbesteuerung nach dem InvStG 2018 im internationalen Kontext ausführlich beleuchtet. Im Rahmen der steuerrechtlichen Aufbereitung der Thematik wurde eine Untersuchung und Erläuterung der Regelungen in Bezug auf Publikums- als auch SpIF und deren Anlegern vorgenommen. Der Fokus lag in der Auseinandersetzung mit den internationalen Bezügen der Besteuerung im Investmentfondskontext. Dazu wurde das InvStG zunächst in das Regelungsgefüge und die Grundprinzipien des Internationalen Steuerrechts eingebettet und nachfolgend ausgewählte internationale Aspekte adressiert, die im steuerlichen Kontext besonders relevant sind. Außerdem wird die historisch angestrebte Sonderstellung der Investmentfondsbesteuerung hervorgehoben, welche in der steuerlichen Transparenz und der Gleichstellung zur Direktanlage liegt. Schließlich sind im Rahmen der durchgeführten Belastungs- und Fallanalyse sechs Fallkonstellationen grenzüberschreitender Betätigung identifiziert und umfangreich analysiert worden. Die maßgebenden Erkenntnisse wurden im vorherigen Abschnitt bereits übersichtlich zusammengefasst. Im Folgenden werden die untersuchten internationalen Aspekte zusammengefasst.

- Abkommensrecht

Es wurde aufgezeigt, dass die Einschätzung zur Abkommensberechtigung von Investmentfonds zu unterschiedlichen Ergebnissen für Fonds- und Direktanleger führen kann, obwohl grundsätzlich steuerliche Neutralität angestrebt wird. Die Frage hinsichtlich der Abkommensberechtigung von Investmentfonds verdeutlicht ihre

C. Haberkorn, *International-steuerliche Strukturen der reformierten Investmentbesteuerung*, Hallesche Schriften zur Betriebswirtschaft 38,
https://doi.org/10.1007/978-3-658-49895-5_10

steuerliche Relevanz. Die Analyse zeigt, dass die Regelungen in den DBA zur Frage, ob und wie Abkommensvorteile über Fondsinvestments beansprucht werden können, variieren. Der CIV-Report der OECD war ein erster Schritt, um die grenzüberschreitende Besteuerung von Investmentfonds zu standardisieren. Allerdings wurden die Vorschläge nicht flächendeckend in die DBA übernommen, was zu einem gewissen Maß an Rechtsunsicherheit führt. Die Analyse der mit Deutschland bestehenden DBA zeigt, dass keine klare Leitlinie zur steuerlichen Behandlung von Investmentfonds besteht und diese in den Abkommen oft unterrepräsentiert sind – trotz ihrer erheblichen Bedeutung sowohl für private als auch institutionelle Anleger. Insgesamt wäre zusätzlich zu klaren DBA-Regelungen bzgl. Investmentfonds eine Harmonisierung innerhalb der EU vorzuziehen, um Rechtsschutz zu gewährleisten sowie die Drei-Ebenen-Besteuerung unter Berücksichtigung der Leistungsfähigkeitsprinzipien langfristig zu vereinfachen.[2082] Insbesondere sollte beachtet werden, dass es wenig nützlich ist, wenn Abkommenserleichterungen Direktanlegern zugute kommen und Fondsanleger nicht erreichen, denn letztere haben oft bescheidenere Mittel und investieren bspw. i.R.d. privaten Altersvorsorge.[2083] Bisher ist es eher unüblich, dass Investmentfonds selbst oder die Anleger von einer umfangreichen Befreiung i.R.d. des DBA-Schachtelprivilegs profitieren. Zudem sollten LOB-Klauseln und Anti-Treaty-Shopping Rules (§ 50d Abs. 3 EStG) zielgerichtet ausgearbeitet und an die Besonderheiten von Investmentfonds (z.B. ständig wechselnde und viele Investoren) angepasst werden.

Die zukünftigen Auswirkungen der FASTER-Richtlinie sowie des TRACE-Projektes bleiben abzuwarten, insbesondere auf die Frage, ob Quellensteueransprüche durch den Fonds selbst oder durch die Anleger geltend gemacht werden können. Dies würde den einzelnen Staaten die Entscheidung ermöglichen, ob Investmentfonds als transparente oder intransparente Rechtsgebilde behandelt werden. Die Komplexität der Thematik wird durch die unterschiedlichen Besteuerungsregime in den einzelnen Ländern unterstrichen. Dies zeigt sich bereits in dem deutschen Paradigmenwechsel.

- Hinzurechnungsbesteuerung

I.R.d. Arbeit wurden Fallkonstellationen identifiziert, in denen die Investmentfonds- als auch die Hinzurechnungsbesteuerung nebeneinander zur Anwendung kommen und deren Auswirkungen untersucht. Dabei wurde festgestellt, dass dies nur bei

2082 Vgl. *Zetzsche*, in: Haslehner (Hrsg.), Investment Fund Taxation, Non-collective Investment Funds under BEPS Action 6 Versus European Investment Fund Law, 181 (195).

2083 Vgl. *Lawson/Sunderland*, BIT 2019, 371 (371).

bestimmten Beteiligungshöhen zutrifft. Aufgrund des geänderten Beherrschungskonzeptes sowie der Drittelregelung im Investmentfondskontext müssen auch nahe stehende Personen berücksichtigt werden. Daher kann gefordert werden, Kapitel-2-Investmentfonds von der Drittelregelung klarstellend auszuschließen. Zudem sollte geprüft werden, ob durch Investmentfonds ein Missbrauchsrisiko besteht, welches es gilt zu vermeiden. Kapitalverwaltungsgesellschaften sollten daher überprüfen, ob die Hinzurechnungsbesteuerung für ihre Investments einschlägig ist. Die Vermeidung der Hinzurechnungsbesteuerung kann unnötigen Aufwand durch zusätzliche Compliance- und Erklärungspflichten reduzieren. I.R.d. Belastungsanalyse wurde das Nebeneinander beider Rechtsgefüge durch quantitative Berechnungen veranschaulicht.

- Unionsrecht

Es stellte sich heraus, dass das historisch angestrebte Transparenzprinzip aufgrund der unionsrechtlichen Rechtsprechung zu verschiedenen nationalen Investmentsteuergesetzen immer mehr an Bedeutung verliert. Als Reaktion auf die gesicherte Unionsrechtswidrigkeit des deutschen Investmentsteuerrechts wurde ein Paradigmenwechsel zum Trennungsprinzip vollzogen, welcher erhebliche wirtschaftliche und juristische Auswirkungen mit sich bringt und die grundlegenden Paradigmen der Besteuerung von Investmentvehikeln infrage stellen.[2084]
Im Rahmen der Analyse der ergangenen EuGH-Rechtsprechungen, wurde ein verallgemeinerndes Prüfschema des EuGH herausgearbeitet, das als Zusammenfassung der ständigen Rechtsprechung gelten kann. Sonderaspekte der Sachverhalte erweitern die bisherigen Rechtsprechungen zur Thematik. Dies zeigt sich im aktuellen Urteil zur Rechtssache C-39/23 *Pensionsfonds Schweden*, auf welches das Schema übertragen werden kann. Es kann kritisiert werden, dass die anfänglichen Rechtsprechungsurteile auf der Besteuerung von Kapitalgesellschaftsbeteiligungen basieren und der historische Zweck der Investmentfondsbesteuerung dabei unzulänglich gewürdigt wurde.

In dieser Arbeit wurde der Versuch unternommen, die nationalen Steuersysteme der von den EuGH-Urteilen betroffenen Staaten darzustellen und einzuordnen, insbesondere im Hinblick auf steuerliche Anpassungen an diese Judikate. Die Staaten stehen aufgrund der festgestellten unionsrechtswidrigen Besteuerung vor der Herausforderung, die unrechtmäßig erhobene QuSt zurückzuerstatten. Teilweise wurden bislang noch keine konkreten Gesetzesanpassungen für eine unionsrechtskonforme

2084 Vgl. *Anzinger*, in: Haslehner (Hrsg.), Investment Fund Taxation, 83.

Ausgestaltung vorgenommen, sondern die Erstattung der QuSt aufgrund der EuGH-Urteile gewährt. Es fällt auf, dass die einzelnen Staaten unterschiedlich auf die EuGH-Urteile reagieren. Die Mehrheit der Staaten gewährt Steuerbefreiungen für in- und ausländische Investmentfonds unter bestimmten Voraussetzungen (z.B. Nachweis objektiver Vergleichbarkeit ausländischer mit inländischen Investmentfonds, Ausschüttungserfordernis), wodurch auf das Besteuerungsrecht verzichtet wird. Teilweise werden inzwischen auch inländische Investmentfonds mit einer QuSt belegt, was die Umsetzung des Trennungsprinzips widerspiegelt. Es bleibt abzuwarten, ob sich im Hinblick auf die europäischen Fondsbesteuerungsregime ein „Flickenteppich" entwickeln wird, der künftig dazu führt, dass auch bei Investitionen innerhalb der EU die jeweiligen nationalen Regelungen verstärkt beachtet werden müssen. Ein harmonisiertes Steuersystem in diesem Bereich würde zu mehr Rechtsklarheit führen. Die FASTER-Richtlinie stellt einen ersten Schritt in diese Richtung dar, indem sie zumindest Quellensteuererstattungsansprüche vereinheitlicht und vereinfacht.

Solange die Fondsbesteuerung EU-weit nicht harmonisiert wird, ist nicht zu erwarten, dass die Spannungen hinsichtlich der Unionsrechtskonformität investmentsteuerlicher Regelungen innerhalb der EU verschwinden.[2085]

- Vermögenszuwachsbesteuerung

Ab 2025 erstreckt sich die Anwendung der Wegzugs- bzw. Vermögenszuwachsbesteuerung auch auf Investmentfondsanteile. Dabei treten insbesondere die Herausforderungen der zunehmend verschärften Vermögenszuwachsbesteuerung in § 6 AStG auch im investmentsteuerlichen Kontext deutlich hervor. Zudem bleibt abzuwarten, ob die verschärfte Schwelle im Kontext von Publikums-Investmentfonds Bestand haben und Berechtigung nachweisen wird.

- Evaluation der Investmentfondsbesteuerung

Im April 2023 legte das BMF einen Zwischenbericht zur Evaluation der Investmentsteuerreform vor.[2086] Dafür wurden zwei Forschungsgutachten in Auftrag gegeben. Hier wurde untersucht, ob die Gründe für die Reform mit der Neukonzeption umgesetzt wurden. Das bis zum 31. Dezember 2017 geltende Besteuerungssystem war

2085 Vgl. *Scherleitner*, ET 2022, 443 (446).

2086 Vgl. BMF, Evaluation InvStRefG – Zwischenbericht, erhältlich im Internet: https://www.bundesfinanzministerium.de/Content/DE/Standardartikel/Themen/Steuern/Steuerarten/Investmentsteuer/2023-07-07-evaluation-investmentsteuerreform-zwischenbericht-anlage.pdf?__blob=publicationFile&v=2 (besucht am 09.08.2023).

aufgrund des Transparenzprinzips geplagt von EU-rechtlichen Risiken, „aggressiven" Steuergestaltungen und einer generellen Gestaltungsanfälligkeit, einem hohen Grad an Komplexität und umfangreichen administrativen Aufwand sowie Systemfehlern in den nachträglichen Korrekturmöglichkeiten.[2087] Im Jahr 2025 wird ein finaler Bericht erwartet, der die Entwicklung bei den Betriebsprüfungen abdeckt.
Im Wesentlichen stellt der Zwischenbericht fest, dass die Kritik in den o.g. Bereichen mit der Neukonzeption fast gänzlich ausgeräumt wurde.[2088] Eine Vereinfachung in administrativer sowie rechtlicher Form ist im Rahmen der Publikumsfondsbesteuerung geglückt.[2089] Nur die unterschiedlichen Teilfreistellungssätze, Ausnahmen für steuerbegünstigte Anleger und die Übergangsregelungen führen zu einer, wenn auch überschaubaren, Komplexität. Für SpIF bleibt der hohe Grad an Komplexität und Aufwand vielmehr bestehen, sodass insgesamt noch Raum für weitere Vereinfachungen, vor allem aus Sicht der Verbände, verbleibt.

EU-rechtliche Bedenken wurden mit der gleichartigen Behandlung in- und ausländischer Fonds beseitigt. Neue unionsrechtliche Bedenken bestehen in „unbedeutenden Randbereichen". Dies betrifft die Anwendung der MTRL auf ausländische Schachteldividenden nach § 6 Abs. 5 InvStG.[2090] Gemäß dem BMF fallen Investmentfonds aufgrund ihrer grundsätzlichen Steuerbefreiung nicht in den Anwendungsbereich der MTRL.[2091] Sind diese allerdings in kapitalgesellschaftsrechtlicher Form ausgestaltet, wird von der Anwendung der MTRL ausgegangen.[2092] Hierbei stellt sich die Frage, ob gemäß § 16 Abs. 3 InvStG neben den Steuerbefreiungen des § 8b KStG und § 3 Nr. 40 EStG auch die gem. der MTRL ausgeschlossen wird.[2093]

Teilweise wird die Teilfreistellung nach § 20 InvStG als europarechtswidrige Diskriminierung angesehen.[2094] Oft wurde das neue Investmentsteuerrecht mit einer damals geplanten, aber aus unionsrechtlichen Gründen verworfenen „Pkw-Maut" verglichen.[2095] Diese sah zunächst eine Belastung für in- und ausländische Pkw-Halter vor; im zweiten Schritt sollten die inländischen Halter die Maut auf die Kfz-Steuer

[2087] Siehe Abschnitt D.II.
[2088] Vgl. *Ebenda*, 4 ff.
[2089] Vgl. *Ebenda*, 5.
[2090] Vgl. *Ebenda*, 26 ff.
[2091] Vgl. *Ebenda*, 26.
[2092] Vgl. *Ebenda*, 26 f.
[2093] Vgl. *Anzinger/Haslehner/Tappen,* Anlage 4 zu BMF, Evaluation InvStRefG – Zwischenbericht, Forschungsstudie fe14/19, S. 38.
[2094] Vgl. *Morawitz*, IStR 2024, 185 (192); *Patzner/Nagler*, RdF 2023, 273 (275).
[2095] Vgl. *Rehm/Nagler*, BB 2015, 1248 (1250); *Rehm/Nagler*, BB 2015, 2006 (2006); EuGH vom 18.6.2019, C-537/17, *Republik Österreich/Bundesrepublik Deutschland*, BeckRS 2019, 11459.

anrechnen können.[2096] Die Parallele wird hinsichtlich der Teilfreistellungen für inländische Anleger gezogen, um die Fondsbesteuerung abzumildern.[2097] Gemäß dem Gutachten greifen die Parallelen zu Pkw-Maut aufgrund zweierlei Argumente nicht auf die Teilfreistellungen durch:[2098] Zum einen kommt es zu einer Steuerentlastung auf Ebene der Fondsanleger, während andererseits auf Fondsebene eine Steuerbelastung vorliegt; des Weiteren besteht kein direkter tatbestandlicher Zusammenhang zwischen der Besteuerung des Investmentfonds und der Teilfreistellung auf Anlegerebene; insbesondere wird die auf Fondsebene gezahlte Körperschaftsteuer nicht auf Anlegerebene angerechnet. Die Teilfreistellungen haben das Ziel eine entsprechende Vorbelastung auf Fondsebene bei den Anlegern zu berücksichtigen.[2099]

- Abschließendes Statement

Die aktuellen Entwicklungen sowie die Statistiken lassen den Schluss zu, dass Investmentfonds als Anlageform in Zukunft weiter an Bedeutung im globalen Finanzsystem gewinnen. Dabei fällt auf, dass die steuerliche Behandlung in Zusammenhang mit Investmentfondsstrukturen in Gesetzgebungsverfahren zunächst nur in Ansätzen oder kaum stattfindet. In jüngerer Vergangenheit bekommt jedoch diese Form der Geldanlage sowie deren steuerliche Erfassung immer mehr Aufmerksamkeit. Z.B im Anwendungserlass zum AStG finden sich immer wieder Verweise auf das Investmentsteuerrecht, welches dadurch intensiver gewürdigt wird, ohne dass die Rechtsanwender sich Auslegungsmethoden bedienen müssen, um die Anwendung auf Fondsstrukturen zu implizieren.

Die Relevanz grenzüberschreitender Fragestellungen zeigt sich zudem deutlich in der internationalen Diskussion:[2100] Gefordert werden einheitliche Ansätze bei der Anwendung inländischer Steuervergünstigungen und Steuerabkommensvorteile, insbesondere in multijurisdiktionalen Strukturen. Die steuerliche Ansässigkeit von Investmentfonds wird oftmals anders behandelt als die von herkömmlichen Unternehmen oder Holdinggesellschaften, mit oft geringeren Substanzanforderungen. LOB-Klauseln in Steuerabkommen können den Zugang von Investmentfonds zu Steuervergünstigungen

---

2096 Vgl. *Patzner/Kempf/Nagler*, in: Patzner/Döser/Kempf (Hrsg.), KAGB InvStG Handkommentar, Einl. InvStG 2018, Rn. 9.

2097 Vgl. *Ebenda*, Rn. 10 f.

2098 Vgl. BMF, Evaluation InvStRefG – Zwischenbericht, S. 27; *Anzinger/Haslehner/Tappen*, Anlage 4 zu BMF, Evaluation InvStRefG – Zwischenbericht, Forschungsstudie fe14/19, 21 f.

2099 Vgl. *Morawitz*, IStR 2024, 185 (192), Gesetzentwurf zum InvStRefG vom 07.04.2016, BT-Drs. 18/8045, 91.

2100 Vgl. *Hwang/Weidmann*, in: IFA (Hrsg.), Cahiers 2019 Vol. 104B, General Report, 60.

für nicht-abkommensberechtigte Investoren einschränken. Dennoch werden die meisten Investmentfonds aus legitimen Investitionsgründen und nicht zur Steuervermeidung eingerichtet, selbst wenn sie in Niedrigsteuer- oder Offshore-Gebieten ansässig sind.[2101]

Hinsichtlich der deutschen Reform stellt der Paradigmenwechsel hin zum Trennungsprinzip bei Publikums-Investmentfonds einen „mutigen" Schritt dar, welcher das Körperschaftsteuersystem um einen weiteren Aspekt, der Investmentbesteuerung, erweitert. [2102] Diese Vereinfachung kommt der wachsenden Anzahl an Investoren zugute und bleibt dadurch administrierbar. Gleichzeitig eröffnet sie neue Beratungsansätze. Die Abkehr von der steuerlichen Gleichstellung von Investmentfondsanlagen mit Direktinvestitionen lässt sich damit rechtfertigen, dass Fondsinvestments heutzutage als echte Alternative zu direkten Aktien- und Immobilienanlagen angesehen werden können. Aufgrund ihrer spezifischen Vorteile erscheint eine zusätzliche oder abweichende Besteuerung gerechtfertigt.

Insgesamt ist ein vielschichtiges und verzahntes Regelungsgefüge zu beachten, das auf mehreren Ebenen wirkt: Einerseits sind die Grundfreiheiten der EU sowie das in nationales Recht umgesetzte EU-Sekundärrecht relevant. Andererseits regeln DBA und deren regelmäßig angepassten Revisionsprotokolle die Besteuerungsrechte und beschränken nationale Steueransprüche. Zudem sind die nationalen Regelungen zu berücksichtigen, die verstärkt internationales Steuerrecht integrieren. Nationale Regelungen, die einen Treaty-Override enthalten, müssen ebenfalls in Bezug auf abkommensrechtliche Vorgaben geprüft werden. Für Investmentfonds sind außerdem einkommensteuerliche Bestimmungen, wie § 50d Abs. 3 EStG, und das Außensteuerrecht, insbesondere die Hinzurechnungbesteuerung mit unionaler Anpassung, von Bedeutung. Aktuelle Entwicklungen, wie die Berücksichtigung von Fondsanteilen bei der Vermögenszuwachsbesteuerung, tragen zur zunehmenden Komplexität des internationalen Steuerrechts im Zusammenhang mit Investmentfonds bei und sollten in zukünftigen Analysen Beachtung finden. Zudem sollten Entwicklungen wie die FASTER-Richtlinie eine Vereinfachung und Realisierung von Quellensteueransprüchen im Zusammenhang mit Fondsinvestments fördern.

2101 Vgl. *Ebenda*, 60.

2102 Vgl. *Anzinger*, in: Haslehner (Hrsg.), Investment Fund Taxation, 83 (109).

ANHANG A

Abbildung Anhang 1: Darstellung Besteuerung von Kapitel-2-Investmentfonds und deren Anlegern.

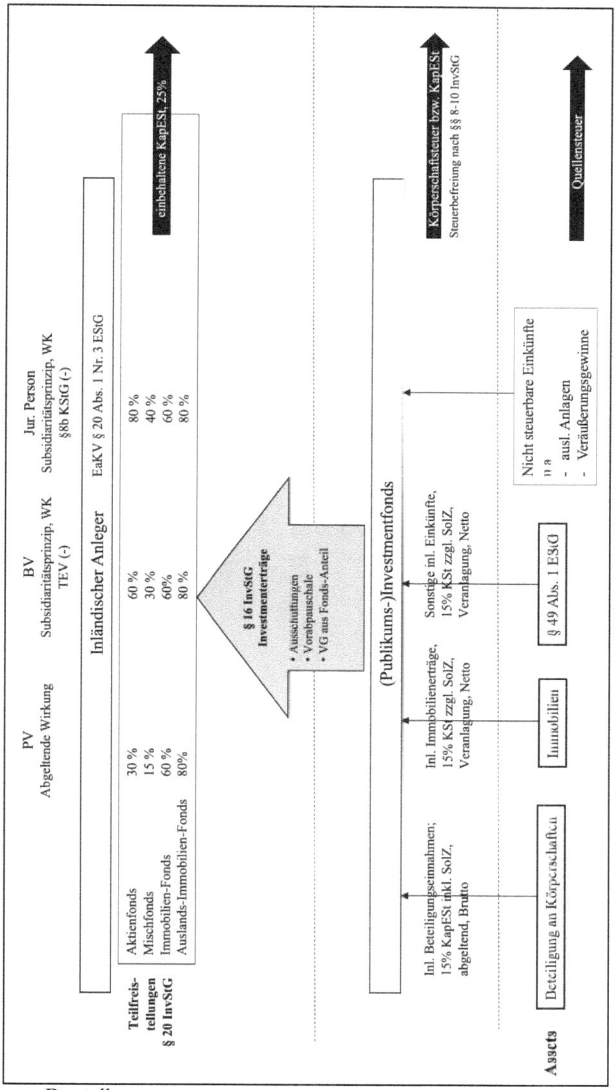

Quelle: Eigene Darstellung.

C. Haberkorn, *International-steuerliche Strukturen der reformierten Investmentbesteuerung*, Hallesche Schriften zur Betriebswirtschaft 38,
https://doi.org/10.1007/978-3-658-49895-5

Abbildung Anhang 2: Darstellung Besteuerung von Kapitel-3-Investmentfonds und deren Anlegern (ohne Transparenzoption).

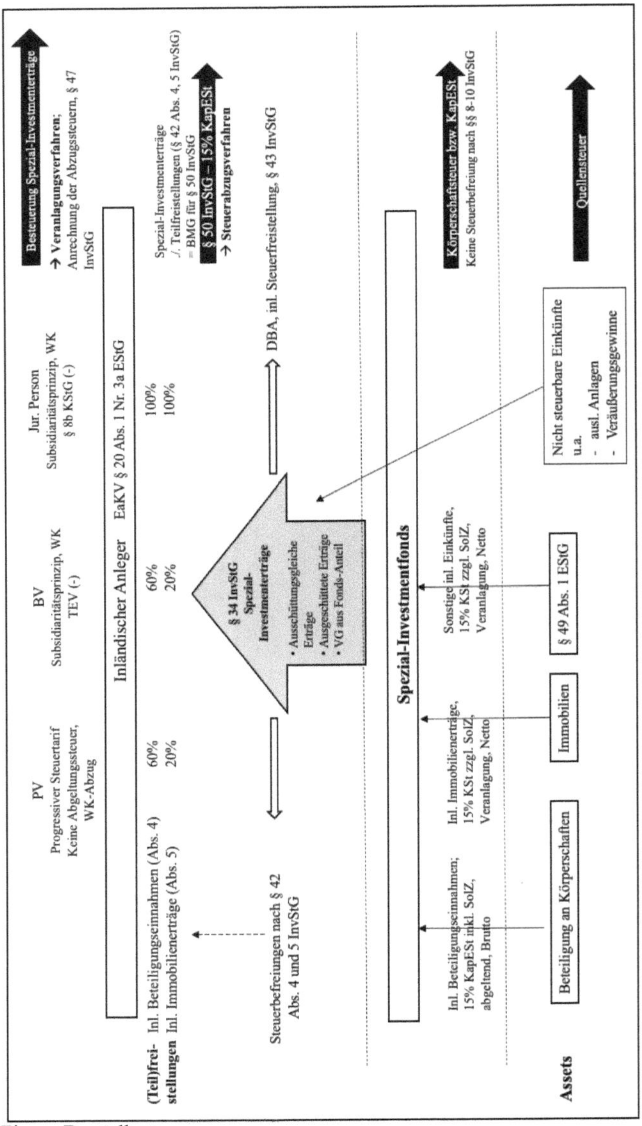

Quelle: Eigene Darstellung

Abbildung Anhang 3: Darstellung Besteuerung von Kapitel-3-Investmentfonds und deren Anlegern (mit Transparenzoption, § 33 Abs. 1 InvStG).

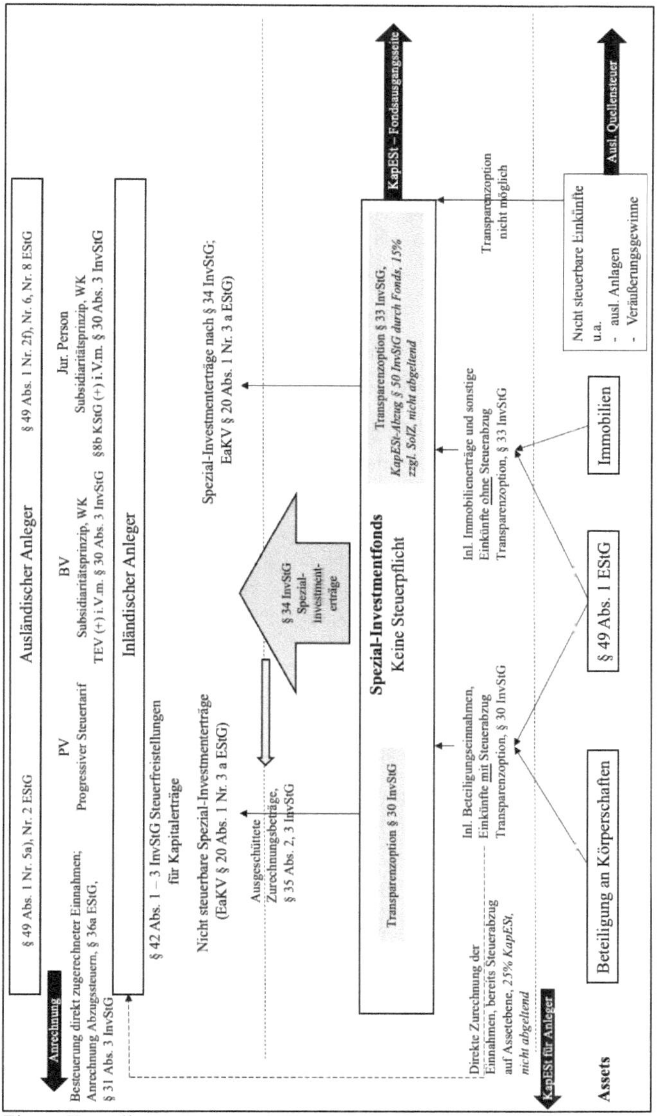

Quelle: Eigene Darstellung.

Anhang B

Detaillierte Erläuterungen und Beispiele

Zu § 35 InvStG: ausgeschüttete Erträge und Ausschüttungsreihenfolge

Während die Verwendungsreihenfolge bereits im RefE zum InvStRefG[2103] aufgezeigt wurde, erfolgt um BMF-Schreiben vom 20. Januar 2021[2104] eine am Gesetz ausgerichtete Konkretisierung.[2105] Demnach ergibt sich die Ausschüttungsreihenfolge im Zusammenspiel mit § 35 Abs. 2 Satz 1 und 2 InvStG wie folgt:[2106]

1. Zurechnungsbeträge und Immobilien-Zurechnungsbeträge sowie Absetzungsbeträge (§ 35 Abs. 2 Satz 1 InvStG)[2107]
2. nach Wahl des Spezial-Investmentfonds[2108]
    a. (ausschüttungsgleiche) Erträge i.S.d. § 36 Abs. 1 InvStG des laufenden oder gerade abgelaufenen Geschäftsjahres
    b. bereits besteuerte ausschüttungsgleiche Erträge der Vorjahre, die in den Folgejahren steuerneutral ausgeschüttet werden
    c. (steuerfrei thesaurierbare bzw. thesaurierte) Erträge i.S.d. § 36 Abs. 2 InvStG des laufenden Geschäftsjahres oder früherer Geschäftsjahre
3. Substanzerträge

Ausgangsbeispiel[2109]*: Ein Spezial-Investmentfonds S mit nur einem Anleger A investiert in eine Aktie und eine festverzinsliche Anleihe. Im Jahr 01 wird eine Dividende von 4 € pro Aktie beschlossen. S übt die Transparenzfunktion nach § 30 InvStG aus. A gilt als Gläubiger der inländischen Beteiligungseinnahmen. Eine KapESt i.H.v. 25 % (1 €) wird einbehalten. S*

2103 Vgl. auch Gesetzentwurf zum InvStRefG vom 07.04.2016, BT-Drs. 18/8045, 103

2104 Vgl. BMF vom 20.01.2021, IV C 1 - S 1980-1/19/10008:011, Rn. 35.5, in: BStBl. I 2021, 156 (Änderung BMF-Schreiben vom 21.05.2019).

2105 Aus der Aufzählung im RefE zum InvStRefG lassen sich Vermutungen zur Verwendungsreihenfolge innerhalb der o.g. Nummern unterstellen. Im BMF-Schreiben Im BMF Schreiben wird zumindest klargestellt, dass innerhalb der zweiten Nummer ein Wahlrecht besteht. Ob dies ebenso für die Beträge der Nummer 1 gilt, bleibt offen; vgl. *Stadler/Mayer/Ludwig*, BB 2021, 1559 (1564).

2106 Vgl. *Stadler/Mayer/Ludwig*, BB 2021, 1559 (1564).

2107 Ob es zwischen den Zurechnungs- und Absetzungsbeträgen eine Wahl gibt oder Zurechnungsbeträge zuvörderst, da zuerst genannt, als verwendet gelten, wird diskutiert, vgl. *Stadler/Mayer/Ludwig*, BB 2021, 1559 (1564) Für die Wahlmöglichkeit; *Kloster*, in: Moritz/Jesch/Mann (Hrsg.), Kommentar InvStG, § 35, Rn. 48.

2108 Hierunter fallen auch die ausgeschütteten Erträge des laufenden oder gerade abgelaufenen Geschäftsjahres. Der Verweis auf § 36 Abs. 1 InvStG gilt jedoch für die ausgeschütteten Erträge nach § 35 Abs. 1 InvStG nur als Rückgriff, da die Bestimmung der steuerbaren Einkünfte dort präziser formuliert ist; vgl. *Buge*, in: H/H/R (Hrsg.), EStG, KStG- Kommentar, § 35 InvStG, Rn. 1.

2109 Modifiziert entnommen aus BMF vom 20.01.2021, IV C 1 - S 1980-1/19/10008:011, Rn. 35.14, in: BStBl. I 2021, 156 (Änderung BMF-Schreiben vom 21.05.2019) sowie Gesetzentwurf zum InvStRefG vom 07.04.2016, BT-Drs, 18/8045, 103.

C. Haberkorn, *International-steuerliche Strukturen der reformierten Investmentbesteuerung*, Hallesche Schriften zur Betriebswirtschaft 38,
https://doi.org/10.1007/978-3-658-49895-5

fließen 3 € Dividende zu. Neben der Dividende erzielt S Zinserträge i.H.v. 10 €. S beschließt die Erträge aus 01 im Jahr 02 auszuschütten. Demnach werden 13 € ausgeschüttet. Dem Anleger werden folgende Erträge/Beträge zugerechnet:

3 € Zurechnungsbeträge (bereits versteuert – 1 € KapESt)

10 € ausgeschüttete Erträge (Zinsen – § 20 Abs. 1 Nr. 3a EStG)

***Abwandlung**: Werden nur 10 € durch S ausgeschüttet, erfolgt die Zurechnung wie folgt:*

3 € Zurechnungsbeträge (Vorrang)

7 € ausgeschüttete Erträge (Zinsen)

3 € ausschüttungsgleiche Erträge (Zinsen – § 20 Abs. 1 Nr. 3a EStG)

***Abwandlung**: S investiert zusätzlich zum Ausgangsfall in eine Immobilie. Im Jahr 01 fließen S Mieteinnahmen von 100 € zu, denen Allgemein- und Direktkosten von 25 € sowie AfA von 2 € gegenüberstehen. S beschließt die Erträge aus 01 im Jahr 02 auszuschütten. Demnach werden 88 € (13 € + 75 €) ausgeschüttet. Dem Anleger werden folgende Erträge/Beträge zugerechnet:*

3 € Zurechnungsbeträge (Dividende)

2 € Absetzungsbeträge (AfA)

83 € ausgeschüttete Erträge (Zinsen 10 €; Mieteinnahmen 73 €)

Zurechnungsbeträge sind bei Ausübung der Transparenzoptionen durch den SpIF als direkt bezogene Erträge beim Anleger zu versteuern und nicht als Spezial-Investmenterträge.[2110] Dabei handelt es sich um Nettobeträge (exkl. KapESt).[2111] Absetzungsbeträge sind die steuerlich abzugsfähige AfA bzw. AfS bezüglich der Einnahmen aus Vermietung und Verpachtung, welche zur Ausschüttung verwendet werden. Durch die fehlende Zahlungswirksamkeit der Abschreibungen, wird der ausschüttbare Betrag nicht gemindert und folglich der Anlegerbesteuerung unterworfen. Absetzungsbeträge werden daher steuerneutral vom Anleger vereinnahmt und mindern die ausgeschütteten (steuerpflichtigen) Erträge. Ausgeschüttete und ausschüttungsgleiche Erträge unterliegen als Spezial-Investmenterträge der Besteuerung; bei einer tatsächlichen Ausschüttung letzterer, werden diese gemäß § 35 Abs. 5 InvStG nicht noch einmal der Besteuerung unterworfen.[2112]

2110 Vgl. *Häuselmann*, Investmentanteile, 274.

2111 Vgl. Gesetzentwurf zum JStG 2019 vom 23.09.2019, BT-Drs. 19/13436, 178.

2112 Vgl. Gesetzentwurf zum InvStRefG vom 07.04.2016, BT-Drs. 18/8045, 104.

Schemata zur Ermittlung des Veräußerungsgewinns von Anteilen an SpIF

Abbildung Anhang 4: Schema zur Ermittlung des Veräußerungsgewinns von Spezial-Investmentfondsanteile für Privatanleger.

Für Privatanleger (§ 49 Abs. 3 InvStG)
Veräußerungspreis
./. Veräußerungskosten
./. Anschaffungskosten der veräußerten Investmentanteile
+ ausgeschüttete Substanzerträge
./. besteuerte agE (Abs. 3 Satz 2 Nr. 1)
+ gezahlte in- und ausländische Steuern auf agE
+ ausgeschüttete agE der Vorjahre
+ ausgeschüttete Absetzungsbeträge
./. nicht ausgeschüttete (Immobilien-) Zurechnungsbeträge
= Veräußerungsgewinn

Quelle: Eigene Darstellung in Anlehnung an *Hahne/Völker*, Investmentsteuerrecht visuell, 167; *Schober*, in: Moritz/Jesch/Mann (Hrsg.), Kommentar InvStG, § 49, Rn. 47; BMF vom 29.04.2021, IV C 1 - S 1980-1/19/10008:017, Rn. 49.44, in: BStBl. I 2021, 735 (Änderung BMF-Schreiben vom 21.05.2019).

Abbildung Anhang 5: Schema zur Ermittlung des Veräußerungsgewinns von Spezial-Investmentfondsanteile für betriebliche Anleger.

Für betriebliche, bilanzierende Anleger
Veräußerungspreis
./. Veräußerungskosten
./. Buchwert der Investmentanteile (nach Abzug zugerechneter Substanzerträge)
./. Auflösung aktiver AP für agE (=zugerechnete agE ./. darauf entfallende in- und ausländische Steuern ./. ausgeschüttete agE der Vorjahre)
+ Auflösung passiver AP für ausgeschüttete Absetzungsbeträge
./. Auflösung aktiver AP thesaurierter Zurechnungsbeträge (gemindert im ausgeschüttete Zurechnungsbeträge)
= Veräußerungsgewinn

Quelle: Eigene Darstellung in Anlehnung an *Hahne/Völker*, Investmentsteuerrecht visuell, 167; *Schober*, in: Moritz/Jesch/Mann (Hrsg.), Kommentar InvStG, § 49, Rn. 47; BMF vom 29.04.2021, IV C 1 - S 1980-1/19/10008:017, Rn. 49.44, in: BStBl. I 2021, 735 (Änderung BMF-Schreiben vom 21.05.2019).

ANHANG C

Darstellung der Ergebnisse der Untersuchung der konkreten DBA, die Deutschland aktuell mit anderen Ländern abgeschlossen hat.[2113]

Tabelle 46: Übersicht über die DBA mit deren Regelungen Investmentfonds betreffend.

DBA Deutschland mit …	Vom	Regelungen bzgl. Investmentfonds
Ägypten	08.12.1987	Art. 10 Abs. 5: Dividenden = Ausschüttungen auf Anteilsscheine an Investmentvermögen
Albanien	06.04.2010	Prot. Nr. 3 zu Art. 10: Dividenden = Ausschüttungen auf Anteilsscheine an Investmentvermögen
Algerien	12.11.2007	Art. 10 Abs. 3: Dividenden = Ausschüttungen auf Anteilsscheine an Investmentvermögen
Argentinien	13.07.1978	Art. 10 Abs. 3: Dividenden = Ausschüttungen auf Anteilsscheine an Investmentvermögen
Armenien	29.06.2016	Prot. Nr. 3 zu Art. 10: Dividenden = Ausschüttungen auf Anteilsscheine an Investmentvermögen. Prot. Nr. 4 zu Art. 10 Abs. 2, 3: Definition „Investmentvermögen“: Investmentfonds i.S.d. InvStG; soweit Ausschüttungen auf Immobilienerträgen (anderen Erträgen) beruhen → 15 % (10 %) QuSt auf Ausschüttungen von Investmentfonds
Aserbaidschan	25.08.2004	Prot. Nr. 5 zu Art. 10: Dividenden = Ausschüttungen auf Anteilsscheine an Investmentvermögen
Australien	12.11.2015	Definition Art. 3: "Organismus für gemeinsame Anlagen"; Art. 4: "Organismus …" gilt als nat. Person, wenn deren Anleger Ansässigkeit im selben Staat wie Fonds hat (75 % der Anleger) bzw. 90 % der Anleger (im selben Staat oder im anderen Staat („gleichberechtigt Begünstigte“, wenn DBA mit Informationsaustausch Art. 10: Dividenden = Ausschüttungen auf Anteile an **deutschem** Organismus für gemeinsame Anlagen
Bangladesch	29.05.1990	Art. 10 Abs. 3: Dividenden = Ausschüttungen auf Anteilsscheine an Investmentvermögen
Belarus	30.09.2005	Prot. Nr. 6 zu Art. 10: Dividenden = Ausschüttungen auf Anteilsscheine an Investmentvermögen
Belgien	11.04.1967[2114]	Keine Regelungen bzgl. Investmentfonds

[2113] Vgl. BMF vom 15.01.2024, Stand der Doppelbesteuerungsabkommen und anderer Abkommen im Steuerbereich sowie der Abkommensverhandlungen am 01.01.2024, IV B 2 - S 1301/21/10048 :003, erhältlich im Internet: https://www.bundesfinanzministerium.de/Content/DE/Downloads/BMF_Schreiben/Internationales_Steuerrecht/Allgemeine_Informationen/2024-01-15-stand-DBA-1-januar-2024.pdf?__blob=publicationFile&v=3 (besucht am 07.11.2024).

[2114] Zzgl. Zusatzprotokolle vom 05.11.2002, BGBl. II 2003, 1615 und Änderungsprotokoll vom 21.01.2010, BGBl. II 2010, 1279.

C. Haberkorn, *International-steuerliche Strukturen der reformierten Investmentbesteuerung*, Hallesche Schriften zur Betriebswirtschaft 38,
https://doi.org/10.1007/978-3-658-49895-5

Bolivien	30.09.1992	Art. 10 Abs. 3: Dividenden = Ausschüttungen auf Anteilsscheine an Kapitalanlagegesellschaften
Bosnien und Herzegowina[2115]	23.03.1987	Art. 11 Abs. 2 b): Dividenden = Ausschüttungen auf Anteilsscheine an Investmentvermögen
Bulgarien	25.01.2010/ 21.07.2022	Art. 10 Abs. 3: Dividenden = Ausschüttungen auf Anteilsscheine an Investmentvermögen
China[2116]	28.03.2014	Art. 10 Abs. 2b): soweit Ausschüttungen auf Immobilienerträgen beruhen → 15 % QuSt auf Ausschüttungen von Investmentvehikels; Prot. Nr. 3 zu Art. 10: Investmentvehikel = Gesellschaft i.S.d. REIT-Gesetzes (nicht Investmentfonds i.S.d. InvStG)
Costa Rica	13.02.2014	Art. 10 Abs. 3: Dividenden = Ausschüttungen auf Anteilsscheine an Investmentvermögen
Côte d'Ivoire	03.07.1979	Art. 10 Abs. 3: Dividenden = Ausschüttungen auf Anteilsscheine an Investmentvermögen
Dänemark	22.11.1995[2117]	Art. 10 Abs. 4: Dividenden = Ausschüttungen auf Anteilsscheine an Investmentvermögen
Ecuador	07.12.1982	Art. 10 Abs. 3: Dividenden = Ausschüttungen auf Anteilsscheine an Investmentvermögen
Estland	29.11.1996[2118]	Prot. Nr. 4 zu Art. 10: Dividenden = Ausschüttungen auf Anteilsscheine an Investmentvermögen
Finnland	19.02.2016[2119]	Art. 10 Abs. 3: Dividenden = Ausschüttungen auf Anteilsscheine an Investmentvermögen
Frankreich	21.07.1959 (DBA)[2120] 28.09.1989 (Zusatzabkommen) 31.03.2015 (Zusatzabkommen)	Art. 9 Abs. 4: Dividenden = Ausschüttungen auf Anteilsscheine an Kapitalanlagegesellschaften Art. 9 Abs. 6 b): Dividenden = Ausschüttungen auf Anteilsscheine an Investmentfonds; Art. 25b Abs. 4: kollektive Anlage in Wertpapieren (frz. Rechts) mit Dividendenbezug → Steuervorteile richten sich nach Anlegern Art. 9 Abs. 10: keine Geltung für Dividenden eines Investmentvermögens, welche auf Immobilienerträgen beruhen und steuerbefreit sind; 10 % Beteiligung am Fonds
Georgien	01.06.2006[2121]	Art. 10 Abs. 3: Dividenden = Ausschüttungen auf Anteilsscheine an Investmentvermögen
Ghana	12.08.2004	Art. 10 Abs. 3: Dividenden = Ausschüttungen auf Anteilsscheine an Investmentvermögen

2115 DBA mit SFR Jugoslawien gilt fort, BGBl. II 1992, 1196.
2116 Ohne Hongkong und Macau.
2117 Dazugehörig Änderungsprotokoll vom 01.10.2020, BGBl. II 2021, 483 (keine Regelungen).
2118 Dazugehörig Änderungsprotokoll vom 15.12.2020, BGBl. II 2021, 562 (keine Regelungen).
2119 Dazugehörig Änderungsprotokoll vom 18.11.2019, BGBl. II 2020, 754 (keine Regelungen).
2120 Dazugehörig Revisionsprotokoll vom 09.06.1969, BGBl. II 1970, 719, Zusatzabkommen vom 20.12.2001, BGBl. II 2002, 2372.
2121 Dazugehörig Änderungsprotokoll vom 11.03.2014, BGBl. II 2014, 940 (keine Regelung).

Griechenland	18.04.1966	Art. 6 Abs. 3: Dividenden = Ausschüttungen auf Anteilsscheine an Kapitalanlagegesellschaften
Indien	19.06.1995	Prot. Nr. 4 zu Art. 10: Dividenden = Ausschüttungen auf Anteilsscheine an Kapitalanlagegesellschaften
Indonesien	30.10.1990	Art. 10 Abs. 2 b): Dividenden = Ausschüttungen auf Anteilsscheine an Investmentvermögen
Iran, Islamische Republik	20.12.1968	Keine Regelungen Investmentfonds betreffend
Irland	30.03.2011[2122]	Prot. Nr. 1 b) Eindeutige Abkommensberechtigung: ",die ein Investmentfonds ansonsten nach diesem Abkommen geltend machen kann"; Behandlung wie natürliche Person, soweit Anleger (zu mind. 95 %) "begünstigte Personen" (Person im selben Staat oder anderen Staat, wenn DBA mit Informationsaustausch); Investmentvermögen=OGAW; Ausschluss: CCF (inländisch); Prot. Nr. 2: Dividenden = Ausschüttungen auf Anteilsscheine an **deutschen** Investmentvermögen
Island	18.03.1971	Art. 6 Abs. 5: Dividenden = Ausschüttungen auf Anteilsscheine an Kapitalanlagegesellschaften
Israel	21.08.2014	Prot. Nr. 4: Dividenden = Ausschüttungen auf Anteilsscheine an Investmentvermögen; Art. 10 Abs. 3, 5 a): Einbezug REIT
Italien	18.10.1989	Art. 10 Abs. 6b): Dividenden = Ausschüttungen auf Anteilsscheine an Investmentvermögen
Jamaika	08.10.1974	Art. 10 Abs. 5: Dividenden = Ausschüttungen auf Anteilsscheine an Investmentvermögen
Japan	17.12.2015	Prot. Nr. 5 a) zu Art. 10: Dividenden = Ausschüttungen auf Anteilsscheine an **deutschen** Investmentvermögen; c): Definition „deutsches Investmentvermögen = OGAW; Art. 21: Altersvorsorgefonds; ohne Schachtelprivileg
Jersey	07.05.2015	Keine Regelungen Investmentfonds betreffend
Kanada	19.04.2001	Art. 10 Abs. 3b: Dividenden = Ausschüttungen auf Anteilsscheine an Investmentvermögen
Kasachstan	26.11.1997	Art. 10 Abs. 4: Dividenden = Ausschüttungen auf Anteilsscheine an Investmentvermögen
Kenia	17.05.1977	Art. 10 Abs. 4: Dividenden = Ausschüttungen auf Anteilsscheine an Investmentvermögen
Kirgisistan	01.12.2005	Art. 10 Abs. 3: Dividenden = Ausschüttungen auf Anteilsscheine an Investmentvermögen
Korea, Republik	10.03.2000	Art. 10 Abs. 3: Dividenden = Ausschüttungen auf Anteilsscheine an Investmentvermögen

2122 Dazugehörig Änderungsprotokoll vom 03.12.2014, BGBl. II 2015, 1322, Änderungsprotokoll vom 19.01.2021, BGBl. II 2021, 947.

Kosovo[2123]	26.03.1987	Art. 11 Abs. 2b: Dividenden = Ausschüttungen auf Anteilsscheine an Investmentvermögen
Kroatien	06.02.2006	Art. 10 Abs. 3: Dividenden = Ausschüttungen auf Anteilsscheine an Investmentvermögen
Kuwait	18.05.1999	Art. 10 Abs. 3b: Dividenden = Ausschüttungen auf Anteilsscheine an Investmentvermögen
Lettland	21.02.1997	Prot. Nr. 4 zu Art. 10: Dividenden = Ausschüttungen auf Anteilsscheine an Investmentvermögen
Liberia	25.11.1970	Art. 6 Abs. 4: Dividenden = Ausschüttungen auf Anteilsscheine an Kapital(anlage)gesellschaften
Liechtenstein	17.11.2011[2124]	Art. 10 Abs. 2 S. 2: 15 % QuSt bei Dividenden, die von einem dt. Investmentfonds gezahlt werden; Art. 10 Abs. 3: Dividenden = Ausschüttungen auf Anteilsscheine an Investmentvermögen; Art. 31 Abs. 3: Bezug zu Investmentfonds → erhält Vorteile nur, wenn Börsenhandel oder mind. 90 % von Anlegern gehalten, die bei unmittelbaren Bezug gleiche Abkommensvorteile oder mind. 75 %; oder anteilige Gewährung
Litauen	22.07.1997/ 30.09.2022	Prot. Nr. 4 zu Art. 10: Dividenden = Ausschüttungen auf Anteilsscheine an Investmentvermögen
Luxemburg	23.04.2012/ 06.07.2023	Art. 10 Abs. 3: Dividenden = Ausschüttungen auf Anteilsscheine an eines Organismus für gemeinsame Anlagen; Art. 10 Abs. 2: für Dividenden, die an einen Organismus für gemeinsame Anlagen gezahlt werden, gilt Bst. b) – Erstattung auf 15 % Prot. Nr. 1 Abs. 1: Organismus für gemeinsame Anlagen ist Investmentfonds i.S.d. InvStG (a)) Prot. Nr. 1 Abs. 2: Ansässigkeit klargestellt Prot. Nr. 1 Abs. 3: Nutzungsberechtigung klargestellt
Malaysia	23.02.2010	Art. 10 Abs. 3: Dividenden = Ausschüttungen auf Anteilsscheine an Investmentvermögen
Malta	08.03.2001[2125]	Art. 10 Abs. 4: Dividenden = Ausschüttungen auf Anteilsscheine an Investmentvermögen
Marokko	07.06.1972	Art. 6 Abs. 5: Dividenden = Ausschüttungen auf Anteilsscheine an Kapitalanlagegesellschaften
Mauritius	07.10.2011/ 29.10.2021	Art. 10 Abs. 3: Dividenden = Ausschüttungen auf Anteilsscheine an Investmentvermögen; Art. 22: LOB-Klausel (ohne Investmentfonds-Bezug)
Mazedonien	13.07.2006[2126]	Art. 10 Abs. 3: Dividenden = Ausschüttungen auf Anteilsscheine an Investmentvermögen

2123 DBA mit SFR Jugoslawien gilt fort, BGBl. II 2011, 748..
2124 Dazugehörig Änderungsprotokoll vom 17.11.2011, BGBl. II 2021, 567 (keine Regelungen).
2125 Dazugehörig Änderungsprotokoll vom 17.06.2010, BGBl. II 2011, 275 (keine Regelungen).
2126 Dazugehörig Änderungsprotokoll vom 14.11.2016, BGBl. II 2017, 814 (keine Regelungen).

Mexiko	09.07.2008[2127]	Protokoll Nr. 6 zu Art. 10/11: Dividende = Ausschüttungen auf Anteile an einem Investmentfonds
Moldau, Republik[2128]	24.11.1981	Prot. Nr. 3 zu Art. 7: Dividenden = Ausschüttungen auf Anteilsscheine an Investmentvermögen
Mongolei	22.08.1994	Art. 10 Abs. 2b: Dividenden = Ausschüttungen auf Anteilsscheine an Investmentvermögen
Montenegro[2129]	26.03.1987	Art. 11 Abs. 2b: Dividenden = Ausschüttungen auf Anteilsscheine an Investmentvermögen
Namibia	02.12.1993	Art. 10 Abs. 2b: Dividenden = Ausschüttungen auf Anteilsscheine an Investmentvermögen
Neuseeland	20.10.1978	Art. 10 Abs. 3: Dividenden = Ausschüttungen auf Anteilsscheine an Investmentvermögen
Niederlande	12.04.2012[2130]	Art. 10: Dividende = Ausschüttung auf Anteile an **deutschen** Investmentvermögen; Prot. Nr. 19 zu Art. 29: **transparente** Investmentvermögen → Verwalter kann Abkommensvergünstigungen für Investoren geltend machen
Norwegen	04.10.1991/ 24.06.2013[2131]	Art. 10 Abs. 6/3: Dividenden = Ausschüttungen auf Anteilsscheine an Investmentvermögen
Österreich	24.08.2000[2132]	Art. 10 Abs. 3: Dividenden = Ausschüttungen auf Anteilsscheine an Investmentvermögen
Pakistan	14.07.1994	Art. 10 Abs. 3: Dividenden = Ausschüttungen auf Anteilsscheine an Investmentvermögen
Philippinen	09.09.2013	Art. 10 Abs. 3: Dividenden = Ausschüttungen auf Anteilsscheine an Investmentvermögen
Polen	14.05.2003	Art. 10 Abs. 3: Dividenden = Ausschüttungen auf Anteilsscheine an Investmentvermögen
Portugal	15.07.1980	Art. 10 Abs. 3: Dividenden = Ausschüttungen auf Anteilsscheine an Investmentvermögen
Rumänien	04.07.2001	Art. 10 Abs. 3: Dividenden = Ausschüttungen auf Anteilsscheine an Investmentvermögen
Russische Föderation	29.05.1996[2133]	Prot. Nr. 4 zu Art. 10: Dividenden = Ausschüttungen auf Anteilsscheine an Investmentvermögen
Sambia	30.05.1973	Art. 10 Abs. 4: Dividenden = Ausschüttungen auf Anteilsscheine an Investmentvermögen
Schweden	14.07.1992/	Art. 10 Abs. 4a: Dividenden = Ausschüttungen auf Anteilsscheine an Investmentvermögen

2127 Dazugehörig Änderungsprotokoll vom 08.12.2021, BGBl. II 2022, 534 (MLI).

2128 DBA mit UdSSR gilt fort, BGBl. 1996 II, 768.

2129 DBA mit SFR Jugoslawien gilt fort, BGBl. 2011 II, 745

2130 Dazugehörig Änderungsprotokoll vom 11.01.2016, BGBl. II 2016, 866; Änderungsprotokoll vom 24.03.2021, BGBl. II 2021, 735 (keine weiteren Regelungen).

2131 Änderungsprotokoll vom 24.06.2013, BGBl. II 2014, 906.

2132 Dazugehörig Änderungsprotokoll vom 29.12.2010, BGBl. II 2011, 1209 (ohne weitere Regelungen).

2133 Dazugehörig Revisionsprotokoll vom 15.10.2007, BGBl. II 2008, 1398 (ohne weitere Regelungen).

	18.01.2023	Art. 1 Abs. 2/Prot. Nr. 1 zu Art. 1 Abs. 2 und Art. 10: entsprechende Regelung zu Art. 1 Abs. 2 OECD-MA
Schweiz	11.08.1971/ 17.10.1989/ 27.10.2010[2134]	Art. 10 Abs. 6/4: Dividenden = Ausschüttungen auf Anteilsscheine an Investmentvermögen; dabei Begrenzung auf 15 %
Serbien[2135]	26.03.1987	Art. 10 Abs. 2b: Dividenden = Ausschüttungen auf Anteilsscheine an Investmentvermögen
Simbabwe	22.04.1988	Art. 10 Abs. 4: Dividenden = Ausschüttungen auf Anteilsscheine an Investmentvermögen
Singapur	28.06.2004/ 09.12.2019	Art. 10 Abs. 5: Dividenden = Ausschüttungen auf Anteilsscheine an Investmentvermögen; Prot. 2019: REIT
Slowakei[2136]	19.12.1980	Art. 10 Abs. 4: Dividenden = Ausschüttungen auf Anteilsscheine an Investmentvermögen
Slowenien	03.05.2006[2137]	Art. 10 Abs. 3: Dividenden = Ausschüttungen auf Anteilsscheine an Investmentvermögen
Spanien	03.02.2011	Art. 10 Abs. 3: Dividenden = Ausschüttungen auf Anteilsscheine an **deutschen** Investmentvermögen; Prot. Nr. 1 zur Ansässigkeit von Investmentvermögen
Sri Lanka	13.09.1979	Art. 10 Abs. 3: Dividenden = Ausschüttungen auf Anteilsscheine an Investmentvermögen
Südafrika	25.01.1973/ 09.09.2008[2138]	Art. 7 Abs. 4: Dividenden = Ausschüttungen auf Anteilsscheine an Kapitalanlagegesellschaften/Art. 10 Abs. 4 (neues DBA v. 09.09.2008)
Syrien	17.02.2010	Prot. Nr. 6 zu Art. 10: Dividenden = Ausschüttungen auf Zertifikate dieser Investmentfonds/gleichzeitig Ansässigkeit Investmentfonds
Tadschikistan	27.03.2003	Art. 10 Abs. 3: Dividenden = Ausschüttungen auf Anteilsscheine an Investmentvermögen
Thailand	10.07.1967	Keine Regelungen Investmentfonds betreffend
Trinidad und Tobago	04.04.1973	Art. 10 Abs. 4: Dividenden = Ausschüttungen auf Anteilsscheine an Investmentvermögen
Tschechien[2139]	19.12.1980	Art. 10 Abs. 4: Dividenden = Ausschüttungen auf Anteilsscheine an Investmentvermögen
Tunesien	08.02.2018	Art. 10 Abs. 3: Dividenden = Ausschüttungen auf Anteilsscheine an Investmentvermögen
Türkei	19.09.2011	Art. 10 Abs. 3: Dividenden = Ausschüttungen auf Anteilsscheine an Investmentvermögen

2134 Dazugehörig Änderungsprotokoll vom 30.11.1978, BGBl. II 1980, 751, Änderungsprotokoll vom 17.10.1989, BGBl. II 1990, 766, Änderungsprotokoll vom 21.12.1992, BGBl. II 1993, 1888, Revisionsprotokoll vom 12.3.2002, BGBl. II 2003, 68, Revisionsprotokoll vom 27.10.2010, BGBl. II 2011, 1090.

2135 ehem. Bundesrepublik Jugoslawien); (DBA mit SFR Jugoslawien gilt fort, BGBl. 1997 II, 961)

2136 DBA mit Tschechoslowakei gilt fort, BGBl. 1993 II, 762.

2137 Dazugehörig Änderungsprotokoll vom 17.5.2011, BGBl. II 2012, 154.

2138 DBA vom 09.09.2008 noch nicht in Kraft.

2139 DBA mit Tschechoslowakei gilt fort, BGBl. 1993 II, S. 762.

Turkmenistan	25.08.2016	Art. 10 Abs. 3: Dividenden = Ausschüttungen auf Anteilsscheine an Investmentvermögen
Ukraine	03.07.1995	Art. 10 Abs. 3b: Dividenden = Ausschüttungen auf Anteilsscheine an Investmentvermögen
Ungarn	28.02.2011	Art. 10 Abs. 3: Dividenden = Ausschüttungen auf Anteilsscheine an Investmentvermögen; Prot. Nr. 4 Zu Art. 10: REIT
Uruguay	09.03.2010	Art. 10 Abs. 3: Dividenden = Ausschüttungen auf Anteilsscheine an Investmentvermögen
Usbekistan	07.09.1999[2140]	Prot. Nr. 3 zu Art. 10: Dividenden = Ausschüttungen auf Anteilsscheine an Investmentvermögen
Venezuela	08.02.1995	Prot. Nr. 3 zu Art. 10: Dividenden = Ausschüttungen auf Anteilsscheine an Kapitalanlagegesellschaften
Vereinigtes Königreich	30.03.2010[2141]	Art. 10 Abs. 3: Dividenden = Ausschüttungen auf Anteilsscheine an **deutschen** Investmentvermögen; Prot. Nr. 5 zu Art. 29: Verwalter von Investmentvermögen können für Investoren Ansprüche geltend machen
Vereinigte Staaten	04.06.2008	Art. 10 Abs. 5: Dividenden= Ausschüttungen auf Anteilsscheine eines Investmentvermögens; Art. 28 Abs. 6 für Vergünstigungen eines Investmentvermögens selbst; Prot. Nr. 2 zu Art. 4 Ansässigkeit Investmentfonds (mit vorherigen Prot. v. 01.06.2006)
Vietnam	16.11.1995	Prot. Nr. 3 zu Art. 10: Dividenden = Ausschüttungen auf Anteilsscheine an Investmentvermögen
Zypern	18.02.2011[2142]	Art. 10 Abs. 4: Dividenden = Ausschüttungen auf Anteilsscheine an Investmentvermögen

Quelle: Eigene Darstellung.

2140 Dazugehörig Änderungs- und Ergänzungsprotokoll vom 14.10.2014, BGBl. II 2015, 1198 (keine weiteren Regelungen).

2141 Dazugehörig Änderungsprotokoll vom 17.3.2014, BGBl. II 2015, 1297 sowie vom 12.01.2021, BGBl. II 2021, 666 (keine weiteren Regelungen).

2142 Dazugehörig Änderungsprotokoll vom 19.02.2021, BGBl. II 2021, 731.

Anhang D – Inlandsfall Berechnungen

Tabelle 47: Steuerbelastungen auf Anlegerebene (Kapitel-2-Investmentfonds, Inlandsfall).

	00	01	02	03	Summe
Investmenterträge § 16 InvStG i.V.m. § 20 Abs. 1 Nr. 3 EStG	0 €	16.030 €	17.489 €	18.947 € + 364.000 €	
reale Ausschüttung				364.000 €	364.000 €
Privatanleger					
nach ESt-TFS, 30 %	0 €	11.221 €	12.242 €	268.063 €	
ESt, 25 % (Steuersatz)	0 €	2.805 €	3.061 €	67.016 €	72.882 € (20 %)
verbleiben	0 €	./. 2.805 €	./. 3.061 €	296.984 €	291.118 €
Betrieblicher Anleger					
nach ESt-TFS, 60 % nach GewSt-TFS, 30 %	0 € 0 €	6.412 € 11.221 €	6.995 € 12.242 €	153.179 € 268.063 €	
GewSt, 14 %	0 €	1.571 €	1.714 €	37.529 €	
ESt, 42 %	0 €	2.693 €	2.938 €	64.335 €	
Gesamtsteuerbelastung (nach § 35 EStG)	0 €	2.693 €	2.938 €	64.335 €	69.966 € (19,2 %)
verbleiben	0 €	./. 2.693 €	./. 2.938 €	299.665 €	294.034 €
Körperschaft					
nach KSt-TFS, 80 % nach GewSt-TFS 40 %	0 € 0 €	3.206 € 9.618 €	3.498 € 10.493 €	76.589 € 229.768 €	
KSt, 15 %	0 €	481 €	525 €	11.488 €	
GewSt, 14 %	0 €	1.347 €	1.469 €	32.168 €	
Gesamtsteuerbelastung (Steuersatz)	0 €	1.828 €	1.994 €	43.656 €	47.478 € (13 %)
verbleiben	0 €	./. 1.828 €	./. 1.994 €	320.344 €	316.522 €

Quelle: Eigene Darstellung.

C. Haberkorn, *International-steuerliche Strukturen der reformierten Investmentbesteuerung*, Hallesche Schriften zur Betriebswirtschaft 38,
https://doi.org/10.1007/978-3-658-49895-5

Tabelle 48: Steuerbelastungen auf Anlegerebene (Kapitel-3-Investmentfonds, Inlandsfall).

	00	01	02	03	Summe
Spezial-Investmenterträge, § 34 InvStG i.V.m. § 20 Abs. 1 Nr. 3a EStG	100.000 €	100.000 €	100.000 €	64.000 €	
reale Ausschüttung				364.000 €	364.000 €
Privatanleger					
nach ESt-TFS, 60 %*	64.000 € [2143]	64.000 €	64.000 €	40.960 € [2144]	
ESt, 42 % (Steuersatz)	26.880 €	26.880 €	26.880 €	17.203 €	97.843 € (26,9 %)
verbleiben	./.26.880 €	./.26.880 €	./.26.880 €	346.797 €	266.157 €
Betrieblicher Anleger					
nach ESt-TFS, 60 %* nach GewSt-TFS, 0 %	64.000 € 100.000 €	64.000 € 100.000 €	64.000 € 100.000 €	40.960 € 64.000 €	
GewSt, 14 %	14.000 €	14.000 €	14.000 €	8.960 €	
ESt, 42 %	26.880 €	26.880 €	26.880 €	17.203 €	
Gesamtsteuerbelastung (nach § 35 EStG)	26.880 €	26.880 €	26.880 €	17.203 €	97.843 € (26,9 %)
verbleiben	./.26.880 €	./.26.880 €	./.26.880 €	346.797 €	266.157 €
Körperschaft					
nach KSt-TFS 100 %* nach GewSt-TFS 0 %	40.000 € 100.000 €	40.000 € 100.000 €	40.000 € 100.000 €	25.600 € 64.000 €	
KSt, 15 %	6.000 €	6.000 €	6.000 €	3.840 €	
GewSt, 14 %	14.000 €	14.000 €	14.000 €	8.960 €	
Gesamtsteuerbelastung (Steuersatz)	20.000 €	20.000 €	20.000 €	12.800 €	72.800 € (20 %)
verbleiben	./.20.000 €	./.20.000 €	./.20.000 €	351.200 €	291.200 €

Quelle: Eigene Darstellung.

* - Teilfreistellung gilt nur für inländische Beteiligungseinnahmen i.H v. 60.000 € und nicht für die Zinsen i.H.v. 40.000 €.

2143 = 60.000 € (inländische Dividenden) • 40 % + 40.000 € (Zinsen).

2144 = 64.000 € • 60 % • 40 % (TFS) + 64.000 • 40 %; hier wird angenommen, dass 60 % der Ausschüttung i.S.v. § 35 InvStG (64.000 €) auf Dividenden beruhen.

Tabelle 49: Steuerbelastungen auf Anlegerebene (Kapitel-3-Investmentfonds mit Transparenzoption, Inlandsfall).

	00	01	02	03	Summe
reale Ausschüttung				400.000 €	400.000 €
Privatanleger					
Spezial-Investmenterträge § 34 InvStG i.V.m. § 20 Abs. 1 Nr. 3a EStG	40.000 €	40.000 €	40.000 €	40.000 €	
ESt, 42 %	16.800 €	16.800 €	16.800 €	16.800 €	
Zurechnungsbeträge, § 20 Abs. 1 Nr. 1 EStG	60.000 €	60.000 €	60.000 €	60.000 €	
ESt, 25 %	15.000 €	15.000 €	15.000 €	15.000 €	
Gesamtsteuerbelastung	31.800 €	31.800 €	31.800 €	31.800 €	127.200 € (31,8 %)
verbleiben	./.31.800 €	./.31.800 €	./.31.800 €	368.200 €	272.800 €
Betrieblicher Anleger					
Spezial-Investmenterträge § 34 InvStG i.V.m. § 20 Abs. 1 Nr. 3a EStG	40.000 €	40.000 €	40.000 €	40.000 €	
Zurechnungsbeträge, § 20 Abs. 1 Nr. 1 EStG (TEV bei Dividenden)	36.000 €	36.000 €	36.000 €	36.000 €	
GewSt, 14 %	14.000 €	14.000 €	14.000 €	14.000 €	
ESt, 42 %	31.920 €	31.920 €	31.920 €	31.920 €	
Gesamtsteuerbelastung (nach § 35 EStG)	31.920 €	31.920 €	31.920 €	31.920 €	127.680 € (31,9 %)
verbleiben	./.31.920 €	./.31.920 €	./.31.920 €	368.080 €	272.320 €
Körperschaft					
Spezial-Investmenterträge § 34 InvStG i.V.m. § 20 Abs. 1 Nr. 3a EStG	40.000 €	40.000 €	40.000 €	40.000 €	
KSt, 15 %	6.000 €	6.000 €	6.000 €	6.000 €	
Zurechnungsbeträge	60.000 €	60.000 €	60.000 €	60.000 €	
KSt, 15 %	9.000 €	9.000 €	9.000 €	9.000 €	
GewSt, 14 %	14.000 €	14.000 €	14.000 €	14.000 €	
Gesamtsteuerbelastung	29.000 €	29.000 €	29.000	29.000 €	116.000 € (29 %)
verbleiben	./.29.000 €	./.29.000 €	./.29.000 €	371.000 €	284.000 €

Quelle: Eigene Darstellung.

Tabelle 50: Steuerbelastungen bei Direktanlage (Inlandsfall).

	00	01	02	03	Gesamt
Inländische Dividende	60.000 €	60.000 €	60.000 €	60.000 €	240.000€
Inländische Zinsen	40.000 €	40.000 €	40.000 €	40.000 €	160.000€
Privatanleger					
EaKV, § 20 Abs. 1 Nr. 1 und Nr. 7 EStG	100.000 €	100.000 €	100.000 €	100.000 €	
KapESt, 25 % (Steuersatz)	25.000 €	25.000 €	25.000 €	25.000 €	100.000€ (25 %)
verbleiben	75.000 €	75.000 €	75.000 €	75.000 €	300.000€
Betrieblicher Anleger					
TEV bei Dividenden	36.000 €	36.000 €	36.000 €	36.000 €	
§ 15 EStG, Zinsen	40.000 €	40.000 €	40.000 €	40.000 €	
ESt, 42 %	31.920 €	31.920 €	31.920 €	31.920 €	
GewSt, 14 %	14.000 €	14.000 €	14.000 €	14.000 €	
Gesamt (nach § 35 EStG) (Steuersatz)	31.920 €	31.920 €	31.920 €	31.920 €	127.680€ (31,9 %)
verbleiben	68.080 €	68.080 €	68.080 €	68.080 €	272.320€
Körperschaft					
EaGB, § 8 Abs. 2 KStG	100.000 €	100.000 €	100.000 €	100.000 €	
KSt, 15 %	15.000 €	15.000 €	15.000 €	15.000 €	
GewSt, 14 %	14.000 €	14.000 €	14.000 €	14.000 €	
Gesamt (Steuersatz)	29.000 €	29.000 €	29.000 €	29.000 €	116.000€ (29 %)
verbleiben	71.000 €	71.000 €	71.000 €	71.000 €	284.000€

Quelle: Eigene Darstellung.

Anhang E – Fall 1 Berechnungen

Tabelle 51: Berechnung der Vorabpauschale für die Jahre 00-03 (Fall 1).

	00	01	02	03
Rücknahmepreis zu Beginn des KJ	1.000.000 €	1.085.000 €	1.170.000 €	1.255.000 €
• 70 % des Basiszinssatzes (2,29 %)	1,603 %	1,603 %	1,603 %	1,603 %
= Basisertrag	16.030 €	17.393 €	18.755 €	20.118 €
./. Ausschüttungen	0 €	0 €	0 €	340.000 €
= Vorabpauschale	16.030 €	17.393 €	18.755 €	0 €

Quelle: Eigene Darstellung.

Tabelle 52: Steuerbelastungen auf Anlegerebene (Kapitel-2-Fonds, Fall 1).

	00	01	02	03	Summe
Investmenterträge § 16 InvStG i.V.m. § 20 Abs. 1 Nr. 3 EStG	0 €	16.030 €	17.393 €	18.755 € + 340.000 €	
reale Ausschüttung				340.000 €	340.000 €
Privatanleger					
nach ESt-TFS, 30 %	0 €	11.221 €	12.175 €	251.129 €	
ESt, 25 % (Steuersatz)	0 €	2.805 €	3.044 €	62.782 €	68.631 € (20,2 %)
verbleiben	0 €	./. 2.805 €	./. 3.044 €	277.218 €	271.369 €
Betrieblicher Anleger					
nach ESt-TFS, 60 % nach GewSt-TFS, 30 %	0 € 0 €	6.412 € 11.221 €	6.957 € 12.175 €	143.502 € 251.129 €	
GewSt, 14 %	0 €	1.571 €	1.704 €	35.158 €	
ESt, 42 %	0 €	2.693 €	2.922 €	60.271 €	
Gesamtsteuerbelastung (nach § 35 EStG)	0 €	2.693 €	2.922 €	60.271 €	65.886 € (19,4 %)
verbleiben	0 €	./. 2.693 €	./. 2.922 €	279.729 €	274.114 €
Körperschaft					
nach KSt-TFS 80 % nach GewSt-TFS 40 %	0 € 0 €	3.206 € 9.618 €	3.479 € 10.436 €	71.751 € 215.253 €	
KSt, 15 %	0 €	481 €	522 €	10.763 €	
GewSt, 14 %	0 €	1.347 €	1.461 €	30.135 €	
Gesamtsteuerbelastung (Steuersatz)	0 €	1.828 €	1.983 €	40.898 €	44.709 € (13,1 %)
verbleiben	0 €	./. 1.828 €	./. 1.983 €	299.102 €	295.291 €

Quelle: Eigene Darstellung.

C. Haberkorn, *International-steuerliche Strukturen der reformierten Investmentbesteuerung*, Hallesche Schriften zur Betriebswirtschaft 38,
https://doi.org/10.1007/978-3-658-49895-5

Tabelle 53: Steuerbelastungen auf Anlegerebene (Kapitel-3-Fonds, Fall 1).

	00	01	02	03	Summe
Spezial-Investmenterträge nach § 34 InvStG i.V.m. § 20 Abs. 1 Nr. 3a EStG	100.000€	100.000€	100.000€	40.000€	
reale Ausschüttung				340.000 €	340.000€
Privatanleger					
nach ESt-TFS, 60 %*	64.000 €	64.000 €	64.000 €	25.600 € [2145]	
ESt, 42 % (Steuersatz)	26.880€	26.880 €	26.880 €	10.752 €	91.392€ (26,9 %)
verbleiben	./. 26.880€	./.26.880€	./.26.880€	329.248€	248.608€
Betrieblicher Anleger					
nach ESt-TFS, 60 %* nach GewSt-TFS, 0 %	64.000 € 100.000 €	64.000€ 100 000€	64.000 € 100.000 €	25.600 € 40.000 €	
GewSt, 14 %	14.000 €	14.000 €	14.000 €	5.600 €	
ESt, 42 %	26.880 €	26.880 €	26.880 €	10.752 €	
Gesamtsteuerbelastung (nach § 35 EStG)	26.880 €	26.880 €	26.880 €	10.752 €	91.392 € (26,9 %)
verbleiben	./.26.880€	./.26.880€	./.26.880€	329.248€	248.608€
Körperschaft					
nach KSt-TFS 100 %* nach GewSt-TFS 0 %	40.000€ 100.000€	40.000€ 100.000€	40.000 € 100.000€	16.000€ 40.000€	
KSt, 15 %	6.000 €	6.000 €	6.000 €	2.400 €	
Gewerbesteuer, 14 %	14.000 €	14.000 €	14.000 €	5.600 €	
Gesamtsteuerbelastung (Steuersatz)	20.000 €	20.000 €	20.000 €	8.000 €	68.000 € (20 %)
verbleiben	./.20.000€	./.20.000	./.20.000€	332.000€	272.000€

Quelle: Eigene Darstellung.

* - Teilfreistellung gilt nur für inländische Beteiligungseinnahmen i.H.v. 60.000 € und nicht für die Zinsen i.H.v. 40.000 €.

[2145] = 40.000 € • 60 % • 40 % (TFS) + 40.000 • 40 %; hier wird angenommen, dass 60 % der Ausschüttung auf Dividenden beruhen.

Tabelle 54: Steuerbelastungen auf Anlegerebene (Kapitel-3-Fonds mit Transparenzoption, Fall 1).

	00	01	02	03	Summe
reale Ausschüttung				340.000€	340.000€
Privatanleger					
Spezial-Investmenterträge § 34 InvStG i.V.m. § 20 Abs. 1 Nr. 3a EStG	40.000 €	40.000 €	40.000 €	0 € *	
ESt, 42 %	16.800 €	16.800 €	16.800 €	0 €	
Zurechnungsbeträge, § 20 Abs. 1 Nr. 1 EStG	60.000 €	60.000 €	60.000 €	60.000 €	
ESt, 25 %	15.000 €	15.000 €	15.000 €	15.000 €	
Gesamtsteuerbelastung (Steuersatz)	31.800 €	31.800 €	31.800 €	15.000 €	110.400 € (32,5 %)
verbleiben	./.31.800 €	./.31.800€	./.31.800€	325.000 €	229.600 €
Betrieblicher Anleger					
Spezial-Investmenterträge § 34 InvStG i.V.m. § 20 Abs. 1 Nr. 3a EStG	40.000 €	40.000 €	40.000 €	0 €	
Zurechnungsbeträge, § 20 Abs. 1 Nr. 1 EStG (TEV bei Dividenden)	36.000 €	36.000 €	36.000 €	36.000 €	
GewSt, 14 %	14.000 €	14.000 €	14.000 €	14.000 €	
ESt, 42 %	31.920 €	31.920 €	31.920 €	15.120 €	
Gesamtsteuerbelastung (nach § 35 EStG)	31.920 €	31.920 €	31.920 €	15.120 €	110.880 € (32,6 %)
verbleiben	./.31.920 €	./.31.920€	./.31.920€	324.880 €	229.120 €
Körperschaft					
Spezial-Investmenterträge § 34 InvStG i.V.m. § 20 Abs. 1 Nr. 3a EStG	40.000 €	40.000 €	40.000	0 €	
KSt, 15 %	6.000 €	6.000 €	6.000 €	0 €	
Zurechnungsbeträge	60.000 €	60.000 €	60.000	60.000 €	
KSt, 15 %	9.000 €	9.000 €	9.000 €	9.000 €	
GewSt, 14 %	14.000 €	14.000 €	14.000	14.000 €	
Gesamtsteuerbelastung	29.000 €	29.000 €	29.000	23.000 €	110.000 € (32,4 %)
verbleiben	./.29.000€	./.29.000€	./.29.000€	317.000 €	230.000 €

Quelle: Eigene Darstellung.

* - Ausgeschüttete Erträge nach § 35 InvStG: 340.000 € (ausschüttungsfähig, da definitive ausländische Ertragsteuer) ./. 240.000 € (Zurechnungsbeträge) ./. 120.000 € (agE Vorjahre) = ./. 60.000 €; ausgeschüttete Erträge sind positive Erträge[2146]

Tabelle 55: Steuerbelastungen bei Direktanlage (Fall 1).

	00	01	02	03	Gesamt
Inländische Dividende	60.000 €	60.000 €	60.000 €	60.000 €	240.000€
Inländische Zinsen	40.000 €	40.000 €	40.000 €	40.000 €	160.000€
Privatanleger					
EaKV, § 20 Abs. 1 Nr. 1 und Nr. 7 EStG	100.000 €	100.000 €	100.000 €	100.000 €	
KapESt, 25 %	25.000 €	25.000 €	25.000 €	25.000 €	100.000€ (25 %)
verbleiben	75.000 €	75.000 €	75.000 €	75.000 €	300.000€
Betrieblicher Anleger					
TEV bei Dividenden	36.000 €	36.000 €	36.000 €	36.000 €	
§ 15 EStG, Zinsen	40.000 €	40.000 €	40.000 €	40.000 €	
Einkommensteuer 42 %	31.920 €	31.920 €	31.920 €	31.920 €	
Gewerbesteuer, 14 %	14.000 €	14.000 €	14.000 €	14.000 €	
Gesamt (nach Anrechnung § 35 EStG)	31.920 €	31.920 €	31.920 €	31.920 €	127.680€ (31,9 %)
verbleiben	68.080 €	68.080 €	68.080 €	68.080 €	272.320€
Körperschaft					
EaGB, § 8 Abs. 2 KStG	100.000 €	100.000 €	100.000 €	100.000 €	
KSt, 15 %	15.000 €	15.000 €	15.000 €	15.000 €	
GewSt, 14 %	14.000 €	14.000 €	14.000 €	14.000 €	
Gesamt	29.000 €	29.000 €	29.000 €	29.000 €	116.000€ (29 %)
verbleiben	71.000 €	71.000 €	71.000 €	71.000 €	284.000€

Quelle: Eigene Darstellung.

[2146] Vgl. *Gottschling*, in: K/S/B/H/K (Hrsg.), InvStG-Kommentar, § 35, Rn. 12.

ANHANG F – FALL 2 BERECHNUNGEN

Tabelle 56: Berechnung der Vorabpauschale für die Jahre 00-03 (Fall 2, DBA).

	00	01	02	03
Rücknahmepreis zu Beginn des KJ	1.000.000 €	1.087.000 €	1.174.000 €	1.261.000 €
• 70 % des Basiszinssatzes (2,29 %)	1,603 %	1,603 %	1,603 %	1,603 %
= Basisertrag	16.030 €	17.425 €	18.819 €	20.214 €
./. Ausschüttungen	0 €	0 €	0 €	348.000 €
= Vorabpauschale	16.030 €	17.425 €	18.819 €	0 €

Quelle: Eigene Darstellung.

Tabelle 57: Steuerbelastungen auf Anlegerebene (Kapitel-2-Fonds, Fall 2 - DBA).

	00	01	02	03	Summe
Investmenterträge § 16 InvStG i.V.m. § 20 Abs. 1 Nr. 3 EStG	0 €	16.030 €	17.425 €	18.819 € + 348.000 €	
reale Ausschüttung				348.000 €	348.000 €
Privatanleger					
nach ESt-TFS, 30 %	0 €	11.221 €	12.197 €	256.773 €	
ESt, 25 % (Steuersatz)	0 €	2.805 €	3.049 €	64.193 €	70.047 € (20,1 %)
verbleiben Netto	0 €	./. 2.805 €	./. 3.049 €	283.807 €	277.953 €
Betrieblicher Anleger					
nach ESt-TFS, 60 % nach GewSt-TFS, 30 %	0 € 0 €	6.412 € 11.221 €	6.970 € 12.197 €	146.728 € 256.773 €	
GewSt, 14 %	0 €	1.571 €	1.708 €	35.948 €	
ESt, 42 %	0 €	2.693 €	2.927 €	61.626 €	
Gesamtsteuerbelastung (nach § 35 EStG)	0 €	2.693 €	2.927 €	61.626 €	67.246 € (19,3 %)
verbleiben Netto	0 €	./. 2.693 €	./. 2.927 €	286.374 €	280.754 €
Körperschaft					
nach KSt-TFS, 80 % nach GewSt-TFS, 40 %	0 € 0 €	3.206 € 9.618 €	3.485 € 10.455 €	73.364 € 220.091 €	
KSt, 15 %	0 €	481 €	523 €	11.005 €	
GewSt, 14 %	0 €	1.347 €	1.464 €	30.813 €	
Gesamtsteuerbelastung (Steuersatz)	0 €	1.828 €	1.987 €	41.818 €	45.633 € (13,1 %)
verbleiben Netto	0 €	./. 1.828 €	./. 1.987 €	306.182 €	302.367 €

Quelle: Eigene Darstellung.

C. Haberkorn, *International-steuerliche Strukturen der reformierten Investmentbesteuerung*, Hallesche Schriften zur Betriebswirtschaft 38,
https://doi.org/10.1007/978-3-658-49895-5

Tabelle 58: Berechnung der Vorabpauschale für die Jahre 00-03 (Fall 2, Nicht-DBA).

	00	01	02	03
Rücknahmepreis zu Beginn des KJ	1.000.000 €	1.074.000 €	1.148.000 €	1.222.000 €
• 70 % des Basiszins-satzes (2,29 %)	1,603 %	1,603 %	1,603 %	1,603 %
= Basisertrag	16.030 €	17.216 €	18.402 €	19.589 €
./. Ausschüttungen	0 €	0 €	0 €	296.000 €
= Vorabpauschale	16.030 €	17.216 €	18.402 €	0 €

Quelle: Eigene Darstellung.

Tabelle 59: Steuerbelastungen auf Anlegerebene (Kapitel-2-Fonds, Fall 2, Nicht-DBA).

	00	01	02	03	Summe
Investmenterträge, § 16 InvStG i.V.m. § 20 Abs. 1 Nr. 3 EStG	0 €	16.030 €	17.216 €	18.402 € + 296.000 €	
reale Ausschüttung				296.000 €	296.000 €
Privatanleger					
nach ESt-TFS, 30 %	0 €	11.221 €	12.051 €	220.081 €	
ESt, 25 % (Steuersatz)	0 €	2.805 €	3.013 €	55.020 €	60.838 € (20,6 %)
verbleiben Netto	0 €	./. 2.805 €	./. 3.013 €	240.980 €	235.162 €
Betrieblicher Anleger					
nach ESt-TFS, 60 % nach GewSt-TFS, 30 %	0 € 0 €	6.412 € 11.221 €	6.886 € 12.051 €	125.761 € 220.082 €	
GewSt, 14 %	0 €	1.571 €	1.687 €	30.811 €	
ESt, 42 %	0 €	2.693 €	2.892 €	52.820 €	
Gesamtsteuerbelastung (nach § 35 EStG)	0 €	2.693 €	2.892 €	52.820 €	58.405 € (19,7 %)
verbleiben Netto	0 €	./. 2.693 €	./. 2.892 €	243.180 €	237.595 €
Körperschaft					
nach KSt-TFS, 80 % nach GewSt-TFS, 40 %	0 € 0 €	3.206 € 9.618 €	3.443 € 10.330 €	62.880 € 188.641 €	
KSt, 15 %	0 €	481 €	516 €	9.432 €	
GewSt, 14 %	0 €	1.347 €	1.446 €	26.410 €	
Gesamtsteuerbelastung (Steuersatz)	0 €	1.828 €	1.962 €	35.842 €	39.632 € (13,4 %)
verbleiben Netto	0 €	./. 1.828 €	./. 1.962 €	260.158 €	256.368 €

Quelle: Eigene Darstellung.

Tabelle 60: Steuerbelastungen auf Anlegerebene (Kapitel-3-Fonds, Fall 2, DBA).

	00	01	02	03	Summe
Spezial-Investmenterträge nach § 34 InvStG i.V.m. § 20 Abs. 1 Nr. 3a EStG	100.000€	100.000€	100.000€	48.000€	
reale Ausschüttung				348.000 €	348.000€
Privatanleger					
ESt, 42 %	42.000 €	42.000 €	42.000 €	20.160 €	
Anrechnung § 47 InvStG	13.000 €	13.000 €	13.000 €	13.000 €	
Gesamtsteuerbelastung	29.000 €	29.000 €	29.000 €	7.160 €	94.160€ (27,1 %)
verbleiben Netto	./.29.000€	./. 29.000€	./. 29.000€	340.840€	253.840€
Betrieblicher Anleger					
Anwendung TEV, § 42 Abs. 1 InvStG auf ausl. Dividenden	76.000 € [2147]	76.000 €	76.000 €	36.480 € [2148]	
ESt, 42 %	31.920 €	31.920 €	31.920 €	15.322 €	
Anrechnung § 47 InvStG	13.000 €	13.000 €	13.000 €	13.000 €	
GewSt, 14 %	14.000€	14.000€	14.000€	6.720 €	
Gesamtsteuerbelastung (nach § 35 EStG)	18.920 €	18.920 €	18.920 €	6.720 €	63.480 € (18,2 %)
verbleiben Netto	./.18.920 €	./.18.920 €	./.18.920€	341.280 €	284.520€
Körperschaft					
KSt, 15 %	15.000 €	15.000 €	15.000 €	7.200 €	
Anrechnung, § 47 InvStG	13.000 €	13.000 €	13.000 €	7.200 €	
Gewerbesteuer, 14 %	14.000 €	14.000 €	14.000 €	6.720 €	
Gesamtsteuerbelastung	29.000 €	29.000 €	29.000 €	13.920 €	100.920€ (29 %)
verbleiben netto	./. 29.000€	./. 29.000€	./. 29.000€	334.080€	247.080€

Quelle: Eigene Darstellung.

[2147] = 100.000 € • 60 % • 60 % (TEV) + 100.000 • 40 %; hier wird angenommen, dass 60 % der Ausschüttung auf Dividenden beruhen.

[2148] = 48.000 € • 60 % • 60 % (TEV) + 48.000 • 40 %; hier wird angenommen, dass 60 % der Ausschüttung auf Dividenden beruhen.

Tabelle 61: Steuerbelastungen auf Anlegerebene (Kapitel-3-Fonds, Fall 2, Nicht-DBA).

	00	01	02	03	Summe
Spezial-Investmenterträge nach § 34 InvStG i.V.m. § 20 Abs. 1 Nr. 3a EStG	100.000 €	100.000 €	100.000 €	0 €	
reale Ausschüttung				296.000 €	296.000€
Privatanleger					
ESt, 42 %	42.000 €	42.000 €	42.000 €	0 €	
Anrechnung § 47 InvStG	26.000 €	26.000 €	26.000 €	0 €	
Gesamtsteuerbelastung (Steuersatz)	16.000 €	16.000 €	16.000 €	0 €	48.000 € (16,2 %)
verbleiben Netto	./.16.000 €	./.16.000 €	./.16.000 €	296.000 €	248.000€
Betrieblicher Anleger					
Anwendung TEV, § 42 Abs. 1 InvStG auf ausl. Dividenden	76.000 €	76.000 €	76.000 €	0 €	
ESt, 42 %	31.920 €	31.920 €	31.920 €	0 €	
Anrechnung, § 47 InvStG	26.000 €	26.000 €	26.000 €	0 €	
GewSt, 14 %	14.000 €	14.000 €	14.000 €	0 €	
Gesamtsteuerbelastung (nach § 35 EStG)	14.000 €	14.000 €	14.000 €	0 €	42.000 € (14,2 %)
verbleiben Netto	./.14.000 €	./.14.000 €	./.14.000 €	296.000€	254.000€
Körperschaft					
KSt, 15 %	15.000 €	15.000 €	15.000 €	0 €	
Anrechnung, § 47 InvStG	15.000 €	15.000 €	15.000 €	0 €	
Gewerbesteuer, 14 %	14.000 €	14.000 €	14.000 €	0 €	
Gesamtsteuerbelastung	14.000 €	14.000 €	14.000 €	0 €	42.000 € (14,2 %)
Verbleiben netto	./.14.000€	./.14.000 €	./.14.000 €	296.000€	254.000€

Quelle: Eigene Darstellung.

Tabelle 62: Steuerbelastungen bei Direktanlage (Fall 2, DBA).

	00	01	02	03	Gesamt
Ausländische Dividende	60.000 €	60.000 €	60.000 €	60.000 €	
Ausländische Zinsen	40.000 €	40.000 €	40.000 €	40.000 €	
Ausländische QuSt 15 % auf Dividenden 10 % auf Zinsen	 9.000 € 4.000 €	 9.000 € 4.000 €	 9.000 € 4.000 €	 9.000 € 4.000 €	
Privatanleger					
EaKV, § 20 Abs. 1 Nr. 1 und Nr. 7 EStG	100.000 €	100.000€	100.000 €	100.000 €	
KapESt, 25 %	25.000 €	25.000 €	25.000 €	25.000 €	
Anrechnung ausl. QuSt § 32d Abs. 5 EStG	13.000 €	13.000 €	13.000 €	13.000 €	
Gesamtsteuerbelastung (Steuersatz)	25.000 €	25.000 €	25.000 €	25.000 €	100.000 € (25 %)
verbleiben netto	75.000 €	75.000 €	75.000 €	75.000 €	300.000 €
Betrieblicher Anleger					
TEV bei Dividenden	36.000 €	36.000 €	36.000 €	36.000 €	
§ 15 EStG, Zinsen	40.000 €	40.000 €	40.000 €	40.000 €	
ESt, 42 %	31.920 €	31.920 €	31.920 €	31.920 €	
Anrechnung ausl. QuSt, § 34c EStG	13.000 €	13.000 €	13.000 €	13.000 €	
GewSt, 14 %	14.000 €	14.000 €	14.000 €	14.000 €	
Gesamt (nach § 35 EStG)	31.920 €	31.920 €	31.920 €	31.920 €	127.680 € (31,9 %)
verbleiben netto	68.080 €	68.080 €	68.080 €	68.080 €	272.320 €
Körperschaft					
EaGB, § 8 Abs. 2 KStG	100.000 €	100.000 €	100.000 €	100.000 €	
KSt, 15 %	15.000 €	15.000 €	15.000 €	15.000 €	
Anrechnung ausl. QuSt, § 26 KStG	13.000 €	13.000 €	13.000 €	13.000 €	
GewSt, 14 %	14.000 €	14.000 €	14.000 €	14.000 €	
Gesamt (Steuersatz)	29.000 €	29.000 €	29.000 €	29.000 €	116.000 € (29 %)
verbleiben netto	71.000 €	71.000 €	71.000 €	71.000 €	284.000 €

Quelle: Eigene Darstellung.

Tabelle 63: Steuerbelastungen bei Direktanlage (Fall 2, Nicht-DBA).

	00	01	02	03	Gesamt
Ausländische Dividende	60.000 €	60.000 €	60.000 €	60.000 €	
Ausländische Zinsen	40.000 €	40.000 €	40.000 €	40.000 €	
Ausländische QuSt 30 % auf Dividenden 20 % auf Zinsen	 18.000 € 8.000 €	 18.000 € 8.000 €	 18.000 € 8.000 €	 18.000 € 8.000 €	
Privatanleger					
EaKV, § 20 Abs. 1 Nr. 1 und Nr. 7 EStG	100.000 €	100.000	100.000 €	100.000 €	
KapESt, 25 %	25.000 €	25.000 €	25.000 €	25.000 €	
Anrechnung ausl. QuSt § 32d Abs. 5 EStG	25.000 €	25.000 €	25.000 €	25.000 €	
Gesamtsteuerbelastung (Steuersatz)	26.000 €	26.000 €	26.000 €	26.000 €	104.000€ (26 %)
verbleiben netto	74.000 €	74.000 €	74.000 €	74.000 €	296.000€
Betrieblicher Anleger					
TEV bei Dividenden	36.000 €	36.000 €	36.000 €	36.000 €	
§ 15 EStG, Zinsen	40.000 €	40.000 €	40.000 €	40.000 €	
ESt, 42 %	31.920 €	31.920 €	31.920 €	31.920 €	
Anrechnung ausl. QuSt, § 34c EStG	26.000 €	26.000 €	26.000 €	26.000 €	
GewSt, 14 %	14.000 €	14.000 €	14.000 €	14.000 €	
Gesamt (nach § 35 EStG)	40.000 €	40.000 €	40.000 €	40.000 €	160.000€ (40 %)
verbleiben netto	60.000 €	60.000 €	60.000 €	60.000 €	240.000€
Körperschaft					
EaGB, § 8 Abs. 2 KStG	100.000 €	100.000 €	100.000 €	100.000 €	
KSt, 15 %	15.000 €	15.000 €	15.000 €	15.000 €	
Anrechnung ausl. QuSt, § 26 KStG	15.000 €	15.000 €	15.000 €	15.000 €	
GewSt, 14 %	14.000 €	14.000 €	14.000 €	14.000 €	
Gesamt (Steuersatz)	40.000 €	40.000 €	40.000 €	40.000 €	160.000€ (40 %)
verbleiben netto	60.000 €	60.000 €	60.000 €	60.000 €	240.000€

Quelle: Eigene Darstellung.

Im Direktanlage-Fall investiert der entsprechende inländische Anleger in ausländische Kapitalgesellschaftsbeteiligungen (Outbound). Der Anleger ist nach § 1 Abs. 1 Satz 1 EStG unbeschränkt steuerpflichtig und unterliegt dem Welteinkommensprinzip. Zusätzlich kann der ausländische Staat Quellensteuern auf die Zinsen und Dividenden

erheben. Ausländische Quellensteuern können bei Anteilen im PV nach § 32d Abs. 5 EStG angerechnet werden. Bei betrieblichen Anlegern sind die Regelungen des § 34c EStG und § 26 KStG zu berücksichtigen. Die ausländischen Dividenden und Zinsen stellen ausländische Einkünfte nach § 34d Nr. 6 EStG dar, wenn der Schuldner Wohnsitz, Geschäftsleitung oder Sitz im Ausland hat oder das Kapitalvermögen durch ausländischen Grundbesitz gesichert ist.
Im Privatvermögen wird die ausländische Dividende nach § 20 Abs. 1 Nr. 1 EStG als EaKV behandelt. Die Einkommensteuer beträgt nach § 32d Abs. 1 Satz 1 EStG 25 %, zzgl. SolZ und mindert sich nach Satz 2 um ausländische Steuern nach § 32d Abs. 5 EStG. Nach § 32d Abs. 5 EStG kann die auf ausländische Kapitalerträge erhobene[2149] ausländische Steuer, jedoch zu höchstens 25 % ausländische Steuer auf den einzelnen steuerpflichtigen Kapitalertrag angerechnet werden (per-item-limitation). Bei betrieblichen Anlegern kann die ausländische QuSt auf die Einkommensteuer nach § 34c EStG angerechnet werden. Des Weiteren kann ebenso die Gewerbesteuer nach § 35 EStG angerechnet werden.

Liegt ein DBA vor, kann die ausländische QuSt auf 15 % bzw. 5 % beschränkt werden, wenn die entsprechenden Voraussetzungen erfüllt sind. Deutschland rechnet die ausländische Steuer entweder an oder stellt die Einkünfte unter Progressionsvorbehalt frei.

[2149] festgesetzt, gezahlt und um einen entstandenen Ermäßigungsanspruch gekürzt.

ANHANG G – FALL 3 BERECHNUNGEN

Tabelle 64: Berechnung der Vorabpauschale für die Jahre 00-03 (Fall 3).

	00	01	02	03
Rücknahmepreis zu Beginn des KJ	1.000.000 €	1.100.000 €	1.200.000 €	1.300.000 €
• 70 % des Basiszinssatzes (2,29 %)	1,603 %	1,603 %	1,603 %	1,603 %
= Basisertrag	16.030 €	17.633 €	19.236 €	20.839 €
./. Ausschüttungen	0 €	0 €	0 €	400.000 €
= Vorabpauschale	16.030 €	17.633 €	19.236 €	0 €

Quelle: Eigene Darstellung.

Tabelle 65: Steuerbelastung auf Anlegerebene (Kapitel-2-Investmentfonds, Fall 3).

	00	01	02	03	Summe
Investmenterträge § 16 InvStG i.V.m. § 20 Abs. 1 Nr. 3 EStG	0 €	16.030 €	17.633 €	19.236 € + 400.000 €	
reale Ausschüttung				400.000 €	400.000 €
Privatanleger					
nach ESt-TFS, 30 %	0 €	11.221 €	12.343 €	293.465 €	
ESt, 25 % (Steuersatz)	0 €	2.805 €	3.086 €	73.366 €	79.257 € (19,8 %)
verbleiben Netto	0 €	./. 2.805 €	./. 3.086 €	326.634 €	320.743 €
Betrieblicher Anleger					
nach ESt-TFS, 60 % nach GewSt-TFS, 30 %	0 € 0 €	6.412 € 11.221 €	7.053 € 12.343 €	167.694 € 293.465 €	
GewSt, 14 %	0 €	1.571 €	1.728 €	41.085 €	
ESt, 42 %	0 €	2.693 €	2.962 €	70.431 €	
Gesamtsteuerbelastung (nach § 35 EStG)	0 €	2.693 €	2.962 €	70.431 €	76.086 € (19 %)
verbleiben Netto	0 €	./. 2.693 €	./. 2.962 €	329.569 €	323.914 €
Körperschaft					
nach KSt-TFS 80 % nach GewSt-TFS 40 %	0 € 0 €	3.206 € 9.618 €	3.527 € 10.580 €	83.847 € 251.542 €	
KSt, 15 %	0 €	481 €	529 €	12.577 €	
GewSt, 14 %	0 €	1.347 €	1.481 €	35.216 €	
Gesamtsteuerbelastung (Steuersatz)	0 €	1.828 €	2.010 €	47.793 €	51.631 € (12,9 %)
verbleiben Netto	0 €	./. 1.828 €	./. 2.010 €	352.207 €	348.369 €

Quelle: Eigene Darstellung.

C. Haberkorn, *International-steuerliche Strukturen der reformierten Investmentbesteuerung*, Hallesche Schriften zur Betriebswirtschaft 38,
https://doi.org/10.1007/978-3-658-49895-5

Tabelle 66: Steuerbelastung auf Anlegerebene (Kapitel-3-Investmentfonds, Fall 3).

	00	01	02	03	Summe
Spezial-Investment-erträge § 34 InvStG i.V.m. § 20 Abs. 1 Nr. 3a EStG	100.000€	100.000€	100.000€	100.000€	
reale Ausschüttung				400.000€	400.000€
Privatanleger					
ESt, 42 % (Steuersatz)	42.000€	42.000€	42.000€	42.000€	168.000€ (42 %)
verbleiben Netto	./.42.000€	./.42.000€	./.42.000€	358.000€	232.000€
Betrieblicher Anleger					
TEV für Dividenden-einkünfte, § 42 Abs. 1 InvStG	76.000€	76.000€	76.000€	76.000€	
GewSt, 14 %	14.000€	14.000€	14.000€	14.000€	
ESt, 42 %	31.920 €	31.920 €	31.920 €	31.920 €	
Gesamtsteuerbelas-tung (nach § 35 EStG)	31.920€	31.920€	31.920€	31.920€	127.680€ (31,9 %)
verbleiben Netto	./.31.920€	./.31.920€	./.31.920€	368.080€	272.320€
Körperschaft					
KSt, 15 %	15.000 €	15.000 €	15.000 €	15.000 €	
GewSt, 14 %	14.000 €	14.000 €	14.000 €	14.000 €	
Gesamtsteuer-belastung	29.000 €	29.000 €	29.000 €	29.000 €	116.000€ (29 %)
verbleiben netto	./.29.000€	./.29.000€	./.29.000€	371.000€	284.000€

Quelle: Eigene Darstellung.

Tabelle 67: Berechnung der Vorabpauschale für die Jahre 00-03 sowie der Investmenterträge nach § 16 InvStG im Kontext der Hinzurechnungsbesteuerung.

Jahr	00	01	02	03
Wert des Aktienfonds-anteils am 01.01.	55.000.000€	60.500.000€	66.000.000€	71.500.000€
Thesaurierung/Erträge des Fonds (Fondsanteil)	5.500.000 €	5.500.000 €	5.500.000 €	5.500.000 €
Steuerbelastung (Fondsanteil)	0 €	0 €	0 €	0 €
Ausschüttung (Fondsanteil)	0 €	0 €	0 €	22.000.000€
Wert des Aktienfonds-anteils am 31.12.	60.500.000€	66.000.000€	71.500.000€	55.000.000€
Rücknahmepreis zu Beginn des KJ	55.000.000€	60.500.000€	66.000.000€	71.500.000€
• 70 % des Basiszins-satzes (2,29 %)	1,603 %	1,603 %	1,603 %	1,603 %
= Basisertrag	881.650 €	969.815 €	1.057.980 €	1.146.145 €
./. Ausschüttungen	0 €	0 €	0 €	22.000.000€
= Vorabpauschale	881.650 €	969.815 €	1.057.980 €	0 €
Investmenterträge nach § 16 InvStG				
Vorabpauschale, § 16 Abs. 1 Nr. 2 InvStG	0 €	881.650 €	969.815 €	1.057.980 €
Ausschüttungen, § 16 Abs. 1 Nr. 1 InvStG	0 €	0 €	0 €	22.000.000 €

Quelle: Eigene Darstellung.

Tabelle 68: Steuerbelastung auf Anlegerebene mit 55 % Beteiligung (Kapitel-2-Investmentfonds, Fall 3).

	00	01	02	03	Summe
Investmenterträge § 16 InvStG i.V.m. § 20 Abs. 1 Nr. 3 EStG	0 €	881.650 €	969.815 €	1.057.980 € + 22.000.000€	
reale Ausschüttung				22.000.000€	22.000.000€
Privatanleger					
nach ESt-TFS 30 %	0 €	617.155€	678.871€	16.140.586€	
ESt, 25 % (Steuersatz)	0 €	154.289 €	169.718 €	4.035.147 €	4.359.154€ (19,8 %)
verbleiben Netto	0 €	./.154.289 €	./.169.718€	17.964.853€	17.640.846€
Betrieblicher Anleger					
nach ESt-TFS 60 % nach GewSt-TFS 30 %	0 € 0 €	352.660€ 617.155€	387.926€ 678.871€	9.223.192€ 16.140.586€	
GewSt, 14 %	0 €	86.402 €	95.042 €	2.259.682€	
ESt, 42 %	0 €	148.117 €	162.929 €	3.873.741 €	
Gesamtsteuerbelastung (nach § 35 EStG)	0 €	148.117 €	162.929 €	3.873.741 €	4.184.787 € (19 %)
verbleiben Netto	0 €	./.148.117€	./.162.929€	18.126.259€	17.815.213€
Körperschaft					
nach KSt-TFS 80 % nach GewSt-TFS 40 %	0 € 0 €	176.330€ 528.990€	193.963 € 581.889€	4.611.596€ 13.834.788€	
KSt, 15 %	0 €	26.450 €	29.094 €	691.739 €	
GewSt, 14 %	0 €	74.059 €	81.464 €	1.936.870 €	
Gesamtsteuerbelastung (Steuersatz)	0 €	100.500 €	110.558€	2.628.609 €	2.839.676 € (12,9 %)
verbleiben Netto	0 €	./. 100.509€	./.110.558€	19.371.391€	19.160.324€

Quelle: Eigene Darstellung

Tabelle 69: Steuerbelastung auf Anlegerebene mit 55 % Beteiligung (Kapitel-3-Investmentfonds, Fall 3).

	00	01	02	03	Summe
Spezial-Investmenterträge gem. § 34 InvStG i.V.m. § 20 Abs. 1 Nr. 3a EStG	5.500.000€	5.500.000€	5.500.000€	5.500.000€	
Privatanleger					
ESt, 42 % (Steuersatz)	2.310.000 €	2.310.000	2.310.000 €	2.310.000 €	9.240.000€ (42 %)
verbleiben Netto	./.2.310.000 €	./.2.310.000 €	./.2.310.000 €	19.690.000 €	12.760.000 €
Betrieblicher Anleger					
TEV (Dividendeneinkünfte), § 42 Abs. 1 InvStG	4.180.000 €	4.180.000€	4.180.000€	4.180.000€	
GewSt, 14 %	770.000 €	770.000 €	770.000 €	770.000€	
ESt, 42 %	1.755.600 €	1.755.600€	1.755.600€	1.755.600€	
Gesamtsteuer-belastung (nach § 35 EStG)	1.755.600€	1.755.600€	1.755.600 €	1.755.600€	7.022.400€ (31,9 %)
verbleiben Netto	./.1.755.600 €	./.1.755.600 €	./.1.755.600 €	20.244.400 €	14.977.600 €
Körperschaft					
KSt, 15 %	825.000 €	825.000 €	825.000€	825.000€	
GewSt, 14 %	770.000 €	770.000 €	770.000 €	770.000€	
Gesamtsteuerbelastung	1.595.000€	1.595.000€	1.595.000€	1.595.000€	6.380.000€ (29 %)
Verbleiben netto	./.1.595.000 €	./.1.595.000 €	./.1.595.000 €	20.405.000 €	15.620.000 €

Quelle: Eigene Darstellung.

Anhang H – Fall 4 und 5 Berechnungen

Tabelle 70: Steuerbelastung auf Anlegerebene (Kapitel-3-Investmentfonds, Fall 4 und 5).

Fall 4/5	00	01	02	03	Summe
Spezial-Investment-erträge § 34 InvStG i.V.m. § 20 Abs. 1 Nr. 3a EStG	100.000€	100.000€	100.000€	64.000€	
Privatanleger					
Keine beschränkte Steuerpflicht, da die Spezial-Investmenterträge keine inländischen Einkünfte nach § 49 EStG darstellen.					
Betrieblicher Anleger					
Keine beschränkte Steuerpflicht, da die Spezial-Investmenterträge keine inländischen Einkünfte nach § 49 EStG darstellen					
Körperschaft					
Keine beschränkte Steuerpflicht, da die Spezial-Investmenterträge keine inländischen Einkünfte nach § 49 EStG darstellen					

Quelle: Eigene Darstellung.

C. Haberkorn, *International-steuerliche Strukturen der reformierten Investmentbesteuerung*, Hallesche Schriften zur Betriebswirtschaft 38,
https://doi.org/10.1007/978-3-658-49895-5

Tabelle 71: Steuerbelastungen auf Anlegerebene (Kapitel-3-Fonds mit Transparenzoption, Fall 4 und 5).

	00	01	02	03	Summe
Privatanleger					
Spezial-Investment-erträge § 34 InvStG i.V.m. § 20 Abs. 1 Nr. 3a EStG	40.000 €	40.000 €	40.000 €	40.000 €	
ESt	Keine beschränkte Steuerpflicht, da Spezial-Investmenterträge keine inländischen Einkünfte nach § 49 EStG				
Zurechnungsbeträge, § 20 Abs. 1 Nr. 1 EStG	60.000 €	60.000 €	60.000 €	60.000 €	
ESt, 25 %	15.000 €	15.000 €	15.000 €	15.000 €	
Gesamtsteuerbelastung (Steuersatz)	15.000 €	15.000 €	15.000 €	15.000 €	60.000 € (15 %)
verbleiben Netto	./.15.000€	./.15.000€	./.15.000€	385.000€	340.000 €
Betrieblicher Anleger					
Spezial-Investment-erträge § 34 InvStG i.V.m. § 20 Abs. 1 Nr. 3a EStG	40.000 €	40.000 €	40.000 €	40.000 €	
Zurechnungsbeträge, § 20 Abs. 1 Nr. 1 EStG	60.000 €	60.000 €	60.000 €	60.000 €	
GewSt, 14 %	0 €	0 €	0 €	0 €	
ESt, 25 % KapESt	15.000 €	15.000 €	15.000 €	15.000 €	
Gesamtsteuerbelastung	15.000 €	15.000 €	15.000 €	15.000 €	60.000 € (15 %)
verbleiben Netto	./.15.000€	./.15.000€	./.15.000€	385.000€	340.000 €
Körperschaft					
Spezial-Investment-erträge § 34 InvStG i.V.m. § 20 Abs. 1 Nr. 3a EStG	40.000 €	40.000 €	40.000	40.000 €	
KSt	Keine beschränkte Steuerpflicht, da Spezial-Investmenterträge keine inländischen Einkünfte nach § 49 EStG				
Zurechnungsbeträge	60.000 €	60.000 €	60.000 €	60.000 €	
GewSt, 14 %	0 €	0 €	0 €	0 €	
KSt, 15 %	9.000 €	9.000 €	9.000 €	9.000 €	
Gesamtsteuerbelastung	9.000 €	9 000 €	9.000 €	9.000 €	36.000 € (9 %)
Verbleiben netto	./.9.000 €	./.9.000 €	./.9.000 €	391.000€	364.000 €

Quelle: Eigene Darstellung.

Literaturverzeichnis

Selbstständige Werke

Anemüller, Christian/*Zöller*, Stefan/*Bieling*, Björn/*Krüger*, Elmar, Handbuch privater Kapitaleinkünfte, 2. Auflage, Herne 2018.

Angsten, Stefan, Die Besteuerung von Erträgen aus ausländischen Investmentfonds unter besonderer Berücksichtigung der Doppelbesteuerungsabkommen, Frankfurt am Main 2005, Dissertation.

Baehring, Bernd, Investment in Deutschland, Frankfurt am Main 1980.

Birk, Dieter/*Desens*, Marc/*Tappe*, Henning, Steuerrecht, 27. Auflage, Heidelberg 2024.

Brähler, Gernot, Internationales Steuerrecht, 8. Auflage, Wiesbaden 2014.

Bundestag – Wissenschaftliche Dienste, Titel: Arten und Besteuerung von Investmentfonds in Luxemburg, Frankreich und Irland, Berlin 2022, WD 4 - 3000 - 058/22.

Dorn, Katrin, Investmentsteuerrecht – Einführung, 4. Auflage, Wiesbaden 2021.

Euler, Bastian, Die Besteuerung von ausländischen Investmentvermögen im Spannungsfeld zwischen InvStG und Hinzurechnungsbesteuerung, Aachen 2012, Dissertation.

Frotscher, Gerrit, Internationales Steuerrecht, 5. Auflage, München 2020.

Geurts, Matthias/*Schubert*, Leif, KAGB kompakt, Köln 2014.

Haase, Florian, Internationales und Europäisches Steuerrecht, 7. Auflage, Heidelberg 2023.

– Überlegungen zur Reform der Hinzurechnungsbesteuerung, ifst-Schrift 521, Berlin 2017.

–/*Dorn* Katrin, Investmentsteuerrecht – Einführung, 2. Auflage, Wiesbaden 2015.

Hahne, Klaus/*Völker*, Christian, Investmentsteuerrecht visuell, Stuttgart 2020.

Hakenberg, Waltraud, Europarecht, 9. Auflage, München 2021.

C. Haberkorn, *International-steuerliche Strukturen der reformierten Investmentbesteuerung*, Hallesche Schriften zur Betriebswirtschaft 38,
https://doi.org/10.1007/978-3-658-49895-5

Häuselmann, Holger, Investmentanteile, München 2019.

Hoch, Veronica R. S., Die Besteuerungssystematik von Kapitalanlagen, Tübingen 2019, Dissertation.

Höring, Johannes, Die Pauschalbesteuerung im Investmentsteuerrecht – EuGH-Rechtsprechung in der Praxis, Wiesbaden 2016.

Illgen, Matti, Die Investmentfondsbesteuerung im Systemwandel, Baden-Baden 2023, Dissertation.

Kloster, Florian, Neukonzeption der Investmentbesteuerung – im Kontext einer defizitären Kapitaleinkommensbesteuerung, Berlin 2018, Dissertation.

Kohl, Benedikt, Das Investmentsteuerreformgesetz (InvStRefG) – Eine steuerliche Wirkungsanalyse zum Systemwechsel im Investmentsteuerrecht am Beispiele privater Kapitalanleger, Düren 2019, Dissertation.

Köhler, Birgit/*Schober,* Franz, Praxisleitfaden Investmentsteuerrecht, 2. Auflage, Stuttgart 2022.

Kokott, Juliane, Das Steuerrecht der Europäischen Union, München 2018.

Kühn, Markus, Die Investmentsteuerreform 2018: Steuerliche Wirkungsanalyse und Möglichkeit zur Optimierung der Portfoliostruktur, Wiesbaden 2019, Dissertation.

Micker, Lars/*Pohl,* Carsten/*Oppel*, Florian, Kompendium Internationales Steuerrecht, Herne 2022.

Perridon, Louis/*Steiner,* Manfred/*Rathgeber,* Andreas, Finanzwirtschaft der Unternehmung, 18. Auflage, München 2022.

Raab, Wolfgang, Grundlagen des Investmentfondsgeschäftes, 7. Auflage, Wiesbaden 2019.

Rhodius, Oliver/*Lofing*, Johannes, Kapitalertragsteuer und Abgeltungsteuer verstehen Besteuerung von Kapitalerträgen im Privatvermögen, 4. Auflage, Wiesbaden 2018.

Rupp, Thomas/*Knies*, Jörg-Thomas/*Faust*, Tanja/*Hüll*, Manuel, Internationales Steuerrecht, 5. Auflage, Stuttgart 2022.

Sanning, Dajo, Systemgerechtigkeit im Spannungsfeld von Investmentbesteuerung und Hinzurechnungsbesteuerung, Berlin 2020, Dissertation.

Schwarz, Daniel, Investmentbesteuerung im Anwendungsbereich des InvStG, Wiesbaden 2023, Dissertation.

Streinz, Rudolf, Europarecht, 12. Auflage, Heidelberg 2023.

Teichert, Sascha, Die Besteuerung in- und ausländischer Investmentfonds nach dem Investmentsteuergesetz, Frankfurt am Main 2008, Dissertation.

Zetzsche, Dirk A., Prinzipien der kollektiven Vermögensanlage, Tübingen 2015, Habilitation.

Kommentarliteratur

Assmann/Wallach/Zetzsche (Hrsg.), Kapitalanlagegesetzbuch Kommentar, 2. Auflage, Köln 2023.

Baur/Tappen/Merkhah/Behme (Hrsg.), Investmentgesetze Großkommentar, 4. Auflage, Berlin 2018.

Brandis/Heuermann (Hrsg.), Einkommensteuergesetz, Körperschaftsteuergesetz, Gewerbesteuergesetz Kommentar, 172. Ergänzungslieferung, München 2024 (Stand: Juli 2024).

Bödecker/Ernst/Hartmann (Hrsg.), Beck Online-Kommentar InvStG 2018, 22. Auflage, München 2024 (Stand: 01.10.2024).

Bödecker/Ernst/Hartmann (Hrsg.), Beck Online-Kommentar InvStG 2004, 21. Auflage, München 2023 (Stand: 01.12.2023).

Bordewin/Brandt (Hrsg.), Einkommensteuergesetz Kommentar, 464. Ergänzungslieferung, Heidelberg 2024 (Stand: Oktober 2024).

Calliess/Ruffert (Hrsg.), EUV/AEUV Kommentar, 6. Auflage, München 2022.

Dötsch/Pung/Möhlenbrock (Hrsg.), Die Körperschaftsteuer – Kommentar zum KStG und UmwStG, Loseblatt, 115. Ergänzungslieferung, Stuttgart 2024 (Stand: September 2024).

Fuhrmann/Kraeusel/Schiffers (Hrsg.), 360° EStG eKommentar, Bonn 2024.

Emde/Dornseifer/Dreibus (Hrsg.), KAGB Kommentar, 2. Auflage, München 2019.

Emde/Dornseifer/Dreibus/Hölscher (Hrsg.), InvG Kommentar, 2. Auflage, München 2013.

Flick/Wassermeyer/Baumhoff/Schönfeld (Hrsg.), Außensteuerrecht Kommentar, Loseblatt, 107. Aktualisierung, Köln 2023 (Stand: Dezember 2023) (abgekürzt mit F/W/B/S).

Fuhrmann/Geurts/Nientimp/Wilmans (Hrsg.), Außensteuergesetz Kommentar, 4. Auflage, Herne 2023.

Fuhrmann (Hrsg.), Außensteuergesetz Kommentar, 3. Auflage, Herne 2016.

Grabitz/Hilf/Nettesheim (Hrsg.), Das Recht der Europäischen Union – Kommentar, 82. Ergänzungslieferung, München 2024 (Stand: Mai 2024)

Gosch/Kroppen/Grotherr/Kraft (Hrsg.), DBA-Kommentar, 56. Aktualisierung, Herne 2024 (Stand: 01.04.2024).

Gosch (Hrsg.), Abgabenordnung Finanzgerichtsordnung Kommentar, 185. Ergänzungslieferung, Bonn 2024 (Stand: August 2024).

Haase (Hrsg.), Außensteuergesetz Doppelbesteuerungsabkommen Kommentar, 4. Auflage, Heidelberg 2024.

Haase (Hrsg.), Außensteuergesetz Doppelbesteuerungsabkommen Kommentar, 3. Auflage, Heidelberg 2016.

– InvStG-Kommentar, 2. Auflage, Stuttgart 2015.

Hagemann/Kahlenberg (Hrsg.), Anti Tax Avoidance Directive (ATAD) Kommentar, Herne 2019.

Haun/Kahle/Goebel/Reiser (Hrsg.), Außensteuergesetz Kommentar, 55. Ergänzungslieferung, Stuttgart 2024 (Stand: August 2024).

Herrmann/Heuer/Raupach (Hrsg.), EStG, KStG Kommentar, Loseblatt, 305. Ergänzungslieferung, Köln 2024 (Stand: August 2024) (abgekürzt mit H/H/R).

Jacobsen (Hrsg.), 360° AStG eKommentar, Bonn 2022.

Kanzler/Kraft/Bäuml/Marx/Hechtner (Hrsg.), Einkommensteuergesetz Kommentar, 7. Auflage, Herne 2022 (abgekürzt mit K/K/B).

Kirchhof/Seer, EStG-Kommentar, 23. Auflage, Köln 2024.

Korn (Hrsg.), Einkommensteuergesetz Kommentar, 154. Ergänzungslieferung, Bonn 2024 (Stand: Juli 2024).

Kraft (Hrsg.), AStG Kommentar, 2. Auflage, München 2019.

Kretzschmann/Schwenke/Behrens/Hensel/Klein (Hrsg.), InvStG-Kommentar, Köln 2023 (abgekürzt mit K/S/B/H/K).

Lademann (Hrsg.), Kommentar zum Einkommenssteuergesetz, Loseblatt, 281. Ergänzungslieferung, Stuttgart, München 2024.

Mann/Staats (Hrsg.), Beck Online-Kommentar AStG, 9. Auflage, München 2024 (Stand: 01.09.2024).

Moritz/Jesch/Mann (Hrsg.), Frankfurter Kommentar zum Kapitalanlagerecht: Band 2: InvStG (Investmentsteuergesetz), 2. Auflage, Frankfurt am Main 2020.

Musil/Weber-Grellet (Hrsg.), Europäisches Steuerrecht-Kommentar, 2. Auflage, München 2022.

Patzner/Döser/Kempf (Hrsg.), Investmentrecht – Handkommentar, 3. Auflage, Baden-Baden 2017.

Rotter/Welz/Lammers (Hrsg.), Kommentar zur Verhandlungsgrundlage für Doppelbesteuerungsabkommen, Herne 2014.

Schönfeld/Ditz (Hrsg.), DBA-Kommentar, 2. Auflage, Stuttgart 2019.

Streinz (Hrsg.), EUV/AEUV – Kommentar, 3. Auflage, München 2018.

Strunk/Kaminski/Köhler (Hrsg.), Außensteuergesetz – Doppelbesteuerungsabkommen Kommentar, Loseblatt, 68. Aktualisierung, Bonn 2024 (Stand: Mai 2024).

Vogel/Lehner (Hrsg.), Doppelbesteuerungsabkommen der Bundesrepublik Deutschland auf dem Gebiet der Steuern vom Einkommen und Vermögen – Kommentar, 7. Auflage, München 2021.

Wassermeyer/Kaeser/Schwenke/Drüen (Hrsg.), Doppelbesteuerung – Kommentar zu allen deutschen Doppelbesteuerungsabkommen, Kommentar, Loseblatt, 166. Ergänzungslieferung, München 2024 (Stand: Juli 2024).

Weitnauer/Boxberger/Anders (Hrsg.), Kapitalanlagegesetzbuch: KAGB, 3. Auflage, München, 2021 (abgekürzt mit W/B/A).

Beiträge in Sammelwerken

Amonn, Kurt, General Report, in: IFA (Hrsg.), Cahiers de droit fiscal International – The fiscal treatment of international investment trusts and mutual funds, having regard to the major regulatory and foreign exchange features in the various countries, Volume 56A, Washington 1971, I/1-I/27.

Anzinger, Heribert M., Transparent, Semi-transparent, Opaque: Recent Developments in Fund Taxation in Germany, in: Haslehner, Werner (Hrsg.), Investment Fund Taxation, Alphen aan den Rijn 2017, 83-109.

Auditorium, Diskussion zu Palm/Meinert, in: Desens, Marc/DStJG e.V. (Hrsg.), 46. Jahrestagung: Transparente Besteuerung und Steuersubjektivität, Köln 2024, 84-94.

Bartnik, Marcel/*Aldinger*, Adrian, Luxemburg, in: Jesch, Thomas A./Klebeck, Ulf/Dobrauz-Saldapenna, Günther (Hrsg.), Investmentrecht – Handbuch zum Investmentrecht in Deutschland, Österreich, Schweiz, Luxemburg und Liechtenstein, München 2014, 489-692.

Brinkmann, Thomas, Kapitel II.3.: Reform der Hinzurechnungsbesteuerung, in: Schnitger, Arne/Rasch, Stephan/Holle, Florian (Hrsg.), Nationales und Internationales Unternehmenssteuerrecht im Fokus, Herne 2022, 245-268.

Charles-Péronne, Delphine, France Branch Report, in: IFA (Hrsg.), Cahiers de droit fiscal International – Investment Funds, Volume 104B, London 2019, 347-372.

Coudron, Christophe, Belgium Branch Report, in: IFA (Hrsg.), Cahiers de droit fiscal International – Investment Funds, Volume 104B, London 2019, 143-166.

Ed, Lynne J./*Bongarts,* Paul J. M., General Report, in: IFA (Hrsg.), Cahiers de droit fiscal International – The taxation of investment funds, Volume 82B, New Dehli 1997, 21-59.

Englisch, Joachim/*Reimer,* Ekkehardt, Diskriminierungs- und Beschränkungsverbote im direkten Steuerrecht, in: Schaumburg, Harald/Englisch, Joachim, Europäisches Steuerrecht, 2. Auflage, Köln 2020, 134-268.

Falk, Ria, Denmark Branch Report, in: IFA (Hrsg.), Cahiers de droit fiscal International – Investment Funds, Volume 104B, London 2019, 297-324.

Figueiredo, Jorge, Portugal Branch Report, in: IFA (Hrsg.), Cahiers de droit fiscal International – Investment Funds, Volume 104B, London 2019, 771-779.

Geibel, Stefan J., § 58 Investmentgeschäft, in: Derleder, Peter/Knops, Kai-Oliver/Bamberger, Heinz Georg (Hrsg.), Deutsches und europäisches Bank- und Kapitalmarktrecht, 3. Auflage, Berlin Heidelberg 2017, 649-782.

Grashoff, Dietrich/*Mach*, Holger, Internationales Steuerrecht, in: Grashoff, Dietrich/Mach, Holger (Hrsg.), Grundzüge des Steuerrechts, 16. Auflage, München 2023 Kapitel 3, 197-226.

Groh, Gunnar, Stichwort: Unternehmensbeteiligungsgesellschaft, in: Weber, Klaus (Hrsg.), Rechtswörterbuch, 33. Auflage, München 2024.

Hagen, Alexander/*Lang,* Friedbert, Die neue Investmentfondsbesteuerung für (Publikums-)Investmentfonds ab dem 1. Januar 2018 und die Übergangsregelungen, in: Rödder, Thomas/Hüttemann, Rainer (Hrsg.), Steuerberater-Jahrbuch 2016/2017, Köln 2017, 571-617.

Henze, Thomas, Die „objektive Vergleichbarkeit der Situationen“ als Element der Prüfung steuerrechtlicher Normen am Maßstab der Grundfreiheiten, in: Lüdicke, Jürgen/Mellinghoff, Rudolf/Rödder, Thomas (Hrsg.), Nationale und internationale

Unternehmensbesteuerung in der Rechtsordnung (Festschrift Gosch), München 2016, 137-150.

Hwang, Sung H./*Weidmann*, Oktavia M, General Report, in: IFA (Hrsg.), Cahiers de droit fiscal International – Investment Funds, Volume 104B, London 2019, 9-61.

Järvinen, Tarja, Finland Branch Report, in: IFA (Hrsg.), Cahiers de droit fiscal International – Investment Funds, Volume 104B, London 2019, 325-345.

Jesch, Thomas A./*Klebeck*, Ulf/*Bragrock*, Christopher, Deutschland, in: Jesch, Thomas A./Klebeck, Ulf/Dobrauz-Saldapenna, Günther (Hrsg.), Investmentrecht – Handbuch zum Investmentrecht in Deutschland, Österreich, Schweiz, Luxemburg und Liechtenstein, München 2014, 1-302.

Kaminski, Bert, Anrechnung ausländischer Steuern in: Lüdicke, Jürgen (Hrsg.), Aktuelle Problemfelder im Internationalen Steuerrecht, Köln 2016, 169-198.

Kirchmayr, Sabine, Besteuerung von kollektiven Vermögensanlagen, in: Schön, Wolfgang/DStJG e.V. (Hrsg.), 30. Jahrestagung: Einkommen aus Kapital, Köln 2007, 235-256.

Köndgen, Johannes/*Schmies,* Christian, § 93 Investmentgeschäft, in: Ellenberger, Jürgen/Bunte, Hermann-Josef (Hrsg.), Bankrechts-Handbuch, München 2022, 1507-1589.

Krüger, Sebastian/*Gebhardt*, Ronald, Kapitel II.6.: § 13 AStG, in: Schnitger, Arne/Rasch, Stephan/Holle, Florian (Hrsg.), Nationales und Internationales Unternehmenssteuerrecht im Fokus, Herne 2022, 311-324.

Lampert, Steffen, Doppelbesteuerung und deren Beseitigung, in: Mössner, Jörg Manfred/Lampert, Steffen (Hrsg.), Steuerrecht international tätiger Unternehmen, 6. Auflage, Köln 2023, Kapitel 2, 113-316.

Lee, Chang Hee/*Yoon*, Ji-Hyun, General Report, in: IFA (Hrsg.), Cahiers de droit fiscal International - Withholding tax in the era of beps, civs and the digital economy, Volume 103B, Seoul 2018, 9-45.

Meinert, Carsten, Zivilrechtsformen und steuerliche Einkünftezurechnung, in: Desens, Marc/DStJG e.V. (Hrsg.), 46. Jahrestagung: Transparente Besteuerung und Steuersubjektivität, Köln 2024, 25-48.

Müller, Martin L., Why were there no investment trusts in Germany?, in: Hofmann, Carmen/Müller, Martin L. (Hrsg.), History of Financial Institutions, New York 2017, 142-160.

Oppel, Florian, Hinzurechungsbesteuerung, in: Schaumburg, Harald (Hrsg.), Internationales Steuerrecht, 5. Auflage, Köln 2023, Kapitel 13, 535-618.

Palm, Ulrich, Verfassungsrechtliche Rahmenbedingungen der Steuersubjektivität, in: Desens, Marc/DStJG e.V. (Hrsg.), 46. Jahrestagung: Transparente Besteuerung und Steuersubjektivität, Köln 2024, 49-83.

Pantazatou, Katerina, Funds and EU Tax Directives, in: Haslehner, Werner (Hrsg.), Investment Fund Taxation, Alphen aan den Rijn 2017, 157-177.

Renk, E. G., General Report, in: IFA (Hrsg.), Cahiers de droit fiscal International – Die durch die Investmenttrusts oder Anlagefonds mit internationalem Charakter aufgeworfenen Fiskalprobleme, Volume 47B, Athen 1962, IX-XLII.

Rödder, Thomas, Steuergestaltung aus der Sicht der Beratungspraxis, in: Hüttemann, Rainer/DStJG e.V. (Hrsg.), 33. Jahrestagung: Gestaltungsfreiheit und Gestaltungsmissbrauch im Steuerrecht, Köln 2010, 93-106.

Rutkowska, Aleksandra/*Kaleta,* Marcien/*Miazek,* Renata/*Lewandowski,* Piotr, Poland Branch Report, in: IFA (Hrsg.), Cahiers de droit fiscal International – Investment Funds, Volume 104B London, 2019, 745-769.

Schaumburg, Harald, Begriff des Internationalen Steuerrechts, in: Schaumburg, Harald (Hrsg.) Internationales Steuerrecht, 5. Auflage, Köln 2023, Kapitel 1, 1-4.

Schmidt, Andrea, Stichwort: Gegenseitiger Vertrag, in: Weber, Klaus (Hrsg.), Rechtswörterbuch, 33. Auflage, München 2024.

Schneider, Norbert/*Hruschka,* Franz, Hinzurechnungsbesteuerung nach dem ATAD-UmsG, in: Rödder, Thomas/Krumm, Marcel (Hrsg.), Steuerberater-Jahrbuch 2020/2021, Köln 2021, 243-291.

Seiler, Oliver/*Geier,* Bernd, § 83 Grundlagen des Kapitalmarktrechts, in: Ellenberger, Jürgen/Bunte, Hermann-Josef (Hrsg.), Bankrechts-Handbuch, München 2022, 997-1020.

Spengel, Christoph, Neutralitätskonzepte und Anreizwirkungen im Internationalen Steuerrecht in: DStJG e.V./Achatz, Markus (Hrsg.), 36. Jahrestagung: Internationales Steuerrecht, Köln 2013, 39-70.

Stadler, Rainer, Reform des Investmentsteuerrechts, in: Oestreicher, Andreas (Hrsg.), BEPS konkret und weitere Entwicklungen im deutschen Steuerrecht, Herne 2018, 131-147.

Stadler, Rainer/*Bindl*, Elmar, Die grenzüberschreitende Fondsverwaltung nach der Investmentsteuerreform 2018, in: Fischer, Michael/Geck, Reinhard/Haarmann, Wilhelm (Hrsg.), Zivilrechtliches Ordnungsgefüge und Steuerrecht, Köln 2018, 763-778.

Streinz, Rudolf, Grundrechte in der Europäischen Union, in: Merten, Detlef/Papier, Hans-Jürgen (Hrsg.), Handbuch der Grundrechte (Band IV/1), Heidelberg 2010, 663-686.

Valta, Matthias, Internationaler Steuerwettbewerb, in: Schaumburg, Harald (Hrsg.) Internationales Steuerrecht, 5. Auflage, Köln 2023, Kapitel 5, 118-154.

Van Os, Pieter/*de Graaf*, Arnaud, Netherlands Branch Report, in: IFA (Hrsg.), Cahiers de droit fiscal International – Investment Funds, Volume 104B, London 2019, 629-652.

von Freeden, Arne, Internationales Investmentsteuerrecht, in: Schaumburg, Harald (Hrsg.), Internationales Steuerrecht, 5. Auflage, Köln 2023, Kapitel 12, 517-534.

– Internationales Investmentsteuerrecht, in: Schaumburg, Harald (Hrsg.), Internationales Steuerrecht, 4. Auflage, Köln 2017, Kapitel 12, 483-509.

Zetzsche, Dirk A., Non-collective Investment Funds under BEPS Action 6 Versus European Investment Fund Law, in: Haslehner, Werner (Hrsg.), Investment Fund Taxation, Alphen aan den Rijn 2017, 181-196.

Zeitschriftenartikel

Adema, R.P.C., A Commentary on the ECJ's Decision in the Dutch Köln-Aktienfonds Deka Case and What Goes Beyond, FCM 2020, Volume 3, 1-12.

– The Fidelity Funds Case: A Commentary on the ECJ's Decision and Its Potential Impact on the Köln-Aktienfonds Deka Case, DFI 2019, Vol. 5, 1-9.

Ambagtsheer-Pakarinen, Laura, New Precarious Government Publishes Its Tax Plans, ET 2023, 401-405.

Angsten, Stefan, Praxisfälle des Investmentsteuerrechts und der Hinzurechnungsbesteuerung, IWB 2015, 199-206.

Anzinger, Heribert, Wesen, Reformbedürfnis und Reformoptionen des Investmentsteuerrechts, FR 2016, 101-111.

Arnold, Brian J., Tax Treaty News, BIT 2009, 134-136.

Bannes, Maximilian/*Holle*, Florian, Kapitalertragsteuererstattung ausländischer Investmentfonds? – Eine Frage der steuerlichen Kohärenz, FR 2016, 661-667.

Bärenz, Uwe, Was bringt das Private Equity Gesetz?, BB 2007, Nr. 13, Die erste Seite.

Barret, Edward, Aspects of the 2010 Update Other than Those Relating to Article 7 of the OECD Model Tax Convention, BIT 2011, 13-19.

Baumgartner, Raphael, Mögliche Änderungen der Hinzurechnungsbesteuerung durch den zweiten Referentenentwurf eines ATADUmsG, IStR 2020, 524-529.

– /*Lührs,* Jannis, Entwurf eines BMF-Schreibens zu den Grundsätzen zur Anwendung des Außensteuergesetzes in der Form des ATADUmsG – Aussagen zur Hinzurechnungsbesteuerung, IStR 2024, 1-10.

– /*Stehr*, Carolin, Die „neue" Hinzurechnungsbesteuerung im Kontext typischer Fondsstrukturen (Teil 2), PE-Magazin 2024, erhältlich im Internet: https://www.pe-magazin.de/die-neue-hinzurechnungsbesteuerung-im-kontext-typischerfondsstrukturen-teil-ii/ (besucht am 29.08.2024).

Bäuml, Swen O., Das neue Investmentsteuerrecht nach dem AIFM-Steueranpassungsgesetz: Was lange währt, wird (zumindest bis auf Weiteres) gut!, BB 2014, 1.

– AIFM-Steueranpassungsgesetz: Die geplante Besteuerung von Investmentvermögen (Teil II), FR 2013, 746-753.

Becker, Jan Dierk/*van der Ham*, Susann, Paradigmenwechsel in der internationalen Unternehmensbesteuerung?, DB 2019, 502-509.

Behrens, Stefan, Transparenz- und Immobilien-Transparenzoption nach dem InvStG, RdF 2017, 297-304.

–/*Bielinis*, Andrius, Cum/cum-Geschäfte und Spezial-Investmentfonds, RdF 2020, 105-112.

Beinert, Stefanie, Zur Auslegung des § 6 AStG, ISR 2024, 357-366.

Benz, Sebastian/*Böhmer*, Julian, Die Änderungen der deutschen DBA durch das Multilaterale Übereinkommen, DB 2017, 2308-2312.

Berens, Bela, Auftakt zur Umsetzung des Multilateralen Instruments in Deutschland durch das MLI-Umsetzungsgesetz vom 22.11.2020, Ubg 2021, 1-8.

Berg, Joshua Niclas, Die Sperrwirkung des InvStG gegenüber dem AStG unter Berücksichtigung aktueller Gesetzesentwürfe, DB 2023, 1952-1953.

Bindl, Elmar/*Leidel,* Sebastian/*Bücheler,* Thomas, Hinzurechnungsbesteuerung bei Investmentstrukturen – Ausgewählte Zweifelsfragen zum neuen Beherrschungsbegriff, IStR 2022, 790-800.

– /*Leidel,* Sebastian, Die Steuerbefreiung nach § 42 Abs. 4 und 5 InvStG 2018 bei mehrstufigen Fondstrukturen, BB 2018, 151–157.

– /*Mager*, Martin, Ausgewählte Zweifelsfragen und Lösungsvorschläge zum InvStG n. F., BB 2016, 2711-2722.

– /*Stadler,* Rainer, Die Immobilientransparenz gem. § 33 Abs. 2 InvStG 2018 bei Dach- und Masterfonds-Strukturen, BB 2017, 1943-1947.

Birker, Christian, Auswirkungen der Reform der Investmentbesteuerung auf spezielle Abkommensregelungen für Investmentvermögen, RdF 2015, 221-228.

Böcker, Thomas, Die neue Fondsbesteuerung im Zuge der Investmentsteuerreform, NWB 2016, 2789-2798.

– Der Referentenentwurf zur Investmentsteuerreform, NWB 2016, 496-505.

Bödecker, Carsten, Anwendungsschreiben zum Investmentsteuergesetz, Ubg 2019, 545-555.

Böhmer, Julian/*Gebhardt,* Ronald/*Krüger,* Sebastian, Der neue Anwendungserlass zum Außensteuergesetz, IWB 2024, 53-73.

– /*Gebhardt,* Ronald/*Krüger,* Sebastian, Die Änderungen der Hinzurechnungsbesteuerung durch das ATAD-Umsetzungsgesetz: Tatsächlich eine 1:1 Umsetzung der ATAD?, IWB 2021, 479-496.

– /*Oppel,* Florian, Die neue Hinzurechnungsbesteuerung für Beteiligungen an ausländischen Zwischengesellschaften: Eine erste Analyse des BMF-Entwurfs v. 10.12.2019, IWB 2020, 5-20.

– /*Schewe,* Benedikt/*Schlücke,* Katharina, Der Referentenentwurf des ATAD-Umsetzungsgesetzes - Gewinnausschüttungen, Veräußerungen und Umwandlungen, FR 2020, 164-171.

Böing, Christian/*Prang*, Ingo, Das neue DBA-Niederlande 2012, BB 2012, 2211-2220.

Buge, Ronald/*Bujotzek*, Peter/*Steinmüller*, Jens, Die InvSt-Reform ist verabschiedet, DB 2016, 1594-1600.

Carlé, Thomas, Änderungen im Bereich des Investmentrechts durch das AIFM-StAnpG, ErbStB 2014, 80-84.

Cortez, Benjamin/*Lang,* Andreas, Die Wegzugsbesteuerung (§ 6 AStG), IWB 2024, 796-797.

*da Silv*a, Bruno, Granting Tax Treaty Benefits to Collective Investment Vehicles: A Review of the OECD Report and the 2010 Amendments to the Model Tax Convention, Intertax 2011, 195-206.

Delp, Udo, Investmentsteuerreform aus privater Anlegersicht, DB 2017, 447-457.

Ditz, Xaver/*Bärsch,* Sven-Eric/*Engelen,* Christian/*Quilitzsch,* Carsten, Unternehmensteuerrechtliche Änderungen im AStG – Ein erster Überblick über den Referentenentwurf des ATAD-Umsetzungsgesetzes v. 10.12.2019 DStR 2020, 73-81.

– /*Pinkernell,* Raimar, Die neue „Weltsteuerordnung" rückt näher: OECD veröffentlicht Blueprints zu den Säulen 1 und 2, ISR 2020, 417-429.

– /*Quilitzsch,* Carsten, Die Neuregelung der Hinzurechnungsbesteuerung durch das ATAD-Umsetzungsgesetz, Ubg 2021, 485-496.

– /*Quilitzsch,* Carsten/*Spychalski,* Alexander/*Rötting,* Stefanie, Die Hinzurechnungsbesteuerung (§§ 7 ff. AStG) im Entwurf des AStG-Anwendungserlasses, ISR 2023, 287-297.

Dürrschmidt, Daniel, Abkommensrechtliche Ansässigkeit von steuerbefreiten Investmentfonds und anderen steuerbefreiten Rechtsträgern, IWB 2012, 818-824.

Dyckmans, Jan A., Grundlegende Neukonzeption der Investmentbesteuerung - Überblick über die wesentlichen Änderungen durch den Referentenentwurf zum Investmentsteuerreformgesetz, Ubg 2016, 62-71.

– Der Diskussionsentwurf des BMF zum Investmentsteuerreformgesetz: Ende der eingeschränkten Transparenz?, Ubg 2015, 531-542.

– Die Novellierung des Investmentsteuergesetzes durch das AIFM-Steuer-Anpassungsgesetz, Ubg 2014, 217-230.

Eberhardt, David, Abkommensrechtliche Missbrauchsvermeidung bei Investmentvermögen, IStR 2013, 377-386.

Ebner, Christian, Unionsrechtswidrigkeit des Kapitalertragsteuereinbehalts bei Auslandsfonds bis 2017, IWB 2024, 824-832.

– Änderungen des Investmentsteuergesetzes durch das sog. JStG 2019, NWB 2020, 619-627.

– Geschlossene Investmentfonds unter dem „neuen" InvStG – BMF-Schreiben v. 21.5.2019 lässt einige Anwendungsfragen offen, NWB 2019, 3218-3226.

– Investmentsteuererlass vom 21.5.2019 und JStG 2019 unter besonderer Berücksichtigung von Spezial-Investmentfonds, RdF 2019, 314-320.

– Belastungsvergleiche bei (Spezial-) Investmentfonds, RdF 2018, 132-140.

– Teilfreistellung bei Investmentfonds in der Praxis, RdF 2017, 305-312.

– /*Meinert,* Matthias, Unionsrechtswidrigkeit der Pauschalbesteuerung von Investmentfondserträgen, NWB 2015, 416-426.

Eckl, Petra, The Proposed Draft of the Investment Tax Reform Act, ET 2016, 298-305.

Eisendle, David/*Henze*, Thomas, Aktuelle Entwicklungen der EuGH-Rechtsprechung zu den direkten Steuern im Jahr 2020, ISR 2021, 63-74.

Elser, Thomas, Corporate Asset Management nach Reform der Investmentbesteuerung, Corporate Finance 2016, 141-145.

– /*Stiegler*, Tobias, Inbound-Investments in deutsche Vermögensgegenstände nach dem Investmentsteuerreformgesetz, IStR 2017, 567-572.

– /*Thiede,* Frank, Der Referentenentwurf zur Reform der Investmentbesteuerung (InvStRefG), NWB-EV 2016, 51-57.

Engel, Benjamin/*Hilbert,* Lukas, Hinzurechnungsbesteuerung, IWB 2016, 317-321.

Englisch, Joachim, Nordea Bank – ein weiterer Meilenstein der EuGH-Judikatur, IStR 2014, 561-563.

Erdem, Elias, Unionsrechtskonformität der niederländischen Regelungen zur Erstattung der auf Dividenden einbehaltenen Steuer, die an Organismen für gemeinsame Anlagen in Wertpapieren (OGAW) ausgeschüttet werden, ISR 2020, 203-205.

Faller, Patrick/*Wolf*, Frederik, BMF veröffentlicht Diskussionsentwurf zur „Großen InvSt-Reform“, DB 2015, 1865-1867.

Fiand, Andreas, Die Steigerung von Cum/Ex: Cum/Cum? Dividendenarbitragegeschäfte vor dem Hintergrund des BFH-Urteils vom 16. 4. 2014 - I R 2/12, NWB 2016, 344-351.

Fischer, Carsten/ *Friedrich*, Till, Investmentaktiengesellschaft und Investmentkommanditgesellschaft unter dem Kapitalanlagegesetzbuch, ZBB 2013, 153-163.

Fischer, Daniel Kai, Investmentsteuerrecht – Teilfreistellungen auf Anlegerebene, NWB-EV 2018, 163-167.

Fock, Till, Investmentsteuerrecht und Außensteuergesetz, IStR 2006, 734-739.

Frank-Fahle, Constantin/*Löbker,* Ralf, Hinzurechnungsbesteuerung und Economic Substance Regulations - Zwei Seiten einer Medaille?, IStR 2021, 44-46.

Frey, Michael/*Schober*, Franz, JStG 2024 – Ausgewählte Fragen der Besteuerung von Kapitalanlagen, DStR 2024, 2732-2740.

Frey, Michael/*Jung*, Maike, Bewegung bei der automatischen Abwicklung von Quellensteuererstattungen durch TRACE, IStR 2019, 924-929.

Gaoua, Noah, Recent Tax Changes, ET 2012, 556-559.

Gebhardt, Ronald/*Krüger*, Sebastian, Hinzurechnungsbesteuerung adé?, IWB 2021, 77-88.

Geils, Malte, Die Vermeidung der Doppelbesteuerung im Rahmen der Hinzurechnungsbesteuerung, IWB 2023, 351-360.

Genta, Giampaolo, Dividends Received by Investment Funds: An EU Law Perspective – Part 1, ET 2013, 80-93.

Geurts, Matthias, Das DBA-Irland aus investmentsteuerlicher Sicht, IStR 2011, 573-576.

– /*Jacob*, Friedhelm, Französische SICAV: Ansässigkeit nur bei Steuerpflicht – und was ist mit dem deutschen REIT?, IStR 2007, 737-740.

Gouthière, Bruno, Santander (Joined Cases C-338/11 to C-347/11): No Withholding Tax on Dividends Paid to Most Foreign UCITS, ET 2012, 560-562.

Grabbe, Jan, Schnittstelle von Hinzurechnungs- und Investmentbesteuerung: Einfacher als gedacht!, DB 2022, 223-225.

Gradl, Christoph/*Kiesewetter*, Michael, Das Mehrseitige Übereinkommen (Multilateral Instrument) zur Umsetzung abkommensbezogener Maßnahmen aus dem OECD/G20-BEPS-Projekt und dessen voraussichtliche Auswirkungen auf die deutschen Doppelbesteuerungsabkommen, IStR 2018, 1-11.

Grotherr, Siegfried, Das neue Anwendungsschreiben zum Außensteuergesetz-Teil 1: Besteuerung nach Wohnsitzwechsel und Vermögenszuwachsbesteuerung, NWB 2024, 174-189.

Guarino, Stefano/*Giglio*, Antonio, Italian Budget Law for 2021, UCITS and Refund Requests: Is There a Light at the End of the Tunnel?, ET 2021, 319-322.

Gütle, Jasmin/*Sotta,* Christian, Reform der Hinzurechnungsbesteuerung – Auswirkungen des § 7 Abs. 4 S. 2 AStG-E bei Fondsinvestments, BB 2021, 224-229.

Haarmann, Wilhelm, Die Missbrauchsverwirrung, IStR 2018, 561-574.

Haase, Florian, Generalthema II: Investmentfonds, IStR 2019, 616-628.

– Eine Einführung in das Investmentsteuergesetz 2018, IWB 2018, 573-575.

– /*Blank*, Alexander, § 50d Abs. 3 EStG-E: Was lange währt, wird unionsrechtlich endlich gut?, Ubg 2021, 78-83.

– /*Nürnberg,* Philip, Der 3. Anlauf des Entwurfs eines Gesetzes zur Umsetzung der Anti-Steuervermeidungsrichtlinie, Ubg 2020, 1-5.

Haberkorn, Christin/*Kraft,* Gerhard, Konsequenzen der L Fund-Entscheidung des EuGH, EWS 2023, 193-200.

Hagemann, Tobias/*Kopec*, Agnieszka, Erstattung von Quellensteuer auf Kapitalerträge gegenüber einem Drittstaatenfonds, StuB 2014, 651-654.

Hagen, Alexander/*Schober*, Franz, DBA-rechtliche Behandlung von echten Wertpapierpensionsgeschäften bei ausländischen Investmentfonds, RdF 2020, 276-283.

–/*Schober*, Franz, Referentenentwurf eines Gesetzes zur weiteren Förderung der Elektromobilität – Auswirkungen auf die Besteuerung von Kapitalanlagen und (Spezial-)Investmentfonds – Teil II, BB 2019, 1693-1698.

Hahne, Klaus, Die Transparenzoption nach § 30 InvStG bei Spezial-Investmentfonds: Ausübung, Abwicklung und Anwendungsfragen nach dem finalen BMF-Anwendungsschreiben, FR 2021, 415-424.

– Zur Besteuerung inländischer Beteiligungseinnahmen von Investmentfonds nach der Investmentsteuerreform 2018, DStR 2017, 2310-2317.

– FG Münster zur Besteuerung ausländischer Sondervermögen: Eine erste Analyse, BB 2017, 2010-2015.

–/*Michaelis*, Tobias, Entwurf eines "JStG 2019": Vorgeschlagene Änderungen bei der Abgeltungsteuer und der Investmentbesteuerung, RdF 2019, 196-203.

–/*Neumann*, Steffen, Entwurf eines JStG 2020: Vorgeschlagene Änderungen bei der Abgeltungssteuer und der Investmentbesteuerung, RdF 2020, 284-288.

–/*Völker,* Christian, Anwendungsfragen des § 36a EStG bei Investmentfonds nach geltendem und künftigem Recht (§ 36a EStG), BB 2017, 858-866.

Haisch, Martin, Investmentsteuerreform - Wird jetzt alles gut?, RdF 2015, 294-302.

–/*Helios*, Marcus, Steuerliche Produktregulierung durch das AIFM-StAnpG – Antworten auf Zweifelsfragen, FR 2014, 313-325.

–/*Helios*, Marcus, Investmentsteuerrechtsreform aufgrund AIFMD und KAGB, BB 2013, 23-33.

Harenberg, Friedrich, Entwurf eines Investmentsteuergesetzes Grundlagen und Synopse von altem und neuem Recht, EStB 2003, 338-339.

–/*Intemann*, Jens, Zweifels- und Auslegungsfragen zur Besteuerung von Investmenterträgen, NWB 2005, 2357-2372.

Haug, Felix, Entwurf eines Anwendungserlasses zum AStG - Abgrenzung AStG und InvStG, DStZ 2023, 22-32.

– Abgrenzung zwischen Außen- und Investmentsteuerrecht nach dem ATADUmsG, DStZ 2021, 612-623.

– Konsequenzen für die Investmentbesteuerung aufgrund "ATAD-UmsG" und "JStG 2019", Ubg 2020, 84-95.

– Entwurf eines Gesetz zur Modernisierung des Körperschaftsteuerrechts (KöMoG) – Folgen aus dem Optionsmodell für die Investmentbesteuerung, FR 2021, 410-414.

– Abkommensberechtigung und Quellensteuerentlastung bei Outbound-Investments inländischer (Spezial-)Investmentfonds: Zugleich Besprechung BFH v. 23.10.2019 – I R 51/16, IStR 2020, 866-874.

– Investmentfonds und Außensteuerrecht: Abgrenzungsfragen nach dem InvStRefG, IStR 2016, 597-608.

Haun, Jürgen/*Schneider,* Tobias, Erklärungs- und Anzeigepflichten nach § 18 Abs. 3 AStG – Anlass, Verpflichtete und Fristen, IStR 2022, 116-123.

Heinsen, Oliver/*Gsödl,* Markus/*Dietrich,* Marco, Reform der Hinzurechnungsbesteuerung – Zum geänderten Motivtest (§ 8 Abs. 2-4 AStG-RefE), IStR 2020, 729-735.

Helios, Marcus/*Mann*, Alexander, Das Gesetz zur Reform der Investmentbesteuerung – Darstellung, Meinung und Handlungsempfehlungen, DB Sonderausgabe 01/2016, 1-31.

Herr, Stefan/*Link,* Mathias, Verhältnis zwischen InvStG und AStG: doch kein Ende der Sperrwirkung aufgrund der AStG-Reform? – Update zu RdF 2020 S. 20 ff., RdF 2021, 268-275.

–/*Link,* Mathias, Verhältnis zwischen InvStG und AStG – Ende der Sperrwirkung aufgrund der ATAD I-Richtlinie?, RdF 2020, 20-26.

–/*Stiefel*, Dirk, Vorabpauschale und Teilfreistellung – Praktische Anwendungsfragen bei der Besteuerung von Investmentfonds nach dem JStG 2018, DStR 2019, 908-913.

Hierstetter, Felix, Pillar Two Blueprint – Eine erste Bewertung der GloBE-Vorschläge zu einer globalen Mindestbesteuerung, IStR 2020, 874-880.

Hillebrand, Timo/*Mattheis*, Milla, Grundlegende Reform der Investmentbesteuerung, StuB 2016, 895-902.

Hintzen, Christoph, Die deutsche Hinzurechnungsbesteuerung im Überblick – Darstellung de lege lata und Ausblick de lege ferenda, StB 2019, 178-184.

Hoch, Veronica R. S./*Preller*, Florian, Die zivilrechtsdogmatischen Beziehungen innerhalb des Investmentvielecks, BKR 2019, 22-29.

Höring, Johannes, Das Investmentsteuergesetz 2018 im Licht des ATAD-Umsetzungsgesetzes, IWB 2021, 546-552.

– Die Vorabpauschale nach dem Investmentsteuergesetz 2018, StBp 2019, 236-243.

– Der Diskussionsentwurf zum Investmentsteuerreformgesetz („InvStRefG"), DStZ 2015, 835-848.

– Die Neukonzeption der Investmentbesteuerung, DStZ 2012, 367-375.

Hörster, Ralf, Entwurf eines Jahressteuergesetzes 2020: Teil 1: Änderungen des EStG und KStG, NWB 2020, 2730-2745.

Jacob, Friedhelm, Das revidierte DBA-USA - Eckpfeiler – Fortentwicklungen – Neuland, IStR 2011, 45-57.

–/Link, Mathias, Zur Abkommensberechtigung einer französischen SICAV Zugleich Anmerkung zum Urteil des BFH vom 6. 6. 2012, I R 52/11, IStR 2012, 949-953.

Jansen, Bela/*Greger*, Veronika, InvStG 2018 - im Fokus: Personengesellschaften als Anleger, DStR 2018, 282-287.

Jensch, Philipp/*Rüdiger*, Christian G. F., Steuerabzug auf Kapitalerträge gem. § 36a EStG bei Investmentfonds – Umsetzungsprobleme und Anlegergleichbehandlung, RdF 2016, 319-328.

Jesch, Thomas/*Haug*, Felix, Das Ende der Pauschalbesteuerung im Investmentsteuerrecht?: Anmerkung zum EuGH-Urteil C-326/12 vom 09.10.2014, DStZ 2015, 130-136.

–/Haug, Felix, Das neue Investmentsteuerrecht, DStZ, 2013, 771-781.

Jetter, Jan/*Mager*, Martin, Der Referentenentwurf eines Gesetzes zur Reform der Investmentbesteuerung, SteuK 2016, 23-30.

JH, Portugiesische Dividendenbesteuerung gebietsfremder Anlageinstrumente unionsrechtswidrig, DStZ 2022, 299-301.

Jochum, Heike, Verlustverrechnung bei Direktinvestitionen und bei mittelbaren Aktieninvestments, DStZ 2022, 590-595.

Kahlenberg, Christian, Aktuelle Entwicklungen im Bereich der Wegzugsbesteuerung (§ 6 AStG), IStR 2020, 378- 388.

–/Quilitzsch, Carsten, Das Ende der Hinzurechnungsbesteuerung in Drittstaatenfällen?, IStR 2023, 135-140.

Kalies, Kristin/*Müller*, Heiko/*Taqi*, Syeda Fariha, Ertragsteuerlicher Vorteilhaftigkeitsvergleich zwischen Aktienfonds- und Aktiendirektanlage im Privatvermögen nach dem Investmentsteuerreformgesetz, ZBB 2018, 67-80.

Kammeter, Roland, Neukonzeption der Investmentbesteuerung, NWB 2012, 1970-1977.

Kammeter, Susann, Änderungen durch die geplante Reform der Investmentbesteuerung – vom Referentenentwurf (18.12.2015) bis zum Regierungsentwurf (24.02.2016) des InvStRefG, ISR 2016, 99-106.

Käshammer, Daniel/*Kestler*, Achim, Das neue DBA-Luxemburg: Bestandsaufnahme und erste Folgerungen für die Beratungspraxis, IStR 2012, 477-483.

–/*Pavlenko*, Denis/*Vöstel*, Lucas, Beherrschung ohne (sicheren) Einfluss? Eine Bestandsaufnahme der Europarechtskonformität der §§ 7-13 AStG, ISR 2024, 46-53.

Kayser, Joachim/*Steinmüller*, Jens, Die Besteuerung von Investmentfonds ab 2004, FR 2004, 137-146.

Kempf, Tillman/*Hirtz*, Julius, Schwerpunkte des Referentenentwurfs eines Gesetzes zur Reform der Investmentbesteuerung, DStR 2016, 1-8.

–/*Müller*, Sebastian, Überblick über das neue Investmentsteuergesetz, SteuK 2016, 517-521.

Keusen, Miriam, Luxemburg: Quellensteuer auf Dividenden und Zinsen von einer luxemburgischen Gesellschaft an ein deutsches Sondervermögen gemäß DBA-Luxemburg, IStR-LB 2015, 18-20.

Kilinscoy, Ege-Aksel, Hinzurechnungsbesteuerung: Der unbestimmte Zweck der Hinzurechnungsbesteuerung, ISR 2021, 421-427.

Kim, Jun Suk/*Park*, Jong-Su/*Park*, Sung Jae, Withholding Taxes on Collective Investment Vehicles: Luxembourg SICAV/F Funds Case, ABl. 2013, 61-105.

Klein, Martin/*Hörner*, Steffen/*Adam*, Sebastian, Ausgewählte internationale Aspekte des InvStG 2018, ISR 2018, 216-224.

Kleinert, Jens, Wie offenkundige Europarechtswidrigkeit, Untätigkeit des Gesetzgebers und überlanger Zinslauf erneut den Bundesrechnungshof sowie uns alle zum Weinen bringen, FR 2024, 951-953.

Kleutgens, Ingo/*Geißler*, Cornelia, Internationale Aspekte des Investmentsteuergesetzes auf der Grundlage des AIFM-Steueranpassungsgesetzes, IStR 2014, 280-286.

Kobus, Markus, Abkommensrechtliche Lösung von Zurechnungskonflikten nach Art. 1 Abs. 2 OECD-MA 2017 - Die sog. Transparent Entity Clause, IWB 2020, 422-430.

Kohl, Michael, Besteuerung von Dividendenausschüttungen an gebietsfremde Fonds: EuGH, Urteil v. 21.6.2018 - Rs. C-480/16 „Fidelity Funds", IWB 2018, 707-712.

– Die Fondsbesteuerung in Deutschland – Entwicklungslinien vom KAGG 1957 bis zum InvStRefG 2018, Ubg 2017, 643-652.

Köhler, Stefan/*Staats,* Wendelin, Wichtige Änderungen der Hinzurechnungsbesteuerung durch das ATAD-Umsetzungsgesetz, ISR 2021, 295-305.

Korff, Matthias, Gewerbesteuer bei Beteiligungserträgen über Spezial-Investmentfonds nach dem InvStG 2018, DStR 2018, 943-949.

Kortendick, Andreas/*Ekinci*, Orkun, Hinzurechnungsbesteuerung bei Beteiligung an Kapitalanlagegesellschaften – Unangemessen und nicht nachvollziehbar, DStR 2022, 2526-2532.

Kostowska, Magdalena/*Gnutzmann,* Steffen, Collective Investment Schemes Claiming a Withholding Tax Refund in the European Union (in Particular, Poland), ET 2019, 552-555.

Kraft, Gerhard, Sicherheitsleistung im Kontext der Wegzugsbesteuerung, DStR 2023, 1690-1695.

– Der spezielle Substanztest bei Einkünften mit Kapitalanlagecharakter, IStR 2022, 526-534.

– Die reformierte Wegzugsbesteuerung-Fallstudien zu Zeitraumproblemen, IWB 2022, 553-563.

– Konzeptionelle und strukturelle Defizite der Hinzurechnungsbesteuerung – Reformbedarf und Reformnotwendigkeit, IStR 2010, 377-383.

– /*Haberkorn,* Christin, Investmentfondsanlage vs. Direktanlage im Privatvermögen, SteuerStud 2021, 668-677.

Kral, André/*Watzlaw,* Die Vorabpauschale nach Einführung der Investmentsteuerreform, BB 2018, 2717-2722.

–/*Watzlaw,* Anne-Kathrin, Die geplante Reform der Investmentbesteuerung - Praxishinweise und Handlungsbedarf aus Sicht einer depotführenden Stelle, BB 2015, 2198-2204.

Kretzschmann, Jens/*Schwarz*, Sebastian, Einlagenrückgewähr von Drittstaatengesellschaften - Steuerliche Folgen und Handlungsbedarf bei Investitionen in Fonds, RdF 2024, 292-299.

Kußmaul, Heinz/*Kloster*, Florian, Konzeptionelle Zukunft ausschüttungsgleicher Erträge sowie der Pauschalbesteuerung bei Publikums-Investmentfonds nach dem 31.12.2017, Ubg 2016, 672-678.

–/*Patzner*, Andreas/*Kloster*, Florian/*Bui*, Tu Minh, Investmentbesteuerung vor der Zeitenwende – Grundlegende Systemänderungen in der konzeptionellen Besteuerung von Publikums-Investmentfonds, Ubg 2016, 596-602.

Lauermann, Hans-Ulrich/*Birker*, Christian, Investmentfonds im neuen DBA-Luxemburg - ein Überblick, RdF 2013, 51-59.

Lawson, Keith/*Sunderland*, Katie, Ensuring Appropriate Treaty Relief for Collective Investment Vehicles, BIT 2019, 371-378.

Lechner, Florian, Bestandsaufnahme: Fondsstrukturen und Hinzurechnungsbesteuerung, RdF 2023, 47-54.

– (Erneute) Reform der Investmentbesteuerung – ein Überblick, RdF 2016, 208-217.

–/*Spranger,* Tim, Fondsstrukturen und Hinzurechnungsbesteuerung – Update zu RdF 2023, 47 ff., RdF 2023, 281-288.

Lehner, Moris, Wettbewerb der Steuersysteme im Spiegel europäischer und US-amerikanischer Steuerpolitik, StuW 1998, 159-173.

Lentz, Karsten/*Sezer*, Mustafa, Beteiligungserträge und Hinzurechnungsbesteuerung nach ATADUmsG-E, ISR 2021, 85-96.

Letizia, Guilia, International Tax Issues in Relation to Cross-Border Investment Funds, Intertax 2015, 526-530.

Link, Mathias, AbzStEntModG-RegE zur Reform des § 50d Abs. 3 EStG - Konsequenzen für Private-Equity-Strukturen, RdF 2021, 122-129.

– /*Tschatsch,* Marcel, Steueroasenabwehrgesetz: Signifikante Auswirkungen für Emittenten und Inhaber von Finanzinstrumenten, RdF 2022, 276-283.

Linn, Alexander, Änderungen der Hinzurechnungsbesteuerung durch das ATADUmsG?, IStR 2020, 77-83.

– Quellensteuererstattungsansprüche ausländischer Investmentfonds in Deutschland: Zugleich Anmerkung zu EuGH, Urt. v. 10. 5. 2012, verb. Rs. C-338/11 bis C-347/11, FIM Santander u. a, IStR 2012, 455-459.

Loose, Thomas, Limitation-on-Benefits-Klausel des DBA USA, IWB 2015, 750-757.

Lübbehüsen Dieter/*Schmitt,* Rainer, Geplante Änderungen bei der Besteuerung der Investmentanlage nach dem Referentenentwurf zum neuen Investmentsteuergesetz, DB 2003, 1696-1701.

Lüdicke, Jürgen, Anmerkungen zur deutschen Verhandlungsgrundlage für Doppelbesteuerungsabkommen, IStR Beihefter 2013, 26-46.

Mending, Dominik/*Müller*, Benedikt-Moritz/*Scherer*, Maria, Steuerliche Qualifizierung der Ausschüttungen einer Luxemburger SICAV S.A., IStR 2022, 191-196.

Merkt, Hanno, Fallen REIT-Aktiengesellschaften unter das KAGB?, BB 2013, 1986-1996.

Merten, Martine, Taxation of Investment Funds Following the OECD Base Erosion and Profit Shifting Initiative – Part 1, BIT 2019, 76-88.

Michalowski, Klaus, Vermögensrendite nach dem Investmentsteuerreformgesetz, ErbStB 2018, 89-95.

Micker, Lars, Die Rechtsfolgen der neuen Hinzurechnungsbesteuerung, IWB 2023, 339-350.

Morawitz, Markus, Urteilsanmerkung: Ausschluss der Steuerbefreiung für luxemburgischen Spezialimmobilienfonds nach InvStG 2004 unionsrechtswidrig, IStR 2024, 185-193.

Moser, Till/*Richter,* Konrad, Zweifelsfragen im Zusammenspiel der Hinzurechnungsbesteuerung nach den §§ 7 - 14 AStG mit dem InvStG - zur Auslegung des Begriffs der "ausländischen Gesellschaft" i.S.d. § 7 Abs. 1 AStG, FR 2015, 888-891.

Mühlhausen, Moritz/*Hanke,* Sabrina, Praxisprobleme der Hinzurechnungsbesteuerung bei ausländischen Holdinggesellschaften - Teil 1, IWB 2024, 99-110.

–/Hanke, Sabrina, Praxisprobleme der Hinzurechnungsbesteuerung bei ausländischen Holdinggesellschaften - Teil 2, IWB 2024, 158-166.

Müller, Sergej/*Mack*, Florian, Quellendoppelbesteuerungen – Eine kritische Analyse von Doppelbesteuerungssituationen vor dem Hintergrund des EU-Aktionsplans, ISR 2021, 113-121.

Münch, Lukas, Ausschüttungen von Zwischengesellschaften in der Hinzurechnungsbesteuerung – Geltendes Recht und Reformdiskussion, FR 2019, 902-906.

Neumann, Steffen, Abkommensberechtigung inländischer Investmentfonds ab 2018, FR 2018, 457-461.

– Investmentsteuerreformgesetz: Ausgewählte Problemfelder, DB 2016, 1779-1783.

Niedling, Dirk/*Hempelmann,* Jan, Entwurf einer Richtlinie zur globalen Mindestbesteuerung (Pillar 2) – Auswirkungen auf Investmentvermögen und deren Anleger, RdF 2022, 108-115.

Niesten, Hannelore/*Prandecki*, Piotr, Insights into Compensation and the Effectiveness of Withholding Tax Refunds and Interest Payments: ECJ Decision in E. v. Dyrektor Izby Administracji Skarbowej we Wrocławiu (Case C-322/22), ET 2023, 442-446.

Nürnberg, Philip, Das BEPS-MLI-Anwendungsgesetz - Modifizierung der DBA durch das MLI, IWB 2024, 483-492.

– Neue Hinzurechnungsbesteuerung nach dem ATADUmsG: Grundlagen und Problemfelder in 15 prüfungs- und praxisrelevanten Fällen, SteuerStud 2021, 833-846.

– Entwurf eines ATAD-Umsetzungsgesetzes, NWB 2020, 330-339.

– Implementierung des BEPS-Aktionsplans durch das MLI in Deutschland - Motive des Gesetzgebers und erste Schritte, IWB 2020, 566-576.

O'Shea, Tom, Belgian Taxation of Foreign Investment Companies Successfully Challenged, TNI 2013, 889-893.

Oppel, Florian/*Wittling,* Leon, Die Hinzurechnungsbesteuerung i.d.F. des ATADUmsG, BB 2022, 1495-1503.

Orlandoni, Ottavia/*Moramarco*, Giuseppe, Foreign Investment Funds: Change in Tax Regime for Dividends and Capital Gains, ET 2021, 202-208.

Patzner, Andreas, Unionsrechtswidrigkeit der Besteuerung ausländischer Fonds nach dem InvStG 2004 - Verzinsung von unter Verstoß gegen Unionsrecht nicht erstatteter Kapitalertragsteuer, IStR 2024, 725-740.

– /*Nagler*, Jürgen, Besteuerung ausländischer Spezial-Immobilienfonds verstößt bis zum Jahr 2017 gegen die Kapitalverkehrsfreiheit (Art. 63 AEUV) - L Fund/Finanzamt D, IStR 2023, 355-362.

– /*Nagler*, Jürgen, FASTER-Richtlinienvorschlag der EU-Kommission zur Beschleunigung der Quellensteuererstattungsverfahren, RdF 2023, 273-280.

– /*Nagler*, Jürgen, Zum Seminar I: Kernpunkte des ab 2018 in Deutschland geltenden deutschen Investmentsteuerregimes, IStR 2016, 725-729.

– /*Nagler*, Jürgen, EuGH-Urteil vom 21.5.2015, Wagner-Raith: Neue Erkenntnisse zur Stillhalteklausel bei finanzdienstleistungskohärentem Kapitalverkehr, IStR 2015, 511-515.

– /*Nagler*, Jürgen, Die Konsequenzen des EuGH-Urteils vom 9.10.2014 in der Rs. C-326/12, Rita und Patrick van Caster sowie des anhängigen EuGH-Verfahrens in der Rs. C-560/13, Wagner-Raith für die Ertragsbesteuerung intransparenter gebietsfremder Investmentfonds, IStR 2014, 848-855.

– /*Nagler*, Jürgen, Die EuGH-Verfahren in den Rechtssachen C-338/11 bis C-347/11 FIM Santander u. a. als Wegbereiter für die Kapitalertragsteuererstattung an Investment-Fonds?, IStR 2012, 255-257.

Polatzky, Robert/*Michelberger*, Lennart, Die Umsetzung der globalen Mindestbesteuerung in Deutschland im Lichte der Hinzurechnungsbesteuerung nach dem AStG, IStR 2023, 89-92.

Princen, Savina/*Gérard*, Marcel, International Tax Consolidation in the European Union: Evidence of Heterogeneity, ET 2008, 174-185.

Quilitzsch, Carsten/*Engelen*, Christian, Reformbedarf und Reformüberlegungen zur Hinzurechnungsbesteuerung, FR 2018, 293-299.

Rättig, Horst/*Protzen*, Peer Daniel, Die „neue Hinzurechnungsbesteuerung" der §§ 7-14 AStG in der Fassung des UnStFG – Problembereiche und Gestaltungshinweise, IStR 2002, 123-128.

Rautenstrauch, Gabriele, Referentenentwurf eines ATAD-Umsetzungsgesetzes – (k)eine Reform der Hinzurechnungsbesteuerung?, GmbHR 2020, R36-R38.

Rechid, Salar/*Schäfer*, Peter, ATAD-Umsetzungsgesetz: Reform der Hinzurechnungsbesteuerung – Mögliche Konsequenzen in der Praxis von deutschen Kreditinstituten – Teil II, BB 2020, 2199-2207.

Rehm, Helmut/*Nagler*, Jürgen, Der jüngste Diskussionsentwurf eines Investmentsteuerreformgesetzes im Fokus des Unionsrechts, BB 2015, 2006-2009.

– /*Nagler*, Jürgen, Fallstricke bei der geplanten Reform der Investment-Besteuerung, BB 2015, 1248-1252.

Richter, Konrad, Die Auswirkungen der geplanten Reform der Investmentbesteuerung auf das Verhältnis dieser zur Hinzurechnungsbesteuerung nach den §§ 7-14 AStG, Ubg 2016, 9-14.

– /*Moser*, Till/*Bachmann*, Carmen/*Kraft*, Gerhard, Das Verhältnis des novellierten Investmentsteuerrechts zu den Vorschriften der §§ 7 - 14 AStG - eine Orientierungshilfe, Ubg 2014, 694-700.

Richter, Lutz/*Lentes*, Philipp, Wozu bedarf es noch der Hinzurechnungsbesteuerung?, IStR 2024, 117-123.

Ronig, Roland/ *Geiermann*, Holm, Steuerliche Neuregelungen durch das AIFM-Steuer-Anpassungsgesetz, StBW 2014, 264-270.

Roth, Hans-Peter, Gesetz zur Reform der Investmentbesteuerung, GWR 2016, 457-463.

Rüsch, Gary, Die Subject-to-Tax-Klausel des § 16 Abs. 4 InvStG für Ausschüttungen ausländischer Investmentfonds, ISR 2020, 140-144.

Rzepa, Tomasz/*Wyganowski*, Maciej, Taxation of Foreign Investment Funds and European Non-Discrimination Rules, DFI 2012, 176-180.

Saiac, Julien/*Rozant*, Clement, Withholding Tax on Dividends Paid to Non-EU Investment Funds: Some Interesting Details, ET 2014, 468-469.

Schäfer, Peter, Überführung von Investmentfonds mit gemischter Anlegerstruktur in steuerprivilegierte Investmentfonds i. S. d. § 10 InvStG, BB 2020, 23-29.

–/*Rechid,* Salar, Drittregelungen im AStG nach dem ATAD-UmsG (§ 7 Abs. 5 S. 2 AStG und § 8 Abs. 1 Nr. 3 S. 1 AStG) – Klarstellung durch den neuen Anwendungserlass, RdF 2023, 289-296.

Schaumburg, Harald, Quellensteuern zwischen Verfassungsrecht und Unionsrecht, ISR 2021, 135-145.

Scheifele, Matthias/*Adam,* Sebastian, Fondsbesteuerung im grenzüberschreitenden Kontext: Ertragsbesteuerung deutscher Anleger in ausländischen Investmentfonds, IWB 2023, 391-398.

Scherleitner, Moritz, The ECJ's Decision in A SCPI (C-342/20) – A Missing Piece of One Puzzle and a New Piece of Another?, ET 2022, 443-450.

– The Fundamental Freedoms and the Taxation of Dividends Received by Non-resident Investment-Funds: Some thoughts on Non-discrimination With a Special Focus on Recent ECJ Case Law, Intertax 2022, 484-498.

Schlücke, Katharina, Organismen für gemeinsame Anlagen in Wertpapieren - Befreiung der von einem solchen Organismus erzielten Einkünfte von der Körperschaftsteuer - Externe Verwaltung dieses Organismus, ISR 2025, 228-231.

Schmitt, Bernd/*Hagen,* Alexander, Steuerliche Aspekte von Hedgefonds, DStR 2004, 837-841.

Schnitger, Arne/*Nitzschke*, Dirk/*Gebhardt*, Ronald, Anmerkungen zu den Vorgaben für die Hinzurechnungsbesteuerung nach der sog. „Anti-BEPS-Richtlinie", IStR 2016, 960-975.

– /*Schachinger,* Oliver, Das Transparenzprinzip im Investmentsteuergesetz und seine Bedeutung für das Zusammenwirken mit den Vorschriften über die Hinzurechnungsbesteuerung nach den §§ 7 ff. AStG, BB 2007, 801-810.

Schönfeld, Jens/*Korff*, Matthias, Gewerbesteuer bei gewerblich geprägten Personengesellschaften im abkommensrechtlichen Kontext, IStR 2018, 705-711.

Schraufl, Martin, Limitation-on-benefits-Regelungen im Hinblick auf deutsches Investmentvermögen, PIStB 2011, 335-338.

Schultes-Schnitzlein, Stefan/*Piontek*, Markus, Die Abkommensberechtigung nach dem DBA USA, IWB 2017, 400-409.

Schwarz, Daniel/*Kohl*, Benedikt, Qualifikation investmentsteuerlicher Fondstypen nach dem InvStG 2018, DB 2018, 1947-1951.

Schweinitz, Oliver von/*Thiems*, Stefan, Die Umsetzungspflichten für Depotbanken bei Publikumsfonds nach dem Regierungsentwurf des Gesetzes zur Reform der Investmentbesteuerung, DStR 2016, 1198-1203.

Schwenk, Charlotte/*Faber*, Stephan, Auf inländische OGAW beschränkte Quellensteuerbefreiung auch bei sichergestellter Besteuerung auf Anlegerebene unionsrechtwidrig, ISR 2018, 319-321.

Sheppard, Lee A., Pillar 2 and Private Investmentfunds, TNI 2022, 861-867.

Sorgenfrei, Ulrich, Steuerlicher Transparenzgrundsatz und DBA-Berechtigung deutscher offener Investmentfonds, IStR 1994, 465-473.

Stadler, Rainer/*Jetter*, Jan, Der Diskussionsentwurf zum Investmentsteuerreformgesetz, DStR 2015, 1833-1844.

–/*Bindl*, Elmar, Das neue InvStG – Überblick und Korrekturbedarf, DStR 2016, 1953-1966.

–/*Mager*, Martin, Der Regierungsentwurf des Gesetzes zur Reform der Investmentbesteuerung, DStR 2016, 697-704.

–/*Mager*, Martin, Der neue Investmentsteuererlass zu Anwendungsfragen zum Investmentsteuergesetz vom 21.5.2019 – Vergleich zum Entwurf vom 15.6.2018, BB 2019, 1760-1766.

–/*Sotta,* Christian, Investmentfonds und Hinzurechnungsbesteuerung nach dem ATAD-UmsG – eine kritische Analyse des Referentenentwurfs vom 24.03.2020, BB 2020, 1943-1952.

–/*Mayer*, Andreas/*Ludwig*, Marius, Das BMF-Schreiben zu Spezial-Investmentfonds vom 20.1.2021 – eine kritische Analyse, BB 2021, 1559-1566.

–/*Ludwig*, Marius/*Peters,* Christoph, Steuerliche Auswirkungen des Entwurfs des AStG-Erlasses auf Fondsstrukturen, BB 2023, 2071-2081.

–/*Ludwig*, Marius, Anwendung des MindStG auf Fonds und deren Anleger, DB 2024, 749-764.

Staiger, Jürgen/*Köth,* Vanessa, Abkommensberechtigung einer französischen SICAV sowie des deutschen REIT - zugleich Anmerkungen zum BFH-Urteil vom 6.6.2012, BB 2012, 2915-2920.

Steinmüller, Jens/*Blischke*, André, Fondsbesteuerung im KöMoG - Praxisüberlegungen zum neuen check-the-box-Verfahren für Personengesellschaften, RdF 2021, 276-283.

Stöber, Michael, Fondsbesteuerung und Kapitalverkehrsfreiheit, DB 2021, 2383-2389.

– Taxation of Investment Vehicles and the Free Movement of Capital, ET 2022, 3-11.

Storg, Alexander, Die Besteuerung von Investmentvermögen, NWB 2004, 2787-2797.

Süßmann, Britta, BFH: Unionsrechtmäßigkeit der Fondsbesteuerung nach dem InvStG 2004, RdF 2021, 75-76.

Tallgren, Anna/*Juusela*, Janne, Taxation of Corporate-Based Investment Funds in Finland – A SCPI (Case C-342/20) as an Example of Discriminatory Treatment Based on Legal Form, FCM 2022, Vol. 2, 1-10.

Terhürne, Markus/*Otto,* Frank, Reformansätze zur Weiterentwicklung des InvStG im Rahmen der privaten Kapitalanlage, DStR 2013, 2037-2041.

Thiede, Frank, Einsatz von Spezial-Investmentfonds als Anlage- und Bündelungsvehikel für Family Offices, NWB-EV 2020, 233-237.

Thömmes, Otmar, Quellensteuer bei Ausschüttungen an ausländische Investmentgesellschaften: EuGH, Urteil v. 18.6.2009 - Rs. C-303/07, Aberdeen Property Fininvest Alpha Oy, IWB 2009, 711-716.

Vermeulen, Hein, Suggested Treaty Benefits Approaches for Collective Investment Vehicles (CIVs) and Its Investors under the OECD MTC 2010 update, Intertax 2011, 248-256.

von Brocke, Klaus, Das Ende für „Denkavit-Focus Banken"? - EuGH, Schlussanträge in der Rs. C-190/12, Emerging Markets, IWB 2014, 146-153.

–/Auer, Jakob, Auswirkungen des EuGH-Urteils in der Rs. Santander (C-338/11 bis C-347/11), IWB 2012, 457-464.

–/Wohlhöfler, Andreas, Quellenbesteuerung vis-a-vis Portfolio-Kapitalanleger und Investmentfonds mit Sitz in Drittstaaten, IWB 2014, 468-472.

von Streit, Georg/*Streit*, Thomas, Unionsrechtliche Erstattungsansprüche und ihre Verzinsung, DB 2023, 2400-2406.

Waris, Attiya/ *Atim*, Joan Apuun, Defining Collective Investment Vehicles for Tax Purposes in Developing Countries: Focus on Kenya, Mauritius, Morocco and South Africa, BIT 2021, 115-123.

Warnke, Karsten, Gesetz zur Reform der Investmentbesteuerung beschlossen – Die Investmentsteuerreform und ihre wesentlichen Änderungen, EStB 2016, 305-310.

Wassermeyer, Franz, Die Niedrigbesteuerung i.S. des § 8 Abs. 3 AStG vor dem Hintergrund eines inländischen KSt-Satzes von 15 %, IStR 2008, 496-499.

Wollenhaupt, Markus/*Beck*, Rocco, Das neue Kapitalanlagegesetzbuch (KAGB), DB 2013, 1950-1959.

Wünsche, Sybille/*Brielmaier*, Bernhard, Erhebung von Quellensteuern auf Dividenden bei Investmentfonds - insbesondere Analyse des EuGH-Urteils vom 10.5.2012 in den verbundenen Rs. FIM Santander u. a., BB 2012, 2467-2473.

Zimmermann, Noah, Erhebung von Quellensteuer nur auf Dividenden an ausländische Fonds ist auch dann eine Verletzung von Art. 63 AEUV, wenn inländische Fonds anstelle dessen echter Substanzsteuer unterliegen, ISR 2022, 197-199.

Zinkeisen, Klaus/*Walter*, Andreas, Seminar F: Abkommensberechtigung von Investmentfonds, IStR 2007, 583-587.

Beiträge aus dem Internet

Alakare, Mikko/*Manu*, Lotta (Mondaq), Finland: New Finnish Case Law Considering The Tax Exemption Of Foreign Investment Funds, erhältlich im Internet: https://www.mondaq.com/tax-authorities/1268784/new-finnish-case-law-considering-the-tax-exemption-of-foreign-investment-funds (besucht am 14.03.2023).

Belleghem, Maya/*Hermand*, Olivier (PWC), Belgium fine-tunes the tax framework for ELTIFs, erhältlich im Internet: https://news.pwc.be/belgium-fine-tunes-the-tax-framework-for-eltifs/ (besucht am 17.03.2023).

Bundesanstalt für Finanzdienstleistungsaufsicht (BaFin), Rundschreiben 11/2017 vom 12.12.2017, erhältlich im Internet: https://www.bafin.de/SharedDocs/Veroeffentlichungen/DE/Rundschreiben/2017/rs_1711_hinweise_anlage_sicherungsvermoegen_va.html (besucht am 05.01.2020).

Bundesverband Investment (BVI), BVI-Jahrbuch 2024, erhältlich im Internet: https://www.bvi.de/uploads/tx_bvibcenter/2024_06_21_BVI-Jahrbuch_2024.pdf (besucht am 10.10.2024).

Bundesverband Investment (BVI), Die Fondsanlage – eine bewährte Idee, erhältlich im Internet: https://www.bvi.de/fondswissen/basiswissen-zu-fonds/die-fondsanlage-eine-bewaehrte-idee/ (besucht am 22.02.2023).

Bundesverband Investment (BVI), Fakten zu Fonds, erhältlich im Internet: https://www.bvi.de/uploads/tx_bvibcenter/BVI_Fakten_zu_Fonds_2023_web_01.pdf (besucht 09.10.2024).

Coudron, Christophe (WTS), Belgium: WHT Reclaim, erhältlich im Internet: https://wts.com/global/publishing-article/20220412-belgium-fs-nl~publishing-article?language=de (besucht am 17.03.2023).

Deloitte, Supreme Court releases decisions on nonresident funds' entitlement to WHT relief, erhältlich im Internet: https://www.taxathand.com/article/17502/Netherlands/2021/Supreme-Court-releases-decisions-on-nonresident-funds-entitlement-to-WHT-relief (besucht am 17.04.2023).

Duden, Begriff: Organismus, erhältlich im Internet: https://www.duden.de/rechtschreibung/Organismus (besucht am 16.06.2023).

e-fundresearch.com AG, Weltfondstag: Warum ausgerechnet am 19. April?, erhältlich im Internet: https://e-fundresearch.com/markets/artikel/24878-weltfondstag-warum-ausgerechnet-am-19-april (besucht am 22.02.2023).

Esquerrà, Marina/*Berndt*, Fredrik/*Vekeman*, Mathias/Mitterlehner, Matthias/Rolle, Giovanni (WTS), Withholding tax on dividends – current status in some Member States, erhältlich im Internet: https://wts.com/global/publishing-article/20220627-withholding-tax-on-dividends-status-member-states~publishing-article?language=de (besucht am 20.03.2023).

European Fund and Asset Management Association (EFAMA), Fact Book 2024, 22. Auflage, erhältlich im Internet: https://flipbook.vcpgraphics.online/EFAMA/Factbook/2024/Factbook2024.html (besucht am 27.08.2024).

EY, Luxemburg und Deutschland verständigen sich auf Änderungsprotokoll zum DBA, erhältlich im Internet: https://www.ey.com/de_de/steuernachrichten/luxemburg-und-deutschland-verstaendigen-sich-auf-aenderungsprotokoll-zum-dba (besucht am 07.07.2024).

FS Newsflash, Danish Supreme Court rejects Fidelity Funds' withholding tax reclaim on Danish sourced dividends (Fokus Bank Claim), erhältlich im Internet: https://www.pwc.dk/da/nyt/2021/fs-newsflash-supreme-court-judgement-in-fidelity-funds-case.pdf (besucht am 24.03.2023).

Gesamtverband der Deutschen Versicherungswirtschaft (GDV), Stellungnahme zum Referentenentwurf eines ATAD-UmsG vom 13.12.2019, erhältlich im Internet: https://www.gdv.de/resource/blob/54850/4bc38fbeaa19e287c4d205801eea814a/atad--enttaeuschende-vorschlaege-zum-aussensteuerrecht---download-data.pdf (besucht am 02.04.2020).

Gindl, Nina/*Wehinger-Malang*, Claudia, EuGH Entscheidung zu Verweigerung der KESt-Erstattung an ausländische Corporate Funds, erhältlich im Internet: https://www.deloitte.com/at/de/services/tax/perspectives/fsi-kest-erstattung-auslaendische-corporate-funds.html (besucht am 19.08.2025).

IFA (International Fiscal Association), Homepage, https://www ifa.nl/about-ifa (besucht am 13. Juni 2024).

Investment Company Insitute (ICI), Investment Company Fact Book 2024, erhältlich im Internet: https://www.icifactbook.org/pdf/2024-factbook.pdf (besucht am 27.08.2024).

KPMG Tax Alert, CJEU judgment (C-322/22) clears the way for interest recovery on unduly withheld taxes in Poland, erhältlich im Internet: https://kpmg.com/pl/en/home/insights/2023/06/tax-alert-cjeu-judgmen-c-322-22-clears-the-way-for-interest-recovery-on-unduly-withheld-taxes-in-poland.html (besucht am 26.02.2024).

Kühn, Michal Fabian/*Lindermann*, Florian, FGS-Blog - Ausdehnung der Wegzugsbesteuerung auf Investmentanteile, erhältlich im Internet: https://www.fgs.de/news-and-insights/blog/detail/ausdehnung-der-wegzugsbesteuerung-auf-investmentanteile (besucht am 28.10.2024).

Mensing, Ingrid, Foreign investment funds may be eligible for Dutch dividend withholding tax refunds, erhältlich im Internet: https://www.europeantax.blog/post/102gkjr/foreign-investment-funds-may-be-eligible-for-dutch-dividend-withholding-tax-refun (besucht am 14.04.2023).

MFS, Over 90 and still active, erhältlich im Internet: https://www.mfs.com/en-us/individual-investor/about-mfs/our-history.html (besucht am 22.02.2023).

OECD, BEPS MLI Position Germany, erhältlich im Internet: https://www.oecd.org/tax/treaties/beps-mli-position-germany.pdf (besucht am 09.07.2024).

OECD, Treaty Relief and Compliance Enhancement (TRACE)- Implementation Package approved by CFA, erhältlich im Internet: https://www.oecd.org/ctp/exchange-of-tax-information/treatyreliefandcomplianceenhancementtrace.htm (besucht am 29.06.2023)

PWC, The Supreme Administrative Court clarifies the scope of foreign investment fund tax exemption, erhältlich im Internet: https://uutishuone.pwc.fi/the-supreme-administrative-court-clarifies-the-scope-of-foreign-investment-fund-tax-exemption (besucht am 14.03.2023).

Salomone, Mark/*Belugin*, Aleksandre, End to the Franklin withholding tax saga in Austria, erhältlich im Internet: https://whpartners.eu/news/c-602-23-end-to-the-franklin-withholding-tax-saga-in-austria-the-cjeu-has-confirmed-that-austria-is-permitted-to-withhold-tax-refunds-from-foreign-investment-funds-provided-that-there-is-no-discri/#:~:text=The%20CJEU%20has%20confirmed%20that,domestic%20funds%20are%20treated%20equally (besucht am 19.08.2025).

Schneider, Fund Taxation Alert 2024-02, erhältlich im Internet: https://kpmg.com/lu/en/home/insights/2024/03/portugal-supreme-administrative-court_decision-discrimination-withholding-tax.html (besucht am 19.07.2024).

Schneider, Olivier/*Stoltz*, Frank, Fund Taxation Alert 2021-06, erhältlich im Internet: https://kpmg.com/lu/en/home/insights/2021/08/Fund %20Taxation %20Alert %202021-06.html (besucht am 24.03.2023).

van der Jagt, Robert, Dutch Supreme Court decision on Dutch withholding tax on dividends paid to foreign investment funds (Köln Aktienfonds Deka), erhältlich im Internet: https://assets.kpmg.com/content/dam/kpmg/xx/pdf/2020/10/etf-436-dutch-supreme-court-decision-on-dutch-withholding-tax-on-dividends-paid-to-foreign-investment-funds.pdf (besucht am 02.08.2024).

Verband der Auslandsbanken in Deutschland e. V., Stellungnahme zu dem Entwurf eines BMF-Schreibens zu den Grundsätzen zur Anwendung des Außensteuergesetzes vom 01.09.2023, erhältlich im Internet: https://www.vab.de/wp-content/uploads/2023/09/stell_BMF_010923.pdf (besucht am 20.01.2024)

WTS, Dutch Supreme Court of 9 April 2021 regarding Dutch dividend WHT refund claims, erhältlich im Internet: https://wts.com/global/publishing-article/20210705-netherlands-fsnl~publishing-article?language=de (besucht am 14.04.2023).

Rechtsprechungsverzeichnis

Entscheidungen des Europäischen Gerichtshofs

EuGH vom 06.10.1982, Rs. C-283/81 *Cilfit*, ECLI:EU:C:1982:335.

EuGH vom 12.12.2006, Rs. 446/04 *Test Claiments*, ECLI:EU:C:2006:774.

EuGH vom 14.12.2006, Rs. 170/05 *Denkavit*, ECLI:EU:C:2006:783.

EuGH vom 08.11.2007, Rs. 379/05 *Amurta*, ECLI:EU:C:2007:655.

EuGH vom 18.06.2009, Rs. C-303/07 *Aberdeen*, ECLI:EU:C:2009:377.

EuGH vom 15.10.2011, Klageeinreichung Rs. C-387/11 *Kommission/Belgien*, ABl. EU C-305/4, erhältlich im Internet: https://eur-lex.europa.eu/legal-content/de/TXT/PDF/?uri=uriserv %3AOJ.C_.2011.305.01.0004.01.DEU (besucht am 14.06.2023).

EuGH vom 20.10.2011, Rs. C-284/09 *Kommission/Deutschland*, ECLI:EU:C:2011:670.

EuGH vom 10.05.2012, Rs. C-338/11-C-347/11 *Santander*, ECLI:EU:C:2012:286.

EuGH vom 25.10.2012, Rs. C-387/11 *Kommission/Belgien*, ECLI:EU:C:2012:670.

EuGH vom 10.04.2014, Rs. C-190/12 *Emerging Markets*, ECLI:EU:C:2014:249.

EuGH vom 09.10.2014, Rs. C-326/12 *van Caster*, ECLI:EU:C:2014:2269.

EuGH vom 21.05.2015, Rs. C-560/13 *Wagner-Raith*, ECLI:EU:C:2015:347.

EuGH vom 02.06.2016, Rs. C-252/14 *PMT*, ECLI:EU:C:2016:402.

EuGH vom 08.03.2017, Rs. C-448/15 *Wereldhave*, ECLI:EU:C:2017:180.

EuGH vom 21.06.2018, Rs. C-480/15 *Fidelity Funds*, ECLI:EU:C:2018:480.

EuGH vom 18.6.2019, C-537/17, *Republik Österreich/Bundesrepublik Deutschland*, BeckRS 2019, 11459.

EuGH vom 13.11.2019, Rs. C-641/17 *College Pension Plan*, ECLI:EU:C:2019:960.

C. Haberkorn, *International-steuerliche Strukturen der reformierten Investmentbesteuerung*, Hallesche Schriften zur Betriebswirtschaft 38,
https://doi.org/10.1007/978-3-658-49895-5

EuGH vom 30.01.2020, Rs. C-156/17 *Köln Aktienfonds*, ECLI:EU:C:2020:51.

EuGH vom 17.03.2022, Rs. C-545/19, *AllianzGI-Fonds u.a.*, ECLI:EU:C:2022:193.

EuGH vom 07.04.2022, Rs. C-342/20, *A SCPI*, ECLI:EU:C:2022:276.

EuGH vom 27.04.2023, Rs. C-537/20, *L Funds*, ECLI:EU:C:2023:339.

EuGH vom 08.06.2023, Rs. C-322/22, *Dyrektor Izby Administracji Skarbowej we Wrocławiu*, ECLI:EU:C:2023:460.

EuGH vom 29.07.2024, Rs. 39/23, Keva u.a., ECLI:EU:C:2024:648.

EuGH vom 27.02.2025, Rs. C-18/23 Dyrektor Krajowej Informacji Skarbowej, ECLI:EU:C:2025:119.

EuGH vom 30.04.2025, Rs. 602/23, Finanzamt Großbetriebe, ECLI:EU:C:2025:290.

Entscheidungen des Bundesverfassungsgerichts

BVerfG vom 24.9.1965, 1 BvR 228/65, in: BVerfGE 19, 119.

BVerfG vom 5.9.1975, 1 BvR 219/75, in: HFR 1975, 540.

BVerfG vom 12.10.1976, 1 BvR 2328/73, in: BVerfGE 43, 1.

BVerfG vom 24.2.1989, 1 BvR 519/87, in: HFR 1990, 42.

BVerfG vom 15.12.2015, 2 BvL 1/12, BVerfGE 141, 1.

BVerfG vom 15.11.2023, 2 BvF 1/22, ECLI:DE:BVerfG:2023:fs20231115.2bvf000122.

Anhängig: BVerfG, 2 BvL 3/21.

Entscheidungen des Bundesfinanzhofs

BFH vom 04.03.1980, VIII R 48/76, in: BStBl, II, 453.

BFH vom 05.11.1992, I R 39/92, in: BStBl II 1993, 388.

BFH vom 11.10.2000, I R 99/96, in: BStBl II 2001, 22.

BFH vom 07.09.2005, I R 118/04, in: BStBl. II 2006, 537.

BFH vom 11.02.2009, I R 40/08 in: BStBl II 2009, 594.

BFH vom 25.08.2009, I R 88-89/07, in BStBl. II 2016, 438.

BFH vom 21.10.2009, I R 114/08, in: BStBl. II 2010, 774.

BFH vom 06.06.2012, I R 52/11, in: BStBl. II 2014, 240.

BFH-Beschluss vom 06.08.2013, VIII R 39/12, in BFH/NV 2013, 1976.

BFH vom 20.01.2015, II R 42/12, in: BFH/NV 2015, 1079 Nr. 8.

BFH vom 13.07.2016, VIII R 47/13, in: DStR 2016, 2395.

BFH vom 23.10.2019, I R 51/16, in: BStBl. II 2020, 470.

BFH vom 18.12.2019, I R 33/17, in: BFH/NV 2021, 157 Nr. 1.

BFH vom 18.12.2019, I R 59/17, ECLI:DE:BFH:2019:U.181219.IR59.17.0.

BFH vom 17.11.2020, VIII R 11/18, in: BStBl. II 2021, 562.

BFH vom 15.03.2021, I R 61/17, in: DStRE 2021, 1153.

BFH vom 15.03.2021, I R 1/18, in: BeckRS 2021, 24197.

BFH-Beschluss vom 12.09.2023, I B 11/22, in: ISR 2023, 405.

BFH vom 11.10.2023, I R 23/23, in: IStR 2024, 185.

BFH-Beschluss vom 07.06.2024, VIII B 113/23, in: BB 2024, 1825.

BFH vom 13.03.2024, I R 2/20, in: openJur 2024, 8068.

BFH vom 13.03.2024, I R 1/20, in: openJur 2024, 8060.

Entscheidungen der Finanzgerichte

FG Rheinland-Pfalz vom 15.06.2011, 1 K 2422/08, in: EFG 2011, 1828.

FG Münster vom 20.04.2017, 10 K 3059/14 K, in: openJur 2019, 3340.

FG Düsseldorf vom 17.10.2017, 6 K 1141/14 K,G,F, in: IStR 2018, 159.

FG Baden-Württemberg vom 08.05.2018, 6 K 2814/16, in: EFG 2019, 240 Nr. 4.

FG Hessen vom 21.08.2019, 4 K 999/17, in: openJur 2020, 44950.

FG Hessen vom 21.08.2019, 4 K 2079/16, in: openJur 2020, 44949.

FG Münster vom 27.11.2020, 13 K 401/17 G, in: DStRE 2021, 796 Nr. 13.

Entscheidungen ausländischer Gerichte

Centro de arbitragem administrative (CAAD), Urteil vom 17.06.2022, Az. 93/2019-T, erhältlich im Internet: https://caad.org.pt/tributario/decisoes/decisao.php?listOrder=Sorter_data&listDir=DESC&listPage=10&id=4469 (besucht am 17.04.2023).

Verwaltungsgerichtshof (VwGH) Österreich vom 20.09.2023, EU 2023/0005-1, erhältlich im Internet: https://www.vwgh.gv.at/rechtsprechung/vorabentscheidungsantraege_an_den_eugh/EU_20230005.pdf (besucht am 17.10.2024).

Verzeichnis der Verwaltungsanweisungen

BMF-Schreiben und Schreiben der Bafin

Bundesanstalt für Finanzdienstleistungsaufsicht (Bafin), Auslegungsschreiben zum Anwendungsbereich des KAGB und zum Begriff des „Investmentvermögens" vom 14.06.2013, Q 31-Wp 2137-2013/0006.

Bundesanstalt für Finanzdienstleistungsaufsicht (Bafin), Rundschreiben 11/2017 (VA) – Kapitalanlagerundschreiben vom 12.12.2017, VA 25–I 3201–2016/0002.

Bundesministerium für Finanzen (BMF), Grundsätze zur Anwendung des Außensteuergesetzes vom 14.05.2004, IV B 4 – S 1340-11/04, BStBl. I 2004, Sondernummer 1/2004.

Bundesministerium für Finanzen (BMF), Rundschreiben Verhandlungsgrundlage für Doppelbesteuerungsabkommen im Bereich der Steuern vom Einkommen und Vermögen (DVHG) vom 22.08.2013, IV B 2 – S 1301/13/10009.

Bundesministerium für Finanzen (BMF), § 6 Investmentsteuergesetz (InvStG); Verfahren bis zu einer gesetzlichen Umsetzung des EuGH-Urteils vom 9. Oktober 2014 in der Rechtssache C-326/12 (van Caster); BFH-Urteil vom 17. November 2015, VIII R 27/12 vom 23.05.2016, IV C 1-S 1980-1/11/10014: 016, in: BStBl. 2016 I, 504.

Bundesministerium für Finanzen (BMF), Anwendungsfragen zur Beschränkung der Anrechenbarkeit der Kapitalertragsteuer nach § 36a EStG vom 03.04.2017, IV C 1 - S 2299/16/10002, BStBl. I 2017, 726.

Bundesministerium für Finanzen (BMF), Basiszins zur Berechnung der Vorabpauschale gemäß § 18 Abs. 4 InvStG 2018 vom 04.01.2018 - IV C 1 - S 1980-1/14/10001 :038, in: BStBl. I 2018 I, 249.

Bundesministerium für Finanzen (BMF), Anwendungsfragen zum Investmentsteuergesetz in der am 1. Januar 2018 geltenden Fassung (InvStG 2018) vom 15.05.2018, IV C 1 - S 1980-1/16/10010 :013, DB 2018, 1374.

C. Haberkorn, *International-steuerliche Strukturen der reformierten Investmentbesteuerung*, Hallesche Schriften zur Betriebswirtschaft 38,
https://doi.org/10.1007/978-3-658-49895-5

Bundesministerium für Finanzen (BMF), Basiszins zur Berechnung der Vorabpauschale gemäß § 18 Abs. 4 InvStG; Basiszins zum 2. Januar 2019 vom 09.01.2019 - IV C 1 - S 1980-1/14/10001: 038, in: BStBl. I 2019, 58.

Bundesministerium für Finanzen (BMF), Anwendungsfragen zum Investmentsteuergesetz in der ab dem 1. Januar 2018 geltenden Fassung (InvStG) vom 21.05.2019, IV C 1 - S 1980-1/16/10010 :001, BStBl. I 2019, 527.

Bundesministerium für Finanzen (BMF), Basiszins zur Berechnung der Vorabpauschale gemäß § 18 Absatz 4 InvStG; Basiszins zum 2. Januar 2020 vom 29.01.2020 - IV C 1 - S 1980-1/19/10038 :001, in: BStBl. I 2020 I, 218.

Bundesministerium für Finanzen (BMF), Anwendungsschreiben zum Investmentsteuergesetz in der ab dem 1. Januar 2018 geltenden Fassung (InvStG) vom 29.10.2020, IV C 1 - S 1980-1/19/10008:016, BStBl. I 2020, 1167 (Änderung BMF-Schreiben vom 21.5.2019, BStBl. I 2019, 527).*Bundesministerium für Finanzen* (BMF), Basiszins zur Berechnung der Vorabpauschale gemäß § 18 Absatz 4 InvStG; Basiszins zum 4. Januar 2021 vom 06.01.2021 - IV C 1 - S 1980-1/19/10038 :004, in: BStBl. I 2021, 56.

Bundesministerium für Finanzen (BMF), Anwendungsschreiben zum Investmentsteuergesetz in der ab dem 1. Januar 2018 geltenden Fassung (InvStG) vom 20.01.2021, IV C 1 - S 1980-1/19/10008:011, BStBl. I 2021, 156 (Änderung BMF-Schreiben vom 21.5.2019, BStBl. I 2019, 527).

Bundesministerium für Finanzen (BMF), Anwendungsschreiben zum Investmentsteuergesetz in der ab dem 1. Januar 2018 geltenden Fassung (InvStG) vom 29.04.2021, IV C 1 - S 1980-1/19/10008:017, BStBl. I 2021, 735 (Änderung BMF-Schreiben vom 21.5.2019, BStBl. I 2019, 527).

Bundesministerium für Finanzen (BMF), Anwendungsschreiben zum Investmentsteuergesetz in der ab dem 1. Januar 2018 geltenden Fassung (InvStG) vom 18.06.2021, IV C 1 - S 1980-1/19/10008:022, BStBl. I 2021, 844 (Änderung BMF-Schreiben vom 21.5.2019, BStBl. I 2019, 527).

Bundesministerium für Finanzen (BMF), Steuerliche Behandlung von „Cum/Cum-Transaktionen“ vom 09.07.2021, IV C 1 - S 2252/19/10035 :014, BStBl. I 2021, 995.

Bundesministerium für Finanzen (BMF), Basiszins zur Berechnung der Vorabpauschale gemäß § 18 Absatz 4 InvStG; Basiszins zum 3. Januar 2022 vom 07.01.2022 - IV C 1 - S 1980-1/19/10038 :005, in: BStBl. I 2022, 122.

Bundesministerium für Finanzen (BMF), Kapitalertragsteuer; Ausstellung von Steuerbescheinigungen für Kapitalerträge nach § 45a Absatz 2 und 3 EStG vom 23.05.2022, IV C 1 - S 2401/19/10001 :006, BStBl. I 2022, 860.

Bundesministerium für Finanzen (BMF), Anwendungsschreiben zum Investmentsteuergesetz in der ab dem 1. Januar 2018 geltenden Fassung (InvStG) vom 06.09.2022, IV C 1 - S 1980-1/19/10008:025, BStBl. I 2022 1380 (Änderung BMF-Schreiben vom 21.5.2019, BStBl. I 2019, 527).

Bundesministerium für Finanzen (BMF), Basiszins zur Berechnung der Vorabpauschale gemäß § 18 Absatz 4 InvStG; Basiszins zum 2. Januar 2023 vom 04.01.2023, IV C 1 - S 1980-1/19/10038:007, in: BStBl. I 2023 I, 178.

Bundesministerium für Finanzen (BMF), Grundsätze zur Anwendung des Außensteuergesetzes, vom 22.12.2023, IV B 5 – S 1340/23/10001:001, in: BStBl. 2023, I Sondernr. 1, 2. (AEAStG).

Bundesministerium für Finanzen (BMF), Basiszins zur Berechnung der Vorabpauschale gemäß § 18 Absatz 4 InvStG; Basiszins zum 2. Januar 2024 vom 05.01.2024, IV C 1 - S 1980-1/19/10038:008, in: BStBl. I 2024 I, 154.

Bundesministerium für Finanzen (BMF), Stand der Doppelbesteuerungsabkommen und anderer Abkommen im Steuerbereich sowie der Abkommensverhandlungen am 1. Januar 2024 vom 15.01.2024, IV B 2 - S 1301/21/10048 :003.

Bundesministerium für Finanzen (BMF), Zwischenbericht zur Evaluation des Gesetzes zur Reform der Investmentbesteuerung vom April 2024.

Bundesministerium für Finanzen (BMF), Diskussionsentwurf eines Gesetzes zur Förderung von Investitionen von Fonds in erneuerbare Energien und Infrastruktur vom 21.05.2024.

Bundesministerium für Finanzen (BMF), Basiszins zur Berechnung der Vorabpauschale gemäß § 18 Absatz 4 InvStG; Basiszins zum 2. Januar 2025 vom 10.01.2025, IV C 1 - S 1980/00230/009/002.

BRH-Berichte

Bundesrechnungshof (BRH) vom 24.02.2016, Dringender Reformbedarf im Investmentsteuerrecht, VIII 1 - 2014 – 1080.

Verzeichnis der Gesetzesmaterialen

Gesetze

Gesetz über die Kapitalanlagegesellschaften vom 16.04.1957, BGBl. I 1957, 378.

Gesetz über den Vertrieb ausländischer Investmentanteile, über die Besteuerung ihrer Erträge sowie zur Änderung und Ergänzung des Gesetzes über Kapitalanlagegesellschaften (AuslInvestmG) vom 28.07.1969, BGBl. I 1969, 986.

Gesetz zur Wahrung der steuerlichen Gleichmäßigkeit bei Auslandsbeziehungen und zur Verbesserung der steuerlichen Wettbewerbslage bei Auslandsinvestitionen vom 08.09.1976, BGBl. I 1972, 1713.

Gesetz zur Verbesserung der Rahmenbedingungen der Finanzmärkte vom 22.2.1990, BGBl. I 1990, 266 (1. Finanzmarktförderungsgesetz – FMFG).

Gesetz zur Entlastung der Familien und zur Verbesserung der Rahmenbedingungen für Investitionen und Arbeitsplätze (Steueränderungsgesetz – StÄndG 1992) vom 25.02.1992, BGBl. I 1992, 297.

Gesetz zur Bekämpfung des Mißbrauchs und zur Bereinigung des Steuerrechts (Mißbrauchsbekämpfungs- und Steuerbereinigungsgesetz – StMBG) vom 21.12.1993, BGBl. I 1993, 2310.

Gesetz über den Wertpapierhandel und zur Änderung börsenrechtlicher und wertpapierrechtlicher Vorschriften vom 26.07.1994, BGBl. I 1994, 1749 (2. FMFG).

Gesetz zur Fortentwicklung des Finanzplatzes Deutschland vom 24.03.1998, BGBl. I 1998, 529 (3. FMFG).

Gesetz über Unternehmensbeteiligungsgesellschaften vom 09.09.1998, BGBl. I 1998, 2765.

Gesetz zur Fortentwicklung des Unternehmenssteuerrechts (Unternehmenssteuerfortentwicklungsgesetz – UntStFG) vom 20.12.2001, BGBl. I 2001, 3858.

Gesetz zur weiteren Fortentwicklung des Finanzplatzes Deutschland vom 21.06.2002, BGBl. I 2002, 2010 (4. FMFG).

C. Haberkorn, *International-steuerliche Strukturen der reformierten Investmentbesteuerung*, Hallesche Schriften zur Betriebswirtschaft 38,
https://doi.org/10.1007/978-3-658-49895-5

Gesetz zur Modernisierung des Investmentwesens und zur Besteuerung von Investmentvermögen (Investmentmodernisierungsgesetz) vom 15.12.2003, BGBl. I 2003, 2676.

Investmentsteuergesetz (InvStG 2004) vom 15.12.2003, BGBl. I 2003, 2676 (2724).

Investmentgesetz (InvG) vom 15.12.2003, BGBl. I 2003, 2676 (2676).

Gesetz zur Umsetzung von EU-Richtlinien in nationales Steuerrecht und zur Änderung weiterer Vorschriften (Richtlinien-Umsetzungsgesetz – EURLUmsG) vom 09.12.2004, BGBl. I 2004, 3310.

Jahressteuergesetz 2007 (JStG 2007) vom 13.12.2006, BGBl. I 2006, 2878.

Gesetz zur Änderung des Investmentgesetzes und zur Anpassung anderer Vorschriften (Investmentänderungsgesetz) vom 21.12.2007, in: BGBl. I, 3089.

Gesetz zur Umsetzung der Richtlinie 2009/65/EG zur Koordinierung der Rechts- und Verwaltungsvorschriften betreffend bestimmte Organismen für gemeinsame Anlagen in Wertpapieren (OGAW-IV-Umsetzungsgesetz - OGAW-IV-UmsG) vom 22.06.2011, BGBl. I 2011, 1126.

Gesetz zur Umsetzung der Richtlinie 2011/61/EU über die Verwalter alternativer Investmentfonds vom 04.07.2013, BGBL I 2013, 1981 (AIFM-Umsetzungsgesetz - AIFM-UmsG).

Gesetz zur Anpassung des Investmentsteuergesetzes und anderer Gesetze an das AIFM-Umsetzungsgesetz (AIFM-StAnpG) vom 18.12.2013, BGBl. I 2013, 4318.

InvStG in der am 24.12.2013 geltenden Fassung durch Artikel 1 des AIFM-StAnpG vom 18.12.2013, BGBl. I 2013, 4318.

Gesetz zur Reform der Investmentbesteuerung (Investmentsteuerreformgesetz – InvStRefG) vom 19.07.2016, BGBl. I 2016, 1730.

Gesetz zur weiteren steuerlichen Förderung der Elektromobilität und zur Änderung weiterer steuerlicher Vorschriften (JStG 2019) vom 12.12.2019, BGBl. I 2019, 2451 (2476).

Jahressteuergesetz 2020 (JStG 2020) vom 21.12.2020, BGBl. I 2020, 3096.

Gesetz zur Modernisierung der Entlastung von Abzugsteuern und der Bescheinigung der Kapitalertragsteuer (Abzugsteuerentlastungsmodernisierungsgesetz - AbzStEntModG) vom 02.06.2021, BGBl. I 2021, 1259.

Gesetz zur Stärkung des Fondsstandorts Deutschland und zur Umsetzung der Richtlinie (EU) 2019/1160 zur Änderung der Richtlinien 2009/65/EG und 2011/61/EU im Hinblick auf den grenzüberschreitenden Vertrieb von Organismen für gemeinsame Anlagen (Fondsstandortgesetz – FoStoG) vom 03.06.2021, BGBl. I 2021, 1498.

Gesetz zur Umsetzung der Anti-Steuervermeidungsrichtlinie (ATAD-Umsetzungsgesetz – ATADUmsG) vom 25.06.2021, BGBl. I 2021, 2035.

Gesetz zur Modernisierung des Körperschaftsteuerrechts (KöModG) vom 25.06.2021, BGBl. 2021 I, 2050.

Gesetz zur Abwehr von Steuervermeidung und unfairem Steuerwettbewerb und zur Änderung weiterer Gesetze vom 25.06.2021, BGBl. I 2021, 2056.

Jahressteuergesetz 2022 (JStG 2022) vom 16.12.2022, BGBl. I 2022, 2294.

Gesetz zu dem Protokoll vom 6. Juli 2023 zur Änderung des Abkommens vom 23. April 2012 zwischen der Bundesrepublik Deutschland und dem Großherzogtum Luxemburg zur Vermeidung der Doppelbesteuerung und Verhinderung der Steuerhinterziehung auf dem Gebiet der Steuern vom Einkommen und vom Vermögen (Deutsch-luxemburgisches Steuerabkommen) vom 13.12.2023, BGBl. II 2023, Nr. 334.

Gesetz zur Gewährleistung einer globalen Mindestbesteuerung für Unternehmensgruppen (Mindeststeuergesetz - MinStG) vom 21.12.2023, BGBl. I 2023, Nr. 397.

Gesetz zur Umsetzung der Richtlinie (EU) 2022/2523 des Rates zur Gewährleistung einer globalen Mindestbesteuerung und weiterer Begleitmaßnahmen vom 21.12.2023, BGBl. I 2023 Nr. 397.

Gesetz zur Stärkung von Wachstumschancen, Investitionen und Innovation sowie Steuervereinfachung und Steuerfairness (Wachstumschancengesetz) vom 27.03.2024, BGBl. I 2024, Nr. 108.

Gesetz zur Anwendung des Mehrseitigen Übereinkommens vom 24. November 2016 und zu weiteren Maßnahmen vom 21.06.2024, BGBl. I 2024, Nr. 205.

Jahressteuergesetz 2024 (JStG 2024) vom 05.12.2024, BGBl. 2024 I, Nr. 387.

Dänisches Einkommensteuerveranlagungsgesetz - Lov om påligningen af indkomstskat tilstaten – Ligningslov.

Portugiesische Gesetzestexte, erhältlich im Internet: https://info.portaldasfinancas.gov.pt/pt/informacao_fiscal/codigos_tributarios/Pages/default-com-pdf.aspx (besucht am 17.04.2023).

Gesetzesmaterialen

Bundesministerium der Finanzen (BMF), Referentenentwurf eines Gesetzes zur Umsetzung der Anti-Steuervermeidungsrichtlinie (ATAD-Umsetzungsgesetz – ATADUmsG) vom 10.12.2019, erhältlich im Internet: https://www.bundesfinanzministerium.de/Content/DE/Gesetzestexte/Gesetze_Gesetzesvorhaben/Abteilungen/Abteilung_IV/19_Legislaturperiode/Gesetze_Verordnungen/2021-06-30-ATADUmsG/1-Referentenentwurf.pdf?__blob=publicationFile&v=5 (besucht am 21.10.2024).

Bundesministerium für Finanzen (BMF), Referenten-Entwurf eines Gesetzes zur Umsetzung der Anti-Steuervermeidungsrichtlinie (ATAD-Umsetzungsgesetz – ATADUmsG) vom 24.03.2020, erhältlich im Internet: https://www.bundesfinanzministerium.de/Content/DE/Gesetzestexte/Gesetze_Gesetzesvorhaben/Abteilungen/Abteilung_IV/19_Legislaturperiode/Gesetze_Verordnungen/2021-06-30-ATADUmsG/1-Referentenentwurf_2.pdf?__blob=publicationFile&v=2 (besucht am 05.01.2024).

Bundesministerium für Finanzen (BMF), Referentenentwurf eines Jahressteuergesetzes 2020 vom 17.07.2020, erhältlich im Internet: https://www.bundesfinanzministerium.de/Content/DE/Gesetzestexte/Gesetze_Gesetzesvorhaben/Abteilungen/Abteilung_IV/19_Legislaturperiode/Gesetze_Verordnungen/2020-12-28-JStG-2020/1-Referentenentwurf.pdf?__blob=publicationFile&v=2 (besucht am 16.06.2023).

Bundesministerium für Finanzen (BMF), Referentenentwurf zum Gesetz zur Modernisierung der Entlastung von Abzugsteuern und der Bescheinigung von Kapitalertragsteuer (Abzugsteuerentlastungsmodernisierungsgesetz – AbzStEntModG) vom 19.11.2020, erhältlich im Internet: https://www.bundesfinanzministerium.de/Content/DE/Gesetzestexte/Gesetze_Gesetzesvorhaben/Abteilungen/Abteilung_IV/19_Legislaturperiode/Gesetze_Verordnungen/2021-06-08-AbzStEntModG/1-Referentenentwurf.pdf?__blob=publicationFile&v=3 (besucht am 26.06.2023).

Bundesministerium der Finanzen (BMF), Referentenentwurf eines Gesetzes für die Umsetzung der Richtlinie zur Gewährleistung einer globalen Mindestbesteuerung für multinationale Unternehmensgruppen und große inländische Gruppen in der Union und die Umsetzung weiterer Begleitmaßnahmen (Mindestbesteuerungsrichtlinie-Umsetzungsgesetz – MinBestRL-UmsG) vom 07.07.2023, erhältlich im Internet: https://www.bundesfinanzministerium.de/Content/DE/Gesetzestexte/Gesetze_Gesetzesvorhaben/Abteilungen/Abteilung_IV/20_Legislaturperiode/2023-08-18-MinBestRL-UmsG/1-Referentenentwurf.pdf?__blob=publicationFile&v=3 (besucht am 21.10.2024).

Bundesrat, Entwurf eines Gesetzes zu dem Abkommen vom 23. April 2012 zwischen der Bundesrepublik Deutschland und dem Großherzogtum Luxemburg zur Vermeidung der Doppelbesteuerung und Verhinderung der Steuerhinterziehung auf dem Gebiet der Steuern vom Einkommen und vom Vermögen vom 10.08.2012, BR-Drs. 478/12.

Bundesrat, Entwurf eines Gesetzes zur Reform der Investmentbesteuerung (Investmentsteuerreformgesetz - InvStRefG) vom 11.03.2016, BR-Drs. 119/16.

Bundesrat, Entwurf eines Gesetzes zur Stärkung des Fondsstandorts Deutschland und zur Umsetzung der Richtlinie (EU) 2019/1160 zur Änderung der Richtlinien 2009/65/EG und 2011/61/EU im Hinblick auf den grenzüberschreitenden Vertrieb von Organismen für gemeinsame Anlagen (Fondsstandortgesetz - FoStoG) vom 22.01.2021, BR-Drs. 51/21.

Bundesrat, Entwurf eines Gesetzes zur Umsetzung der Richtlinie (EU) 2022/2523 des Rates zur Gewährleistung einer globalen Mindestbesteuerung und weiterer Begleitmaßnahmen vom 18.08.2023, BR-Drs. 365/23.

Bundesregierung, Regierungsentwurf eines Gesetzes zur weiteren steuerlichen Förderung der Elektromobilität und zur Änderung weiterer steuerlicher Vorschriften vom 30.07.2019, (JStG 2019).

Deutscher Bundestag, Entwurf eines Gesetzes über den Vertrieb ausländischer Investmentanteile, über die Besteuerung ihrer Erträge sowie zur Änderung und Ergänzung des Gesetzes über Kapitalanlagegesellschaften (AuslInvestmG) vom 13.11.1968, BT-Drs. V/3494.

Deutscher Bundestag, Gesetzesbegründung zum Entwurf des Außensteuergesetzes, vom 02.12.1971, BT-Drs. VI/2883.

Deutscher Bundestag, Beschlußempfehlung und Bericht des Finanzausschusses (7. Ausschuss) zu dem Entwurf eines Gesetzes zur Entlastung der Familien und zur Verbesserung der Rahmenbedingungen für Investitionen und Arbeitsplätze (Steueränderungsgesetz 1992 – StÄndG 1992) vom 07.11.1992, BT-Drs. 12/1506.

Deutscher Bundestag, Entwurf eines Gesetzes zur Fortentwicklung des Unternehmensteuerrechts (Unternehmensteuerfortentwicklungsgesetz – UntStFG) vom 10.09.2001, BT-Drs. 14/6882.

Deutscher Bundestag, Bericht des Finanzausschusses (7. Ausschuss) zu dem Entwurf eines Gesetzes zur Fortentwicklung des Unternehmenssteuerrechtes (Unternehmenssteuerfortentwicklungsgesetz – UntStFG) vom 08.11.2001, BT-Drs. 14/7344.

Deutscher Bundestag, Entwurf eines Gesetzes zur Modernisierung des Investmentwesens und zur Besteuerung von Investmentvermögen (Investmentmodernisierungsgesetz) vom 19.09.2003, BT-Drs. 15/1553.

Deutscher Bundestag, Bericht des Finanzausschusses (7. Ausschuss) zum Gesetzesentwurf JStG 2007 vom 09.11.2006, BT-Drs. 16/3368.

Deutscher Bundestag, Beschlussempfehlung und Bericht des Finanzausschusses (7. Ausschuss) zum Entwurf eines Unternehmensteuerreformgesetzes 2008 vom 24.05.2007, BT-Drs. 16/5491.

Deutscher Bundestag, Bericht des Finanzausschusses (7. Ausschuss) zum Entwurf eines Gesetzes zum OGAW-IV-Umsetzungsgesetz vom 07.04.2011, BT-Drs. 17/5417.

Deutscher Bundestag, Entwurf eines Gesetzes zu dem Abkommen vom 12. April 2012 zwischen der Bundesrepublik Deutschland und dem Königreich der Niederlande zur Vermeidung der Doppelbesteuerung und zur Verhinderung der Steuerverkürzung auf dem Gebiet der Steuern vom Einkommen vom 24.09.2012, BT-Drs. 17/10752.

Deutscher Bundestag, Entwurf eines Gesetzes zur. Umsetzung der Richtlinie 2011/61/EU über die Verwalter alternativer Investmentfonds (AIFM-Umsetzungsgesetz–AIFM-UmsG) vom 06.02.2013, BT-Drs. 17/12294.

Deutscher Bundestag, Entwurf eines Gesetzes zur Anpassung des Investmentsteuergesetzes und anderer Gesetze an das AIFM-Umsetzungsgesetz (AIFM-Steuer-Anpassungsgesetz – AIFM-StAnpG) vom 20.11.2013, BT-Drs. 18/68.

Deutscher Bundestag, Entwurf eines Gesetzes zur Reform der Investmentbesteuerung (Investmentsteuerreformgesetz – InvStRefG) vom 07.04.2016, BT-Drs. 18/8045.

Deutscher Bundestag, Beschlussempfehlung und Bericht des Finanzausschusses (7. Ausschuss) zu dem Entwurf eines Gesetzes zur Reform der Investmentbesteuerung (Investmentsteuerreformgesetz – InvStRefG) vom 08.06.2016, BT-Drs. 18/8739.

Deutscher Bundestag, Beschlussempfehlung und Bericht des Finanzausschusses (7. Ausschuss) zu dem Entwurf eines Gesetzes zur Bekämpfung der Steuerumgehung und zur Änderung weiterer steuerlicher Vorschriften (Steuerumgehungsbekämpfungsgesetz – StUmgBG) vom 26.04.2017, BT-Drs. 18/12127.

Deutscher Bundestag, Entwurf eines Gesetzes zur weiteren steuerlichen Förderung der Elektromobilität und zur Änderung weiterer steuerlicher Vorschriften vom 23.09.2019 (JStG 2019), BT-Drs. 19/13436.

Deutscher Bundestag, Bericht des Finanzausschusses (7. Ausschuss) u.a. zum Gesetzentwurf JStG 2019 vom 07.11.2019, BT-Drs. 19/14909.

Deutscher Bundestag, Entwurf eines Jahressteuergesetzes 2020 (Jahressteuergesetz 2020 – JStG 2020) vom 25.09.2020, BT-Drs. 19/22850.

Deutscher Bundestag, Entwurf eines Gesetzes zur Umsetzung der Anti-Steuervermeidungsrichtlinie (ATAD-Umsetzungsgesetz – ATADUmsG), vom 19.04.2021, BT-Drs. 19/28652.

Deutscher Bundestag, Gesetzentwurf eines Gesetzes zur Modernisierung des Körperschaftsteuerrechts (KöModG) vom 19.04.2021, BT-Drs. 19/28656.

Deutscher Bundestag, Beschlussempfehlung und Bericht des Finanzausschusses (7. Ausschuss) zu dem Entwurf eines Gesetzes zur Umsetzung der Anti-Steuervermeidungsrichtlinie (ATAD-Umsetzungsgesetz – ATADUmsG) vom 19.05.2021, BT-Drs. 19/29848.

Deutscher Bundestag, Beschlussempfehlung und Bericht des Finanzausschusses (7. Ausschuss) zum Entwurf eines Jahressteuergesetzes 2022 vom 30.11.2022 BT-Drs. 20/4729.

Deutscher Bundestag, Gesetzentwurf eines Gesetzes zur Stärkung von Wachstumschancen, Investitionen und Innovation sowie Steuervereinfachung und Steuerfairness (Wachstumschancengesetz) vom 02.10.2023, BT-Drs. 20/8628.

Deutscher Bundestag, Stellungnahme des Bundesrates und Gegenäußerung der Bundesregierung zu einem JStG 2024 vom 02.10.2024, BT-Drs. 20/13157.

Deutscher Bundestag, Beschlussempfehlung und Bericht des Finanzausschusses zu einem JStG 2024 vom 16.10.2024, BT-Drs. 20/13419.

Polen, Interpellation an den Bundesfinanzminister über die Regeln für die Befreiung ausländischer Investmentgesellschaften von der Körperschaftssteuer in Polen, Nr. 23720 vom 14.07.2011, erhältlich im Internet: http://orka2.sejm.gov.pl/IZ6.nsf/main/4B1ADC80 (besucht am 23.03.2023).

Polen, Antwort auf Interpellation Nr. 23720 Bundesfinanzministeriums über die Regeln für die Befreiung ausländischer Investmentgesellschaften von der Körperschaftssteuer in Polen vom 11.08.2011, erhältlich im Internet: http://orka2.sejm.gov.pl/IZ6.nsf/main/00E4B5FD (besucht am 23.03.2023).

Finnisches Finanzministerium, Anweisung “On the taxation of investment funds and the pro-visions of section 20a of the Income Tax Act” vom 11.08.2023, erhältlich im Internet: https://www.vero.fi/en/detailed-guidance/guidance/80594/on-the-taxation-of-investment-funds-and-the-provisions-of-section-20a-of-the-income-tax-act3/ (besucht am 19.07.2024).

Sonstige Dokumentationen oder Internetquellen

OECD

OECD, The Granting of Treaty Benefits with respect to the Income of Collective Investment Vehicles, 2010.

OECD, Trace Implementation Package, 2013, erhältlich im Internet: https://www.oecd.org/ctp/exchange-of-tax-information/TRACE_Implementation_Package_Website.pdf (besucht am 29.06.2023).

OECD, Herausforderungen für die Besteuerung der digitalen Wirtschaft, Paris 2015, erhältlich im Internet: https://www.oecd-ilibrary.org/docserver/9789264237100-de.pdf?expires=1687259104&id=id&accname=guest&checksum=4CCFF9EB825A63D1BC6E2568131E7EC9 (besucht am 20.06.2023).

OECD, Explanatory Statement to the Multilateral Convention to implement tax treaty related measures to prevent base erosion and profit shifting, 2016, erhältlich im Internet: https://www.oecd.org/tax/treaties/explanatory-statement-multilateral-convention-to-implement-tax-treaty-related-measures-to-prevent-BEPS.pdf (besucht am 26.06.2023).

OECD, Model Tax Convention on Income and on Capital: Condensed Version, 2017, erhältlich im Internet: https://read.oecd-ilibrary.org/taxation/model-tax-convention-on-income-and-on-capital-condensed-version-2017_mtc_cond-2017-en#page4 (besucht am 20.06.2023).

Schlussanträge der Generalanwälte beim EuGH

Schlussanträge Paolo Mengozzi vom 06.11.2013 C-190/12 *Emerging Markets*, ECLI:EU:C:2013:710.

Schlussanträge Juliane Kokott vom 06.05.2021 C-545/19 *AllianzGI*, ECLI:EU:C:2021:372.

C. Haberkorn, *International-steuerliche Strukturen der reformierten Investmentbesteuerung*, Hallesche Schriften zur Betriebswirtschaft 38,
https://doi.org/10.1007/978-3-658-49895-5

Schlussanträge Juliane Kokott vom 11. Juli 2024 C-18/23 *Dyrektor Krajowej Informacji Skarbowej,* ECLI:EU:C:2024:609.

Vorabentscheidungen/Vertragsverletzungsverfahren

Europäische Kommission, Vertragsverletzungsverfahren Nr. INFR(2008) 4624, erhältlich im Internet: https://ec.europa.eu/atwork/applying-eu-law/infringements-proceedings/infringement_decisions/screen/home?lang_code=en (besucht am 30.06.2023).

Europäische Kommission, The European Commission formally requests Poland to end discriminatory taxation of foreign pension funds, investment funds and financial institutions, Pressemitteilung vom 14.05.2009, IP/09/780, erhältlich im Internet: https://ec.europa.eu/commission/presscorner/detail/en/IP_09_780 (besucht am 23.03.2023).

Europäische Kommission, Kommission fordert Polen auf, benachteiligende Steuervorschriften für gebietsfremde Investment- und Pensionsfonds zu ändern, Pressemitteilung vom 16.06.2011, IP/11/720, erhältlich im Internet: https://ec.europa.eu/commission/presscorner/detail/de/IP_11_720 (besucht am 23.03.2023).

Europäische Kommission, Vertragsverletzungsverfahren, Rs. C-76/12 Kommission/Frankreich, ECLI:EU:C:2013:282; Schließung des Verfahrens, in: ABl. C 225/56 vom 03.08.2013.

Verwaltungsgerichtshof (VwGH) Österreich, Antrag Vorabentscheidungsersuchen zu C-602/23 vom 01.12.2023, in: ABl. EU vom 18.12.2023, C/2023/1436.

Gerechtshof 's-Hertogenbosch (Niederlande), Vorabentscheidungsersuchen vom 14. Dezember 2014, Rs. C-782/22, in: ABl. EU vom 02.05.2023 C 155/26.

Rechtsakte der Europäischen Union

AIFM-Richtlinie 2011/61/EU des Europäischen Parlaments und des Rates vom 8. Juni 2011 über die Verwalter alternativer Investmentfonds und zur Änderung der Richtlinien 2003/41/EG und 2009/65/EG und der Verordnungen (EG) Nr. 1060/2009 und (EU) Nr. 1095/2010, ABl. vom 01.07.2011 Nr. L 174, 1.

OGAW-Richtlinie 85/611/EWG des Rates vom 20.12.1985 zur Koordinierung der Rechts- und Verwaltungsvorschriften betreffend bestimmte Organismen für gemeinsame Anlagen in Wertpapieren (OGAW) vom 31.12.1985 ABl. EG L 375/3.

OGAW-Richtlinie 2009/65/EG des Europäischen Parlaments und Rates vom 13. Juli 2009 zur Koordinierung der Rechts- und Verwaltungsvorschriften betreffend bestimmte Organismen für gemeinsame Anlagen in Wertpapieren (OGAW), ABl. vom 17.11.2009 Nr. L 302, 32 (OGAW-IV-Richtlinie).

Richtlinie 2001/107/EG des Europäischen Parlaments und des Rates vom 13.2.2002, ABl. EG L 41/20 („Verwaltungsrichtlinie“).

Richtlinie 2001/108/EG des Europäischen Parlaments und des Rates vom 13.2.2002, ABl. EG L 41/35 („Produktrichtlinie“).

Richtlinie 2011/96/EU des Rates vom 30. November 2011 über das gemeinsame Steuersystem der Mutter- und Tochtergesellschaften verschiedener Mitgliedstaaten, ABl. EU L 345/8 (Mutter-Tochter-Richtlinie – MTRL).

Richtlinie 2014/65/EU des Europäischen Parlaments und des Rates vom 15. Mai 2014 über Märkte für Finanzinstrumente sowie zur Änderung der Richtlinien 2002/92/EG und 2011/61/EU Richtlinie über die Liberalisierung des Kapitalverkehrs 88/361/EWG des Rates vom 24. Juni 1988 zur Durchführung von Artikel 67 des Vertrages, ABl. vom 08.07.1988 Nr. L 178/5 (MiFID II).

Richtlinie 2014/91/EU (zur Änderung der Richtlinie 2009/65/EG) vom 23.7.2014, ABl. L 257/186 vom 28.8.2014 (OGAW-V-Richtlinie).

Richtlinie 2016/1164 des Rates v. 12.06.2012 mit Vorschriften zur Bekämpfung von Steuervermeidungspraktiken mit unmittelbaren Auswirkungen auf das Funktionieren des Binnenmarktes, ABl. EU L 193/1 vom 19.07.2016 (ATAD I-Richtlinie).

Richtlinie (EU) 2022/2523 zur Gewährleistung einer globalen Mindestbesteuerung für multinationale Unternehmensgruppen und große inländische Gruppen in der Union im Amtsblatt der Europäischen Union vom 22.12.2022, ABl. L 328/1.

Verordnung (EU) Nr. 1095/2010 des Europäischen Parlaments und des Rates v. 24.11.2010 zur Errichtung einer Europäischen Aufsichtsbehörde (ESMA), ABl. L 331/84.

Verordnung (EU) 345/2013 des Europäischen Parlaments und des Rates vom 17.4.2013 über Europäische Risikokapitalfonds, ABl. L 115/1.

Verordnung (EU) 346/2013 des Europäischen Parlaments und des Rates vom 17.4.2013 über Europäische Fonds für soziales Unternehmertum (EuSEF-VO), ABl. L 115/18.

Verordnung (EU) 2015/760 des Europäischen Parlaments und des Rates vom 29.4.2015 über europäische langfristige Investmentfonds, ABl. L 123/98 vom 19.5.2015.

Verordnung (EU) 2017/1131 vom 14.6.2017 über Geldmarktfonds, ABl. L 169/8 vom 30.6.2017.

ESMA, Final report Guidelines on key concepts of the AIFMD, erhältlich im Internet: https://www.esma.europa.eu/sites/default/files/library/2015/11/2013-600_final_report_on_guidelines_on_key_concepts_of_the_aifmd_0.pdf (besucht am 24.07.2023).

Völkerrechtliche Verträge

United Nations (UN), Model Double Taxation Convention between Developed and developing countries, New York, 2021.

Sonstige

Anzinger/Haslehner/Tappen, Anlage 4 zu BMF, Evaluation InvStRefG – Zwischenbericht, Forschungsstudie fe14/19.

Arbeitsgruppe „Neukonzeption der Investmentbesteuerung“ Abschlussbericht vom 24. Februar 2012, DB0469318.

BFH, Verhandlungstermine, https://www.bundesfinanzhof.de/de/anhaengige-verfahren/verhandlungstermine/ (besucht am 19.07.2024).

Bundeszentralamt für Steuern (BZSt), Anrechenbarkeit der Quellensteuer auf Dividenden und Zinsen von Staaten, mit denen Deutschland ein Doppelbesteuerungsabkommen abgeschlossen hat, erhältlich im Internet: https://www.google.com/url?sa=t&source=web&rct=j&opi=89978449&url=https://www.bzst.de/SharedDocs/Downloads/DE/EU_OECD/anrechenbare_ausl_quellensteuer_2023.pdf%3F__blob%3DpublicationFile%26v%3D2&ved=2ahUKEwi_nLrCgvy-JAxXGhP0HHWgBHVYQFnoECBgQAQ&usg=AOvVaw0eyhDmd9rB_VQsUGPqMqG_ (besucht am 27.11.2024).

Commission Staff Working Document, Impact Assessment Report: New EU system for the avoidance of double taxation and prevention of tax abuse in the field of withholding taxes (WHT) Accompanying the document Proposal for a Council Directive on Faster and Safer Relief of Excess Withholding Taxes (FASTER-Richtlinie) vom 19.06.2023, SWD(2023) 216 final.

Europäische Kommission, Datensätze Vertragsverletzungsverfahren, erhältlich im Internet: https://ec.europa.eu/atwork/applying-eu-law/infringements-proceedings/infringement_decisions/screen/home?lang_code=en (besucht am 14.06.2023).

Europäische Kommission, Vorschlag für eine Richtlinie des Rates über schnellere und sicherere Verfahren für die Entlastung von überschüssigen Quellensteuern vom 19.06.2023, COM(2023) 324 final.

Europäische Kommission, Vorschlag für eine Richtlinie des Rates über die Anwendung der Richtlinie des Rates zur Harmonisierung der Körperschaftsteuersysteme und der Regelungen der Quellensteuer auf Dividenden auf Investmenteinrichtungen vom 19.07.1978, in: EG-ABl. C-184/8 vom 02.08.1978, 1.

Europäische Kommission, Vorschlag für eine Richtlinie des Rates zur Gewährleistung einer globalen Mindestbesteuerung für multinationale Unternehmensgruppen in der Union, COM(2021) 823 final.

Fokusgruppe private Altersvorsorge, Abschlussbericht vom 18. Juli 2023.

Pressemitteilung Rat der Europäischen Union vom 14.05.2024, erhältlich im Internet: https://www.consilium.europa.eu/de/press/press-releases/2024/05/14/taxation-council-agrees-on-new-rules-for-withholding-tax-procedures-faster/ (besucht am 09.07.2024).

Rat der Europäischen Union, Beratungsergebnisse, Richtlinie des Rates über schnellere und sicherere Verfahren für die Entlastung von überschüssigen Quellensteuern – Allgemeine Ausrichtung (FASTER-Richtlinie) vom 14.05.2024, ST 9925 2024 INIT.

Rechtsstand der zitierten DBA

DBA	Abschlussdatum / Stand inklusive Revisionen	Fundstelle
Armenien	29.06.2016	BGBl. II 2017, 1077.
Japan	17.12.2015	BGBl. II 2015, 956.
Spanien	03.02.2011	BGBl. II 2012, 18.
Syrien	17.02.2010	BGBl. II 2010, 1359.
Liechtenstein	17.11.2011 27.10.2020	BGBl. II 2012, 1462 BGBl. II 2021, 566.
Australien	12.11.2015	BGBl. II 2016, 1114.
Irland	30.03.2011 03.12.2014 19.01.2021	BGBl. II 2011, 1042 BGBl. II 2015, 1322 BGBl. II 2021, 947.
Vereinigte Staaten	01.06.2006	BGBl. II 2006, 1184.
Vereinigtes Königreich	30.03.2010 17.03.2014 12.01.2021	BGBl. II 2010, 1333. BGBl. II 2015, 1297. BGBl. II 2021, 666.
Niederlande	12.04.2012 11.01.2016 24.03.2021	BGBl. II 2012, 1414. BGBl. II 2016, 866. BGBl. II 2021, 735.
Frankreich	21.07.1959 09.06.1969 28.09.1989 20.12.2001 31.03.2015	BGBl. II 1961, 397. BGBl. II 1970, 717. BGBl. II 1990, 770. BGBl. II 2002, 2370. BGBl. II 2015, 1332.
Luxemburg	23.04.2012 06.07.2023	BGBl. II 2012, 1403. BGBl. II 2023, 334.
Schweden	14.07.1992	BGBl. II 1994, 686.

C. Haberkorn, *International-steuerliche Strukturen der reformierten Investmentbesteuerung*, Hallesche Schriften zur Betriebswirtschaft 38
https://doi.org/10.1007/978-3-658-49895-5

	18.01.2023	BGBl. II 2023, 307.
Ägypten	08.12.1987	BGBl. II 1990, 278.
Albanien	06.04.2010	BGBl. II 2011, 1186.
Algerien	12.11.2007	BGBl. II 2008, 1188.
Argentinien	13.07.1978 16.09.1996	BGBl. II 1979, 585. BGBl. II 1998, 18.
Aserbaidschan	25.08.2004	BGBl. II 2005, 1146.
Bangladesch	29.05.1990	BGBl. II 1991, 1410.
Belarus	30.09.2005	BGBl. II 2006, 1042.
Belgien	11.04.1967 05.11.2002	BGBl. II 1969, 17. BGBl. II 2003, 1615.
Bolivien	30.09.1992	BGBl. II 1994, 1086.
Bosnien und Herzego-wina	26.03.1987	BGBl. II 1988, 744.
Bulgarien	25.01.2010 21.07.2022	BGBl. II 2010, 1286. BGBl. II 2023, 213.
China	28.03.2014	BGBl. II 2015, 1647.
Costa Rica	13.02.2014	BGBl. II 2014, 917.
Côte d'Ivoire	03.07.1979	BGBl. II 1982, 153.
Dänemark	22.11.1995 01.10.2020	BGBl. II 1996, 2565. BGBl. II 2021, 483.
Ecuador	07.12.1982	BGBl. II 1984, 466.
Estland	29.11.1996 15.12.2020	BGBl. II 1998, 547. BGBl. II 2021, 562.
Finnland	19.02.2016 18.11.2019	BGBl. II 2017, 466. BGBl. II 2020, 754.
Georgien	01.06.2006 11.03.2014	BGBl. II 2007, 1034. BGBl. II 2014, 940.

Ghana	12.08.2004	BGBl. II 2006, 1018.
Griechenland	18.04.1966	BGBl. II 1967, 852.
Indien	19.06.1995	BGBl. II 1996, 706.
Indonesien	30.10.1990	BGBl. II 1991, 1086.
Iran, Islamische Republik	20.12.1968	BGBl. II 1969, 2133.
Island	18.03.1971	BGBl. II 1973, 357.
Israel	21.08.2014	BGBl. II 2015, 1301.
Italien	18.10.1989	BGBl. II 1990, 742.
Jamaika	08.10.1974	BGBl. II 1976, 1194.
Jersey	04.07.2008 07.05.2015	BGBl. II 2009, 589. BGBl. II 2015, 1326.
Kanada	19.04.2001	BGBl. II 2002, 671.
Kasachstan	26.11.1997	BGBl. II 1998, 1592.
Kenia	17.05.1977	BGBl. II 1979, 606.
Kirgisistan	01.12.2005	BGBl. II 2006, 1066.
Korea, Republik	10.03.2000	BGBl. II 2002, 1630.
Kosovo	26.03.1987	BGBl. II 1988, 744.
Kroatien	06.02.2006	BGBl. II 2006, 1112.
Kuwait	04.12.1987 18.05.1999	BGBl. II 1989, 354. BGBl. II 2000, 390.
Lettland	21.02.1997	BGBl. II 1998, 330.
Liberia	25.11.1970	BGBl. II 1973, 1285.
Litauen	22.07.1997 30.09.2022	BGBl. II 1998, 1571. BGBl. II 2023, 212.
Malaysia	23.02.2010	BGBl. II 2010, 1310.
Malta	08.03.2001 17.06.2010	BGBl. II 2001, 1297. BGBl. II 2011, 275.
Marokko	07.06.1972	BGBl. II 1974, 21.

Mauritius	07.10.2011 29.10.2021	BGBl. II 2012, 1050. BGBl. II 2022, 530.
(Nord)Mazedonien	13.07.2006 14.11.2016	BGBl. II 2010, 1153. BGBl. II 2017, 814.
Mexiko	09.07.2008 08.10.2021	BGBl. II 2009, 746. BGBl. II 2022, 534.
Moldau, Republik	24.11.1981	BGBl. II 1983, 2.
Mongolei	22.08.1994	BGBl. II 1995, 818.
Montenegro	26.03.1987	BGBl. II 1988, 744.
Namibia	02.12.1993	BGBl. II 1994, 1262.
Neuseeland	20.10.1978	BGBl. II 1980, 1222.
Norwegen	04.10.1991 24.06.2013	BGBl. II 1993, 970. BGBl. II 2014, 906.
Österreich	24.08.2000 29.12.2010 21.08.2023	BGBl. II 2002, 734. BGBl. II 2011, 1209. BGBl. II 2023, 335.
Pakistan	14.07.1994	BGBl. II 1995, 836.
Philippinen	09.09.2013	BGBl. II 2014, 822.
Polen	14.05.2003	BGBl. II 2004, 1304.
Portugal	15.07.1980	BGBl. II 1982, 129.
Rumänien	04.07.2001	BGBl. II 2003, 1594.
Russische Föderation	29.05.1996 15.10.2007	BGBl. II 1996, 2710. BGBl. II 2008, 1398.
Sambia	30.05.1973	BGBl. II 1975, 661.
Schweiz	11.08.1971 17.10.1989 27.10.2010	BGBl. II 1972, 1021. BGBl. II 1990, 766. BGBl. II 2011, 1090.
Serbien	26.03.1987	BGBl. II 1988, 744.

Simbabwe	22.04.1988	BGBl. II 1989, 713.
Singapur	28.06.2004 09.12.2019	BGBl. II 2006, 930. BGBl. II 2020, 1187.
Slowakei	19.12.1980	BGBl. II 1982, 1022.
Slowenien	03.05.2006 17.05.2011	BGBl. II 2006, 1091. BGBl. II 2012, 154.
Sri Lanka	13.09.1979	BGBl. II 1981, 630.
Südafrika	25.01.1973	BGBl. II 1974, 1185.
Tadschikistan	27.03.2003	BGBl. II 2004, 1034.
Thailand	10.07.1967	BGBl. II 1968, 589.
Trinidad und Tobago	04.04.1973	BGBl. II 1975, 679.
Tschechien	19.12.1980	BGBl. II 1982, 1022.
Tunesien	08.02.2018	BGBl. II 2018, 710.
Türkei	19.09.2011	BGBl. II 2012, 526.
Turkmenistan	25.08.2016	BGBl. II 2017, 573.
Ukraine	03.07.1995	BGBl. II 1996, 498.
Ungarn	28.02.2011	BGBl. II 2011, 919.
Uruguay	09.03.2010	BGBl. II 2011, 954.
Usbekistan	07.09.1999 14.10.2014	BGBl. II 2001, 978. BGBl. II 2015, 1198.
Venezuela	08.02.1995	BGBl. II 1996, 727.
Vietnam	16.11.1995	BGBl. II 1996, 2622.
Zypern	18.02.2011 19.02.2021	BGBl. II 2011, 1068. BGBl. II 2021, 731.

FSC
www.fsc.org

MIX

Papier | Fördert gute Waldnutzung

FSC® C083411

Kolibri 360 GmbH
Ferdinand-Jühlke-Straße 7
99095 Erfurt, Deutschland
produktsicherheit@kolibri360.de